岳阳年鉴

2015

岳阳市人民政府主办
中共岳阳市委史志办编

方志出版社
Publishing House of Local Records

图书在版编目（CIP）数据

岳阳年鉴. 2015 / 中共岳阳市委党史市志办公室编
. -- 北京：方志出版社，2015.9
ISBN 978-7-5144-1710-4

Ⅰ. ①岳… Ⅱ. ①中… Ⅲ. ①岳阳市—2015—年鉴
Ⅳ. ①Z526.43

中国版本图书馆CIP数据核字（2015）第232612号

岳阳年鉴（2015）

编　　者：中共岳阳市委党史市志办公室

责任编辑：齐　笑　张颢

出 版 人：冀祥德
出 版 者：方志出版社
地址　北京市朝阳区潘家园东里9号（国家方志馆4层）
邮编　100021
网址　http://www.fzph.org
发　　行：方志出版社发行中心
电话　（010）67110500
经　　销：各地新华书店
印　　刷：岳阳鑫容印刷有限公司

开　　本：889×1194　1/16
印　　张：25
字　　数：967千字
版　　次：2015年9月第1版　2015年9月第1次印刷
印　　数：0001～2500册

ISBN 978-7-5144-1710-4　　定价：260.00元

编 辑 说 明

一、《岳阳年鉴》是岳阳市人民政府主办，中共岳阳市委党史市志办公室承编，岳阳地区各有关部门（包括国家部委、湖南省、解放军驻岳有关单位）共同参与编纂，全面反映岳阳市情的大型综合性年刊，每年出版一卷。《岳阳年鉴（2015）》卷为总第18卷，主要记载2014年岳阳市自然、政治、经济、文化和社会等方面的基本情况，为社会各界了解、研究岳阳提供基本资料。

二、本年鉴采用分类编辑法，主体内容分类目、分目、条目3个层次，部分分目下设子分目，以条目作为记述的基本形式，条目标题统一用黑体加【 】表示。为方便读者检索，书前刊有中英文目录，书后备有索引。

三、本年鉴记述时限为2014年1月1日至12月31日，特载、人物、部分内容涉及2015年。所载领导人名录以2014年12月31日在职为准，当年任免的分别予以注明。

四、本卷年鉴采用全彩色印刷，纪实性彩色专版，形象生动、鲜明直观地体现岳阳风采，以达到图文并茂的效果，增强信息量和观赏性。

五、本年鉴所载稿件内容和数据均由各部门、各单位提供，并经撰稿单位领导审核。主要数据由市统计局提供。

六、本年鉴的编辑出版，得到各级领导大力支持和相关单位的通力协作，在此谨致谢意。鉴于我们编辑水平有限，书中难免出现疏漏，不妥之处，恳请读者批评指正。

《岳阳年鉴》编辑委员会

禹　辉　岳阳市商务粮食局局长
李建雄　岳阳市人民政府金融工作办公室主任
许平亚　岳阳市统计局局长
焦铎辉　岳阳市房产管理局局长
李石道　岳阳市国家税务局局长
龙晓红　岳阳市地方税务局局长
文春方　岳阳经济技术开发区管委会主任
李运帷　湖南城陵矶临港产业新区管委会主任
尹家辉　岳阳南湖风景区管委会主任
黄伟雄　平江县人民政府县长
张中于　岳阳县人民政府县长
喻　文　华容县人民政府县长
尹培国　湘阴县人民政府县长
汪　灿　临湘市人民政府代市长
周金龙　汨罗市人民政府市长
陈阁辉　岳阳楼区人民政府区长
余良勇　云溪区人民政府代区长
谢　胜　君山区人民政府区长
金　晨　屈原管理区管委会主任

《岳阳年鉴》理事会

《岳阳年鉴（2015）》编审人员

主　　编　陈奇达　苏耀辉

常务副主编　陈念军

副 主 编　易　林　戴长明　吴青萍

执行副主编　易　林

副 总 纂　戴长明

编辑部主任　刘兴汉

编辑部副主任　龚英明　邹　青

编　　辑　（按姓氏笔画排列）

王　艳　刘兴汉　肖　卫　邹　青

胡萍萍　贺红霞　黄玉祥　秦小燕

曹春友　龚英明　屈胜龙

编　　务　穆利国　刘　静　毛以粮

美术编辑　王　艳

英文翻译　王　霞

《岳阳年鉴（2015）》组稿人

（按姓氏笔画为序）

万　勇	于　雷	文正辉	文雨浪	方吉良	方言学
毛伟华	毛志坚	王　平	王　锋	王立群	王兴华
王志应	王振华	王培奇	邓旭红	邓治军	邓爱萍
付红伟	兰　岚	卢长裕	卢奕良	甘　奇	甘爱军
田　攀	白石华	艾传刚	艾志军	龙　伟	伏　虎
刘　刚	刘　创	刘　波	刘　彬	刘　斌	刘　端
刘　莉	刘中华	刘凤波	刘立军	刘志刚	刘志强
刘贡献	刘国平	刘金德	刘冠群	刘炳平	刘革新
刘乾辉	刘跃新	刘新华	刘演林	刘燕林	刘臻荣
孙七喜	孙胜举	朱　秘	朱归臣	阳哲民	严少华
汤亚世	何　倩	何　喜	何小勇	何石朝	何军霆
余望君	吴　飞	吴　平	吴　勇	吴新权	吴腾彪
宋君明	张　莹	张永强	张兴中	张军建	张志勇
张明富	张朝东	李　航	李　情	李　貌	李大林
李小明	李少华	李庆国	李爱龙	李侁樾	李奇志
李建中	李海波	李素萍	李跃龙	李渡江	李湘驹
李赐军	李滚源	李燕波	杨　辉	杨　波	杨大智
杨子成	杨亚中	杨尚才	杨飞跃	杨新宇	杨振兴
肖　安	邱玉强	闵孚君	陈　文	陈　刚	陈子玲
陈飞鹏	陈平刚	陈立新	陈宏伟	陈启洲	陈志宇
陈岳林	陈林祥	陈秋荣	陈桑桑	陈海强	陈艳飞
陈彩萍	周　民	周　涔	周国斌	周正良	周洪勇
周荣鹿	周铁林	周傲文	易　朋	易哲夫	易新文
林　荡	林建国	欧阳锋	欧阳德儒	罗　奇	罗　平
罗春芬	范　艳	郑小峰	姚泽阳	柳　毅	胡　蓉
胡君健	胡晓临	胡曼君	廖　岚	胥正旺	郝　纯
钟　肯	凌　辉	唐肱庆	夏　玮	夏佩华	徐　宁
徐亚龙	徐远归	徐爱明	浣　勇	袁五一	袁服务
高浩源	曹　风	曹向林	曹清国	盛正伟	隋秉华
龚凤珍	黄　岗	黄　勇	黄　毅	黄万坤	喻应康
彭　典	彭　星	彭　标	彭长城	彭兴国	彭公穆
曾文奇	曾泽民	傅　峰	湛应根	葛取兵	覃春琳
谢　亢	谢庆国	谢模满	熊　伟	熊　勇	熊　斌
熊阳凯	熊厚辉	蔡　奔	蔡军科	蔡尚宏	谭　启
谭建军	潘　静	潘志扬	黎　伟	黎　桦	黎运筹
黎艳平	黎雄斌	戴日升	戴武会	戴桂勋	

目　录
CONTENTS

图片专辑
PICTURE COLLECTION

特　载
SPECLAL EDITION

大 事 记
THE CHRONICLE OF EVENTS

综　述
GENERAL INTRODUCTION

中共岳阳市委员会
THE COMMUNIST PARTY OF CHINA YUEYANG MUNICIPAL PARTY COMMITTEE

岳阳市人民代表大会
YUEYANG PEOPLES CONGRESS

岳阳市人民政府
THE PEOPLES GOVERNMENT OF YUE YANG

政协岳阳市委员会
C.P.P.C.C.YUEYANG MUNICIPAL PARTY COMMITTEE

民主党派 · 工商联
DEMOCRATIC PARTY ASSOCIATION OF INDUSTRY AND COMMERCE

社会群众团体
Social Mass Organizations

法 治
RULE OF LAW

国防建设
NATIONAL DEFENSE

经济监督与管理
ECONOMIC SUPERVISION AND ADMINISTRATION

财政 · 税务
FINANCE AND TAXATION

金 融
FINANCE

工　业
INDUSTRY

信息产业
INFORMATION INDUSTRY

农　业
AGRICULTURE

交通·邮政
TRAFFIC POST

城乡建设与管理
URBAN CONSTRUCTION AND MANAGEMENT

开发区·新区
DEVELOPMENT ZONE·NEW ZONE

科学技术
SCIENCE AND TECHNOLOGY

教 育
EDUCATION

体　育
SPORTS

社会民生
SOCIAL AND LIVELIHOOD

县市区概况
SURVEY OF DISTRICT□ COUNTY AND CITY

人 物
FIGURES

统计资料
STATISTICAL DATA

附 录
APPENDIX

彩色插页
COLOR INSERTS

岳阳市地图

○ 地市级行政中心　○ 乡　镇　省　界　县 区 界　武广高速铁路　在建高速　省　道
◎ 县级行政中心　景　点　地 市 界　铁　路　高　速　国　道　县 乡 道

地图审图号：湘S(2014)060号，湖南地图出版社编制

岳阳市城区图

岳阳市城区图
至君山、华容
洞庭湖大桥
至城陵矶
西瓜山
东风湖
洞庭街道
七家畈
洞庭大道
汴河
九华山
洞庭化工厂
北门
市造船厂
市化肥厂
东风湖
自来水公司
至君山
市一中
岳阳楼街道
岳阳楼
岳阳楼旅游区
剪刀池
枫桥湖路
神州
岳阳楼
市中医院
鲁肃墓
文庙
气象局
二中
岳阳
庙前街
郭亮
洞庭之星
汉森
巴陵西路
观音阁
桥头
吕仙亭街道
岳港
梅溪桥
慈氏塔
市三中
吕仙观
学坡
市旅游局
芋头田
郑家冲
岳州饭店
吕仙亭
市日用化工总厂
市啤酒厂
岳阳南站
云梦
东风广场
太子庙
岳荣
铁路医院
螺丝港
六中
福星
新桥巷
万家坡
太子庙湖
寓园
南津港
磨子山
市电机厂
岳阳大道
岳阳铁中
岳纸集团
华泰木材总公司
岳阳职业技术学院
市氮肥厂
市食品厂
大桥湖
求索街道
市制药二厂
湘都
湖畔
良万
市中级人民法院
市民政局
楼区民政局
渔光
雉鸡山
天灯
南湖
南津港
南津港大堤
京广铁路
岳阳中学
市委党校
圣安寺
市供电公司
肉类加工厂
东茅岭
锦虹
新胜
站前路街道
巴陵汽车站
市邮政中心大楼
万佳
湘爱园
岳阳火车站
九龙商厦
德胜
中银
中达
站前路
巴陵中路
市一医院
柴家岭
长城
年丰巷
湘苑
东茅岭街道
文化局
税务局
炮台山
物资局
环保局
康特
炮台山
市审计局
市规划局
市四中
市建委
国际大厦
青年中路
金鹗山公园
市三医院
市广播电视局
岳阳晚报社
金都
鹗西路
市体委
市体育馆
科委
金鹗山
医药管理局
夏万路
岳阳乐园
金鹗山街道
南湖广场
市财政局
南湖风景区管委会
南湖街道
岳阳博物馆
富岳外语学校
南湖欢乐城
麦子港
刘山庙
南湖
东风湖
枫桥湖街道
岳城
枫桥湖
岳阳市中医院
岳州路
北环路
洞庭苎麻纺织印染厂
岳阳市汽车西站
樱花
鹰山
巴陵石化
巴陵石化鹰山医院
岳城小学
枫桥湖路
铁路
岳阳城区供电局
十二中学
五里中
电力大厦
连云路
泰和
新站
汽车新站
岳阳楼区
五里牌街道
高山坡
三辉大厦
市电业局
化工部四化建公司
金海
市教育局
市司法局
杨树塘
市十中
四化建
市国土局
市中心血站
市委
市检察院
市科协
市图书馆
白杨坡
市政府
湖南理工学院（西院）
市八中
岳阳海关
市林业局
市技术监督局
李家冲
岳阳海事局
求索东路
东风湖
麦子港
南湖
洞庭湖

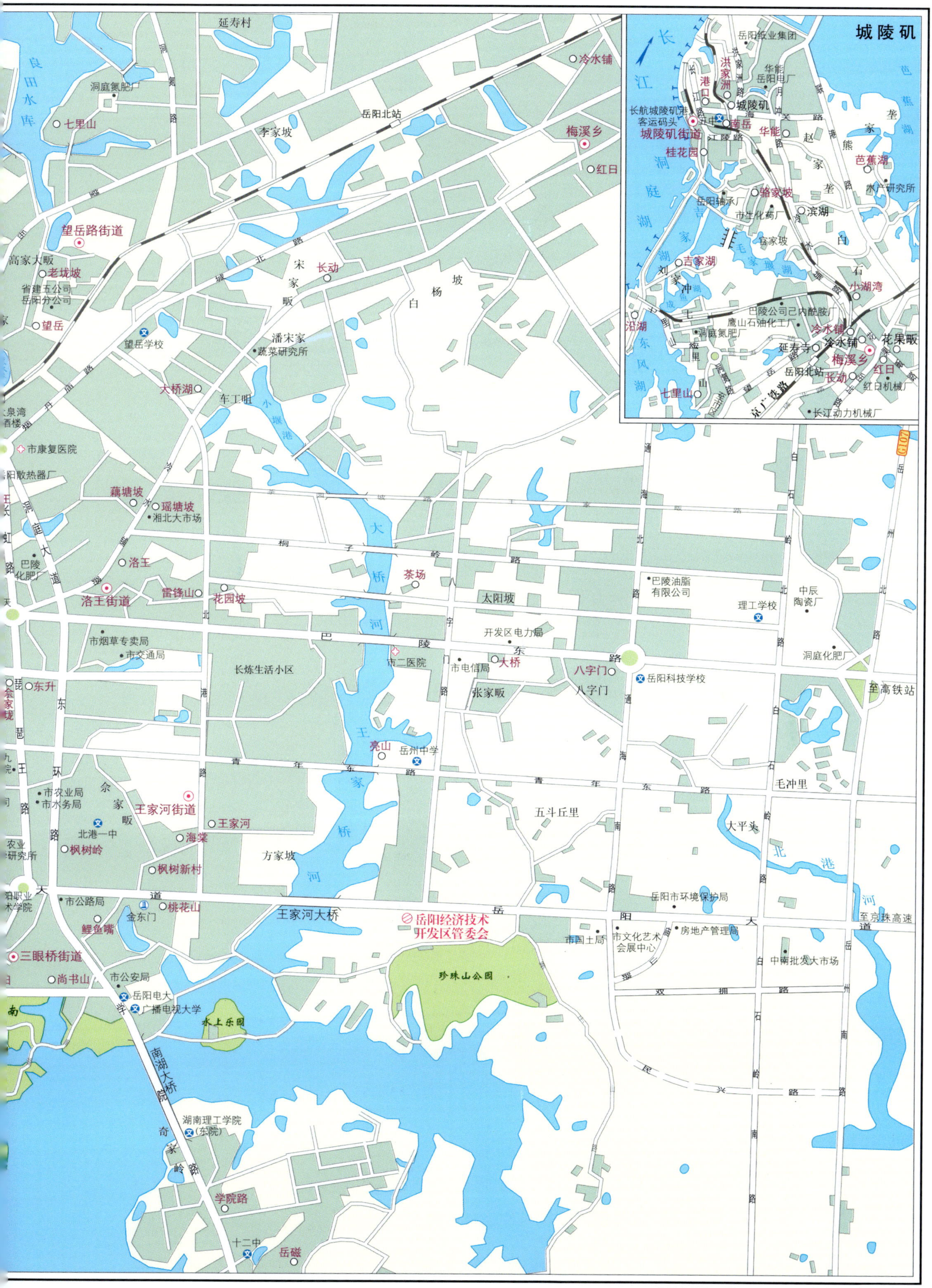

地图审图号：湘S(2014)060号，湖南地图出版社编制

数字岳阳 2014

全市总面积	1.5万平方公里
全市总人口	559.51万人
全市生产总值	2669.39亿元
其中：第一产业增加值	292.24亿元
第二产业增加值	1440.08亿元
第三产业增加值	937.07亿元
财政总收入	256.35亿元
全部工业增加值	1305.58亿元
规模以上工业企业实现利润	115.4亿元
全社会建筑业增加值	134.5亿元
固定资产总投资	1790.13亿元
民间固定资产投资	1012.06亿元
房地产开发投资	131.8亿元
上市公司	8家
证券公司营业部	18家
全市期货公司	3家
证券交易额	1583.05亿元
货物运输总量	2.68亿吨
全市进出口总额	48.66亿元

全年肉类总产量	54.14万吨
全年旅客运输总量	1.26亿人次
国内旅游收入	241.63亿元
旅游外汇	7693万美元
专利申请	1824件
广播覆盖率	98.80%
电视覆盖率	99.17%
卫生机构	4743个
医疗床位数	23531万张
社会消费品零售总额	880.31亿元
全年城镇新增就业	5.72万人
城镇居民人均可支配收入	23121元
农村居民人均可支配收入	11062元
城镇居民人均消费支出	16777元
农村居民人均消费支出	10257元
城镇职工基本养老保险人数	91.73万人
参加失业保险职工人数	3.53万人
参加工伤保险职工人数	74.02万人
参加生育保险职工人数	41.56万人

岳阳市荣膺全国文明城市

岳阳市委市政府将创建全国文明城市作为推动各项工作的抓手，常抓不懈，坚持创建为民育民惠民，创造优美环境、优良秩序、优质服务，强力推进标准化、常态化、制度化，形成为民创建、持续创建、务实创建的生动局面。2014年，岳阳市被评为全国文明城市。

2015年2月28日，市委书记卿渐伟在北京出席第四届全国文明城市表彰会，受到总书记习近平亲切接见

2015年3月，岳阳市召开深化创建全国文明城市工作表彰大会

2014年，全市优秀志愿者和优秀志愿者团队获奖者合影

岳阳市自强模范报告会暨贫困残疾儿童抢救性康复基金捐款活动

交警和志愿者护送孩子们过马路

市长盛荣华参加“保护南湖，美丽岳阳”环保志愿服务活动

道德讲堂进社区

心理健康教育校园行

岳阳市农村精神文明建设经验交流

2014年，岳阳市太极拳协会举行第二届团体太极拳表演比赛

2014年岳阳市首届“农

2014年10月23日，新建成的岳阳市体育中心首次承办湖南省第八届少数民族传统体育运动会

环保骑行活动

2014年中国体育舞蹈公开赛在岳阳举行

2014年6月2日，第十届中国汨罗江国际龙舟节暨湖南省首届群众性龙舟赛在汨罗江举行

金鹗公园

洞庭湖大桥

王家河风光

农林牧渔业全面发展

湖洲良田

锦绣家园

2015年5月13日，湖南城陵矶国际港务集团有限公司揭牌暨21世纪海上丝绸之路岳阳-东盟接力航线开通仪式

新港码头堆场集

湖南城陵矶临港产业新区全景效果图

开灯作业的新港码头泊位

摄影：彭宏伟　胡清明　张志强　杨一九　李高潮
范向辉　王　艳　王　志　傅　锋

蓝天下新港码头装卸货物

国家级非物质文化遗产

——临湘花鼓戏

临湘花鼓戏，亦称临湘嗡琴戏，约在北宋年间，起源于临湘市境内的桃林河流入的龙窖山（今临湘市羊楼司镇所辖），后传播于以临湘为中心的湘、鄂、赣毗地区，最远辐射到江西省的铜鼓，湖北省的武汉、咸宁以及湖南省的常德、湘阴、浏阳等地区。

临湘花鼓戏因主要演奏乐器是嗡琴，剧因此得名为嗡琴戏。它的音乐脱胎于具有浓郁临湘特色的夜歌.围鼓说唱.小调以及湘北地区流行的山歌.民歌.器乐曲.地花鼓等曲牌。从而形成了嗡琴戏与其它地方剧种比，有许多显著特色的五大唱腔（锣腔、琴腔、套曲、吹腔、小调）器乐曲，经挖掘整理，有曲调390多首，传统剧目近100个。

它以声腔多样化且独具特色，能充分体现民族音乐的原生态美感，民歌山歌格调浓郁等特色而深受湘鄂赣交界地区老百姓喜闻乐见且亟待保护和抢救的地方剧种。2010年5月，临湘花鼓戏被列入国家级非物质文化遗产保护名录。

汤超龙　撰文/摄影

剧照

临湘花鼓戏传承人邓蒲生

临湘花鼓戏传承人卢文峰

剧照

剧照

现代花鼓戏《铁面税官》剧照

2015年6月8日，岳阳市委原书记卿渐伟和新任市委书记盛荣华亲切握手　　（王 志 摄）

2015年7月10日，市委书记盛荣华向当选市长刘和生表示祝贺　　（王 志 摄）

特 载

适应新常态 推动新发展
奋力打造湖南经济新的增长极

——在市委经济工作会议上的讲话

中共岳阳市委书记 卿渐伟

（2014年12月31日）

市委书记 卿渐伟

同志们：

这次会议的主要任务是，深入贯彻落实中央和省委经济工作会议精神，回顾总结2014年经济工作，研究部署明年经济工作。下面，我讲四个问题。

一、充分肯定2014年工作，进一步提振发展信心

今年来，面对复杂多变的宏观经济形势和我市经济运行的特殊困难，全市上下认真贯彻中央、省委决策部署，牢牢把握稳中求进总基调，着力抓好党的群众路线教育实践活动、全面建成小康社会、全面深化改革三件大事，科学谋划，积极作为，全市经济社会保持平稳健康发展的良好态势，在攻坚克难中取得令人欣慰的好成绩。

1.着力转方式、调结构，经济持续稳定发展。坚持把转方式、调结构摆在突出位置，狠抓项目建设和产业帮扶，推动经济发展提质增效升级，在困难条件下实现了稳中有进的预期目标，除规模工业增加值、公共财政预算收入直接受长岭炼化、巴陵石化两厂停产检修影响外，其他主要经济指标均完成年度目标任务，且达到或高于全省平均水平，GDP增长9.3%，固定资产投资增长20.5%，规模工业增加值增长9.0%，社会消费品零售总额增长12.6%。项目建设扎实推进，洞庭湖生态经济区上升为国家战略，炼油改扩建及芳烃项目、绿色化工产业园、常岳九铁路等一批战略性项目列入国家或省级规划布局，环氧丙烷、科伦二期等项目竣工或加快推进，各县市区项目建设持续升温。经济结构不断优化，高新技术产业、非公经济占GDP比重分别提高到17%、62%，农业产业化稳步发展，三产比重进一步提高，食品产业成

为全市第二个千亿产业。发展质量和效益稳步提升，城乡居民收入同步增长，地方公共财政预算收入占公共财政预算收入比重、税收收入占地方公共财政预算收入比重不断提高，单位GDP能耗下降6%。

2.深化改革开放，发展动力与活力增强。加强全面深化改革的领导，各项改革有力有序推进，政府机构改革全面启动，简政放权力度加大，农村土地承包经营权抵押贷款、商事登记制度改革、汨罗市“飞地经济”试点等工作顺利开展，改革红利逐步释放。充分发挥“一带一部”黄金节点优势，积极抢抓重大机遇，成功申报“一区一港三口岸”，开放发展取得重大突破性进展，平台建设和运营有序推进，与上港集团战略合作成功签约，华菱集团、中粮集团、碧桂园等重大项目相继落户临港产业新区，大进大出格局逐步形成。预计全市进出口货物增长21%，集装箱吞吐量21万标箱，外贸进出口总额8亿美元，岳阳成功入选中国大陆最佳商业城市百强榜。

3.推进新型城镇化，城乡面貌出现新变化。统筹推进城乡建设，全市城镇化率达52.5%。城市建管全面提质，王家河流域综合治理、环南湖旅游综合交通体系建设等加快推进，公共自行车租赁系统受到市民广泛好评，禁拆治违工作成效显著。基础设施不断完善，芙蓉大道湘阴段竣工通车，岳望高速、大岳高速、杭瑞高速洞庭湖大桥等建设进展顺利，实施小街巷改造项目547个，完成34家城乡农贸市场标准化改造，按照“清空见底、坡面整洁、岸线顺畅、环境同步”的标准完成沟渠疏浚2万公里，解决农村69.2万人饮水安全问题。生态环境切实改善，南湖水质由整体四类向三类迈进，农村环境整治扎实推进，空气质量优良率在全省6个重点监控城市中继续保持第一。创建全国文明城市迎来最后冲刺，志愿者服务、文明餐桌行动、道德讲堂等形成常态，精神文明建设不断加强，城市品质与市民素质同步提升。

4.大力改善民生，人民群众幸福感逐步提升。对照全面小康指标体系，切实加强民生建设，全市民生支出占公共财政支出比重达72%以上。省市实事全面或超额完成，“零就业”家庭继续保持动态清零，保障性住房建设和农村危房改造成效明显，5.8万农村贫困人口实现脱贫，路不平、水不通、灯不亮等民生问题受到重点关注、优先解决，“欢乐潇湘·幸福岳阳”等文化惠民活动深受群众欢迎和喜爱，岳阳被评为中国最具幸福感城市和最具文化软实力城市。社会大局和谐稳定，群众进京非访数量全省最少，综治民调排名全省第二，社会管理综合治理连续8年进入全省先进行列。

5.扎实开展党的群众路线教育实践活动，干部作风明显转变。认真贯彻中央和省委要求，聚焦“四风”转作风，创新开展“党员进社区，竞赛当五员”活动，全市6万名在职党员到社区认领服务岗位，“有事帮帮忙，无事聊家常”，打通联系服务群众“最后一公里”，解决了一批事关群众切身利益的困难问题。严格落实作风建设有关规定，加强“三公”经费、办公用房、“三超两乱”等清理监管，认真开好各级民主生活会，党员干部思想灵魂受到深刻洗礼。大力推进反腐倡廉建设，深化源头治腐，加强案件查办，突出抓好“四风”问题专项整治，干部队伍作风建设不断加强。

这些成绩是在克服了诸多困难的情况下取得的，来之不易。同时，也要清醒看到存在的问题和不足，主要是：经济下行压力较大，投资增长乏力，大项目好项目不多，实体经济面临多重挑战，融资难等问题突出，经济结构不优，产业层次和水平不高，节能减排压力大，转型升级还有大量工作要做，民生改善任务繁重，一些指标与全面小康目标差距较大等等。这些问题需要高度重视，并切实加以解决。

二、主动适应新常态，科学谋划新发展

中央经济工作会议作出了我国经济发展进入新常态的重大战略判断，强调指出“认识新常态，适应新常态，引领新常态，是当前和今后一个时期我国经济发展的大逻辑。”谋划明年经济工作，必须以“新常态”为基本遵循，树立新思维，谋求新应对，实现新突破。

新常态提出新要求。经济发展进入新常态后，不论是从消费、投资、出口方面看，还是从生产能力和产业组织方式、生产要素相对优势、资源环境约束等方面看，都将出现一些重大的趋势性变化，呈现增长速度换档、发展方式转变、经济结构调整、发展动力转换等新特点。新常态条件下，发展仍是第一要务。不唯GDP，不等于不要GDP，不追求高速度，不等于速度越低越好，更不是放任经济失速。中央和省委经济工作会议都把稳增长摆在首要位置。岳阳作为中部后发地区，最主要的矛盾还是发展不足、发展不快。没有一定的发展速度，调整结构、转型升级、深化改革、改善民生就没有根基、没有着落。我们一定要正确认识新常态提出的新要求，科学把握稳增长与调结构的平衡、质量效益与速度规模的统一，既实事求是，又奋勇争先，积极主动、力争上游，能够达到的目标决不放弃，努力保持“相对赶超”的发展速度。

新常态蕴涵新机遇。新常态是经济进入更高层次发展阶段后的前进状态，蕴藏着新机遇。从区域发展走向来看，国家重点实施长江经济带等三大区域战略，洞庭湖生态经济区获得国家批准，随着蒙华铁路、“一区一港三口岸”等加快推进，岳阳争取大批战略性项目落地的承载空间巨大。从宏观调控取向来看，中央更加注重支持实体经济、转型升级、创新驱动和培育新增长动力。从深化改革导向来看，强调奔着问题抓改革，进一步激发市场活力。只要我们加强对接研究、认真做好工作，就能获得丰厚的政策机遇和改革红利。特别令人振奋的是，省委省政府依据国家区域发展大战略，统筹全省区域发展大格局，把岳阳放到一个前所未有的战略高地，赋予岳阳前所未有的历史重任。守盛书记在省委经济工作会上明确指出：“要发挥岳阳作为我省融入长江经济带的‘桥头堡’作用，呼应‘长三角’，着眼‘中三角’，对接长株潭，辐射环湖区，将其发展成为全省通江达海的新增长极。”把岳阳定位于与长株潭核心增长极并列的又一极，将成为湖南的两极之一，这是岳阳未来发展的新指针，为我们指明了加快发展的具体路径和努力方向，成为我们全市上下今后一个相当长时期的共同奋斗目标。机遇是宝贵的战略资源，也是流动的稀缺资源，抓住了就是机遇，能在区域竞争中脱颖而出，

抓不住就是挑战，会面临被淘汰出局的风险。岳阳正处在重大机遇风云际会的历史时期，我们决不能辜负机遇的垂青，以高度责任感、使命感、紧迫感，采取超常举措，努力抓住用好机遇，推进岳阳大踏步跨越式发展。

新常态伴随新挑战。新常态下的“新”，蕴含着“破”与“立”的转换，是一个破旧立新、吐故纳新的历史过程，必然伴随着新矛盾、新问题、新挑战。从岳阳现状看，产业结构还不优，质量效益还不高，实体经济活力还不足，新的增长点还不多，生态环保压力还很大，税制改革对财政增收的影响难以预料等等，都是需要我们冷静面对的现实挑战。我们一定要变压力为动力、化挑战为机遇，牢牢把握新常态的阶段性特征和规律，坚持以提高质量和效益为中心，在改革攻坚、创新驱动、结构调整上下功夫，推动经济发展提质又增效、调速不减势、量增质更优。

新常态期待新作为。迎接新常态，要有新姿态、新作为。当前，省委省政府对岳阳发展寄予厚望、全力支持，广大干部群众对岳阳未来满怀信心、思进求快，通过多年努力，岳阳的产业基础更加雄厚，区位优势更加凸显，开放势头更加强劲，要素集聚更加丰富，积蓄了强大的发展动能和潜力，岳阳完全可以也应该成为湖南发展最快的地方。能否驾驭新常态，推动大发展，是对各级领导干部胆略、智慧、能力与作风的全新考验。省委省政府对岳阳发展的战略定位，既振奋人心，催人奋进，也同时是一份沉甸甸的责任、光荣而艰巨的使命。我们一定要树立“赶考”心态，以新常态、新定位凝聚共识，引领行动，振奋干事创业激情，弘扬敢打敢拼作风，增强攻坚克难本领，真抓实干、开拓进取，不断开创发展新局面。

三、坚持稳中求进总基调，打造湖南通江达海的新增长极

明年是全面深化改革的关键之年，是全面推进依法治国的开局之年，是全面建成小康社会的攻坚之年，也是全面完成“十二五”规划的收官之年，做好明年工作意义重大。总体要求是：全面贯彻党的十八大、十八届三中、四中全会和中央、省委经济工作会议精神，坚持稳中求进工作总基调，坚持以提高经济发展质量和效益为中心，以全面建成小康社会为总揽，主动适应新常态，抓抢新机遇，着力促进“三量齐升”，大力推进“四化两型”，狠抓改革攻坚，突出创新创业，加快转型升级，强化风险防范，推进依法治市，加强民生保障，努力打造湖南通江达海的新增长极。

明年经济发展主要预期目标是：地区生产总值增长10%左右，公共财政收入增长10%以上，固定资产投资增长19%，新增城镇就业5.2万人以上，城乡居民人均可支配收入分别增长9%、10%左右。

确定这样的目标，充分考虑了新常态下的速度效益要求，考虑了岳阳抢抓新机遇、打造新增长极的需要，考虑了全面建成小康社会新指标体系要求，也考虑了保障就业、改善民生以及稳定社会和市场预期的要求，既是积极进取的，又是稳妥适当的。实现这个目标，重点要抓好以下几方面工作：

1.突出项目引领，推动经济平稳较快发展。稳增长是明年经济工作的首要任务，也是打造新增长极的基础条件。要突出以项目建设为支撑，扩大有效投资，拉动需求增长。着力对接省“511”工程，继续推进项目建设“双百工程”“三个一批”竞赛活动，掀起新一轮争项目、引项目、建项目、促项目的热潮，重点围绕沿江港口、基础设施、产业发展、社会民生和生态环保等，组织实施360个左右亿元以上项目，加快推进综合保税区、高速公路“两路一桥”和蒙华铁路岳阳段、百万千瓦级火力发电、友阿商业综合体等重大项目和重点工程建设，确保明年完成固定资产投资2000亿元以上。围绕国家重点投资领域和长江经济带、洞庭湖生态经济区、新型城镇化等战略规划，搞好项目开发储备，争取更多项目进入国家和省“十三五”规划。开展产业链精准招商，瞄准国际国内和民营500强企业，着力引进一批战略投资者和行业龙头企业，新上一批占地少、有效益、符合环保要求的好项目。创新投融资机制，强化财政资金引导效能，探索在市政设施、工业地产、文化旅游、农林水利等领域进一步向民间资本放开，采取PPP等模式有效撬动社会资本参与重点工程建设。

加快转型升级是打造新增长极、实现经济持续稳定增长的着力点。要推进新型工业化、信息化、城镇化、农业现代化同步发展，加快石化、电力、食品、造纸、建材、纺织等产业高端化、低碳化、智能化改造，推动传统产业向中高端迈进，加快发展电子信息及北斗导航、先进装备制造、生物医药、新材料、节能环保等新兴产业，逐步增强战略性新兴产业的支撑作用。大力发展工业地产，提升园区发展层次，推进“135”工程，重点扶持10个创新创业园区，两年内建成300万平方米以上的标准厂房、引进500家以上创新创业企业。着力提升三产业发展的层次和水平，完善现代服务业发展规划，提高组织化、规模化水平，做大做强现代航运物流、现代旅游业，进一步彰显特色、升温升级，加快发展文化创意、金融服务、健康养老、服务外包等新兴服务业，稳步发展房地产业，提升餐饮、商贸、娱乐休闲等传统服务业。继续开展重点产业帮扶行动，把帮扶举措落实到推进具体项目、解决具体困难上，做到精准发力，增强实效。高度关注风险发生发展趋势，加强经济运行预测预警和分析调度，规范民间投融资管理，防范地方政府性债务风险，确保经济运行平稳安全。

2.大力改革创新，培育经济新增长点。改革攻坚是主动适应和引领经济发展新常态、打造新增长极的开路先锋。要进一步强化问题导向，推出一批既具年度特点、又有利于长远发展的改革举措，重点推进行政审批、投融资、土地、户籍以及社会治理各项改革。要加强调查研究，发挥基层和群众首创精神，从实践中寻找最佳方案，提高改革的质量和效果。要狠抓改革举措落地，注重统筹协调，强化督促评估，形成推进合力。要按照中央、省委和市委的统一部署，不抢跑、不拖宕，对符合岳阳实际的改革，鼓励大胆探索、试点实践，对试点成功的可推广可复制经验进行认真总结，适时在面上推开。

善于运用改革创新的办法，积极发现培育新的增长点。产业增长点方面，大力发展新产业、新产品、新技

术、新模式，培育壮大电子商务、物联网等新兴业态，服务支持实体经济发展，形成中小微企业蓬勃发展的良好态势，大力发展资本市场，加快企业上市步伐。需求增长点方面，顺应高铁时代的全面到来，加快培育个性化、多样化、便利化的消费热点，推动生态休闲、文化体育、信息服务等新兴消费快速成长，深入挖掘两型社会建设、基础设施互联互通、城乡公共设施等投资需求，着力发展加工贸易、服务贸易、多样化贸易，努力扩大出口需求。民生增长点方面，加强“两房两棚”“两供两治”建设，加快教育、医疗、社保等社会事业发展。创新创业增长点方面，把创新与产业发展结合起来，加快科技创新平台建设，支持寓外乡友回乡创业，形成大众创业、万众创新的生动局面。

3.积极融入长江经济带建设，加快开放开发步伐。全市上下要进一步增进共识、协调行动，全面落实省委省政府的决策部署，积极争取政策支持，以最大的决心、最有力的举措推进长江经济带建设，提升开放型经济发展水平。

融入长江经济带，建设湖南“桥头堡”。进一步夯实和拓展开放平台，确保综合保税区和汽车整车进口口岸顺利通过验收，推进进口肉类指定口岸和进口粮食指定口岸科学运营，启动固废进口指定口岸、城陵矶口岸至上海洋山港航线、湖南长江航运交易所申报，全面提升外经外贸发展水平，力争明年外贸进出口取得跨越式发展，进入全省先进行列。加快基础设施建设，实施航道整治工程，严格管理和科学利用岸线资源，统筹推进沿江沿湖港口集群发展。进一步做大做强沿江产业，大力发展大耗水、大运量的需水、亲水、涉水产业，重点培育和壮大绿色化工、电力能源、现代物流、机械制造、电子信息等产业集群，加快实施炼油扩能改造、煤炭储备基地、北斗导航产业园、欣港物流园等重点项目，构建多点支撑、多元带动的沿江产业体系。

呼应“长三角”，着眼“中三角”。主动参与“长三角”及沿江城市合作，积极靠大联强、招大引强，力争在承接产业转移上取得新突破。抢抓长江流域通关一体化改革的机遇，深化城陵矶港与上港集团合作，拓展与中上游港口的互利互惠合作，推进江海联运、水陆联运，建设大口岸，实现大流通。充分发挥岳阳在“中三角”中地处中心区位、连接四面八方的重要节点城市作用，突出互联互通，消除流通障碍，打通进出通道，架设桥梁，搭建平台，深化航运物流业、现代服务业、现代农业、现代旅游业等方面的合作交流，取长补短、错位发展，促进形成产业同兴、文化互通、生态共建、资源分享的全方位区域合作格局。

对接长株潭。实现差异化、互补型、融入式发展。注重顶层设计，促进要素流动，推进全市特别是两型社会滨湖示范区与长株潭城市群设施联通、产业联动、市场联网、科技联姻和开发联片，主动承接辐射。加快交通融城，推进重点交通干线建设，努力实现城市重大基础设施对接。加强产业配套，发展“飞地经济”，建设配套基地，逐步构建优势互补的产业分工合作体系。

辐射环湖区。牢牢把握洞庭湖生态经济区建设的总体要求，突出生态文明主题，立足构建现代产业体系，加强江湖综合治理，实现人与自然和谐发展。深化环湖区域合作，协调推进产业规划同编、交通设施同建、水利环境同治。增强辐射能力，通过加快“一区一港三口岸”建设，提升环湖地区资源要素大进大出的吞吐能力，做大做强省市际边界镇，扩展边贸流通，扩大经济交往，努力争当洞庭湖生态经济区建设的先行者、引领者和示范者。

做好这些工作的最终落脚点，是打造新增长极。打造新增长极不能等、不能靠，必须积极主动、加快推进，争取早见成效；但也不能心急，不可能一蹴而就，要扎实做好打基础、利长远的工作。下一步，各地区、各相关部门要加强战略研究，分析谋划打造新增长极的优势在哪里、问题在哪里、主攻方向在哪里、着力点在哪里，工作怎么推进，任务怎么落实，尽快形成务实管用的思路、规划和方案，加快组织实施。

4.加快转变农业发展方式，促进农民持续增收。随着国内外环境条件变化，农业持续稳定发展面临的挑战前所未有。岳阳作为传统农业大市，打造新增长极必须加快转变农业发展方式，提高农业发展质量和效益。坚持把保障粮食安全作为首要任务，牢牢守住耕地保护红线，稳定粮食和主要农产品产量。大力发展现代农业，加快农业标准化、规模化、机械化、合作化、品牌化发展，提高农业生产效率，积极推进农业结构调整，依靠科技支撑，由“生产导向”向“消费导向”转变，引导和规范土地经营权有序流转，积极发展多种形式适度规模经营，培育发展新型农业经营主体，逐步形成以家庭承包经营为基础，专业大户、家庭农场、农民合作社、农业产业化龙头企业为骨干，其他组织形式为补充的新型农业经营体系，大力推广生态农业，积极发展健康养殖、有机种植，建设资源节约、环境友好农业，积极推进县乡流通再造，健全农产品流通体系，加快岳阳农产品交易中心建设，探索建立农产品电子商务平台，让更多的岳阳农产品走向更为广阔的市场。要把产业链、价值链等现代产业组织方式引入农业，促进一二三产业融合发展。

实现农业稳产增收、提质增效，必须深化农村各项改革。充分利用全市“三农”工作各类试点和示范平台，以点带面，促进整体健康有序发展。重点推进以农村集体资产股份制改革为重点的产权制度改革，全面推开农村土地承包经营权确权颁证工作，有序稳妥扩大农村土地承包经营权抵押贷款试点范围，创新农业投融资机制，建立健全金融支农体系，引导各类要素向农业农村集聚。大力培育新型职业农民，激发农民的创造、创新、创业活力。

5.推进新型城镇化，引领带动城乡统筹发展。城镇化是打造新增长极的重要载体和有效途径，也是一个长期的历史过程，务必做到步子稳、措施实，妥善解决好人往哪里去、钱从哪里来、土地怎么用、城镇怎么管等重点问题。着力提升城镇品质，以岳阳长江城镇群、县市区城镇和16个国家级重点镇为重点，加快重大交通基础设施建设，完善城区交通循环路网，发展城市公交体系，改造一批城市小街巷、公厕、垃圾站等公共设施工程，以高铁新城、电商新城、金凤湖生态示范区为重点，突出生态宜居、产城共荣，加快项目落地，建设充分展示岳阳发展水平的门户形象。大力实施沿长江、沿边界、沿交通干线“三沿”小城镇战略，建成一批特色产业镇、观光旅游镇、边贸物流镇。加快新农村建设，继续做好沟渠疏浚、安全饮水、农田水利、中小河流治理、水土流失治理等工作，改善农村生产生活条件。以人为本推进农业转移人口市民化，推进户籍制度改革，让农业转移人口放心安心在城市生活。深化文明创建，加快“智慧城市”建设，创新城市管理体制机制，提升城市品质，大力培育和践行社会主义核心价值观，推进社会诚信体系建设，提高市民道德素质和全社会文明程度，形成良好社会风尚。

生态好、环境优是岳阳城市的金字招牌。我们要像爱护自己的眼睛一样呵护岳阳的山山水水，让城市融入大自然，把青山绿水留给市民。以大气、水、土壤三大污染防治为重点，加大洞庭湖、湘江流域、南湖、王家河、铁山水库等重点水域保护治理力度，严格落实减排任务，探索排污权交易，推广建筑垃圾和污水处理物的再循环利用。推进农村环境连片整治，建设一批美丽村庄、美丽乡镇。防范突发环保事件，建立更加严格的生态环境保护责任追究制度、环境损害赔偿制度，对破坏生态环境的行为严处重罚、决不姑息，决不以牺牲环境为代价换取一时的发展。

6.加快推进全面小康建设，切实改善民生福祉。让发展成果更多更公平地惠及全体人民，是打造新增长极、实现全面小康的最终指向。要继续加大分类指导力度，紧密结合各地实际，找准坐标，主攻短板，在规划方案落地、重点项目建设和政策措施落实上取得实质性突破。要把发展县域经济作为实现全面小康的重中之重，坚持新型工业化与新型城镇化“双轮驱动”，突出产业培育、转型升级、园区发展、城乡统筹、公共设施完善和生态环境保护，促进县域经济可持续发展。扎实办好民生实事，更多地关注基本民生、关心低收入群众生活，全面落实各项惠民政策，统筹做好教育、医疗、公共服务、社会保障、社会救助、保障性住房和居住环境改善等重点工作，不断提升民生工作质量和水平。精准发力做好就业工作，更好地发挥市场在促进就业中的作用，提高职业培训质量，加强政府公共就业服务，加大就业困难人员帮扶力度，鼓励创业带动就业，推进全民创新创业。加大扶贫攻坚力度，更多面向特定人群、具体人口，实施科学扶贫、精准扶贫，突出发展生产、公共服务和全民教育三个重点，提高农村“造血”功能，加快贫困地区脱贫致富步伐。加强文化建设，创建国家公共文化服务体系示范区，打造一批弘扬主旋律、传播正能量、群众喜闻乐见的文艺精品，丰富群众精神文化生活。

推进依法治市，提升现代治理水平。坚持以法治思维和法治方式创新社会治理，加强法治宣传教育，增强社会法治意识，推进党务、政务、司法和各领域办事公开，规范权力运行，深化司法体制改革，维护司法公正和司法权威，依法打击整治破坏经济发展环境的行为，维护市场秩序，增强市场活力，推进涉法涉诉信访体制改革，引导全社会形成办事依法、遇事找法、解决问题用法、化解矛盾靠法的良好氛围，最大限度增加和谐因素。进一步深化平安岳阳创建，完善立体化治安防控体系，落实重大决策社会稳定风险评估机制，加强网络舆情管控引导，扎实做好安全生产、食品药品安全工作，依法严厉打击违法犯罪活动，有效地防范化解管控影响社会安定的问题，确保社会大局稳定，不断提升人民群众的安全感和满意度。

四、加强干部队伍建设，增强领导经济社会发展本领

经济发展新常态，对我们领导发展的思维方式、能力水平和工作作风提出了新要求。广大党员干部特别是领导干部，一定要自加压力、与时俱进，不断提高经济工作的制度化、法治化、专业化水平，努力适应新常态，驾驭新常态，引领新常态。

1.持续深入改进作风促发展。实践发展永无止境，作风建设永无穷期。促进发展，干部是中坚力量，作风是重要保障。新常态下区域间的发展竞跑，很大程度上是干部作风的比拼。要进一步巩固拓展教育实践活动的实践成果和制度成果，持续深入反“四风”、转作风。强化问题导向，重点围绕新常态下前瞻性、战略性、全局性的重大问题，深入调查研究，谋划新思路，寻求新对策，实现新发展。深入开展服务型机关建设、“企业对口联系帮扶”等活动，积极推行权力清单、负面清单和责任清单制度，大力简政放权，提升服务效能，严肃整治阻碍、扰乱经济发展的行为，不断优化发展环境。继续开展“党员进社区、竞赛当‘五员’”等主题活动，推动党员干部深入基层、贴近群众，切实帮助群众解决出行难、就学难、看病难和食品安全、生态环境保护等涉及群众利益的现实问题，以作风建设的实际效果赢得最广大人民群众的拥护和信赖。要进一步强化党风廉政建设“两个责任”，坚持党风廉政建设和反腐败斗争常抓不懈，为经济社会发展营造廉洁高效、风清气正的良好环境。

2.提高运用法治方式推动经济社会发展的能力。社会主义市场经济本质上是法治经济。适应经济新常态，法治是基石，是保障。要着力加强党领导经济工作制度化建设，通过定制度、立规矩、建规则，不断增强经济工作的规律意识、规矩意识和规范意识。各级领导干部要带头把法治作为信仰来追求，自觉真学、真信、真用，坚持以法治眼光审视发展问题，以法治思维谋划发展思路，以法治手段破解发展难题，以法治力量保障群众权益，确保各项决策部署于法有据、依法推进，确保经济社会在法治轨道上平稳运行。特别要注重按法治要求厘清政府与市场的界限、管制与服务的关系，让“看得见的手”依法行事、受到约束，让“看不见的手”规范有序、健康运行，真正做到法无授权不可为、法无禁止即可为、法定职责必须为，最大限度激发市场主体活力，最大限度发挥市场在资源配置中的决定性作用。各级党员干部要不断加强现代经济理论、经济规律和经济方法的学习研究，努力成为经济工作的行家里手，要带头依法办事，自觉运用法治思维和法治方式深化改革、化解矛盾、维护稳定、推动发展，不断提高领导经济社会发展的科学化、法治化水平。

3.以“钉钉子”精神狠抓各项工作的落实。习近平总书记多次强调崇尚实干、狠抓落实。抓落实，折射的是求真务实、真抓实干的思想境界，展示的是恪尽职守、奋发求为的责任担当，体现的是踏石留印、抓铁有痕的工作作风，检验的是攻坚克难、善作善成的能力水平。当前，适应新常态，抢抓新机遇，抓落实是硬道理，不落实就会落空，就会落后。要把抓落实作为重要的政治原则和组织纪律来执行，以钉钉子的精神，以踏石留印、抓铁有痕的劲头抓好工作落实。对中央、省委、市委的决策部署，要雷厉风行抓落实，决不允许上有政策、下有对策，决不允许有令不行、有禁不止，决不允许打折扣、做选择、搞变通，决不允许推诿扯皮、拖拉延宕。对认准的事情、部署的工作，要持之以恒抓落实，无论遇到什么困难和问题，都要锲而不舍，一抓到底，抓出成效。对重点工作、重大项目，要强化责任抓落实，定人定责，时间倒推、工期倒排、任务倒逼，确保落到实处、见到实效。基层是抓落实的“最后一公里”，也是抓落实的主战场。要切实加强基层基础工作，更加重视基层、关爱基层。认真落实省委要求，村、社区运转经费按2020年翻一番的标准逐年增加，切实保证基层有人管事、有钱办事。要高度重视和坚决纠正当前作风建设大背景下出现的“为官不为”现象，防止有些人借口“为官不易”，在工作中喊喊号子、做做样子、混混日子，遇到困难绕弯子，面对责任撂担子，出现问题捂盖子，只图“干净”不求“干事”。“为官不为”是典型的不抓落实，一定要从严整治。“为官避事平生耻”，面对艰巨复杂的改革发展任务，每一位党员干部都要以岳阳的事业发展为重，以群众的利益需求为重，主动担当，积极作为，扎实工作，推动各项工作干在实处、走在前列。

4.用正确的用人导向激励干部干事创业。事业发展，关键在人。要坚持正确的用人导向，建立“能者上、平者让、庸者下”的机制，用改革发展稳定的作为和实绩考核干部、评价干部、使用干部，对想干事、能干事、干成事的干部，对埋头苦干、默默无闻、不事张扬的干部，要从政治上重用、精神上鼓励、舆论上支持，努力营造干事创业的良好政治生态。实施高端人才引领，大力引进高层次创新创业人才，促进全市上下干事创业。岳阳发展的机遇期，也是广大党员干部建功立业的黄金期。我们要倍加珍惜这个大有作为的时代，倍加珍惜自己的岗位舞台，争当信念坚定、为民服务、勤政务实、敢于担当、清正廉洁的好干部，心无旁骛谋发展，满怀激情干事业，努力形成你追我赶、创先争优、赶超进位、竞相发展的良好态势，努力创造经得起历史、实践和人民检验的一流业绩。

同志们，加快岳阳新一轮跨越发展的进军号已经吹响，我们重任在肩、责无旁贷。让我们紧密团结在以习近平同志为总书记的党中央周围，在省委省政府的坚强领导下，抢抓机遇，奋勇争先，在打造湖南经济新增长极的征程上，不断迈出新的步伐，创造新的业绩！

政府工作报告

——在岳阳市第七届人民代表大会第三次会议上

岳阳市人民政府市长　盛荣华

（2014年1月18日）

市人民政府市长　盛荣华

各位代表：

现在，我代表市人民政府，向大会报告政府工作，请予审议，并请市政协委员和其他列席人员提出意见。

2014年经济社会保持平稳健康发展

2014年，在中共岳阳市委的坚强领导和市人大市政协的监督支持下，我们认真贯彻落实党中央、国务院和省委省政府的决策部署，积极应对挑战，奋力攻坚克难，实现了经济社会持续稳步发展，迈上了全面建成小康社会和建设现代幸福岳阳的新台阶。岳阳获评十个“中国最具幸福感城市”“中国最具文化软实力城市”之一，是全国唯一同获两项殊荣的地级城市。

——经济运行稳中有进。全年实现地区生产总值2669.39亿元，增长9.3 %；固定资产投资1790.13亿元，增长20.5%；规模工业增加值增长9.0%；社会消费品零售总额880.31亿元，增长12.6%；公共财政预算收入256.35亿元，比上年略有增长，完成进出口总额49.09亿元，增长22.9%。居民消费价格涨幅控制在2%。新增城镇就业5.7万人，城镇登记失业率4%。

——发展质量稳步提升。三次产业结构调整为10.8：54.1：35.1，第三产业比重提高1.1个百分点。高新技术企业达到123家，高新技术产业增加值占GDP比重17%，提高0.3个百分点。非公经济占GDP比重62%，提高0.9个百分点。万元GDP能耗下降6%，主要污染物排放削减率超额完成省定任务，空气质量优良率在全省6个重点监控城市中排第一。连续11年获评《福布斯》中文版中国大陆最佳商业城市。

——居民收入持续增加。民生支出占财政总支出比重72.6%。城乡居民收入分别达23121元和11062元，分别增长9.1%和11.4%。城乡居民储蓄存款余额961亿元，增长11.9%。5.8万农村贫困人口实现脱贫。城乡低保月保障标准线分别提高到400元和200元。企业退休人员月人均养老金提高到1604元。

——社会事业蓬勃发展。成功举办全国体育舞蹈公开赛、全省第八届少数民族传统体育运动会。巴陵石化荣获国家科技进步二等奖。中科电气荣获国家技术发明二等奖。巴陵戏首次走出国门赴土库曼斯坦参加对外文化交流，《洞庭渔歌》入选第四批国家级非遗代表名录，成功通过国家历史文化名城复查。人口自然增长率6.5%，连续16年获评全省人口计生工作先进市，各县市区均进入先进以上行列。获评全国无偿献血先进市、全国卫生监督工作先进市，新农合参合率稳居全省第一。

——社会大局和谐稳定。平安岳阳建设深入推进，安全生产事故各项指标下降10%以上，连续6年获评全国安全生产月活动先进市，连续9年获评全省安全生产工作先进市。信访总量下降11%，进京非访全省最少。社会治安案件发案率下降21.3%，连续8年获评全省社会治安综合治理先进市，综治民调排全省第二位，君山排全省县市区第一位。

过去一年，困难比预料的多，压力比预想的大，但我们顶住压力，克服困难，突出重点，狠抓落实，有力推动了经济社会持续健康发展。

1.突出项目建设，增强发展动力。扎实推进“双百工程”“三个一批”竞赛活动和“百日攻坚行动”，104个重大建设项目100个开工，103个重大前期项目21个提前开工，南翔万商国际商贸物流城、环南湖旅游交通三圈、科伦二期等项目加快推进，10万吨环氧丙烷等项目竣工投产，国家磁力设备质量监督检验中心建成运营。

岳阳港、岳阳三荷机场、常岳九铁路等项目列入国家长江经济带综合立体交通走廊规划，中国洞庭湖博览园、河湖连通工程等项目列入洞庭湖生态经济区“511”工程，1500万吨炼油改扩建及100万吨芳烃项目纳入国家“十三五”石化产业规划布局。绿色化工产业园列入国家首批低碳工业园区试点，军民融合北斗卫星产业园、洞庭湖国际电子商务新城启动建设。汨罗通过国家循环经济标准化试点验收，全省首个农业光伏发电项目落户平江，君山工业园获批省级工业集中区。内联引资到位资金355亿元，华菱集团、红星美凯龙、新华联、友阿等知名企业进驻岳阳。

2.突出改革开放，激发市场活力。行政审批制度改革扎实推进，精简各类行政许可事项166项，在全省率先不再保留非行政许可事项。市、县两级政府机构改革全面启动。工商登记制度改革试点有序开展，新登记企业户数、注册资本（金）分别增长59.6%和98.5%。中信、光大银行岳阳分行开业。铁路运输业、邮政业和电信业“营改增”全面落实。农民住房财产权抵押贷款、农村土地承包经营权确权登记颁证及抵押贷款等试点稳步推进。国企改制遗留问题处理、户籍制度改革进展顺利。临湘列入全国“多规合一”试点市。对外开放迈开大步，“一区一港三口岸”建设取得重大突破，综合保税区是去年全国第一个获批的保税区，汽车整车进口口岸是中部地区首个获批的口岸，进口肉类指定口岸是长江沿线继上海、重庆之后第三个获批的口岸，进口粮食指定口岸正式运营，城陵矶港纳入启运港退税范围，与上港集团成功签订战略合作协议。成功举办“高铁遇上游轮”旅游联盟、央视《寻宝·走进岳阳楼》活动，实现旅游总收入247.4亿元，增长20%。完成集装箱吞吐量22万标箱，港口货物吞吐量1.2亿吨。

3.突出企业帮扶，壮大实体经济。深入开展11大重点产业和37家重点民营企业三年帮扶行动，实施《岳阳市重点民营企业帮扶资金管理办法》。设立高校毕业生创业扶持专项资金，新增银行信贷103亿元，获批建设用地1200公顷，完成各类职业技能培训6万人次。从严整治“三乱、三强、三难”等行为，依法查处破坏经济发展环境典型案件6起。非公经济实现增加值1659亿元，增长10.5%，道道全粮油、中创化工、金龙铜业等6家企业进入湖南民营企业100强。凯美特气获“省长质量奖”，科伦制药、天欣科技获“市长质量奖”。巴陵节能在新三板挂牌。新增中国驰名商标9件、国家地理标志保护产品3件。食品产业成为我市第二个千亿元产业。

4.突出城乡统筹，加快小康进程。高速公路“两路一桥”、临湖公路等项目加快推进，芙蓉大道湘阴段竣工通车，新建、改造农村公路504千米，完成危桥改造326座。完成4个110千伏输变电项目建设和419个行政村农网改造。“数字岳阳”地理空间框架建设全面完成。新建高标准基本农田2.2万公顷，疏浚沟渠2万公里，解决农村35.8万人饮水安全问题。粮食总产315万吨，湘阴、华容、岳阳县获评全国粮食生产先进县，汨罗获评全国水稻生产全程机械化示范市和全国平安农机示范市。水产品总量稳居全省第一，湘阴获评全国渔业健康养殖示范县。流转土地20.64万公顷，农民合作社发展到2017家。华容获评国家现代农业示范区农业建设与改革试点县，屈原阳岳球获评“全国十佳农民”。王家河流域综合治理、洞庭新城、市体育中心、市档案馆、湖滨和马壕污水处理厂建设加快推进，南湖水上游乐项目投入运营，公共自行车租赁系统使用超过630万人次。深入开展文明创建，城市管理“六大整治”“八个环境”建设和精神文明“十项重点工作”扎实推进，全省城市卫生暗访检查排名第一。禁拆治违持续加力，拆除违法建设2282处31.7万平方米。农村环境整治纵深推进，美丽乡村建设全面启动，平江茅田村获评中国最美休闲乡村。

5.突出民生改善，提升幸福指数。37件省市实事全面或超额完成，开工建设保障性住房44187套，城区提质改造小街巷547条、农贸市场11个，更新新能源公交车200台，实施农村危房改造9700户。“五大保险”继续扩面提标，住房公积金管理规范安全，“零就业”家庭持续动态清零。贫困残疾人住房解困工作扎实推进，在全省率先完成贫困户危房改造“百村示范”工程，获评全国社会扶贫先进集体。教育资源布局调整启动实施，阳光招生扎实推进，城区“大班额”问题化解初见成效，华容纳入全国教育信息化建设试点县。国家公共文化服务体系示范区创建稳步推进，广播电视“村村通”建设任务全面完成，“欢乐潇湘·幸福岳阳”“周末一元剧场”等群众文化活动深入开展。城镇独生子女父母奖励和单独二孩政策全面落实，完成50家乡镇卫生院改扩建，市二医院、市中医院获批国家级全科医生培训基地，重大疾病防控、公共卫生服务和食品药品安全工作扎实开展。城乡社区规范化、标准化建设水平逐步提高，城区社区工作经费补贴逐年增长，岳阳楼区获评全国和谐社区建设示范城区。大力推进湘江污染防治三年行动计划和河道采砂规范化管理，扎实开展铁山水资源保护行动月活动，加强南湖水环境综合治理，东洞庭湖自然保护区列入首批世界保护地绿色名录。

6.突出民主法治，加强自身建设。自觉接受市人大法律监督和市政协民主监督，全面完成市人大议案、代表建议和市政协建议案、委员提案办理。扎实推进“三提升”主题活动，政风行风明显改进，市政府门户网站荣获中国政务网站领先奖，市长信箱、“12345”热线同获精品栏目奖。乡镇便民服务中心实现全覆盖，政务服务审批提速42.8%。顺利完成第九次村委会换届选举。深入开展党的群众路线教育实践活动，坚决反对“四风”，全面停止新建楼堂馆所，全面完成办公用房清理，全面加强公务用车管理，全市公务卡刷卡率53.3%，“三公”经费支出下降27.9%。

其他各项事业协调发展，国防动员和后备力量建设取得新成绩，国安、武警、消防、人防、统计、史志、保密、老龄、民族宗教、科协、气象、外事侨务、对台、联络接待、移民、烟草、邮政、通信等工作取得新进步，工会、共青团、妇联及各民主党派、工商联、无党派人士在经济社会发展中做出了新贡献。

各位代表，过去一年，奋斗十分艰辛，成绩来之不易，这是省委省政府和市委正确领导的结果，是市人大市政协监督支持的结果，是全市上下共同努力的结果。在此，我代表市人民政府，向全市人民，向所有关心和支持岳阳改革发展的社会各界人士，表示衷心的感谢和崇高的敬意！

在总结成绩的同时，我如实向大家报告，受宏观经济下行、长炼和巴陵两厂周期性停产检修、淘汰关停落后产能工业企业等诸多因素影响，去年GDP、规模工业增加值、公共财政预算收入等指标没有达到年初预期。特别是长炼、巴陵两厂近20年来首次全面停产检修70天、50天，使全市工业产值和财税收入分别减少92亿元、19.8亿元，拉低GDP、规模工业增加值、公共财政预算收入增速1.2个百分点和7.7个百分点，突出反映我市产业结构严重不优，地方工业、非公经济和新兴产业量小质低，转型升级任务艰巨。同时，我们也清醒地看到，经济社会发展中还存在不少困难和问题。主要是：经济稳进向好的基础不牢，重大项目偏少，县域经济综合实力不强，开放型经济薄弱，民生改善仍需加力，社会保障能力和公共服务水平仍需进一步提高，发展环境仍需优化，少数政府公职人员不勤不廉现象仍然存在。对此，我们将采取切实有效措施，认真加以解决。

2015年全力推进湖南通江达海的新增长极建设

今年是全面深化改革的关键之年，是全面推进依法治国的开局之年，是全面建成小康社会的攻坚之年，是全面完成“十二五”规划的收官之年。世界经济仍处在国际金融危机后的深度调整期，缓慢复苏的态势没有改变。我国经济进入发展新常态，总体向好的趋势没有改变。岳阳面临长江经济带和洞庭湖生态经济区两大国家战略叠加的重大机遇，持稳上行的走势没有改变。综合分析判断形势，机遇大于挑战，有利多于不利。特别是省委省政府提出，要发挥岳阳作为湖南融入长江经济带的“桥头堡”作用，呼应“长三角”，着眼“中三角”，对接长株潭，辐射环湖区，将岳阳发展成为全省通江达海的新增长极。这是省委省政府对岳阳发展的新定位、新要求，也是岳阳加快发展的新机遇、新动力。我们要以打造“湖南通江达海的新增长极”这一目标来凝聚全市人民的智慧与力量，主动适应新常态，抢抓新机遇，应对新挑战，展现新作为，开创新局面。全力推进“新增长极”建设，必须坚持五条基本路径：建设“桥头堡”，主动融入长江经济带，建设大口岸，促进大流通，培育大产业，构筑开放发展的前沿阵地，呼应“长三角”，全面落实长江流域通关一体化，促进要素合理流动、产业分工协作、市场统一开放，深化与沿江城市合作，着眼“中三角”，发挥岳阳黄金节点区位优势，加强区域内交通、产业、旅游、生态等联动互促，实现抱团竞争与错位发展，对接长株潭，加快推进两型社会滨湖示范区与长株潭城市群产业联动、市场联网、科技联姻和开发联片，基本形成两型发展新模式，辐射环湖区，突出生态文明主题，加强江湖综合治理，推动规划同编、产业同兴、设施同建、环境同治，争当洞庭湖生态经济区建设的先行者、引领者和示范者。

今年政府工作的总体要求是：深入贯彻落实党的十八大及十八届三中、四中全会和中央、省委、市委经济工作会议精神，坚持稳中求进工作总基调，坚持以提高经济发展质量和效益为中心，以全面建成小康社会为总揽，促进“三量齐升”，推进“四化两型”，狠抓改革攻坚，突出创新创业，加快转型升级，强化风险防控，推进依法治市，加强民生保障，努力打造湖南通江达海的新增长极。

今年经济社会发展的主要预期目标是：地区生产总值增长10%左右，规模工业增加值增长10%左右，固定资产投资增长19%，社会消费品零售总额增长12%左右，公共财政预算收入增长10%，城乡居民收入分别增长9%、10%，万元GDP能耗下降3.5%左右。

一、坚持稳增长调结构促转型

科学编制“十三五”规划，在全力稳增长的同时，加大转方式、调结构力度，促进经济提质增效升级，向中高端水平迈进。

扩大有效投资。继续实施重大项目“双百工程”，力争完成全社会固定资产投资2170亿元。交通：加快高速公路“两路一桥”、蒙华铁路岳阳段建设，建成临湖公路、京港澳高速岳阳收费站改扩建等项目，开工建设岳阳三荷机场、京港澳高速新开联络线、G536平江青冲至伍市公路、湘阴武警机场公路等项目，加强农村公路“通畅工程”、危桥改造和渡改桥建设，加大国省干线管养力度，推进常岳九铁路、平益高速前期工作，启动环湖公路规划研究。水利：推进农田水利“百千万”工程、小农水重点县、洞庭湖和黄盖湖综合治理、中小河流治理、水土流失治理和农村小水电站建设，加快市防汛抗旱物资储备中心建设，完成2万千米农村沟渠疏浚和100座病险水库除险加固。电力能源：推进9个110千伏、5个35千伏输变电项目和平江抽水蓄能电站建设，新建改造250千米城乡10千伏线路，启动静脉产业园建设。

发展战略性新兴产业。继续开展重点产业、重点民营企业帮扶行动，推动石化、电力、食品、造纸、电磁、建材、纺织等产业高端化、低碳化、智能化改造，提高传统产业整体竞争力。加快发展北斗应用、生物医药、新材料、节能环保、文化创意等新兴产业，积极培育新模式、新业态、新产品，发掘做大产业新增长点。推动信息化和工业化深度融合，促进信息技术在生产制造、服务业、安全生产等领域的应用。全面推进“135”工程，加快经开区、临港新区、汨罗循环经济产业园等各类园区创新发展，重点培育10家省级以上工业园区，今年力争完成150万平方米标准化厂房建设、引进250家创新型企业。

致力打造旅游目的地。加快构建观光、度假、生态、探险、健身等多元旅游产品供给体系，丰富旅游业态，促进旅游融合，推动岳阳旅游由过境地游向目的地游转变。推进中国洞庭湖博览园、南湖十景、顺天洋沙湖国际休闲度假区、岳阳游乐场等20个重大旅游项目建设，加大乡村旅游资源开发，加快休闲度假产业发展。深化高铁、长江沿线旅游城市战略合作，创新举办汨罗江国际龙舟节、君山团湖野生荷花节、洞庭湖国际观鸟节、君山岛爱情文化节等主题节会活动，做强做旺“楼岛江湖”和“花鸟舟情”品牌。完善旅游基础配套，加强旅游市场管理，提升旅游服务品质，真正让游客慕名而来、流连忘返。

促进现代服务业跨越发展。加快建设洞庭湖国际电子商务新城，重点发展食品电商、跨境电商和电商服务，积极培育移动互联网、互联网金融、云计算等新兴业态，全力创建国家电子商务示范城市。加速推进南翔万商国际商贸物流城二、三期和红星美凯龙城市综合体、友阿商业综合体、临港国际汽车城、岳阳茶博城等项目建设，形成功能齐全、结构合理、竞争有序的城市商业网点体系。促进住房消费，推动房地产业平稳发展。大力发展研发设计、服务外包、金融物流、中介咨询等生产性服务业，提速发展健康养老、家政服务、娱乐休闲、体育健身等生活性服务业，培育更多新的经济增长点。

提升文化软实力。充分挖掘历史文化资源，积极培育忧乐文化、求索文化、龙舟文化、爱情文化等特色文化品牌，彰显城市文化魅力，提升城市文化品位。严格实施国家历史文化名城保护规划，切实保护好名城名楼名镇名村名居和巴陵戏、汨罗江畔端午习俗等非物质文化遗产，完成慈氏塔、启动岳阳教会学校等国家级文保单位的维护修缮。发展壮大文化产业，加快屈子文化园、左宗棠文化园等项目建设，举办第二届黄茶文化节，扶持数字出版、移动多媒体、动漫游戏等新兴文化业态，促进会展、文体、影视演映等文化消费，努力打造文化强市。

推进全民创新创业。实施创新驱动发展战略，出台《关于推进创新创业的实施意见》，加快中小企业孵化基地、企业技术研发中心、区域技术创新中心等创新平台建设，加强知识产权保护，大力实施“巴陵人才工程”，建设创新型岳阳。加大中小微企业扶持力度，激活非公经济活力和创造力，促进非公经济健康快速发展。大力弘扬创新创业文化，激发全民创新创业热情，重点打造城镇下岗工人、失地农民、高校毕业生、退役军人、寓外乡友等创业示范园区，举办首届岳商大会，让创新创业的活力竞相迸发、成果不断涌现。

二、加快“一带一区”开发开放

抢抓长江经济带、洞庭湖生态经济区建设等重大战略机遇，发掘增长新动力，培育开放新优势，实现发展新突破。

优化区域布局。坚持分类指导，发挥比较优势，统筹推进沿江环湖、环长株潭、中心城区三个区域发展。充分发挥华容、临湘、君山、云溪、岳阳县、临港新区等沿江环湖地区通江达海、贯穿东西、政策支持等优势，依托黄金水道，发挥黄金作为。充分发挥湘阴、汨罗、平江、屈原等环长株潭地区毗邻省会城市的优势，实施融长发展战略，承接产业转移，发展“飞地经济”，建设长株潭卫星城市。充分发挥岳阳楼区、经开区、南湖风景区等中心城区商贸、文化、人才、信息、物流等综合优势，重点发展现代服务业和战略性新兴产业，带动全市转型创新发展。

加快港口建设。按照“百万标箱、亿吨大港”的目标，深化城陵矶港与上港集团合作，全力建设湖南通向世界的“出海大通道”。实施长江航道岳阳段疏浚整治工程，改善通航条件，提升航运能力。科学整合港口资源，优化港口功能布局，加快华容塔市驿、君山荆江门、云溪彭家湾、临湘鸭栏、岳阳县鹿角、湘阴漕溪港等港口建设，推进沿江沿湖港口集群发展。切实加强岸线资源保护，严格管理和科学利用岸线资源。

筑牢开放平台。加快“一区一港三口岸”建设，力争综合保税区和汽车整车进口口岸一次性通过验收，推进肉类和粮食进口指定口岸科学运营，大力发展保税加工、保税物流、保税贸易服务，提升开放型经济发展水平。加强沿江口岸通关协作，启动岳阳航运交易所申报，推进岳阳电子口岸、公路口岸建设，争取上海自贸区汽车平行进口政策，建设中部地区功能齐全、通关便利的现代口岸。发挥启运港退税政策优势，力争开通城陵矶至上海洋山港航线，推动进出口贸易扩量倍增。依托“五园一区”平台，开展专业化、产业链、点对点招商，提高招商引资实效。

壮大临港产业。加快推进1500万吨炼油改扩建及100万吨芳烃、15万吨裂化催化剂等项目建设，延伸石化产业链，做大做强绿色化工产业园。扎实推进煤炭储备基地、平江和华容百万千瓦火电厂、小墨山核电站等项目建设，打造沿江绿色能源产业带。大力发展现代物流业，启动中粮城陵矶产业园、华菱欣港物流总部经济项目建设，打造长江中游区域性航运物流中心。积极培育电子信息、食品加工、先进装备制造等优势产业，加快军民融合北斗卫星产业园、洞庭湖绿色食品产业园、新永利专用车等项目建设，构建多点支撑的沿江产业体系。

三、继续全面深化改革

坚定改革信心，狠抓各项改革措施的落地生根，向改革要动力、活力和增长率。

深化经济体制改革。扎实推进新一轮国有企业改革，基本化解国有企业改革历史遗留问题，加快建立现代企业制度，大力发展混合所有制经济。深化投融资体制改革，规范整合政府投融资平台，探索PPP、资产证券化、股权融资等合作模式。加快农村信用社改革，力争完成岳阳农商行组建，引进股份制商业银行，发展资本市场，促进保险证券业和地方小微金融稳健发展。探索科技金融结合的新模式新路径。推进财政收入管理、预算管理、体制管理和绩效管理改革，建立现代财政制度。规范政府性债务管理，防范债务风险。开展政府购买服务试点。落实“营改增”、消费税、资源税、个人所得税等税制改革。启动不动产登记制度改革。加快工商登记制度改革，推进工商注册制度便利化，点燃全民创业的星星之火，形成民营经济蓬勃发展的燎原之势。

深化行政体制改革。继续精简行政审批事项，实施流程再造，纵深推进简政放权、放管结合。加快转变政府职能，全面实行权力清单、负面清单、责任清单制。完成市县政府机构改革。基本完成承担行政职能和从事生产经营活动事业单位改革。深化公务员分类改革，完善基层公务员考录制度。建立最严格的食品药品监管体制。全面实施公车改革。深化行政执法体制改革，探索将县级部分行政执法权依法委托下放到有一定人口规模和经济实力的乡镇。有条件的地方依法启动新一轮并乡（镇）合村试点。

深化社会体制改革。加快教育综合改革，统筹各类教育协调发展，继续推进阳光招生，促进教育公平。全面实施县级公立医院改革和新农合大病商业保险，鼓励支持社会办医，巩固完善基本药物制度和基层运行新机制，深化医疗器械集中采购改革。鼓励产学研协同创新，健全科技成果处置权、收益权管理机制，促进科技成果资本化、产业化。完善文化管理体制，构建现代公共文化服务体系。整合城乡居民基本养老保险、基本医疗保险制度，探索建立城乡一体的社会保险制度。推行阶梯式水、电、气价制度和政府两型采购制度。

深化农村体制改革。全面铺开农村土地承包经营权确权登记颁证，引导土地有序流转，大力培育专业大户、农民合作社、家庭农场、农业企业等新型农业经营主体。加快国有林场改革，完善集体林权制度。推进供销合作社综合改革。加强农村集体资产股份制改革。积极探索农村土地承包经营权抵押贷款。依法稳妥推进农民住房财产权抵押、担保、转让，拓宽农民财产性收入渠道。

四、促进农业稳定发展和农民持续增收

以保障粮食安全和促进农民增收为核心，进一步加强“三农”工作，加快推进农业现代化，巩固和发展农业农村好势头。

夯实农业农村发展基础。扎实推进农村土地综合整治项目建设，确保基本农田总量不减少、用途不改变、质量有提高，确保粮食播种面积稳定在53.33万公顷、总产310万吨以上，保障粮食、生猪、水产等大宗农产品稳定供给。统筹整合涉农资金，确保农业投入只增不减。扩大农业政策性保险，提高农业抗风险能力。大力发展村级集体经济。积极稳妥推进新农村建设，改善人居环境，提高农民素质，推进“物的新农村”和“人的新农村”建设齐头并进。认真抓好减负惠农工作，严格落实涉农补贴政策，关爱农村留守人员，确保农村社会和谐稳定。

加快转变农业发展方式。继续抓好油茶、楠竹、林下经济产业发展，规划建设君山、华容3.33万公顷绿色蔬菜基地，扶持茶叶、油料、饲料等优势产业发展。引导工商资本进入农业，加快岳阳国家农业科技园区、君山全国休闲农业与乡村旅游示范区、岳阳县台湾农民创业园和屈原、华容国家现代农业示范区建设，推进农业生产规模化、标准化、机械化、工厂化、合作化、品牌化。加大农业科技投入，完善农技推广服务体系，提高农业科技水平。积极培育休闲农业、旅游农业、城市农业等新型业态，争创一批休闲农业示范县、示范点和五星级休闲农庄。

加大扶贫攻坚力度。突出革命老区、山区、库区、移民地区等扶贫开发，优化整合扶贫资源，加强驻村扶贫，实施精准扶贫，确保扶贫到村到户。强化产业扶贫、智力扶贫，实施“双千”工程，做好发展生产、公共服务、全民教育三件大事，加快贫困地区脱贫致富步伐。创新扶贫工作机制，引导社会力量参与扶贫事业。坚决打胜扶贫攻坚战，决不让困难群众在全面建设小康路上落伍掉队。

五、推进新型城镇化

坚持走以人为本、四化同步、优化布局、生态文明、文化传承的新型城镇化道路，努力建设宜居宜业宜游的美丽家园。

坚持规划引领。围绕“一核两带三圈”城市发展战略，编制完成《岳阳市推进新型城镇化实施纲要》，完善城镇规划体系，实现城乡规划全覆盖。优化城镇化布局和形态，依托现有山水脉络，突出滨水生态风格，加快岳阳长江新区建设，推进县城和中心镇扩容提质，严格守住生态红线、耕地红线和水资源红线。强化规划实施全过程监管，持续加大禁拆治违力度，启动城区数字禁违指挥监控平台建设，以铁的措施、铁的纪律，坚决禁止新增违法建设，坚决拆除存量违法建设。

突出产业支撑。坚持城市发展与产业成长“两手抓”，促进城市空间与产业空间高度契合，走以产兴城、以城促产、产城联动、协同共进的发展路子。立足产业特色，坚持优势优先，重点发展岳阳楼区和经开区现代服务业、云溪绿色化工能源、汨罗循环经济、平江食品旅游和汽车部件、湘阴装备制造和食品、岳阳县生物医药和粮食加工、临湘化工建材矿产、华容纺织服装和食品、君山绿色食品和乡村旅游、屈原现代农业等优势产业。依托资源禀赋和区位条件，加快发展镇域经济，宜工则工、宜商则商、宜游则游，重点支持10个不同类型的示范镇建设。

增强城镇功能。坚持地上与地下、硬件与软件、建设与运营相结合，统筹推进城镇水、电、路、气等市政公共设施建设，加大城区旧城改造力度，增加城镇基本公共服务供给，增强城镇承载支撑能力。加快湖滨片区、高铁新城等路网建设，优化城市路网结构，大力发展公共交通，推进岳阳东站客运枢纽、郭镇公交综合基地等站场建设，合理布局建设城市停车场和立体车库，完善道路微循环系统和公共自行车租赁系统，着力缓解城区交通压力。加快马壕污水处理厂建设，强化城镇污染治理设施日常运行监管，推行城市地下管网综合管廊模式。加强文化体育、医疗卫生、就业服务、社保经办和便民服务设施建设，努力构建安全高效便利的公共服务网络体系。

提升管理水平。完善人口管理和服务制度，加快户籍制度改革，加强人口基础信息库建设，全面实施居住证制度，有序推进农业转移人口市民化。坚持集约节约用地，盘活存量用地，强化供地率和用地效益考核。拓宽城镇建设融资渠道，探索民营资本通过特许经营方式进入城镇基础设施建设和公用事业领域，建立多元可持续的资金保障机制。加快智慧城市建设，推进“数字岳阳”地理空间框架成果应用和中心城区平安城市、智慧交通、城市光网建设，提升城市管理数字化、精细化、网格化、规范化水平。继续开展全国环保模范城市、交通模范城市、社会治安综合治理先进市创建工作，巩固提升城市文明度、宜居度、美誉度。

六、建设水墨丹青岳阳

像保护我们的眼睛一样保护生态环境，像呵护我们的母亲一样呵护青山绿水，让岳阳的天空永远蓝下去，让岳阳人民惬意深呼吸。

加快生态岳阳建设。推进“绿色通道”建设三年行动计划，加强森林公园、地质公园、风景名胜区保护，加快城市公园、小游园建设，巩固绿化创模成果，让岳阳城乡郁郁葱葱、鸟语花香。以更大力度推进城区“四

湖两河”水域环境治理，加快环南湖旅游交通三圈建设，加强金凤湖生态示范区保护与利用，努力把岳阳打造成为国内外养生养老休闲名城。坚持“两保”并重，加强铁山水资源保护和库区民生保障，全面完成月田、毛田集镇污水处理厂建设，把一泓清甜的生命之源留给子孙后代。实行最严格的水资源管理制度，积极参与长江、湘江、洞庭湖等跨界河湖流域联合治理和开发，抓好东洞庭湖自然保护区建设，加强汨罗江、新墙河等流域联防联治，构建绿色生态走廊。

实施节能减排攻坚。深入推进城区重点排污企业“退二进三”，加快建设环南湖截污管网工程，筹建排污权交易中心，确保污染物排放持续下降。加快淘汰落后产能，推进工业、建筑、交通等重点领域节能，大力发展清洁生产、绿色低碳技术和循环经济。强化大气污染防治，加快燃煤锅炉污染治理设施建设与改造，加强PM2.5监控，加大渣土扬尘、机动车尾气等治理力度，继续淘汰“黄标车”，确保空气质量稳步提高，确保岳阳人民远离“心肺之患”。

深化城乡环境整治。认真落实湘江保护与治理省政府“一号重点工程”，全面完成第一个“三年行动计划”，加强临湘桃林铅锌矿、云溪松阳湖等区域重金属污染治理，确保流域水质持续改善。深入推进“洞庭风雷”行动，严厉打击非法捕捞、采砂、排污、营运等行为，促进人水和谐。继续开展城区“六大整治”行动和爱国卫生运动，全面推进美丽乡村建设，实施农村环境连片整治，让城乡涌现更多美丽县城、美丽乡镇、美丽村庄、美丽社区和文明农户。

七、大力提升人民幸福指数

坚持促发展与惠民生并重，加大民生投入，守住民生底线，不断提高人民生活水平和质量，让岳阳幸福指数更上一层楼。

扎实办好民生实事。全面完成15项24件省级实事：新增城镇就业、农村公路建设、义务教育合格学校和农村公办幼儿园建设、解决农村人口饮水安全、“两房两棚”和“两供两治”建设、0—7岁残疾儿童抢救性康复、贫困重性精神疾病患者救治救助、改扩建精神卫生服务机构、新增社会治安视频监控摄像头、社区矫正中心建设、新增养老服务床位、标准化改造农贸市场、农村环境整治、广播“村村响”、行政村配电网改造。全力办好10件市级实事：完成农村劳动力转移就业3.5万人，完成城区400条小街巷改造，更新100台新能源公交车，建设30个示范社区，建成14所乡镇卫生院，建成市流浪未成年人救助保护中心，建成市老年护理中心，实施重点减排治污项目11个，整治中心城区建筑工地施工噪声扰民，提质改造中心城区56座公厕和18座垃圾站。民生实事桩桩件件关系老百姓切身利益，必须带着责任和感情办，真正把实事办好，把好事办实，办得让老百姓满意。

加快发展社会事业。启动新一轮学前教育三年行动计划，推进教育化债，统筹城乡义务教育资源均衡配置，确保人人有学上，力争人人上好学。深入实施重点文化惠民工程，加快市广电中心、青少年活动中心、妇女儿童活动中心、科技馆、图书馆、新墙河抗战文化博物馆建设，完成市档案馆建设，力争成功创建国家公共文化服务体系示范区。推进市中心医院、市妇女儿童医院、市中医院骨伤大楼和5家县级医院建设，推进养老养生健康产业园建设，完善社区卫生服务体系，提高公共卫生服务水平。坚持计划生育基本国策不动摇，稳定适度低生育水平，促进人口长期均衡发展。积极开展全民健身和群众体育活动，提升全民健康水平。

健全完善保障体系。抓好就业这个民生之本，以创新创业带动就业，多渠道增加城乡居民收入。加强价格监测预警，保持物价总水平基本稳定。推进社会保险征缴扩面，出台被征地农民社保政策，继续提高城乡低保、五保供养、医疗救助标准，扩大大病医疗慈善救助基金规模，落实原民办代课教师和老年乡村医生生活困难补助政策，做好下岗职工、大病家庭、贫困残疾人等特殊困难群体帮扶救助工作，构建更加公平可持续的社会保障体系。落实重度残疾人护理补贴制度，促进残疾人康复事业发展。加快市烈士陵园建设。推进殡葬改革，建立普惠型殡葬制度。鼓励和引导民间资本进入养老服务领域，让更多老年朋友安享幸福晚年。

全面加强社会治理。认真贯彻落实新《中华人民共和国安全生产法》（以下简称《安全生产法》），加强县乡安全监管能力建设，强化重点领域、重点行业、重点环节安全监管，推进水陆运输超限超载治理工作，坚决防止重特大安全事故发生。深入推进质量兴市和商标战略，切实加强食品药品安全监管，严厉打击制售假冒伪劣行为，营造安全放心的消费环境。深化民间投融资服务机构清理整顿，严厉打击非法集资，防范金融风险。深化平安岳阳建设，加强社会治安防控体系建设，严厉打击各类违法犯罪，巩固综治民调成果，维护社会公平正义。深入开展法治宣传教育，引导全民自觉守法、遇事找法、解决问题靠法，加快建设法治岳阳。深入开展“信访工作双向规范”主题活动，加强人民调解和法律援助，及时就地解决群众合理诉求。加强基层基础工作，全面实施“美好社区、温馨家园”创建活动，推动社区建设管理提质升级。鼓励和支持志愿服务、公益慈善等社会组织发展，激发社会组织活力。加强虚拟社会、突发事件应急管理，完善防灾减灾体系。依法管理宗教事务，推动民族团结进步。加强国防动员、人防、国安、武警、消防等工作，促进军民深度融合发展。

各位代表，做好政府工作，必须加强自身改革建设。要始终以人民满意为出发点和落脚点，加快建设法治政府、效能政府、诚信政府、廉洁政府，不断提高现代治理能力和水平，努力为人民提供优质高效服务。依法行政。认真贯彻党的十八届四中全会精神，把法治理念和法治思维贯穿政府工作全过程，坚持法定职责必须为、法无授权不可为，确保政府工作始终在法治轨道上运行。坚持依法科学决策，建立重大决策合法性审查和风险评估机制，健全法律顾问制度，继续实施专家论证、公开听证和电视问政，自觉接受市人大市政协、民主党派和全社会监督。全面推进政务公开，以公开促公正、保公平，确保权力在阳光下运行。提升效能。强化担当精神和效率意识，深入推进“三提升”主题活动，全面加强政府执行力建设，坚决打通决策落地的中梗阻。始终突出问题导向，强化底线思维，以钉钉子的精神狠抓工作落实，划定路线图，制定任务书，确定时间表，压茬推进，精准发力，说了的坚决做到，定了的坚决执行，不搞形式、不放空炮、不走过场。优化环境。认真贯彻落实《湖南省优化经济发展环境十条禁止性规定》，严格执行企业诉求挂号销号、入企检查登记备案和企业宁静日等制度，用硬措施优化软环境，以软环境提升硬实力。践行社会主义核心价值观，加强诚信体系建设，提高全社会文明程度。要用抓项目建设的劲头抓优化环境，要像爱护自己的脸面一样爱护岳阳的形象，积极构建公正、透明、可预期的市场环境，让岳阳成为人人向往的投资创业热土。改进作风。巩固拓展党的群众路线教育实践活动成果，持续深入转作风、反“四风”，既要治理乱作为，也要治理不作为，更要激励公职人员奋发有为，形成作风建设新常态。厉行勤俭节约，精打细算，严管严控，确保“三公”经费支出“零增长”、楼堂馆所“零建设”、一般公务用车“零购置”。严格落实党风廉政建设责任，严守廉洁从政纪律，加强对项目招投标、工程建设、土地出让、政府采购等重点领域和环节的监管，落实制度廉洁性评估，强化行政监察和审计监督，努力营造干净干事、风清气正的良好氛围。

各位代表，550万岳阳人民对美好幸福生活的向往，就是我们矢志不渝的奋斗目标。让我们在中共岳阳市委的坚强领导下，紧紧团结和依靠全市人民，抢抓机遇，开拓创新，扎实工作，为加快全面建成小康社会、打造湖南通江达海的新增长极而努力奋斗！

岳阳市人民代表大会常务委员会工作报告

——在岳阳市第七届人民代表大会第三次会议上

岳阳市人大常委会主任　李湘岳

（2015年1月15日）

市人大常委会主任　李湘岳

各位代表：

我受岳阳市第七届人民代表大会常务委员会的委托，向大会报告工作，请予审查。

2014年，常委会在中共岳阳市委的坚强领导下，在各级人大代表和人民群众的监督支持下，深入学习贯彻党的十八大、十八届三中、四中全会精神，围绕全市发展大局，依法行使职权，较好地完成了市七届人大二次会议确定的工作任务，为加快建设现代幸福岳阳，推进社会主义民主法治建设做出了积极努力。全年举行常委会会议7次，主任会议20次，听取和审议“一府两院”专项工作报告28项，人大常委会专项工作报告1项，执法检查报告2项。作出决议决定3个。制定规范性文件3个。开展专题考察1次。

一、坚持科学发展，推进现代幸福岳阳建设

常委会紧紧抓住全市经济社会发展中的大事要事，科学民主审议决定重大事项，努力推动全市经济社会健康协调发展，加快建设现代幸福岳阳。

保障经济平稳运行。常委会听取和审议了岳阳市2014年上半年国民经济和社会发展计划执行情况的报告，针对经济下行压力较大、主要经济指标下滑、项目投资乏力、企业经营困难、居民收入增长放缓等问题，建议政府强力推进项目建设，优化产业结构，转变发展方式，加强要素保障，推进企业转型升级，促进经济平稳增长。专题调研黄茶产业发展情况，督促科学规划产业布局，加快推进品牌建设，促进岳阳黄茶产业跨越发展。开展全市民间借贷市场发展情况专项调查，督促依法加强民间借贷市场监管，规范市场秩序，防范金融风险，维护社会稳定。对全市供电企业发展、工商部门监管服务市场主体工作情况进行了调研。

强化预算审查监督。常委会听取和审议了2014年市本级财政专项资金（基金）预算、2014年上半年预算执行及2013年财政决算情况的报告，对2013年度专项资金、政府性基金使用情况进行了审查。针对预算编制精准度有待加强、财政资金使用效率有待提高、政府性债务管理不够到位、政府性基金和专项资金管理不够规范等问题，督促政府及财政部门改进完善预算编制，规范财政收支和专项资金管理，防范财政风险，提高财政资金绩效。审议批准发行地方政府债券8.04亿元，批准部分调整市级预算。为了充分发挥审计监督的作用，常委会审议通过了《关于审计查出问题整改的监督办法》。听取和审议了2013年度市本级预算执行和其他财政收支的审计工作报告及审计查出问题整改情况报告，并首次听取了部分单位的整改汇报，督促有关单位上缴国库资金131816万元，归还原渠道资金46125万元，扣减工程结算价款5378万元，制定完善财经制度25项，启动问责程序1起，追究违法行为责任7起。认真做好2015年市本级预算编制审查工作，督促全口径编制2015年预算，进一步细化一般公共预算，完善政府性基金预算、社会保险基金预算和国有资本经营预算。

促进城市良性发展。常委会对2013年城建项目资金计划执行及2014年计划编制情况进行专题调研，针对项目资金计划编制不规范、个别项目计划执行不严肃、审查时间滞后等问题，督促进一步增强计划执行的刚性约

束，提高项目资金使用效益。深入开展禁违拆违治违工作专项督查，针对利益驱动难根治、综合保障难到位、部门联动难形成等问题，建议政府进一步夯实基层基础，加大执法力度，强化工作保障，形成工作合力，构建禁违拆违治违长效机制。对南湖综合治理、王家河流域综合整治、城区桥梁安全维护及城市园林绿化工作开展调研督查。

依法进行人事任免。常委会坚持党管干部原则，充分发扬民主，严格任免程序，依法行使人事任免权。坚持和完善任前资格审查、拟任人员法律知识考试、供职发言和颁发任命书等任免工作制度，强化被任命人员的法律意识、公仆意识和责任意识。全年共任免国家机关工作人员55人次，聘任市人大有关专门委员会兼职委员1名，接受省人大代表辞职1名，补选省人大代表3名。

二、坚持依法监督，努力增强工作实效

常委会依法行使监督职权，采取多种形式开展法律监督和工作监督，督促“一府两院”依法行政、公正司法，不断增强监督实效。

开展工作评议。常委会把工作评议作为监督工作的重点，依法制定了《专项工作评议办法》，加强对政府部门的工作监督，督促政府及其组成部门依法行政、履职为民。常委会跟踪督促2013年专项工作评议意见的落实。在深入调查了解工作情况，广泛征求社会各界意见建议的基础上，常委会第十三次会议对全市保障房建设与管理、大气污染防治、价格调节基金管理、落实农机购置补贴政策、农业科技创新与成果转化、中心城区道路交通安全管理、路灯和桥梁维护管理等人民群众普遍关注的七个方面专项工作进行评议。在实事求是肯定工作成绩的同时，客观中肯地指出问题与不足，切合实际提出整改重点与整改要求，推动工作创新发展。

进行执法检查。常委会组织开展了旅游法、植物检疫条例贯彻实施情况检查，跟踪督促环境保护法、农业法、行政诉讼法、义务教育法执法检查审议意见的落实，配合省人大常委会开展了未成年人保护法、公务员法、大气污染防治法、专利法、电力法、湖南省安全生产条例、湖南省乡镇财政管理条例执法检查或调研，督促“一府两院”全面正确贯彻实施法律法规。针对全市旅游工作资源开发保护不力、规划不够完善、公共服务能力不强、商品开发滞后等问题，督促科学编制旅游规划，切实保护旅游资源，完善基础配套设施，加强行业管理，着力培育重点旅游企业，做大做强旅游产业。针对植物疫情监测和防控工作重视程度不够、应急处置措施不力、监测检疫手段落后、专业技术力量薄弱、植物检疫执法环境不优等问题，督促增强植物检疫工作的紧迫感和危机感，加大资金投入和人才支持，整合监管力量，健全完善植物检疫体系，提升植物检疫能力，保障农业安全发展。

加强法律监督。常委会听取和审议了全市检察机关职务犯罪预防工作情况报告，针对预防工作发展不平衡、重打击、轻预防现象不同程度存在、有些领域职务犯罪较为突出等问题，督促检察机关紧紧围绕全市发展大局开展职务犯罪预防工作，推进预防机制建设，切实抓好系统预防、专项预防和个案预防，努力提升预防工作的水平和效果。专题调研全市人民陪审员履职情况，督促审判机关提升人民陪审员法律素养，发挥人民陪审员作用，切实保障人民陪审员依法积极履职。认真做好规范性文件备案审查工作，全年接收报备规范性文件43件，向省人大常委会报送备案规范性文件6件，并对《规范性文件备案审查暂行办法》依法予以修订。听取了全市干部学法用法考试情况汇报，支持选择部分行政执法单位工作人员进行学法用法集中考试。对全市审判公开和检务公开工作进行调查。跟踪督促检察机关认真落实诉讼监督工作审议意见。

三、践行以人为本，促进民生持续改善

常委会把人民群众最关心、最直接、最现实的利益问题作为监督工作的重要内容，切实加大监督力度，促进改善民生福祉。

开展调研考察。对全市养老保险工作开展专题调研，针对历史遗留问题较多、服务平台不足、政策执行不够统一、基金监管不够到位等问题，督促加大基金征缴力度，加强基金管理，确保养老保险基金安全运行，各类养老金如实足额发放。专项调查全市扶贫攻坚工作情况，针对扶贫任务仍然较大、贫困群众主体作用发挥不够、扶贫项目资源整合不力等问题，建议政府深入推进精准扶贫，夯实发展基础，整合各方资源，进一步提高扶贫工作的针对性和有效性。调查了解市总工会帮扶工作情况，支持加大帮扶力度，延伸帮扶范围，增强帮扶成效。组织常委会驻会组成人员专题视察全市农村环境整治工作，督促建立健全环境整治长效机制，建设秀美乡村。

加强专项督查。常委会对铁山水资源保护工作开展专项督查，全面了解铁山水资源保护工作现状。针对铁山水资源保护规划编制滞后、执法监管有待加强等问题，督促政府及有关单位加快编制库区水资源保护规划，完善库区执法机构，推进库区水资源保护基础设施建设，健全铁山库区公益补偿机制。目前，铁山库区入库拦污闸排、垃圾焚烧炉及月田污水处理厂建设进展顺利。跟踪督促食品药品安全工作，推进建立食品安全监管网格化管理责任制，实行食品安全红黑名单制度，不断提升食品药品安全水平。高度重视信访工作，热情接待和依法办理人民群众来信来访，做好信访件转办、催办、督办工作，认真解决来访群众合理合法诉求。全年接待群众来信来访552件，966人次。

组织“四行”活动。市人大相关专门委员会按照省人大常委会的统一部署，紧紧抓住与人民群众生产生活息息相关的民生热点问题，认真组织开展专项活动。岳阳环保世纪行以大气污染防治为主题，督促加强建筑扬尘处置，推动淘汰黄标车和汽车尾气新标准检测工作。农产品质量安全行以畜禽水产品安全整治为主题，组织开展畜禽水产品质量安全督查，推动全市畜禽水产品质量安全上台阶。农民健康行围绕“推动村级卫生室建设，提高农村服务能力”主题，深入调研全市村级卫生室建设情况，开展农民健康教育周活动。民族团结进步行动以“保障民生、促进团结”为主题，开展民族团结

进步创建活动，助推第八届少数民族传统体育运动会在我市成功举办。

四、提升代表素质，促进代表积极履职

常委会加强代表学习培训，创新代表活动形式，丰富代表活动内容，支持和保障代表依法履职，充分发挥各级人大代表的主体作用。

提升代表履职能力。切实加强代表学习培训，提升代表履职能力和综合素质。对51名基层市人大代表进行专题培训。组织部分省人大代表参加省十二届人大代表专题学习班。为每位市人大代表征订《中国人大》《人民之友》等刊物，寄送《人大导刊》《常委会公报》等资料文件。畅通代表知情知政渠道，不定期向代表通报全市经济社会发展和司法工作情况。

搭建代表履职平台。认真落实代表列席常委会会议制度，全年推荐10名国、省人大代表列席省人大常委会会议，邀请57名市人大代表列席市人大常委会会议。努力拓展代表履职渠道，征求代表对党的群众路线教育实践活动的意见，邀请代表参加执法检查、考察调研、评议调查、议案建议督办、法院庭审、电视问政等活动。推进代表联系群众工作平台建设，全市已建工作平台134个。各级人大代表2100多人通过工作平台联系服务选民18000多人次，收集意见建议1200多条，帮助解决实际困难390个。组织在岳全国人大代表开展“建立洞庭湖生态补偿机制研究”专题调研。组织国、省两级人大代表集中考察“城市矿产资源利用和环境保护”工作情况。委托各县（市、区）人大常委会组织市人大代表开展集中考察，广泛收集社情民意，深入基层了解全市经济社会发展情况。

增强代表履职成效。切实加大代表议案建议办理督办力度，不断提高办理实效。为了保障代表依法行使职权，规范代表建议办理工作，常委会审议通过了《代表建议、批评和意见处理办法》。市七届人大二次会议立议案1件，收到代表建议230件。常委会高度重视代表建议办理工作，认真研究梳理代表建议，科学确定承办单位，规范办理程序，落实办理责任。确定15件代表建议为重点处理建议，邀请代表68人次督办建议105件，推动建议办理从“答复满意”向“结果满意”转变，促进解决了一批基层群众关注的热点难点问题。目前，代表建议已经全部办结，代表不满意1件，建议所提问题得到解决或基本解决的64件，问题解决率27.8%，代表满意率91.8%。建设“美好社区、温馨家园”的议案办理工作取得明显成效。市委市政府下发《关于创建“美好社区、温馨家园”的实施意见》，提出了社区“五美”创建目标，实施九大惠民工程。主任会议成员带队到市政府和各县（市、区）督促议案办理工作，全市按照实施意见的部署，切实加快社区建设，力争把议案办好办实，办成一项民心工程。岳阳楼区科学确定“五美、五好、五统一、五覆盖”的社区建设标准。区财政加大社区保障力度，足额预算社区工作经费。全区98个社区统一推行标准化建设，新建社区办公场所5处。开展“百条小街巷”提质改造惠民行动，投资3000多万元建设改造社区民生项目447个。

五、认真开展党的群众路线教育实践活动，全面推进自身建设

按照中央、省委和市委统一部署和要求，常委会机关从2014年2月开始，扎实有序开展党的群众路线教育实践活动，并以此为契机全面推进常委会及机关自身建设，不断提高履职能力和工作水平，促进依法履职、科学履职和民主履职。

围绕宗旨意识，切实推进思想建设。常委会组成人员及机关工作人员把坚持党的领导、人民当家作主和依法治国有机统一起来，紧扣“为民务实清廉”主题，认真学习、专题讨论党的群众路线的重要论述，广泛征求意见建议，从严从实查摆问题，真诚坦率开展批评和自我批评，受到了一次深刻的马克思主义群众观点再教育，进一步坚定了道路自信、理论自信、制度自信，增强了贯彻群众路线的自觉性和坚定性，牢固树立了履职为民、全心全意为人民服务的根本宗旨。

围绕履职尽责，突出抓好作风建设。严格执行中央八项规定和省委、市委九条规定，坚持立行立改，制定专项整治实施方案，认真整治19个方面的突出问题。大幅度精简会议文件，压缩“三公”经费，全面清理清退超标超配公车，整治办公用房面积超标，工作作风得到进一步改进。坚持以知促行、以行促知、知行相长，围绕全市工作大局和常委会审议议题，深入基层开展调查研究，全面深入地掌握了解经济社会发展实际情况。将教育实践活动转化为联系服务群众的实际行动，常委会组成人员及机关在职党员认真开展“党员进社区、竞赛当‘五员’”活动。认真做好新农村建设示范点、建整扶贫点工作。积极参与禁违拆违治违、联手帮扶企业、重点产业发展和重大项目建设等市委中心工作，全面完成各项任务。严格执行党风廉政建设各项规定，努力建设清廉机关。

围绕服务保障，积极促进能力提升。用制度固化教育实践活动成果，对常委会机关各项制度进行全面清理修订，按照“成熟一项、出台一项、管用一项”的原则，废止制度6项，修改、合并制度38项，新建制度11项，努力使每一项制度符合法律规定，切合人大实际，简洁明了适用。继续组织常委会组成人员和机关干部集中学习人大业务知识和政治理论，全面提高综合素质和业务能力。坚持会前学法制度，结合常委会审议议题，集中学习了预算法、旅游法等法律法规。切实加强人大新闻宣传工作，不断扩大人大工作影响，努力营造良好工作氛围。组织人大代表和人大干部开展人民代表大会制度理论研讨。举办道德讲堂，开展文化建设，机关文明创建有序地推进。

回顾一年来的工作，我们也清醒地认识到，常委会工作还存在一些不足和差距。主要是：监督工作的深度和实效需要进一步增强，讨论决定全市经济社会发展的重大事项需要进一步探索，代表活动的方式、领域需要进一步丰富，常委会组成人员的履职能力和机关的服务水平需要进一步提升。这些问题，必须引起我们的高度重视，在今后的工作中切实加以改进和解决。

2015年，是深入贯彻落实党中央全面推进依法治国

决定的第一年，是全面完成“十二五”规划的最后一年。在新的一年里，常委会要高举中国特色社会主义伟大旗帜，在中共岳阳市委的坚强领导下，认真贯彻落实党的十八大和十八届三中、四中全会精神，紧紧围绕全市经济社会发展大局，依法行使宪法和法律赋予的各项职权，促进经济健康发展，促进民生持续改善，促进社会和谐稳定，扎实推进社会主义民主法治建设。

一、学习贯彻党的十八届四中全会精神，积极推进依法治市

党的十八届四中全会作出了《中共中央关于全面推进依法治国若干重大问题的决定》，深入学习领会，全面贯彻落实决定精神是常委会当前乃至今后相当长一个时期的首要任务。要结合岳阳工作实际，用决定精神统一思想和行动，坚持人大工作正确政治方向，确保人大工作始终充分体现党的执政意志，更加切合人民群众的热切期盼，完全符合依法治国的各项要求。常委会将听取和审议国民经济和社会发展年度计划执行情况、财政预算执行情况、2014年财政决算、审计工作情况及审计指出问题整改落实情况、“十三五”规划编制情况、市本级财政专项资金、政府性基金预算编制情况、2014年城建项目资金计划执行及2015年计划编制情况的报告等重大事项，适时作出决议决定，推动经济社会科学发展，打造湖南经济新增长极。坚持党管干部原则，依法进行人事任免。积极回应党的十八届四中全会关于依法赋予设区的市地方立法权的精神，努力创造条件争取立法工作试点。

二、认真履行法定职责，切实增强监督实效

认真贯彻实施监督法，积极履行人大监督职责，切实加强和改进人大监督工作，不断增强人大监督实效。精选监督议题，创新监督形式，推动中央及省委、市委重大决策部署的贯彻落实，促进“一府两院”加快转变职能，创新体制机制，促进治理体系和治理能力的现代化。加强工作监督，对全市职业教育发展、城镇污水处理设施建设与运行、中级人民法院民事审判工作进行评议，跟踪督促上年度被评议单位认真落实评议意见，推动工作发展。对文化产业发展、国有资产监管、财政绩效管理、禁违拆违治违、食品安全等工作情况进行专项调研。对园区发展、岳阳烈士陵园建设、农村安全饮水工程建设情况进行专题视察。加强法律监督，对安全生产法、农产品质量安全法等法律法规贯彻实施情况开展执法检查，跟踪督促上年度执法检查审议意见的落实，确保法律法规得到全面正确实施。加强规范性文件备案审查工作，提升备案审查工作水平。加强司法监督，专题调查检察机关民事行政检察工作，促进公正司法。组织开展岳阳环保世纪行、农产品质量安全行、农民健康行、民族团结进步行动，紧密结合岳阳实际，突出工作重点，不断增强活动实效。

三、激发代表履职热情，充分发挥代表作用

围绕保障代表依法履职行权，进一步强化服务意识和服务能力。以提升代表履职能力为重点，继续组织基层市人大代表参加履职培训，完善培训内容，改进培训方式，努力增强培训的针对性和实效性。密切与代表的联系，认真开展联系走访代表活动，拓宽代表知情知政渠道。加强和规范代表闭会期间的活动，提高代表活动质量。邀请代表列席常委会会议、参加执法检查、专题调研、议案建议督办、旁听庭审、民主测评、行风监督等活动。组织代表开展集中考察或专题调研，丰富代表履职平台。加大建议、批评和意见的办理和督办力度，切实提高办理实效，推动解决实际问题。跟踪督促中心城区水域保护与开发利用和加快建设“美好社区、温馨家园”议案办理工作，提高城镇发展水平，提升人民幸福指数。加强对代表活动的组织指导，推动支持代表联系群众平台建设，进一步加强人大代表与人民群众的密切联系。

四、巩固群众路线教育实践活动成果，努力提升工作水平

进一步巩固和深化党的群众路线教育实践活动成果，切实改进作风，努力形成人大机关风清气正、干事创业、团结和谐的良好氛围。拓宽与人大代表和人民群众的联系渠道，密切与人民群众的血肉联系，切实增强贯彻党的群众路线的思想自觉和行动自觉。认真办理人民群众来信来访。进一步加强常委会制度建设，建立健全适合地方各级国家权力机关特点、充满活力的运行机制。切实抓好常委会机关党风廉政建设，努力建设清廉机关。举办道德讲堂，推进机关文明创建工作。加强对人大制度和人大工作的宣传，加强人大制度理论研究和人大工作创新，使人大工作真正体现时代性、把握规律性、富于创造性。加强对县（市、区）人大常委会的工作指导，密切与兄弟城市人大常委会的工作联系，发挥人大对外交往的独特优势。

各位代表，在岳阳新一轮跨越发展的伟大征程中，打造湖南经济新增长极，建设现代幸福岳阳，我们重任在肩，责无旁贷。在新的一年里，让我们更加紧密地团结在以习近平同志为总书记的党中央周围，在中共岳阳市委的坚强领导下，求真务实、扎实工作、勇于担当、锐意进取，进一步开创人大工作新局面，谱写社会主义民主法治建设新篇章，为全面建成小康社会做出新的更大的贡献！

中国人民政治协商会议
岳阳市委员会常务委员会工作报告

——在政协岳阳市第七届委员会第三次会议上

市政协主席　赖社光

（2015年1月11日）

市政协主席　赖社光

各位委员、同志们：

我受市政协常委会的委托，向大会报告工作，请各位委员审议，并请列席会议的同志提出意见。

2014年主要工作回顾

2014年，在中共岳阳市委的坚强领导和省政协的精心指导下，市政协常委会团结各民主党派、工商联、无党派人士、人民团体和各族各界人士，认真履行政治协商、民主监督、参政议政职能，充分发挥协调关系、汇聚力量、建言献策、服务大局作用，为全市全面建设小康社会做出了新的贡献。

一、助推经济发展有新的作为

专题调研是人民政协履行职能的重要方式。市政协围绕加快长江经济带建设开展了系列调研和建言献策活动。在省政协十一届二次大会上，市政协作了大会发言，引起与会省领导和省直有关部门的关注和重视。省政府、省政协为推动长江经济带建设，将发展岳阳临港产业列为重点调研课题。市政协参加了省政协的调研活动，并按市委市政府要求牵头组织了岳阳子课题调研，形成了《主动融入长江经济带，加快建设城陵矶临港产业新区》的调研报告，不少建设性建议被省政府省政协采纳。在省政府与省政协“加快临港产业发展”的专题协商会上，市政协作了专题发言。与此同时，市政协选择长江岸线资源利用、保护、管理开展调研，向市政府提出调研报告和建议案。就加强农村敬老院管理、加强铁山水资源保护、建设绿色蔬菜基地等17项课题开展调研，为市委市政府决策和推动工作提供了参考意见。

一年来，市政协党组成员、主席会议成员、常委会成员、机关干部主动参与市委市政府食品加工和北斗导航等产业帮扶、中心城区禁违拆违治违、环南湖交通三圈和洞庭新城建设、新农村建设和扶贫、群众路线教育实践活动督导等中心工作，做出了应有的贡献。

二、组织协商民主有新的探索

市政协常委会坚持理论研究与创新实践相结合，发挥协商民主重要渠道作用。认真组织政协全会、常委会、主席会议等政治协商活动，着力做好重大专题协商。举行了“关于政治协商、民主监督、参政议政的规定（试行）”专题协商会，渐伟书记、志坚副书记等市委领导亲自参加协商。8位委员向市委提出了协商意见建议。市委充分肯定了市政协的工作和做法，就推进我市协商民主作出部署，转发了市政协的文件。在二季度的常委会上，荣华市长及沿长江四县市区、11个市直单位主要负责人参加了市政协“加强长江岸线资源利用保护管理”专题协商会，有6位委员发表了协商意见，7家市直单位主要负责人与委员互动答复问题。在随后召开的市政府常务会上，荣华市长就落实专题协商会提出的建议措施作出专门部署。市政协还有序有效地组织了几十项对口协商、界别协商、提案办理协商活动，构建了科学选题、考察调研、对话恳谈、咨政建言、跟踪问效的协商程序。协商活动成为市政协履职、发挥智囊作用的重要平台。

三、提高提案质量有新的措施

七届二次会议以来，常委会征集提案397件，采取“减少数量、提高质量”的措施，立案292件，确定了一批优秀提案。在市委市政府的高度重视下，坚持“两办”下发重点提案办理通知。渐伟书记、荣华市长和市委常委、政府副市长带头领衔督办提案，重点提案办出了实效。市政协出台了《岳阳市政协重点提案遴选与督办办法》，建立了民主党派、工商联、各专委会、政协常委共同参与督办重点提案的制度，开展了为期3个月的“重点提案督办”专项活动。市政协常委会专门听取市委市政府工作部门提案办理结果情况报告，民主评议提案承办单位，将提案办理结果纳入市委市政府综合考评内容。

市政协坚持以提案方式助推岳阳发展不遗余力，将市委市政府关注的事关全市经济社会发展大局的重大课题、重大事项积极向上级反映。组织驻岳29名省政协委员向省政协提交提案，有35件被立案承办。通过省政协及在湘全国政协委员将《关于强力推进湖南长江经济带建设的建议》等4件提案“上升”为全国政协提案，落实到国家有关部委办理。

四、实施民主监督有新的突破

一年来，市政协建立健全制度，采取多种形式，加大民主监督力度。出台了《委派民主监督小组工作的实施方案》，成立了6个民主监督小组。每个小组选聘15名政协委员为监督员，每年选择一个市直部门实施民主监督。一年来，各民主监督小组对我市经营性公共场所卫生、铁山水库水资源保护等开展监督，参加了法检“两院”的“侦查监督开放日”“公众开放日”活动，寓监督于支持之中。还通过督办提案、委员考察、反映社情民意信息等，开展涉及经济发展、民生改善、社会管理、深化改革等领域的民主监督。组织委员考察31次，为转变作风、促进工作发挥了积极作用。市政协委员全年反映社情民意信息601件，渐伟书记、荣华市长批示9件，有的还得到省领导批示和全国政协采用，有力地发挥了委员为群众鼓与呼，发挥政协正能量的作用。

五、认真开展党的群众路线教育实践活动，履职能力有新的提高

市政协党组严格按市委要求，将开展党的群众路线教育实践活动的规定动作做到位，以反对“四风”、改进作风、履职为民、为民履职为宗旨，组织学习教育，广泛征求意见，建立健全制度，制定整改措施，撰写对照检查材料，召开民主生活会，集中开展公务用房、公车整治、治理机关干部“慵懒散”现象等专项整治活动。市政协党的建设进一步加强，干部作风进一步好转，综合素质进一步提高，各项工作都有新的发展。

市政协始终把团结和民主贯穿于政协工作的全过程。通过大会发言、联合调研、评议考察、督办提案、走访党派机关等，加强与各民主党派、工商联和各界别人士的联系和沟通，为其履职创造条件、搭建平台。一年来，各民主党派和工商联提交集体提案64件、开展课题调研13项、反映社情民意信息388件，履职工作出现新的进步。

市政协发挥联系广泛的优势，通过举办中秋“三胞”亲属茶话会，调研走访宗教人士、新的社会阶层人士，加强与社会各界的联络，增加和谐因素。发挥特聘委员独特作用，主动做好招商引资引智工作，宣传动员特聘委员并通过特聘委员示范作用带动更多成功人士回乡投资兴业，寓外乡友回乡投资热情兴起，有的已采取了实际行动。

一年来，市政协出台了《进一步加强和改进界别工作的意见》，健全了主席会议成员和专委会对口联系界别制度，明确了界别活动内容形式。30个界别认真组织调研、考察、座谈、学习等活动，融洽了委员感情，充实了界别内容。在400名市政协委员中坚持和深化“五个一”活动，并将范围扩大到各民主党派和工商联，延伸到县市区政协委员，委员主体作用明显加强。

一年来，市政协通过量化细化的方法加强专委会基础作用建设。各专委会在分管主席组织下，认真开展各项经常性工作和“五个一”活动。建立了委室月度工作计划、月度工作汇报制度，开展机关半年工作讲评，专委会年终向市政协常委会述职等制度，实现了专委会工作“忙起来、实起来、活起来”的目标。

各位委员，过去一年市政协常委会所取得的成绩,是中共岳阳市委正确领导的结果，是各级党委、人大、政府和社会各界热情帮助、鼎力支持的结果，是市政协各参加单位、各级政协组织、广大政协委员团结一心、努力工作的结果。在这里，我代表市政协常委会表示衷心的感谢！

各位委员，我们的工作还存在不少问题和差距。政治协商方面，经济社会的议题较多，政治方面的议题偏少，专题协商民主在选题、调研、形成管用的建议措施上有待深化，民主监督方面，组织化程度有待提高，委员履职能力、主体作用发挥还需要增强，专委会的基础性作用还有待发挥。

2015年主要工作安排

2015年，我市全面建设小康社会、全面深化改革、全面推进依法治市、全面从严治党的任务十分繁重。省委省政府站在全省经济社会发展的新常态新高度，提出“要发挥岳阳作为我省融入长江经济带的‘桥头堡’作用，呼应‘长三角’，着眼‘中三角’，对接长株潭，辐射环湖区，将其发展成为全省通江达海的新增长极”的新战略、新目标。市委作出了“适应新常态，推动新发展，奋力打造湖南通江达海的新增长极”的决策部署。市政协常委会将更加自觉主动地围绕市委确定的中心，服务市委工作大局。全年工作指导思想是：认真贯彻落实党的十八大、十八届三中、四中全会和习近平总书记系列重要讲话精神，围绕市委市政府提出的各项目标任务，突出发挥协商民主重要作用，突出发挥委员履职的主体作用，突出发挥专委会基础性作用，突出提高履职能力现代化水平，创新实干，忠实履职，在打造湖南通江达海的新增长极，全面建设小康社会的伟大事业中做出更大贡献。

一、围绕“打造湖南通江达海的新增长极”献计出力

为积极响应市委号召，市政协常委会决定并郑重倡议，在全市各级政协组织、各界别、广大政协委员中广泛开展“为打造湖南通江达海的新增长极献计出力”的主题活动。希望全体委员踊跃参加，有力出力，有智献智，各展其长，各尽所能，争做贡献。所有委员都要联系本单位、本职岗位实际，围绕主题活动内容，发挥在

本职工作中的带头作用，界别群众中的代表作用，政协工作中的主体作用。在委员中开展的“五个一”活动要将重点集中到主题活动上来，力争取得实效。

市政协将从市委市政府确立的目标任务中选择课题，如“加快中心城区现代服务业发展、依托黄金水道加快物流业发展、加快平江生态旅游业发展、宣传动员寓外乡友回乡投资兴业”等内容，广泛深入地开展调查研究，向市委市政府提出有分析有见地的调研报告。

要通过提案、大会发言、反映社情民意信息、建议案等渠道发挥建言献策作用。在本次大会上，市政协要求所有委员把“打造新增长极”作为大会发言、提案、小组讨论的重点，希望委员多提有价值的建议。省政协求发主席拟亲自领衔并联络全国政协委员向全国政协提交建设湖南岳阳长江经济带的提案，在全国“两会”平台上为岳阳发展鼓与呼。市政协要全力配合，和有关部门一起抓实前期调研，为求发主席和全国政协委员提供第一手材料。市政协将组织驻岳29名省政协委员，在2月份召开的省政协全会上，广泛宣传岳阳的工作，反映岳阳存在的困难，呼吁省委省政府省政协对岳阳的发展进一步重视、关心、支持。

市政协党组成员、主席会议成员、机关干部将按照市委市政府重点工作的分工，同心合力，尽职尽责，不折不扣地完成任务。

二、积极深入推动协商民主工作

党的十八届三中全会决定和习总书记重要讲话同时强调，各级党委要重视和支持人民政协事业发展，把人民政协政治协商作为主要环节纳入决策程序，会同政府、政协制订实施协商年度工作计划，对明确规定需要协商的事项必须经协商后提交决策实施。中央专门下发了《加强社会主义协商民主建设的意见》。市委对协商民主工作高度重视，市委常委会年前专题研究批准了市政协“2015年协商工作计划”。市政协常委会将认真贯彻执行协商计划，推动协商民主工作进一步上水平。

年度协商计划内容包括全会协商的“一府两院”和发改、财政工作报告，经济社会发展年度目标、重要任务和措施，涉及“加快建设新的增长极、推动中心城区禁违拆违治违、推进依法治市、加强农村教师队伍建设、‘十三五’规划编制，铁山水资源保护与民生保障”等主题内容及一批重点提案。专题协商活动是今年政治协商的重头戏，我们要积极探索，认真组织。市政协常委会将在深入调查研究、多提建设性意见，组织委员理性有度讲真话、建诤言，协调多部门协商联动，邀请市委市政府领导参加协商，制定落实成果采用和反馈机制等方面下功夫。同时建立落实主席会议成员牵头，办公室、专委会、研究室具体组织的责任制度，力争使每一次协商活动做精细、精彩。协助党委、政府决策工作更科学、更民主、更落实。

要重点探索专题协商、对口协商、界别协商、提案办理协商生动有效的方式方法，因地制宜地开展协商活动。如到县市区、市直单位、乡镇、社区等基层单位开展协商活动，到提案承办单位开展提案协商活动，更好地发挥界别作用，将界别调研、考察活动与界别协商结合起来，可与各民主党派、工商联、无党派人士形成合力开展协商活动，也可以组织委员、常委以考察、讨论、评估、咨询以及公示、网络等方式开展协商活动，切实地增强协商民主的效果。

三、稳步推进民主监督工作

政协的民主监督是体现民主和协商合作精神的监督，是一种协商性而非强制性的监督。民主监督不是站在对立面看问题，而是采取支持和帮助的积极态度，在监督中支持，在支持中监督，采取实事求是提出意见、批评、建议的方法，帮助改进工作。今年，要着重在提高民主监督组织化程度上下功夫。通过有计划、有重点、有组织地开展民主监督，把委员个人的监督行为上升为有组织的监督行为，把分散的监督活动上升为集中的监督活动，把零星的批评意见上升为集成的监督建议，使之进入党政决策视野，提高监督实效。

今年要着重开展好如下民主监督活动。一是继续开展协商委派民主监督小组工作。建立主席会议成员联系指导、办公室统筹协调、各专委会具体组织的民主监督小组工作机制。六个民主监督小组将分别派驻市中级人民法院、市规划局、市交通局、市卫生局、市国土局、市住建局六个部门开展民主监督。二是继续对政协建议案、重点提案的承办落实情况开展民主监督。三是为促进我市全面建设小康社会、全面深化改革、全面依法治市、全面从严治党，围绕市委市政府重点工作，开展主席会议成员考察或常委会成员考察监督。四是通过委员反映社情民意信息，就改善民生等进行建言监督。

四、为深化改革和依法治市增强和谐力量

在打造新增长极、全面深化改革、全面依法治市的前进路上将会遇到不少矛盾和困难。化解矛盾、聚合力量需要各方共同努力。市政协常委会要高举大团结大联合旗帜，做增进和谐的重要推动力量。

要为各民主党派、工商联、无党派人士参政议政搭建平台，支持他们通过大会发言、提交集体提案、反映社情民意信息、开展民主监督等方式在政协履行职能。支持各党派、界别、团体、阶层理性发表意见建议，表达利益诉求，争取合法权益。同时还要引导教育利益各方在求同存异、增同减异中形成共识，把各方面的智慧和力量集中到市委市政府的决策部署上来。

深化改革将创造巨大红利惠及广大百姓，也是推动各项事业发展的重要动力，但改革也免不了会触及部分人的切身利益。政协组织、各界别、广大政协委员，要自觉支持改革，参与改革。同时广泛联系宣传群众，引导群众理解改革，协助党委政府做好化解矛盾的工作，发出政协的好声音、强声音，为深化改革寻求最大公约数。

依法治国人人有责，遵纪守法置身其内。政协委员是各界人士的优秀代表，要珍惜荣誉、牢记使命、不辱身份，做学法守法用法的带头人，做依法履职的模范和推动者，做到自尊、自重、自律，自觉践行社会主义核心价值观，锤炼道德品行，树立政协委员崭新的精神风貌。

要努力畅通扩大公民有序政治参与，邀请基层政协委员、公民代表旁听政协有关会议，参与有关活动，反映群众意见诉求。要继续做好民族宗教、港澳台侨和文史工作，推动更广泛更密切的社会团结共事。

五、加强自身建设，大力提高履职能力现代化水平

人民政协作为国家治理体系的重要组成部分，要适应经济新常态和“四个全面”的战略任务，要服务我市打造新增长极的中心任务，必须以改革思维、创新理念、务实举措推进履职能力建设，大力提高政治把握能力、调查研究能力、联系群众能力、合作共事能力。

政协组织、各界别、广大政协委员要识大体、顾大局，在政治上思想上与中央、省委、市委保持高度一致，同声相应，音声相和，不发杂音噪音。要组织政协干部、委员培训，引导其向书本、向群众、向实践学习，丰富知识素养，改善知识结构。遵循问题思维、底线思维、战略思维、辩证思维、创新思维开展调研，按照从选题到撰写调研报告，从广泛听取群众意见到组织专家论证的方法组织调研，形成高质量的调研成果。政协干部要走出政协大院做政协工作，争取党委、政府对政协工作的重视，调动各民主党派、工商联、各界别、全体委员履职的积极因素，带动影响广大群众，形成同心协力的工作局面。政协履职努力做到调研报告言之有物、专题协商言之有理、督办提案言之有力、委员考察言之有据、民主监督言之凿凿，政协工作就能有声有为，有滋有味。

要整合办公室、专委会、研究室的资源和力量，完善由专委会联系界别，界别联系委员，委员联系群众的工作机制。专委会在分管主席的领导指导下，要把专题调研、专题协商、督办重点提案、民主监督小组、反映社情民意信息、组织界别活动、组织委员“五个一”活动整合协调起来，打“组合拳”、演“连续剧”，形成有机工作链，提高工作效率、履职效能和社会影响力。由专委会组织，每个界别每年开展1–2次界别活动，了解分析界别群众的意见和诉求，组织界别开展专题调研，形成界别集体提案，召开界别提案办理协商会和对口协商会，推动委员“五个一”活动落到实处，增强界别履职实效。

各位委员、同志们，打造湖南通江达海的新增长极的大幕已经拉开。让我们在岳阳市委的坚强领导下，忠实履职，奉献岳阳，为全市全面建设小康社会创造新的业绩！

责任编校　贺红霞

大事记

1月

4日　召开市委经济工作会议。会议贯彻落实党的十八大、十八届三中全会和中央、省委经济工作会议精神，回顾总结2013年工作，安排部署2014年工作。市委书记卿渐伟，市委副书记、市长盛荣华在会上发表讲话。市委副书记李志坚主持会议。

△　市委书记卿渐伟主持召开中共岳阳市委第六届第五十六次常委会议，听取市总工会关于全国总工会十六次代表大会精神及市工会工作，市妇联关于中国妇女十一大会议精神及市妇女工作情况的汇报。

6日　市长盛荣华主持召开贯彻落实中央农村工作会议精神座谈会，听取农口系统和人口计生、民政、残联等部门负责人对2013年亮点工作及2014年工作思路汇报，研究部署后段工作。

△　市长盛荣华主持召开市直科教文卫系统科教兴市暨2014年工作思路座谈会。

△　市政协主席赖社光主持召开十一次主席会议。听取各工作组关于市政协七届二次会议筹备情况和委员履职情况汇报，研究市政协2014年工作要点（草案）。

7日　市长盛荣华主持召开市长社情民意速递代表聘请会，本届社情民意代表由历届道德模范、中心城区基层市民代表55名组成。

8日　全市首家国有控股小额贷款公司岳阳经开区钰城小额贷款股份有限公司开业。

15日　省委常委、常务副省长陈肇雄，副省长何报翔率省人社厅、省民政厅等省直部门负责人走访慰问岳阳市困难企业和群众。

△　召开全市安全生产电视电话会议，贯彻落实全国、全省会议精神，分析当前形势，部署后段重点任务。市长盛荣华，副市长向伟雄等出席岳阳分会场。

16–19日　政协岳阳市七届二次会议在市文化艺术会展中心召开。16日，市委书记卿渐伟代表中共岳阳市委发表讲话。市政协主席赖社光作工作报告。罗陆平作提案工作报告。17日，市政协七届二次会议召开第二次全体会议，听取10位政协委员发言。18日，市政协召开七届六次常委会议。通过市政协七届二次会议关于常委会工作报告的决议，通过市政协七届二次会议关于市政协提案工作报告的决议，通过市政协七届二次会议提案审查委员会关于提案审查情况的报告。19日，召开市政协七届二次会议第三次全体大会，3人当选为政协岳阳市第七届委员会常委委员，3人免去政协岳阳市第七届委员会常委委员职务。闭幕大会通过市政协七届二次会议政治决议，通过市政协七届二次会议关于常委会工作报告的决议，通过市政协七届二次会议关于市政协提案工作报告的决议，通过市政协七届二次会议提案审查委员会关于提案审查情况的报告。

18–21日　岳阳市第七届人民代表大会第二次会议在市文化艺术会展中心召开。18日，市人大常委会主任李湘岳主持开幕式，市长盛荣华作《政府工作报告》。19日，市七届人大二次会议举行第二次全体会议，李湘岳作工作报告。会议听取市中级人民法院工作报告，听取市人民检察院工作报告，通过大会选举办法。19日，市七届人大二次会议主席团召开第二次会议，听取代表审议主席团提名的候选人酝酿情况和代表联合提名省十二届人大代表。21日，市七届人大二次会议第三次全体会议举行。会议以举手表决的形式通过岳阳市七届人大二次会议关于政府工作报告的决议、关于岳阳市2013年国民经济和社会发展计划执行情况及2014年计划草案的决议、关于全市和市本级2013年财政预算执行情况与2014年预算草案的决议。

△城区公共自行车租赁系统进入试运行阶段。

20日　市委书记卿渐伟主持召开市委第六届第五十七次常委会议，学习传达中央召开的党的群众路线教育实践活动第一批总结暨第二批动员部署视频会议上习近平总书记的重要讲话精神。

21日　市长盛荣华主持召开市政府第十六次常务会议，审议《湖南长江经济带开发建设规划》，听取《政府工作报告》目标任务分解情况汇报。

22日　市委市政府举行市级老

同志迎春座谈会。市委书记卿渐伟主持会议并讲话。

△ 市委书记卿渐伟，市委常委、市委秘书长樊进军先后到岳阳楼区、岳阳县走访慰问劳动模范、特困职工、优扶对象，送上新春的祝福。

△ 市长盛荣华深入城区，走访慰问劳模、残疾人，为他们送上党和政府的深情关怀和新春祝福。

23日 全国道德模范、湖南省临湘市十三村食品有限公司总经理李国武获得2013年度湖南省“十大同心人物”奖。

24日 市委书记卿渐伟、市长盛荣华参加湖南省委党的群众路线教育实践活动第一批总结暨第二批部署电视电话会议。

26日 市长盛荣华主持召开市政府第十七次常务会，听取全市安全生产、森林防火、交通疏堵保畅和市场供应情况汇报，部署春节期间重点工作。

27日 岳阳市2014年各界人士迎新春团拜会暨文艺晚会举行。市委书记卿渐伟致新年贺词，市长盛荣华主持团拜会。

28日 市委书记卿渐伟主持召开中共岳阳市委第六届第五十八次常委会议，学习传达习近平、王岐山在第十八届中纪委第三次全会上的重要讲话精神和省纪委全会暨反腐败工作等会议精神，审议湖南长江经济带开发建设总体规划。

2月

7日 市委书记卿渐伟主持召开中共岳阳市委第六届第五十九次常委会议，学习传达省委全面深化改革会议精神，研究审定全市群众路线教育实践活动有关文件方案。

△ 岳阳军分区党委九届二次全体（扩大）会议召开。传达上级军区党委全会精神，回顾总结2013年工作，部署安排2014年任务。

△ 市长盛荣华主持召开市政府专题会议，研究部署重点工作。

△ H986核辐射集装箱检查设备将正式落户城陵矶口岸。

9日 省十二届人大三次会议岳阳代表团组织召开第一次全团会议。市委书记卿渐伟、市长盛荣华等60名省人大代表及9名列席人员参加会议，市人大常委会主任李湘岳主持会议。

10-11日 省委常委、省委秘书长韩永文，副省长黄兰香、省委常委张文雄、副省长张剑飞分别到省十二届人大三次会议岳阳代表团,与代表们一起审议政府工作报告。

11-12日 市委党的群众路线教育实践活动领导小组办公室联合市纪委监察局、市委组织部、市直机关工委等单位，对市直单位、中央省属驻岳单位进行春节后第一次集中督查。

13日 省人大代表、市长盛荣华就建设湖南长江经济带、岳阳是一座可以深呼吸的城市等话题接受湖南卫视、湖南经视采访。

17日 市领导盛荣华、李志坚、陈奇达、向伟雄一行到巴陵石化、长岭炼化、华能岳阳电厂、岳阳林纸等中央省属企业调研慰问，传达贯彻省“两会”精神，共商发展大计。

18日 市长盛荣华主持召开全市市县乡负责干部会议。总结表彰2013年度工作，部署2014年工作，动员全市上下学先进、赶先进、争先进。市委书记卿渐伟作重要讲话。

△ 省发改委主任谢建辉率队到岳阳市，调研洞庭湖生态经济区规划实施。市委书记卿渐伟主持调研座谈会，市长盛荣华介绍工作情况。

19日 召开全市开展党的群众路线教育实践活动动员大会，省委副书记孙金龙，省委驻岳督导组组长、省人大常委会党组成员、原副主任陈叔红发表重要讲话。市委书记、市委党的群众路线教育实践活动领导小组组长卿渐伟作动员报告。市委副书记、市长盛荣华主持会议。

20日 召开中共岳阳市第六届纪委第六次全会暨全市反腐败工作会议。总结2013年全市党风廉政建设和反腐败工作，部署2014年工作任务。市委书记卿渐伟出席并讲话。市委副书记、市长盛荣华主持，市委副书记李志坚宣读表彰通报。

△ 市政协主席赖社光主持召开市政协七届十二次主席会。传达省政协十一届二次会议精神，学习全市市县乡负责干部会议、全市开展党的群众路线教育实践活动动员大会和市六届纪委第六次全会暨反腐工作会议精神，研究近期主要工作。

21日 市长盛荣华主持召开市政府第十八次常务会，听取南湖新区规划调整工作情况汇报，审议《关于北斗卫星导航应用及产业发展的实施意见》《岳阳历史文化名城保护专项资金筹集与管理办法》。

△ 市人大常委会主任李湘岳主持召开十九次主任会议。会议审定市人大常委会2014年度学习计划。

24日 市委政法工作会议召开。

25日 市委书记卿渐伟主持召开中共岳阳市委第六届第六十次常委会议，传达学习省“两会”精神，听取全省组织部长，中央、省委农村工作会议精神汇报，研究审定市委常委会开展党的群众路线教育实践活动学习教育、听取意见环节工作方案和2014年度全面小康综合绩效考评办法。

△ 全市党委办公室工作会议召开。市委副书记李志坚到会讲话，市委常委、市委秘书长樊进军作工作报告。

26-28日 全市学习贯彻习近平总书记系列讲话和党的十八届三中全会精神集中轮训。市委书记卿渐伟、市长盛荣华作辅导报告，省委督导组副组长田代武出席，市领导李志坚、陈奇达、康代四、韩建国、徐新启、樊进军、陈四海、伍国用、张作坤和市委学习中心组成员，各县市区党委、人大、政府、政协，市直副处级以上单位、市属国有企业主要负责人参加学习。

27日 市委书记卿渐伟主持召开市委党的群众路线教育实践活动领导小组第一次会议。

28日 市委书记卿渐伟到临湘市、君山区调研茶产业发展工作。

3月

1日 省政府召开电视电话会议，进一步加强收支预算管理，部署启动市州、县市区第三步规范津贴补贴工作。市长盛荣华等领导出席岳阳分会场。

2日 岳阳市召开人感染H7N9禽流感防控工作紧急会议。

3日 市委农村工作会议召开，学习贯彻中央一号文件精神和中央、省委农村工作会议精神。市委书记卿渐伟讲话。市委副书记、市长盛荣华主持会议。市委副书记李志坚作工作报告。

△ 省委副书记孙金龙到岳阳市调研指导开展第二批党的群众路线教育实践活动。

4日 市长盛荣华参加岳阳县党的群众路线教育实践活动动员会并讲话，省委督导组副组长周震虹到会指导。

△ 省委副书记孙金龙、副省长张硕辅到洞庭湖区调研，指导防汛抗旱工作。市领导卿渐伟、熊炜，省直相关部门负责人等陪同调研。

△ “幸福岳阳·与爱同行”2014年岳阳市学雷锋志愿服务系列活动启动仪式在巴陵广场举行。

5日 举行市志愿服务组织联合会揭牌仪式。市长盛荣华揭牌并为首批五星助残志愿者颁发证书。

6日 市委书记卿渐伟参加“展巾帼风采，建现代幸福岳阳”先进妇女代表座谈会。

7日 市长盛荣华主持召开专题会议，研究部署重点产业帮扶和重大项目建设责任分解工作。

10日 市委书记卿渐伟主持召开中共岳阳市委第六届第六十一次常委会议，研究审定《市级领导重点产业联系帮扶责任分工》和《市级领导牵头负责重大项目责任分解》。

11日 市委书记卿渐伟，市长盛荣华到临港产业新区金龙山樱花园生态公园参加义务植树造林活动。

△ 全市金融工作会议暨第十三届银企信贷洽谈会召开，市长盛荣华出席并讲话。

14日 召开党的群众路线教育实践活动专项整治工作动员部署会，全面启动全市“四风”突出问题专项整治工作。

△ 民政部部长李立国调研平江县社会救助工作。副省长盛茂林，省民政厅厅长段林毅，市长盛荣华等领导参加调研。

12-14日 市委书记卿渐伟、市长盛荣华、市委副书记李志坚率市直相关部门负责人到北京市，围绕城陵矶汽车整车进口口岸申报工作、加快推进年产100万吨芳烃炼化一体化、中粮产业园、大型冷链物流园、华能湖南岳州电厂和小墨山核电站等项目建设，到海关总署、中石化、中粮集团、中国供销集团、中国华能集团和中电投等央企开展项目对接。

17日 市委书记卿渐伟主持召开座谈会，邀请曾经担任过党委、人大、政府、政协领导班子正职的老同志梅楚波、黄甲喜、高碧云、刘泗元、陈志刚、张治雄、白尊贤，对开展党的群众路线教育实践活动提出意见和建议。

△ 市委在民主党派机关召开座谈会，征求党外人士对群众路线教育实践活动意见，市委书记卿渐伟出席，市委常委、组织部部长、统战部部长伍国用主持。

18日 市委书记卿渐伟到市政府政务服务中心调研。市领导陈奇达、樊进军一同调研。

△ 市长盛荣华主持召开部分民营企业重点帮扶3年行动调研专题会议，研究部署帮扶工作。

△ 科技部在其官方网站发布通知，同意湖北省武汉市汉阳区、浙江省杭州市下城区和湖南省华容县等16个国家可持续发展实验区通过验收。

19日 市委书记卿渐伟主持召开市委第六届第六十二次常委会议。组织学习省委书记徐守盛在部署中央巡视组反馈意见整改工作电视电话会议上的讲话及省委副书记孙金龙传达的文件。

△ 岳阳海事局监利海事处与市渔政船检港监管理局就水上交通安全管理首次签订合作协议。

24日 2014年岳阳“激情山水杯”首届马拉松邀请赛在君山举行，来自湖南长沙、湘潭、株洲、邵阳，江西萍乡、黑龙江齐齐哈尔，以及岳阳本地的168名运动员参加比赛。

△ 湖南省教育信息化区域试点县——华容县教育局率先建成“校校通”信息网络，该项目投资5000多万元，覆盖全县132所中小学。

19-24日 市委书记卿渐伟，市委副书记、市长盛荣华，率岳阳市党政考察团赴武汉、九江、合肥、江阴、张家港、上海等地。

△ 2014岳阳（上海）招商推介座谈会在上海举行，会上宣传推介岳阳发展的新机遇、新空间，扩大和深化与上海等沿江城市的交流合作。市委书记卿渐伟致辞，市长盛荣华主持会议。

25日 市委书记卿渐伟主持召开市委第六届第十五次常委扩大会议，传达学习总书记习近平在河南省兰考县考察时的讲话和刘云山同志在中央党的群众路线教育实践活动领导小组会议上的讲话，安排部署下阶段全市群众路线教育实践活动。

26日 水利部党组副书记、副部长矫勇率国家防总长江防汛抗旱检查组到岳阳市督查指导工作。副省长张硕辅、省水利厅厅长詹晓安、市长盛荣华、市委副书记李志坚、副市长熊炜等参加检查或出席汇报会。

26-27日上午 省教育厅厅长王柯敏到岳调研教育信息化建设工作时提出，要在全市加快普及推广教育信息化建设的“华容样本”。

27-28日 省政协副主席、党组副书记武吉海率调研组就临港产业发展进行专题调研。市领导卿渐伟、盛荣华陪同调研。

△ 省委常委、长株潭试验区工委书记、管委会主任张文雄率省直相关部门负责人到岳，考察调研“两型社会”建设情况。

30日 由飞行爱好者根据自己的要求与厂家合作研发的国内最先进的智能数字遥控“XUAV-LZ1401无人机”，在三荷乡向阳村银杏度假村的直升机场试飞成功。

31日 市委书记卿渐伟主持召开市委第六届第六十三次常委会议。传达学习习近平总书记近期两个重要讲话精神，听取市委办汇报省委关于任弼时诞辰110周年纪念活动的有关事宜。

4月

1日 召开全市党政机关停止新建楼堂馆所和清理办公用房、领导干部违规占用住房工作电视电话会议。

3日　君山区被评为全国“六五”普法中期先进县（市、区），是全市唯一获此殊荣的县（市、区）。

△　由中央文明办主办、中国文明网承办的“我推荐、我评议身边好人”活动名单揭晓，汨罗黄政伟荣登其中的“助人为乐”榜。

3月29日至4月3日　中央电视台“寻宝·走进岳阳楼”启动。

4日　国家住房和城乡建设部副部长仇保兴到岳阳市作“新型城镇化从概念到行动”专题讲座。

△　市委常委、常务副市长陈奇达主持召开新型城镇化暨禁违拆违治违工作会议，贯彻落实中央新型城镇化工作会议精神，研究部署下阶段推进新型城镇化和禁拆治违工作的各项任务。市委书记卿渐伟，市长盛荣华出席并讲话。

△　市委副书记李志坚主持召开全市重点产业和重点民营企业帮扶暨重大项目建设工作动员大会。市委书记卿渐伟，市长盛荣华出席并讲话。

2月25至4月4日　市委组织部与市委党校联合举办学习贯彻习近平总书记系列讲话和党的十八届三中全会精神集中轮训班，市委书记卿渐伟、市长盛荣华等领导分别作专题辅导报告。

8日　市长盛荣华组织召开全市党的群众路线教育实践活动汇报会。省人大常委会党组成员、原副主任、省委驻岳督导组组长陈叔红，市委书记卿渐伟出席并讲话。

9日　市委书记卿渐伟主持召开中共岳阳市委第六届第六十四次常委会议暨市委全面深化改革领导小组会议，原则通过《中共岳阳市委全面深化改革领导小组工作规则》等文件，研究审定《中共岳阳市委常委会2014年工作要点》。

△　市政府召开东茅岭商业步行街南辅道片区旧城改造项目专题会议。

△　副市长向伟雄主持召开全市安全生产工作会议。会议贯彻落实全国、省相关会议精神，分析形势，安排部署后段工作。市长盛荣华出席会议并讲话。

△　市委副书记李志坚主持召开全市防汛抗旱工作会议。市委书记卿渐伟对做好2014年防汛抗旱工作作出批示，市长盛荣华出席会议并讲话。

10日　市委书记卿渐伟主持市委学习中心组集中（扩大）学习，邀请卫建林教授作《党的群众路线的历史和现实》专题辅导报告。

△　湖南卫视、《湖南日报》、湖南经视、岳阳电视台等省内主流媒体的记者聚焦湘阴“最美村官讲党课”等群众路线学习教育活动的创新之举。

11日　市委书记卿渐伟先后深入长岭炼化、中创化工、巴陵石化，就如何推动石化产业提质升级、企业加快发展考察调研。

△　市长盛荣华主持召开市政府党组党的群众路线教育实践活动领导小组专题会议。

12日　市长盛荣华主持召开市中心城区城建指导规划专题会议。

14日　市委书记卿渐伟主持召开市委第六届第六十五次常委会议。听取“4·10”岳阳县群众集访市政府的情况汇报，听取南湖新区规划有关情况的汇报。

15日　省委副书记、省长杜家毫深入华容县，调研指导防汛抗旱、春耕生产等工作。省政府秘书长戴道晋、市委书记卿渐伟、市长盛荣华等陪同调研。

△　14–16日，中央党的群众路线教育实践活动第一巡回督导组组长周声涛一行，到岳阳市督导调研群众路线教育实践活动。

16日　市政府“12345”公众服务热线“电话问政”动员大会暨首场问政活动举行。

18日　长江沿岸、环洞庭湖和京广高铁沿线31个城市代表欢聚岳阳楼前，共同拉开“高铁遇上游轮”旅游（岳阳）结盟活动的帷幕。省人大常委会副主任徐明华宣布活动启动，市委书记卿渐伟致辞。

△　省委副书记孙金龙到联系点平江县指导开展党的群众路线教育实践活动，为基层党员干部上党课。

21日　市长盛荣华主持召开第二十次常务会，听取全市政府性债务审计情况、加强岳阳市政府性债务管理及2013年政府性债务审计报告有关问题整改汇报，审议《岳阳市市本级政府性债务管理办法》、《岳阳市公共自行车租赁服务办法》等。

21日　全市党的群众路线教育实践活动基层党组织书记培训开班。

△　市长盛荣华主持召开第二十次常务会。

△　市政府召开一季度经济形势分析暨工作讲评会。

△　国务院批复同意《洞庭湖生态经济区规划》。

22–23日　市长盛荣华到湘西自治州保靖县，开展对口扶贫工作，商议新一轮帮扶大计。

23日　岳阳日报传媒集团新媒体平台——“掌上岳阳”正式上线。

24日　省政协主席陈求发率省政协调研组到岳阳市，调研临港产业发展。省政协副主席武吉海，市领导卿渐伟等陪同及参加调研座谈。

△　市长盛荣华主持召开洞庭湖博览园及环南湖旅游交通三圈项目推进会，调度项目建设工作。

△　由中共岳阳市委党的群众路线教育实践活动领导小组办公室主办、岳阳电视台承办的岳阳市首场“电视问政”节目在岳阳电视台演播大厅正式录制。

23–24日　省人大常委会副主任刘莲玉率执法检查组到岳阳市，开展《中华人民共和国专利法》《中华人民共和国专利法实施细则》《湖南省专利条例》执法检查。

25日　市委书记卿渐伟看望岳阳市劳动模范代表并座谈，畅谈体会、共话发展，分享劳模在劳动中的快乐与成果。

△　市长盛荣华主持正大集团百万头生猪产业化项目协调会。

28日　纪念任弼时同志诞辰110周年活动任弼时纪念馆在岳阳市举行。中央文献研究室主任冷溶，省委书记、省人大常委会主任徐守盛，市委书记卿渐伟等领导出席。

△　岳阳华润燃气有限公司金鹗西路加气站荣获中华全国总会“工人先锋号”荣誉称号。

29日　市委书记卿渐伟主持召开中共岳阳市委第六届第六十六次常委会议，听取党史市志、党史联络、干部、学习、统战、对台及市纪委提交的案件汇报。

△　岳阳市举行第五次劳动模

范命名表彰会，市长盛荣华代表市委、市人大、市政府、市政协向受表彰的劳模表示热烈祝贺。

△ 市委书记卿渐伟主持召开市委第六届第六十七次常委会议。讨论党的群众路线教育实践活动自查报告的相关事宜，审议市委常委会班子对照检查材料。

5月

4日 纪念五四运动95周年。市委书记卿渐伟与岳阳市各界优秀青年代表座谈。

△ 市长盛荣华主持召开市城乡规划委员会2014年第一次会议，审议2014年度城乡规划委员会工作计划、《岳阳市城乡规划委员会工作规则（修订草案）》等。

5日 市长盛荣华主持召开市政府第二十一次常务会，研究审议支持和鼓励引进银行金融机构、加强和改进公安基层基础工作、精简文件会议等事项，研究部署当前工作。

6日 副省长黄兰香在长沙召开会议，专题研究岳阳石化产业发展相关问题，市长盛荣华、副市长向伟雄和省直相关部门负责人参加会议。

8日 岳阳市作家协会第四次代表大会暨岳阳文学讲坛揭牌仪式在金鹗书院举行。

△ 市长盛荣华会见到岳阳市考察对接的中国石油湖南销售公司总经理徐毅一行。

9日 《人民日报》、新华社、《湖南日报》、湖南卫视等中央、省主流媒体组成采访团就中国化学工程第四建设有限公司做好群众工作、建设和谐企业的经验做法进行采访报道。

8–9日 财政部副部长王保安一行到湘阴县调研县乡机关规范津贴补贴和事业单位绩效工资政策实施情况。

△ 市委全面深化改革领导小组办公室召开第一次全体（扩大）会议。

12日 上午10：00，市委书记卿渐伟做客湖南红网，接受红网“在一起——党的群众路线教育实践活动市州委主要负责人系列访谈”，直接面对广大网友畅谈岳阳市教育实践活动开展情况。

△ 水利部副部长刘宁，总参作战部副部长姜国宁，武警总部副参谋长黄海辉，长江委主任刘雅鸣一行到临湘黄盖湖铁山嘴电排，就军地抗洪抢险进行实地对接查勘。副省长张硕辅、省军区副司令员戴焕、省水利厅厅长詹晓安和市长盛荣华、岳阳军分区司令员刘亚兵等陪同。

△ “湘鄂赣”区域公共文化联盟首次联席会议在湖北省襄阳市召开。国家第二批公共文化服务体系示范区创建城市——湖北省襄阳市、湖南省岳阳市、江西省新余市，建立长效合作机制。

13日 “低碳出行，绿色环保”岳阳市公共自行车租赁系统运营启动仪式在南湖广场举行。

△ 国家发展改革委正式印发《洞庭湖生态经济区规划》。

14日 全市科学技术奖励大会召开。市委书记卿渐伟出席并颁奖。

△ 全国政协常委、社会和法制委员会副主任季允石率调研组到岳阳，就“推进政务公开，增强政府公信力”课题进行调研。省政协副主席王晓琴，市领导卿渐伟、赖社光等陪同调研。

16日 市委书记卿渐伟主持召开市委第六届第六十七次常委会，听取省委驻岳督导组通报征求意见情况，讨论市委常委班子对照检查材料，听取关于加强岳阳市党的群众路线教育实践活动制度建设有关情况汇报。

△ 岳阳市召开党的群众路线教育实践活动专项整治工作推进会，总结交流前段工作，部署安排后段工作。

17日 第五次全国自强模范暨助残先进表彰大会在北京举行，岳阳市安信联合会计师事务所董事长谭秋云获得“全国自强模范”称号，并受到总书记习近平的亲切接见。

△ 2014年“中国好声音”湖南赛区决赛在省会长沙落下帷幕，岳阳市残疾公益歌手游舰以原创歌曲《选择坚强》进入十强。

17–18日 2014年全国城市规划协会秘书长联席会暨行业协会改革发展研讨会在岳阳市举行。

20日 长沙海关党组书记、关长黎对贞一行到岳阳考察调研。

20–21日 省委副书记、省长杜家毫在上海考察期间专程来到上海国际港务（集团）股份有限公司，就岳阳城陵矶港开发、建设、运营等合作事宜进行交流座谈。市长盛荣华等陪同考察。

22日 市委书记卿渐伟主持召开党的群众路线教育实践活动征求意见情况民主评议大会，对市四大家领导班子成员、法检“两长”征求意见情况进行民主评议。

△ 市委书记卿渐伟主持召开中共岳阳市第六届委员会第八次全体会议，主要是对市委常委会领导班子对照检查材料征求意见。

△ 全市自强模范报告会暨贫困残疾儿童抢救性康复基金募捐启动仪式隆重举行。

23日 武警湖南省总队水上应急救援综合演练在武警岳阳支队船艇大队码头拉开帷幕。

26日 市长盛荣华主持召开市政府党组党的群众路线教育实践活动集中学习专题讨论会议。

27日 市委书记卿渐伟主持召开中共岳阳市委第六届第六十八次常委会议，组织学习习近平总书记在参加兰考县委常委班子专题民主生活会时重要讲话精神。

26–27日 副省长张剑飞率省直相关部门负责人到岳阳市，调研港口建设、推进新型城镇化和“两房两棚”建设工作。

28日 中华全国总工会书记处书记、副主席陈荣书到岳阳市调研。省总工会党组书记、副主席刘革安，市委副书记李志坚等领导先后陪同调研。

27–28日 省委常委、省委秘书长韩永文，副省长黄兰香率队到岳检查防汛抗灾工作。

29日 经公安部批准，在湖南平江搜救跳江妇女时牺牲的2名消防战士被追认为革命烈士，湖南省公安厅追认2人为共产党员、记一等功。

△ 市委书记卿渐伟主持召开市级领导联系帮扶石化产业领导小组专题会议。

30日 “5·27”救援行动中英勇牺牲的梁德、鲁松旭两位烈士的追悼会在平江县殡仪馆举行。

△ 市政府廉政工作暨优化发展环境电视电话会议召开。

6月

2日 汨罗市汨罗江国际龙舟竞渡中心举行“我们的节日·端午·屈原杯”2014年第十届中国汨罗江国际龙舟节暨湖南省首届群众性龙舟赛（汨罗站）。

5日 市长盛荣华主持召开市政府第二十二次常务会，听取“十三五”规划编制工作情况汇报，研究审议《岳阳市创建国家公共文化服务体系示范区建设规划》等。

△ 全国人大常委会副委员长、新疆维吾尔自治区人大常委会主任艾力更·依明巴海到岳阳市考察调研，全国人大常委会副秘书长、华侨委员会委员刘水生，省人大常委会副主任刘莲玉，市领导卿渐伟、李湘岳、樊进军等陪同调研。

△ 市长盛荣华主持召开交通项目建设专题会议。

6日 2014“寻找岳阳最美献血者”结果出炉，王永林、周保国、龙庭波、鲁新辉、邹宗霞、胡盛江、陶煊和洪晓清夫妇、丰小玉、萨义德·马杰德、彭怀多10位（组）无偿献血志愿者被评为岳阳市十大最美献血者。

9日 海军岳阳（575）舰与其他舰组成的舰艇编队从海南三亚某军港启航，前往美国夏威夷参加“环太平洋-2014”演习。

△ 岳阳籍选手柴驰以132公斤的成绩获得全国残疾人举重锦标赛49公斤级季军。

10日 第二届“6·9”国际档案日“走进档案”专题展览在金鹗公园东门广场举行。

△ 市长盛荣华主持召开专题会议，研究部署旅游文化产业帮扶工作。

11日 岳阳社区组建的“芙蓉越剧团”赢得中央电视台戏曲频道“一鸣惊人”栏目的周冠军。

12日 我们的节日·端午·屈原“巨博杯”湖南省首届群众性龙舟赛在汨罗江畔隆重举行。

△ 市委书记卿渐伟主持召开全市重点产业联系帮扶工作汇报会。

13日 市委书记卿渐伟主持召开中共岳阳市委第六届第六十九次常委会会议，宣布省委关于王瑰曙担任市委委员、常委、组织部长的任命决定，研究审定《关于向梁德、鲁松旭同志学习的决定》。

15日 岳阳市龙根绿志愿者协会、贤恩志愿者义工队、茹兰义工等志愿者为岳阳籍的抗战老兵举行联谊会，13名抗战老兵接受志愿者颁发的抗战英雄纪念章。

16日 市委市政协召开《关于政治协商、民主监督、参政议政的规定（试行）》专题协商会。

△ “2014年全国农机安全生产宣传咨询日”湖南点在湘阴县启动。

17日 由中央文明办、中国文联、中国曲艺家协会主办，省文明办，市委市政府承办的2014全国道德模范故事汇基层巡演活动岳阳专场，在文化艺术会展中心隆重举行。

△ 国家历史文化名城保护复查组到岳阳市检查。

△ 市长盛荣华率岳阳团参加2014年湖南（上海）投资贸易洽谈周活动，签约项目11个，引进资金58.8亿元。

18日 岳阳市在杭州举行招商推介座谈会。

19日 市委书记卿渐伟会见到岳阳市考察的正大集团执行副总裁谢毅、国务院侨务办副主任谭天星一行。

20日 岳阳市举行2014年领导干部“清正在心”第二次教育活动暨市委学习中心组第三次集中（扩大）学习，听取省纪委常委、省反腐倡廉理论研究专家刘大放作《建立健全惩治和预防腐败体系2013—2017年工作规划》专题辅导报告。

△ 岳阳军民融合卫星应用产业园开园仪式在临港新区举行。

23日 省委副书记孙金龙到城陵矶临港产业新区和湖南精细化工产业基地云溪工业园考察调研。

22-23日 市委书记卿渐伟主持召开市委常委班子党的群众路线教育实践活动专题民主生活会。省委副书记孙金龙全程参加、指导。

25日 全省县域整体推进教育信息化现场会在华容县召开，通过推介“华容样本”经验。

△ 市长盛荣华会见到岳阳市考察投资的红星美凯龙集团百货茂公司总裁王德明一行，就商业综合旅游项目进驻岳阳进行广泛探讨。

△ 长岭炼化岳阳工程设计有限公司申报的“石油化工中小企业清洁生产工程研发设计公共服务平台”，平江县生产力促进中心申报的“面向平江县食品加工中小微企业提供的综合性科技服务”，岳阳市农业科学研究所申报的“岳阳市‘两型’现代农业产业化技术研究与示范推广公共服务平台”等3个项目获得科技部、财政部2014年度中小企业发展专项资金科技创新、科技服务和引导基金项目立项，支持经费259万元。

24-25日 副省长何报翔到岳阳市就临港产业发展进行专题调研。

26日 举行岳阳市中心城区公共自行车租赁超时使用收费标准定价听证会。

27日 市委学习中心组举行第四次集中（扩大）学习暨突发敏感事件舆论引导专题报告会。

△ 东海舰队某驱逐舰支队舟山舰岳阳籍舰长张星被评为海军第十届十大杰出青年，记个人二等功。

△ “湖南粮油健康生态行”的几十名省内外的媒体记者到岳阳市中粮（岳阳）米业、湖南山润油茶公司现场采访，聚焦岳阳粮油的品质实力和品牌价值。

7月

1日 市长盛荣华主持召开会议，通报市委常委班子党的群众路线教育实践活动专题民主生活会的情况。市委书记卿渐伟作情况通报。

△ 黄军建撰写的报告文学《托起生命之舟远航——岳阳骨髓捐献纪实》被评选为2013全国报纸副刊年度美文（二等奖）。

△ 国务院通过岳阳城陵矶汽车整车进口口岸审批，标志着岳阳已成为继上海、张家港之后长江流域第三个整车进口口岸。

2日 省委常委、组织部部长郭开朗到岳阳专题调研党的群众路线教育实践活动和基层党建工作。

△ 市政协主席赖社光主持召开市政府、市政协“加强长江岸线资源管理与利用”专题协商会议，审议通过《关于“加强长江岸线资源管理与利用”向岳阳市人民政府的建议案》。市长盛荣华出席会议并讲话。

△ 市长盛荣华主持召开全市防汛会商会。

3日 市长、市政府党组书记盛荣华主持召开市政府党组党的群众路线教育实践活动专题民主生活会。

△ 省军区指挥部统一指挥下，岳阳军分区“湘江-2014”非战争军事行动演习——抗洪抢险行动正式拉开序幕。

△ 由市文明办、市交警支队、洞庭之声报等单位共同举办的岳阳市深入开展“守护斑马线”行动正式启动。

5日 “共和国不会忘记——湖南省平江县失散老红军肖像摄影展”在文化艺术会展中心隆重展出。

△ 国务院通过岳阳城陵矶综合保税区审批，标志着岳阳城陵矶综合保税区申报成功。

8日 市长盛荣华主持召开市政府第二十三次常务会议，听取市政协关于“加强长江岸线资源管理与利用”调研及建议案的说明，分析上半年经济运行情况。

△ 市长盛荣华主持召开市政府专题会议，研究部署重点工作。

9日 市委书记卿渐伟到平江县就新型城镇化进行调研，市委常委、市委秘书长樊进军随同调研。

△ 市委书记卿渐伟主持召开市委第六届第七十次常委会议。听取市人大、市政府、市政协党组专题民主生活会情况汇报，通报七月份市委、人大、政府、政协重大活动预安排。

△ 市委书记卿渐伟主持召开市委第六届第十七次常委扩大会议。研究创建全国文明城市工作，传达省推进新型城镇化工作会议精神。

10日 由市文明办和市广播电视台联合开展的2014岳阳市“少年梦”爱心资助活动正式启动。

9-10日 省委副书记孙金龙到平江，参加并指导平江县委常委班子党的群众路线教育实践活动专题民主生活会。省委驻岳阳督导组组长、省人大常委会党组成员陈叔红出席会议并点评，市委书记卿渐伟主持会议并作点评。

12-13日 市长盛荣华一行专程到中国石油化工股份有限公司天津分公司招商考察。

14日 市委书记卿渐伟主持召开中共岳阳市委第六届第七十一次常委会议，组织学习总书记习近平在中央政治局第十六次集中学习时重要讲话精神，研究、部署全面深化改革工作，听取小康工作汇报。

15日 召开全市上半年经济形势分析暨工作讲评会。

△ 市政府召开会议通报党组班子党的群众路线教育实践活动专题民主生活会情况。市长盛荣华主持。

△ 召开上半年安全生产工作讲评会。

16日 市长盛荣华主持召开专题会议，研究部署电子政务建设工作。

17日 市委书记卿渐伟专题调研南湖水环境综合整治情况。

△ 市长盛荣华主持召开防汛会商会，安排部署防汛抗灾工作。

23-24日 省委书记、省人大常委会主任徐守盛到岳阳县、平江县、岳阳楼区等地，调研项目建设和经济运行情况，就各地落实中央和省委省政府决策部署进行督促检查。省委常委、省委秘书长韩永文参加调研。

△ 部分在湘全国人大代表到岳阳，就建立洞庭湖生态补偿机制情况开展专题调研。

25日 全省洞庭湖生态经济区建设推进会在岳阳市召开，省委书记、省人大常委会主任徐守盛，省委副书记、省长杜家毫分别到会并讲话，省委常委、省委统战部部长李微微主持。

△ 市委书记卿渐伟主持召开中共岳阳市委第六届第七十二次常委会议，听取上半年全市经济运行情况汇报，研究下半年经济工作。

26日 省各民主党派、无党派人士社会服务平江基地“同心”捐赠活动在平江县南江镇开展。省委常委、统战部部长李微微出席活动，省政协副主席、九三学社省委主委张大方，市委书记卿渐伟，市领导王瑰曙等省市领导参加活动。

28日 市委副书记李志坚主持召开退伍军人自主创业代表座谈会，市委书记卿渐伟出席并讲话。

△ 市长盛荣华会见到岳阳对接大型数字化医院项目的美国Key Global(K·哥洛博)公司总经理桑铭·帕克一行。副市长李为等参加座谈会。

△ 市长盛荣华主持市政府第二十四次常务会议。学习省政府关于加快现代服务业发展的三个文件，研究审议开展创建“美好社区、温馨家园”意见、湘江污染防治第一个“三年行动计划”实施方案和贯彻落实《大气污染防治行动计划》实施细则等。

△ 住建部正式公布全国重点镇增补名单，岳阳市羊楼司镇被正式评定为全国重点镇，进入全省98个全国重点镇行列。

△ 阿里巴巴公益基金会向岳阳市捐赠湖南首艘环保志愿“溯源号”快艇。

29日 市委书记卿渐伟主持召开各县市区委书记座谈会，总结上半年工作，听取意见建议，安排部署下一阶段工作。

△ 第十一届海峡两岸媒体联合采访团到岳阳市进行为期3天的采访活动。

31日 中共岳阳市第六届委员会第九次全体（扩大）会议召开，传达贯彻省委十届十次全委（扩大）会议精神和省委书记徐守盛在岳阳市考察调研时的重要讲话精神，报告市委常委会上半年工作，研究部署下半年工作。市委书记卿渐伟代表市委常委会向全会作工作报告，市委副书记、市长盛荣华主持会议并对上半年经济工作进行讲评。

30-31日 岳阳市召开上半年全市项目建设和新型城镇化建设流动现场会。

8月

1日 由湖北宜昌三峡日报社发起的湘鄂渝边界媒体联盟成立仪式隆重举行，来自《岳阳日报》《常德日报》《荆州日报》《恩施日报》等九个城市的主流媒体携手成盟，进一步推进城市间的媒体融合和交流发展。

△ 副省长何报翔到临湘市，就县乡流通再造项目筹备工作进行调研。

7月31日至8月2日 副省长盛茂林率省危化品安全调研督导组在岳阳市开展为期三天的危化品安全调研督导工作。

4日 市委书记卿渐伟，市委副书记、市长盛荣华率领岳阳市党政代表团学习考察衡阳市。

5日 由湖南省政府新闻办举行的岳阳城陵矶综合保税区、进口肉类指定口岸、汽车整车进口口岸建设新闻发布会在长沙召开。

△ 岳阳市创建国家公共文化服务体系示范区工作推进会议召开，安排部署创建工作任务。

△ 岳阳市4项目获得湖南省战略性新兴产业科技攻关与重大科技成果转化项目立项支持，支持的资金额度达到860万元 。

6日 市长盛荣华主持召开深化创建全国文明城市工作动员大会，对创建全国文明城市工作再动员、再部署、再加压、再鼓劲。市委书记卿渐伟到会并作动员讲话。

△ 市长盛荣华主持召开“四个申报”建设推进工作专题会。

△ 城陵矶进口粮食指定口岸获得国家质检总局正式批准。

7日 岳阳市举行铁山水资源保护行动月启动仪式。

△ 市长盛荣华主持召开2014年旧城改造、棚户区改造工程计划专题会议。

△ 市工商联青年企业家商会正式成立。

8日 省委副书记孙金龙参加指导平江县安定镇江东村党支部专题组织生活会暨民主评议党员大会。省人大常委会党组成员、省委驻岳督导组组长陈叔红等参会。

△ 市委书记卿渐伟全程参加并指导岳阳楼区洞庭街道东风湖社区党支部专题组织生活会暨民主评议党员会。

△ 市长盛荣华主持召开洞庭湖博览园项目建设专题会，调度项目推进工作。

10日 2014年亚太青少年科技创新大赛中国区选拔赛，岳阳喻子山和彭柯睿、兰家旗和易佳星、汤翔晟和胡岱江三组队伍摘得机器人搬运赛小学组金牌，被授予“中国少年科学院科学实验金质奖章”。

△ 岳阳市蓝天救援队奔赴云南地震灾区鲁甸，与全国蓝天队友们一起参与救援抢险。

11日 市长盛荣华率队到深圳市，就综合保税区的建设、运营和管理进行考察学习。

12日 君山工业园正式获批省级工业集中区。

12–13日 市委书记卿渐伟、市长盛荣华、市委副书记李志坚到湖南出入境检验检疫局、省经信委和中联重科对接项目。

△ 荆州市市长李建明率队到岳阳考察洞庭湖生态经济区建设。

13日 市委书记卿渐伟主持召开市委第六届第七十三次常委会议。听取群众路线教育实践活动第二环节工作的汇报，审议《中共岳阳市委常委会班子整改落实方案》。

14日 国家级长沙经济开发区汨罗（弼时）产业园工作推进会暨合作协议签约仪式在汨罗举行。

15日 湖南巴陵炉窑节能股份有限公司股票在全国中小企业股份转让系统（“新三板”）挂牌。这是岳阳市第一家股票在“新三板”挂牌的公司。

△ 岳阳航运物流首艘江海轮岳港K001正式下水。

△ 副省长黄兰香率省政府办、省经信委、省财政厅等部门负责人，到汨罗市调研指导特色县域经济重点县建设工作。

14–15日 省委副书记、省长杜家毫一行先后到岳阳市临港新区、临湘市、岳阳县和平江县，重点考察城陵矶港建设工作，调研各地经济运行情况。

18日 召开岳阳市教育实践活动整改落实、建章立制环节工作部署会。市委书记卿渐伟通报市委常委班子党的群众路线教育实践活动整改方案，并就教育实践活动整改落实、建章立制工作进行部署。市委副书记李志坚主持会议。

20日 市长盛荣华主持召开市政府第二十五次常务会议，研究审议民营企业重点帮扶资金使用和管理、茶叶产业发展规划、切实抓好粮食生产意见等，部署重点工作。

△ 市委书记卿渐伟主持召开中共岳阳市委第六届第七十四次常委会议，传达省长杜家毫在岳阳调研时的讲话精神，研究审定《关于加快发展粮食生产的意见》《政协岳阳市委员会关于政治协商民主监督参政议政的规定（试行）》《中共岳阳市委宣传部关于组织推动培育和践行社会主义核心价值观工作实施方案》等。

19–20日 省委副书记孙金龙到临湘市、岳阳县、湘阴县等地，实地调研经济社会发展情况。

△ 湖南省党外代表人士暑期谈心座谈会在岳阳市举行。

△ 湘阴县沙田农民建筑队湖南省沙田建筑工程有限责任公司获得“2014全国绿色施工与节能减排示范工程”“全国建筑业诚信劳务企业”和“全国重质量讲信用示范企业”等三项国家级荣誉。

21日 市委学习中心组举行2014年第五次集体学习，学习贯彻总书记习近平系列重要讲话精神，听取2014年《党政领导干部选拔任用工作条例》解读，并展开讨论交流。

△ 省政协副主席张大方一行到岳阳市调研。

△ 市一医院院长唐敏被中国医院协会和健康报社评为“2014年度全国优秀医院院长”。

22日 市长盛荣华主持召开岳阳市深化平安岳阳建设工作会议，贯彻落实中央、省委深化平安建设工作会议精神，就深化平安岳阳建设做出安排部署。市委书记卿渐伟出席并讲话。

27日 省委组织部副部长、省委党的群众路线教育实践活动领导小组办公室常务副主任郭树人率省委活动办督查组到岳阳市，督查指导岳阳市教育实践活动专项整治工作。

△ 岳阳市业余音乐创作者李志诚创作的歌曲《俏月亮》荣获“2014‘建国杯’第四届全国大型音乐展演活动”词曲金奖。

9月

1日　市长盛荣华主持召开全市文明委第二次全会暨创建全国文明城市工作督查汇报会，进一步研究全市精神文明建设和深化创建全国文明城市工作。

△　市长盛荣华主持召开市2014年土地出让委员会第二次会议。

2日　中国铁路总公司广铁集团将新锻造出厂50辆GQ70大型罐车为长岭炼化航煤出厂基本专运列车组。

△　市长盛荣华主持召开市政府第二十六次常务会，研究审议全市流通产业中期发展规划、国有建设用地批后监管暂行办法等，传达全国全省职业教育工作会议精神。

△　岳阳健在的抗日老兵代表及亲属和关爱抗战老兵志愿者，一起前往岳阳县大云山森林公园参观大云山“三战三捷”摩崖石刻纪念地。

3日　市委书记卿渐伟主持召开中共岳阳市委第六届第七十五次常委会议和第十八次常委扩大会议，传达全国公务用车制度改革视频会议精神和全省优秀年轻干部培养选拔、干部监督暨推进“三超两乱”问题整改工作视频会议精神，研究审定《岳阳市创建“美好社区、温馨家园”实施意见》《关于推进诚信建设制度化的实施意见》，听取市三峡移民安稳致富情况的汇报和关于禁违拆违治违工作情况的汇报等。

△　召开市直有关单位办公用房清理处置及管理工作会议。

9日　市长盛荣华、市委副书记李志坚、副市长宋爱华等到长沙三一重工股份有限公司、山河智能装备集团对接项目。

△　临湘窑坡山风电场13号风力发电机组成功并网运行。

10日　国家质检总局进口肉类指定口岸验收考核小组组长毕玉国率队到岳阳市，开展城陵矶进口肉类指定口岸验收考核工作。

△　市长盛荣华主持召开专题会议，研究部署中心城区教育资源布局调整和市十四中修缮改造等工作。

△　岳阳武警警官杨明创作并与歌手谭圳共同演唱的《为梦想坚守》歌曲，荣获公安边防部队2014年警营原创文艺作品大赛站、队、所歌曲类三等奖。

11日　市长盛荣华会见到岳阳市考察投资洞庭湖博览园项目的泛华建设集团董事长杨天举一行。

△　市长盛荣华会见到岳考察的中信银行长沙分行行长陆金根一行。副市长宋爱华、经开区工委书记胡知荣等参加会见。

12日　全市2014年领导干部“清正在心”第三次教育活动在文化艺术会展中心开讲，中国纪检监察学院教授吴戈作专题辅导报告。

△　岳阳市人民政府外事侨务办授予湖南五尖山国家森林公园为岳阳首批涉外参观点。

14日　岳阳市花板桥学校高级教师黄绚灿和岳阳县饶村乡中心学校（居公完小）高级教师黄亚飞获得“全国模范教师”荣誉称号，君山区许市镇许市中学获得“全国教育系统先进集体”荣誉称号，平江县教育局局长、党委书记吴定辉荣获“全国教育系统先进工作者”荣誉称号。

15日　岳阳市代表团参与省运会夺得青少年组赛全省第六名，比上届增长金牌19.5枚，排名前进三位，并囊获体育道德风尚奖、青少年组金牌奖、青少年组赛会金牌奖和运动员输送突出贡献奖。

△　岳阳市正式启用电子往来港澳通行证。

16日　市长盛荣华在华容县主持召开长江沿线县市区经济形势座谈会，围绕长江经济带与洞庭湖生态经济区融合发展，对后段重点工作的思路和做法提出意见建议。

16日　市长盛荣华主持召开市2014年土地出让委员会第三次会议。

17日　市长盛荣华主持召开市政府第二十七次常务会，研究审议市本级行政审批事项目录、中心城区道路交通秩序整治通告、推进全民创新创业实施意见等。

△　市长、市政府党组书记盛荣华主持召开市政府党组党的群众路线教育实践活动整改落实方案情况通报会。

4月21日至9月17日　岳阳市开展2014年“欢乐潇湘·幸福岳阳”大型群众文艺会演。

18日　市委书记卿渐伟到临港产业新区调研“四个平台”建设。

△　市长盛荣华在经开区主持召开城市三区经济形势座谈会，分析形势，研究部署后段工作。

19日　市委书记卿渐伟在市委党校作《抢抓重大历史机遇，推进岳阳大踏步发展》辅导报告，市委副书记李志坚主持报告会。各县市区书记，市直和中央、省驻岳正处级以上单位主要负责人，市委党校秋季主体班部分学员听取报告。

△　湖南省委宣传部主办的2014年“欢乐潇湘”大型群众文艺会演决赛岳阳专场在长沙湖南大剧院上演。

△　市委书记卿渐伟主持召开中共岳阳市委第六届第七十六次常委会议，研究审定《中共岳阳市委常委直接联系群众实施办法》《岳阳市关于完善党员干部直接联系群众的实施办法》《岳阳市党政机关国内公务接待实施细则》等。

20日　“爱祖国　爱湘江”公益活动在巴陵广场启动。

△　岳阳市妇联组织的家庭教育公益巡讲在岳阳南湖风景区金鹗小学举办。

21日　“浙江大学—岳阳市企业家高级研修班”在岳阳市正式开班。

△　岳阳市外国语学校历史教师周瑾被评为“全国优秀教师”。

22日　副省长张剑飞、市长盛荣华实地考察上港集团洋山港码头，就上港集团投资岳阳城陵矶港进行深入探讨。

△　中共湖南省委旧址在湘阴县文星镇三井头社区东正街10号揭牌。

23日　岳阳市举行纪念岳阳地区设立50周年座谈会。

△　市委书记卿渐伟主持召开专题会议，研究部署岳阳市中心城区菜市场标准化建设和提质改造工作。

△　市长盛荣华、市委副书记李志坚率市直相关部门负责人在北京专门拜会中粮集团副总裁兼中粮贸易总裁迟京涛、中粮集团总会计师马王军，双方就加快推进中粮（岳阳）城陵矶产业园项目落户岳阳达成初步共识。

△　全市青年文明号和窗口服务行业“做文明标兵、创文明城市”百日竞赛活动启动

24日　副省长何报翔到岳参加城陵矶综合保税区建设现场办公会。

19-25日　湘鄂渝边界媒体联盟19日首次联合采访，12名记者分成三个组开赴常德、岳阳、张家界、万州、恩施、神农架、宜昌、荆州、荆门等九市（州、区），围绕全面深化改革、打造沿江经济带、城市转型发展、文化旅游产业亮点等，进行采访。

25日　湖南省第八届少数民族传统体育运动会第二次筹备工作会议在岳阳市召开。

△　市长盛荣华主持召开城陵矶综合保税区建设推进工作会，研究综保区建设工作方案、修建性详规、与上港集团公司合作方案等。

△　市长盛荣华主持召开组建岳阳农村商业银行工作会议。

26日　召开教育实践活动整改落实工作情况汇报会。省委副书记孙金龙，省委驻岳督导组组长、省人大常委会党组成员陈叔红出席会议并讲话，市委书记卿渐伟主持会议并通报全市党的群众路线教育实践活动整改落实工作情况。

△　召开党的群众路线教育实践活动群众测评会。省委驻岳督导组组长陈叔红出席会议并讲话，市委书记卿渐伟主持会议。

27日　华容跻身全国153个国家现代农业示范区中25个农业改革与建设试点县行列。

28日　市委副书记李志坚主持召开推进全民创新创业动员大会，贯彻落实全省创新创业电视电话会议精神，动员全市上下进一步解放思想，抢抓机遇，掀起新一轮全民创新创业热潮。市委书记卿渐伟出席并讲话。

29日　市领导卿渐伟、盛荣华、李志坚、李湘岳、赖社光、陈奇达、樊进军、王瑰曙等参加庆祝第二个法定老年节暨市级老同志经济形势通报会。

△　岳阳市庆祝新中国成立65周年文艺晚会在文化艺术会展中心隆重举行。

△　市长盛荣华在汨罗市主持召开环长株潭城市群5县市区经济形势座谈会。

30日　全国首个“烈士纪念日”，市委、市人大、市政府、市政协四大班子领导和部队官兵、机关干部、社会各界群众一起，到华容县烈士陵园，向烈士纪念碑敬献花篮，缅怀先烈，祭奠英灵。

△　市委书记卿渐伟到岳阳楼区，指导督查教育实践活动整改落实工作。

△　市长盛荣华主持召开市政府专题会议，研究部署国庆假日期间和重点工作。

△　市长盛荣华到部分企业进行暗访督查。

10月

8日　全省第九届残疾人运动会在娄底闭幕，岳阳市39名残疾人运动员通过顽强拼搏，获13枚金牌。

△　市长盛荣华主持召开市政府第二十八次常务会议，传达贯彻全省医药卫生体制改革会议精神，审议岳阳市农村宅基地管理暂行办法，研究部署有关工作。

9日　市委书记卿渐伟主持召开专题会议，学习贯彻总书记习近平在党的群众路线教育实践活动总结大会上的讲话精神，并对全市学习贯彻落实工作进行部署。

△　湖南凯美特气体股份有限公司（凯美特气）获得2013年度湖南省省长质量奖。

11日　全国休闲农业经验交流会在江苏南京召开。平江县安定镇茅田村荣膺农业部“中国最美休闲乡村”匾牌。

13日　市委副书记李志坚主持召开创建全国文明城市督导讲评会，通报创建工作进展情况，研究解决影响创建“最后一公里”的问题。市委书记卿渐伟出席并讲话。

14日　岳阳市水务局获全国水利普法优秀组织奖。

16日　岳阳科德商贸有限公司获得“2014年度全国先进物流企业”。

△　临湘市人民法院在第九届中国法学青年论坛主题征文和第九届中国法学家论坛主题论文夺取5项全国大奖。

9-16日　市长盛荣华应日本友城沼津市市长栗原裕康、滋贺县琵琶湖博物馆馆长篠原徹和韩国首尔大学医院院长吴秉熙的邀请，率团对日本、韩国进行友城访问和项目对接。

17日　市长盛荣华主持召开全市党的群众路线教育实践活动总结大会，深入学习贯彻落实总书记习近平和省委书记徐守盛在中央、省委群众路线教育实践活动总结会议上的讲话精神，全面总结全市教育实践活动，对今后一个时期如何进一步落实从严治党要求、持续深入推进作风建设进行全面的部署与安排。市委书记卿渐伟出席并讲话。

△　岳阳市“心系扶贫”万人签名活动在南湖广场举行。

△　岳阳市发改委获得“全国社会扶贫先进集体”称号。

△岳阳县长湖乡洪山完小教师戴文龙辅导的学生方慧敏同学的科幻绘画作品“中华号能量储备器”获得全国第29届暨湖南省第35届青少年科技创新大赛全国三等奖，同时获得湖南省一等奖。

16-18日　省人大常委会副主任谢勇率队到岳阳市，就岳阳市大气污染防治法执行情况进行检查。

18-19日　2014年中国体育舞蹈公开赛（岳阳站）在岳阳市体育馆举行。

△　第三届武当国际演武大会在武当文化发源地湖北省丹江口市隆重举行。岳阳太极爱好者11人代表团队摘取4金1银，并获得太极拳推广奖。

20日　中南六省区老科协工作研讨会在岳阳市举行，来自湖南、湖北、河南、广东、广西、海南等地的老科协工作者，共话科协工作。

△　市长盛荣华主持召开调度会，安排部署全省第八届少数民族传统体育运动大赛各项准备工作。

△　汨罗市举行纪念杨沫同志诞辰100周年座谈会。

△　新华社《湖南领导参考》以《湘阴：践行群众路线长效机制探索》为题，重点推介该县践行群众路线实践活动的工作经验。

22日　《共和国不会忘记》——湖南省平江县失散老红军肖像摄影作品捐赠仪式暨作品展在平江县展出。

△　副省长何报翔率省商务厅、旅游局和有关企业负责人，考察岳阳市旅游产业发展。

23日 西藏山南地区桑日县县委副书记、县长吾金率桑日县党政代表团到岳阳市作答谢交流。

△ 湖南、湖北、江西省委党史研究室主办的第三届湘鄂赣苏区论坛在平江县举行。中央党史研究室副主任高永忠，全国政协常委、中央文献研究室原常务副主任杨胜群，省委常委、省委秘书长韩永文，省军区司令员黄跃进，市领导盛荣华、李志坚、樊进军、刘亚兵等参加论坛。

19-23日 湖南省文化厅承办的首届“两岸四地文学论坛”在湖南长沙和岳阳举办。

24日 市委书记卿渐伟主持召开中共岳阳市委第六届第七十七次常委会议，学习党的十八届四中全会精神，传达学习中央、省委有关改革的会议精神，研究审定《岳阳市全面深化改革工作进度监测表》，传达学习总书记习近平在中央民族会议上的讲话，研究意识形态工作等。

△ 巴陵名师讲堂在市会展中心开讲，上海市政府决策咨询专家董锡健教授以“打造区域经济与产业经济创新发展的‘升级版’”为主题进行讲座。

25日 “逸品贷”首选画家刘云先生的第四家艺术专馆正式落户岳阳。

26日 市九中九年级学生吴天昊荣获由中国教育部、中国福利会、中国宋庆龄基金会联合颁发的“第11届宋庆龄奖学金”。

△ 市四中获得教育部关工委全国青少年五好小公民“美丽中国·我的中国梦”主题教育示范学校荣誉称号。

△ 由文化部中国文化管理协会演艺工作委员会、中国戏剧家协会艺术发展中心联合举办的“中华颂”第五届全国小戏小品曲艺大展，岳阳楼区女作家李海英创作的渔歌音乐剧《江豚之恋》获银奖。

23-27日 第八届全省少数民族传统体育运动会在岳阳市体育中心举行。省委常委、统战部部长李微微宣布运动会正式开幕，省政府党组成员、省长助理袁建尧致开幕词，市委书记卿渐伟、市长盛荣华分别致辞。本届运动会有31个代表团、1600名多健儿参赛，决出金牌110枚，银牌109枚，铜牌106枚。

28日 全市三季度经济形势分析及工作讲评会召开。

△ 省委督办专员刘国湘率督查组到岳阳市，督导省委、省政府重大决策部署贯彻落实情况。

△ 市长盛荣华主持召开市政府第二十九次常务会，听取岳阳城陵矶综合保税区规划情况汇报等。

28-29日 市人大常委会组织编组在岳阳市的全国、省人大代表深入汨罗市，围绕“城市矿产资源利用和环境保护”主题开展集中考察。

30日 市委书记卿渐伟主持召开各县市区委书记座谈会，集中学习十八届四中全会精神。

△ 由岳阳经济技术开发区主办的“中国洞庭湖国际电子商务新城发布暨项目签约仪式”在深圳举行。

△ 岳阳市书法家陈木香书写的《资治通鉴书法卷》被国家图书馆收藏。

△ 岳阳“好医生”徐宙雄荣登中国文明网“好人365”专栏第56期封面人物。

31日 由联合国开发计划署和新华社《瞭望东方周刊》主办的“中国城市未来发展国际论坛”，在北京人民大会堂举行。岳阳市获得“2014中国最具幸福感城市”和“最具文化软实力城市”两项殊荣。

△ 由国家食品药品监督管理总局指导，中国食品报社发起，中华国学养生研究院主办的中华国学养生全国巡讲团在岳阳开讲。

28-31日 省委督办专员刘国湘率省委、省政府督查组到岳阳县、临湘市、云溪区等地10多个点进行现场督查。市领导卿渐伟、康代四、樊进军、熊炜等听取督查组意见反馈。

11月

2日 岳阳湖滨园艺场普通妇女李金娥荣登中央文明办10月“中国好人榜”名单。

△ 岳阳市参赛作品《宝地》《龙舟祭》荣获第二届亚洲微电影艺术节金海棠奖。

1-2日 市长盛荣华一行再次到中石化集团公司总部开展对接工作，争取项目支持。

4日 海关总署加贸司副司长李志辉率海关总署、国家发改委、财政部、国家外汇管理局等国家四部委联合调研组到岳阳市调研。

△ 市长盛荣华主持召开铁山库区水资源保护与保障改善民生工作专题会议。

△ 市长盛荣华主持召开市政府第三十次常务会，听取中国洞庭湖国际电子商务新城发展规划情况汇报，传达全省产业园区工作会议精神，部署当前重点工作。

5日 省委常委、常务副省长陈肇雄到岳阳市调研，考察重大项目建设情况。市领导卿渐伟、盛荣华、陈奇达参加调研。

6日 市委书记卿渐伟接受《中国经济时报》采访团专访，重点介绍岳阳市长江经济带、洞庭湖生态经济区、“一带一部”建设情况。

7日 “岳阳市特困家庭大病医疗慈善救助项目”荣获“中华慈善突出贡献（项目）奖”。企业家肖家炎荣获“中华慈善突出贡献（个人）奖”。

8日 岳阳市岳阳楼区获得国家民政部“全国和谐社区建设示范城区”。

△ 民盟中央授予民盟岳阳市委“思想宣传工作先进集体”称号。

10日 岳阳市消防支队特勤中队抢险救援班班长刘达京获得全国消防部队第三届“十大杰出消防卫士”。

12日 市长盛荣华主持召开市政府第三十一次常务会，审议《关于进一步加强铁山饮用水水源保护与库区民生保障的意见》《关于加快发展养老服务业的实施意见》等。

13日 市委书记卿渐伟主持召开中共岳阳市委第六届第七十八次常委会议，研究审定《关于进一步加强铁山饮用水水源保护与库区民生保障的意见》《关于党员干部带头推动殡葬改革的实施意见》、《2014—2020年岳阳市基层服务型党组织建设实施方案》等。

14日 全省河道管理暨农村能源工作会议在岳阳市召开，省委副书记孙金龙讲话，副省长张硕辅主持会议。

△ 全省党纪条规主题教育报

告会暨全市“清正在心”系列教育第四次集中活动在会展中心开讲。中共湖南省委党校、湖南行政学院教授龚永爱作题为《使党纪条规成为领导干部的自觉行为》的主题报告。

15日 “幕阜山杯”中国湖南（平江）第三届幕阜山国际滑翔节在南江镇开赛。

△ “高雅艺术，文化惠民”第45场演出——人偶亲子童话剧《新白雪公主》，在岳阳文化艺术会展中心上演。

△ 汨罗法院被评为“全国司法宣传工作先进集体”。

16日 市委书记卿渐伟率团到深圳市参加第十六届中国国际高新技术成果交易会，学习借鉴先进经验，寻求合作。

17日 市委书记卿渐伟主持市委学习中心组2014年第八次集中（扩大）学习。清华大学教授万俊人就“核心价值与传统文化”作专题辅导报告。

△ 市长盛荣华会见到岳投资考察的韩国首尔大学医院院长吴秉熙一行，双方就加快推进“岳阳首尔国际医院及疗养度假村”项目深入交换意见。

△ 岳阳花鼓戏《抓阄》获得“中华颂”第五届全国小戏小品曲艺银奖。

18日 市委书记卿渐伟主持召开履行基层党建工作责任情况汇报会。

20日 中共中央政治局委员、国务院副总理刘延东在湘出席全国血吸虫病防治工作会议会议期间到湘阴县调研血防工作。省市领导徐守盛、杜家毫、孙金龙、韩永文、李友志、卿渐伟、盛荣华、樊进军等陪同调研。

△ 省委常委、政法委书记、省公安厅厅长孙建国一行到岳阳市调研政法综治维稳工作。

△ 国家林业局局长赵树丛率队到岳阳市调研林业生态工作。省市领导张硕辅、盛荣华、李志坚等陪同调研。

21日 市委副书记李志坚主持召开全市推进“135”工程建设、加快产业园区创新发展工作会议。传达贯彻全省产业园区工作会议精神，安排部署后段工作。市长盛荣华出席并讲话。

22日 华容县农业科技特派员、高级水产养殖技师蒋石容申报的“一种畜禽粪污减量处理与利用方法”获得国家发明专利认证。

△ 金鹗山街道万家坡社区获得“全国和谐示范社区”。

22-23日 市长盛荣华率团参加长江沿岸中心城市经济协调会第十六届市长联席会议。

25日 召开市委法治岳阳建设领导小组全体会议，市委书记、卿渐伟出席并讲话。市委副书记李志坚主持会议。市委常委、市委政法委书记向伟雄汇报岳阳市法治建设工作情况。

△ 世界自然保护联盟公布的首批世界保护地绿色名录，东洞庭湖国家级自然保护区榜上有名。

△ 全省教育阳光平台建设工作现场推进会在岳阳市召开。省教育厅厅长王柯敏、市长盛荣华、副市长李为出席会议。

26-27日 怀化市党政代表团一行50多人，在怀化市委书记彭国甫和市委副书记、代市长赵应云的带领下到岳阳市考察工作。

27日 市委书记卿渐伟接受湖南经视记者专访，重点介绍岳阳市实施重点产业和企业帮扶、“一区一港三口岸”建设和贯彻《洞庭湖生态经济区规划》等方面情况。

27日 市七届人大常委会第十四次会议召开。听取和审议了市人大常委执法检查相关于检查全市贯彻实施《中华人民共和国植物检疫条例》情况的报告；市七届人大二次会议议案及检查、批评、意见办理、督办情况。审议了人事事项，补选了省十二届人大代表1名。表决通过了《岳阳市人民代表大会建议、批评和意见处理办法》；关于召开市七届人大三次会议的决定；市人民政府关于2013年度市本级财政预算执行和其他财政收支审计查出问题整改情况的报告；市财政局、市国土局、市地税局审计查出问题整改情况的报告。

28日 市长盛荣华主持召开政府融资平台公司融资清理规范工作专题会。

29日 西藏自治区山南地委副书记、行署专员张永泽率党政代表团到岳阳市考察，感谢岳阳长期以来对山南地区的大力援助和支持。市领导卿渐伟、盛荣华、樊进军、陈四海等参加相关活动。

30日 岳阳冬泳队获得第21届全国冬泳锦标赛1金、4银、10铜和中年组团体总分第6名。

12月

2日 市长盛荣华主持召开市政府第三十二次常务会，审议关于加快建设旅游强市的意见、工商登记前置审批制度改革试点工作方案等，听取全市治理车辆超限超载情况汇报。

3日 副省长张剑飞到扶贫联系点平江县南桥乡汤塅村，调研指导扶贫开发工作。

△ 美国ADM公司北京办事处首席代表兼政府事务高级总监黄菊辉率公司考察团到岳阳作投资考察。市领导卿渐伟、李志坚、宋爱华参加座谈。

4日 城陵矶临港产业新区与华菱集团举行岳阳欣港物流总部经济项目签约仪式。

△ 市科技馆选送的“科学小子”获得“2014第九届‘创协杯’CTEA CUP创意科技机械人超级轨迹赛”小学组冠军。

5日 平江县公安局离退休干部党总支被评为“全国离退休干部先进集体”。

7日 湖南民族职业学院旅游航空系智慧旅神团队获得第九届全国信息技术应用水平大赛一等奖。

△ 市长盛荣华主持召开市2014年第四次土地出让委员会会议。

10日 市长盛荣华主持召开市交通重点项目建设推进会。

△ 湖南科伦制药有限公司、湖南天欣科技股份有限公司获得2013年市长质量奖获奖单位。

△ 岳阳市湖南中科电气股份有限公司与湖南大学联合开发的发明专利“两相逆变电源系统及其综合控制方法”荣获第十六届中国专利奖金奖。

△ 市委书记卿渐伟主持召开中共岳阳市委第六届第七十九次常委会议，传达全省党委秘书长会议精神和全省深化“平安湖南”建设

会议精神，传达学习全省社区党建和社区建设工作会议精神，研究审定《关于切实做好人民调解工作的意见》《关于厉行节约反对食品浪费的实施意见》等。

15日　市文明委召开第三次全会，通报创建全国文明城市工作督查情况和迎检工作信息等，部署安排下一阶段工作。

△　召开各民主党派市委、市工商联、市知联会专题调研成果汇报会，听取调研成果汇报，研究落实他们的意见和建议。

16日　召开创建全国文明城市再动员大会。市委书记卿渐伟作报告，市长盛荣华主持会议。

△　市委书记卿渐伟出席第三产业企业座谈会，和市三产企业负责人交流座谈。市委常委、市委秘书长樊进军主持会议。

△　市长盛荣华主持召开市政府第三十三次常务会，传达学习中央经济工作会议精神，研究部署进一步防范民间投融资市场风险，维护市场秩序和稳定工作。

17日　市委书记卿渐伟主持召开中共岳阳市委第六届第八十次常委会议，讨论市人大政协“两会”召开时间等有关工作，听取市委改革办2014年改革有关工作情况汇报，研究审定《关于加强高层次创新创业人才引进工作的意见（试行）》等。

18日　市委书记卿渐伟出席市直经济工作部门座谈会，总结2014年以来全市经济运行情况，分析经济工作中存在的问题、困难，听取对2015年经济工作的意见和建议。市委常委、市委秘书长樊进军主持会议，常务副市长陈奇达出席。

19日　市委书记卿渐伟一行到北京会见神华集团国华电力公司董事长王树民，双方就国华华容火电项目建设情况交换意见。

20日　城陵矶临港产业新区“一区一港三口岸”产业招商推介会在美丽的山城重庆举行。重庆市副市长张鸣，市长盛荣华、副市长宋爱华出席推介会。

22日　省委常委、常务副省长陈肇雄参加省委经济工作会议岳阳组的分组讨论，省政协副主席王晓琴，市委书记卿渐伟、市长盛荣华，省直有关部门负责人，各县市区委书记、县市区长参加讨论。

17–22日　第二届全国业余围棋公开赛在岳阳市举行。

23日　武警岳阳支队船艇大队战士粟俭被全国妇联和中国儿童少年基金会授予“中国儿童慈善奖——春雷芬芳”荣誉称号。

△　湘阴县被评为“全国粮食生产先进县”。

24日　市工商联成立60周年纪念座谈会举行，市委书记卿渐伟代表市委市政府向工商联成立60周年表示祝贺。

△　市长盛荣华、常务副市长陈奇达一同会见到岳阳市考察投资的广州产业投资基金管理有限公司总裁韩颖一行。

△　屈原区阳岳球被评为2014年“全国十佳农民”。

23–24日　省纪委副书记、检查考核组组长李政科率队到岳阳市，就岳阳市2014年度党风廉政建设主体责任工作落实情况和履行党风廉政建设监督责任情况进行考核检查。

25日　市委书记卿渐伟主持召开市委常委（扩大）会暨经济工作务虚会，学习贯彻中央经济工作会议和省委经济工作会议精神，分析研判经济形势，谋划2015发展思路。

26日　市委书记卿渐伟主持召开中共岳阳市委第六届第八十一次常委会议，审议市委经济工作会议报告，研究审定市政协2015年协商计划，研究审定《关于加快建设旅游强市的意见》等。

△　城陵矶临港产业新区与深圳农产品股份有限公司举行岳阳海吉星农产品物流产业园项目签约仪式。

27日　首届环南湖自行车邀请赛暨首届岳阳南湖灯会在南津古渡广场开幕。

△　湘阴四中被中国楹联学会授予“全国优秀楹联教育基地”匾牌。

29日　“淘宝网特色中国·平江馆”启动暨世界最大酱干申报大世界吉尼斯纪录现场认证活动在平江县城天岳广场举行。

△　省政府与上海国际港务（集团）股份有限公司在上海市签署合作协议，双方决定设立湖南城陵矶港务集团，整合城陵矶、长沙港口水运资源，统筹集装箱集疏运体系，形成与上海港等港口的更有效联动。

31日　市委经济工作会议召开。会议深入贯彻落实中央和省委经济工作会议精神，回顾总结2014年经济工作，研究部署2015年经济工作。市委书记卿渐伟、市长盛荣华在会上讲话。市委副市记李志坚主持会议。

△　市长盛荣华主持召开市政府专题会议，传达贯彻全省领导干部安全生产专题研究班有关精神，研究部署重点工作。

29–31日　市委书记卿渐伟，市委副书记、市长盛荣华率市委、人大、政府、政协领导、各县市区党政主要领导、市直相关单位主要负责人等流动巡回察看全市项目建设情况。

责任编校　胡萍萍

综 述

概 况

【地理位置】 岳阳市位于湖南东北部，素称“湘北门户”。地处北纬28°25′33″～29°51′00″，东经112°18′31″～114°09′06″之间。东邻江西省铜鼓、修水县和湖北省通城县，南抵湖南省浏阳市、长沙县、望城区，西接湖南省南县、安乡县、沅江县，北界湖北省赤壁市、洪湖市、监利县、石首县。市东西横跨177.84千米，南北纵长157.87千米。土地总面积1.5万平方千米，占全省总面积的7.05%。城市规划区面积845平方千米，其中市区建成区面积83.73平方千米。

【历史沿革】 岳阳历史悠久。早在20万年前，就出现人类活动。距今9000年前，先民们就在这里繁衍生息，用石制器具，拓现远古文明。夏、商时为“三苗”之地。春秋战国时期属楚，秦代属长沙郡。汉高祖五年（公元前202年），东属长沙国下隽县、罗县，西属南郡华容县、武陵郡孱陵县。建安十五年（210年），孙权分长沙郡北的下隽、罗县建汉昌郡，郡治设今平江县金铺观。建安二十年（215年），孙权遣鲁肃率万人屯巴丘邸阁，筑巴丘城（今岳阳楼区）。晋武帝太康元年（280年），分下隽县西部建巴陵县。元康元年（291年），分长沙郡北部四县建立建昌郡，郡治设巴陵县城。南朝宋元嘉十六年（439年）置巴陵郡。隋开皇九年（589年）废巴陵郡为巴州，十一年（591年）改为岳州。元为岳州路。明为岳州府。民国2年（1913年）废府，后设湖南第一行政督察区，并改巴陵县为岳阳县。1949年7月，境内各县相继解放，现辖区东部属长沙专区，后改属湘潭专区，西部华容县属常德专区。1960年1月，以岳阳县城关镇建立岳阳市。1962年10月，撤销复为城关镇。1964年9月，设岳阳专区，辖岳阳、临湘、华容、平江、湘阴5县。1966年2月，拆分湘阴县为湘阴、汨罗县。1975年12月，恢复岳阳市，实行县、市分治。1981年10月，撤销岳阳县，行政区划并入岳阳市。1983年7月，岳阳市升为省辖市，实行地、市分设。1986年1月，撤销岳阳地区，所辖县并入岳阳市，实行市管县体制。1996年4月，撤销岳阳市南区、郊区，设立岳阳楼区、君山区，北区更名为云溪区。2000年，撤黄盖湖农场建镇，归临湘市管辖，撤君山农场、钱粮湖农场建镇，归君山区管辖，同年12月，撤屈原农场，建屈原管理区。1992年，岳阳被列为长江沿岸对外开放城市，1994年，被列为国家历史文化名城，1998年，被批准为中国优秀旅游城市，2003年，被评为国家卫生城市，2006年，被列为国家园林城市。2007年，中国野生动物保护协会授予岳阳市中国观鸟之都。2013年4月，岳阳市被全国绿化委评为全国绿化模范城市。2014年获评为全国文明城市。 （严　柯）

【行政区划】 2014年，为加快推进全市新型城镇化建设，根据实际，对全市并乡（镇）合村工作进行深入调研。组织和指导临湘市完成临湘市设立长安街道和桥东街道的工作。完成平江县余坪乡撤乡建镇和大坪乡撤乡建镇，更名为石牛寨镇。指导湘阴县完成县乡镇设置情况调查摸底工作，为下一步乡镇合并做好准备。从加强行政区划管理的角度，组织指导南湖风景区和岳阳楼区就该区域部分乡镇及村和街道社区调整进行全面调查摸底。

（吴　伟）

【自然资源】 地质、地貌：岳阳市位于新华夏系巨型第二沉降带，地貌组合复杂，拥有山地、丘陵、岗地、平原、水面5种地貌，丘陵与平原是构成地貌的主体。地势东高西低，呈阶梯状向洞庭湖盆倾斜。东部是连绵起伏的山岳地带，中部以岗地丘陵为主，西部是河湖冲积的平原。最高海拔1600.3米（平江县境内连云山主峰），最低海拔23米。平原面积38.78万公顷，占全市国土总面积的26%，丘陵35.78万公顷，占24%，岗地26.8万公顷，占18%，山地23.8万公顷，占16%，水面23.8万公顷（其中东洞庭湖面积7.6万公顷、横岭湖面积4.3万公顷），占16%。

气候：岳阳市属于东亚热带

2014年岳阳市行政（管理）区划

表1　　　　单位：个

单 位	街道办事处（管理处）	镇	乡
华容县		城关、三封寺、治河渡、插旗、注滋口、北景港、宋家嘴、梅田湖、鲇鱼须、万庾、操军、东山	护城、终南、南山、幸福、团洲、新河、新建、胜峰
平江县		汉昌、向家、伍市、浯口、瓮江、虹桥、南江、梅仙、安定、三市、加义、长寿、龙门、童市、岑川、福寿山、上塔市、余坪、石牛寨	三阳、咏生、南桥、木金、板江、三墩、大洲、黄金洞
湘阴县		文星、樟树、东塘、鹤龙湖、新泉、岭北、湘滨、长康、三塘、金龙、袁家铺、南湖洲、青山岛镇	静河、玉华、石塘、六塘、白泥湖、杨林寨
岳阳县		荣家湾、黄沙街、新墙、麻塘、鹿角、筻口、公田、毛田、柏祥、新开、月田、张谷英	饶村、长湖、中洲、杨林、步仙、相思、甘田、云山
临湘市	长安、桥东、桃矿	桃林、忠防、长塘、白羊田、詹桥、聂市、源潭、江南、儒溪、白云、定湖、黄盖、羊楼司、横铺	坦渡、乘风、城南、五里牌
汨罗市	天问	城关、汨罗、新市、古培、白水、弼时、黄柏、大荆、长乐、三江、沙溪、高家坊、李家塅、屈子祠、范家园、川山坪、桃林寺	智峰、火天、八景、新塘、白塘、磊石、城郊、红花、玉池、黄市、天井、古仑
岳阳楼区	岳阳楼、三眼桥、吕仙亭、金鹗山、五里牌、望岳路、枫桥湖、城陵矶、洛王、东茅岭、洞庭、奇家岭、站前路、王家河		梅溪、郭镇
君山区	西城	柳林洲、钱粮湖、良心堡、采桑湖、广兴洲、许市	
云溪区	长岭	云溪、文桥、路口、陆城、道仁矶	云溪、永济
屈原管理区		营田、河市	黄金、凤凰、琴棋
岳阳经济开发区	通海路、金凤桥	西塘	康王、三荷
岳阳南湖风景区	南湖、湖滨、求索		

季风性（湿润）气候，具有光热资源丰富，雨量充沛，山区略多湖区，生产季节光热水基本协调，四季分明，春秋多变等特点。年平均气温17.3℃，极端最高气温40.4℃（1966年8月11日临湘市），极端最低气温-18.1℃（1969年1月31日临湘市），系湖南省极端最低气温之最。

土壤：岳阳市土壤种类繁多，有8个土类、21个亚类、76个土属，222个土种，357个变种。其中，红壤土地面积占总面积的52.1%，其次为水稻土，占25.2%，潮土占15.7%，其他有紫色土、山地黄壤、菜园土、黄棕壤、山地草甸土占7%。

植被：岳阳市属中亚热带阔叶林带区，同时具备中亚热带向北亚热带过度的明显特征，植被种类繁多，区系成分复杂。特别是幕阜山及连云山区天然针阔叶林植被群落和君山岛繁杂的刚竹属植被类群，成为全省重要的天然物种基因库之一。由于地理条件悬殊和水热条件不同，植被分布也存在着明显的地区性差异，东部中山区从山麓到山顶，由常绿阔叶林向落叶阔叶林过度的地带性明显，中部丘陵及环湖丘岗区以常绿阔叶林为主，洞庭湖平原区以落叶阔叶林为主。有野生植物、栽培植物90多科300多属1118种，属国家保护的古树古木有19种。其中，属国家一级保护的植物有银杏、水杉、红豆杉等3种，属国家二级保护植物的有樟树、金钱松、闽楠等3种。

野生动物资源：岳阳市是野生动物栖息繁衍的良好场所，野生动物资源比较丰富，有以洞庭湖为核心的湿地生态类型（水禽为主），以幕阜山、药菇山为核心的森林生态类型（兽类为主），境内各类动物23目84科近600种。其中，属国家一类保护的有云豹、黄腹角雉、金雕、白鹤、白头鹤、东方白鹳、黑鹳、大鸨、中华秋沙鸭、白尾海雕、草号11种，属国家二类保护的有河豚、穿山甲、灰鹤、白枕鹤、虎纹蛙、猛禽类等36种。鸟类资源极其丰富，仅东洞庭湖自然保护区内观测记录的鸟类有338种，其中，属国家一类保护的有7种。鱼类资源有11目22科124种,其中，国家一类保护的有中华鲟、白鲟等。

水资源：岳阳市水系发达，河湖密布，雨量充沛，过境水量大，水资源丰富，湘江和资水、汨罗江和新墙河、华容河和藕池河分别从南、东、北三面汇入洞庭湖，经城陵矶注入长江。境内长江堤岸线180千米，环洞庭湖堤岸线250千米。境内50千米以上河流6条,5千米以上的河流265条,在大小湖泊165个,内湖面积达3.2亿平方米，大小水库3659座，其中，大型水库1座，中型水库19座。据测算分析，在正常年景，地表水年径流总量95.21亿立方米，地下补给水量年均20.06亿立方米，为地表水资源的21%，长江干流、洞庭湖水系年过境水量6477亿立方米，其中，客水6381.79亿立方米，洞庭湖出口年平均径流总量为3035亿立方米，其中，客水2939.74亿立方米。水能资源多年平均理论蕴藏量为41.5万千瓦。

矿藏：岳阳市矿产资源比较丰富，发现矿种49种，探明资源储量的矿种36种，其中能源矿产2种，金属矿产18种，非金属矿产15种，水气矿产1种。矿泉水达到饮料标准的26处，达到命名标准的9处，其中，温泉命名的有2处。

【人口状况】 2014年年末全市常住人口为559.51万人，比2013年年末增加3.61万人，其中城镇常住人口为292.58万人，占总人口比重为52.29%。全年出生人口7.3万人，出生率为13.09‰，死亡人口3.76万人，死亡率为6.74‰，自然增长率为6.35‰。

【民族宗教】 岳阳市是一个多民族散杂而居的市，有已识别少数民族成分51个，人口12928人，约占全市总人口的2.36%。超过1000人的少数民族有土家族、苗族等。岳阳有佛教、道教、基督教、天主教、伊斯兰教。三国时吴赤乌十年（247），吴国在罗县隐居山（今汨罗市铜盆乡）建宏济寺，佛教逐渐传入岳阳。佛教寺庵有岳阳的乾明寺、圣安禅寺，汨罗资圣寺，湘阴双林寺、至源寺，平江东山古寺。晋太康年间(280–289)，道教开始在岳阳建观传道。著名的宫观有吕仙道观、大云山祖师殿、真君殿，特别是大云山祖师殿始建于唐，迄今约1300年历史。伊斯兰教于南宋德祐元年（1275）、天主教于清康熙四十三年（1704）传入岳阳。基督教于1990年1月由美国复初会牧师海维礼传入岳阳。全市有宗教活动场所100余处。

【语言文化】 岳阳话，俗称“巴陵话”或“巴陵腔”，属汉语北方话语系。境域洞庭湖以西，长江以北，与西南官语区相接，幕阜山、连云山以东，是赣方言地域，南部与湘语的典型——长沙话连成一片。这种地理特点，造成境内方言的差异。历史上政区隶属关系的演变、人口的迁徙、以及交通条件的发展，使岳阳话经历一个由与北趋同变为与南趋同的过程。岳阳是湖湘文化的重要发源地，以“先忧后乐”“团结求索”为精髓的岳阳文化，底蕴丰富。包括汨罗江畔端午习俗在内的中国端午节被联合国教科文组织列入“世界人类非物质文化遗产名录”。岳阳巴陵戏、平江九龙舞、岳阳花鼓戏、临湘花鼓戏、汨罗长乐故事被列入首批国家级非物质文化遗产名录，华容夹叶点子、洞庭渔歌、平江花灯戏、汨罗抬阁故事、临湘嗡琴戏等13项列入湖南省非物质文化遗产代表作名录，云山高腔、临湘天狮、汨罗饮茶习俗等26项列入市级非物质文化遗产名录。

【风景名胜】 岳阳市是一座历史文化名城，是中国优秀旅游城市，以“洞庭天下水、岳阳天下楼”著称于世。全市有各类文物点1800多处。其中，国家重点文物保护单位17处，省级重点文物保护单位44处，市级重点文物保护单位24处，国家AAAAA级景区1处，AAAA级景区4处，AAA级景区9处，国家历史文化名镇名村1处，国家重点风景名胜区2处，国家森林公园3处，国家级自然保护区1处。东洞庭湖湿地入选国际重要湿地，岳阳楼和君山岛旅游区为国家AAAAA级旅游区。著名的历史文化古迹有古楼(岳阳楼)、古庙（岳州文庙）、古塔（慈氏塔）、古祠（湘妃祠、屈子祠）、古屋（张谷英古建筑群）、古桥（三眼桥）、古亭（朗吟亭、三醉亭、独醒亭）等。岳阳楼景区尽显古城风貌、衬托楼湖风光、再现巴陵胜状。屈原投江殉国的汨罗江是龙舟文化的发源地。以爱情文化为主题的君山岛被誉为“东方伊甸园”。团湖荷花公园，被上海大世界吉尼斯评为“面积最大的野生荷花成处聚生地”。有“东方日内瓦”之美誉的南湖，湖内绿岛耸立，呈现“一龙赶九龟”的奇观，湖畔修建环湖旅游走廊和总面积15万平方米的南湖广场。

【交通状况】 岳阳承东联西、贯穿南北，区位优势明显。港口：城陵矶港是国家对外开放的一类口岸，是湖南唯一的国际标准集装箱港口，也是湖南首个亿吨级港口。铁路：有京广铁路，武广高速铁路。公路：京珠高速公路、京港澳复线，随岳高速公路，岳长高速公路，岳宜高速公路，岳汝高速公路。城市公交：线路52条，其中，19路、29路、41路、49路、20路、39路、5路、55路、52路、56路（夜班）游1、游2为豪华公交。

【市树市花】 1985年，岳阳市开展市树、市花评选工作，评选出杜英树为市树，栀子花为市花。杜英树干形高大，树冠广阔，枝繁叶茂。树叶红绿相间，大方美观，喜温暖湿润环境，是理想的庭院风景林树种。栀子花属茜草科，四季常青，品种较多，喜光稍耐荫，喜肥耐瘠薄干旱，分布面广，尤具本地特色。花洁白无瑕，芳香馥郁，备受岳阳人喜爱。

【2014年气候】 岳阳市气温和降水整体比较正常，日照时数偏少。年平均气温正常，为17.7℃。年内气温起伏大，冬季阶段性高温破纪录，局地高温热浪显闷热，全年无霜期长。年降水量正常，为1462.1毫米。降水时空插花分布，干旱、洪涝交替现。年日照时数偏少，为1397小时。难得凉夏真舒适，阴雨寡照不寻常。

气温。全市平均气温为17.7℃，

较常年偏高0.5℃，距平方差比为1.0，按气候标准评定，属正常，按气候标准评定，除湘阴县和平江县年平均气温属偏高外，其余各县市均属正常。与2013年相比，各县市偏低0.4℃（平江县）~0.9℃（华容县）。

降水。市年平均总降水量为1462.1毫米，较常年偏多23.0毫米，降水距平百分率为2%，按气候标准评定，属正常，与2013年比偏多356.8毫米。年岳阳市平均总雨日日数为142天，较常年偏少2天，比2013年偏多27天。年总降水量为1351.2毫米（平江县）-1601.7毫米（临湘市）降水量距平为-173.3毫米平江县-106.0毫米汨罗市降水距平百分率为-11%，平江县-7%，汨罗市按照气候标准评定，各县市均属正常。与2013年比，各县市偏多68.6毫米，平江县-598.0毫米，临湘市各县市雨日(日降水量≥0.1毫米) 日数为122天，(华容县)-152天(平江县)，与常年相比，平江县、岳阳市、临湘市偏多2-5天，其余各县(市)偏少3-14天，较2013年偏多17-32天。

日照。全市平均总日照时数为1397小时，较常年偏少232小时，距平百分率为14%，按日照多寡划分标准属偏少，与2013年偏少547小时。各县市年日照时数为1232小时，汨罗市为1551小时，华容县较常年偏少88小时，华容县为459小时，汨罗市距平百分率为27%(汨罗市)-5%(临湘市)。按照日照多寡划分标准，除华容县属正常外，其余各县市均属偏少。与2013年相比，各县市偏少401小时(华容县)-830小时(汨罗市)。

【主要天气气候事件】 2014年出现的低温雨雪、暴雨洪涝、阴雨寡照、高温热害、气象干旱、雾、霾、大风等气象灾害给全市工农业生产造成不同程度的损失。全市出现极端强降水事件6站次。5月9-11日，汨罗市的1天最大降水量、最大连续2天、3天过程降水量为极端降水事件，湘阴县1天最大降水量、最大连续2天、3天为极端降水事件。其中，10日汨罗市的日降水量为186.2毫米，创5月日降水量新高值，湘阴县为148.3毫米，为5月日降水量第4高值，创21世纪以来同期新极值。岳阳市7月4日的1天最大降水量、华容县3-4日最大连续2天降水量为极端降水事件。7月12-17日，湘阴县最大连续4天、5天及过程降水量为极端降水事件，汨罗市1天最大降水量和最大连续2天、3天、4天、5天及过程降水量均达极端降水标准.

雾、霾、全市平均日数为14天，和常年相比，偏少13天。各县市出现雾日数为6-27天，和常年相比，除华容县偏多11天，其余各县市偏少11-31天，其中临湘市雾日数为有连续纪录以来最少值，岳阳市和平江县分列有连续纪录以来第2、3少值。近年来霾日呈现显著增长趋势。年岳阳市平均霾日数89天，和2013年相比，偏多82天，创有连续记录以来新多值。各县（市）出现霾日数3-232天，和2013年相比，除汨罗市偏多3天外，其余各县（市）均大幅度增加，偏多32-231天。各县（市）日数除汨罗市以外均刷新当地有连续记录以来的新极值。

根据综合气象干旱指数监测结果表明：全年岳阳市由于降水时空分布不均，年内出现4段不同程度的气象干旱过程,其中6月-7月上旬初的气象干旱，以及秋季发生的气象干旱为全市范围的干旱。6月全市平均累计降水量为49.8毫米，与2013年6月1日至7月3日，华容县达到中旱标准，岳阳市、临湘市达到重旱标准，湘阴县、汨罗市、平江县达到特旱标准。7月4日开始，全市出现一次大范围的强降水过程，受其影响，气象干旱全部解除。9月开始的干旱过程最为严重，9月30日至10月29日，全市平均累计降水量为23.5毫米，与2013年偏少7成，而全市平均气温较常年偏高2.7℃，华容县达到中旱标准，岳阳市、临湘市达到重旱标准，湘阴县、汨罗市、平江县达到特旱标准。10月28日至11月2日，全市出现一次大范围的强降水过程，全市平均累计降水量为122.5毫米，受其影响，全市气象干旱全部解除。（章　鸿）

国民经济和社会发展

【经济保持稳定增长】 2014年，岳阳市实现地区产总值2669.39亿元，比2013年增长9.3%。其中，第一产业增加值292.24亿元，增长4.6%，第二产业增加值1440.08亿元，增长9.0%，第三产业增加值937.07亿元，增长11.5%。第一产业增加值占国内生产总值的比重为10.9%，第二产业增加值比重为54.0%，第三产业增加值比重为35.1%。全市公共财政预算收入256.35亿元，比2013年增加0.3亿元，增长0.1%，其中税收收入190.8亿元，减少9.9亿元，下降4.9%。地方公共财政预算收入121.74亿元，比2013年增加15.75亿元，增长14.9%，其中税收收入57.78亿元，增加5.11亿元，增长9.7%。全年粮食种植面积55.48万公顷，比2013年增长1.8%。棉花种植面积3.88万公顷，下降4.4%。油料种植面积12.50万公顷，增长0.5%。蔬菜种植面积9.73万公顷，增长3.1%。全年固定资产投资1790.13亿元，比2013年增长20.5%。其中，第一产业投资65.41亿元，比2013年增长87.9%，第二产业投资912.09亿元，增长4.5%，第三产业投资812.63亿元，增长40.7%。民间固定资产投资1012.06亿元，增长9.1%，占固定资产投资的比重为56.5%。全年货物进出口总额49.09亿元，比2013年增长22.9%。其中，出口33.58亿元，增长122.0%，进口15.51亿元，下降37.5%。进出口差额（出口减进口）18.07亿元。

【农业发展】 2014年，全市粮食种植面积55.5万公顷，比2013年增长1.8%。棉花种植面积38.79千公顷，下降4.4%。油料种植面积12.50万公顷，增长0.5%。蔬菜种植面积9.74万公顷，增长3.1%。粮食再获丰收。全年粮食产量318.63万吨，比2013年增产2.7%。棉花产量5.64万吨，减产0.2%。油料产量21.62万吨，增产7.3%。蔬菜产量312.81万吨，增产10.3%。茶叶产量1.78万吨，增产1.5%。全年肉类总产量

54.14万吨，比2013年增长1.7%。其中，猪肉产量51.56万吨，增长1.5%。禽蛋产量7.82万吨，下降0.4%。水产品产量48.21万吨，增长8.8%。

【工业稳定增长】 2014年，全市全部工业增加值1305.58亿元，比2013年增长9.0%。规模以上工业增加值增长9.2%。在规模以上工业中，分经济类型看，国有企业增长15.2%；集体企业下降9.4%，股份制企业增长7.9%，外商及港澳台商投资企业增长12.1%。全年规模以上工业中，全市九大优势产业增加值多数增长：石化业增长2.0%，食品业增长10.3%，医药业增长25.4%，造纸业增长15.4%，机械业增长14.5%，建材业增长12.2%，有色及循环业增长2.1%，纺织业增长1.2%，电力行业同比持平。农产品加工业增加值比2013年增长10.0%，其中农副食品加工业增长11.5%。六大高耗能行业增加值比2013年增长3.0%。高技术产业增加值比2013年增长22.8%，占规模以上工业增加值的比重为7.9%。高加工度工业增加值增长12.6%，占规模以上工业增加值的比重为27.1%。全年规模以上工业企业实现利润115.4亿元，比2013年下降13.7%，其中国有企业2.21亿元，增长15.1%，集体企业2.75亿元，下降7.1%，股份制企业85.17亿元，下降17.6%，外商及港澳台商投资企业8.1亿元，增长4.7%。全年全社会建筑业增加值134.5亿元，比2013年增长8.5%。全市具有资质等级的总承包和专业承包建筑业企业实现利润15.43亿元，增长6.9%。

【固定资产投资】 2014年，全市固定资产投资1790.13亿元，比2013年增长20.5%。其中，第一产业投资65.41亿元，比2013年增长87.9%，第二产业投资912.09亿元，增长4.5%，第三产业投资812.63亿元，增长40.7%。民间固定资产投资1012.06亿元，增长9.1%，占固定资产投资的比重为56.5%。全年房地产开发投资131.78亿元，比2013年增长19.9%。

【国内贸易】 2014年，全市场销售稳定增长。全年社会消费品零售总额880.31亿元，比2013年增长12.6%。按经营地统计，城镇消费品零售额651.34亿元，增长12.6%，乡村消费品零售额228.97亿元，增长12.3%。按行业统计，批发和零售业零售额670.71亿元，增长12.9%，住宿和餐饮业零售额209.59亿元，增长11.6%。

【交通、邮电】 2014年，全年货物进出口总额49.09亿元，比2013年增长22.9%。其中，出口33.58亿元，增长122.0%；进口15.51亿元，下降37.5%。进出口差额（出口减进口）18.07亿元。交通运输平稳增长。全年货物运输总量2.68亿吨，比2013年增长25.6%。货物运输周转量335.37亿吨公里，增长12.7%（注：货物运输周转量不含铁路）。全年旅客运输总量1.26亿人次，比2013年下降8.1%。旅客运输周转量58.11亿人公里，增长2.3%（注：旅客运输周转量不含铁路）。年末全市民用汽车保有量达到29.54万辆，比2013年年末增长10.3%，2014年新注册汽车5.32万辆，增长10.3%，其中轿车3.01万辆，增长9.4%。邮电业务快速增长。全年完成邮电业务总量（2010年不变价）39.93亿元，比2013年增长10.3%。其中，邮政业务总量2.51亿元，增长10.9%，电信业务总量37.42亿元，增长10.3%。电信业全年新增移动电话交换机容量93.88万户，达到764.25万户。年末全市固定电话用户62.7万户，下降9.1%，移动电话用户403.83万户，增长0.1%。固定电话普及率下降至12.26部/百人，移动电话普及率上升至79部/百人。年末互联网宽带接入用户58.58万户，增长23.8%。宽带联网普及率达到30.6%。

【金融发展】 2014年，全市全部金融机构本外币各项存款余额1474.85亿元，比年初增加162.13亿元，其中，单位存款439.78亿元，增加43.15亿元，个人存款965.87亿元，增加107.24亿元。全部金融机构本外币各项贷款余额781.69亿元，增加97.58亿元，其中短期贷款319.4亿元，增加1.56亿元，中长期贷款455.62亿元，增加92.31亿元。全年上市公司8家，A股上市公司总股本30亿股，A股上市公司总市值130亿元。年末证券公司营业部18家，证券交易额1583.05亿元。年末期货公司3家。全年保险公司原保险保费收入38.36亿元，比2013年增长12.3%。其中，寿险业务原保险保费收入23.49亿元，增长9.9%，财产险业务原保险保费收入14.88亿元，增长21.2%。支付各类赔款及给付16.85亿元，增长11.7%。其中，寿险业务给付8.87亿元，增长9.8%，财产险业务赔款7.97亿元，增长13.9%。

【科教文卫旅游】 2014年，教育、科技和文化体育事业较快发展。全年中等职业教育招生16672人，在校生49522人，毕业生17665人。普通高中招生28004人，在校生84294人，毕业生25484人。初中招生53490人，在校生162456人，毕业生50992人。普通小学招生58104人，在校生331977人，毕业生54004人。特殊教育招生130人，在校生796人，毕业生62人。幼儿园在园幼儿158452人。各类民办学校992所，民办学校在校学生135227人。

全年承担国家安排科技攻关计划项目33项。年底累计建设国家工程技术研究中心1个，省级工程技术研究中心11个，市级工程技术研究中心65个。获得国家科技进步奖励1项，获得国家技术发明奖励1项。科技成果登记数63项。全年专利申请1824件，授权专利权1306件，增加142件。全年签订技术合同102项，技术合同成交金额4018万元。年末新增产品检测实验室8个，其中国家产品质量监督检验中心1个。全市有法定计量技术机构7个，特种设备检验机构1个。工业产品定期抽查合格率96.5%，工业产品生产许可证19张，食品生产许可证1151张。全年强制检定计量器具12万台（件）。全年制定、修订国家标准3项，组织制定地方标准5项。为经济社会发展提供大地成果59点，为经济社会发展提供各种航摄成果1500片，基础地理信息数据成果224幅。

2014年年末全市文化系统有艺术表演团体12个，新增6个。群众艺术馆、文化馆10个。公共图书馆11个，博物馆、纪念馆10个，放映农村公益电影3.67万场。全市广播电台1座，广播综合人口覆盖率98.8%。电视台1座，电视综合人口覆盖率99.17%，有线电视用户50.71万户。出版各类报纸14种，各类期刊25种，图书92种，期刊出版量22万册，图书出版量9.8万册。年末全市有档案馆10个。全市国家级非物质文化遗产保护目录7个，新增1个，省级非物质文化遗产保护目录35个。全市有体育场地4779个，新增784个，其中体育馆18座，新增6座。全市经常参加体育锻炼人数27万人，新增7万人，开展全民健身项目51项次，新增6项次。新建农民体育健身工程的行政村526个，新增86个。1人获得亚洲冠军。全年国内旅游收入241.63亿元，增长20.2%。国际旅游外汇收入7693万美元，增长17.1%。

【社会民生保障】 2014年，城乡居民收入继续增加。全年全市居民人均可支配收入17333元，比2013年增长9.7%。按常住地分，城镇居民人均可支配收入23121元，比2013年增长9.1%。农村居民人均可支配收入11062元，比2013年增长11.4%。全市居民人均消费支出13648元，比2013年增长13.0%。按常住地分，城镇居民人均消费支出16777元，增长4.6%，农村居民人均消费支出10257元，增长26.9%。社会保障建设取得新进展。年末全市参加城镇职工基本养老保险人数91.73万人，比2013年末增加8.52万人。参加基本医疗保险人数172.39万人。其中，参加职工基本医疗保险人数62.72万人，增长0.2%，参加居民基本医疗保险人数109.67万人，增长0.1%。参加失业保险人数3.53万人，增长0.6%。年末全市领取失业保险金人数0.56万人。参加工伤保险人数74.02万人，增长1.7%。参加生育保险人数41.56万人，同比持平。

（本栏撰稿　谢　亢）

全面深化改革

【概况】 2014年初，市委全面深化改革领导小组成立。市委书记任组长，下设经济、农村、生态文明、行政、民主法制、文化、司法和社会、党的建设、纪律检查9个改革专项小组，专项小组组长均由市委常委兼任。成立市委改革办和各专项小组联络办。市委改革办设综合调研科、协调推进科2个科，设科长和副科长各1名，行政编制8个，省编委批复设副处级专职副主任2名。经市委全面深化改革领导小组第一次会议研究决定，安排市委改革办专项预算经费。各县市区也对应成立全面深化改革领导小组、专项小组、改革办、联络办，工作人员和经费均已到位。

【重要改革文件出台】 2014年，市委全面深化改革领导小组先后出台《中共岳阳市委全面深化改革领导小组专项小组成员名单》《中共岳阳市委全面深化改革领导小组工作规则》《中共岳阳市委全面深化改革领导小组专项小组工作规则》《中共岳阳市委全面深化改革领导小组办公室工作细则》《中共岳阳市委全面深化改革领导小组2014年工作要点及责任分工》《市直和中央省驻岳有关单位贯彻实施党的十八届三中全会〈决定〉和省委十届九次全会〈实施意见〉重要举措分工方案》《关于建立动态管理机制统筹推进全面深化改革工作的实施意见》《岳阳市2014年度全面深化改革事项任务倒排表》等一系列重要改革文件。其中，《市直和中央省驻岳有关单位贯彻实施党的十八届三中全会〈决定〉和省委十届九次全会〈实施意见〉重要举措分工方案》确定2014—2020年9大类308项改革任务，《市委全面深化改革领导小组2014年工作要点及责任分工》明确2014年重点推进9大类44项改革。

【改革动态管理】 2014年，市委主要领导高度重视改革工作，就如何推进改革，市委书记卿渐伟作出14次重要批示。市委改革办建立改革动态管理机制，按月收集各项改革任务完成情况，编制改革工作进度监测表，及时将监测到的情况及问题以《改革通报》《改革专报》等形式通报全市或向各专项小组组长汇报。从10月起，将每月改革工作进度监测表在《岳阳日报》公布，主动接受社会监督，该做法在全省属首创。

【各项改革稳步推进】 2014年，市委全面深化改革领导小组稳步有序推进9大类40项改革。经济体制改革方面，审批项目精减幅度居全省前列，市本级保留行政审批项目181项，取消13项、下放32项、调整为政务服务类项目59项，较清理前的383项精减52.7%。在全省率先取消、下放、调整36项非行政许可审批项目。行政机构改革方面，拟订《岳阳市政府职能转变和机构改革方案》和《岳阳市政府机构改革工作要点》得到省委、省政府批复同意。启动生产经营类事业单位的分类改革。农村改革方面，农村土地承包经营权确权登记颁证、流转，农民住房财产权抵押贷款试点，户籍制度改革等工作进展顺利，进城常住人口基本享受城镇基本公共服务，同等权益得到基本保障。民主法制改革方面，出台《关于政协协商、民主监督、参政议政规定》（试行），人大、政协工作进一步规范化。建立健全村（居）民议事会议、监督机制。文化体制改革方面，制定《深化市管国有文化资产管理体制改革方案》《2014-2015年文化改革任务书、时间表、责任分工》，明确非时政类的“两报一刊”转企改制方案，身份转换和人员调整等工作顺利推进。司法体制和社会体制改革方面，实现审判流程公开、裁判文书公开、执行信息公开，公办学校标准化建设完成率达100%，食品药品质量安全追溯系统在部分企业试运行。生态文明体制改革方面，森林生态保护红线、耕地生态保护红线已划定，投入1000多万元用于铁山水库等库区的生态补偿纳入财政部和国家林业局生态效益补偿试点行列，东洞庭湖自然保护区获得国家湿地生态补偿及修复资金4000万元。党的建设制度改革方面，出台《岳阳市落实省委组织部〈坚决纠正唯地区生产总值用干部问题专项整治工作方案〉的实施方案》，拟定《岳阳市有错无为问责办法》。纪律检查体制改革方面，制定《岳阳市公务接待工作实施细则》，新一轮内设机构改革按中纪委“三转”要求全部到位。

【宣传推广效果明显】　2014年，市委书记卿渐伟、市长盛荣华专程向省委汇报改革工作，市委常委、市委秘书长、市委改革办主任樊进军多次到省委和省委改革办对接汇报。率先向省内13个市州改革办致函，提议建立经常性交流机制，先后寄出文件资料296份，省内多数市州积极响应，广泛交流。在岳阳日报、岳阳电视台等新闻媒体开设全面深化改革专栏，市委改革办在《岳阳日报》刊发改革专题文章12篇，引发较好社会反响。利用《改革简报》积极推介各专项小组、县市区、市直单位推进改革的经验做法和改革成效，全年刊发《改革简报》19期，引导作用发挥较为明显。向省委《改革简报》推荐湘阴党建改革、汨罗“飞地经济”模式、岳阳教育“阳光服务”等典型经验，得到推介。《湖南日报》12月1日头版报道岳阳市行政审批制度改革新进展，12月10日头版刊发该报记者采写的纪实《逐浪长江挂云帆》，对岳阳市全面深化改革作总体深度报道。

（本栏撰稿　邓岳平）

全面小康社会建设

【概况】2014年，是全面建成小康社会开局之年。市委、市政府认真贯彻落实省委十届七次全会精神，紧紧围绕“洞庭湖地区到2017年全面建成小康社会”的总目标，按照“三量齐升”的总要求，坚持分类指导，统筹推进，全市全面建成小康工作稳步发展、亮点纷呈。在省全面建成小康社会综合考评中，岳阳市获得全面小康经济发展工作优秀奖，汨罗市获得经济强县奖。

一、组建工作机构。市委、市政府成立“岳阳市全面建成小康社会推进工作领导小组”，由市委书记任组长，市长任第一副组长，市委副书记任常务副组长，市委、市人大常委会、市政府、市政协有关领导任副组长，市直有关部门主要负责人为成员。领导小组办公室设市委政研室，下设综合指导组、考评督查组、通联服务组、统计监测组等4个工作组，抽调专人负责小康日常工作。各县市区都配备专人成立小康工作机构，相关市直部门单位明确联系领导和小康联络员。

二、加强工作指导。市委市政府先后召开市委常委会、经济工作会议、市政府常务会、县市区委书记季度碰头会等，研究部署小康工作，明确2014年度小康工作目标、任务和措施。市委书记卿渐伟、市长盛荣华等市领导就小康工作进行专题研究部署。由13名市级领导牵头成立县市区指导小组，深入县市区及市直相关部门指导小康建设。各县市区加大对乡镇街道、村社区小康工作的指导力度，市、县、乡、村整体联动的工作格局进一步形成。为借鉴先进地区小康建设经验，市小康办牵头组织相关人员到江苏省宿迁市、镇江市等地调研考察，就加快推进全市小康工作提出一系列建设性意见和建议。

三、完善小康考评。市委市政府注重发挥全面小康“总抓手”、“指挥棒”的作用，出台《关于做好2014年度全面建成小康社会综合绩效考评工作的通知》，决定从2014年开始，对县市区的年度考评确定为全面小康综合绩效考评，实行千分制，其中小康指标部分占500分，另设小康日常工作加分15分。同时把全面建成小康社会工作作为市直部门年度绩效考评的重点内容，实行千分制，其中承担单项指标考评工作的市直部门设置60分小康分，较好地解决考评过滥和“两张皮”的问题。同时，严格考评结果运用，对全面小康综合绩效考评优胜单位进行表彰。

四、加强监测督查。打破“一考定全年”的惯例，精心设计，推行分段考核日常动态积分管理，逐步建立监测指标月报制、监测指标季评制、重点工作月抽查制、考评工作台账制等制度，将监测工作贯穿小康工作全过程。8月份，市小康办联合市委督查室、市政府督查室，对有小康考评任务的12个县市区和19个市直部门31个单位进行全面督查。年底，市小康综合绩效考核组对各县市区和相关市直部门开展考核。通过加强监测和及时督查，加快推进全面建成小康社会工作进程。

五、营造浓厚氛围。注重将小康宣传工作贯穿小康建设全过程，不断加大宣传力度，扩大知晓度，提升参与度，实现全民共建，全体共享。市小康办创办《岳阳小康》简报，全年刊发33期，及时推介领导言论、工作动态、特色经验等。在《岳阳日报》、岳阳电视台开设“全面小康在岳阳”专题专栏，分别刊发播报小康典型节目文章8期、10篇。在《湖南日报》和省小康办简报上发表小康报道10篇，进一步营造小康工作范围，掀起人人关注、参与小康的热潮。

（许祺　黎可）

精神文明建设

【概况】　2014年，岳阳市成功获得全国文明城市（2015年1月6日至10日，中央文明办对岳阳进行文明城市测评。2015年2月28日，市委书记卿渐伟在北京出席第四届全国文明城市表彰会，受到总书记习近平亲切接见）。岳阳市1999年开始创建全国文明城市，16年如一日咬定目标不放松，一任接着一任干，市委市政府将创建全国文明城市作为推动各项工作的主要抓手，坚持创建为民育民惠民，创造优美环境、优良秩序、优质服务，强力推进标准化、常态化、制度化，形成为民创建、持续创建、务实创建的生动局面。一是市文明办8月6日组织召开创建全国文明城市工作动员大会，对创建全国文明城市工作进行再动员和部署，全市上下掀起文明创建的新热潮。二是组织开展城市文明程度指数模拟测评。从4月份开始，文明办坚持每月组织开展城市文明程度指数模拟测评与讲评会，奖优罚劣，并在岳阳各主流媒体上发布，以此推进创城工作的顺利进行。三是组织召开“六大整治”工作协调会。3月12日，组织召开以优化公共环境、公共秩序为目标的“六大整治”工作协调会，推进“六大整治”行动常态开展。四是组织召开精神文明建设督查通报会和文明城市创建工作资料员培训会。落实创建任务，规范资料上报程序和方法，强化督查整改工作，实行挂号销号制度。五是调度督办推进创建工作。9月，文明办组织召开十二次创建全国文明城市的专题调度会，各市级领导分别主持并牵头督办创建过程中的重点难点问题。六是坚持开展骑行调研，指导文明城市创建。落实中央文明办的指示精神，从7月21日开始，坚持每月至少一次骑公用自行车进行文明创建调研并现场指导文明城市创建活动。七是组织召开全市农村精神文明建设工作经验交流现场会。11月7日，在云溪区组织召开全市农村精神文明建设经验交流现场会，学习推广云溪区农村精神文明建设工作经验，推进农村精神文明建设开展。八是承办全国道德模范故事汇基层巡演。6月18日，由市文明办承办的全国道德模范故事汇基层巡演在岳阳成功举行。著名评书表演艺术家刘兰芳等现场演绎道德模范李国武、刘洪安等人的感人事迹。九是举办文明单位创建培训班。9月18日，文明办组织开展为期2天的全市文明单位创建工作培训班，主要就精神文明建设十项重点工作、创建工作资料归集等创建业务进行专题辅导。十是组织“公民道德宣传日”主题活动。9月18日至9月30日，市文明办将全部市级以上道德模范及部分“中国好人榜”上榜好人的典型事迹制作成宣传展板，在中心城区部分机关、学校、社区和广场进行巡回展出，并开展第十二个“公民道德宣传日”宣传活动。十一是组织开展文明交通行动。组织开展守护斑马线活动，组织志愿者开展文明交通劝导活动，在各中小学开展安全交通校园创建活动和文明交通演练。

【原创公益广告征集大赛收官】 2014年7月文明办举办原创公益广告征集大赛以来，掀起一股公益广告创作和传播的热潮，收集到来自全国各地原创作品486件。11月，文明办组织进行作品评审会，评选出18件优秀作品。公益广告通过简洁、直观的文艺作品，传递“讲文明、树新风”的观点，对于肃清社会风气、凝聚正能量、引领社会风尚、弘扬社会主义核心价值观等方面，有着促进作用。

【未成年心理健康站投入使用】 2014年10月17日，迁入新址的岳阳市未成年人心理健康辅导站正式投入使用。辅导站占地面积约300平方米，文明办投入资金80余万元，辅导站建成“热线电话室”“沙盘室”“训练室”等十个功能室，基础设施全省一流，辅导站目前拥有专职教师（心理学专业研究生）一名，专职教师若干名，专业志愿者团队超过30人。11月，市文明办还组织心理健康教育校园行活动，活动目前开展两期，首期活动邀请市委常委、宣传部长徐新启出席并讲话，全市30多所中心学校的老师同参与。

【志愿服务活动影响广泛】 2014年启动学雷锋志愿服务系列活动。3月4日，文明办牵头组织“幸福岳阳与爱同行”志愿服务系列活动启动仪式，开展关爱留守儿童、邻里守望、岗位学雷锋等十大志愿服务活动。全市志愿者网上注册人数达53万人之多。建设学雷锋志愿服务岗1169个，志愿服务团队达1055个，成立岳阳市志愿服务组织联合会，现有170个成员单位。组织开展结对帮扶贫困村工作。市文明办发动全市所有省级以上文明单位，每个单位结对帮扶一个贫困村，以文化扶贫为主要形式，以移风易俗、乡风文明和环境整治等为重点，以“送温暖、献爱心”为主要活动，帮助困难群众解决实际问题。

建设学雷锋志愿服务岗。市文明办在全市范围内的社区、学校、医院、车站、码头、旅游景点等人群密集的公共场所建设1000多个学雷锋志愿服务岗。各志愿服务岗有常备的便民伞、医药箱等设施设备，常态化开展活动。

组织关爱自然绿色骑行活动。6月5日，市文明办与市城管局、岳阳日报集团联合主办关爱自然、保护山川河流、环南湖绿色骑行活动。

组织开展文化志愿服务活动。组织卡拉OK业主开展文化惠民活动，免费为市民提供卡拉OK包厢1000个，受惠市民近万人。

组织开展志愿服务专项测评。市文明办牵头组建测评队伍，从8月8日起对全市50个市直单位、部门和3个建成区进行志愿服务专项测评，推动志愿服务的规范化发展。

12月5日是第29个“国际志愿者日”，市文明办主办《创建文明城市争做雷锋传人》大型图片展。市委常委、宣传部长徐新启，湖南雷锋纪念馆副馆长严璐出席活动并讲话，全市优秀志愿者代表与社区小学生数百人参与活动。

开展网络文明传播工作。年底，在全国网络文明传播信息管理系统中的志愿者发布博客5486篇，微博109938条。经过努力，岳阳市第一季度的测评成绩为全国第109名，第二季度的测评成绩为全国第77名，第三季度的测评成绩为全国第42名，第四季度的测评成绩为全国第20名。

【承办湖南省首届群众性龙舟赛】 2014年，省首届群众性龙舟大赛在汨罗市举办，市文明委作为主办单位，圆满完成本次龙舟赛的各种组织和协调工作，受到省组委会的充分肯定。

【承办“欢乐潇湘”广场舞大赛】 2014年承办“欢乐潇湘群舞飞扬”湖南省第四届全民广场舞大赛岳阳赛区总决赛，24支舞蹈队在南湖广场展现了别样风采。

（本栏撰稿 孙晓青）

实事项目建设

【办实事任务全面完成】 2014年，岳阳市根据围绕省市实事办理抓督查。一是抓工作部署。对市实事指标任务进行认真分解，明确分管领导和责任单位，详细制定工作措施，排出时间进度表，以市政府名义下发《关于认真做好2014年为民办实事工作的通知》，以市实事办名义下发《关于2014年为民办实事考核指标分解的通知》《关于印发〈2014年为民办实事考核指标报送要求和验收标准〉的通知》《2014为民办实事考核办法》。二是抓督查调度。全年组织召开实事工作调度会8次，讲评会2次，电话调度3次，分别在年中、年末开展全面督查和考核验收。在加强面上督查的同时，还围绕农村敬老院建设、改扩建精神卫生服务机构、救治救助贫困重性精神病患者、保障性住房建设等实事项目，开展13次有针对性的重点督查，对于督查中发现的问题，及时向市政府主要领导和分管领导进行报告，在全市进行通报，促进各项实事的顺利完成。全年7件市实事8个考核指标均全面完成，其中2个指标超额完成。

（胡征伟）

2014年1–12月岳阳市为民办实事项目指标完成情况

表2

序号	事 项		单位	全市工作目标	全年完成	全年完成率(%)	备 注
1	农村公路建设		公里	494	504.02	102.0	
2	解决农村人口饮水安全问题		万人	33.26	35.8	107.6	
3	新增城镇就业		万人	5.4	5.7182	105.9	
4	建设农村小康示范点	建设新农村示范村	个	8	8	100.0	
		建设农民专业合作社省级示范社	个	8	8	100.0	
5	中小学校和幼儿园建设	建设义务教育合格学校	所	53	53	100.0	
		为农村寄宿制学校添置学生床位	个	32490	34400	105.9	
		建设农村公办幼儿园	所	22	22	100.0	
6	保障房建设	农村危房改造	户	6200	9700	156.5	
		新增公租房（含廉租房）	套	8056	8647	107.3	
		城市棚户区改造	户	7540	10517	139.5	
		国有工矿棚户区改造	户	3712	4603	124.0	
7	城镇供水供气	市县供水厂出厂水水质全面提升	个	3	3	100.0	
		新增城镇管输天然气用户	户	12000	30000	250.0	
8	县以上城镇污水和生活垃圾无害化处理	污水处理率	%	83	89.3	107.6	
		生活垃圾无害化处理率	%	87.86	100	113.8	
9	农村五保供养	改扩建农村敬老院	所	14	17	121.4	
		农村五保户年分散供养标准不低于2640元	元	2640	2640	100.0	
10	城乡人均最低生活保障标准	城市不低于350元/月	元/月	350	400	114.3	
		农村不低于165元/月	元/月	165	200	121.2	
11	贫困残疾人救助工程	贫困残疾人家庭无障碍改造	户	60	60	100.0	
		抢救性康复贫困残疾儿童	名	206	206	100.0	
12	重性精神疾病患者救治救助工程	改扩建精神卫生服务机构	家	2	2	100.0	
		救治救助贫困重性精神疾病患者	人	322	322	100.0	
13	新增社会治安视频监控摄像头		个	1200	1200	100.0	

续表2

序号	事　项		单位	全市工作目标	全年完成	全年完成率(%)	备 注
14	生态公益林保护建设	省级以上公益林管护面积到位率	%	100	100	100.0	
		省级以上公益林补偿资金发放到位率	%	100	100	100.0	
15	全民健身工程设施建 设	农民健身工程	个	190	190	100.0	
		室外健身路径工程	个	15	15	100.0	
16	城区小街巷提质改造		条	400	547	136.8	
17	城区农贸市场标准化提质改造		个	11	11	100.0	
18	实施重点减排治污项目		个	13	13	100.0	
	整治中心城区建筑工地施工噪声扰民		%	投诉受理率100%；投诉按期处理率100%	投诉受理率100%；投诉按期处理率100%	100.0	
19	重大安全隐患整 治		项	10	10	100.0	
20	基层粮库提质配 套		万吨	①一般维修仓容14.801万吨；②大修仓容23.454万吨；③功能提升9.155万吨；④新建0.25万吨	①一般维修仓容14.947万吨；②大修仓容24.214万吨；③功能提升仓容9.155万吨；④新建0.25万吨	101.9	
21	城区垃圾焚烧发电项目建设		项	跨年项目，2014年启动，总计划投资45000万元	1350万元	—	按照“1+1+1”模式组建了新的项目公司；签订了合作框架协议和建设运营协调备忘录；完成了公司内部审计和股权股份转让；对项目拟选址进行了考察，形成了初步意见书；邀请相关专家进行论证；邀请有关区领导班子成员及部分人大代表对深圳、武汉已运营的垃圾焚烧发电项目进行了考察。市政府将垃圾焚烧发电与医疗固废垃圾、建筑垃圾、餐厨垃圾、污泥处理等纳入市静脉产业园统一规划建设

续表2

序号	事　项	单位	全市工作目标	全年完成	全年完成率(%)	备 注
22	完善公交专用道路设计，更新高档空调公交车200台	项	完善公交专用道路设计	《岳阳市公共交通系统规划》已编制完成，正在按程序审定	—	
		台	更新公交车200台	原定更换为高档空调公交车调整为购置新能源公交车，春节前可投入运营		

（胡征伟）

责任编校　邹　青

组织机构及负责人名单

（负责人任职时间截至2014年12月31日）

中国共产党岳阳市委员会

书　记　卿渐伟
副书记　盛荣华　李志坚
常　委　陈奇达　康代四
韩建国（2014年6月免）
徐新启　樊进军　陈四海
伍国用（2014年6月免）
王瑰曙（2014年6月任）
张作坤
向伟雄（2014年8月任）
秘书长　樊进军
常务副秘书长　倪慧君
副秘书长　刘岳华（2014年3月任）
任小娟　王文选
李白才（2014年3月免）
吴敬文　杨志军
王家树　郑雄志（挂职）
余良勇　孙志诚（援藏）
胡　玮
秘书长办公会成员　许　杨　钟剑毅
余岳雄　陈念军

岳阳市人民代表大会常务委员会

主　任、党组书记　李湘岳
副主任、党组副书记　陈国荣
副主任　余炳锐　包忠清　刘美树
许伟奇　陈志莲　彭先政
党组成员　李开龙　谢卫东
秘书长　谢卫东
副秘书长　杨岳斌　曾君华
黄国华　万旦明

岳阳市人民政府

市　长、党组书记　盛荣华
常务副市长、党组副书记　陈奇达
副市长　陈四海　宋爱华
向伟雄（2014年11月免）
李　为
丁阳云（2014年12月免）
陈恢清（2014年11月任）
熊　炜
唐文发（2014年12月任）
正厅级干部　周　哲
隋国庆（2014年11月病逝）
副巡视员　苏耀辉
副厅级干部、党组成员　张益民
秘书长　谈正红
市长助理　王益民
副秘书长　范安辉　费荣新
陈正文　陈　峰
廖长生　廖星辉
易兴吾　张　翎

中国人民政治协商会议岳阳市委员会

主　席、党组书记　赖社光
副主席、党组副书记　李可波
党组副书记　戴新果　柴小平
副主席　秦吉兵　万岳斌　刘晓英
鸥江平　罗陆平　黎四清
李　平　方争奇
秘书长　江玉祖
副秘书长　苑　欣　方建中
吴建国

中国共产党岳阳市纪律检查委员会（监察局）

书　记　康代四
副书记　陈光荣　任茂辉　贺名良
常　委　汪四新　曹克强　付汉家
黄定军　陈　平
监察局局长　陈光荣
副局长　汪四新　曹克强
陆敏刚（2014年5月任）
预防腐败局局长　陈光荣
副局长　张志辉
中共岳阳市委巡视联络办公室主任
杨福鉴
办公室主任　陈岳林
组织部部长　胡　敏
宣传部部长　黎罗清
党风政风监督室主任　刘陆军
案件监督管理室主任　刘　润
第二纪检监察室主任　邓　森
第三纪检监察室主任　何选军
第四纪检监察室主任　何素琴
第五纪检监察室主任　陈绍东
第六纪检监察室主任　杨革新
案件审理室主任　甘定辉

岳阳军分区

司令员　刘亚兵
政　委　张作坤
副司令员　胡小合
参谋长　袁建华
政治部主任　雷体全
后勤部部长　刘晓荡

临港新区、经开区、南湖风景区

湖南城陵矶临港产业新区

第一书记　李志坚（兼）
工委书记　李永丰
工委副书记、管委会主任　李运惟
工委副书记、纪工委书记　王文华
工委委员、管委会副主任　林军华
李建华
综合管理部部长　彭公穆
财政金融部部长　范星飞
开发投资公司总经理　贺正哲
招商联络部部长　刘　勇
国土规划建设部部长　袁细红
国土资源管理处主任　叶光辉
（2014年9月免）
任军强
（2014年9月任）
社会发展部副部长　黄红晖

岳阳经济技术开发区

工委书记　胡知荣（2014年10月免）
王小中（2014年10月任）
工委副书记　刘光明
工委委员、副主任　文春芳
（2014年12月任）
罗同乐　黄小年
严若鹏　谭国良
工委委员、纪工委书记　胥棉桃
工委委员　段德彬　郑德明　李兴吾

岳阳南湖风景区

工委书记　李美云
工委副书记、主任　尹家辉
工委副书记、副主任　雷　欣
工委委员、副主任　李军辉　夏金城
李精明　余格尧
苏正明
工委委员、纪工委书记　李征兵
工委委员、总经济师　姜　华
工委委员　张朝东　张幼明

岳阳市中级人民法院

党组书记、院长　彭世理
党组副书记、副院长　王雨田
龙建新
副院长　姜跃军　袁小文
纪检组组长　刘亚洲
政治部主任　陈松林
工会主席　田光辉
执行局局长　聂晴晓

岳阳市人民检察院

党组书记、检察长　罗　青
党组副书记、副检察长　邱建国
刘恩怡
副检察长　黄志强　沈月光　白尊三
纪检组组长　许　太
政治部主任　仇新华
反贪局局长　周　湘
工会主席　许乐平

市委机构

市委办公室
主　任　樊进军（兼）
纪检组组长　许　杨
副主任　钟剑毅　冯元满（兼）
市委政策研究室
主　任　杨志军
副主任　王智勇　余友安　汤跃军
市委改革办
主　任　樊进军（兼）
副主任　谈正红（兼）　王文选（兼）
杨志军（兼）
市委党史市志办公室
党组书记、主任　陈念军
副主任　周友珍　吴青萍　易　林
纪检组组长　张秀娥
任弼时纪念馆
党组书记　吴敬文
馆　长　李莨主（2014年11月免）
副馆长　周益祥　符国凡
市委督查室
主　任　余岳雄
市国家保密局
局　长　刘利民
市委机要局（市国家密码管理局）
局　长　邹青松
市委组织部
部　长　伍国用（2014年6月免）
王瑰曙（2014年6月任）
常务副部长　赵岳平
副部长　刘传汉　汪　灿
张　赟　罗忠勇
副部长、纪检组组长　周立社
部务会成员　任栩栩
市委状态调研与问责处理办公室
主　任　胡武斌
党员教育中心
主　任　杨志红
市基层党建工作领导小组办公室
主　任　蔡吉伟
市直机关工作委员会
书　记　胡　伟
副书记　徐重林　毛永明　吕敬国
周雄勇（2014年11月任）
副书记、纪工委书记　翁桂萍
委　员　李志峰　方克君
委员、工会工委主任　周　劲
市委机构编制委员会办公室
党组书记、主任　罗　荣
党组副书记、副主任　荣般芝
副主任　袁益志
市事业单位登记管理局
局　长　杨九年
市委党校、市行政学院、市社会主义学院
第一校长　李志坚（兼）
常务副校（院）长　王伊亮
（2014年1月任）
副校（院）长　刘宇赤　廖社华
刘建新　刘光明
霍益辉
（2014年9月任）
纪检组组长　李革风
市委老干部局
党组书记、局长　张　赟
党组副书记、副局长　许铁军
副局长　周　兰　余长庚　胡向荣
纪检组组长　尹少勇
市委宣传部
部　长　徐新启
常务副部长　罗光辉
副部长　许卫国　彭东明
市网络文化建设管理中心
主　任　冯元满
市精神文明建设指导委员会办公室
主　任　许卫国
市文化广电新闻出版局
党组书记、局长　黄建文
副局长　刘光辉　柳亚非　何立夫
范泽容　何　亮　姚正国
纪检组组长　甘学红
市文物管理处
主　任　谭建武
市新华书店
党委书记、总经理　陈胤夫
市文化市场综合执法局
局　长　方争奇
党组书记　陶沙岸
党组副书记、副局长　冯　毅
副局长　陈胜根　凌慧民　熊少先
纪检组组长　李玉新
市广播电视台
党组书记、台长　孙山青
党组副书记、总编辑　周泽柱
党组副书记、副台长　谢青山
副台长　张立军　罗永明
纪检组组长　陈　勇
副总编　周钟声　陈国柱　罗　岚
工会主席　夏建华
总工程师　周　巍
市电视转播台
台　长　章宏平
岳阳日报社
党组书记、社长　戴文慧
党组副书记、总编辑　刘朝晖
党组副书记、纪检组组长　皮露基
副社长　肖艳娟　全海军
副总编辑　施卫军　袁乐之
工会主席　黄俊拔
市委讲师团
主　任　李桂华
副主任　蔡吉跃　李卫兵
市委统战部
部　长　伍国用（2014年6月免）
王瑰曙（2014年6月任）
常务副部长　邓有根
副部长　李建群　方亚华　王亚丹
纪检组组长　梁旭光
市委台湾工作办公室
主　任　罗　纯
副主任　刘中力　张志勇
市委政法委员会
书　记　向伟雄（2014年8月任）
常务副书记　刘孝纯
副书记　李健安　蒋仁凯　贾建湘
许　雄　李湘滨
纪检组组长　李军威
委　员　彭兴国　许继英　罗维维
市维护稳定领导办公室
主　任　胡　卫
市社会管理综合治理办公室
主　任　刘孝纯
副主任　汤　露
市委610办公室
主　任　李湘滨
副主任　张皆红　黄要林　刘　卫

市人大常委会机构

内务司法委员会
主任委员　刘孟虎
副主任委员　吴德仁　周　升
财政经济委员会
主任委员　彭友池

副主任委员　李耀华　杨旅华
教育科学文化卫生委员会
主任委员　徐登源
副主任委员　汤文彬
城乡建设与环境资源保护委员会
主任委员　万方平
副主任委员　许晓早　鲁　勇
农业与农村工作委员会
主任委员　李新洲
副主任委员　李首元
选举任免联络工作委员会
主　任　王双凡
副主任　戴　斌
预算工作委员会
主　任　李耀华
副主任　刘志强 余子鹏
办公室
主　任　谢卫东
副主任　戴　丽　黄三梅
纪检组组长　徐舒翔
研究室
主　任　方平波
副主任　李正钧
信访办
主　任　沈小星

市政府机构

市政府办公室
党组书记、主任　谈正红
党组副书记　林霞辉
副主任　刘衡岳　何四军
纪检组组长　陈文亮
常务秘书　李海林
应急办主任　刘　贫
市政府研究室
主　任　甘　勇
副主任　李文伟　侯喜保
市政府法制办公室
主　任　何季如
副主任　向元宗　杨子建　赵　瑾
市信访局
党组书记、局长　廖星辉
党组副书记、副局长　向阳春
副局长　李　霖　沈晓初　刘迪虎
市委市政府接待处
党组书记、处长　钱丹青
纪检组组长　刘炳生
副处长　胡伟华　方岳枚　孙建秋
党组成员　韩　英
市政府驻北京联络处
主　任　郑绍华
副主任　袁　波　祖庆恒
市政府驻上海联络处
主　任　卢志平
副主任　徐　鸿　蔡志芳
市移民开发局
局　长　柳　怀
副局长　陈卫成
市政府民族宗教事务局
局　长　查　宜
副局长　熊　伟
市无线电管理处
主　任　李湘驹
市电子政务管理办公室
主　任　谢芳茂
市爱国卫生运动委员会办公室
主　任　黎　明
市人民政府政务服务中心
主　任　徐继兴
市住房公积金管理中心
主　任　刘跃红
市发展和改革委员会
党组书记、主任　刘铁键
（2014年10月免）
谢春生
（2014年10月任）
党组副书记、副主任　余国祥
副主任　张　鑫　易　灿　唐检保
欧阳思平　陈　辉　周文健
总经济师　蒋仕林
纪检组组长　夏安民
市两型社会滨湖示范区建设协调办公室
主　任　周文健
市经济建设投资中心
主　任　颜鸿钊
市金融工作办公室
党组书记、主任　李建雄
副主任　彭怡明　张　炯　白锁铭
宋元喜　许爱秋
纪检组组长　何　雄
市经济和信息化委员会
党委书记、主任　文春方
（2014年12月免）
殷清华
（2014年12月任）
副主任　李　煌　李岳星　陈岳红
程　均　姚海燕　向　阳
工会主任　刘建武
总经济师　陈　丰
纪委书记　周洪兵
总工程师　李　智
市科学技术局
党组书记、局长　曹合群
党组副书记、副局长　黄跃文
副局长　李立平　彭波涛　何厚德
张　忠　李争元
党组成员　李载智　袁　武
纪检组组长　戴本柱
总工程师　罗明亮
市知识产权局
局　长　李正国
市地震局
局　长　吴奇良
市教育局
党组书记、局长　王德华
党组副书记、副局长　喻玲玲
副局长　宋杰林　刘志高　徐载满
程岳华　朱新和
纪检组组长　李晓雄
工会主席　张诗文
党组成员　童卓君
市招生考试委员会办公室
主　任　刘益良
市大中专学校毕业生就业管理办公室
主　任　万志勇
市教育建设投资有限公司
董事长　朱宗明
总经理　陈仁和
市公安局
党委书记、局长　唐文发
（2014年12月任）
党委副书记　罗小康
党委副书记、副局长　仇岳刚
副局长　喻伟民　苗晓光　曾新韬
王景亮　廖亚文　刘　卫
纪委书记　毛贻忠
政治部主任　欧阳德儒
市刑事侦查支队
支队长　邹坤光
政　委　阳文益
市治安支队
支队长　张　伟
政　委　李克山
市巡特警支队
支队长　张政协
政　委　刘永红
市交通警察支队
支队长　方年文
政　委　杨建波
市监所管理支队
支队长　易　昊
政　委　万艳秋
市警官培训中心
主　任　张伟明
市委警卫处
处　长　周湘亚

市司法局

党组书记、局长　王湘涛

副局长　熊赞国　何灿文　梁松林

　　胡进良　赵碧喜　郑志辉

纪检组组长　陈绍华

市依法治市办

主　任　张　韬

市强制隔离戒毒所

所　长　陈超群

政　委　陈文联

市民政局

党组书记、局长　刘树平

党组副书记、副局长　黄　鸣

副局长　黄森林　张其瑞　曹远鹏

　　李建军　杨书生　谭应兵

纪检书记　李　晔

党组成员　周伟祥

市社会救助工作局

局　长　彭　浩

市康复医院

院　长　曾建国

市特困大病慈善办公室

主　任　周拥军

市财政局

党组书记、局长　邹三友

党组副书记、副局长　方新群

副局长　洪建军　熊建伍　谢建华

　　谭　辉　羊卫东

总会计师　周继祥

总经济师　何　斌

纪检组组长　彭　坚

工会主席　李向阳

市非税收入征收管理局

局　长　陈　辉

市财政国库集中支付局

局　长　隋　蕾

市行政事业单位资产管理处

主　任　陈定宝

市农业综合开发办公室

主　任　钟　肯

市城市建设投资管理中心

董事长、党委书记　邹岳湘

总经理、党委副书记　游志坚

监理会主席、纪委书记　易　轩

副总经理　刘宝山　龙　强

　　易　放

市人力资源和社会保障局

党组书记、局长　罗忠勇

党组副书记、副局长　卢进星

　　何卫宏

副局长　朱六斌　陈　彬　晏桃宝

　　何文忠　文飞宇

党组成员　李鹏杰　邹望春

　　姜继辉

纪检组组长　李有星

工会主席　卢景辉

总会计师　谈　抒

市人才服务中心

主　任　邹望春

市劳动就业服务局

局　长　李鹏杰

市社会保险事业管理处

处　长　姜继辉

市医疗生育保险基金管理服务处

主　任　易惠军

市工伤保险基金管理服务处

处　长　李胜军

市劳动人事争议仲裁院

院　长　姜汀兰

市劳动保障监察支队

支队长　刘跃欲

市住房和城乡建设局

党组书记、局长　罗黑皮

党组副书记、副局长　李永忠

　　叶建国

副局长　程志忠　艾更知

总经济师　谢　卿

总工程师　刘新华

纪检组组长　胡列宇

工会主任　易立先

市交通局

党组书记、局长　龚柏松

党组副书记、副局长　徐浩明

　　刘勇强

副局长　方全民　张建辉

　　刘泽江　胡荣满

工会主任　刘强国

总工程师　孙晓红

党组成员　彭旅京

市农村公路局

局　长　谢　钢

市道路运输管理局

党委书记、局长　李　晖

市公共交通总公司

总经理　卢　平

党委书记　胡春山

市城市公交管理局

局　长　周赞先

市交通质量和安全监督管理局

局　长　孙晓红

市邮政管理局

党组书记、局长　胡荣满

副局长　蔡军科

市107国道管理处

党委书记　缪小新

主　任　范　律

市委农村工作部、市政府农村工作办公室

部长、主任　张群望

副部长、副主任　彭略武　施永国

　　李新生　朱诚放

　　郑剑山　付明中

　　邹国良

纪检组组长　肖　强

市农村经营管理局

局　长　晏春华

市政府扶贫开发领导小组办公室

主　任　李赐军

市能源生态局

局　长　巢桃平

市水务局

党组书记、局长　骆岳梨

党组副书记、副局长　皮梅芳

副局长　李超军　曾革军　许　杰

　　刘固华　刘湘龙　徐育才

纪检组组长　吴建平

工会主席　丁文奇

总工程师　方　潭

市防汛抗旱指挥部办公室

主　任　冯楚生

市水政水资源管理处

主　任　毛再斌

市农业局

党组书记、局长　湛锡光

党组副书记、副局长　胡一心

纪检组组长　刘长华

副局长　刘利文　黄玉祥　陈　刚

　　左仕庚　周　泉

总农艺师　高家枚

党组成员　黄泽根

市农业科学研究所

书　记　彭高文

所　长　李　平

市林业局

局　长　万五龙

党组书记、副局长　方归农

党组副书记、副局长　邱少雄

副局长　曹道伍　李永胜

　　孟正兴　杨大成

总工程师　李洪泽

纪检组组长　邓金洲

党组成员、联合工会主席　黄景文

湖南东洞庭湖国家级自然保护区管理局

局　长　赵启鸿

市畜牧水产局

党组书记、局长　陈克祥

副局长　余世忠　何广庭　李学勇

　　高四新　蒋文胜　曾新保

总工程师　李亚白
纪检组组长　赵志坚
总畜牧师　徐　勇
市铁山供水工程管理局
党委书记、局长　刘海波
党委副书记、副局长　尹　山
副局长　李新武　任伟明
　　　　骆新保　许泽波
纪委书记　付路明
总经济师　余东球
党委委员　许石兵
市农业机械管理局
党组书记、局长　熊树林
副局长　涂亚明　徐福保
纪检组组长　范　瑛
总工程师　彭小星
市长江修防处
党组书记、处长　蔡东华
副处长　杨军建　胡世忠　谢月秋
　　　　杨　烈　杨天强
纪检组组长　余　渊
工会主席　游兴盛
总工程师　吴文胜
市招商局
党组书记、局长　喻岳兰
党组副书记、副局长　张善保
副局长　周剑农　刘友才
　　　　许德煌　吴　灿
纪检组组长　唐立德
市商务局
党组书记、局长　禹　辉
副局长　宋岳军　吴　桐　陈文斌
　　　　冯庆新　周良凤
纪检组组长　李新武
工会主席　汤美孚
机关党委书记　韩湘龙
市市场建设管理处
主　任　周月殿
市卫生局
党组书记、局长　黄军建
党组副书记、副局长　吴晓青
副局长　臧作明　胡小军　徐伟科
　　　　刘志敏　王耀平
工会主任　李湘华
纪检组组长　董艳萍
党组成员　黄岳四
市血防办主任
主　任　李江辉
市疾病预防控制中心
主　任　黄岳四
市卫生监督中心
主　任　张壮军
市中心血站
站　长　方奎明
市红十字会
常务副会长　李一锋
市人口和计划生育委员会
党组书记、主任　彭纲要
党组副书记、副主任　张长庚
党组成员、市计生协会常务副会长
　　　　赵曙光
副主任　孙　奕　邵爱军　夏荣才
市审计局
党组书记、局长　谌亚忠
副局长　邓春初　杨如松　李星吾
　　　　陈　超　丁湘平
总审计师　干忠叶
纪检组组长　曾建国
党组成员　万春霞
市环境保护局
党组书记、局长　李国保
党组副书记、副局长　余岳良
副局长　李石六　卿　漪　蒋　卉
　　　　万四良　傅　平
总工程师　程育芝
纪检组组长　周　兴
市环境监察支队
支队长　龚石罗
市环境监测中心
主　任　钟亚军
市统计局
党组书记、局长　焦铎辉
党组副书记、副局长　许勇球
副局长　邹　俭　徐光明　吴龙标
　　　　邓兴亮　殷　俊
总统计师　胡燕飞
纪检组组长　许万景
市粮食局
党组书记、局长　万　东
党组副书记、副局长　何友良
副局长　吴新平　蔡宇志　黄时正
　　　　司马孟军
工会主席　廖敬东
市物价局
党组书记、局长　殷清华
党组副书记、副局长　陈步清
副局长　周和平　韩保新
　　　　伏沛根　傅传贵
纪检组组长　彭　晟
党组成员　周孝元
市价格监督检查局
局　长　周孝元
市政府外事侨务办公室
党组书记、主任　任焱辉
副主任　涂爱军　王诗宽　罗爱慧
侨联专职副主席　毛伟华
工会主席　唐中华
纪检组组长　欧阳娟
市规划局
党组书记、局长　曲安江
党组副书记、副局长　陈　江
副局长　易湘清　杨建军
　　　　张世愚　许　淞
党组成员　李建军　刘雪梅
市人民防空办公室
党组书记、主任　丁源源
副主任　孟庆杰　贾建中　徐光华
　　　　李佳军　刘绍斌
市体育运动局
党组书记、局长　徐远杰
党组副书记、副局长　邹慕贤
副局长　陈跃进　王建龙　李永波
　　　　王志红　陈育文
纪检组组长　周　赞
市档案局
党组书记、局长　任欣欣
副局长　陈祯祥　黄淑平　余伏良
纪检组组长　马岳生
市旅游局
党组书记、局长　刘腊干
副局长　杨川勇　吴　波
　　　　卢　谦　黄　立
纪检组组长　巢岳农
市安全生产监督管理局
党组书记、局长　毛绍武
党组副书记、副局长　龙卓煌
副局长　李春光　赵珍彩
　　　　童俏冰　方延子
纪检组组长　李荣华
市国有资产监督管理委员会
党委书记、主任　黄岳山
副主任　刘其元　曹冠军　付维民
纪委书记　余良成
总经济师　贾双彬
党委委员　陈解建
市食品药品监督管理局
党组书记、局长　卢大平
副局长　王亚明　周志宏　邓艺文
　　　　王如松　徐焕斌　李岳玲
纪检组组长　欧阳藏修
市食品药品检验所
所　长　毛谊平
市供销合作联社
党组书记、理事会主任　陈琪钢
党组副书记、监事会主任　何　晖
理事会副主任　胡　建　方国华
　　　　陈眺军　刘立蒙
　　　　周传龙
纪检组组长　陈　城

监事会副主任 李 静
工会主席 李贻华
总经济师 郑小亚

市口岸管理办公室

党组书记、主任 何移兵
党组副书记、副主任 宋振权
副主任 彭受宗 刘师迅 肖德根
纪检组组长 李季平

市公路管理局

党委书记、局长 冯嘉皇
副局长 吴加春 李茂文 刘美良 付瑞祥 高建勋 吴岳新 罗 海 余欲晓
纪委书记 李梅秋
党委委员 邓永胜
工会主席 陈友斌
总工程师 徐 军

市洞庭湖大桥管理局

党组书记、局长 彭旅京
副局长 钟鉴波 李文新 李华云
总工程师 伏晓宁
纪检组组长 胡利华

市地方海事局

党委书记、局长 李白才
党委副书记、纪委书记 赖富成
副局长 杨德华 秦乐辉 邓跃飞 钟爱国 李中汉 戴武会 李志勋
总经济师 黄 河

市城市管理局

党组书记、局长 陈阁辉
党组副书记、副局长 柳泗明
副局长 鲍京平 许心豪 李国伟 陈定乾 胡荣华 樊 卫 邓晓峰
总会计师 袁本德
纪检组组长 周 峰
总工程师 陈 鑫

市风景园林局

局 长 黄达江

市市容环境卫生管理局

局 长 方欲林

市城市管理行政执法支队

支队长 刘其汉

市房地产管理局

党委书记、局长 李大元
党委副书记、副局长 易红卫 赵海波
副局长 张胡根 付 荣 葛文斌 叶湘林 刘高但
总工程师 陈 宏
纪委书记 许阳春

市住房制度改革领导小组办公室

主 任 杨康乐

市政协机构

办公室

党组书记、主 任 江玉祖
副主任 马本木 黄建平
副处级纪检员 王东培

提案委员会

主 任 柳海平
副主任 李 星

经济科技委员会

主 任 潘刚强
副主任 陈北海 姚海根

文化教育卫生体育委员会

主 任 段 春
副主任 郭介川 任浩波

法制群团人口资源环境委员会

主 任 陈慧君
副主任 罗 湘 谢志武

文史和学习委员会

主 任 王志龙
副主任 王馥兰 安立萍

港澳台侨民族宗教外事委员会

主 任 杨 玲
副主任 杨驰军 田德年

研究室

主 任 徐 煜

驻岳部队

湖南陆军预备役步兵师第三团

团 长 王如良
政 委 王向东
参谋长 舒葵阳
政治处主任 周达军
后勤和装备处处长 李训民

武警岳阳市支队

支队长 邓海兵
政 委 周 齐
副支队长 蔡 琪 陈雪纯
副政委 宋 炀
参谋长 刘 辉
政治处主任 毛建国
后勤处处长 刘 冰

市消防支队

政 委 何超群
支队长 黄 超
副支队长 杨胜利
副政委 王明科
参谋长 王 雷
政治处主任 谢立辉
后勤处处长 戴敏章
防火监督处处长 韩灏凌

市边防检查站

党委副书记、站长 陈亚玲
党委书记、政委 程 强

省主管机构、银行、保险

国家统计局岳阳调查队

党组书记、队长 吴当时
副队长 刘爱玲
纪检组组长 李 俞

市国土资源局

党组书记、局长 胡 辉
党组副书记、副局长 易拓新
副局长 万岳斌 刘险峰 艾鲜枝 严 菲
总工程师 彭四林
执法监察支队支队长 李志宏
总经济师 陈湘栋
工会主席 陈金龙
纪检组组长 周治中

市国家税务局

党组书记、局长 李石道
副局长 余稳成 李森岩 张登炎 武世俊 朱春辉
纪检组组长 练建平
总经济师 肖标志

市地方税务局

党组书记、局长 龙晓红
党组副书记、副局长 张 军
副局长 黎 毅 罗平原
总经济师 龙伟华
纪检组组长 田力平
总会计师 余爱华
工会主任 袁 辉

市工商行政管理局

党组书记、局长 王星耀
党组副书记、副局长 宋继军
副局长 林新湘 吕新民 罗岳锋 颜石湘
纪检组组长 周忠平

市质量技术监督局

党组书记、局长 蒋跃进
副局长 赵奇志 胡力平 周 喆
纪检组组长 刘荣保
总工程师 杨建良

中华人民共和国岳阳海关

党组书记、关长 刘探担
副关长、缉私分局局长 毛同坤
副关长 秦长林 刘庆君

中华人民共和国岳阳海事局

党委书记、局长　龙营华
政委、党委副书记、纪检组组长　汪阳生
副局长　朱远志　夏乐群　杜国平
局长助理　黄建国

岳阳出入境检验检疫局

党组书记、局长　盛胜军
副局长　林建军
纪检组组长　陈新焕（2014年10月免）
　　　　　　谢忻然（2014年11月任）
城陵矶办事处主任　成亦吾

国网岳阳供电公司

总经理　杨志红
党委书记　杨立古
副总经理　杨五一　姚维平
　　　　　彭劲松　朱盛开
工会主席　赵润琪
纪委书记　李泽龙
总工程师　唐丽红
总会计师　郭宜刚

市邮政公司

党委书记、总经理　李胜军
副总经理　狄　洪　范湘彤
党委委员　黄　华

中国电信股份有限公司岳阳分公司

总经理　丑文亚
副总经理　万建湘（兼工会主席）
　　　　　符传剑（兼纪委书记）
　　　　　陶　涛　李清华

湖南移动通信有限责任公司岳阳分公司

党委书记、总经理　武　樵
副总经理、纪委书记、工会主席
　　　　　　　　　吴　铸
副总经理　黄　勇　肖必胜
党委委员　何　倩

中国联合网络通信有限公司岳阳市分公司

总经理　周　智
副总经理　刘　永　陈　立　余　惠

市烟草专卖局(公司)

党组书记、局长、经理　吴奇林
副局长　全小东
副经理　邓　杰　毛岳胜
纪检组组长　李雄伟

市盐务管理局（公司）

总经理　周　伟
党委书记、局长　李克才
副总经理　张森林

市气象局

党组书记、局长　邹用昌
党组副书记、副局长　彭　洁
副局长　李东阳
纪检组组长　向良权

岳阳监狱

党委书记、监狱长　龚　跃
党委副书记、政委　袁冰可
党委副书记、纪委书记　张运良
副监狱长　高常陆　刘　伟　程志文
工会主席　艾祥卫
政治处主任　李　剑

中国石化销售有限公司

经　理　元立峰
党委书记　张庆湘
副经理　谷秋林　周文辉

湖南省血吸虫病防治研究所

所　长　易　平
党委书记　罗志红
党委副书记　邓维成
副所长　任光辉　贺宏斌
　　　　彭先平　肖翠兰
工会主席、纪委书记　肖　群

中国人民银行岳阳市中心支行

党委书记、行长　谢汉阳
副行长　王晓毛　袁曙光
　　　　贺学群　李利华
纪委书记　张晓峰

中国银行业监督管理委员会岳阳监管分局

党委书记、局长　李孔永
副局长　金爱钦　贺爱卿
纪委书记　李雁新

中国农业银行岳阳市分行

党委书记、行长　胡云水
副行长、纪委书记　陈利斌
副行长　彭　勇　万　斌　吕桂玲

中国银行股份有限公司岳阳分行

党委书记、行长　滕小明
副行长　赵　勇　符日明
　　　　蔡　旭　刘飞舟
高级经理　周继烈

中国农业发展银行岳阳市分行

党委副书记、副行长（主持工作）
　　　　　　　　　　　周芳华
副行长　唐双华　熊　壮
党委委员　刘夷夫

交通银行股份有限公司岳阳分行

党委书记、行长　周良成
副行长　李克拉（2014年8月免）
　　　　彭政红　胡　昕
　　　　曾　明（2014年11月任）

中国工商银行股份有限公司岳阳分行

党委书记、行长　杨　林
副行长　柳会刚　陈飞宝
　　　　罗　健　袁校刚
纪委书记、工委主任　李俊厚

中国建设银行股份有限公司岳阳市分行

党委书记、行长　彭　辉
副行长、纪委书记、工会主任　李果华
副行长　李　强　杨　林
　　　　景　风　周　强

华融湘江银行岳阳分行

党委书记、行长　殷六荣
党委副书记、副行长　郑　武
工会主席　严三益
副行长　姜卫其　王湘平
纪委书记　严三益（2014年5月免）
　　　　　姜卫其（2014年11月免）
　　　　　王湘平（2014年12月任）
党委委员　尹　红

中国邮政储蓄银行岳阳市分行

党委书记、行长　屈春友
副行长　郑精兵　杨　杰　刘　飞
总审计师　谈　磁

湖南省农村信用社联合社岳阳办事处

党组书记、主任　王文芳
副主任　瞿绍生　黄亚平　朱晓华

社会群众团体

市总工会

主　席　彭先政（兼）
党组书记、副主席　谭志兰
党组副书记、副主席　彭慕依
副主席　冯胜建　杨红杰
纪检组组长　彭城华
党组成员、经审委主任　刘　沅

市妇女联合委员会

党组书记、主席　魏淑萍
副主席　杨　勤　胡晓明　吴玉玺
纪检组组长　曾　琴

共青团岳阳市委员会

书　记　白再兴
副书记　李博之　李　乐

市社会科学界联合会

党组书记、主席　魏　星
副主席　李平辉　张　萍

市文学艺术界联合会

党组书记、主席　周　迅
党组副书记、纪检组组长　刘子华
副主席　徐喜德

市科学技术协会

党组书记　吴罗生
主　席　何祚云
副主席　单宇利　傅道德　彭晓霞
纪检组组长　陈　虎

市残疾人联合会

党组书记、理事长　向科军

副理事长 沈 楠 李正望

民主党派·工商联

中国国民党革命委员会岳阳市委员会
主 委 秦吉兵
专职副主委 陈立新
副主委 任浩波 袁正宏
秘书长 彭岳斌
中国民主同盟岳阳市委员会
主 委 万岳斌
副主委 李石夫
中国民主建国会岳阳市委员会
主 委 方争奇
专职副主委 梁志军
副主委 王五星 李永波
中国民主促进会岳阳市委员会
主 委 隋国庆（2014年11月病逝）
专职副主委 李尧瑶
副主委 张世愚 袁公平 丁卫平
中国农工民主党岳阳市委员会
主 委 李 为
专职副主委 周 波
兼职副主委 林 辉
中国致公党岳阳市委员会
主 委 余炳锐
副主委 黄玉祥 丁湘平
李 文 陈跃平
九三学社岳阳市委员会
主 委 李 平
专职副主委 郭跃平
副主委 付 萍
市工商业联合会
主 席 刘晓英
党组书记 李建群（2014年3月免）
方亚华（2014年3月任）
副主席 赵小龙 张 超
纪检组组长 肖华斌
党组成员 周宇岳

学校（院）、医院

湖南理工学院
党委书记 彭时代
党委副书记、院长 余三定
正院级督导员 文艺文
副院长 易健民 邱绍雄 卢先明
李 文 张松德 钟 华
纪委书记 刘亦工
岳阳职业技术学院
党委书记 肖自力
党委副书记、院长 张 建
党委副书记 潘岳生
副院长 李应龙 吴丽文 李晓林
纪委书记 胡振东
工会主席 陈卫东
湖南民族职业学院
党委书记 李 红
党委副书记、院长 吴顺发
党委副书记 童和钦
常务副院长 戴南海
副院长 文小华 李葵模
纪委书记 杨火保
工会主席 戴全波
岳阳广播电视大学
党委书记 陈美中
党委副书记、校长 黄湖滨
党委副书记、副校长 袁 征
副校长 江家立 封 屹
纪委书记 乐艳华
党委委员 熊 灏
湖南石油化工职业技术学院
党委书记 雷放华
院 长 徐 方
湖南省工业技术学院（中南工业学校）
党委书记 唐世林
院 长 张文兵
市第一中学
校 长 廖炳晔
党委书记 李赞辉
市第十四中学
校 长 符新培
党委书记 杨 锋
岳阳中学
党委书记、校长 林 立
副校长 郑社求 孙 瑾
王哲生 李仲芬
纪委书记 李阳春
市第一职业中等专业学校
校 长 孙光友
党委书记 潘志扬
市一人民医院
院 长 唐 敏
党委书记 曾 强
副院长 李自华 夏伟瑜
余飞跃 许文杰
纪委书记 王学明
工会主席 陆海湖
党委委员 张建安
市二人民医院
院 长 吴晓球
党委书记 李 岳
党委副书记 王松柏
副院长 应民政 方兴旺
刘 芳 杨福炎
纪委书记 刘文龙
工会主席 方志明
党委委员 林春龙
市中医院
院 长 向明波
副院长 司马雄翼 邹智国
余绍清 曹建雄
工会主席 钟利民
纪委书记 陈 剑
市三人民医院
院长、党委副书记 葛华阶
党委书记 文立波
市妇幼保健院
院 长 袁劲进
党委书记 陈 卓

部·省·市属企业单位

中国石油化工股份有限公司巴陵分公司
中国石化集团资产经营管理有限公司巴陵石化分公司
总经理、党委副书记 李大为
党委书记、副总经理 李德刚
副总经理 许世政 彭鸽威 胡先红
总会计师 皮明生
中国石油化工股份有限公司长岭分公司
中国石化集团资产经营管理有限公司长岭分公司
长岭炼化公司董事长、党委副书记、总经理 李 华
长岭股份分公司总经理 李 华
长岭炼化公司党委书记、副总经理、股份长岭分公司副总经理 文志成
股份长岭股份分公司副总经理
谯培武（总会计师） 刘建平
谢型样 蒋文军
华能湖南岳阳发电有限责任公司（华能岳阳电厂）
总经理、厂长 尹开颜
党委书记、副厂长 唐明华
副总经理、副厂长 李亚强
李海滨 彭新龙
党委副书记、纪委书记、工会主席
周立华
总工程师 郑伟德
岳阳林纸股份有限公司
董事长 黄 欣
总经理、党委书记 蒋利亚
党委副书记、纪委书记、工会主席
袁国利
财务总监、副总经理 刘雨露

董事会秘书　施湘燕
副总经理　尹　超
总工程师　朱宏伟

湖南华升洞庭麻业有限公司

董事长　黄云晴
总经理　宋学军
党委书记　荣金莲
副总经理　陈继无　曾建云　汤翠娥
财务总监　刘小平
工会主席 李绍如
纪委书记 易章元

际华3517橡胶制品有限公司

董事长、总经理　容三友
党委书记　傅　胜
副总经理　李小辉　徐文革
朱永平　周　平　何德玖
总会计师　孙贤进
总工程师　蒋绮云

中国化学工程第四建设公司

董事长、党委书记　刘德辉
总经理　胡流芳
副总经理　钱家林　陈荣仓
周　鸿　周　栗　周水柏
监事会主席、党委副书记、纪委书记、工会主席　何玉文
总工程师　孙　韵

湖南龙骧神驰运输集团有限责任公司

董事长、党委书记　袁　俊
总经理、党委副书记　胡太勋
党委副书记、纪委书记　汪景林
监事会主席、工会主席　李宏伟
董事、副总经理　李载良　罗辉进
副总经理　戴文力　许　峰　张怀国

湖南省核工业地质局311大队

大队长　肖国强
党委书记　杨世珍
副大队长、总工程师　谭黎明
副大队长　姚胜军
党委副书记、纪委书记、工会主席
吴　佳

长江动力机械厂

厂长、党委书记　周　华
副厂长　向　前　童俊威　胡国明
丁立辉　周　耿　吴　杰

岳阳城陵矶新港有限公司

总经理　徐忠诚
党委书记　陈述林
副总经理　邓隆标
财务总监　付志彬

国信军创（岳阳）六九零六科技有限公司

董事长、总经理　向志明
党委书记　涂永良
副总经理　徐志和　张万英

岳阳金秋红日工业有限公司

总经理、党委书记　黄正德
常务副总经理　黄力群
副总经理　黄建强　廖　斌
纪委书记、工会主席　黄建荣

责任编校　贺红霞

中共岳阳市委员会

综 述

【概况】 2014年，中共岳阳市委认真贯彻党的十八大、十八届三中、四中全会精神和中央、省委系列决策部署，团结带领全市广大干部群众真抓实干、攻坚克难，扎实推进各项工作，全市经济社会保持平稳健康发展的良好态势。

一、坚定政治立场，提升党性修养，加强自身建设。一是加强理论武装，筑牢精神防线。通过扎实开展党的群众路线教育实践活动、召开市委常委会议、市委全会、9次市委中心组集中学习、举办学习贯彻总书记习近平系列讲话精神集中轮训班、学习焦裕禄精神专题会议等各种理论学习和培训形式，重点学习党的十八大和十八届三中、四中全会精神，学习总书记习近平系列重要讲话精神，自觉用中国特色社会主义理论体系武装头脑、改造自我，不断增强道路自信、理论自信、制度自信，市委常委班子政治意识、大局意识和责任意识进一步增强。班子成员发现和解决自身问题的能力不断提高，创造力、凝聚力、战斗力进一步增强。二是牢固树立纪律和规矩意识。在思想上、政治上、行动上与中央、省委保持高度一致，坚决做到政令畅通、令行禁止，不搞上有政策、下有对策，确保中央和省委决策部署贯彻执行。认真执行民主集中制，坚持科学、民主、依法决策，不独断专行，不搞“一言堂”，严格执行《市委常委会议事规则》，凡属全市性的大事、全局性的问题，重要干部的推荐、任免和奖励，都按“集体领导、民主集中、个别酝酿、会议决定”的原则，在充分听取各方意见、拟定多个预案的基础上，由市委常委会议集体讨论研究决定。

二、着力“三量齐升”，经济社会保持平稳健康发展。一是深化改革开放，发展动力和活力进一步增强。加强对全面深化改革的学习研究、组织部署和督促落实，正确处理不抢跑与不拖宕、上下同步与主动作为的关系，促进各项改革任务在岳阳落地生根。汨罗与长沙经济技术开发区共建湖南第一个跨市州“飞地园区”的做法在全省推介，成功入围全省“飞地经济”试点。行政审批制度改革扎实推进，精简各类行政许可事项166项，在全省率先不再保留非行政许可事项，市、县两级政府机构改革全面启动。农村土地承包经营权抵押贷款、商事登记制度改革等顺利开展。同时，充分发挥“一带一部”（东部沿海地区和中西部地区过渡带、长江开放经济带和沿海开放经济带结合部）黄金节点优势，积极抢抓重大机遇，成功申报“一区一港三口岸”，其中，综合保税区是2014年全国第一个获批的保税区，汽车整车进口口岸是中部地区首个获批的口岸，进口肉类指定口岸是长江沿线继上海、重庆之后第三个获批的口岸，进口粮食指定口岸正式运营，城陵矶港纳入启运港退税范围，开放平台建设取得重大突破。与上港集团战略合作成功签约，中粮集团等重大项目相继落户临港产业新区，绿色化工、电力能源、现代物流、现代装备制造等沿江产业快速成长，大进大出格局逐步形成。全年完成集装箱吞吐量22万标箱，港口货物吞吐量1.2亿吨，外贸进出口总额8亿美元。连续11年获评《福布斯》中文版中国最佳商业城市。二是着力转型升级，经济总量和发展质量同步提升。始终以项目建设为转型升级“引擎”，大力推进“双百工程”“三个一批”竞赛活动和“百日攻坚行动”，全年组织2次全市项目建设流动现场会，围绕重大战略性项目攻坚克难、狠抓落实。洞庭湖生态经济区上升为国家战略，岳阳港、岳阳机场、常岳九铁路等项目列入国家长江经济带综合立体交通走廊规划，中国洞庭湖博览园等项目列入湖南省“511”工程，特别是炼油改扩建及100万吨芳烃项目纳入国家“十三五”石化产业规划布局。扎实开展重点产业和企业帮扶，全市38名市级领导带领帮扶工作组深入11个重点产业、重点民营企业开展帮扶行动，提振企业发展信心，促进产业健康发展，道道全粮油、中创化工等6家企业进入湖南民营企业100强。大力推进全民创新创业，启动“巴陵人才工程”，出台实施《关于加强高层次创新创业人才引进工作的意见》，对高层次创业人才最高给予500万元创业资助，推动形成大众创业、万众创新的生动局面。经济结构、质量和效益逐步提升，先进制造业、高新技术产业、非公经济占比不断提高，三产比重进一步增加，农业产业化加速发展，城乡居民收入同步增长，食品产业成为全市第二个千亿产业集群，地方公共财政预算收入占公共财政预算收入比重、税收收入占地方公共财政预算收入比重提高，单位GDP能耗下降6%。三是突出文明创建，城乡面貌出现新变化。坚持以创建全国文明城市为引领，扎实推进城市管理“六大整治”“八个环境”建设和精神文明“十项重点工作”，学雷锋志愿服务、文明餐桌行动、道德讲堂等形成常态，社会主义核心价值观宣传深入人心，诚信建设步入制度化轨道，精神文明建设不断加强。大力提升城市建管水平，王家河流域综合治理、环南湖旅游综合交通体系建设等加快推进，公共自行车租赁系统使用超过630万人次，禁拆治违工作成效显著，全省城市卫生暗访检查排名第一，市民素质与城市品质同步提升。全市城镇化率达52.5%。加快改善基础设施，芙蓉大道湘阴段竣工通车，岳望高速、大岳高速、杭瑞高速洞庭湖大桥等项目加快推进。实施小街巷改造项目547个，完成34家城乡农贸市场标准化改造，按照“清空见底、坡面整洁、岸线顺畅、环境同步”标准完成农村沟渠疏浚2万千米。城乡环境整治扎实推进，全市涌现出一批秀美县城、秀美乡镇和秀美村庄，主要污染物排放削减率超额完成省定任务，南湖水质由整体四类向三类迈进，空气质量优良率在全省6个重点监控城市中继续保持第一。四是大力改善民生，人民群众幸福感逐步提升。对照全面小康指标体系，切实加强民生建设，民生支出占财政总支出比重72.6%。突出为民办实事，37件省市实事全面或超额完成。坚持把就业作为民生之本，设立100万元高校毕业生就业奖励基金，率先在全省出台促进家庭服务业发展政策，“零就业”家庭继续保持动态清零。关心城乡困难群众生活，路不平、灯不亮、水不通等突出民生问题得到优先解决，在全省率先完成贫困户危房改造“百村示范”工程，解决农村69.2万人饮水安全问题。高度重视扶贫工作，突出科学扶贫、精准扶贫，全市5.8万农村贫困人口实现脱贫。认真做好教育、医疗、养老、社会救助等工作，“五大保险”继续扩面提标，“阳光招生”扎实推进，大病医疗慈善救助基金规模达9600万元。开展“欢乐潇湘·幸福岳阳”等系列文化惠民活动，推进第二批国家公共文化服务体系示范区创建工作，成功举办全国体育舞蹈公开赛和全省第八届少数民族传统体育运动会，进一步丰富人民群众精神文化生活。岳阳被评为中国最具幸福感城市和最具文化软实力城市。五是加强法治建设，社会大局保持和谐稳定。认真落实《关于深入推进法治岳阳建设的意见》《法治岳阳建设纲要》，法治制度建设走在全省前列。广泛开展法治先进单位、依法办事示范窗口、民主法治示范村等创建活动，加大法治宣传力度，进一步增强全社会法治意识。加快推进行政体制、司法体制改革和涉法涉诉信访体制改革，深化党务、政务、司法和各领域办事公开，探索“负面清单”“权力清单”“责任清单”制度，规范权力运行，促进依法行政、公正司法和全民守法。注重用法治思维和方式创新社会管理，依法帮助解决群众信访问题，全市信访形势总体平稳可控，信访总量持续下降，群众进京非访人数全省最少。依法积极稳妥处置平江火电事件，推动项目适时重启。时刻紧绷安全生产这根弦，全市没有发生重大安全责任事故，获评全国安全生产月活动先进市。积极推进平安岳阳建设，组织开展“打黑除恶”、打击聚众赌博和地下“六合彩”、打击非法集资等专项行动，积极防范化解金融债务风险，社会管理综合治理连续8年进入全省先进行列，综治民调排名全省第二。

三、坚持从严管党治党，党的建设切实加强。一是扎实开展党的群众路线教育实践活动。把教育实践活动作为重大政治任务来抓，严格按照中央、省委的要求,认真抓好各环节工作，整个活动健康有序推进。创新开展“党员进社区，竞赛当‘五员’”活动，推动党员干部将学习教育成果转化为直接联系服务群众的实际行动，全市6万名在职党员深入社区，结对联系群众18万多户，“有事帮帮忙，无事聊家常”，有效打通联系服务群众的“最后一公里”。严肃党内政治生活，认真开好各级民主生活会，以整风精神开展批评与自我批评，党员干部思想灵魂受到深刻洗礼，为民务实清廉的自觉性不断增强。严格落实作风建设有关规定，聚焦“四风”问题，坚持边查边改、立行立改，切实抓好中央、省委和市委安排部署的“34+12+5”项专项整治任务落实，一批多年没有解决的问题得到解决。加强和创新制度建设，全面清理已有制度，建立健全相关制度，强化制度的刚性约束力，用制度巩固教育实践活动成果，推动作风建设常态化、长效化。二是着力强化基层基础。加强乡镇（街道）、村（社区）便民服务中心和站点建设，全面推行网格化管理、组团式服务，广泛开展“微服务”活动。突出整顿软弱涣散村（社区）党组织，建立领导联点和部门帮扶制度，实行台账式管理和动态挂号销号制度，306个软弱涣散村（社区）党组织得到不同程度的转化提升。加强流动党员管理，开展党代表联系流动党员活动，探索建立流动党员“网上党支部”。推动政策、资金、项目、服务资源向基层倾斜，努力提高基层党建保障能力，全市村、社区运转经费保障标准达到中央和省委要求。全市156个乡镇“五小”设施基本建设到位，村、社区活动场所基本完成“清零”。三是坚持科学选人用人。按照好干部标准，坚持用改革发展稳定的作为和实绩考核干部、评价干部、使用干部，让能干的人有机会，让实干的人有舞台，让干成事的人有激励，党员干部干事创业热情进一步提升。推进“三超两乱”专项治理，坚持凡动必报，严格职数管理，每次干部调整都做到消化一定数量的超职数配备干部，党政分设问题全面整改到位，停止实行随意按年龄划线调整配备干部的政策。加大有错无为问责力度，强化干部监督管理，全市问责处理干部302人。四是深入推进反腐倡廉建设。严格落实党风廉政建设主体责任，常委班子成员带头执行廉洁自律各项规定。着力深化纪检监察体制改革，推动纪律检查工作双重领导体制具体化、程序化、制度化。强化权力运行监督制约，全面落实党政主要负责人“三重一大”事项集体决策、“四个不直接分管”和末位表态等制度，加强对工程建设、执法司法、教育卫生等重点领域监管，探索建立权力清单制度，各级干部党性观念和法纪意识进一步增强。大力优化经济发展环境，全面完成市本级行政审批事项清理，吃拿卡要、庸懒散拖、办事刁难群众等现象得到遏制。推动廉政教育制度化、经常化，坚持开展“清正在心”系列教育活动，积极打造特色廉政文化，筑牢拒腐防变思想防线。

（本栏撰稿　许　祺）

重要会议

【中国共产党岳阳市第六届委员会第八次全体会议】 2014年5月22日由市委书记卿渐伟主持召开。主要是对市委常委会领导班子对照检查材料征求意见。

会议通报了市委常委会领导班子对照检查材料的形成过程。一方面，广泛听取意见，确保把问题找准找实找具体。另一方面，多次专题研究讨论，精心组织起草修改。对照检查材料的起草，按照省委活动办的要求，紧扣为民务实清廉主题，对照理论理想、党章党纪、民心民声、先辈先进“四面镜子”，以“三严三实”要求为标尺，开门见山，努力做到查摆问题准、原因分析深、整改措施实，确保见人见事见思想。

会议要求，市委常委会领导班子对照检查材料征求市委全委会意见，是市委常委会落实领导带头要求、践行“三严三实”、敞开大门搞活动的重要体现，要坚持实事求是，注重问题导向，找准突出问题，为开展批评与自我批评打好基础，确保教育实践活动取得实效。

【中国共产党岳阳市第六届委员会第九次全体（扩大）会议】 2014年7月31日由市委书记卿渐伟主持召开。传达贯彻省委十届十次全委（扩大）会议和省委书记徐守盛在岳阳考察调研时的重要讲话精神，报告市委常委会上半年工作，研究部署下半年工作。卿渐伟代表市委常委会向全会作工作报告，市委副书记、市长盛荣华对上半年经济工作进行讲评。

会议认为，市委常委会半年来主要抓了以下工作：一是全力推动经济平稳发展，加快推进重大项目建设，积极推动开放融合发展，统筹城乡发展，促进产业转型升级；二是积极做好改革启动工作；三是分类指导推进全面小康建设；四是大力改善民生，稳步提高居民幸福指数；五是认真开展群众路线教育实践活动，切实加强党的建设。

会议强调，全市上下要按照省委十届十次全会的部署要求和省委书记徐守盛的重要讲话精神，认真落实稳增长、促改革、调结构、惠民生的各项工作举措，促进“三量齐升”、推进“四化两型”，努力建设现代幸福岳阳。下半年工作中，要坚定发展决心和信心，坚决完成全年目标任务；精准发力，千方百计稳增长；在全面深化改革中增强发展动力和活力；加快推进全面建成小康社会；积极稳妥推进新型城镇化；科学务实高效推进洞庭湖生态经济区建设；切实加强党的建设。

会议要求，要加大力度抓项目，为稳增长提供强劲动力。要密切跟踪政策动态变化，紧紧围绕洞庭湖生态经济区和长江经济带建设，全力跟进已有初步规划和投资意向的重大项目，确保尽快落地实施。要加快推进新型城镇化，努力建设水墨丹青岳阳。加快实施“一核两带三圈”发展战略，统筹推进新型城镇化和新农村建设，切实走出一条具有岳阳特色的新型城镇化道路。

【岳阳市市县乡负责干部会议】 2014年2月18日，岳阳市召开市县乡负责干部会议。会议主要任务是总结表彰2013年度工作，部署2014年度工作，动员全市上下学先进、赶先进、争先进。

卿渐伟要求，全市上下要切实把思想认识统一到中央和省委的决策部署上来，统一到市委经济工作会议和全市“两会”精神上来，坚持一张蓝图干到底，以统一的认识和自觉的行动，推动各项工作落实，努力使岳阳各方面的发展更加现代化，岳阳人民更有幸福感。

卿渐伟强调，要进一步明确当前面临的发展任务、改革任务、民生任务、稳定任务、党建任务，研究具体工作措施，强化工作责任，加强督促检查，着力解决突出问题，确保各项工作落实到位。要以开展党的群众路线教育实践活动为契机，坚持领导带头狠抓落实，集中解决“四风”问题，在转变作风中营造抓落实的氛围，凝聚抓落实的合力。

盛荣华就如何贯彻会议精神、抓好工作落实提出五点要求：突出全面深化改革，以改革增活力、促转型、提效能、优环境。突出重大项目建设，继续开展“三个一批”竞赛和重大项目引进建设攻坚行动，抓好100个重大项目和100个重大前期项目建设。突出文明城市创建，纵深推进城乡环境整治，强力推进禁拆治违，全面提升城市文明程度，切实加强生态环境保护。突出农业农村工作，倒逼进度抓春修，抢住季节抓春耕，严阵以待抓春防，发动群众抓春造。突出社会综合治理，强保障，办实事，保平安，固基础，确保人民安居乐业、社会安定有序，确保圆满顺利完成全年目标任务。

【深化创建全国文明城市工作动员大会】 2014年8月6日，岳阳市召开深化创建全国文明城市工作动员大会，对创建全国文明城市工作再动员、再部署、再加压、再鼓劲。市委书记卿渐伟作动员讲话，市委副书记、市长盛荣华主持会议，市委副书记李志坚宣读《岳阳市2014年深化全国文明城市创建工作方案》。岳阳楼区、岳阳经济技术开发区、南湖风景区、市城管局、市工商局、市食品药品监督局、市交警支队等“六大整治”牵头责任单位作表态发言。

卿渐伟指出，文明城市创建，考察的是我们长远发展的眼光，考验的是我们城市管理的能力，考量的是我们为民办实事的作风。经过多年努力，岳阳市创建全国文明城市工作到了“百日攻坚”“百米冲刺”的最后关头，全市上下要迅速行动起来，努力实现各项工作目标。

卿渐伟强调，创建工作还存在不少的问题和薄弱环节，要对照文明城市标准精准发力，围绕民心民生搞创建，继续抓好小街巷改造惠民工程，着力解决路不平、水不通、灯不亮等民生问题，解决集贸市场、环境卫生、交通秩序等便民惠民问题，让广大群众共享创建成果。要树立问题导向，在继续抓好城市管理“六大整治”的基础上，全面推进“八个环境”建设和精神文明建设“十项重点工作”。要严格督查考评，对措施不力、工作不实、影响创建达标和测评结果的单位和个人严肃问责。

盛荣华就贯彻落实会议精神提出要求：要全面落实责任，把创建工作作为当前重中之重的中心工作来做，确保创建任务落到实处，狠抓基层的落实和督查的落实。要牢固树立问题导向意识，紧紧围绕创建工作方案要求，清醒地看到短板、问题和盲点，狠抓整改，提升整体水平。要强化督查制度，对影响创建工作的单位和个人进行曝光和问责。要集中精力、坚定信心，扎实工作，打好文明城市创建这场攻坚战。

【全市党的群众路线教育实践活动总结大会】 2014年10月17日，岳阳市召开党的群众路线教育实践活动总结大会，深入学习贯彻落实总书记习近平和省委书记徐守盛在中央、省委群众路线教育实践活动总结会议上的讲话精神，全面总结岳阳市教育实践活动，对今后一个时期如何进一步落实从严治党要求、持续深入推进作风建设进行全面的部署与安排。省委驻岳阳督导组组长、省人大常委会党组成员陈叔红，市委书记卿渐伟在会上讲话。市委副书记、市长盛荣华主持。会上，对市“四大家”领导班子和市级党员领导干部进行民主评议。

陈叔红指出，岳阳市认真贯彻落实中央、省委的部署和总书记习近平系列重要讲话精神，始终坚持领导带头，示范带动，确保活动有序开展，取得明显成效，呈现自身特点。一是在全市推行“一把手”领学解读活动，带动广大党员干部积极主动参与学习教育；二是坚持开门搞活动，深入基层走访调研，做到让群众全程参与活动；三是推动突出问题有效解决，让人民群众感受到实实在在的成效。他强调，要继续巩固和深化活动成果，扎实推进从严治党，要进一步深化学习，注重对党的群众路线思想、理论、观点的再学习、再认识、再提高；要继续抓好整改方案、专项整治情况和制度建设计划的落实，兑现承诺，取信于民；要始终坚持党要管党、从严治党；要始终坚持统筹兼顾、务求实效。

卿渐伟指出，通过这次活动，深化了我们对新形势下贯彻党的群众路线、改进作风、加强党的建设的认识，积累了开展党内集中教育活动、从严管党治党的新经验：注重聚焦“四风”，解决突出问题；注重领导带头，层层示范；注重开门搞活动，群众参与；注重分类指导，统筹推进；注重严格要求，真督实导；注重两手抓、两不误、两促进。

卿渐伟强调，一要高度统一思想，切实增强从严治党的紧迫感和责任感。二要认真履职，把从严治党各项要求真正落到实处。三要继续抓好整改落实和建章立制工作。四要持续深入改进作风，进一步密切联系群众。五要注重成果拓展，切实推动经济社会发展。六要加强实践探索，推进从严治党常态化。

盛荣华强调，各级各部门要传达落实好会议精神，把作风教育真正转化为党员干部为民务实清廉的政治自觉。要重点围绕打好整改工作的攻坚战、从严治党的持久战、成果拓展的整体战，以实实在在的行动抓好会议精神的落实。要以巩固和拓展教育实践活动为新的起点，确保全面完成全年各项工作目标任务，真正达到以活动促工作、促发展的目的。

【全市项目建设流动现场会】 2014年12月29日至31日，岳阳市项目建设流动现场会举行，市委书记卿渐伟，市委副书记、市长盛荣华率市四大家班子领导、各县市区党政主要领导、市直相关单位主要负责人等流动巡回察看全市项目建设情况，检阅全市新型工业化、新型城镇化、现代服务业和农业产业化发展新特色、新变化。

全年全市项目建设呈现良好局面。一是效率高。开工当年投产项目比比皆是，茂昌医药配送及物流

全市党的群众路线教育实践活动总结大会　（范向辉　摄）

项目、湖南和汇绿源科技、丰日电动车等项目，均实现当年动工、当年投产、当年见效，其中茂昌医药配送及物流项目是岳阳地区最大的医药物流单体仓库，2014年1月开工建设，2014年6月即投产。许多项目2013年还是图纸，2014年已经在全线推进。二是产业精。项目逐渐朝高新化、集群化方向发展。大力神电磁机械有限公司是一家集科、工、贸为一体的民营科技型企业、国家高新技术企业。金正科技建有国内首家安防技术研发中心，装备德国、日本等国际顶尖激光切割、数控冲床，建成独创的、性能稳定的高精流水生产线。天下洞庭粮油物流产业园将打造环洞庭湖地区大规模、高标准的现代化粮油集散物流中心。三是结构优。节能环保型项目和重大三产项目异军突起。旭光环保建材项目是颠覆传统产业的新型环保墙体建筑材料，每年能生产以建筑垃圾为原料的环保砖2.5亿块，全部实现自动化生产。临港国际汽车城填补岳阳市境内大型汽车贸易、物流和服务市场的空缺，建成后是湘北地区功能最齐全、规模最大的汽车产业园。窑坡山风电场总装机容量50兆瓦，已有18台风机并网发电。近20家国内外知名电商企业抢滩岳阳经济技术开发区电商服务中心，一座国际电子商务新城正呼之欲出。四是气度大。城市化向现代与绿色发展演进。芙蓉大道湘阴段全线通车，加快与长株潭的融城对接。岳阳县城南河综合治理、岳阳楼区胥家桥村民安置房项目、临港产业新区碧桂园芭蕉湖项目、环南湖旅游综合交通体系、华容河沿河风光带、君山区临湖公园等精品力作，成为各地崭新名片。

【市委第六届第十五次常委扩大会议】

2014年3月25日，由市委书记卿渐伟主持召开。传达学习总书记习近平在河南省兰考县考察时的讲话和刘云山同志在中央党的群众路线教育实践活动领导小组会议上的讲话，听取全市群众路线教育实践活动前段工作情况及后段工作安排的汇报，研究审定《关于在全市基层组织建设中开展“网格化管理组团式服务”工作的实施方案》《关于开展在职党员到社区报到参加志愿服务工作的实施方案》《基层党组织书记教育实践活动专题培训方案》《党的群众路线教育实践活动电视问政实施方案》。

【市委第六届第十六次常委扩大会议】

2014年4月29日，由市委书记卿渐伟主持召开。听取市委工作组就南湖新区调研情况的汇报。

【市委第六届第十七次常委扩大会议】

2014年7月9日，由市委书记卿渐伟主持召开。研究创建全国文明城市工作，传达省推进新型城镇化工作会议精神。

【市委第六届第十八次常委扩大会议】

2014年9月3日，由市委书记卿渐伟主持召开。听取南湖新区规划相关情况和全市禁违拆违治违工作情况的汇报。

【市委第六届第五十六次常委会议】

2014年1月4日，由市委书记卿渐伟主持召开。讨论有关人事安排和《政府工作报告》，听取市妇联关于中国妇女十一大会议精神及岳阳市妇女工作情况、市总工会关于全国总工会十六大精神及岳阳市工会工作情况的汇报，研究审定《岳阳市贯彻落实〈中国共产党和国家机关基层组织工作条例〉的实施细则》，听取2014年市县乡负责干部会议相关事项的汇报，听取2014年计划草案和项目投资初步安排情况的汇报，讨论2014年财政预算草案。

【市委第六届第五十七次常委会议】

2014年1月20日，由市委书记卿渐伟主持召开。传达学习总书记习近平在党的群众路线教育实践活动第一批总结暨第二批部署会上的讲话，研究审定教育实践活动领导小组成员名单。

【市委第六届第五十八次常委会议】

2014年1月27日，由市委书记卿渐伟主持召开。第一阶段，传达学习习近平、王岐山在第十八届中纪委第三次全会上的重要讲话精神和省纪委全会暨反腐败工作会议精神，讨论市纪委全会暨反腐败工作会议报告，学习中央关于改进作风反对“四风”的禁令。研究审定反腐倡廉建设、农村党风廉政建设、优化经济发展环境工作考核结果。审议湖南长江经济带开发建设总体规划。听取市委文件清理情况的汇报。传达学习中央、省委政法工作会议精神，研究审定2013年度全市社会管理综合治理考核评估情况的通报。听取全市人口计生工作情况汇报，研究审定2013年度全市人口计生工作评估情况的通报。研究审定2013年度安全生产工作考核结果的通报。听取2013年度综合绩效考评汇总情况的汇报，研究审定《关于做好2014年度全面小康综合绩效考评工作的通知》。听取2013年度表彰奖励有关事项的情况汇报。第二阶段，听取春节后召开的几个重要会议会务工作情况的汇报，讨论2014年主要活动预安排，听取宣传思想工作和开展党的群众路线教育实践活动有关工作的汇报，研究有关人事工作。

【市委第六届第五十九次常委会议】

2014年2月7日，由市委书记卿渐伟主持召开。传达省委全面深化改革会议精神，审定全市全面深化改革领导小组组建方案，听取全市党的群众路线教育实践活动系列方案的汇报，讨论市委常委组成人员近期重要工作。

【市委第六届第六十次常委会议】

2014年2月25日，由市委书记卿渐伟主持召开。传达学习习近平、刘云山、赵乐际在党的群众路线教育实践活动第一批总结暨第二批部署会议上的讲话精神，组织学习中办发〔2014〕9号文件，传达省人大政协“两会”精神，听取市委组织部关于全省组织部长会议精神及有关工作汇报，听取市农办关于中央、省委农村工作会议精神的汇报，听取办公用房清理调整方案的汇报，研究审定《关于做好2014年度全面小康综合绩效考评工作的通知》，听取开展党的群众路线教育实践活动有关工作汇报。

【市委第六届第六十一次常委会议】

2014年3月10日，由市委书记卿

渐伟主持召开。传达学习总书记习近平在省部级主要领导干部学习贯彻十八届三中全会精神全面深化改革专题研讨班上的讲话，听取市级领导联点调整情况的汇报，研究审定《市级领导重点产业联系帮扶责任分工》和《市级领导牵头负责重大项目责任分解》，研究有关人事工作。

【市委第六届第六十二次常委会议】

2014年3月19日，由市委书记卿渐伟主持召开。组织学习省委书记徐守盛在部署中央巡视组反馈意见整改工作电视电话会议上的讲话及省委副书记孙金龙传达的文件，讨论党的群众路线教育实践活动有关工作。

【市委第六届第六十三次常委会议】

2014年3月31日，由市委书记卿渐伟主持召开。传达学习总书记习近平近期两个重要讲话精神，听取市委办汇报省委关于任弼时诞辰110周年纪念活动的有关事宜，听取有关人事工作的说明。

【市委第六届第六十四次常委会议】

2014年4月9日，由市委书记卿渐伟主持召开。传达省委全面深化改革有关精神，听取岳阳市全面深化改革工作的情况汇报，研究审定《中共岳阳市委全面深化改革领导小组工作规则》等文件，研究审定《中共岳阳市委常委会2014年工作要点》。

【市委第六届第六十五次常委会议】

2014年4月14日，由市委书记卿渐伟主持召开。听取“4·10”岳阳县群众集访市政府的情况汇报，听取南湖新区规划有关情况的汇报。

【市委第六届第六十六次常委会议】

2014年4月29日，由市委书记卿渐伟主持召开。听取全市党史市志、党史联络工作汇报，听取干部工作情况汇报，传达学习《关于在第二批党的群众路线教育实践活动中对县处级以上领导班子和党员领导干部开展纪实评价的通知》，听取全国全省统战部长会议精神和岳阳市统战工作情况、省委对台工作会议精神和岳阳市对台工作情况汇报，听取市纪委提交的案件汇报。

【市委第六届第六十七次常委会议】

2014年5月16日，由市委书记卿渐伟主持召开。讨论党的群众路线教育实践活动自查报告的相关事宜，审议市委常委会班子对照检查材料。

【市委第六届第六十八次常委会议】

2014年5月27日，由市委书记卿渐伟主持召开。组织学习总书记习近平在参加兰考县委常委班子专题民主生活会时重要讲话精神，听取市委组织部关于领导干部个人有关事项报告抽查核实工作培训会议精神的汇报，研究审定《关于及时向社会公开市委重大决策重要举措的暂行办法》《关于进一步规范精简各类会议的规定》《岳阳市议事协调机构管理办法》《关于加强和改进公安基层基础工作的意见》。

【市委第六届第六十九次常委会议】

2014年6月13日，由市委书记卿渐伟主持召开。第一阶段，听取维稳工作、挂职干部相关情况和市委常委会专题民主生活会有关事项的汇报，传达省纪委关于伍国用同志处分的决定，听取禁违拆违治违工作汇报，研究审定《关于向梁德、鲁松旭同志学习的决定》《关于开展粮食稳定增产行动的通知》。第二阶段，省委组织部领导宣布新任市委常委、组织部部长任命决定。

【市委第六届第七十次常委会议】

2014年7月9日，由市委书记卿渐伟主持召开。听取市人大、市政府、市政协党组专题民主生活会情况汇报，通报七月份市委、人大、政府、政协重大活动预安排。

【市委第六届第七十一次常委会议】

2014年7月14日，由市委书记卿渐伟主持召开。组织学习总书记习近平在中央政治局第十六次集中学习时重要讲话精神，听取全面深化改革工作和小康工作汇报。

【市委第六届第七十二次常委会议】

2014年7月25日，由市委书记卿渐伟主持召开。研究上半年经济工作，听取全市综治工作（平安建设）情况的汇报，审议《市委六届九次全体（扩大）会议工作报告》，研究审定《关于开展粮食稳定增产行动的通知》。

【市委第六届第七十三次常委会议】

2014年8月13日，由市委书记卿渐伟主持召开。听取群众路线教育实践活动第二环节工作的汇报，审议《中共岳阳市委常委会班子整改落实方案》。

【市委第六届第七十四次常委会议】

2014年8月20日，由市委书记卿渐伟主持召开。传达省长杜家亳在岳阳调研时的讲话精神，研究审定《关于加快发展粮食生产的意见》《关于政治协商民主监督参政议政的规定（试行）》，听取办公用房清理处置情况的汇报，听取市纪委（监察局）内设机构调整有关情况的汇报，研究审定《关于组织推动培育和践行社会主义核心价值观工作实施方案》，研究基层组织建设工作。

【市委第六届第七十五次常委会议】

2014年9月3日，由市委书记卿渐伟主持召开。传达全国公务用车制度改革视频会议和全省优秀年轻干部培养选拔、干部监督暨推进“三超两乱”问题整改工作视频会议精神，研究审定《关于进一步严格执行领导干部外出等重大事项请示报告制度的通知》，听取有关机构和领导职数问题的汇报，听取“湘鄂赣苏区论坛”有关工作的汇报，研究审定《岳阳市创建“美好社区、温馨家园”实施意见》，听取岳阳市三峡移民安稳致富情况的汇报，研究审定《关于推进诚信建设制度化的实施意见》。

【市委第六届第七十六常委会议】

2014年9月19日，由市委书记卿渐伟主持召开。研究审定《中共岳阳市委常委直接联系群众实施办法》《岳阳市关于完善党员干部直接联系群众制度的实施办法》《岳阳市党政机关国内公务接待实施细则》，听取关于召开创新创业动员大会和推进全民创新创业初步设想有关情况的汇报，听取市委聘请常年法律顾问有关情况和市十四中搬迁置换有关情况的汇报，研究审定《关于规范在职领导参加离退休干部生日祝寿、住院探视、去世吊唁等有关事项的意见》，审议云溪区原区委委员刘星明违纪案。

【市委第六届第七十七次常委会议】

2014年10月24日，由市委书记卿渐伟主持召开。组织学习十八届四中全会精神，传达学习中央、省委有关改革的会议精神，听取市委改革办工作情况汇报，研究审定《岳阳市全面深化改革工作进度监测表》，传达全省纪检监察机关办案安全工作会议精神，传达学习总书记习近平在中央民族会议上的讲话，研究意识形态工作，研究审定《关于请求下放部分省级经济社会管理权限的请示》，讨论研究军转干部安置等人事问题。

【市委第六届第七十八次常委会议】

2014年11月13日，由市委书记卿渐伟主持召开。组织学习总书记习近平在党的十八届四中全会上的报告和讲话精神，传达学习《关于湖南衡阳破坏选举案处理情况及其教训警示的通报》精神和全省产业园区工作会议精神，研究审定《关于进一步加强铁山饮用水水源保护与库区民生保障的意见》《关于党员干部带头推动殡葬改革的实施意见》《关于党员干部带头推动殡葬改革的实施意见》，研究有关人事工作。

【市委第六届第七十九次常委会议】

2014年12月10日，由市委书记卿渐伟主持召开。传达全省党委秘书长会议、全省深化“平安湖南”建设会议、全省社区党建和社区建设工作会议精神，研究审定《关于进一步加强和规范市直行政事业单位房屋出租（借）管理的通知》《关于切实做好人民调解工作的意见》《关于厉行节约反对食品浪费的实施意见》《关于进一步加强和创新机构编制管理的通知》，研究讨论市政府机构改革方案和县市区机构改革指导意见。

【市委第六届第八十次常委会议】

2014年12月17日，由市委书记卿渐伟主持召开。听取华电平江火电项目有关情况的汇报，讨论市人大政协“两会”召开时间等有关工作，听取2014年改革工作有关情况汇报，研究审定《关于加强高层次创新创业人才引进工作的意见（试行）》，研究市委常委会班子和班子成员个人整改问题清单落实情况。

【市委第六届第八十一次常委会议】

2014年12月26日，由市委书记卿渐伟主持召开。审议市委经济工作会议报告，研究审定市政协2015年协商计划，讨论研究市直有关单位常务副职职级问题和政府机构改革有关干部政策，研究有关人事工作，研究审定《关于加快建设旅游强市的意见》。

（本栏撰稿　谢文辉　许　祺）

重大决策及活动

【《数字岳阳建设纲要》】　2014年1月19日，岳阳市委市政府深入贯彻落实《数字湖南建设纲要》精神，加快推进数字岳阳建设，制定下发纲要。总体目标：到“十二五”末，覆盖城乡的下一代信息基础设施基本建成,信息化与工业化深度融合，信息产业成为先导性支柱产业，信息技术在政治经济社会文化各领域得到广泛应用，信息化发展水平总指数达到0.8以上，对全市经济社会发展的支撑和推动作用明显增强。一是推进工业信息化。加快发展信息产业，大力推进信息化与工业化深度融合。二是推进城市和社会管理信息化。加快建设城市管理综合信息系统，着力提升社会管理信息化水平。三是推进农业农村信息化。四是推进文化领域信息化。五是推进政务信息化。六是推进信息基础设施建设。

【《关于切实加强人口和计划生育工作的意见》】　2014年1月27日，岳阳市委市政府构建人口计生工作长效机制，促进全市人口与经济、社会、资源的协调可持续发展，推动科学跨越，加快富民强市而提出意见。一是深化综合治理。建立统筹协作机制，规范流动人口服务管理，加强人口计生宣传教育。二是健全服务体系。优化服务项目，改善服务条件。三是实行利益导向。全面落实奖励扶助政策，积极应对人口老龄化，深入开展生育关怀行动。四是坚持依法行政。努力维护群众合法权益，严厉整治“两非”行为，依法征收社会抚养费。五是完善责任考核机制和责任追溯机制。六是加强队伍建设。完善选拔任用机制，保证人员工资报酬，保持基层队伍稳定。七是强化保障措施。加强组织领导，推进计生协会建设，保证财政投入。

【《关于加强粮食生产的意见》】

2014年9月16日，岳阳市委市政府就确保实现年粮食播种面积53.33万公顷、总产量310万吨以上的目标，提出加强2014-2016年全市粮食生产的意见。一是稳定种粮面积。坚决守住耕地红线，稳定种植面积，坚决遏制耕地抛荒。二是增加粮食总产。加强基础设施建设；着力培育新型经营主体，提高农业机械化水平；选用优良品种，推广高产稳产技术。三是提高粮食品质。实施耕地污染修复治理，加强病虫害绿色防控，支持龙头企业做大做强粮食和粮食加工产业。四是强化保障措施。加强组织领导，增加资金投入，加强考核督查，严肃责任追究。

【《关于进一步加强铁山饮用水水源保护与库区民生保障的意见》】

2014年12月1日，岳阳市委市政府就加强铁山饮用水水源保护，确保城乡饮用水安全，进一步改善库区民生，提出该意见。一是明确饮用水水源保护范围：铁山水库、金凤水库、新墙水库及其集雨区和枢纽工程；铁山城镇供水渠道、管道、箱涵及渠道的迎水坡面。保护区分为一级保护区、二级保护区和准保护区。二是从水质、水量、生态环境、民生保障四方面确定饮用水水源保护目标。三是制定饮用水水源保护措施：实施污染整治，严格用地管理，强化用水安全，加强人口、殡葬、生态环境及生产生活等方面管理。四是制定库区民生保障方面11条具体的实施办法。

【《关于县市区政府职能转变和机构改革的意见》】 2014年12月23日，岳阳市委市政府根据党的十八大和十八届二中、三中全会以及上级文件精神，结合岳阳实际，就县市区政府职能转变和机构改革提出意见。指导思想：高举中国特色社会主义伟大旗帜，以邓小平理论、“三个代表”重要思想、科学发展观为指导，适应社会主义市场经济发展需要，围绕全面深化改革和建立中国特色社会主义行政体制目标，与国务院、省政府、市政府职能转变和机构改革相衔接，鼓励各地从实际出发，以职能转变为核心，大力简政放权，优化机构设置，理顺职责关系，严控人员编制，提高行政效能，努力建设人民满意的法治政府和服务型政府。基本原则：切实转变政府职能，因地制宜推进改革，依法依规加强管理，积极稳妥有序实施，严格控制机构编制。一是积极推进政府职能转变。大力推进简政放权，进一步改善政府管理，切实加强依法行政。二是继续深化政府机构改革。规范机构设置，推进机构和职责整合，统筹推进相关改革。三是严格控制机构编制。严控机构编制总量，创新机构编制管理，严肃机构编制纪律。

【《关于加快建设旅游强市的意见》】 2014年12月30日，岳阳市委市政府就加快建设旅游强市，提出意见。发展目标：落实科学旅游观，坚持“政府引导、市场主导、企业主体”原则，加快转变发展方式，注重生态文明、以人为本、产业融合、打造精品，推动旅游业发展与新型工业化、信息化、城镇化和农业现代化相结合，实现经济效益、社会效益和生态效益相统一。到2020年，实现旅游总收入500亿元，占全市GDP比重超过10%；旅游直接就业10万人以上，带动就业50万人以上。工作重点：强化旅游规划引领；突出地方特色旅游；加快旅游基础设施建设；积极推动产业融合；积极推动旅游消费；加强旅游宣传推介；依法治旅，提升服务水平。保障措施：深化旅游改革，加大旅游投入，实施品牌创建奖励机制，完善信贷融资体系，落实土地利用政策，优化旅游发展环境，加强人才队伍建设，加快组织实施。

【省委书记、省人大常委会主任徐守盛到岳调研督查】 2014年7月23日至24日，省委书记、省人大常委会主任徐守盛到岳阳县、平江县、岳阳楼区等地，深入园区、企业、建设工地、社区，调研项目建设和经济运行情况，就各地落实中央和省委省政府决策部署进行督促检查。徐守盛一行先后考察平江县伍市工业园、中石化岳阳炼化一体化工程、城陵矶临港产业新区、岳阳县中粮米业（岳阳）有限公司、湖南科伦制药有限公司等。徐守盛亲切看望大岳高速洞庭湖大桥建设工作者，现场察看城陵矶水文站和洞庭湖与长江交汇处的“三江口”，亲身体验公共自行车租赁系统，与岳阳楼区金鹗山街道万家坡社区京剧学唱会的老年戏友们亲切交谈。

调研过程中，徐守盛听取岳阳市委市政府工作汇报，徐守盛指出，2014年以来，面对严峻复杂的经济形势，岳阳市经济社会发展“稳中有进，困难不小”，取得的成绩“来之不易，亮点不少”。希望岳阳市牢牢抓住历史机遇，坚定发展信心，凝神聚力抓发展，精准发力破难题，努力把岳阳打造成为全省经济发展新的增长极。

徐守盛强调，要千方百计稳增长，以项目为支撑，加大帮扶实体经济力度，向结构调整要助力。让改革开放激发动力活力，发挥好岳阳作为湖南“北大门”的独特优势，加快对外开放经济体制改革的探索和创新，加快发展开放型经济。要加快推进洞庭湖生态经济区建设，顺应江湖关系、河湖关系、湖库关系、陆水关系新变化，坚持“四化两型”同步推进、一体建设，努力争当洞庭湖生态经济区建设的先行者、引领者、示范者。要始终坚持民生为本，加快全面建成小康社会进程，扎实做好各项民生工作，要进一步加强领导班子和干部队伍建设，善始善终抓好党的群众路线教育实践活动，以良好精神状态和优良作风推动改革发展。

纪检监察

【概况】 2014年，全市各级党委（党组）和纪检监察机关深入贯彻落实党的十八大、十八届三中、四中全会和中央纪委、省纪委全会精神，认真履行党风廉政建设主体责任和监督责任，严明党的纪律，持续纠正“四风”，坚决惩治腐败，强化权力监督，全市党风廉政建设和反腐败工作取得新进展新成效。

一、坚决维护党的纪律，确保政令畅通。各级党委（党组）和纪检监察机关把严明党的纪律放在首位，坚决纠正有令不行、有禁不止行为。加强对中央、省委和市委重大决策部署贯彻执行情况的监督检查，着力围绕沟渠疏浚、南湖水环境综合整治等重点工作，督促工作落实，整改突出问题。监督执行安全生产、环境保护等领域政策法规，对4起安全责任事故进行调查处理，给予党纪政纪处分18人，对平江县非法采矿污染环境案进行立案查处，给予党纪政纪处分21人。开展“三超两乱”问题专项治理，严肃查处违规进人等问题，对7名领导干部进行问责追究。加强对强农惠农政策落实情况的监督检查，坚决纠正损害群众利益的不正之风，严肃查处发生在群众身边的腐败问题。

二、巩固和深化作风建设成果，持之以恒纠正“四风”。各级党委（党组）和纪检监察机关聚焦“四风”问题，坚持真抓真管、严查严处，推动作风建设落地生根。按照党的群众路线教育实践活动统一部署，在全市深入开展办公用房和楼堂馆所违规问题、领导干部在社会组织兼职、违规职务消费和公款大吃大喝、违规操办婚丧喜庆事宜、“门难进、脸难看、事难办”等51项专项整治。制定并认真落实《岳阳市党政机关国内公务接待实施细则》《岳阳市直机关差旅费管理办法》等制度规定，加强公务出国（境）备案管理，利用北斗定位监控系统严格公务用车监管，深入推进公务卡制度改革，全市“三公”经费同比下降27.9%。坚持一个节点一个节点抓，将元旦春节、五一端午、中秋国庆等重要时间节点连接成线，加强明察暗访，及时受理举报，严格执纪监督，通过规范小细节，促进作风大转变。全市各级纪检监察机关严肃查处违反中央八项规定精神的问题257起，处理310人，其中给予党纪政纪处分233人。市纪委分2次对42起典型问题进行通报曝光，起到有效的警示和教育作用。

三、加强和改进纪律审查工作，依纪依法惩治腐败。在各级党委的坚强领导下，各级纪检监察机关坚持有腐必反、有贪必肃、有案必查。充分发挥反腐败协调小组的组织协调作用，强化执纪执法机关协作配合。认真落实查办腐败案件以上级纪委领导为主的要求，推行查办案件工作绩效考核制度，加强对县市区查办案件工作的领导和指导。认真做好信访举报受理工作，积极畅通渠道，拓宽线索来源，加强和规范案件线索集体排查、集中管理。严格办案程序，完善和细化执纪办案过错责任追究、查办案件工作期限规定等制度。组织案件质量评析活动，开展处分决定执行情况检查。严明监督执纪纪律，落实办案安全责任制，坚决确保审查安全。全市各级纪检监察机关共受理各类信访举报2730件次，同比增长32%。立案680件，结案707件，给予党纪政纪处分765人，移送司法机关21人，同比分别增长13.5%、8%，13.3%、16.6%。其中，市本级立案57件，结案50件，查处县处级干部18人，重点查办市商务局原党组成员、副局长丁道剑，湘阴县政协原党组副书记、副主席刘赤波等一批有影响的案件。全市各级检察机关立案侦查贪污贿赂、渎职侵权等职务犯罪案件108件118人，各级人民法院审结职务犯罪案件55件61人。

四、加强对领导干部的教育监督，科学有效预防腐败。加强党风廉政教育，按照省委“党纪条规教育年”活动安排和市委部署，认真开展“清正在心”系列主题教育活动。编印和宣讲《十八大以来关于改进作风反对“四风”禁令汇编》，举办党纪政纪法纪培训班，举行新任职领导干部廉政法规知识测试。广泛开展“以案示纪”教育活动，运用反面案例进行警示教育。改版升级“巴陵风纪网”，注重发挥网络监督作用。开展丰富多彩的廉政文化创建活动。从教育和挽救干部的角度出发，对党员干部身上的问题早发现、早纠正，市纪委对13个单位和59名领导干部开展函询，市纪委负责人对23名处级领导干部进行廉政谈话。对82名拟提拔重用干部的廉政情况进行审核把关。加大经济责任审计问责追责力度，对审计机关“同级审”中发现的问题进行调查核实。加强廉洁自律工作，全市收缴红包礼金884.47万元，其中通过“5910”廉政账户缴存红包礼金655.34万元。严格落实重大项目向纪检监察机关报告制度，加强对未纳入市本级预算的政府性基金及专项资金备案工作，针对重点问题开展延伸检查，查处典型案件。推行制度廉洁性评估工作，对市政府及市直相关部门468份规范性文件和重要的非规范性文件进行评估。

五、强化自身建设，以铁的纪律打造过硬队伍。各级纪检监察机关认真落实“转职能、转方式、转作风”要求，聚焦中心任务，强化监督职能。市纪委监察局机关完成内设机构和职能调整，纪检监察室由原来的2个增加到7个（包括纪检监察干部监督室），直接从事监督执纪工作的人员占机关编制总数的63.75%。精简议事协调机构，市纪委监察局参加的议事协调机构由194个精简至14个。深入开展党的群众路线教育实践活动，认真查摆问题，广泛听取意见，落实整改措施，全面加强干部纪律教育和作风建设，强化党性修养、宗旨观念、责任意识和担当精神。加强干部业务能力锻炼，举办办案业务培训班，选派干部参加中央纪委、省纪委业务培训。推进办公平台信息化建设。完善和细化内部管理制度，不定期开展工作纪律督查。坚持正人先正己，设立纪检监察干部监督室，加强对全市纪检监察干部的监督。对发现的问题不回避、不遮丑，处理干部不护短、不手软，查处县市区纪检监察干部违纪违法案件4件，结案3件，给予党纪政纪处分3人，保持干部队伍纯洁。

【中国共产党岳阳市纪委第六届六次全会暨全市反腐败工作会议】 2014年2月20日，中共岳阳市第六届纪委第六次全会暨全市反腐败工作会议在市文化艺术会展中心召开。市委副书记、市长盛荣华主持，市委常委、市纪委书记康代四作工作报告，市委书记卿渐伟讲话，李志坚、李湘岳、赖社光、陈奇达、韩建国、徐新启、樊进军、陈吉辉、陈四海、伍国用等市级领导出席。会议表彰了2013年度岳阳市反腐倡廉建设先进单位和纪检监察工作先进单位，各县市区负责人递交2014年度党风廉政建设和反腐败工作责任状。

会议提出，2014年党风廉政建设和反腐败工作的总体要求是：深入贯彻落实习近平总书记系列重要讲话、中央纪委和省纪委全会精神，坚持党要管党、从严治党，聚焦中心任务，落实改革措施，加强反腐败体制机制创新和制度保障；严明党的纪律，坚决克服组织涣散、纪律松弛现象；严格执行作风建设规定，强化监督执纪，坚持不懈纠正“四风”；加大对违法违纪党员干部审查力度，始终保持惩治腐败的高压态势；加强纪检监察干部队伍建设，提高履职能力，科学有效、坚决有力地推进党风廉政建设和反腐败斗争。

卿渐伟强调，党风廉政建设和反腐败工作任何时候都不能忽视、不能放松。要切实增强党风廉政建设和反腐败工作的责任感，深刻认识中央反腐倡廉的坚定决心，冷静分析反腐倡廉的严峻挑战，积极适应反腐倡廉的新要求。要突出重点扎实有效地推进党风廉政建设和反腐败工作，严明党的组织纪律，坚持不懈地抓好作风建设，以零容忍态度严惩腐败。要不断强化党风廉政建设和反腐败工作的保障措施，高度重视纪检监察工作，大力支持纪检监察机关依法履职，加快构建惩治和预防腐败体系。切实抓好党风廉政建设和反腐败工作，为全面建成小康社会、全面深化改革做出新的更大贡献。

【巡视工作】 2014年，市委巡视工作联络办公室配合省委巡视组完成对云溪区、岳阳楼区的巡视整改“回访”和对岳阳市地方税务局、岳阳市农村信用合作联社等系统的专项巡视。对省委巡视办交办的重要信访举报，按照程序及时转有关单位办理，并加强跟踪督办，确保群众反映的问题得到落实，全年处理省委巡视办和省委巡视组交办件8起。市委巡视工作联络办公室6次到华容县、汨罗市、云溪区、岳阳楼区，采取现场查看、听取汇报、查阅资料等方式进行专项督促检查和“回访”。发现巡视反馈意见整改工作中的各类问题20个，均督促整改到位。会同云溪区、岳阳楼区有关职能部门研究建立健全完善10项规章制度，为预防问题复发起到关键作用。10月，市委巡视工作联络办公室到长沙市、怀化市，河北省邢台市、衡水市和石家庄市考察学习，并以书面材料形式将考察情况向市委和市委巡视工作联络组专题汇报。12月，市委巡视工作联络办公室结合上级文件精神、外地巡视工作经验和岳阳的具体工作实际，就2015年工作设想形成专题报告向市委汇报，就理顺巡视联络机构、探索开展市级巡查工作、完善县市区巡视联络工作体系等事项向市委提出具体意见建议。

【强力推进制度廉洁性评估】 2014年，岳阳市纪委监察局全面贯彻落实中央纪委办公厅、国家预防腐败局办公室《印发〈关于开展制度廉洁性评估试点工作的指导意见〉及扩大试点范围的通知》和省纪委办公厅《关于全面开展制度廉洁性评估工作的通知》文件精神，截至年底，对市直单位报送的514份文件进行廉洁性评估和备案审查，提出评估和备案意见587条，被采纳569条，其中废止生效文件1份，不同意发文7份，暂停发文2份，有效减少“问题制度”“问题文件”“问题公告”的出台，对建设廉洁政府起到积极作用。“三湘风纪网”“湖南省纪检监察工作信息网”等多家网站，湖南预防腐败工作专刊为此进行重点推介。

【打造“三大”体系，强化办案监管】 2014年，岳阳市纪委监察局根据中央纪委、省纪委关于依纪依法安全文明办案的要求，适应办案形势需要，努力打造制度、评价、监管“三大”体系，强化办案监管，提高查办案件科学化管理水平。

一、打造办案制度体系，全面规范办案行为。用制度规范办案行为，明确流程，明确责任，明确纪律，实现办案工作规范化。一是细化办案程序要求。配套出台《市纪委监察局机关重要案件线索五种情形处置办法》，开展案件线索大起底和问题线索集中排查。制定《委局机关自办案件内部移交办法》《委局机关办理国家公职人员停职、免职工作规则》《关于加强交基层办理案件监督管理的暂行办法》《市纪委监察局机关交办件、函询件办理工作的暂行规定》《岳阳市纪检监察机关立案查处的国家公职人员停职、免职暂行办法》，细化查办案件程序和要求。二是规范调查取证行为。制定《岳阳市纪检监察机关查处违纪违法案件中证据收集、审查、使用的暂行规定》《岳阳市纪检监察系统案件质量评分细则》《岳阳市协同配合纪检监察机关查办案件暂行规定》《中共岳阳市纪委、岳阳市监察局自办案件涉案款物处理细则》等文件，进一步规范办案人员履职行为，强化自律意识，有效避免执纪违纪问题发生。三是严格办案时限要求。配套出台《岳阳市纪委监察局关于查办案件工作期限若干规定》，明确上级交办和督办件、“四风”问题案件、贪污贿赂、失职渎职案件等不同类型的案件在案件初核、立案审批、立案调查、移送审理、案件审理、领导审批六个环节的时限要求，着力查清主要违纪事实，做到快查快出、快审快结。对办案期限超过法定时限的，取消承办室、调查组长和案件主办人（主审人）年度绩效考核评先评优资格，造成不良影响的，追究相关人员的责任。四是统一办案文书标准。出台《关于规范〈纪律检查建议书〉等公文使用与管理的暂行办法》《纪检监察机关案件组卷要求及案卷分类目录》统一文书格式，减少办案文书的随意性，并规范调查笔录的制作和案卷材料的整理装订。四是加强办案安全管理。制定办案场所现场巡查制度，规定现场管理干部、案管专干每天联合巡查不少于4次，出台《市纪委监察局办案陪护人员考核奖惩暂行办法》，建立陪护人员档案及上岗表现鉴定制度。五是严明办案工作纪律。制定《关于进一步规范市纪委、市监察局机关办案工作程序加强办案安全的补充意见》《关于进一步加强办案安全工作的会议纪要》《关于进一步规范“两规”呈批加强办案安全工作的通知》《中共岳阳市纪委岳阳市监察局执纪执法过错责任追究暂行规定》等制度，对办案工作各个程序的工作责任予以明确，提出具体纪律要求。

二、打造办案监控体系，全面加强办案监督。积极探索将现代科技手段运用于查办案件工作的途径和方法。一是利用科技手段，加强全程监控。投资5000万元新建标准化办案场所，在办案基地建设过程中，坚持高起点规划、高标准建设，将提高办案基地的安全保障水平作为一项重要内容，着力打造安全性能好、功能完善的办案基地。在完善办案点功能方面，既考虑“两规”办案这一主要用途，又兼顾日常办公的需求，除设计专门的“两规”室、大要案指挥室、监控中心外，还设计日常谈话室、办案人员办公场所。办案基地门禁系统采用指纹加密码双保险方式，安全性高、保密性好，彻底阻止无关人员进入“两规”房间，有效防止“两规”对象脱逃。通过监控系统对“两规”对象进行不间断监控，及时发现安全隐患和“两规”陪护工作中的薄弱环节，提醒陪护人员予以排除和改进，增强办案工作安全系数。通过监控系统对谈话过程和“两规”陪护工作进行全程监督检查，能够及时发现并纠正办案工作和陪护工作中的不文明现象，提高办案工作的文明指数。此外，对“两规”谈话的录像资料还可以有效固定证据，防止翻供，避免审查对象诬陷办案人员等问题的发生。二是利用科技手段，加强流程管理。组织研发综合办公平台系统，在全市纪检监察机关投入使用。加强对线索受理、初核、立案、调查、移送审理、案件审理等各个阶段办案工作的监督管理，所有证据材料、文书资料一旦录入系统，不可删除、更改，真实反映查办案件过程。三是利用科技手段，提升工作效率。直接在纪检监察工作办公系统中填写案件线索登记表、初核和立案调查的各种文书资料，请示事项的呈报、领导的批示全部实行网上办理，获取的原始纸质证据材料全部通过扫描录入系统，案件调查结束后系统会自动分类整理所有办案文书资料和证据材料，并生成电子卷宗，通过网络移送审理，提高工作效率。

三、打造办案评价体系，全面提高办案质量。加强对办案工作的目标管理和绩效考核，推动办案工作规范化。一是建立办案工作评价制度。出台《市纪委监察局委局机关查办案件工作绩效考核办法》《县市区纪委监察局查办案件工作绩效考核办法》，进一步规范查办案件的目标管理考核办法，促进案件质量和办案人员业务水平提高。定期对办案情况进行质量检查，对发现的问题及时督促整改。二是推行案件主办人制度和案件终身负责制，所查办的案件一经发现过错，主办人将被追究责任。有效激发办案人员的工作热情，为其充分展示聪明才智提供平台。三是实行精品优质案件评选制度。制定优质案件标准，在全市纪检监察机关开展精品优质案件评选活动。经过个人申报、组织推荐、主管领导把关、评审委员会严格审查、报市纪委常委会批准等程序选出优质案件并进行表彰。四是完善记功奖励制度。对查办案件质量高、周期短、成本低、综合效果好的办案人员进行记功奖励，记功奖励办法实行一案一评审、一案一奖励。

（本栏撰稿　涂　範）

组织工作

【概况】　2014年，中共市委组织部（简称市委组织部）认真贯彻党的十八大，十八届三中、四中全会和全国全省组织部长会议会议精神，始终围绕中心、服务大局，锐意创新、突出重点、狠抓落实，各项工作取得较好成效。

一、加强干部教育培训。在市委党校举办6期学习贯彻十八届三中、四中全会和总书记习近平系列讲话精神集中轮训班，轮训县处级及以上干部1900名，实现全覆盖。市委书记卿渐伟等市级领导带头讲课，掀起全市党员干部潜心研读原著、用习近平总书记系列讲话精神指导推动工作的热潮。扎实抓好干部教育培训。落实省委党校中青班等班次调训59人次，选派30名县处级领导干部参加全国组干学院、省委组织部与省直单位联合调训的各类培训班学习，分别在清华、复旦、浙大、武大等知名高校举办“秀美乡村”、现代物流知识、城市交通建设与发展、城乡规划建设管理、文艺创作、企业家高级研修班、组工干部培训班等7个专题培训班，共培训党政干部、企业家等各类骨干人才500余人。在市委党校举办中青班、安全生产知识专题培训班等6个主体班，培训干部564人次。10月份，创办“巴陵名师讲堂”，邀请知名专家教授到岳阳市举办专题讲座3期，每期培训400多人。

二、开展群众路线教育实践活动。全市参加教育实践活动的组织1.34万个，其中，基层组织1.34万个，机关单位8729个，市委派出督导组的单位115个。副处级以上领导干部2101人，科级干部2.42万人，党员30.28万人，流动党员1.42万人参加活动。市委领导带头作学习辅导报告，参加党代表接待日等活动，开通教育实践活动专题网站和“岳阳党员教育”微信、微博平台，拓展党员干部思想教育阵地。全市广大党员干部深入基层、深入一线，争当政策宣传员、技能推广员、矛盾调解员、民意调查员和群众勤务员。省委活动办第5期简报推介岳阳市开展活动的典型经验。《湖南日报》、湖南卫视等省级主流媒体对岳阳市电话问政、电视问政、在职党员到社区报到等多项典型经验做法进行报道。市委书记卿渐伟应邀参加湖南红网首期市州书记在线视频访谈，介绍岳阳市活动开展情况和亮点工作。8月，结合教育实践活动，市委组织部在全市领导干部中部署开展谈心谈话工作，各县市区和市直单位都相应开展谈心谈话活动。谈心谈话活动涉及108个市直单位、9个县市区，851个单位，6796名干部。通过开展谈心谈话，帮助干部调整心态、舒缓压力，提振精神、提升状态，取得了较好的效果。

三、加强领导班子和干部队伍建设。认真抓好《干部任用条例》学习宣传和贯彻落实，坚持好干部标准，扎实做好市管领导班子和领导干部调整配备工作，全年调整干部9批134人次，其中县市区党政正职5人；提拔任职5人；消化超配处级领导职数5人、消化超配处级非领导职数3人；安置团职军转干部18人。配合省委组织部完成7名省管干部推荐考察工作。完成企业兼职清理工作，对符合兼职规定的80人次均办理免去企业所兼职务的手续。开展乡镇干部“走读”问题专项整治工作，对县市区23名相关责任人给予通报批评或诫勉谈话等组织处理。扎实做好干部挂职工作，择优选派1名县市区党政班子成员到省直部门挂职锻炼、10名市直部门没有基层工作经历的优秀年轻干部到县市区乡镇挂职锻炼。接受中央、省市下派岳阳挂职干部4人，团省委安排高校团干来岳阳挂职干部1人。把好公务员入口关，选拔24名选调生，完成311名公务员的录用审批，实现“零举报、零上访、零差错、零容忍”的目标。编印《公务员管理工作手册》，进一步规范审批程序和办理流程。重点对市直党群系统分管负责同志和政工人事科长进行《公务员法》《事业单位人事管理条例》及相关业务知识的专题培训。

四、加强干部监督管理和有错无为问责。对市直单位分管负责同志及政工人事科长、县市区组织部长及办公室主任等进行集中培训，专门对《干部任用条例》进行解读，产生良好效果。严格推行县市区委任用调整干部事先报告制度，审查县市区、市直单位28批790余名干部调整方案，因超职数配备、机构未审批、不符合任职资格条件等原因，否决20名干部拟任职决定。开展干部选拔任用“一报告两评议”工作，参加评议人员6434人，被评议干部199人，市委干部选拔任用工作五项满意度平均分值排名全省第一。认真做好“12380”举报受理和查核工作，受理各类举报51起，开展举报查核22次，经查属实或部分属实的6起，处理相关责任人9人。继续推进干部有错无为问责，重新修订《有错与无为问责办法》。截至年末，全市问责处理有错与无为干部302人，其中处级干部8人，科级干部166人，一般工作人员128人,对2013年度禁违拆违治违工作中存在突出问题的13名责任人进行问责。严肃处理岳阳县“4·10”群体性上访事件，县委、县政府2名主要负责人和6名县处级退休干部受到问责处理。

五、全面推进基层党建工作。认真落实基层党建责任制，推进乡镇（街道）、村（社区）便民服务中心和站点建设，健全服务网络。全面推行网格化管理、组团式服务，广泛开展“微服务”活动，推动基层党组织服务打通“最后一公里”、延伸到“神经末梢”。深入开展“党员进社区、竞赛当‘五员’”活动，6万多名在职党员干部到社区报到，结对联系群众18万多户，认领服务岗位21万个，为基层办实事9000余件。完成3089个行政村党组织换届选举工作，基层基础进一步夯实。大力整顿软弱涣散基层党组织，通过领导联点、部门帮扶，健全管理制度，扎实抓好306个软弱涣散基层党组织集中整顿工作。选聘60名大学生村官到村任职。严格党员干部因私出国（境）管理，对全市县处级党员领导干部所持581本护照实行集中统一保管。坚持严格标准，做好发展党员工作。开展庆祝建党93周年系列活动。推进建设扶贫工作，组织33个市级扶贫村党支部书记进行集中培训。全市定点扶贫整合资金（含物资）超过8000万元，开工涉农项目1020个。做好党员教育工作，办好《巴陵先锋》党建电视专栏，全年播出48期，重点推出《巴陵先锋·服务在基层》和《巴陵先锋·我是共产党员》等宣传专题。

六、做好人才培养、引进和服务工作。加强人才基础工作，多次组织召开人才代表座谈会和部门单位征求意见会，广泛听取职能部门、用人单位和一线人才的意见建议，进一步摸清当前人才工作和人才队伍建设的现状。健全人才工作机制，常委会专题研究人才工作，出台《关于加强高层次创新创业人才引进工作的意见（试行）》《巴陵人才工程实施方案》，齐抓共管的工作机制进一步形成。大力引进和培育人才，直接考核引进2名博士人才和1名紧缺急需人才，评审确定7名海内外高层次人才和35名优秀青年人才。举办5期农村实用技术培训班，免费培训实用人才600名。策划组织岳阳市第一期社会工作师专题培训班，邀请多名外地优秀社会工作专家来岳讲座，60多名社会工作者参加培训。推进科技特派员农村创业行动，新选派300多名科技特派员深入农村基层开展创业和服务，实施科技开发项目43个，与农户创建利益共同体61个、建立专业合作经济组织或协会52家，有效地推动全市农业产业化发展。着力优化人才发展环境，通过电视、报刊专栏，加强人才工作宣传力度。建立市委组织部专家库，直接掌握联系一批专家。编印4卷约60万字《现代农业实用技术》丛书1万册，免费向农民朋友发放。组织2次人才公寓申报入住工作，经资格审查、组织研究、媒体公示、房号分配等程序，有41名人才正式入住。配合做好全省企业科技创新创业团队、湖湘青年英才、扎根基层优秀人才推荐选拔工作，有12人入选。

【“三超两乱”问题专项治理】

2014年，市委组织部积极推进“三超两乱”问题专项治理整改阶段工作。全市党政机关超范围分设党政职务、随意按年龄划线调整配备干部、“吃空饷”等违反工资政策问题基本整改到位，超编制限额进人、超职数超规格配备领导干部问题有序整改，按计划逐步消化。截至年末，全市消化超编制限额进人911名，其中，消化行政超编509名，消化事业超编402名。消化超职数配备干部888名，其中县处级干部196名,乡科级792名。消化党政机关超范围党政分设34个，其中，县处级2个，乡科级32个。清退违反规定程序进人7名，处理相关责任人8名，其中县处级干部2名。纠正处理“吃空饷”等违反工资政策人员1452人，退还或追缴资金213万元。

【干部教育重点培训项目】 2014年5月20–26日，在浙江大学举办岳阳市“秀美乡村”专题培训班。7月7–13日，在上海复旦大学举办现代物流知识专题研修班。8月22–28日，在清华大学举办岳阳市交通建设与发展专题培训班。9月21日，为期一年的“浙江大学——岳阳市企业家高级研修班”在岳阳市开班。10月10–16日，在浙江大学举办岳阳市文艺创作专题培训班。10月29日至11月4日，在深圳举办岳阳市城乡规划建设管理专题培训班。12月21–24日，在武汉大学举办岳阳市组工干部专题培训班。

【创办“巴陵名师讲堂”】 2014年10月24日，首期巴陵名师讲堂由上海市政府决策咨询专家董锡健主讲，主题是“打造区域经济与产业经济创新发展的‘升级版’”。11月26日，加拿大卡尔加里大学郑熙隆教授就科研论文的设计写作、转换医学等内容作学术辅导报告。12月12日，中国电子商务协会政策法律委员会主任杨坚争作《中国电子商务发展趋势与战略定位》主题讲座。

【全市各县市区配备乡镇（街道）党建工作专职副书记】 2014年，按照省委组织部和省委群众路线教育实践活动领导小组办公室的要求，乡镇（街道）配备一名专职副书记协助党委书记主抓党建工作。全市156个乡镇、22个街道办事处均已配齐党建工作专职副书记，为加强基层党建工作提供了坚强有力的组织保证。《湘组信息》2014年第22期以“岳阳市选优配强乡镇党建工作专职副书记”为题予以推介。

（本栏撰稿　易　灿）

宣传思想工作

【概况】 2014年，全市宣传思想战线紧扣岳阳发展大局，紧贴基层和群众实际，努力推进各项工作，为岳阳经济社会发展和文明进步提供强大的精神文化力量。

一、理论武装工作实现新推进。举办两期全市学习宣传贯彻总书记习近平系列重要讲话精神骨干培训班，组织重点研读“三本书”。组织撰写和刊发系列理论评论文章，开展理论征文。举行“共筑中国梦·建设美丽幸福岳阳”走基层微宣讲1300多场次，向广大干群广泛宣传总书记习近平系列重要讲话精神，宣传“中国梦”。进一步加强各级党委（党组）中心组学习，对部分单位中心组学习进行旁听督查，建立学习示范点6个。市委学习中心组集中学习9次16天，创新学习方式，开展研讨交流，邀请多名专家学者专题辅导，提升学习质量与效果。广泛开展社科普及宣传和市情对策应用研究，为推动岳阳科学发展提供有力的学理支持。

二、社会主义核心价值观培育践行得到新拓展。坚持宣传教育、示范引导和实践养成相统一，让核心价值观落细落小落实。在媒体开辟“建设社会主义核心价值观·岳阳故事”专栏，全年推出200期，推介典型事迹1000例。以“我们的价值观”和“中国梦”为主题，在媒体上刊播公益广告，在公共场所铺设公益广告，举办公益广告征集大赛，征集作品800件。开展“千名书记讲核心价值观”活动，全市1200多名各级党组织书记参加，参与人数40多万人次，充分发挥各级党组织书记宣传核心价值观表率作用。深入推进道德实践，开设“道德讲堂”678所，开展活动4000多次，承办“2014全国道德模范故事汇”基层巡演专场演出，有效推动全市道德建设。开展“我推荐我评议岳阳好人”，评出“岳阳好人”110人，17人入选“中国好人”榜，建立善行义举榜1120多块。网络文明传播志愿者每周发布践行社会主义核心价值观“微倡议”，单期“微倡议”转发量达8000条次，岳阳市居全国网络文明传播活跃地区第10位。以制度作保障，推动核心价值观教育实践长效化常态化，打造道德讲堂、文明餐桌等品牌载体，“文明餐桌”行动被评为全国“十大节粮之星”。推进诚信建设制度化，建立信用信息平台岳阳诚信网，收集信用信息40多万条，建立“红黑榜”发布制度，举办诚信论坛、道德修身等诚信主题宣传教育活动30多次。广泛开展“学雷锋”志愿服务活动，全市建设学雷锋志愿服务岗1169个，注册志愿者53万人，志愿服务团队1055个，志愿服务活动日益常态化。

三、新闻宣传和舆论引导获得新提升。举办三期“电视问政”节目。4月18日《人民日报》头版头条以《岳阳惬意“深呼吸”》为题专题报道岳阳市生态文明建设，产生广泛影响。10月31日岳阳市获评“2014中国十大最具幸福感城市”和“2014中国十大最具文化软实力城市”，是唯一获得两项荣誉的地级城市。开展对外宣传和文化交流，巴陵戏赴土库曼斯坦参加国际文化艺术节，提升岳阳形象和影响力。举办有市级领导、县市区委书记和市直部门主要负责人参加的全市突发敏感事件舆论引导培训会，新闻发布日益规范，举办新闻发布会62场。健全全市网络信息三级联动技术系统，处理网络舆情300多起，收集网民建议意见1000多条，其中98%得到回复落实。

四、文化改革发展迈出新步伐。扎实开展国家公共文化服务体系示范区创建工作，大力推进文化基础设施建设，全面实现电视“村村通”，加快广播“村村响”工程。汨罗市、华容县、君山区、岳阳经济技术开发区广播“村村响”建设全面完成。组织“我们的中国梦”文化进万家活动，开展“演艺惠民”送戏下乡1179场，公益电影放映4万场，高雅艺术惠民演出15场，“幸福岳阳·一元周末剧场”237场。“欢乐潇湘·幸福岳阳”大型系列群众文化活动演出150场，参演者2万人，观众50余万人次。临湘市古民乐《什样锦》获全省决赛一等奖。南湖风景区“南湖灯会”文化科技含量高，受到广大市民欢迎。实施公共文化场馆免费开放，狠抓传统文化遗产保护，成功通过国家历史文化名城复查，《洞庭渔歌》入选国家级非物质文化遗产代表名录，汨罗市圆满承办湖南省首届群众性龙舟赛（汨罗站）初赛及总决赛。扶持业余文艺团体3000个，屈原管理区民间花鼓剧团演出600场，精品小戏《大夫殉国》获得广泛赞誉。认真学习贯彻文艺座谈会精神，评选表彰第三届岳阳文学艺术奖。平江县作家吴牧林的儿童小说《影子行动》获全国优秀儿童文学奖，是继20世纪80年代彭见明的小说《那山那人那狗》之后岳阳市获得的第二个国家级文学大奖。开展全民读书活动，强化文化执法，有效规范文化市场秩序。深化文化改革，印发《岳阳市深化文化体制改革实施方案》和《2014–2015年文化体制改革任务书、责任分工、时间表》，非时政类“两报一刊”转企改制稳步推进。以改革为动力，加快推进重点文化产业项目、特色文化企业、文化品牌发展。全市文化产业增加值145亿元，同比增长20%。

【岳阳惬意“深呼吸”】 2014年4月18日《人民日报》头版头条以《岳阳惬意“深呼吸”》为题专题报道岳阳生态文明建设，产生广泛影响，被评为《人民日报》上半年“好新闻”一等奖。《岳阳惬意“深呼吸”》着笔生态文明建设，彰显岳阳贯彻中央加强生态建设战略决策和习近平总书记关于“一张蓝图绘就后，就要一任接着一任干”指示精神的坚决态度和良好效果。提供生态建设要从早着手、持之以恒、立足民生的有益借鉴，对于加强生态文明建设具有普遍指导意义。

【“欢乐潇湘·幸福岳阳”群众文化活动】 2014年，市委宣传部在全市举办以“欢乐潇湘·幸福岳阳”为主题的大型系列群众文化活动。市委书记卿渐伟先后两次作出专题批示，并以市委、市政府“两办”名义专门下发《活动方案》。各县市区、乡镇成立高规格的活动组织领导机构，优先安排经费，确保工作落实。各地宣传文化部门更加注重节目的原创性，突出生活特色、突出地域文化、突出群众主体，推出更多惠民、乐民、育民的优秀节目，使广大群众在参与和观看演出的过程中，既享受快乐、体验幸福，又受到教育和鼓舞。市县乡村四级联动，采取“村村出节目，镇镇有演出，片区大会演，县城集中赛”方式，“神奇平江”“秀美巴陵”“美丽楼区”“梦想屈原”“活力湘阴”“和谐临湘”“生态君山”“文明华容”“创新云溪”“给力汨罗”等各具特色的大型群众文化活动在各地上演，群众热情高涨，一大批“草根”文艺人才、文艺节目、文艺团体涌现。全年演出150余场，参演民间文艺爱好者达2万人，观众50万人次，极大满足人民群众日益增长的精神文化需求，集聚了建设“美丽幸福岳阳”的强大正能量。

（本栏撰稿　肖　真）

统一战线工作

【概况】　2014年，岳阳市统一战线在挖掘资源优势中突出特色，在创新同心实践中提升实效，在服务全市大局中彰显作为。岳阳市被评为“全国民族团结进步模范集体”。岳阳市统一战线“同心实践基地”、岳阳楼区“东升社区”分别被授予省级“同心示范项目”和省级“同心示范社区”。“统一战线深度对接参与洞庭湖生态经济区建设的成功探索”“打造同心实践载体、实施产业富民工程”等两项工作获全省统战工作实践创新奖，获全省统战信息工作特别贡献奖、统战调研工作先进单位。

一、开展共识教育，凝聚政治共识。通过主题教育、专题培训、座谈研讨、交友谈心等形式，组织统战干部和统战成员学习十八届三中、四中全会和习近平总书记系列重要讲话精神。开办专题学习班5期，开展宣讲活动20多场次。开展坚持和发展中国特色社会主义学习实践活动、非公人士理想信念教育实践活动，引导党外人士进一步增强中国特色社会主义道路自信、理论自信和制度自信，为改革发展凝聚共识。在市社会主义学院举办党外代表人士中青班、宗教界人士培训班、无党派代表人士专题班和基层统战干部轮训班，培训学员240人。举办“浙江大学——岳阳市企业家高级研修班”、香港工商业研讨班，遴选120名企业家参加学习。选送30名党外人士到各级党校和社会主义学院学习。

二、开展“四同创建”，服务改革创新。按照“一县区一品牌、一党派一特色”的工作思路，成功打造一批“四同创建”示范点。在云溪区建立“同心绿色化工产业园”，在屈原管理区建立“同心洋利生态农业产业园”，深入推进岳阳县“台湾农民创业园”建设。以岳阳楼区为重点，引导各民主党派分别联系一批社区，党派成员分别联系帮扶一批困难群众，打造东升、万家坡、岳港社区等一批“同心社区”。组织各民主党派基层组织在社区设立心理咨询室、法律咨询服务室，建设一批“同心居民活动中心”“同心市民学校”和“同心超市”，起到化解矛盾、解决群众困难的作用。组织实施“同心·服务洞庭湖生态经济区建设实践基地”“爱在高墙”“临湘市羊楼司镇生态旅游产业开发实践基地”等一批同心项目，擦亮“同心实践基地”“同心关爱农村留守人员”行动等固有品牌。集中力量建好君山区新洲村、双五村，汨罗市西长村，湘阴县王家寨村等一批“同心示范乡村”。创建“同心园区”8个，“同心项目”36个，“同心社区”29个，“同心乡村”14个。常德市、怀化市等地先后到岳阳市学习考察“四同创建”成果。

三、协调“五大关系”，维护和谐稳定。召开各民主党派、工商联、知联会专题调研成果汇报会，市委书记卿渐伟主持会议，市委、市政府30多个工作部门主要负责人参加汇报会。深入推动联谊交友工作，各级党政领导干部和统战干部与党外朋友谈心交心、交诤友挚友。隆重举行纪念市工商联成立60周年活动。开展“同心帮扶重点民营企业三年行动”，帮助企业解决各类困难25起，争取国家和省级项目资金1.5亿元。落实中央民族工作会议精神，大力推进民族团结进步事业，举办全省第八届少数民族传统体育运动会。推进“和谐寺观教堂”创建活动，开展“私设滥建”专项治理，调处一批民族宗教领域突发事件和敏感问题。扩大对外交流，承办南台湾青少年学生“湖湘文化之旅”、第十一届海峡两岸媒体联合采访团岳阳行等活动，组织基层台办主任参访台湾。

四、抓好强基固本，树立良好形象。开展党的群众路线教育实践活动，查摆整改领导班子“四风”突出问题13项，建立完善《岳阳市委统战部议事决策规则》等机关管理各项制度13项。加强市直统战系统机关党组织自身建设，推进服务型党组织创建。8月，召开岳阳市直统战系统机关第五次党员大会，选举产生新一届机关党委，组织完成6个机关党支部换届。加强统战信息宣传调研工作，在《岳阳日报》开办“同心工程专栏”20多期，展播岳阳市统一战线“四同创建”成果。被中央、省、市采用各类新闻稿件、理论文章300多篇，被中央和省委统战部采用信息800多条，4篇调研成果分获全省一等奖、三等奖和优胜奖。

【全省党外人士暑期谈心活动在岳阳市举行】　2014年8月19–20日，省委常委、统战部部长李微微带队，全省党外代表人士暑期谈心活动在岳阳进行。省政协副主席、民革省委主委刘晓，省政协副主席、民盟省委主委杨维刚，省政协副主席、民建省委主委赖明勇，省人大常委会副主任、民进省委主委谢勇，致公党省委主委胡旭晟，省政协副主席、九三学社省委主委张大方等60多名党外人士参加。其间，召开全省党外人士暑期谈心活动座谈会，到岳阳市统一战线“同心实践基地”、临湘市羊楼司镇“生态旅游产业开发实践基地”、南湖风景区“环南湖环境保护与旅游开发同心实践基地”进行现场考察。市领导卿渐伟、盛荣华、李湘岳、赖社光、樊进军、王瑰曙等参加有关活动。

【开展全市统一战线革命传统教育暨暑期谈心活动】　2014年9月16–20日，在陕西省延安市、西安市举行岳阳市统一战线革命传统教育暨暑期谈心活动。各民主党派市委正副主委、部分非公有制经济代表人士和无党派代表人士等50人参加活动。其间，邀请中国延安干部学院教授讲授《延安精神及其时代价值》，开展面对面谈心交心，收集意见建议200多条。

（本栏撰稿　彭鑫林）

政策研究工作

【文稿质量提升】 2014年，中共岳阳市委政策研究室（简称市委政研室）按照“忠诚、认真、勤奋、严密”的要求，切实抓学习、优服务、严管理、强队伍，推动工作上水平、争一流、做贡献。将文稿作为立室之本，起草各类文稿524篇、170多万字。向中央、省级主流媒体发表各类文章10余篇，《融入长江经济带建设的思考》一文在省委《内参》第12期刊发。

【调研成果突出】 2014年，市委政研室开展专题调研活动20余次，形成一批高质量、有价值、有见地的调研成果，其中《农民持续增收的困境与出路》在《求是》杂志第5期刊发，《跳摘全面小康之“桃”》《打好现代农业“特色牌”》《湘阴县整治“为官不为”现象制度创新探索》等调研报告，得到市委主要领导充分肯定，并批示发《市委通报》。积极配合省委政研室搞好调研工作，完成推进新型城镇化、长江城市群等重大调研课题，高质量承办湖南省空间发展战略及城市群建设环洞庭湖片区座谈会。

【书刊编辑影响力扩大】 2014年，市委政研室坚持改革创新、与时俱进，推动刊物提质升级。为进一步丰富刊物内容、宣传岳阳工作、挖掘地方文化，新开设“全面深化改革”“魅力乡镇”“乡音乡情”“巴陵传说”等专栏。编印《民本岳阳》12期，编辑市委书记卿渐伟活动集、文稿集。参加在洛阳举办的全国城市党刊研究会第23届年会，通过与其他城市党刊进行交流，进一步提升岳阳党刊的知名度和影响力。

（本栏撰稿　周新伟　凌丹华）

党史地方志工作

【概况】 2014年，中共岳阳市委党史市志办公室（简称市委史志办）贴近市委、市政府中心工作，服务大局，认真做好党史研究、资料征集、党史联络、修志、年鉴、资政育人等工作，完成22项（类）具体工作，全市审核史志类书籍1100多万字，编写史志类书稿230多万字，全面完成省委党研室、省方志委交办的调研、征集等各项任务，被省委党史研究室评为标兵单位。

一、党史工作成效显著。编制《中共岳阳市地方史》第三卷（1978年12月–2012年12月）篇目，初定全书分为4编27章64节，并着手资料收集工作。督促县市区加快党史正本编写，加强质量管理，审核了岳阳县、岳阳楼区党史正本，为岳阳楼区党史正本补充7万字。指导临湘、汨罗、君山、屈原等县市区党史正本的编写。按上级业务部门要求编写《华国锋年谱》（岳阳部分）。与平江县委、县政府联合承办第三届湘鄂赣苏区论坛，配合参与任弼时同志诞生110周年纪念活动。开展岳阳抗战时期人口伤亡和财产损失调研，对有关数据材料作出补充和考证。为中央党史研究室“中国抗战损失课题”重大历史惨案专题组稿1万多字、图片30张。指导各县市区做好革命遗址的保护和申报工作。协助做好省党史陈列馆开馆准备工作，为《湖南省党委工作纪事》组稿3万多字。指导县市区党史征研工作扎实有效，君山区编写出版20万字的《温家宝在君山》，汨罗市出版30多万字的《任弼时与汨罗》，云溪区出版35万字的《云溪区建区30周年大事记》，临湘市出版《岁月回眸》第二辑，岳阳楼区编纂《激情岁月》第六辑。

二、二轮修志进展顺利。10月17日，召开《岳阳市屈原管理区志（1978–2011）》评审会，湘阴县、岳阳县、岳阳楼区基本完成二轮志送审稿。为《湖南省乡镇简志》样稿把关，报送岳阳市样稿2万多字。遴选上报岳阳市推荐入编《中国名镇志》名单21个。参与岳阳市第二次地名普查的前期准备工作。指导市国土资源管理局等有关市直单位及县市区开展部门志、专业志编修，出版《湘阴县质量技术监督局志》《湘阴县玉华乡志》《华容教育志》《华容政协志》等。指导10个县市区编辑出版年鉴，共计660多万字，质量明显提高。

三、为市党史联络组开展工作提供保障。市党史联络组开展调研活动3次，市委史志办认真做好协调服务工作。开展《回首当年》第九辑的组稿编审工作，收集岳阳抗战方面的文章30多篇，收集整理老同志撰写的回忆文章60多篇。为全市党史联络工作会议召开做好服务工作。为省党史联络组征编出版《湖南优良水稻品种的推广与应用》，完成相关岳阳的组稿任务。

【第三届湘鄂赣苏区论坛】 2014年10月23日，由湖南、湖北、江西省委党史研究室主办、中共岳阳市委党史市志办和平江县委县政府承办的第三届湘鄂赣苏区论坛在岳阳市平江县举行。中央党史研究室副主任高永忠，全国政协常委、中央文献研究室原常务副主任杨胜群，省委常委、省委秘书长韩永文，省军区司令员黄跃进，市领导盛荣华、李志坚、樊进军、刘亚兵等参加论坛。本届论坛分为主题论坛、观摩体验、互动点评三个环节，围绕红色旅游、弘扬苏区精神、加强联动合作、争取中央扶持等方面开展研讨。本届论坛征集论文75篇，推出《湘鄂赣苏区红军史》等最新编研成果，通过《平江共识》。

市长盛荣华在致辞中说，第三届湘鄂赣苏区论坛的举办，既为研究苏区历史，弘扬苏区精神提供良好平台，也为加强区域交流，深化区域合作创造重要契机，必将有力地推进湘鄂赣苏区历史研究和宣传工作，进一步增进革命老区的交流和合作，促进区域经济协同发展。韩永文代表省委省政府对论坛的成功举办表示热烈的祝贺。他要求，要用好苏区论坛重要平台，进一步深化对苏区历史的研究，引起中央对湘鄂赣边区发展的重视和支持，促进湖南、湖北、江西三省携手合作，服务和推进共同发展。努力把中央的政策红利转化为改革发展的动力和优势，不断开创三省边区振兴发展新局面。 （许　祺）

第三届湘鄂赣苏区论坛在平江县举行（肖 卫 摄）

【开展革命遗址保护】 2014年，市委史志办在省委党史研究室的支持下，与市直相关部门沟通，开展革命遗址的发掘、保护和利用。争取资金并指导各县市区做好遗址的修复申报工作。湘阴县对湖南省委旧址进行修复，陈列布展，并列为县级文物保护单位。平江县对湘鄂赣省第一次工农兵代表大会旧址（长寿街天主堂）进行修复，对湘鄂赣革命根据地纪念馆修缮和重新布展。协助岳阳县申报刘士奇故居为市级文物保护单位。

【出版《岳阳年鉴（2014）》】 2014年11月，《岳阳年鉴（2014）》由方志出版社出版发行。全书围绕市委市政府中心工作、各县市区和各部办局重点工作、社会关心的热点工作进行编辑，共有34个部类，94万字，100个彩版。《岳阳年鉴（2014）》从形式到内容作出进一步改进。调整框架结构，归类更加科学。首次突出党委工作，在“中共岳阳市委员会”部类增加“重要会议”“重大决策及活动”等分目，党委工作的内容更全面、具体、突出。增添新鲜内容，突出地方特色。推出“岳阳市地图”“数字岳阳”“岳阳市全力创建全国文明城市”“岳阳，一座可以深呼吸的城市”“非物质文化遗产·岳阳花鼓戏”等内容，紧扣市委市政府中心工作和地方特色，岳阳年鉴更具史实性和可读性。

【编写《华国锋年谱》】 2014年，按中央党史研究室、省委党史研究室的要求，市委史志办积极开展《华国锋年谱》（岳阳部分）的编写工作。到有关档案馆、图书馆等场所查阅大量报刊书籍，走访大量老同志，广泛征集资料并认真编写。办领导和党史科同志多次专程到湘阴县调研，提出工作思路与方案，指导湘阴县委史志办开展《华国锋年谱》编写，并对报送来的初稿认真修改、补充和订正。至11月，完成8万多字的《华国锋年谱》（岳阳部分）送审稿并上报，得到省委党史研究室的充分肯定。

【加强史志资料信息服务】 2014年，市委史志办加强史志资料的交流与利用，做好史志服务工作。接待大量查阅档案资料、咨询有关史实的单位和个人，多次为洞庭湖生态园等重点项目建设和经济活动提供文献史料。为江西省奉新县史志办提供“上富惨案”中牺牲的岳阳籍烈士资料，填补奉新县这方面史料的空白。岳阳市情网及时更新市情资料信息，严格内网管理维护，确保安全有效运行，点击量突破200万人次。岳阳市情网得到全面改造，设计出内容丰富、操作方便、适应发展的主页。同时着手打造岳阳文献图片信息库，拟建成容量巨大、适应未来需要的电子图书馆式的信息库。免费向全市发放市委史志办编印的史志类书籍2万多册。在《湖南日报》《岳阳日报》等报纸杂志网站刊发“骆驼精神照亮我们前进的征程”等文章30多篇。做好党史刊物“湘潮”的征订发行工作，发行量超过省定优秀目标数，排全省市州第一。

（本栏撰稿 黄玉祥）

任弼时纪念馆

【概况】 2014年，任弼时纪念馆大力开展馆区基础设施建设，加强干部队伍素质建设，提升服务水平和整体形象，成功举办任弼时同志诞辰110周年纪念活动，12公顷馆扩容提质工作圆满完成，全国二级博物馆运行评估位居全省前列。接待社会各界参观游客56万余人次，免费讲解5000多批次。

【任弼时同志诞辰110周年纪念活动成功举办】 2014年4月30日，是任弼时同志诞辰110周年纪念日。任弼时纪念馆按照“早谋划，大争资、快建设”的工作思路，依据“明确分工、各负其责、整体推进”的工作原则，精心筹备，共同努力，成功举办任弼时同志诞辰110周年纪念活动。1.借力造势争取重视。制订《任弼时同志诞辰110周年纪念活动筹备方案》。加强联络沟通工作，争取任弼时同志亲属亲自出面，与中央文献研究室、湖南省委、岳阳市委主要领导会晤，探讨活动事宜，争取上级领导的高度重视和大力支持。2.争资引项成效显著。争取国家及省市宣传、发改、财政、文物等部门，对任弼时纪念馆红色旅游项目建设、陈列改版、故居维修以及活动举办等项目经费给予支持，落实资金2993万元。争取省委召开常委专题办公会议，安排各省直相关部门和单位对口支持活动及项目资金1635万元。争取岳阳、汨罗两级财政支持解决活动经费280万元。3.纪念活动成功举办。4月26日、4月30日，中共中央和湖南省委分别在北京和长沙举行纪念任弼时同志诞辰110周年座谈会。4月27日–29日岳阳市举行纪念任弼时同志诞辰110周年学术研讨会暨向任弼时铜像敬献花篮仪式。28日上午9

时30分，向任弼时同志铜像敬献花篮仪式在任弼时纪念馆隆重举行。中央文献研究室主任冷溶，省委书记、省人大常委会主任徐守盛，市委书记卿渐伟等领导向任弼时同志铜像敬献花篮。仪式由省委副书记孙金龙主持。中央文献研究室副主任陈晋，中央党史研究室副主任李忠杰，共青团中央书记处书记周长奎，解放军总政治部宣传部副部长杨定宇，许又声、徐明华、李友志、盛荣华、李志坚、李湘岳、赖社光等省市领导，任弼时同志亲属、部分特邀嘉宾、社会各界代表800多人参加仪式，向任弼时同志铜像鞠躬，表达深切缅怀之情。敬献花篮仪式结束后，徐守盛书记一行参加任弼时研究中心揭牌仪式，参观任弼时同志生平业绩陈列展览。人民出版社再版发行《任弼时选集》2000册，汨罗市邮政局制作发行纪念邮册1000册。

【任弼时纪念馆提质改造上台阶】 2014年，任弼时纪念馆完成新建项目面积5670平方米，维修改造面积8550平方米，新修白改黑路面1700米，完成建设投资5000万元。陈列改版项目包括《任弼时生平业绩陈列》和《百岁老红军陈琮英》两个布展内容，扩充陈列面积200平米，布展总面积1700平米。从中央档案馆复制珍贵手稿、电报40份，向延安纪念馆等兄弟馆征集照片资料300多张，任弼时同志亲属捐赠陈琮英老人遗物26件。任弼时故居维修保护项目全面复原维修。对故居破损漏雨屋面进行翻修，对前径墙进行拆倒重修，对室内石灰红线墙面做旧处理，更换糟朽的木质构件，修整室内外三合土地面3000平方米，重建已倒塌后山围墙150米，恢复故居原形原貌。开展故居复原陈列工作，组织地方老工匠修复原有文物家具，从社会渠道征集老旧生产生活用具进行补充陈列，增设任弼时同志三位叔父居室的展览内容。配套设施项目实施干部职工公租房、游客服务中心、文物馆、馆区消防、展厅中央空调、馆区标志标牌6个新建项目，完成新建面积5390平方米。实施馆区路网、馆区绿化、展馆扩容、展厅外墙修缮、塘堤内移清淤、职工宿舍维修等8个改造项目，完成改造面积6250平方米，新栽植树木2000余株。

【交流学习提升能力】 2014年，任弼时纪念馆为全面掌握纪念馆发展新动态、新信息，多次派员外出学习取经。参加中国博物馆学会在厦门举行的“2014年博物馆及相关产品与技术博览会”，参加省博物馆学会分别在韶山和长沙市举行的博物馆学会场馆建设和宣教工作会议。选派2名讲解员参加全国红色旅游工作协调小组办公室举行的“讲解员培训班”。与西柏坡纪念馆、刘少奇纪念馆、贺龙纪念馆和杨开慧纪念馆等10多家同行单位开展学习交流。组织基建办7名同志到湖北武汉市、湖北红安县等地针对基础建设和景观绿化进行现场观摩学习。全年开展近20批次的业务学习活动，纪念馆干部职工业务水平和工作能力有效提高。

（本栏撰稿　龙智慧）

督查工作

【概况】 2014年，市委督查室围绕全市中心工作和党委重大决策，坚持以抓落实为首要任务，内强素质，外树形象，真督实查，在服务大局、促进落实、推动工作上发挥重要作用，较好完成省、市委交办的各项任务。全年组织大型督查活动20次，办理省、市委领导重要批示件315件，办理省委督查室交办案件42件，协办人大代表建议和政协委员提案39件。编发《督查报告》39期，《督查通报》21期，《督查专报》15期，《督查交流》4期。撰写其他各类文字材料20多篇，其中1篇被《湖南督查》刊载，2篇被《岳阳日报》选刊，1篇被《民本岳阳》刊登。

【决策督查推动落实】 2014年，市委督查室开展重大项目建设、重点产业和重点民营企业帮扶、省市挂牌信访件办理、全市小康建设主要经济指标完成、农村环境整治、安全生产、农村沟渠疏浚、南湖水治理、禁违拆违治违行动等20次大型督查活动，有力推动决策落实，受到市委领导肯定。在创建全国文明城市专项督查中，坚持一天一督查，每周一通报，开展督查90批次，暗访现场点1000个，形成专题《督查报告》25期、《督查通报》21期，指出存在的1200个问题，通过现场督查、跟踪问效和责任追究，督促责任单位整改到位，有效推动创建工作落实，为岳阳市获评全国文明城市做出应有贡献。

【专项查办有力】 2014年，市委督查室坚决落实专项查办工作制度，提高领导批示件办理质量。着力规范程序，拟定《市委领导同志批示件办理工作规则》，从明确责任、规范程序、落实保障等方面着手，严格把好每份批示件办理的质量关和时间关。全力督办查办，突出解决弘毅新华中学教育用地、平江县困难学生救助、洞庭湖水域水上交通安全隐患、校车管理漏洞和农机车辆管理等一批领导关注、群众关心的热点难点问题。

【综合考评引领发展】 2014年，市委督查室广泛征求意见，深入讨论研究，将推进全面小康和综合绩效考评相融合，形成新的综合考评办法。8月，会同主要职能部门，对全市小康主要经济指标完成情况进行一次督查调研，客观分析形势，针对突出问题，提出工作建议，积极为提升小康建设整体水平献计献策。及时收集各类动态管理数据，形成完善的考评工作台账。年末，牵头组织相关部门单位，开展对全市13个县市区、91个部门单位的年终综合绩效考评工作，整个考评操作流程规范、数据录入准确、评定评价客观、结果公平公正，市委常委会议和市政府常务会议对考评工作及评选结果给予肯定。

（本栏撰稿人　孙　良）

保密工作

【概况】 2014年，市国家保密局较好完成工作任务，确保国家秘密安全，为全市改革发展提供服务和保障。一、加大宣教培训力度。

举办培训24场，培训2600多人。发放保密宣教资料5600本/册，发送保密提醒24期4万条。制作大型展板4幅，在社区单位布展8场。制作电视宣传片1则，滚动播出1周。在《保密工作》首次刊发岳阳市工作动态。二、强化保密管理。推进依法定密管理。在全市组织定密工作培训，建立全市定密工作责任人台账。加强网络保密管理。开通“三合一监控平台”，为涉密单位管住涉密信息设置安全屏障，提高监管科技水平。三、消除泄密隐患。引导督促各级单位自查。组织开展专项保密检查。对自查和专项检查中发现的问题和泄密隐患进行整改。

（杨晨牧）

接待工作

【概况】 2014年，中共岳阳市委岳阳市人民政府接待处（简称市接待处）围绕全市经济社会发展大局，围绕“忠诚、精细、创新、品位”四个品牌目标，完成市委、市政府交办的各项工作任务。接待来岳宾客1878批2.66万人次。其中，接待全国人大常委会副委员长、新疆维吾尔自治区人大常委会主任艾力更·依明巴海，接待省、部级领导134批192位，接待重要客商371位，服务大型会议26场（次）。

【贯彻接待新规，出台《实施细则》】2014年，市接待处认真贯彻《党政机关国内公务接待管理规定》和《湖南省党政机关国内公务接待管理办法》，6次召开处长办公会议研究讨论《岳阳市党政机关国内公务接待实施细则》，多次到长沙、湘潭、咸宁等地取经，修改30次，经市委常委会议讨论通过，由市委、市政府两办正式发文。《实施细则》对进一步加强国内公务外出管理、规范国内公务接待行为、严格公务接待经费预算和管理、严肃国内公务接待纪律、加强国内公务接待监督检查作出明确规定，进一步明确公务接待的对象和范围，完善事前报批把关程序，细化财务审批入账纪律，既落实中央、省里的文件精神，又结合岳阳市的工作实际。

【突出厉行节约，做好节俭文章】
2014年，市接待处倡导节俭意识，厉行节约，严控“三公”经费支出，在接待来岳客人人数没有减少的情况下，接待费用比2013年下降40%，各方反响良好。用餐方面。量化用餐标准，遏制“舌尖上的浪费”。严格控制陪餐人数，接待对象在10人以内的，陪餐人数不得超过3人;超过10人的，不得超过接待对象人数的1/3。确保工作餐不剩菜。不使用茅台酒等高档酒水，不上香烟。尽量安排自助餐，重点加强自助餐菜品研发。南湖宾馆从源头上取缔高档菜肴原材料采购，撤走粤菜师傅，转而以岳阳本地家常菜为主，不使用鲍鱼、燕窝、鱼翅等高档菜肴和用野生保护动物制作的菜肴。住宿方面，严格执行省部级以上领导住标准套间、厅以上领导住单间、其他人员住标准间的要求，住房不再额外配发洗漱用品。会务工作方面，上级领导到岳阳调研时召开的各类会议，会场布置简洁，不制作背景板，不摆放花草、香烟、水果，不安排茶歇，不发放材料袋、笔和笔记本。其他方面，不再赠送土特产品等，取消岳阳楼、君山岛等旅游景点门票。

（本栏撰稿 黎 雯）

市直机关党建工作

【概况】 2014年，中共岳阳市委直属机关工委（简称市直机关工委）学习贯彻党的十八大和十八届三中、四中全会精神及习近平总书记系列重要讲话精神，以服务中心、建设队伍为核心，结合党的群众路线教育实践活动，转变工作作风，充分履行职能，取得较好工作成效，获湖南省市州机关工委综合考核优秀单位、岳阳市全面建成小康社会综合绩效考评先进单位、落实党风廉政建设责任制推进惩防体系建设考核优胜单位、综治（平安建设）工作考评群众满意度调查考评优胜单位、人口和计划生育工作考评优胜单位、信访工作考评优胜单位。

作风建设出成效。一是严格执行各项规定。市直机关工委与市委党的群众路线教育实践活动办、市纪委、市委组织部等单位联合开展3轮全市性明察暗访，检查县市区、市直和中央、省驻岳行政事业单位230多家，宾馆、酒店、茶楼等消费场所110多家，查出“四风”问题546个，党纪政纪处分238人，组织处理434人，在全市公开通报42起“四风”典型案件，起到较好的警示作用。二是认真处理群众投诉意见。建立常态化的受理群众投诉机制，公布群众投诉热线电话，在中心城区设立群众意见投诉举报箱，坚持全天候受理群众投诉，接待群众来信来访。对接市政府“12345”公众服务平台，对移交过来的群众投诉意见做到“件件有回音，事事有结论”。全年接待上访群众43批次，受理群众投诉意见65件，出具转办函处理投诉意见65件，均已核实处理，群众投诉明显少于2013年。三是聚焦“四风”专项整治。委托岳阳日报社和国家统计局岳阳调查队对97个市直单位作风建设情况进行群众测评，在《岳阳日报》刊发“群众评议意见表”4万份，及时收集并进行汇总，将135条意见建议反馈给57个相关市直单位，并下达整改函，对整改情况进行督查问政。抓好机关专项整治活动，有效遏制发文开会，推进文档电子化，减少评比达标、迎来送往，控制开会办班，清理办公用房、用车，规范督导检查，纠正下基层不力，压缩“三公”经费，狠刹公款送礼，整治“慵懒散”行为等问题。四是抓廉政葆纯洁。认真落实“一岗双责”要求，抓好各自分管范围内工作廉政责任落实。扎实开展“党纪条规教育年”“清正在心”系列廉政教育活动，认真落实干部廉洁自律各项规定，干部任免、大项目安排和大额资金使用事项，切实贯彻落实民主集中制，形成了较为规范的决策运行机制。开展经常性的谈心谈话活动，加大对关键岗位和重要环节的风险防控。推进市直机关反腐倡廉建设，对市直机关2013年度、2014年度新提拔的509名科级干部进行廉政法规知识测试，指导纪工委认真抓好案件查办工作，14件自办案件和8件协审案件均已结案，查处科级及以下党员干部22人。

机关党建提水平。一是狠抓《细则》落实。市直机关工委狠抓党建工作落实，组织起草《岳阳市贯彻落实〈中国共产党党和国家机关基层组织工作条例〉的实施细则》讨论稿，报请市委常委会研究，市委以岳发［2014］2号文件下发。3月份，在全市党的工作会议上对贯彻落实《实施细则》工作进行部署。5月底对部门党组（党委）和所属机关基层党组织落实情况进行为期1周的专项督查。6月19日，召开全市市直机关单位讲评会，对存在问题的69个单位党组（党委）下发督办函，限期整改。12月份，督促县市区、市直单位对落实党建工作进行自查，并及时综合上报资料。二是强化组织指导。继续深入推进创先争优活动，对市直机关基层党支部分类定级、晋位升级。开展以“创建基层党建示范点”为特色的创先争优活动，培育出一批机关党建的先进典型。年初，对2013年度20个先进机关党委、10个党建示范单位、9个创建单位进行表彰。初步明确市直机关工委与县（市）区机关工（党）委的关系，12个县市区工委和石油、盐务、移动党群工作部负责人第一次纳入党务干部主体培训班学习。及时督促指导26个机关党委（党委）进行换届选举。考察、调整31个机关党委（党委）的书记、副书记、委员职务。否决1例非班子成员兼任机关党委书记，约谈2个系统机关党委有关负责同志，就系统内有关单位换届工作提出整改要求。三是创新工作模式。对派驻市政府政务中心工作的22家窗口单位的143名党员，成立市政府政务中心党总支，让这些同志按要求过上组织生活，参加政务中心党建活动。转变管理模式，由过去依靠19个系统机关党委管理市直机关各级党组织的单一模式，向既依靠系统机关党委、又直接管理的混合模式转变，让机关党委（党委）有更多机会直接参加工委举行的各类活动。设计制作《机关党建实务手册》手机应用软件，供市直机关党务干部免费下载安装，随时在手机查阅党建相关资料。四是提升队伍素质。抓好培训工作。市直机关工委8名班子成员分别参加市委组织部举办的十八大精神集中轮训班。配合市委党的群众路线教育实践活动办，举办一期135名基层党组织负责人参加的基层党组织书记培训班。举办一期50名党务干部参加的秋季机关党务干部培训班，有针对性地进行授课，组织学员到3个党建工作开展好的单位进行现场观摩活动，以提高党务干部的综合素质，反响较好。派出2名领导干部到复旦大学、省直工委参加培训和党建工作座谈交流会，组织12名机关党员干部到常德、湘西、怀化等兄弟单位观摩学习。五是发挥工会作用。指导3个市直单位成立工会组织，指导2个市直单位工会进行换届选举，建立市直机关工会QQ群，召开工会工作讲评述职会议。完成6名市级劳模、2名省级劳模推荐评选工作，为10名家庭有困难家庭学子办理金秋助学手续。深入6个市直单位指导“职工之家”建设。组织市直机关单位6318人参加医疗互助活动，58名困难职工申请医疗互助。与市总工会的直工委、外工委联合举办“欢乐潇湘·幸福岳阳”职工书法比赛，征集书法作品200件，65件获奖书法作品在市会展中心进行展览。筹集资金4万元，对市直单位63名困难职工进行困难帮扶，发放慰问大米6000斤，增强工会组织的凝聚力。

【“党员进社区、竞赛当五员”活动】2014年，市直机关工委牵头组织开展“党员进社区、竞赛当五员”活动。由两名领导专门牵头负责，对市直机关单位开展活动情况进行两次专项督查，督查覆盖100多家市直机关单位，深入岳阳楼区、岳阳经济技术开发区、南湖风景区等30个社区进行调研。109个市直单位联系129个社区，党员到社区报到1.32万人，认领服务岗位2.14万个，结对联系群众2.5万人。213名党代表开展接待日活动1500次，接待群众6100人次。投入资金600万元，承办实事412件，其中办结283件。带头认真落实党员干部结对联系群众、党员干部挂牌服务与党代表接待日活动三项制度，指导渔光社区开展活动，为社区协调解决经费6万余元。到岳阳经济技术开发区三荷乡群贤村、平江县浯口镇四合村、南湖风景区渔光新村与群众同劳动，体验普通群众生活，密切党群干群关系。

【参与“全国文明城市”创建】2014年，市直机关工委带头参与岳阳市创建“全国文明城市”活动，组织100人，对市委机关家属院开展文明创建及环境卫生专项整治行动，带动整个市直机关家属区（院）文明创建活动有效开展，得到市委副书记李志坚，市委常委、市委秘书长樊进军的高度评价。工委副书记毛永明参加“五创提质”文明创建活动，除担任评委外，还兼任暗访三组组长，参加35次讲评会。工委副书记吕敬国牵头组织开展“部门联社区，共创文明城”活动，为创建全国文明城市迎国检加油助力，组织5个督查组对21个街道办事处、90个社区开展“部门联社区，共创文明城”活动情况进行督查，下发三期通报，有力促进创建“全国文明城市”迎检工作。坚持核心价值观统领，组织开展创建“文明机关”活动，细化市直单位文明机关创建标准，提炼、培养市直单位各具特色的机关文化。以开展读书荐书、演讲征文、岗位练兵、读书沙龙的“书香机关”活动为主线，满足市直机关党员干部的精神文化需求，进一步提升干部文明素质、树立单位良好形象。

（本栏撰稿　蔡春辉）

机构编制工作

【概况】　2014年，中共岳阳市委机构编制委员会办公室（简称市委编办）推进政府职能转变和体制机制改革，科学配置机构编制资源，加强事业单位法人监管，各项工作取得新成效。市委编办被评为2014年度“全面建成小康社会综合绩效考评先进单位”和“落实党风廉政建设责任制推进惩防体系建设优胜单位”。

【政府职能转变实现新突破】　2014

年，市委编办按照中央和省里关于全面深化改革的要求，积极推进政府职能转变，提升政府管理科学化水平。全面清理市直单位行政审批事项。精简本级行政审批事项202项，率先在全省不再保留非行政许可事项，保留行政审批事项181项，较2013年精简52.7%。承接国务院、省政府下放行政审批事项35项，一次性下放给县市区政府行政审批事项32项，将保留的行政审批事项管住管好，开展网络公示，接受社会监督。12月1日，《湖南日报》头版推介岳阳市行政审批制度改革的成功做法。清理出23家市直单位在招投标、污水处理、河道采砂等33项管理上存在的职责交叉问题。

【市县乡机构改革协调推进】 2014年，市委编办按照“精简、统一、效能”的原则和稳步推进大部门制改革的要求，加大机构和职责整合力度，优化政府组织结构。研究启动市县政府机构改革。开展调研，积极向市委、市政府提出改革建议。12月31日，省委、省政府批复岳阳市政府职能转变和机构改革方案。12月23日，市委市政府印发《县市区政府职能转变和机构改革的意见》。根据改革方案，市本级将撤并正处级机构8个、副处级机构12个；县市区将撤并正科级机构47个、副科级机构62个，全市机构总量将大幅精简。统筹推进市县食品药品监管体制和工商、质监管理体制改革。市县两级均将分散在食品安全委员会办公室、食品药品监督管理局、工商行政管理局、质量技术监督局、卫生局、商务局等部门的食品安全监管和药品管理职能进行整合，重新组建食品药品监督管理部门，年底市本级人员编制划转工作基本完成。认真谋划工商、质监管理体制调整工作，稳步推进机构职能移交和编制人员划转，确保如期完成工商、质监系统由省里垂直管理改为市、县分级管理。完成乡镇站所改革试点任务。通过改革，试点乡镇进一步强化公益职能，精简机构编制，理顺管理体制，工作经费得到保障。岳阳市乡镇站所改革试点工作专题报告省委、省政府，得到省编办的充分肯定，《湖南机构编制》对此进行推介。

【机构编制配置更趋合理】 2014年，市委编办严格按照中央和省关于财政供养人员“只减不增”的要求，创新思路，精细管理，着力破解控制机构编制与满足经济社会发展需要的难题。严格控制总量。完善县市区年度用编计划管理，严把市直单位用编进人关。在编人员实现“负增长”，其中县市区减少325人、市直单位减少167人。加强市直单位科级领导职数使用监督管理，从严审核102家市直单位238名新任科级领导干部的职数条件，有效杜绝超职数配备科级领导干部的现象。严格审批公务车辆用编，除执法执勤和生产性用车按规定程序办理外，一般公务用车一律不予审批。切实盘活存量。拟订《关于进一步加强和创新机构编制管理的通知》，以市委办、市政府办名义印发。按照“有增有减、增减平衡”的原则，从市直撤销机构和职能弱化单位调剂使用编制55名，用于改善教育、水资源保护和社会保障等民生领域公共服务质量；对市直学校教师编制实行核减，从超编超结构学校向薄弱学校调整教师15名。3月22日，《湖南日报》市州新闻版头条报道岳阳市科学配置编制资源的经验做法。加强监督检查。7月，配合市委办、市政府办继续深入开展市本级议事协调机构清理规范工作，全年市本级撤销221家、合并36家、保留176家（其中市委序列83家、市政府序列93家），精简59.4%。开展市直机关事业单位人员编制实名公示，接受社会监督。抓好全市“三超两乱”专项治理有关工作，督促7家正科级单位党政分设问题整改到位。指导督促市直单位开展编外聘用人员自查自纠工作，清退195人、规范291人。

【事业单位改革和管理成效明显】 2014年，市委编办认真开展事业单位分类改革有关工作，对全市事业单位进行分类定位。全市4358家事业单位完成分类，其中市直467家、县市区3891家。结合政府机构改革，明确将160家事业单位的行政职能划入行政机关，其中市直27家、县市区133家，切实解决行政职能体外循环的问题。加强事业单位法人监督管理。组织对市直470家事业单位法人开展年检，对存在问题的8家不合格单位，严格督促其整改到位。对市环境监测中心等44家法定代表人离任的市直事业单位下发委托审计书，并对审计出的问题均作妥善处理。开展事业单位法人履职评估，将市城管局后勤中心等8家单位明确为履职评估重点对象，通过监督考评，有效解决评估单位越位、缺位和不到位问题21个。完善事业单位法人登记。全年办理205项事业单位法人设立、变更和撤销登记事项。清理出未进行法人登记的事业单位70家，督促市广播电视中心等45家事业单位完成法人登记，对未按要求办理登记手续的25家事业单位分别作出撤销、发函催办和扣除主管部门绩效考评分值的处理。

（本栏撰稿　李　谦）

党校工作

【概况】 2014年，市委党校坚持以培训为中心，不断深化教学改革，扩大培训规模，充分发挥培训主渠道主阵地作用。举办主体班19个，培训党员领导干部和党外干部1173人。举办县处级干部学习贯彻习近平总书记系列讲话和党的十八届三中全会精神集中轮训班6期，培训县处级干部1923人。举办社会培训班34期，培训各类社会人员6400人次。新招收在职研究生67人，毕业71人，在读在职研究生达5个班295人。全年培训1.2万人次，培训规模位居全省地市级党校前列。

【培训针对性实效性增强】 2014年，市委党校增强培训针对性和实效性，以提高培训质量。班次设置上，在稳定常规班次、保证培训规模的基础上，加大部门班的力度。根据市委市政府工作部署着力办好专题研讨班，使班次设置的渠道进一步拓宽，针对性进一步加强。教学内容上，以习近平总书记系列讲话和十八大、十八届三中、四中全会精神、社会主义核心价值观、中国梦等内容的学习为重点，设置相关的多个教学专题，将其作为一条红线贯穿整个培训工作的始终。全年安排124个教学专题，完成312堂课教学，校内教师专题更新率达35%。教学方式上，以提高教学质量为重点，开展“电视问政”模拟教学、案例教学、课堂研讨交流、专题报告会、体验教学等教学方式，组织学员到苏州进行异地教学、到县区参观考察等，丰富教学形式，提升培训实效。学员对教学质量的评价优良率在93%以上。

【主体班学风建设效果突出】

2014年，市委党校大力加强主体班作风建设，以学风建设带动校风、教风建设。党校成立学风建设领导小组，校委领导住校值班，加强考勤督查，主体班学员到课率、住校率、就餐率、自习率大为提高，均达到95%以上，看望、宴请之风根本扭转，培训效果得到增强，受到市委主要领导、送训单位和学员的好评，抓学风建设的经验经市委书记卿渐伟指示后在《市委通报》刊发。

【科研咨政成果丰硕】 2014年，市委党校坚持为理论创新服务，为提高教学质量服务，为党委政府决策服务，强化科研工作。全校全年在省级以上报刊公开发表论文27篇，出版著作1部，完成省级课题10个，承担市委市政府委托重点咨政课题4个，参加省级以上理论研讨会获奖16个，参加省、市级社科优秀成果评奖获奖7个，申报省级课题立项14个，编辑出版学术期刊《岳阳论坛》3期。省社科基金重点委托项目《洞庭湖生态经济区新型城镇化发展路径研究》，省情与决策咨询研究课题《湖南长江经济带建设研究》等省级重点咨政课题，南湖风景区管委会委托课题《湖南岳阳洞庭湖旅游度假区发展战略研究》和君山区政府委托课题《君山区产业发展战略与对策研究》得到市委、市政府领导的高度重视，为市委、市政府提供决策参考。参加多个高层次学术交流活动，包括中国领导科学研究会理论研讨会、全国领导人才与群众路线研讨会、全国领导人才与深化改革研讨会、湖南延安精神研究会纪念毛泽东同志诞辰120周年学术研讨会等学术活动。在中国领导科学研究会2014年年会上，党校提交的5篇论文全部获奖。党校科研资政工作获市委领导批示表扬。

（本栏撰稿 彭亚林）

老干部工作

【概况】 2014年，全市老干部工作以党的群众路线教育实践活动为契机，以“让党放心、让老干部满意”为目标，锐意进取，扎实工作，圆满完成各项工作任务，荣获2014年度全市综合绩效考核先进单位。

一、思想建设不断加强。在全市离退休干部中开展“受教育、保本色、争上游”活动，组织老干部深入学习党的十八大、十八届三中、四中全会和习总书记系列重要讲话精神，积极引导其奉献余热，为党的事业增添正能量。老同志踊跃参与“喜看新变化，共圆中国梦”主题活动，受到省局高度赞扬。老干部网宣活动开展有声有色，活动照片在中组部《离退休干部党支部学习参考》封面刊登。

二、支部建设成效明显。深入推进“示范性服务型离退休干部党支部”创建活动，对26个申报创建的离退休党支部进行考察指导，推进离退休干部党建工作规范化、制度化、经常化。对148名来自基层的老干支部书记进行为期一周培训，不断提高他们的政治理论和工作水平。创新党组织设置，在市老年大学建立65个临时党支部，对抓好老年学员的思想政治工作起到积极作用。平江县公安局离退休干部党总支荣获全国离退休干部先进集体，临湘市畜牧水产局获评为全省离退休干部先进集体。《岳阳市创新加强老干部党建工作》的经验在全省老干部局长会上发言，被《湖南信息》《中国老年报》刊发推介。

三、政治待遇有效落实。组织举办一系列大型活动，全面落实老干部政治待遇。召开市级老同志迎春座谈会、经济社会发展形势通报会，卿渐伟、盛荣华等四大家主要领导出席会议。组织“四大家”老领导深入汨罗市考察新农村建设。在党的群众路线教育实践活动中，卿渐伟、李志坚、陈奇达等市领导分别主持召开5次征求意见座谈会，100多位老同志参加并提出建议。12月，盛荣华市长向正厅级老领导征求对《政府工作报告》的意见。老干部在政治上受到尊重，议政积极性更高。

四、生活待遇全面保障。国庆、重阳、春节等节庆期间，卿渐伟、盛荣华、李志坚、陈奇达、王瑰曙等市领导多次上门走访看望慰问老同志。春节期间，市本级安排慰问金、帮扶金70多万元，对离休干部、厅级退休干部和部分特困离退休干部全面走访慰问。加大特困帮扶力度，市本级增加特困帮扶资金8万元，为一批老干部解决困难。贯彻落实湘组〔2014〕8号文件精神，离休干部护理费按新标准执行到位。增加10万元“四就近”以奖代投经费，在全市开展“四就近”试点工作，为老干部提供就近便利服务、就近开展学习活动，取得较好成效。认真做好老干部来信来访工作，老干部队伍和谐稳定。

五、精神文化活动充实。以老年大学为主阵地，做到“天天有歌舞，月月有活动”，老干部活动丰富多彩。市老年大学开办108个班，每期学员达5400人次，每天有1000多名学员在校学习活动。为庆祝国庆65周年，组织开展钓鱼赛、门球赛、老年保健知识电视大赛、书画作品展、文艺会演、大型音乐舞蹈剧《大湖之恋》演出和岳阳地区设立50周年座谈会等老干部系列文体活动，全市5000名老干部参加，丰富活跃了老同志精神文化生活。关工委、老科协、老年书画协会、老年保健协会、门球协会、老年文学协会、诗词楹联协会、老年志愿者协会和金秋艺术团等老年组织进一步健全制度，开展大型活动50场次，有效发挥了作用。

【召开市级老同志迎春座谈会】

2014年1月22日，岳阳市召开老同志迎春座谈会，市委书记卿渐伟主持并讲话，市长盛荣华通报2013年全市经济社会发展情况和2014年工作安排。市领导李志坚、李湘岳、赖社光、陈奇达、樊进军等出席。参会人数120人。

【举行书画征文演讲比赛】 2014年10月31日，岳阳市开展“老少共筑中国梦、老少共创文明城”书画征文演讲比赛活动。副市长李为，老同志黄甲喜、方贵吾、潘曙斌、胡继康、刘新煌、朱德煌、戴绪军、赵石麟等出席。全市中小学生500人参加。

（本栏撰稿　杨亚中）

讲师团工作

【概况】 2014年，市委讲师团认真贯彻中央和省市宣传思想工作会议精神，以服务党委中心组学习为重点，集中精力做好市委中心组理论学习服务工作，搞好干部理论教育、理论研究等工作，圆满完成工作目标任务。组织市委中心组学习9次13天，举办培训班2期，授课200场（次），主持或参与完成省级社科课题2个，发表和获奖文章100篇，在全省讲师团系统先进单位考评中获一等奖。

一、做好党委中心组学习服务工作。一是制定市委中心组理论学习计划并组织学习。研究制定《2014年市委学习中心组理论学习安排意见》，确定全年6个重点学习专题和5个专题讲座。《意见》经报市委领导审定，以岳市宣联［2014］3号文件下发，指导全市副处以上单位党委（党组）中心组理论学习。先后邀请郑昌华、万俊人、李步云等专家学者到岳阳市作专题辅导，超额完成年度学习计划。二是加强中心组学习秘书培训工作。4月和11月，与市委宣传部共同举办两期全市党委中心组学习秘书暨理论骨干培训班，培训学员342人。组织全市34名理论骨干参加省委宣传部、省委讲师团组织的培训。三是开展对全市各级党委（党组）中心组学习旁听及督学工作。8月，邀请省委讲师团郑昌华主任来岳阳对市委中心组第五次学习进行旁听。会同市委宣传部派出6位同志到全市19条战线牵头单位党委（党组）中心组进行旁听，充分发挥督学、考学、促学作用。

二、开展重大理论宣讲活动。一是结合理论热点开展大面上理论宣讲。全年为市直各单位、各县市区、厂矿企业、部队、学校、乡镇（街道）、社区讲课200场（次），听众3万人（次）。授课专题涉及党的十八届三中四中全会精神、群众路线教育实践活动、习总书记系列讲话精神、社会主义核心价值观、中国梦、新党章、反腐倡廉教育等20个方面。紧贴理论热点，结合岳阳实际，编写《岳阳市2014年党员干部理论学习专题讲座》。共设6讲，每讲1万字，后附“资料链接”和“理论学习专题菜单”，为全市广大党员干部理论学习提供了辅导资料和培训教材。在全市“理论学习服务网”上发布包含50个专题的2014年理论宣讲菜单，供全市各级单位按需点课。二是策划重点专题开展理论集中宣讲。积极配合市委宣传部成立宣讲团，开展“学习习近平总书记系列重要讲话精神”“深入开展党的群众路线教育实践活动”两个重大主题宣讲活动，开展专题宣讲活动100场（次），圆满完成市委交给的重大理论宣讲任务。积极开展国防教育，2014年4月，蔡吉跃被聘请为国家国防教育师资库入库专家。7月，蔡吉跃、李卫兵被聘请为湖南省国防教育讲师团专家。三是紧贴群众实际积极开展“送理论送温暖下基层”活动。市委讲师团到基层单位开展理论和政策宣传宣讲30场（次），其中，有计划有组织的集中活动3次。

三、开展理论研究和课题调研活动。一是参与完成省委讲师团立项课题《城区依法治理对策研究》，完成市级社科课题《现代农业建设的实践、效应与启示》。二是积极撰写理论文章。在省级理论刊物发表文章5篇。在市级理论刊物发表文章25篇，发表时评、阅评文章95篇。三是积极参与教研活动。9月，赴怀化参加全省讲师团系统教学观摩会，观摩课“当代中国发展进步的精神旗帜——学习习近平总书记关于实现中国梦的重要论述”获好评。10月，在郴州市桂东县参加“全省讲师团系统学习党的十八届四中全会精神理论研讨会”，提交4篇文章，其中，《依法治国与传承中华传统文化研究》获二等奖，《十八大以来依法治国的思想认识和实践发展》《贯彻依法治国方略、推进社会治理创新》获三等奖。此外，《循环经济与再生资源产业发展研究》获全省讲师团系统2010-2013年优秀社科成果奖中唯一的一等奖，《建党90周年的伟大成就与建党执政的经验启示》获三等奖。《党纪条规记心中、清正廉洁做表率》获湖南省纪委、省监察厅征文优秀论文二等奖。

【推动理论研究出成果】 2014年，市委讲师团采取一系列措施，提高教研人员的科研能力和水平。一是明确责任。制定考核细则，将全年的科研任务加以量化细化。二是深入调研。承接中共湖南省委讲师团两个重点立项课题，多次赴岳阳楼区和君山区开展实地调研活动。三是实行奖励。健全和完善《教学、科研成果和突出贡献奖励制度》，调动教研人员从事理论研究工作的积极性。

（本栏撰稿　王　随）

对台工作

【概况】 2014年，中共岳阳市委台湾工作办公室（简称市台办）积极开展台海形势教育。4月29日和5月9日，先后依托市委常委会和全市对台工作会议，传达中央、省委对台工作会议精神，集中对当前台海形势和对台工作主要任务进行学习，发放涉台宣传教育资料近200份。向中央、省属在岳企业及市文化、艺术、宗教等相关社团送发《两岸关系工作热点透视》宣讲资料70份。依托“名城岳阳”网页，撰写《基层台办如何践行“两岸一家亲”理念的思考》《向在岳台胞、台属征求工作意见建议》《抗战老兵黄刚荣归平江故里》《我把岳阳当故乡，岳阳把我当主人》等40篇高质量稿件。坚持问题导向，积极开展各类专题调研。5月，市台办班子成员分别带队赴基层走访，探讨在现有机构条件下如何坚持和加强基层对台工作课题。配合省台办调研组，开展推进城陵矶新港与台湾基隆港直航的专项调研。联合汨罗市台办，开展加快申报建设汨罗两岸龙舟文化交流基地的专题调研，并将调研成果报送省办。

【岳台交流交往势头良好】 2014年，市台办连续第七届承办国台办重点交流项目南台湾青少年学生“湖湘文化之旅”活动。与岛内合作机构协调，邀请来自南台湾9所高校和小港高中的60名师生到岳阳市，组织听取岳阳市原副市长、教授李凌烟所作题为《湖湘文化之美》的讲座，参观岳阳楼、君山岛、团湖野生荷花世界、屈子祠等文化胜地，师生们对祖国进步的认同感进一步增强。承办国台办重点交流项目第十一届海峡两岸媒体联合采访团岳阳行活动，海峡两岸22家媒体的33名记者、编导来岳阳就洞庭湖生态经济区建设进行集中采访报道，市长盛荣华亲自接待并向采访团推介市情。始终与台湾岳阳各同乡会保持密切联系，乡情、友情持续巩固。12月，应台湾岳阳同乡会邀请，市委常委、秘书长樊建军率岳阳市县市区台办主任组团参访台湾，先后拜会台湾各地岳阳同乡会，台湾湖南同乡会联合会总会长、旺业机构总裁李厚业先生，面晤台中、台南、高雄湖南同乡会理事长，参观统一集团、花莲五百亩有机农场和立川渔场等地。

【投诉协调稳妥圆满】 2014年，全市涉台信访形势保持平稳，没有新发生一例涉台投诉案件，重点在化解陈年积案上加大处理力度，把少数个案、难案推动到市级领导层面予以协调解决。5月，市政府副市长宋爱华出席全市对台工作会议，就全市重点涉台案件协调处理情况进行讲评。会后，市台办按照要求开展一系列督办工作，相关案件进展顺利，其中4个案件得到妥善解决。9月，市政协副主席黎四清带领20名政协委员对全市重点台资企业进行走访，调研台企台商在发展中遇到的困难和问题，对2013年全市台资企业发展座谈会中所列问题清单的协调处理落实情况进行督促落实。

【经贸合作势头良好】 2014年，全市对台经贸合作呈现持续增长的良好态势。截至年底，扬帆国际幼儿园完成固定资产投资2600万元，冠宏科技有限公司实现投资7000万元，总投资1.5亿元的台创园签约淡水养殖加工项目完成征地。台湾北极星农业国际有限公司与湖南家之康农业科技有限公司合作，在华容县护城乡新华村征地53.46公顷，创建“华容台湾休闲农业科技园”，首期投资4280万元。 （李　杰）

责任编校　屈胜龙

岳阳市人民代表大会

综 述

【概况】 2014年，岳阳市人民代表大会常务委员会（简称市人大常委会）围绕全市发展大局，依法行使职权，较好地完成市七届人大二次会议确定的工作任务，为建设现代幸福岳阳，推进社会主义民主法治建设作出积极努力。全年举行常委会会议7次，主任会议20次，听取和审议“一府两院”专项工作报告28项，人大常委会专项工作报告1项，执法检查报告2项。作出决议决定3个，制定规范性文件3个。开展专题视察1次。

【推进现代幸福岳阳建设】 2014年，市人大常委会科学民主审议决定重大事项，推动全市经济社会健康协调发展，加快现代幸福岳阳建设。一是保障经济平稳运行。听取和审议全市2014年上半年国民经济和社会发展计划执行情况的报告，建议政府强力推进项目建设，优化产业结构，转变发展方式，加强要素保障，推进企业转型升级，促进经济平稳增长。专题调研黄茶产业发展情况，督促科学规划产业布局，推进品牌建设。开展全市民间借贷市场发展情况专项调查，督促依法加强民间借贷市场监管，规范市场秩序，防范金融风险，维护社会稳定。调研全市供电企业发展、工商部门监管服务市场主体工作情况。二是强化预算审查监督。听取和审议2014年市本级财政专项资金（基金）预算、2014年上半年预算执行及2013年财政决算情况的报告，审查2013年度专项资金、政府性基金使用情况。督促政府及财政部门改进完善预算编制，规范财政收支和专项资金管理，防范财政风险，提高财政资金绩效。审议批准发行地方政府债券8.04亿元，批准部分调整市级预算。审议通过《关于审计查出问题整改的监督办法》，加强审计监督。听取和审议2013年度市本级预算执行和其他财政收支的审计工作报告及审计查出问题整改情况报告，听取部分单位的整改汇报，督促有关单位上缴国库资金131816万元，归还原渠道资金46125万元，扣减工程结算价款5378万元，制定完善财经制度25项，启动问责程序1起，追究违法行为责任7起。做好2015年市本级预算编制审查工作，督促全口径编制2015年预算，细化一般公共预算，完善政府性基金预算、社会保险基金预算和国有资本经营预算。三是促进城市良性发展。专题调研2013年城建项目资金计划执行及2014年计划编制情况，督促增强计划执行的刚性约束，提高项目资金使用效益。开展禁违拆违治违工作专项督查，建议政府加大执法力度，构建禁违拆违治违长效机制。调研督查南湖综合治理、王家河流域综合整治、城区桥梁安全维护及城市园林绿化工作。四是依法进行人事任免。坚持和完善任前资格审查、拟任人员法律知识考试、供职发言和颁发任命书等任免工作制度，强化被任命人员的法律意识、公仆意识和责任意识。2014年任免市国家机关工作人员55人次，聘任市人大有关专门委员会兼职委员1名，接受省人大代表辞职1名，补选省人大代表3名。

【增强监督实效】 2014年，市人大常委会依法行使监督职权，采取多种形式开展法律监督和工作监督，督促“一府两院”依法行政、公正司法。一是开展工作评议。依法制定《专项工作评议办法》，加强对政府部门的工作监督，督促政府及其组成部门依法行政、履职为民。跟踪督促2013年专项工作评议意见的落实。在深入调查了解工作情况、征求社会各界意见建议的基础上，市人大常委会第十三次会议评议全市保障房建设与管理、大气污染防治、价格调节基金管理、落实农机购置补贴政策、农业科技创新与成果转化、中心城区道路交通安全管理、路灯和桥梁维护管理等人民群众普遍关注的七个方面专项工作。在肯定工作成绩的同时，指出问题与不足，提出整改重点与整改要求。二是进行执法检查。组织开展旅游法、植物检疫条例贯彻实施情况检查，跟踪督促环境保护法、农业法、行政诉讼法、义务教育法执法检查审议意见的落实，配合省人大常委会开展未成年人保护法、公务员法、大气污染防治法、专利法、电力法、湖南省安全生产条例、湖南省乡镇财政管理条例执法检查或调研，督促“一府两院”全面正确贯彻实施法律法规。旅游法执法检查督促科学编制旅游规划，保护旅游资源，完善基础配套设施，加强行业管理，着力培育重点旅游企业，做大做强旅游产业。植物检疫条例执法检查督促增强植物检疫工作的紧迫感和危机感，加大资金投入和人才支持，整合监管力量，健全完善植物检疫体系，提升植物检疫能力，保障农业安全发展。三是加强法律监督。听取和审议全市检察机关职务犯罪预防工作情况报告，督促检察机关围绕全市发展大局开展职务犯罪预防工作，推进预防机制建设，抓好系统预防、专项预防和个案预防，提升预防工作的水平和效果。专题调研全市人民陪审员履职情况，督促审判机关提升人民陪审员法律素养，发挥人民陪审员作用。做好规范性文件备案审查工作，全年接收报备规范性文件43件，向省人大常委会报送备案规范性文件6件，依法修订《规范性文件备案审查暂行办法》。听取全市干部学法用法考试情况汇报，支持选择部分行政执法单位工作人员进行学法用法集中考试。调查全市审判公开和检务公开工作。跟踪督促检察机关落实诉讼监督工作审议意见。

【促进民生持续改善】 2014年，市人大常委会把人民群众最关心、最直接、最现实的利益问题作为监督工作的重要内容，加大监督力度，促进民生福祉的改善。一是开展调研视察。专题调研全市养老保险工作，督促加大基金征缴力度，加强基金管理，确保养老保险基金安全运行，各类养老金如实足额发放。专项调查全市扶贫攻坚工作情况，建议政府推进精准扶贫，整合资源，提高扶贫工作的针对性和有效性。调查了解市总工会帮扶工作情况。组织常委会驻会组成人员专题视察全市农村环境整治工作，督促建立健全环境整治长效机制，建设秀美乡村。二是加强专项督查。专项督查铁山水资源保护工作，了解铁山水资源保护工作现状。督促政府及有关单位加快编制库区水资源保护规划，完善库区执法机构，推进库区水资源保护基础设施建设，健全铁山库区公益补偿机制。铁山库区入库拦污闸排、垃圾焚烧炉及月田污水处理厂建设进展顺利。跟踪督促食品药品安全工作，推进建立食品安全监管网格化管理责任制，实行食品安全红黑名单制度，提升食品药品安全水平。重视信访工作，热情接待和依法办理人民群众来信来访，做好信访件转办、催办、督办工作，解决来访群众合理合法诉求。全年接待群众来信来访552件966人次。三是组织“四行”活动。环保世纪行以大气污染防治为主题，督促加强建筑扬尘处置，推动淘汰黄标车和汽车尾气新标准检测工作。农产品质量安全行以畜禽水产品安全整治为主题，组织开展畜禽水产品质量安全督查，推动全市畜禽水产品质量安全上台阶。农民健康行围绕“推动村级卫生室建设，提高农村服务能力”主题，调研全市村级卫生室建设情况，开展农民健康教育周活动。民族团结进步行动以“保障民生、促进团结”为主题，开展民族团结进步创建活动，助推第八届少数民族传统体育运动会在岳阳市成功举办。

【支持代表依法履职】 2014年，市人大常委会加强支持和保障代表依法履职，发挥各级人大代表的主体作用。一是提升代表履职能力。加强代表学习培训，提升代表履职能力和综合素质。对51名基层市人大代表进行专题培训。组织部分省人大代表参加省十二届人大代表专题学习班。畅通代表知情知政渠道，不定期向代表通报全市经济社会发展和司法工作情况。二是搭建代表履职平台。落实代表列席常委会会议制度，全年推荐10名国、省人大代表列席省人大常委会会议，邀请57名市人大代表列席市人大常委会会议。拓展代表履职渠道，征求代表对党的群众路线教育实践活动的意见，邀请代表参加执法检查、视察调研、评议调查、议案建议督办、法院庭审、电视问政等活动。推进代表联系群众工作平台建设，全市建工作平台134个。各级人大代表2100多人通过工作平台联系服务选民1.8万余人次，收集意见建议1200多条，帮助解决实际困难390个。组织在岳阳市全国人大代表开展“建立洞庭湖生态补偿机制研究”专题调研。组织全国、省两级人大代表集中视察城市矿产资源利用和环境保护工作情况。委托各县市区人大常委会组织市人大代表开展集中视察，收集社情民意，深入基层了解全市经济社会发展情况。三是增强代表履职成效。加大代表议案建议办理督办力度，提高办理实效。审议通过《代表建议、批评和意见处理办法》。市七届人大二次会议立议案1件，收到代表建议230件。重视代表建议办理工作，研究梳理代表建议，科学确定承办单位，规范办理程序，落实办理责任。确定15件代表建议为重点处理建议，邀请代表68人次督办建议105件，推动建议办理从“答复满意”向“结果满意”转变，促进解决一批基层群众关注的热点难点问题。代表建议全部办结，代表不满意的1件，建议所提问题得到解决或基本解决的64件，问题解决率27.8%，代表满意率91.8%。建设“美好社区、温馨家园”的议案办理工作取得成效。市委市政府下发《关于创建“美好社区、温馨家园”的实施意见》，提出社区“五美”创建目标，实施九大惠民工程。主任会议成员带队到市政府和各县市区督促议案办理工作，全市按照实施意见的部署，加快社区建设。岳阳楼区确定“五美、五好、五统一、五覆盖”的社区建设标准。区财政加大社区保障力度，足额预算社区工作经费。全区98个社区统一推行标准化建设，新建社区办公场所5处。开展“百条小街巷”提质改造惠民行动，投资3000多万元建设、改造社区民生项目447个。

【开展党的群众路线教育实践活动】 2014年，市人大常委会认真开展党的群众路线教育实践活动。一是推进思想建设。紧扣“为民务实清廉”主题，认真学习、专题讨论党的群众路线的重要论述，征求意见建议，从严从实查摆问题，开展批评和自我批评。二是抓好作风建设。严格执行中央八项规定和省委、市委九条规定，坚持立行立改，制定专项整治实施方案，整治存在的突出问题。将教育实践活动转化为联系服务群众的实际行动，常委会组成人员及机关在职党员开展“党员进社区、竞赛当‘五员’”活动。做好新农村建设示范点、建整扶贫点工作。参与市委中心工作，全面完成各项任务。严格执行党风廉政建设各项规定，努力建设清廉机关。三是促进能力提升。全面清理修订常委会机关各项制度，废止制度6项，修改、合并制度38项，新建制度11项，努力使每一项制度符合法律规定，切合人大工作实际，简洁明了适用。继续组织常委会组成人员和机关干部集中学习，提高综合素质和业务能力。加强人大新闻宣传工作，不断扩大人大工作影响。组织人大代表和人大干部开展人民代表大会制度理论研讨。

重要会议

【市七届人大二次会议】　2014年1月18–21日，召开岳阳市第七届人民代表大会第二次会议。会议听取和审议市人民代表大会常务委员会、市人民政府、市中级人民法院、市人民检察院工作报告。审查岳阳市2013年国民经济和社会发展计划执行情况与2014年国民经济和社会发展计划（草案）的报告，批准岳阳市2014年国民经济和社会发展计划。审查岳阳市2013年财政预算执行情况与2014年财政预算（草案）的报告，批准岳阳市2014年市本级预算。会议还选举湖南省第十二届人民代表大会代表2名、市七届人大常委会委员1名。

【市七届人大常委会第九至十五次会议】　2014年3月28日，市七届人大常委会召开第九次会议。全国人大代表、市人大常委会主任李湘岳传达十二届全国人大二次会议精神。会议听取和审议市人民政府关于2014年市本级财政专项资金（基金）预算情况、市中级人民法院关于《中华人民共和国行政诉讼法》执法检查审议意见落实情况的报告。

5月28日，市七届人大常委会召开第十次会议。会议听取和审议市人大常委会办公室关于2013年规范性文件备案审查工作情况、市人民政府有关部门关于社会救助、基本农田保护、农村公路养护管理、造林绿化及人口计生工作评议意见整改落实情况的报告，审议通过《市人大常委会专项工作评议办法》以及人事任免事项。

7月7日，市七届人大常委会召开第十一次会议。会议审议通过杨明山辞去湖南省十二届人大代表。

7月29–30日，市七届人大常委会召开第十二次会议。会议听取和审议市人民政府关于2013年度市本级财政决算情况的报告，审议批准2013年市本级财政决算。听取和审议市人民政府关于2014年上半年国民经济和社会发展计划及财政预算执行情况、《中华人民共和国农业法》执法检查审议意见落实情况、《中华人民共和国环境保护法》执法检查审议意见落实情况、市人民检察院关于全市检察机关诉讼监督工作审议意见落实情况的报告。听取关于补选的市七届人大代表资格审查报告及代表异动情况报告。审议通过有关人事事项。

9月25–26日，市七届人大常委会召开第十三次会议。会议学习《中华人民共和国旅游法》，听取和审议市人大常委会执法检查组关于全市贯彻实施《中华人民共和国旅游法》的执法检查报告。评议市人民政府中心城区道路交通安全管理、大气污染防治、价格调节基金管理、农机购置补贴政策落实、保障性住房建设与管理、中心城区路灯和桥梁维护管理等七个方面的工作。审议通过《岳阳市人民代表大会常务委员会关于审计查出问题整改的监督办法》《岳阳市人民代表大会常务委员会关于规范性文件备案审查办法》《关于批准2014年我市地方政府债券资金安排及市级预算调整方案的决议》。

11月27日，市七届人大常委会召开第十四次会议。会议听取和审议市人大常委会执法检查组关于全市贯彻实施《中华人民共和国植物检疫条例》的执法检查报告、市七届人大二次会议议案及建议、批评、意见办理、督办情况的报告、市人民政府关于2013年度市本级财政预算执行和其他财政收支审计查出问题整改情况及市财政局、国土局、地税局审计查出问题整改落实的报告。会议审议通过有关人事任免事项，补选省十二届人大代表1名。会议审议通过《岳阳市人民代表大会代表建议、批评和意见处理办法》，作出《关于召开岳阳市第七届人民代表大会第三次会议的决定》。

12月29日，市七届人大常委会召开第十五次会议。会议学习《中华人民共和国预算法》。审议通过有关人事任免事项，听取市人大常委会代表资格审查委员会关于补选的市七届人大代表资格审查报告及代表异动情况的报告，初审市人大常委会工作报告及市七届人大三次会议有关文件。

【市人大常委会主任会议】　2014年，市七届人大常委会召开主任会议20次。先后讨论通过市人大常委会2014年工作要点，研究确定15件重点督办建议。听取2013年城建项目资金计划执行及2014年计划安排情况、全市黄茶产业发展情况、社会保险工作情况、扶贫攻坚工作情况、禁违拆违工作情况、公检法及部分行政单位执法人员学法用法集中考试、检察机关职务犯罪预防工作情况、市本级财政年终关帐情况的汇报。听取市人大有关专门委员会开展环保世纪行、农产品质量安全行、农民健康行、民族团结进步行动等活动情况的汇报。

决议决定

【关于批准2013年市级财政决算的决议】　2014年7月30日，市七届人大常委会第十二次会议作出《关于批准2013年市级财政决算的决议》。决议指出，完善预决算管理，规范财政收支，提高财政资金绩效。

【关于批准2014年全市地方政府债券安排及市级预算调整方案的决议】

2014年9月26日，市七届人大

常委会第十三次会议作出《关于批准2014年全市地方政府债券安排及市级预算调整方案的决议》。决议指出，认真落实债券使用项目，加强资金调度，提高债券资金使用绩效，并科学安排偿债资金。

【关于召开岳阳市第七届人民代表大会第三次会议的决定】 2014年11月27日，市七届人大常委会第十四次会议作出《关于召开岳阳市第七届人民代表大会第三次会议的决定》，定于2015年1月中旬在市区召开市七届人大三次会议。

执法检查

【《旅游法》执法检查】 2014年7–8月，市人大常委会执法检查组检查全市贯彻实施《中华人民共和国旅游法》情况。听取市人民政府和市直相关部门的汇报，重点抽查平江县、临湘市、君山区的情况。

【《植物检疫条例》执法检查】

2014年10月中下旬，市人大常委会执法检查组检查全市贯彻实施《中华人民共和国植物检疫条例》情况。听取市人民政府和市直有关部门的工作汇报，检查农业、林业部门植物检疫机构等，到平江县、华容县、汨罗市、云溪区、君山区实地检查。

专题视察

【组织编组在岳的全国、省十二届人大代表集中视察】 2014年10月28–29日，市人大常委会组织编组在岳的全国、省人大代表深入汨罗市，围绕“城市矿产资源利用和环境保护”主题开展集中视察。代表们现场察看汨罗循环经济产业园区的部分企业，听取汨罗市的有关情况汇报，围绕视察主题讨论发言，提出意见建议。

【视察农村环境整治工作】 2014年11月5日，市人大常委会驻会组成人员专题视察农村环境整治工作。到华容县万庾镇、护城乡等地实地考察，听取华容县农村环境整治的工作情况汇报并提出建议。

议案建议办理

【议案办理情况】 市七届人大一次会议大会主席团将岳阳楼区代表团提出的《关于加快建设“美好社区、温馨家园”的议案》定为大会议案。市委市政府高度重视议案办理工作，联合下发《岳阳市关于创建“美好社区、温馨家园”的实施意见》，将创建工作纳入综合绩效考核内容。市人大常委会明确一名副主任牵头督办，10月中下旬，深入各县市区专题督查，了解社区建设情况，推进全市各社区提质发展。

【建议办理情况】 2014年，市七届人大二次会议及闭会期间收到代表建议、批评和意见230件。市人大常委会及时向承办单位交办，并研究确定15件重点督办建议。所有建议分别由市人大各专门委员会按照对口联系关系，分工具体督办。常委会结合走访调研、执法检查、工作评议、代表评议等多种工作平台强化督办，督促解决问题。各承办单位落实办理责任，规范办理程序，着力解决问题。230件建议均办理完毕，及时答复代表，代表满意率91.7%，建议所提问题得到解决或基本解决的64件，问题解决率27.8%，代表不满意的1件。

（撰稿 方平波 谌国华）

责任编校 肖 卫

岳阳市人民政府

重要会议

【市政府第16次常务会议】 2014年1月21日由市长盛荣华主持召开。一、审议并原则同意《湖南长江经济带开发建设总体规划》。二、听取《政府工作报告》目标任务分解情况汇报。会议原则同意由市政府督查室提交的《2014年〈政府工作报告〉目标任务分解表》，根据各部门单位提出的意见、建议，修改完善后按程序下发。三、听取2013年度表彰奖励事项情况汇报。会议要求，对2013年度的表彰奖励，须严格控制，不得擅自增加表彰项目和名额。四是传达学习党的群众路线教育实践活动第一批总结暨第二批动员部署视频会议精神。

【市政府第17次常务会议】 2014年1月26日由市长盛荣华主持召开。一、听取全市安全生产工作情况汇报。二、听取全市森林防火工作情况汇报。三、听取交通疏堵保畅工作情况汇报。四、听取节日市场供应情况汇报。五、听取综合绩效考核评比方案汇报。会议原则同意市委市政府考核办提出的综合绩效考核评比方案。六、听取全市招商引资工作表彰奖励方案汇报。会议同意市招商局提出的2013年度全市招商引资工作表彰奖励方案。

【市政府第18次常务会议】 2014年2月21日由市长盛荣华主持召开。一、听取南湖新城区规划调整工作情况汇报。二、审议并原则通过《关于北斗卫星导航应用及产业发展的实施意见》。三是审议并原则通过《岳阳历史文化名城保护专项资金管理办法》。

【市政府第19次常务会议】 2014年3月10日由市长盛荣华主持召开。一、审议并原则同意《市级领导重点产业联系帮扶责任分工》和《市级领导牵头负责重大项目责任分解》。二、听取新港二期项目有关情况汇报。三、审议并原则通过《岳阳市市本级国有资本经营预算试行办法》。四、听取2013年度表彰奖励有关事项的情况汇报。会议原则通过市人社局提交的《2013年度表彰奖励有关事项方案》，按程序进行表彰奖励。五、研究部署当前重大项目建设、安全生产、森林防火等工作。

【市政府第20次常务会议】 2014年4月21日由市长盛荣华主持召开。一、听取全市政府性债务审计情况和加强政府性债务管理及2013年政府性债务审计报告有关问题整改情况汇报，审议并原则同意《岳阳市市本级政府性债务管理办法》。二、听取市城区和湘阴县、平江县城镇土地使用税等级税额调整的汇报。会议原则同意由市地税局提交的《市城区和湘阴县、平江县城镇土地使用税等级税额调整方案》，修改完善后按程序报省政府审批。三、审议并原则通过《岳阳市中心城区公共自行车租赁管理暂行办法》及《岳阳市中心城区公共自行车服务指南》。四、审议并原则同意《2013年度岳阳市科技突出贡献奖和科技奖励项目方案》。五、传达全国全省信访局长会议精神。

【市政府第21次常务会议】 2014年5月5日由市长盛荣华主持召开。一、审议并原则通过《关于支持和鼓励引进银行业金融机构的通知》。二、审议并原则同意《关于加强和改进公安基层基础工作的意见》。三、审议《岳阳市集体土地征收与房屋拆迁补偿安置办法》。会议原则通过市国土资源局提交的《岳阳市集体土地征收与房屋拆迁补偿安置办法》。四、审议并原则通过《关于进一步精简文件和会议的规定》。五、研究部署当前重大项目建设、禁违拆违治违、旧城改造等工作。

【市政府第22次常务会议】 2014年6月5日由市长盛荣华主持召开。一、听取“十三五”规划编制工作情况汇报。二、审议并原则同意《岳阳市创建国家公共文化服务体系示范区建设规划》。三、研究部署当前重大项目、重点民营企业帮扶、防洪抗灾等工作。

【市政府第23次常务会议】 2014年7月8日由市长盛荣华主持召开。

一、听取市政协《关于加强长江岸线资源管理与利用调研及建议案的说明》。二、分析上半年经济运行情况。三、研究部署当前垃圾焚烧发电厂项目选址、国家级洞庭湖—岳阳楼风景名胜区迎检复查、南湖新城区规划调整等工作。四、会议邀请湖南师范大学教授、有机化学专业博士生导师、省政协委员尹笃林作题为《石化产业是社会进步的物质保障》专题讲座。

【市政府第24次常务会议】 2014年7月28日由市长盛荣华主持召开。一、学习省政府《湖南省现代服务业发展行动计划（2014—2017年）》《湖南省2014年度现代服务业发展工作要点及目标》和《湖南省服务业发展联席会议制度职责分工》等三个文件。二、审议《岳阳市建设“美好社区、温馨家园”实施方案》。三、审议并原则通过《岳阳市湘江污染防治第一个“三年行动计划”实施方案》和《岳阳市贯彻落实〈大气污染防治行动计划〉实施细则》。四、听取市直党政机关办公用房清理情况及处理方案汇报。原则通过市办公用房清理领导小组办公室提交的《市直党政机关办公用房清理情况及处理方案》。

【市政府第25次常务会议】 2014年8月20日由市长盛荣华主持召开。一、传达学习省长杜家毫在城陵矶临港产业新区调研座谈会上的讲话精神。二、听取长岭炼化公司董事长、总经理李华所作的《石化企业的特点、现状及今后的发展趋势》专题讲座。三、审议《岳阳市重点民营企业帮扶资金管理暂行办法》，会议明确，将该办法修改为《岳阳市民营企业重点帮扶资金使用和管理暂行办法》。四、审议并原则通过《岳阳市茶叶产业发展规划（2014—2020年）》和《关于扶持茶叶产业发展的实施意见》。五、审议并原则通过《关于加快发展粮食生产的意见》。六、研究部署当前“一区三口岸”建设、南湖新城区规划调整、全民创业等工作。

【市政府第26次常务会议】 2014年9月2日由市长盛荣华主持召开。一、听取巴陵石化公司总经理李大为所作的《大力发展石化产业实现区域经济提速提质》专题讲座。会议要求，全市上下要进一步深化认识，全力服务巴陵石化和长岭炼化，促进岳阳石化产业提速发展。二、审议并原则通过《岳阳市流通产业中期（2013—2020年）发展规划》。三、审议并原则通过《岳阳市国有建设用地批后监管暂行办法》。四、审议并原则通过《岳阳市促进企业直接融资专项补助资金管理办法》。五、传达全省职业教育工作会议精神。由市教育局牵头，会同相关部门单位代市委市政府起草《关于加快发展现代职业教育的决定》、《岳阳市现代职业教育体系建设规划（2014—2020年）》，尽快按程序报批。

【市政府第27次常务会议】 2014年9月17日由市长盛荣华主持召开。一、听取湖南理工学院教授唐课文所作的《岳阳市高新技术产业发展现状与展望》专题讲座。二、审议并原则通过《岳阳市市本级行政审批事项目录》。三、审议并原则通过《关于市中心城区道路交通秩序整治通告》《岳阳市停车场管理办法》和《2014—2016年市中心城区道路微循环交通组织实施方案》。四、听取关于调整非居民用天然气销售价格的情况汇报。五、市政府党组党的群众路线教育实践活动整改方案通报。六、审议并原则同意《岳阳市市直机关差旅费、会议费、培训费和外宾接待费管理办法》。七、审议并原则同意《关于推进全民创新创业的实施意见》。

【市政府第28次常务会议】 2014年10月8日由市长盛荣华主持召开。一、审议并原则通过《岳阳市农村宅基地管理暂行办法》。二、审议并原则同意《岳阳城陵矶综合保税区等“四个申报”工作奖励方案》和《2013年度市长质量奖奖励方案》。三、传达贯彻全省医药卫生体制改革会议精神。四、研究部署当前重点工作。

【市政府第29次常务会议】 2014年10月28日由市长盛荣华主持召开。一、听取岳阳城陵矶综合保税区规划设计情况汇报。原则同意上海建筑设计研究院有限公司提交的岳阳城陵矶综合保税区规划设计第一方案。二、听取洞庭湖大桥至三江口水域砂石锚地迁移和砂石码头建设管理等工作情况汇报。原则同意市地方海事局提出的第一方案。

【市政府第30次常务会议】 2014年11月4日由市长盛荣华主持召开。一、听取中国电子信息产业发展研究院电子信息产业研究所所长、软件与信息服务业研究所所长安晖所作的《移动互联网产业发展态势和趋势》专题讲座。会议决定，由市经信委、市发改委牵头，年内拿出全市移动互联网产业发展规划和支持产业发展的意见。二、审议并原则同意《中国洞庭湖国际电子商务新城发展规划（2014—2020年）》。三、传达全省产业园区工作会议精神。四、研究部署市城区农贸市场提质改造、城区交通秩序整治、静脉产业园选址等工作。

【市政府第31次常务会议】 2014年11月12日由市长盛荣华主持召开。一、审议并原则同意《关于进一步加强铁山饮用水水源保护与库区民生保障的意见》。二、审议并原则同意《关于加快养老服务业的实施意见》。三、听取建立无工作单位优抚对象抚恤补助标准自然增长机制的情况汇报。会议同意市民政局提出的《关于建立无工作单位优抚对象抚恤补助标准自然增长机制方案》。四、审议并原则同意《关于进一步加强和规范市直党政机关房屋出租（借）管理的通知》。

【市政府第32次常务会议】 2014年12月2日由市长盛荣华主持召开。一、听取省旅游局副局长高扬先《新常态与旅游业发展》专题讲座。二、审议并原则同意《关于加快建设旅游强市的意见》。三、审议并原则通过《岳阳市工商登记前置审批制度改革试点工作方案》和《岳阳市工商登记制度改革后续市场监管工作意见》。四、听取全市治理车辆超限超载工作情况汇报。原则同意市交通运输局提交的《关于治理货运车辆超限超载的通告》。五、听取关于贯彻落实省政府270号令和消价费〔2014〕60号文件精神的情况汇报。

【市政府第33次常务会议】　2014年12月16日由市长盛荣华主持召开。一、传达学习中央经济工作会议精神。二、研究部署防范民间投融资市场风险，维护市场秩序和社会稳定工作。三、研究部署当前全年目标任务完成、《政府工作报告》征求意见等工作。

（本栏撰稿　卢盈颖）

市长盛荣华专题调研政务公开和政务服务工作　　（王　志　摄）

政务督查

【政务督查突出六大重点】　2014年，市政府督查室围绕六大重点严督严查，取得较好成效。一是围绕市《政府工作报告》目标任务抓督查。年初将《政府工作报告》分解为指标任务210项，涉及责任单位73家，下发《2014年政府工作报告考核方案》，实行一项目标任务“一名牵头领导、一套工作班子、一套实施方案”。6月底、9月底和12月底开展3次全面督查，下发针对政府工作报告目标任务的督办函26份，开展现场督办15次，组织或参与相关调度会11次。210项指标除个别主要经济指标和重点项目因客观原因未实现预期目标外，其余指标均按要求完成或超额完成目标任务。二是围绕市政府“三提升”主题活动抓督查。6月和12月，对全市“三提升”主题活动开展情况进行全面督查，上半年督查情况在全市经济形势分析及工作讲评会上进行通报。年底，牵头组织相关单位开展考核评分，考评结果纳入市委市政府综合绩效考评。三是围绕省绩效评估指标任务落实抓督查。对所有指标完成情况进行每月一次调度，每季度一次讲评，半年度开展一次全面督查，进度情况在全市通报，对滞后指标点对点下函督办。如针对固定资产投资等进度滞后指标，根据市委、市政府主要领导批示，提高督查频率，每月进行一次调度，下到落后县市区现场督办，收到明显效果，增速从8月的17%提高到12月的23%。2014年年底顺利通过省绩效评估年终考核验收，得到省验收组的充分肯定。四是围绕省市实事办理抓督查。2015年共组织召开实事工作调度会8次，讲评会2次，电话调度3次，并分别在年中、年末开展全面督查和考核验收。同时，围绕农村敬老院建设、改扩建精神卫生服务机构、救治救助贫困重性精神病患者、保障性住房建设等实事项目，开展13次有针对性的重点督查，对于督查中发现的问题，及时向市政府主要领导进行报告，并在全市进行通报，有力促进各项实事的顺利完成。全年22件省市实事37个考核指标均已全面完成，其中16个指标超额完成。五是围绕抓市政府重大决策落实抓督查。按照“一季一督查、一季一汇报”的督查机制，年内对市政府19次常务会议和19次市长专题会议确定的292项工作任务进行督查。对市政府主要领导在部门单位和县市区、乡镇以及凯美特、南翔万商、临湖公路、“四个申报”、交通重点项目建设、三荷机场建设等项目近40个专题调研活动中的决定事项进行督办，及时报告落实情况。六是围绕专项工作抓督查。对全市149家单位4000多名副处以上领导干部名下的福利房情况进行清理、审核。牵头有关部门起草清理和处置工作方案，参与对市直 150家单位的办公用房使用情况摸底、督查，完成整改、调剂工作，建立长效管理机制。根据市委、市政府主要领导的批示，督查共对中心城区违法建设问题、马壕污水处理厂建设滞后问题、湖南经视“电视问政”反映问题、君山六门闸砂石码头问题、安全生产等10多个事项开展专项督查；开展文明创建督查，共暗访40多次，向市委市政府领导报告督查情况26次，下发督查通报16期；参与南湖水环境综合整治、沟渠疏浚、铁山水资源保护、中心城区控建拆违、农村环境卫生整治、高速公路建设、河道采砂等多个专项督查。累计下发督办函265份，综合、反馈督查情况76次，所提工作建议基本上得到领导采纳。　　（陈　星）

【市长信箱办理工作再获奖】　2014年，市长信箱办工作人员受理市民有效来信4492件，回复4290件，回复率达98.51%，基本做到“事事有着落、件件有回音”，赢得群众一致好评，再次荣获2014年度全国政府网站精品栏目奖。年内对135件市长批示件进行跟踪督办，对办理情况进行8次通报。还对55名代表反映的28个问题进行交办、督办，均全部办结，代表们表满意。11月，将其他市政府领导批示件的办理情况和公文签批效率的情况纳入督查范围。　（陈　星）

政务信息公开

【政务服务再上台阶】　2014年，市政务公开办、市政务服务中心坚持管理求细、工作求新、标准求高，快速高效办理政务，如质如期如量完成各项目标任务。岳阳市政务公开透明度位居全省前列，窗口服务“一岗三责”全省首创，推介至全省各厅局、各市州，呈报副省长以上领导，上报国务院。成功争取“湖南省网上政务服务和电子监察系统”应用工作全省试点，大厅税费征缴为全省唯一保持“两增”，唯一被省政府办公厅专刊推介的地级市政务中心。

一、创新收费“一票制”，推行审批“两集中”。创新并严格执行办理一张网、减免一条线、收费一张票“三个一”和核对发改立项批复、仔细核对建筑面积、比照核对减免文件“三核实”流程，窗口测算、中心上报、政府批复，从源头上堵塞税费漏洞，杜绝人情税费、关系税费。全年收缴税费6.37亿，比2013年增长51.2%，其中“一票制”收费3.87亿元，比2013增长48.9%，在全省一枝独秀。对55个职能部门181项行政许可项目进行审批流程再造，实施一项审批一个流程、一张图表，建立健全行政审批权力清单、责任清单，确保审批环节减少、审批时限缩短、审批流程简化。中心进驻审批事项管理实行“一审一核”制，窗口受理事项直接签批、现场办结率达95%。非涉密审批事项统一纳入“湖南省网上政务服务和电子监察系统”办理。市政务服务中心全年办理各类政务服务事项84400件，期内办结率100%，提前办结率58%，审批整体提速43%。

二、常抓内部管理，强化为民服务意识。市政务服务中心在财政预算经费在8年未增的状况下，完成停车场、无障碍设施、水电改造维修等37处，较预算节约维修资金90.6万元，年内行政成本同比下降38.8%。开展“三亮三创三评”争先活动，“七个一”“三联三促”实践活动及每月读书活动，锤炼对党忠诚、对群众赤诚、对事业竭诚的机关文化。全年承办领导批示件129个，落实到位率100%。服务市政府常务会议、专题会议96场次，失误率为零。制定10项联审联批制度、8项监督管理制度。窗口审批事项统一制作12万份《一次性告知书》，所有补办、退办、承办件一律实行“书面清单告知”。同时为重点招商项目、重大投资项目开辟“绿色通道”，实行“一个项目、一份协议、一套人马、一抓到底”的无偿委托代办服务，集中会商、现场表态、书面纪要、限时办结，上门办、马上办，努力优化经济发展环境。在全省首创窗口服务“一岗三责”，明确窗口、中心、监察三方职责，促进窗口职能更强、服务标准更高、追责问效更严、审批时效更快。整治“三难”，推行微笑服务、亲情服务、预约服务、延时服务，坚持干部群众一样尊重，生人熟人一样热情，忙时闲时一样耐心，大件小件一样对待。针对老年人、残疾人等群体，实行办证、验证、送证“一条龙”上门服务。全年收到企业、群众的感谢信、表彰锦旗256件。

三、推进四项工作，提升服务效率。改善后勤。改过去食堂按市政务中心总人数付款的方式，为现在实名实际刷卡消费付款，将中餐标准从每人7元/餐，提高到13元/餐。全面统一规范工作人员着装，更换办公椅，让工作人员午饭之后能休息1小时。为改变脏乱差和车辆乱停乱靠的局面，完成院内停车场柏油路面改造，规划停车泊位76个。月月讲评。建立并实施“四个层次、四种形式”的工作月讲评制度。改每月半天讲评为每月半小时讲评。按照机关、窗口首席代表、窗口工作人员、各县市区政务中心四个层次，开展由纪委、监察局参与的纪检监察讲评，政风行风评议员、人大代表、政协委员参加的民主监督讲评，问责办、督查室等部门参与的问责督查讲评，办事群众、企业代表、媒体记者参加的舆论监督讲评。强化考核。完善窗口及窗口工作人员考核办法与细则，将民主评议与考核评分相结合、日常巡查与效能监控相结合、明察与暗访相结合、内部考核与外部评议相结合，采取量化测评、分项评分方式，严格考评考核。集中开展惠民政策公开、办事公开专项整治，开设政府网站专栏，加强考核通报，获得省、市群众路线教育实践活动办4次好评。提升效率。牵住建设工程规划、报建联合审批的“牛鼻子”，将14个环节压缩为6个步骤，审批提速60%。组织市政务服务中心工商窗口在全省率先推行工商登记制度改革，一门受理、一表填写、4天办结，审批提速72%。督促74家责任单位完善门户网站“省网”办件、政府信息发布，主动公开政府信息31.3万件，比2013年增加17%。完善市、县、乡政务公开与服务平台，乡镇便民服务中心覆盖率达100%。　（许　茜）

【“12345”热线诉求办结率达99.93%】

2014年，“12345”公众服务热线注重听民生、察民情、聚民智、解民忧，严格落实“三个百分之百”工作原则，圆满完成年度各项目标任务。全年受理群众来电255356件，比2013年增长11.53%，单日接听话务量突破1700件。85家责任单位办结群众诉求111244件，比2013年增长45.90%，办结率99.93%，按期办结率平均98.37%，群众满意率92%，收到市民表扬来电550件。全年综合指标值达到A类（95以上）的单位有62家，达到B类（90–95）的单位有12家，有22家单位的按期办结率为100%。　（黄　岗）

【加强热线平台建设】　2014年，市热线办新整合“12316”“三农”服务热线、“12356”阳光计生服务热线。群众凡涉农、计生方面的咨询求助、投诉举报和意见建议，在拨打12316或12356热线号码时，将全部自动转接至12345公众服务热线平台，由12345热线呼叫中心统一接听。呼叫中心受理的市民来电将形成电子工单，来电当日派发至市农业局或市计生委限期办理，并由市政府热线办予以实时监督和综合考评。12月底，市社会救助平台与“12345”热线实现整合，创新建成全省第一个市级社会救助“一门受理、协同办理”工作机制。年内，岳阳县、湘阴县先后建成12345县级工单办理网络平台，加之先前已建成平台的临湘市，现在有三个县市区建立开通县级工单办理网络平台。县级平台建成后，工单办理网络延伸至各乡镇和县直单位，有效简化工单转办环节、缩短工单流转时间，提升工单办理效率和热线服务水平。平江县、汨罗市、君山区、岳阳楼区等其他县区筹建县级单位办理网络平台的工作正在有序推进，通过配齐办公设施、明确承办专人、完善办理机制、健全强化督办等举措为平台建设做好准备、打好基础。湘阴县成立全市首个县级政府专门的“12345”热线办，配齐设备、充实人员、安排经费。华容县、岳阳县和湘阴县在其政府门户网站设立“12345”专栏，公开工单办理情况，接受群众监督。（黄　岗）

【承办电话问政】　2014年4月，市政府热线办响应市委党的群众路线教育实践活动相关要求，承办“电话问政”活动。“电话问政”选定25个与群众“打交道”较多的市直单位。从4月开始，每周一上午由单位主要负责人直接接听“12345”公众服务热线的群众来电。通过电话，现场接受群众对本单位履职情况、工作成效、现存问题、解决措施等开展问政。25场“电话问政”活动接受问政来电647件，办结647件，按期办结率100%，群众满意率95%，其中在一个工作日内办结的群众诉求占比51%。“电话问政”让各参加单位负责人与群众直接对话、直面诉求，及时解决群众反映强烈的热点、难点问题，赢得良好的社会反响，被省委群众路线教育实践活动领导小组办公室作为典型向全省推介。11月，“电话问政”活动获评2014年全国政府门户网站“精品栏目”称号。（黄　岗）

【电子政务建设加速推进】　2014年，岳阳市加速推进一批电子政务项目建设，取得明显成效。涉税信息平台项目于5月启动，完成综合治税应用平台、涉税信息综合数据库、综合治税门户网站、综合治税应用系统和综合治税规范体系建设等5个方面的内容。城市治安电子防控系统三期项目于10月完成建设施工、线路、监理三个标段的招标工作，完成市长专题会议安排的任务。项目于11月25日正式上线运行。经过三年多时间的建设，完成岳阳市地理空间框架项目基础数据采集建库和地理信息共享服务平台的搭建。实现为公众、专业部门、政务部门提供在线地图、在线数据采集、在线标绘和地理信息目录等地理信息数据服务，可以为“数字岳阳”各个应用系统的开发提供数据、功能和接口支持。在全市国土、规划、城管、公安、民政、医疗卫生部门成功建立应用示范系统。该项目于12月18日顺利通过省国土厅组织的竣工验收。完成智能交通项目技术方案编制工作，于12月23日在省交警总队通过专家组评审，取得阶段性成果。年内，启动信用信息平台建设，初步搜集近41万条信用信息数据，包括企业的基本信息和诚信状况信息25多条，个人职业信用信息5万多条，工程建设领域信息11万多条。（叶　辉）

【市政府门户网站亮点纷呈】　2014年，市政府门户网站在业务增加的情况下，完成全市43家主要部门单位子网站的整合，实现市政府门户网主站、部门子站和政府信息公开发布平台融为一体，信息数据共享互通，网站集约化建设成效明显。网络平稳运行，没有出现重大事故。开设行政权力运行、财政资金信息、公共资源配置、公共服务信息、公共监管信息以及信息公开亮点六大板块，公开信息达11000多条。全新打造公共服务专题，突出民生和企业服务主题，制作教育、劳动就业、医疗卫生等13个民生重点领域服务专题，栏目的服务信息总量达到6600多条。开展“调查征集”63次，突出政民互动，访问量近20万人次，网民留言5000多条，网站影响力明显提高，“在线访谈”借助12345公众服务热线开展电话问政的契机，创新性地把问政各职能部门领导的现场搬到网上，让网民直观地了解问政现场、体验问政过程，栏目点击数10000余次，成为新精品栏目，“市长信箱”完善互动能力，加入二次反馈功能，进一步加大广大群众对部门办信的监督力度，全年解决市民诉求4086件，连续第四年评为精品栏目。系统应用数据量从2013年的不足10万件攀升至110万件，办件数已跃居全省前三。网站管理应用水平逐步提高，网站影响力和满意度明显提升，网站综合绩效、行政效能全面领先，荣获2014年度中国政务网站领先奖，市长信箱、在线访谈两个栏目双双获得全国政府网站政民互动类精品栏目奖。（叶　辉）

法制工作

【依法行政工作位列全省前茅】
2014年，市政府法制办按照依法行政及政府法制工作总体要求，全面推进法治政府建设，不断提高依法行政水平。4月，组织召开全市依法行政工作推进大会，编制下发《2014年度全市依法行政工作要点》和《2014年度依法行政考核方案》，对全市依法行政工作进行全面部署。在全市开展依法行政示范单位创建活动，组织1次全面检查，主要对市国土资源局等10个行政执法单位依法行政工作进行检查。年终对全市13个县市区政府、管委会，69个市直及中央、省属驻岳单位进行依法行政工作考核，并将考核结果纳入市委市政府2014年度全面建成小康社会综合绩效考核工作体系。年终，在全省依法行政工作绩效考核中，岳阳市名列前茅。

【加强规范性文件管理】　2014年，市政府法制办对市政府规范性文件45件，市直部门规范性文件18件、非规范性文件48件进行合法性审查，对会议纪要、行政合同、协议等其他公文、文书140余件进行审查把关。审查县市区政府报备的规范性文件191件。落实“三统一”制度，对45件市政府规范性文件、18件市直部门规范性文件进行统一登记、统一编号、统一公布。建立规范性文件网上动态有效期公布系统，完成2008–2014年规范性文件有效期的录入工作。

【行政复议办结率达87%】 2014年，市政府法制办履行职责，切实加强规范化建设，畅通复议渠道，创新办案方式，提高办案质量。全年收到公民、法人和其他组织提出的行政复议申请72件，立案63件，办结55件，按时完成全市行政复议和行政应诉统计上报工作。参与应诉案件10件，无一败诉。

【指导监督依法行政】 2014年，市政府法制办加强对全市行政执法队伍的培训管理，突出行政执法人员的法律知识和业务培训，全年培训行政执法人员2800余名，有效提高行政执法人员的素质。开展行政执法案卷评查工作，向省政府报送10件优秀案卷，组织编纂5个行政执法指导案例，在市政府门户网站发布，指导全市行政执法工作。

【政府法律服务】 2014年，市政府法制办主动履行参谋助手和法律顾问职责，代理市本级行政诉讼案件10件、行政复议答复案件10件，参加市政府涉法事务会议50次，办理领导批示件36件，出具法律意见书21份。组织市政府外聘法律顾问参加市政府有关会议30次，参加市政府重大决策专题会议7次，参与纠纷调解45起，出具法律意见书15份。

（本栏撰稿 许 赞）

经济研究

【概况】 2014年，市政府研究室围绕政府工作大局，弘扬“敢于担当、埋头苦干、团结协作”的作风，发挥参谋助手作用，全年起草各类文字材料475篇，较好地完成各项工作任务。3月，该室作为唯一的市州代表，在全省政府系统秘书长办公室（研究室）主任会议上作典型发言。

一、精益求精抓好文稿工作。牢固树立精品意识，着力提高文稿起草质量。全年起草领导讲话、专题报告等综合性文稿468篇，平均每天一篇多，得到领导采用。起草的政府工作报告、市委经济工作会议上的讲话、群众路线党课材料等得到市领导肯定,特别是政府工作报告先后修改20稿，市长盛荣华十分满意，以市长名义起草的《建设水墨丹青新岳阳》《谱写八百里洞庭美如画的新篇章》等文稿先后在《湖南日报》刊载。为市长起草的接受国家、省级媒体采访答记者问、湖南经视电视问政、长江沿岸中心城市经济协调会市长联席会主旨发言等材料反响良好。

二、聚焦中心搞好调查研究。紧密结合全市经济发展重大课题、重点工作开展调研，精心撰写形成7篇有分量的调研报告。针对宏观经济形势复杂多变、投资下行的情况，组织开展部门座谈和实地调研，形成专题调研报告，突出加强饲料产业发展、“12345”热线建设、旅游项目建设等热点工作调研，结合实际提出操作性较强的建议。市委书记卿渐伟对《关于我市固定资产投资情况的调查》专门批示，要求有关部门把项目建设抓紧。市长盛荣华对《关于正虹集团发展情况的调查》作出批示，认为该调查报告提出的思路和措施值得研究。围绕市长交办的企业改制遗留问题处理、洞庭湖博览园项目建设等专项课题开展调研，撰写向省人大常委会递交的市长议案建议得到采纳，为岳阳市争取政策支持。坚持一月一碰头，每月召开市直部门经济形势分析会，及时形成综合材料，为主要领导提供决策参考。

三、高效精准抓好信息报送。坚持抓住重点、跟踪热点、剖析难点、关注弱点、捕捉亮点，切实提高信息质量，增强信息工作的准确性、实效性。一年来，向国务院、省政府报送信息1200多条，有70条信息被采用、28条得到省政府领导批示肯定。市长盛荣华指示要求报送联手帮扶、项目建设、民意速递平台建设、安全生产、临港产业新区和华容县推进沿江开发等信息材料后，市政府研究室迅速行动，以事不过夜的速度组织综合情况、快速报送，基本被省政府采用并报国办。报送的整顿河道采砂、深化县级公立医院改革、推进长江经济带开发建设、推进农村新能源建设等信息被杜家毫、李友志、盛茂林、张硕辅等省政府领导批示并转省有关部门。全年信息报送量和省领导批示比往年增多，充分反映岳阳的工作成绩，争取到省政府对岳阳工作的重视和支持。 （傅家钧）

信访工作

【概况】 2014年，岳阳市信访局（简称市信访局）贯彻落实中央、省关于信访工作的一系列决策部署，坚持以信访事项“事要解决”为目标，推进信访工作制度改革，强化体制机制建设，夯实基层基础，落实工作责任，有效推动信访工作制度化、规范化、法治化，信访工作取得明显成效。一是实现“访降信升”的目标。全年接待办理到市以上来访来信7100批22555人（件）次，其中办理群众来信2325件次，同比上升60.2%，接待群众来访4775批20230人次，批次和人次同比分别下降4.3%和13.6%，进京非正常上访登记仅83人次，同比下降57%，为全省各市州最少。在12月26日召开的全省“引导群众依法逐级走访工作现场推进会”上，市信访局作大会交流发言，得到省信访局领导的点评和肯定。二是“事要解决”卓有成效。到市信访重访率下降到20%，省委书记交办的28件信访积案以及省信访联席办交办的162件信访积案全部办结，市信访局开展的“十帮一”化积案活动被湖南省党的群众路线教育实践活动办公室作为亮点工作推介，湖南新闻联播和《湖南日报》均予以宣传报道。三是维护社会大局稳定。全年全市未发生因信访问题处置不当造成的重大恶性事件和群体性事件，重要政治敏感时期、重点节假日时段、重大活动期间都保持社会和谐稳定。四是信访秩序明显好转。全市堵门、堵路和打横幅等涉访违法行为明显减少，群众依法信访意识明显增强。

【深化信访源头治理】 2014年，全市信访部门根据《岳阳市2014年用群众工作统揽信访工作实施方案》的要求，全面推进市、县、乡、村、组五级群众工作网络建设，实现群众工作网络全覆盖，切实发挥乡镇（街道）群众工作站以及村（社区）群众工作室定期分析信访形势、办理群众来信来访、协调处理矛盾纠纷的作用，有效减少信访问题上行。督促落实领导干部“定点接访、重点约访、专题接访、带案下访和领导包案”的“四访一包”工作机制，推进县市区领导干部定点接访、包案化解重大疑难信访问题，推动信访问题及时就地解决。全年各县市区党政领导包案化解信访问题469件。落实《岳阳市信访信息报送及处置制度》，按照一般访情定时报、重大访情及时报的要求，切实增强排查化解矛盾纠纷的主动性、时效性，推动问题及时发现、及时处理。市信访局收到访情预警信息548条，近80%的矛盾纠纷在第一时间、第一地点得到化解。发动和组织律师、心理志愿者、“五老”人员等社会组织和人员有序参与社会矛盾化解，进一步壮大基层矛盾纠纷化解力量。各县市区、乡镇、村组建立起“信访流动车”“三室十户长”“五老和谐会”“广场舞和谐小分队”“解难专家逐乡行”等信访工作或社会管理新模式、新机制，得到群众好评。

【推进信访制度改革】 2014年，全市信访部门推出依法逐级走访、诉访分离、网上信访等信访工作制度改革举措。将信访制度改革相关内容列入市、县两级党校干部学习培训的“必修课”，组织各级信访部门召开信访工作制度改革相关业务培训会5场次，推动各级各部门把握信访工作制度改革精神和要求。在《岳阳日报》开设信访专栏，宣传信访制度改革内容，曝光涉访违法行为，还专门设计一套引导依法逐级走访的宣传漫画，张贴在村组、社区，引导群众逐级走访、理性维权。制定《岳阳市信访局信访工作规程（试行）》，明确信访事项受理办理工作程序。在岳阳市人民来访接待中心设立法律咨询室，引导涉法涉诉类信访案件进入司法渠道解决。依托全国信访信息内网，积极推进“网上信访”工作，推动信访事项“网上流转、网下办理”，基本实现来信事项的可查询、可跟踪、可督办。落实岳阳市委办公室、市政府办公室下发的《关于认真做好人民群众进京赴省到市非正常上访接待劝返工作的通知》，明确责任单位接访劝返工作责任，切实做好非访群众的接待、劝返、引导工作，有效防止信访矛盾激化以及重大群体性事件、极端信访事件发生。协调岳阳市公安局岳阳楼分局内保工作大队，加大对涉访违法行为的处置力度。内保工作大队依法处置涉访违法群众200余人次，信访秩序持续改善。

【落实“事要解决”】 2014年，市信访局坚持每周五对接待处理的信访事项进行梳理，跟踪督促责任单位限期办结，对市级领导批示信件办理情况实行一月一汇总、一月一汇报、一月一督办。建立信访事项“挂销号”制度，对交办的信访事项全部进行挂号登记，办结一件销号一件，在《信访月报》上进行通报。同时，通过呈阅件、请示件、信访联席会议专题研究以及与市委群众路线活动办、市委督查室、市政府督查室建立联合督办等形式，借力压实工作责任，推动一大批疑难复杂信访问题及时解决。压实信访工作责任，改进考核内容和方式。将信访工作考核从以信访量为重心转变为源头治理、渠道畅通、事要解决三个方面的综合考核，每月通报考核情况。履行“三项建议权”，年内有两个责任单位因接访处访不及时、化解信访问题不力受到市委市政府的通报批评，两名主职领导受到问责处分。制定《岳阳市“百例疑难信访积案听证化解活动”实施方案》，以公开听证的方式推动疑难信访积案化解。年内对全市17个重点疑难信访问题进行公开听证，其中5件在听证前约谈化解，12件通过召开听证会化解，超额完成省里确定的12个任务数。印发《关于开展“十帮一”化解信访积案活动的实施方案》，对多年未化解的信访积案、难案以及进京上访老户，采取“十帮一”的方式，由一名县处级干部、一名乡科级干部、一名村（社区）干部、一名公安干警、一名人大代表、一名政协委员、一名法律工作者、一名心理工作者、一名上访人亲属、一名德高望重的协调员联合包案帮助信访人，综合运用政策、法律、经济、行政等手段，采取教育引导、法律援助、心理疏导、困难帮扶、亲情关爱等方法，实现化解矛盾、稳控人员的目标。

（本栏撰稿　邱　梁）

人力资源和社会保障工作

【概况】 2014年，市人力资源和社会保障局（简称市人社局）坚持“民生为本、人才优先”主线，发扬“民生为本、法纪为镜、事业为重、团结为要”的“四为”人社精神，各项工作稳步推进，取得较好成效。该局被评为全国清理整顿人力资源市场秩序专项行动先进单位、全国诚信人力资源服务机构、全省依法办事示范窗口单位，全市新农村建设联点帮扶工作先进单位，成功承办全国16省区市城乡居民养老保险工作会和全省“春风行动”启动仪式。一是就业形势稳中向好。全市实现城镇新增就业5.72万人，新增农村劳动力转移就业6.31万人，失业人员再就业2.96万人，就业困难对象再就业1.11万人，城镇登记失业率控制在4.02%，“零就业”家庭100%动态清零，发放小额担保贴息贷款1.43亿元。应届毕业生初次就业率达93.14%，高于全省平均水平。二是社会保障更加有力。全市企业养老保险征缴基金24亿元，完成同级财政补助4762.2万元，机关事业单位养老保险、城乡居民养老保险、城镇职工医疗保险、生育保险、工伤保险、失业保险征缴基金分别为7.5亿元、2.27亿元、11.6213亿元、0.54亿元、2.1亿元、1.42亿元，均超额完成年度目标任务。社保卡发放任务全面完成，持卡人数达166万人。社保基金安全运行，各项社保待遇及时足额兑现。三是人事人才服务更优。开展市直行政机关干部人事领域突出问题专项治理，消化超配科级干部58人。率先在全省启动并完成全市人力资源市场整合任务。圆满完成各类职称评定、人事考试组考以及以“培育和践行社会主义核心价值观”为主题的公务员培训任务。

召开人事人才工作整改恳谈会，邀请市直16个正处级单位“一把手”参加，解决问题60多个。公开招录（聘）公务员291名、事业单位工作人员1396名，招募“三支一扶”大学生25名。出台三年农村人才开发培养计划，培训农村劳动者14100人。落实引智项目29个，经费122.5万元。安置军转干部73人，随调家属14人。四是劳动关系更加和谐。受理“12345”热线工单1400多件，接待处理信访400多起，按时办结率100%。参加第14期“电话问政”，现场接听处理群众来电29起。“一县一品”工资集体协商模式逐步形成，职工年平均工资增长5%–10%。推广“绿色通道”办案制度，调解结案占已处理案件的70%以上。开展拖欠农民工工资整治专项行动，为580多名农民工追讨工资款473万多元。

【千方百计促就业】 2014年，市人社系统抓推动创业带动就业，专项服务促进就业，加强帮扶扩大就业三项措施，就业工作成效较好，中央电视台等媒体多次报道推介岳阳市就业创业工作。9月28日，召开推进全民创新创业动员大会，出台系列优惠政策，全面铺开“大众创业、万众创新”活动。市委书记卿渐伟出席并讲话，市委副书记李志坚主持，市领导李湘岳、陈奇达、康代四、徐新启、樊进军、陈四海、王瑰曙、向伟雄等到会。年内，顺利通过创建省级创业型城市验收。在全省率先推行“联审联保联贷”模式，全年发放小额担保贴息贷款1.43亿元。健全完善“一站式”创业服务平台。招募创业专家志愿者306人，征集发布创业项目913个。新的大学生创业实训见习基地启动，10家市级创业孵化基地挂牌，创业载体更为丰富。出台《关于促进家庭服务业发展的通知》，加大政策让利，鼓励引导企业走品牌化、规范化、标准化发展道路。全年家庭服务业新增吸纳就业5100余人，创建“云梦保洁”“巴陵嫂保姆”“潇湘女月嫂”三个品牌，岳阳发展家政服务业促进走在全省前列。成功承办全省“春风行动”主会场活动及系列专项服务活动。实施“公共就业服务进校园”活动，面对面为大学生解读就业政策、回应实际需求。制定规范就业援助岗位开发和管理文件，实现市区“同城同步同标准”。鼓励支持劳动密集型企业和中小微企业吸纳就业困难人员就业。采集劳动力信息259.2万条，为宏观调控就业奠定基础。成立岳阳市失业保险基金管理服务中心，失业保险参保总人数达35.31万人，为14941名失业人员按时发放失业保险金3109万元。稳步扩大失业保险基金支出范围，拨付33家企业751.9万元岗位补贴，稳定近5万个就业岗位。对64家重点行业企业进行失业动态监测，失业保险由被动保障失业人员基本生活向主动保就业岗位转变。

【社保基金高效运转】 2014年，岳阳市人社系统开展“社会保险基金安全管理年”活动，确保基金安全保障更加有力，全面降低基金防控风险。制订基金安全分级防控方案，健全内部监控制约机制，加强基金征缴、支出、结算、管理等环节的风险排查和隐患整改。完善基金使用预算审核制度，支付使用不规范行为得到及时纠正。金保工程预警和疑点信息得到及时处置。投入280万元建成档案信息系统，基金安全漏洞有效堵塞。组织基金安全专项整治行动，着重检查全市5年来社保基金财政补助情况。严厉打击骗保套保行为，联合相关部门查清5起工伤骗保案，追回基金63.6万元，查处3家医院违规行为，拒付医院105万元医疗费用，集中整治协议药店316家，发放整改通知49份，暂停医保刷卡资格3家。全面推进征缴扩面。采取周调度、月通报、季督办等措施，做到应收尽收、应保尽保。现场稽核120家参保单位社保基金缴费工资基数，协调建设、安监部门采取强制措施，增强企业法人和职工参保意识，确保建筑施工和矿山开采等高风险行业全面参加工伤保险，扩大统筹医保基金来源，重点抓住环卫工人、出租车司机、保安等特殊群体和建筑、餐饮行业人员参保，中国石化总公司巴陵分公司医保顺利移交，新增参保职工30822人，探索建立被征地农民社会保障制度，完成市辖五区被征地农民社会保障前期调研，为市委市政府出台相关政策提供参考和依据。及时兑现社保待遇。完成调整待遇工作，全市249934名企业退休人员月均养老金增加182.79 元，达到1604.44元。为66.37万名城乡居民发放养老金4.5亿元。推行“以总额预算为核心，分级分类管理，多种付费方式相结合”的付费方式改革，极大方便群众就医和报销，全年累积发生医疗费用6.87亿元，实际医保支付额6.11亿元。工伤待遇支付严把“申报材料、享受条件、支付标准、特殊审批”四关，全市支付基金6246万元。

【医保基金超额完成】 2014年，全市参保173.05万人，其中，职工62.65万人，居民110.4万人，城镇人口参保率达97.7%。市本级参保38.15万人，其中职工27.82万人，居民10.33万人。全市生育保险参保缴费41.56万人，市本级16.5万人。全市职工医保基金收入为97118万元，完成目标任务65000万元的149.4%，全市居民医保基金收入34494万元。市本级职工医保收入56700万元，完成省目标任务39400万元的143.9 %，完成内部目标任务55000万元的103.1%，市本级居民医保收入3400万元。生育保险全市收入4441.2万元，完成任务3500万元的126.3%，市本级收入2700万元，完成任务1860万元的145.1%。圆满完成年初既定的各项工作目标任务。

【人力资源市场供需两旺】 2014年3月，市人社局率先在全省完成市本级人力资源市场整合，至年底，全市人力资源市场全部整合到位，市人力资源服务中心被评为全国诚信人力资源服务机构。市人力资源服务中心立足职能，搭建人才供需平台，实现供需两旺，社会反响良好。推行现场、网络、报媒三结合的立体式招聘方式，每周六定期举办招聘会，湘北人才网和公众微信微博平台后台24小时呼应，求职者不出家门就可通过“掌上平台”获得就业创业信息。全年举办人才交流会53场次，进场单位3904家，提供就业岗位144830个，入场求职人数达20多万人，初步达成就业意向47284人，促进大学生就业36000余人，湘北人才市场已成为湘北地区劳动力供需双方首选交流平台。

（本栏撰稿　何　龙）

民政工作

【概况】　2014年，市民政局围绕全市经济社会发展大局，提高民生保障水平，有效破解民生难题，社会救助、社会福利、优抚安置、社会组织管理、社会事务管理等工作取得明显进步，民政部门与人民群众之间的联系进一步密切。开展作风建设主题活动，重新修订出台系列管理制度，推行公务卡消费，公务接待、公务用车管理规范化，廉政作风建设取得显著成效。扎实做好为民服务的有关工作，全年收到市长信箱投诉52件，人民来信来访来电和上级转办件364件，“12345”公众服务热线工单552件。对所有事件的处理，都做到办结率100%，回复率100%，人民满意度不断提升。办理人大代表建议、政协委员提案40件，做到了事事有回复、件件有落实，代表满意率为100%。年内，岳阳市被评为全省民政工作先进单位。

【做好社会救助】　2014年，岳阳市社会救助工作加大低保资金争取力度，扎实抓好城乡低保标准提标。争取上级民政部门和市、县两级财政拨付救助资金8.1亿元，市辖区城市低保标准达到400元/月，人均补差水平提高至256元/月（含物价补贴），市辖区农村低保标准达到200元/月，人均补差水平提高至118.2元/月（含物价补贴）。完成14所农村敬老院改扩建任务，农村分散五保供养标准达到2800元/年。严格按照《城乡低保专项整治实施方案》，开展“人情保”“错保”专项整治，维护全市城乡低保公开、公平、公正的局面。从宣传发动、全面入户、规范评议、清理档案、强化监督等多个层面着手，开展城乡低保“阳光行动”，取得显著成效。全市动态退出城乡低保对象10366户17174人，其中“人情保”“错保”现象724户1077人，新增城乡低保对象17855户27219人，赢得良好的社会反响。贯彻落实国务院《社会救助暂行办法》，制定《岳阳市城乡居民最低生活保障工作规程》，重新设计制作一系列工作流程图，进一步完善城乡低保工作的日常管理制度、申请审核审批制度、民主评议制度、投诉举报核查制度、考核评估制度、监督管理制度、责任追究等制度。创新思路，通过与“12345”政府公共服务平台进行资源整合，在全市建立社会救助申请“一门受理”的综合性服务和协同转办的社会救助工作机制，确保困难群众求助有门、受助及时。推进居民家庭经济状况核对工作，与公安、人社、税务、房产、住房公积金等部门合作，开展收入财产信息核对13万多人次，核对出不符合条件的对象约3万多人次，确保救助对象认定的准确、高效和公正。科学应对自然灾害，建立自然灾害应急协调机制和部门联动工作网络，及时预警灾情、启动预案，切实加强灾情的统计、核实、分析。全年累计争取自然灾害救助资金1530万元，及时完成应急救灾和灾后重建工作，将党和政府的温暖送到灾区，确保受灾地区社会秩序正常、灾民人心稳定。妥善做好倒损农村居民住房恢复重建工作，全市738户需要进行倒房重建和864户需要维修的房屋，开工率达到100%，竣工率达到100%。

【优抚、安置、军休工作合规到位】　2014年，岳阳市优抚、安置、军休工作稳步推进，合规到位。落实优抚安置政策，按时足额发放优抚资金，评残、带病回乡、参战审批工作依规进行，确保涉军群体合法权益得到维护，全市没有一起因为优抚金发放不到位引发的诉求，有效维护社会和谐稳定。9月30日，组织全国首个法定烈士纪念日活动，市委市人大市政府市政协军分区等领导去到华容县烈士陵园，与市直各单位、中省企业、人民团体、社会各界人士代表一起参加岳阳市级烈士公祭活动。同时，督促各县市区也进行不同形式的公祭活动，并组织各地开展对辖区烈士遗属慰问工作，发放慰问金100多万元，把党和政府的温暖送到烈士遗属手中。开展“为优抚对象巡诊服务”和“为优抚对象送医送药”活动，为市辖区1526名重点优抚对象送去医药。在全省率先将全市烈士纪念设施中涉及的散葬烈士墓信息全部进行校核并成功进行数据上传。圆满完成全市3000多名伤残军人的换证工作。加强退役士兵安置工作，通过自愿报名，自选专业的形式，为全市退役士兵免费开展职业教育和技能培训。改进服务方式，按照上级要求做好军休干部和伤残退伍军人的接收工作，全面落实军队离退休人员“两个待遇”。军事供应服务细致到位，受到过往部队一致好评。

【推进城市社区建设】　2014年，岳阳市基层民主政治建设进一步加强。出台《岳阳市创建“美好社区、温馨家园”实施意见》，深化城市社区建设，改善基层服务设施，提升社区服务水平。为切实解决社区“事务多、牌子多、台账多、检查评比多”的问题，市委党的群众路线教育实践活动领导小组下发《关于开展社区、村公共事务专项清理整顿的工作方案》，统一规定，每个社区(村)每年承担的创建任务原则上只有一项，市直单位未经批准不得擅自向社区(村)提出创建任务，遏制各部门在社区乱摊派工作任务，乱挂业务工作牌的现象，较好地减轻社区的不合理负担。根据《湖南省县市区城乡居民依法自治达标率和基本养老服务补贴覆盖率统计监测工作方案》提出的指标，全市社区居委会有411个，有386个达标，农村村委会3089个，有2889个达标，全市城乡居民依法自治达标率已达到93%以上，初步达到全面小康要求的任务。开展“百个部门联社区、万名干部进家庭”活动，对各联点社区进行督查。全市109个市直单位有5347名党员进社区报到，认领服务岗位8300多个，结对联系群众近万名。213名省、市党代表开展接待日活动415次，接待居民1079人。市直部门投入资金513.06万元，确定帮扶对象2172户，入户走访8235户，为社区承办实事401件，其中办结实事330件，显著提升民调满意率。

【创新社会组织建设与管理】　2014年，岳阳市社会组织管理工作有序开展。全市有社会组织2056家，其中，社会团体920家，民办非企业单位1136家。落实省委办公厅、省政府办公厅《关于加强和创新社会组织建设与管理的意见》，培育发展社会组织。按照市委司法体制和社会体制改革专项小组的要求，出台行业协会商会类、科技类、公益慈善类、城乡社区服务类四类社会组织重点培育发展的措施，争取中央财政，省、市福彩公益金支持社会组织发展项目。根据有关规定，联合市预防腐败局、市委组织部、市审计局，针对全市社会组织实际情况，对违法违规执业、违反行业规范搞不正当竞争、违反执业操守接受商业贿赂和损害群众利益的行为，下猛药、出重拳，一项一项整治，一个一个攻坚。制订民间组织评估指标体系，结合本地实际，制订科学、有效、可行的全体评估指标及实施细则，设立相应的社会组织评估委员会和社会组织评估复核委员会对全市社会组织进行评估，促使社会组织机构健全、内部治理完善、组织行为规范、提高社会公信力，做好评估工作，有利于加强社会组织的自身建设，促进社会组织的自我管理和自我完善，有利于增加社会组织的透明度，强化社会监督。

（本栏撰稿　吴　伟）

外事侨务工作

【外事出访】 2014年，市领导先后率团出访，开展经贸、文化、友城、医疗等方面交流，取得良好效果。市长盛荣华率团出访日本和韩国，与友好城市沼津市市长、议长等出面会见，并考察琵琶湖博物馆，为岳阳建设洞庭湖博览园提供借鉴。在韩国考察首尔市3所医院，拟将数字医院项目引进岳阳市。副市长宋爱华率团赴西班牙、巴西、阿根廷三国进行经贸合作、技术交流等方面的洽谈、合作和考察。副市长熊炜出访美国、加拿大，对农业、水利、口岸等进行项目对接，并与中国驻休斯敦总领事李强民就扩大岳阳港口开放进行洽谈。市外事侨务办组织市教育代表团出访英国萨默赛特郡，就双方进行校际交流与合作进行深入洽谈。岳阳市与该郡19所学校设立交流项目。组织市文化代表团赴土库曼斯坦参加阿瓦扎国际音乐和民俗文化艺术节，展示岳阳市文艺和民俗风采。

【市领导接待访岳外宾】 2014年，市委书记卿渐伟出面接待外交部驻外使节代表团、德国汉诺威水有限公司董事长福克斯、泰国正大集团执行副总裁谢毅等重要来宾。市委市人大市政府市政协领导分别接待加拿大驻广州总领事艾伟敦、港澳企业家代表团、日本沼津市民间代表团、英国萨默塞特郡友好人士艾俊等外宾，向他们推介和宣传岳阳，扩大岳阳的知名度和美誉度。接待韩国首尔医院院长吴秉熙洽谈到岳阳市投资兴建大型数字化医院项目，协助相关部门进行项目对接。

【因公出国（境）下降71.4%】

2014年，市外事侨务办根据“因事定人”原则，科学合理安排有实质任务的公务出访，重点保证友城交流、文化教育交流、经贸合作等方面组团出访，服务岳阳经济社会大局。按照财政部、省财政厅相关文件精神，与市财政局联合出台《岳阳市因公临时出国（境）经费管理办法》，严格遵守因公临时出国经费预算管理、核销管理、择优选择定点中介服务。健全完善因公出国（境）工作登记备案制、出国经费审核和组团招标制。市委组织部对全市国家公职人员信息实行备案登记，财政部门将因公出国（境）经费纳入预算管理，对出国（境）经费进行“事前审批”，对经费来源不符合规定的团组及人员一律不批，并在事后进行严格审核报销。全市全年审(报)批12个团组60人次，出访比去年同期减少30批次，下降71.4%，人数减少99人，下降62.2%。

【搭建国际交流平台】 2014年，市外事侨务办积极向省财政厅、省外事侨务办争取外事侨务发展资金，用于岳阳市国际交流平台建设。在君山公园景区内建立国际友好玫瑰园、国际友好林，挂牌成立岳阳市国际交流中心，在岳阳楼建设国际交流会馆，在规划报批。12月18日，召开岳阳市国际交流工作座谈会，在岳外国教授、教师，外资企业、外贸企业和市教育局国际交流中心参会，会上对全市国际交流工作进行总结和回顾，对2015年国际交流工作进行部署。

【首批市级涉外参观点授牌】 2014年，各县（市）区外事侨务办、市直有关单位以文字及图片形式报送、推荐一批市级涉外参观点候选单位。市外侨办通过检查考核和办党组集体研究，确定9家单位作为首批市级涉外参观点，分别是：平江县杜甫墓祠、平江县石牛寨国家地质公园、岳阳县大云山国家森林公园、湘阴县岳州窑遗址博物馆、湘阴县左宗棠文化园、临湘市五尖山国家森林公园、汨罗市第一中学、屈子祠、君山乡村之恋休闲农庄。市级涉外参观点挂牌工作对加快全市经济文化建设及加强国际交流合作都将产生积极影响。

【赴俄务工人员平安回国】 2014年10月，岳阳市104名在俄罗斯务工人员与俄罗斯大陆联盟公司发生劳资纠纷，并发生冲突。事件发生后，市外事侨务办向外交部、省外事侨务办汇报，市政府派出由市政府副秘书长廖长生率领的工作组，赴俄罗斯现场协调处理纠纷。工作组在俄期间，全面了解情况，与当事双方充分协调，在驻俄使馆工作人员的协助下，赴俄务工人员全部平安回国。

【全方位为侨服务】 2014年初，副市长宋爱华带队，与省外事侨务办、省侨联领导和市外事侨务办同志慰问40多户特困归侨和侨眷，发放慰问金3万余元。6月，全国人大常委会副委员长艾力更·依明巴海到岳调研侨资企业湖南凯美特干冰有限公司，并慰问看望泰格林纸的朝鲜归侨薄怀全、邹乃芳夫妇。探索侨务侨联建设新形式，在岳阳楼区五里牌街道花板桥社区挂牌成立侨胞之家，是全省建设的首个社区侨胞之家。华容县侨胞之家依托侨资企业华日出租有限公司，已完成建设并投入使用。汨罗、平江等县市的侨胞之家也在筹建之中。全市各级法院建立涉外涉侨案件的联席听证制度，健全依法维护侨务对象合法权益的机制。联系引进的蓝马集团在岳阳新建全省第二家奔驰4S店项目，已完成投入固定资产近1.2亿元，部分产品销售大厅完成建设。

（本栏撰稿　葛勤略）

招商引资工作

【概况】　2014年，全市招商引资工作贯彻落实市委市政府的决策部署，应对挑战，攻坚克难，实现招商引资贸易促进工作持续稳步发展。一是引资总量保持领先。全市实施内联引资项目559个，到位资金358.43亿元，完成全年省定目标计划任务的103.9%，引资总量保持全省领先。二是项目引进重点突出。做到四个突出：突出新型工业化，引进窑坡山风电、桃花山风电等新能源开发项目，突出新型城镇化建设，引进环南湖旅游交通三圈、友阿集团等三产提质项目，突出新型产业培育，引进阿里巴巴、中国网库等电商龙头，洞庭湖国际电商产业园初见雏形，形成新消费热点，突出外向型经济发展，对接韩国首尔医院、美国ADM、高盛中国公司等企业，湘北铜业引进外资在香港成功上市。三是产业发展势头强劲。传统食品业改造挖潜，铭泰米业、巴陵春黄茶产业园等项目向精深加工和休闲旅游一体化转型，打造食品加工升级版；先进制造业发展壮大，远大可建、中联铝业等行业龙头纷纷增资扩建，新引进鑫光铸造、金正科技等机械制造配套项目；商贸物流业加力扩张，南翔万商国际商贸物流城一期即将建成，新引进华菱集团欣港物流总部经济、500强企业新华联石化物流等一批项目，推动形成大物流格局。四是区域交流提增实效。加强与沿江城市的交流合作，借助“沪洽周”“珠洽会”等经贸活动平台，在上海、杭州、深圳、重庆等地专题推介湖南城陵矶临港产业新区“一区一港四口岸”、洞庭湖博览园、湖南岳阳绿色化工园，对接上海自贸区，与上港集团签订城陵矶港口建设合作协议，提升对外开放层次。五是项目预期效益良好。年内新投产西姆西焊接材料、艾尔盾智能门业、高氨新材料等过亿元工业项目68个，形成一批优质固定税源，带动社会就业，为壮大区域经济、持续改善民生提供项目支撑。

【引进优质项目】　2014年，全市招商引资工作紧贴经济发展新常态，把握产业发展新趋势，主动调型转向，项目引进亮点纷呈。一是引进绿色新能源开发项目。一批“国字号”企业相继看中岳阳市丰富的风力水电资源，华润集团、国家电网公司和五凌电力集团相继落户岳阳，投资建设风力发电、水力发电等清洁能源开发项目。二是引进大型城市提质项目。友阿集团投资40亿元建设城市商业综合体项目，成为继天伦城、步步高城市综合体项目之后，引进的又一重大城市提质改造项目，洞庭湖国际公馆五星级酒店、碧桂园高档商社区项目，改善人居品质，提升城市形象和档次。三是引进互联网电子商务项目。打造中国洞庭湖国际电子商务新城，编制产业发展规划，出台扶持政策，建成电商孵化中心，引进阿里巴巴、中国网库集团等多家大型知名网商企业入园。四是引进产业升级项目。艾尔盾智能门业采用互联网思维模式，传统门业升级为智能门，大大提高产品技术含量，产品供不应求。着力对现有企业整体改造升级，引进上市公司湖南尔康制药，收购湖南洞庭柠檬酸化学有限公司，利用原有设备和厂房改建年产4000吨的药用明胶项目，正式投产，成功将停产化工企业转型升级为生物医药企业。湘北铜业引进新增外资900多万美元，进行技改升级，不断扩大产能，成为国内行业龙头企业，在香港成功挂牌上市。

【五园一区建设走势强劲】　2014年，全市招商引资工作重点围绕“五园一区”进行，即：岳阳绿色化工产业园、洞庭湖博览园、汨罗循环经济产业园、湖南军民融合卫星应用产业园、中国洞庭湖国际电子商务产业园以及岳阳城陵矶综合保税区。全市各地各单位集中优势力量，将人力、物力、财力向重点产业园区倾斜，优先推进建设一批产业带动性强、产业链条扩张项目，推动项目向园区集中、产业向园区集聚。洞庭湖博览园作为岳阳市力推的大型综合旅游开发项目，市政府多次召开专题会议研究，市领导高度重视，逢节会必推、逢客商必谈，邀请全国知名院校设计整体方案，同步启动项目前期工作，已有多家意向企业实地考察，福建南平奔迪游乐发展有限公司投资的洞庭湖欢乐世界主题公园项目即将签约，做强做优循环经济产业园，新开工和建设忠悦塑业、拓曼节能型材等一批项目，为循环经济发展争取新的增长空间。加快推进岳阳绿色化工产业园建设，依托大厂资源延伸石化产业链条，新开工和建设7个过亿元项目，2万吨SEPS项目已竣工投产，100万吨PX项目已列入国家发改委项目建设计划，氧化锌行业龙头企业浙江正兴化工，投资3亿元建设氧化锌生产项目，即将开机试运行。

【扎实推进经贸交流】　2014年，岳阳市抢抓沿长江经济带建设机遇，加强与沿江城市的交流合作。3月下旬，市党政代表团在上海举行招商座谈会，对接上海自贸区。岳阳市与上港集团签订战略框架协议，全面提升岳阳市沿江开放的层次和水平。组织参加沪洽周、科博会、津洽会、西洽会等节会活动，进一步深化岳阳与浙江、北京、天津等地区的交流合作。在重庆、武汉、长沙、深圳、上海等地举行“一区一港四口岸”、电子商务新城、绿色化工园专场推介活动，取得宣传推介岳阳、对接知名企业、签约引进项目的良好效果。

【市贸促会为企业办实事】　2014年，市贸促会强化服务意识，主动上门为企业服务。实地走访岳阳纸业、岳阳科美达司等自营进出口企业，为福尔康医用卫材、汨罗鑫祥碳素、岳阳聚源化工等10余家企业提供ATA单证册、优惠原产地证、领事认证等商事法律业务咨询，指导企业用好用足政策，助力企业发展。着力提高服务质量，不断强化优质规范服务。按照ECO网上签证要求，帮助19家企业完成ECO数字证书申报，协助湖南中创化工、岳阳大力神电磁机械等企业办理商事认证。全年办理一般原产地证339份，实现出证认证工作零差错。加力拓展服务领域，组织湖南名冠钓具厂、洞庭山科技、临湘明伦茶业等一批重点企业参加“2014清食展”“绥博会”和“2014满博会”等展博会，组织湖南华天生活园生态农业、湖南山润油茶、湖南省十三村、君山银针茶业等13家企业加入“供港农产品专线联盟”，拓展境外市场，加快推动海损理算，与市船舶理算专家合作，处理案件13起，理赔金额达1000多万元，切实维护当事人的利益。

（本栏撰稿　贾　伟）

档案工作

【概况】　2014年，市档案局突出重点，圆满完成各项工作任务。该局获得全省档案工作先进单位、省政府绩效考核优秀单位、全省档案宣传工作先进单位、全省征文组织奖等称号，被评为全市五创提质年度红旗单位、全市群众满意度调查优胜单位、全市建设扶贫先进单位，继续保持省级文明标兵单位、市级基层党建示范单位、市道德讲堂示范点等荣誉。

一、市县档案新馆建设有新飞跃。抓市档案新馆主体工程建设，年底圆满封顶。国家资助县级档案馆建设开工率达100%。平江县档案新馆圆满竣工投入使用；临湘市、湘阴县档案新馆完成主体工程，岳阳县档案新馆11月2日主体工程正式开工，华容县档案馆完成多功能验收各项工作，汨罗市、君山区、屈原管理区档案新馆前期工作取得实质性的成效。其中，汨罗市档案新馆完成选址，计划建筑面积9250平方米，君山区档案新馆完成选址、征地，屈原区完成选址及建筑规划设计。

二、档案宏观管理有新突破。代表湖南省接受国家档案行政执法检查组对岳阳市2011年以来贯彻执行《中华人民共和国档案法》的情况检查。市档案新馆建设现场作为全省市县档案新馆建设现场接受检查。检查组组长、国家档案局副局长胡旺林对岳阳档案工作给予充分肯定，“6·9”国际档案日举办“走进档案”专题展览，获得市委书记卿渐伟高度评价，当天6000多人参观展览，执法检查和立案查处相结合，促进重点难点问题有效解决。8月中旬，市档案局与市监察局、市财政局、市审计局组成联合执法检查组，对市辖9个市级以上重点工程和中央新增投资项目进行执法检查。全市对1708个单位进行档案行政执法检查，对2013年执法检查中发现问题较严重的单位进行回头看，督促整改合格率达98%，立案查处9个单位，维护档案法的尊严与权威。指导督促76家市“小康社会”重点工程单位收集有关文件资料5万多份。下发《关于做好党的群众路线教育实践活动文件材料归档工作的通知》，规范整理全市党的群众路线教育实践活动材料。指导市社保局规范整理社保档案5000多卷，在10月省档案局、省人社厅组织的专项验收中获得高度评价，开展“岳阳市家庭档案建设示范点”授牌，扎实开展“进馆档案质量建设年”活动，开展档案中介服务监督管理。

三、三项工作有新成效。抓档案资源建设。全市各级档案馆接收征集档案资料71226卷（册、件）。其中，市档案局接收征集档案资料5260卷（册、件），主要包括四大家主要领导政务档案、各界名人档案、明代户部尚书方氏家族族谱档案、历史照片档案、岳阳市公路局工程档案、市委公务礼品档案等珍贵档案，开展岳阳“名城、名镇、名村、名居”照片征集工作，征集照片2000多张，各综合档案馆修复档案2475卷（册）。市档案局完成重点档案异地备份刻录光盘135张，608G。抓档案资源利用。市档案局档案查阅利用纳入省电子监察系统，全市各国家综合档案馆接待档案资料查阅者19842人次，帮助解决各类问题18000多个，充分发挥“档案为凭、一纸千金”的独特作用，档案编研扎实推进。市档案局做好《洞庭风韵碑廊解读》《岳阳市洞庭湖渔民档案选编》2本书的宣传推介，获得社会各界的一致好评。开展《岳阳抗战纪实》编著工作，全书6大部分，计划成书30万字。市档案馆与《岳阳日报》联合开辟“解密档案”专栏，定期推出史料性、可读性强的档案史料。档案信息化建设稳步推进。市档案局以新馆建设为契机高标准打造智能型数字化档案馆。预算投资近1000万元的建设方案通过专家评审并获得高度评价。市直各单位按照“存量数字化”“增量电子化”要求，全面推进原生电子文件归档和档案信息化建设工作，录入文件级目录30万条。市档案馆及市辖7个县市区完成目录数据库建设，录入目录735.57万条。扫描重要档案原文158万页。岳阳市10个国家综合档案馆网站开通率达100%。抓档案安全管理。始终把档案安全放在科学发展的首位，坚持领导带班、局馆干部24小时值班，并严格值班工作制度，严查安全隐患。重点加强数字化工作外包服务、档案网络安全、档案数据库安全、档案实体安全的检查与管理，确保档案馆库无任何安全责任事故。

【市档案新馆主体工程圆满封顶】

市档案新馆主体工程于2013年11月1日正式开工。2014年，市档案局按照“国内一流、省内领先”和“建成标志性文化工程和市民满意的惠民工程”建设标准，紧扣年度目标任务，严格按合同管理，按图纸和施工方案组织施工，确保工程质量，确保安全，确保进度，切实做好经费争取和控制，全年累计完成投资4146万元，完成主体工程8层1.6万平方米建设，圆满封顶，顺利完成市政府下达的年度目标任务，无任何安全质量事故，无任何投诉，省市建设质量、安全专项检查均一次通过，获得一致好评。在2014年市政府1–9月对17家市直单位27个重点建设项目考核中名列第5。

【国家档案局到岳阳检查】　2014年9月17日，岳阳市档案局代表湖南省接受国家档案局档案行政执法检查组对岳阳市2011年以来贯彻执行《档案法》的情况检查。省档案局局长胡振荣，岳阳市委书记卿渐伟等领导先后陪同检查。市档案新馆建设现场作为全省市县档案新馆建设现场接受检查。检查组组长、国家档案局副局长胡旺林对岳阳市党政主要领导对档案工作的高度重视给予高度评价，对岳阳市档案工作给予充分肯定。

【进馆档案质量建设年活动】 2014年，市档案局制定下发《关于开展“进馆档案质量建设年”活动的通知》《岳阳市“进馆档案质量建设年”活动实施方案》，确定40家单位为第一批建设单位。截至年底，第一批40家单位已规范整理档案2万卷（册），录入电子目录18万条，60%的单位完全达到进馆档案的标准，建立专项台账。

【档案中介服务工作开启】 2014年，市档案局印发《关于认真开展档案中介服务监督管理工作的通知》，对档案中介服务的范围、档案中介机构备案登记的条件与手续、监督管理的办法与措施等事项进行进一步规范。对经过严格审核、符合备案登记的2家企业及时发放“备案登记证书”。对通过备案登记的各档案中介机构免费提供技术咨询与指导并依法加强监管。组织对2家中介服务机构成立后的运作情况实地进行调研，规范和引导档案中介机构依法依规健康有序发展。至此，档案中介服务工作正式在岳阳市开启。

【征集岳阳“四名”照片】 2014年，市档案局、市摄影家协会联合开展岳阳“名城、名镇、名村、名居”照片征集工作，采用自主拍摄和面向社会广泛征集的方式，对110处古代建筑广泛征集照片，建立专门档案照片库。年内拍摄征集照片2000多张，计划拍摄征集“四名”照片6000张。“四名”照片的征集为传承岳阳历史文化名城记忆，彰显岳阳地域文化，使档案既能全方位反映当地经济社会文化发展的历史，又具有个性和灵气。

（本栏撰稿　田丽群）

移民工作

【移民产业开发适度集约】 2014年，全市移民部门坚持优势优先，统一规划，科学布局，实现土地、水面、技术、劳动的适度集约，打造一批主导产业、特色产业基地。全市新建黄茶基地313公顷、茶叶基地110公顷、水果基地53公顷、楠竹基地233公顷、蔬菜基地273公顷、精养鱼池167公顷、巩固养殖网箱1.2万口，食用菌900万筒。移民种养殖业，如平江县的油茶基地、岳阳县“洞庭春”绿茶基地、华容县注滋口镇移民网箱养殖基地、临湘市源潭镇移民特种水产养殖基地、湘阴县杨林寨乡和君山区移民蔬菜基地规模不断扩大。通过市场运作和政策扶持，全市移民产业与28家龙头企业、品牌企业建立联系，联结移民2.5万人，努力构造“企业（公司）+合作社+基地+移民”的产业经营格局。同时，移民部门探索移民户、龙头企业，当地村组共赢的利益分配机制，政策性资金如何转变为移民股权收益的开发机制，移民以土地和劳动入股，参与产业开发的经营机制，千方百计为移民增加经营性、工资性、劳务性、财产性收入。

【兴办实事惠移民】 2014年，全市移民部门安排资金1.78亿元，实施移民后扶项目1181个，其中投入库区和移民安置区基础设施建设资金1.2亿元，用于通村公路、安全饮水、沟渠疏浚等项目建设。新修公路194千米，解决63个村25135名移民的安全饮水问题，维修、护砌、清淤渠道209千米，库区和移民安置区基地设施建设得到改善。移民部门积极参与新农村创建活动，确定51个重点移民乡镇和367个重点移民村，整合资金0.8亿元，帮助移民打造美丽家园。推进移民培训工程，增强“造血功能”。移民培训按照“培训移民、提高移民、转移移民、富裕移民”的要求，坚持按需培训、因人培训，有序促进移民创业、就业。全市培训移民5454人次，其中农村实用技术培训4317人次，就业技能培训1137人次。岳阳市移民局“坚持按需培训，助推移民致富”的经验，在全省移民培训工作现场会上得到推介，岳阳市在全省移民工作绩效考核中排名第二，荣获全省移民工作优秀单位称号，临湘市、君山区被评为全省移民工作先进单位

【移民项目资金监管有力】 2014年，全市移民部门坚持以移民群众最现实、最迫切的愿望为重点，科学编制《2014年大中型水库移民后期扶持年度计划》和《库区和移民安置区基础设施建设和经济发展年度计划》。坚持“资金跟着项目走，项目跟着计划走”的原则，严格县级报账制，严格执行项目法人制、招投标制、工程监理制、竣工验收制。上半年各县市区对后扶项目资金实行“县上网、村上墙”的政务公开阳光行动。市移民局组织对岳阳县、平江县、君山区、云溪区、经济开发区5县区2013年度后扶资金使用情况的内部审计。下半年按照“管理更规划、使用更安全、效益更提升”的要求，在全市范围开展移民资金使用管理自查自纠专项活动，真正使移民资金惠及移民。年内，岳阳市被评为“全省移民资金内部审计工作先进单位”。

【移民信访维稳工作】 2014年初，市移民局在华容县举办全市移民信访维稳工作培训班，各县市区移民局分管负责人、信访专干、重点移民乡镇负责人等70多人参加培训。全市移民部门坚持信访月报制，实行台账管理，注重把问题解决在萌芽状态，解决在初始阶段、解决在基层。市、县两级排查矛盾29起，解决问题21个。9月至10月，市、县移民局就移民后扶政策执行情况展开专项检查。全市移民部门搭建移民所需的诉求表达平台，依法依规接访处访，做到解释政策、解开心结、解决问题。全年接待移民群众来信34件、来访366批702人次，其中，市本级接访30批56人次。办理人大代表，政协委员提案6件。全市移民没有出现赴京到省非正常上访事件，没有发生重大群体事件，没有重大越级集体上访，没

有发生涉及移民的恶性案件，库区和移民安置区社会大局保持和谐稳定。岳阳市、汨罗市、岳阳楼区获得全省移民信访稳定工作先进单位称号，市移民局被评为全市信访工作先进单位。

【情系三峡移民】 2014年，市移民局与汨罗市、岳阳县、华容县移民局组成联合调研组，开展为期一个月“情系三峡移民，助推安稳致富”的调研活动。对288户政府组迁的移民全面入户调查，真实地掌握三峡移民安置的基本情况及发展现状。岳阳市于2001年和2004年分两批迁入三峡移民374户1537人，其中，政府组迁移民主要安置在汨罗市、岳阳县、华容县的10个乡镇25个村31个组。安置地各级党委、政府做大量的工作，取得阶段性成果。主要表现在：落实后扶政策，移民基本安居乐业，改善发展环境，基础设施得到加强，帮助发家致富，移民收入持续增加。三峡移民虽然已经“稳得住，”但是否“能致富”仍面临诸多困境。三峡移民净增人口183人，新增人口出现的生产生活资料及后扶的矛盾，移民土地和住宅问题难调处，移民致富方法和途径比较窄，维稳形势依然严峻。9月3日，市委召开常委会专题听取三峡移民工作汇报，并强调要切实落实地方责任，制定规划，改善移民生产生活条件，解决一批重点突出问题，加大精准扶持力度，切实维护移民安置区的和谐稳定，促进三峡移民持续安稳致富，让移民共享改革发展成果。

（本栏撰稿　余美忠　许　腾）

民族宗教工作

【民宗部门获多项荣誉】 2014年，全市民族宗教工作部门（简称市民宗部门）全面贯彻落实党和国家的民族宗教政策和中央民族工作会议精神，参与完成湖南省第八届少数民族传统体育运动会承办工作，依法加强宗教事务管理，扎实搞好服务协调工作，努力加强自身建设，圆满完成上级部门和市委市政府交办的各项任务，全市民族宗教工作取得新的成绩和进步。岳阳市民族宗教事务局（简称市民宗局）被国务院授予全国第六次民族团结进步模范集体荣誉，被评为全省民宗委系统信息工作先进单位、全市社会治安综合管理先进单位、全市信访工作先进单位。岳阳楼区民族宗教和外事侨务办公室被授予湖南省第六次民族团结进步模范集体称号，何灿红和王平被评为湖南省第六次民族团结进步模范个人。

【注重服务少数民族】 2014年，市民宗局针对城市民族工作的重点，对少数民族流动人口坚持落地就管的工作原则，采取动态式登记摸底，认定备案，主动服务协调，并加强与统战、公安、国安等部门的协作，定期分析和研判不稳定因素，完善矛盾纠纷排查调处机制，确保工作全时段有人问、有人抓、有人管，严格落实矛盾纠纷排查零报告制度，最大限度地将矛盾纠纷化解在萌芽状态，消化在基层。召集少数民族流动人员代表人士座谈会，就如何适应市场经济要求与保护少数民族的合法权益进行广泛讨论，探索市场经济带来的民族交往交流交融问题。做好民族考生成分审核和民族成分更改工作，办理50多名少数民族成分变更和77名少数民族考生成分审核和加分手续，做到无一例差错。

【开展“教风建设”年创建活动】 2014年年初，市民宗局部署以“教风建设”为主题的和谐寺观教堂创建活动。各县市区按照统一部署，迅速行动，继续深入推进此项工作的开展。华容县举办教职人员培训班，以良好的“学风”推动“教风”转变，以落实教职人员病有所医、老有所养、困有所帮、难有所救“四有”社会保障机制，激发增强教职人员爱国爱教意识。湘阴县、临湘市、汨罗市等地把创建活动同全年各项重点工作相结合，查找教风方面存在的问题，认真分析原因，进行督促整改。各宗教团体和宗教活动场所按照主管部门的统一要求，深入查找教风方面存在的问题，按照教规教义严格要求，逐渐树立良好形象。全市宗教教职人员整体素质有明显提高，宗教界呈现出教职人员遵纪守戒，宗教活动场所和谐规范的整体态势。

【加强宗教事务管理】 2014年，全市民宗部门指导全市宗教活动场所统一规范民主管理制度、财务管理制度、消防管理制度、卫生防疫制度、会计制度、治安管理制度等六项制度，年初制订全市宗教活动场所安全责任状，场所对县市区、县市区对市层层签订安全责任状，将安全工作责任到人，形成层层抓安全、级级抓落实的良好工作局面。岳阳县通过在大云山祖师殿的民主理财试点，从“钱”字上着手理顺关系，化解矛盾。市民宗局组织市佛教协会与乾明古寺进行协调，最后妥善处理困扰多年的南湖赶山土地纠纷问题，化解影响佛教内部团结的主要矛盾。指导基督教岳阳堂成功换届，配合原省宗教局对岳阳天主教堂多年来所分配的上海处置教产的资金进行审核，指导南湖风景区对辖区内基督教堂点进行初步整合，针对圣安寺景区非法修建墓地问题，组织南湖风景区及相关部门进行拆除清理。指导伊斯兰教协会与市中医院签订土地置换协议，市政府就乾明古寺安全隐患、迁建等问题，组织规划、国土、财政、风景园林、楼区政府、南湖风景区政府、洞庭新城投资公司、市佛教协会、乾明古寺等单位负责人会议，形成会议纪要，乾明古寺加固维修工程于9月完成。指导伊斯兰教对岳阳市清真寺进行维修，清真寺面貌一新，岳阳穆斯林群众反响较好。

（本栏撰稿　何灿红）

责任编校　曹春友

政协岳阳市委员会

综 述

【概况】 2014年，政协岳阳市委员会（简称市政协）认真履行政治协商、民主监督和参政议政职能，发挥协调关系、汇聚力量、建言献策、服务大局的作用，为全市全面建设小康社会做出新的贡献。

一、助推经济发展。市政协围绕加快长江经济带建设开展系列专题调研和建言献策活动，在省政协十一届二次大会上发言。省政府、省政协为推动长江经济带建设，将发展岳阳临港产业列为重点调研课题。市政协参加省政协的调研活动，并按市委市政府要求牵头组织岳阳子课题调研，形成《主动融入长江经济带，加快建设城陵矶临港产业新区》的调研报告，被评为全省政协系统优秀调研报告二等奖，不少建设性建议被省政府、省政协采纳。在省政府与省政协的“加快临港产业发展”专题协商会上，市政协作专题发言。与此同时，就“长江岸线资源利用、保护、管理”课题开展调研，向市政府提交调研报告和建议案，调研报告《规范管理、科学利用、充分发挥长江岸线“黄金水道”优势—关于湖南长江岸线资源的调研报告》获全省政协系统优秀调研报告一等奖。此外，就加强农村敬老院管理、加强铁山水资源保护、建设绿色蔬菜基地等17项课题开展调研，为市委市政府决策和工作提供参考意见。市政协党组成员、主席会议成员、常委会成员、机关干部主动参与市委市政府对食品加工和北斗导航等产业的帮扶、中心城区禁违拆违治违、环南湖交通三圈和洞庭新城建设、新农村建设和扶贫、群众路线教育实践活动督导等中心工作，做出应有的贡献。

二、组织协商民主。坚持理论研究与创新实践相结合，被省政协评为2014年度人民政协理论研究工作先进单位，市政协主席赖社光的《基层政协组织贯彻落实〈规定〉浅析》等11篇论文获奖。认真组织政协全会、常委会、主席会议等政治协商活动，做好重大专题协商。举行《关于政治协商、民主监督、参政议政的规定（试行）》专题协商会，市委书记卿渐伟、市委副书记李志坚等市委领导亲自参加协商。8位委员向市委提出协商意见建议。市委就推进全市协商民主作出部署并转发市政协的相关文件。在2014年二季度的市政协常委会上，市委副书记、市长盛荣华及长江沿岸四个县市区、11个市直单位主要负责人参加市政协“加强长江岸线资源利用保护管理”专题协商会，6位委员发表意见，7家市直单位主要负责人与委员互动答复。后在随后召开的市政府常务会上，盛荣华就落实专题协商会建议作出部署。市政协先后组织几十项对口协商、界别协商、提案办理协商活动，构建科学选题、视察调研、对话恳谈、咨政建言、跟踪问效的协商程序。协商活动成为市政协履职、发挥智囊作用的重要平台。

三、提高提案质量。市政协坚持以提案方式助推岳阳发展。组织驻岳29名省政协委员向省政协提交提案，反映事关岳阳经济发展大局的重大课题和事项，期中35件提案被立案承办。通过省政协及在湘全国政协委员将《关于强力推进湖南长江经济带建设的建议》等4件提案提交全国政协大会；市政协七届二次会议以来，市政协常委会共征集提案397件，采取“减少数量、提高质量”的措施，立案292件，确定一批优秀提案。市委市政府高度重视提案办理工作，市领导带头督办提案，“两办”下发重点提案办理通知。市政协出台《岳阳市政协重点提案遴选与督办办法》，建立民主党派、工商联、各专委会、政协常委共同参与的督办重点提案制度，开展为期3个月的重点提案督办专项活动。常委会专门听取市委市政府工作部门提案办理结果情况报告并进行民主评议。

四、进行民主监督。健全制度，采取多种形式加大民主监督力度。出台《委派民主监督小组工作的实施方案》，成立6个民主监督小组。每个小组选聘15名政协委员为监督员，每年选择一个市直部门实施民主监督。各小组对经营性公共场所卫生、铁山水库水资源保护等开展监督，参加市中级人民法院和市人民检察院的“侦查监督开放日”“公众开放日”活动。通过督办提案、委员视察、反映社情民意等，开展经济、民生、社会管理、改革等领域的民主监督，组织委员调研31次。市政协委员全年反映社情民意信息601件，被市委书记卿渐伟，市委副书记、市长盛荣华批示的9件，有的还得到省领导批示和全国政协采用。

五、提高履职能力。以反对“四风”、改进作风、履职为民、为民履职为宗旨，组织学习教育，召开民主生活会，广泛征求意见，建立健全制度，制定整改措施，集中开展专项整治活动，干部作风进一步好转。通过大会发言、联合调研、评议视察、督办提案、走访党派机关等，加强与各民主党派、工商联和各界别人士的联系和沟通，为其履职创造条件、搭建平台。全年各民主党派和工商联共提交集体提案64件，开展课题调研13项，反映社情民意信息388件。举办中秋“三胞”亲属茶话会，走访宗教人士、新的社会阶层人士，加强与社会各界的联络。发挥特聘委员的独特作用，主动做好招商引资引智工作。出台《进一步加强和改进界别工作的意见》，健全主席会议成员和专委会对口联系界别制度，明确界别活动内容形式。30个界别认真组织调研、视察、座谈、学习等活动。深化“提一件高质量的提案，反映一条有价值的社情民意，参加一次调研视察活动、撰写一篇调研报告、为群众办一件实事好事”的“五个一”活动，并将范围扩大到各民主党派和工商联，延伸到县市区政协委员，加强委员主体作用。采取量化细化的方法加强专委会工作。建立月度工作计划、月度工作汇报、半年工作讲评、年终述职等制度。

重要会议

【政协岳阳市第七届委员会第三次会议】 2015年1月11-14日召开政协岳阳市第七届委员会第三次会议。412名市政协委员和特聘委员与会。中共岳阳市委、市人大常委会、市人民政府、市政协、岳阳军分区领导，市中级人民法院、市人民检察院，中央、省属驻岳有关单位主要负责人，在岳高等院校、市经济技术开发区、市委党校主要负责人和部分离退休老同志出席会议。市直有关部门单位主要负责人列席会议。市政协主席赖社光代表政协岳阳市第七届委员会常务委员会作工作报告。市政协副主席万岳斌代表政协岳阳市第七届委员会常务委员会作提案工作报告。45位委员围绕深入贯彻党的十八大精神、全面深化改革，全面建成小康社会作口头或书面发言。市委书记卿渐伟在开幕式上讲话。会议审议通过市政协七届三次会议政治决议、市政协七届三次会议关于常委会工作报告的决议、市政协七届三次会议关于市政协七届二次会议以来提案工作报告的决议和市政协七届三次会议提案审查委员会关于提案审查情况的报告。表彰2014年度优秀提案和提案办理先进单位、委员“五个一”活动先进单位与先进个人。根据本次会议表决和选举办法的规定，万五龙当选为政协岳阳市第七届委员会副主席，李永波当选为政协岳阳市第七届委员会常务委员。决定免去秦吉兵政协岳阳市第七届委员会副主席职务，同意张世愚辞去政协岳阳市第七届委员会常务委员职务。

【市政协七届常委会第五至第九次会议】 2014年1月16日召开市政协七届常委会第五次会议。会议听取有关人事调整的说明，酝酿辞免、补选政协岳阳市第七届委员会常务委员事项，协商选举办法（草案）和选举工作人员建议名单。

1月18日召开市政协七届常委会第六次会议。会议期间，委员们听取市委书记卿渐伟的重要讲话，分组审议市政协常委会工作报告、提案工作报告，协商讨论市政府工作报告、发改、财政报告和法检“两院”工作报告，协商市政协七届委员会常务委员会候选人建议名单，讨论“三个决议”(草案)和人事任免表决和选举方法（草案）。听取各组汇报协商讨论、酝酿情况。

7月2日召开市政协七届常委会第七次会议。会议审议通过政协岳阳市委员会《关于政治协商、民主监督、参政议政的规定（试行）》《重点提案遴选、督办工作暂行办法》等。

9月29日召开市政协七届常委会第八次会议。会议听取市委系统、市政府系统提案办理和有关承办单位重点提案办理情况汇报，就提案质量和提案办理情况开展民主评议和测评。

12月22日召开市政协七届常委会第九次会议。会议审议通过《关于召开市政协七届三次会议的决定》（草案）《市政协七届三次会议日程、议程》（草案）。协商通过市政协七届三次会议各次大会执行主席、大会秘书处正副秘书长及各组负责人名单（草案）。协商决定辞免、增补市政协委员。协商届中辞免、增补常委建议名单。审议通过《市政协常委会工作报告（审议稿）》和《提案工作报告（审议稿）》。审议《市政协各专委会2014年工作情况报告》。

提案工作

【概况】 市政协七届二次会议以来，共征集党派团体和委员提案397件，经审查立案292件。提案交61个单位承办。截至2014年10月，所有提案均办理完毕。所提问题已解决或基本解决的135件，占办复提案的46%；正在解决或列入计划准备解决的110件，占办复提案的38%；因客观条件所限暂不能解决或留作参考的47件，占办复提案的16%。提案办理见面率94%，落实率84%，委员满意率97%。中共市委办公室、市政府办公室等22个单位被评为2014年度提案办理先进单位。

【优秀提案】 被评为2014年度优秀提案的有：民革市委《关于筹备纪念抗战胜利70周年系列活动的建议》，民盟市委《关于加快金凤湖生态保护区建设的建议》，民建市委《加强湿地保护利用，助推洞庭湖生态经济区旅游可持续发展的建议》，民进市委、委员徐总发等《提高产能品质，确保洞庭湖地区粮食安全的建议》，农工党市委《关于进一步加强城区治安管理的建议》，致公党市委《关于进一步加强我市农村环境整治的建议》，九三学社市委《加快我市新型工业化发展的建议》，各民主党派市委《治理城区水域垃圾污染，建设美丽岳阳》，市工商联、委员周义军等《规范民间融资管理，支持中小微企业健康发展》，市科协、委员李信华等《关于我市餐厨废弃物减量化、无害化、资源化治理的建议》，市政协文史委《出台〈中共岳阳市委关于加强和改进人民政协政治协商、民主监督、参政议政工作的意见〉的建议》，秦吉兵《把湖南城陵矶临港产业新区建设成为沿江开放型经济区的建议》，姚平《尽早解决残疾人住房困难，努力实现残疾人住有所居》，李志文《关于禁止在血吸虫病疫区敞放牛羊的建议》，陈慧君、黄玉祥等《关于加强东洞庭湖湿地保护可持续利用的建议》，廖祯祥《关于整合项目加速黄盖湖发展的建议》。

经济科技工作

【概况】 2014年，市政协经济科技委员会（简称市政协经科委）围绕工作目标创造性地开展工作。一是聚焦发展，组织专题调研。2014年，由市政协主席赖社光、副主席李可波牵头，经科委成立调研课题组，深入各县市区和20多家市直单位调研，先后4次沿163千米长江岸线水陆实地考察，多次召开专家座谈会，形成《主动融入长江经济带，加快建设临港产业区》调研报告，向省政府提出建议20条。二是开展政治协商。专题调研长江湖南段岸线资源利用、保护和管理状况，主动提出与市政府开展专题协商。协助省政协开展“加快临港产业发展”的调研，由李可波带队，历经3个月形成《规范管理，科学利用，充分发挥长江岸线黄金水道优势》的调研报告，并经过反复征求意见，提交《关于“加强长江岸线资源管理与利用”向岳阳市人民政府的建议案》，提出17条具体建议。7月8日，市长盛荣华主持召开市政府第23次常务会议，对调研报告给予高度评价并逐条研究落实。三是关注民生，积极撰写社情民意。4月，深入湖南汇隆科技有限公司调研县城公交体制问题，撰写并提交《关于加大县城公交体制改革力度的建议》。提出的《关于纪念岳阳专区设立50周年的建议》得到市委采纳。助推“爱我岳阳、建设岳阳”城市形象宣传。李可波先后5次组织政协委员深入岳阳楼区梅溪乡胥家桥村督导控违拆违治违工作，现场走访市中心城区危房户、无房户，及时反映社情民意，提出在控违拆违中解决民生建房要疏而不堵的建议。组织委员撰写社情民意信息《岳阳火车站周边环境亟待整治》，助推文明创建工作，市领导高度重视。四是创新思路，探索界别工作。全年联系界别委员开展活动20多次，通过多种途径和方式提出意见和建议。各界别活动小组还建立微信平台，加强委员之间的联系。

文教卫体工作

【概况】 2014年，市政协文化教育卫生体育委员会（简称市政协文教卫体委）认真履行政协职能，主要做好以下六项工作。一是组织调研活动。先后开展农村教师队伍情况和民营医院发展情况两项调研。二是开展考察活动。考察全市居家养老医疗服务现状。到社区服务站察看诊疗情况、走访居民，掌握一手资料，针对问题提出意见建议。视察文艺创作人才现状并形成材料。三是开展民主监督。暗访经营性公共场所卫生情况。8月上旬，组织部分委员随机抽查暗访市辖五区经营性公共场所特别是“五小行业”的文明卫生情况并形成报告，报告被市文明办的创建工作简报全文刊发。民主监督食品药品监管机构改革情况，提出意见建议。四是反映社情民意。在年初工作会议和调研活动中，将反映社情民意作为重要工作任务，反映社会各方面的真实情况和群众愿望，为党政领导科学决策提供依据。委员调研农村教师队伍情况后，提出解决农村单人学校问题的建议和解决留守儿童问题的建议。调研全市文艺创作人才队伍情况后，委员提出解决文艺创作人才匮乏的建议。全年反映社情民意信息12条，被市委书记批示的1条，被市政协采纳3条。五是开展实事活动。注重发挥委员特长，开展送医送戏下乡和春节期间义务撰写春联以及纪念人民政协成立65周年书画展等活动，丰富市民文化生活。送医送药的队伍深入贫困偏远山区，义诊60多人，送药1.5万余元。开展支教助教活动。“六一”儿童节前夕，教育界和体育界的委员们自掏腰包，为湘阴玉华山区单人学校的老师和学生们送去近8万元的校服、电脑、体育器材、课本文具、奶粉和慰问金，并为山区孩子带去两堂示范课。开展志愿献血活动。医卫界委员在“世界献血者日”宣传动员全社会共同关注和参与无偿献血。六是转化活动成果。在2013年市生物医药产业发展情况调研基础上，与政府职能部门对口协商，在市政协七届二次会议上发言，同时形成提案，市经信委制定规划、选定园区作为支撑、出台相关扶持政策，2014年全市生物医药产业出现好势头，至9月底，产值排名全省第二。

法制群团人资环工作

【概况】 2014年，市政协法制群团人口资源环境委员会（简称市政协法制群团人资环委）认真履行职能，一是开展专题调研。3月上旬至8月下旬，组织20多名市政协委员开展“东洞庭湖生态环境保护”调研。调查组两次租乘渔船深入洞庭湖腹地，实地察看洞庭湖主要水系，包括长江入湖“四口”，召集涉湖单位领导、专家和有关人员座谈10多场次，形成调查报告。5-8月，完成主席会议交办的关于城区建设过程中农村村民成为社区居民后，反映出来的户籍变性、失地居民的就业、补偿安置以及社区工作人员待遇等问题的专题调查。8月，完成市委市政府交办的市中心城区房地产业发展状况的调研任务。二是民主监督。起草《政协岳阳市委员会关于委派民主监督小组工作的实施方案》。组织12位民主监督员到市人民检察院开展行风监督、作风评议活动，参加市检察院“侦查监督开放日”活动。6-8月，成立铁山水资源保护专题考察组，深入铁山库区监督考察，形成视察报告。市政府组织有关部门和相关县区负责人召开专题会议，听取视察情况汇报。三是界别活动。4月上旬，联合团市委组织共青团、青联界的委员到经开区三荷乡昆山完小举办“同在蓝天下，牵手共成长”捐资助学活动。9月，先后召集工会、妇联、共青团、青联4个界别的市政协委员分别就节能减排、学前教育、问题青少年社区矫正服务等三个主题开展专题考察，分别形成集体提案或全会发言材料。

文史学习工作

【概况】 2014年，市政协文史和学习委员会一是认真开展考察调研。组织政协委员和特邀文史研究员就促进国家历史文化名城和岳阳教会学校等全国重点文物保护单位的保护和利用工作考察调研，提出的整改意见建议得到市政府分管领导的肯定，并批示有关部门采纳落实。调研报告《不能丢了“国家历史文化名城”响当当的金字招牌》被评为市政协机关年度调研报告一等奖。呼吁政府和全社会加强国家级非物质文化遗产保护，抢救和振兴巴陵戏，解决巴陵戏演职员队伍青黄不接、演出没有专用场地、经费匮乏等问题，并提请市委市政府授予巴陵戏老艺人孙艳华“人民艺术家”称号。二是继续推动新墙河抗战纪念地建设。召开首个抗战胜利纪念日及抗战胜利69周年纪念座谈会，邀请抗战老兵代表、关怀抗战老兵志愿者组织参加。参与主办“未曾忘记”汨罗市抗战老兵肖像展，多次主持召开新墙河抗战博物馆建馆和布展方案研讨会。有关单位现已征集湘北会战文字资料1000多万字、实物200多件，制作完成影视资料片，确定湘北会战重要战场遗址5处并已列为市级文物保护单位立碑保护。三是开展民主监督。通过社情民意的方式向省、市反映省教育厅、公安厅、交通厅和市校车管理领导小组出台的有关校车管理规范性存在文件违法违规的问题，省长杜家亳作出批示，省、市政府两级法制部门作出撤销上述部门和单位两份“红头文件”的决定。央视网、湖南都市频道、《湘声报》等媒体对此进行了报道。

港澳台侨民宗外事工作

【概况】 2014年，市政协港澳台侨民族宗教外事委员会（简称市政协港澳台侨民宗外事委）一是认真开展调研视察。就全市农村敬老院工作赴6个县市区、18个乡镇敬老院及民政部推荐的山西、陕西、甘肃等地农村敬老院考察调研，形成《岳阳市农村敬老院管理现状调研报告》。对市委书记卿渐伟关于《我市台资企业投资环境亟待改善》的批示和副市长宋爱华《关于2013年市台资企业发展座谈会交办的重点涉台案件协调处理情况的讲评》落实情况回头看。调研视察全市旅游公共服务体系建设的现状，向市政府提出《关于加快旅游公共服务体系建设的建议》。《乾明寺重大安全隐患亟待解决》《关于配强配好农村敬老院院长的建议》《关于改善岳阳大道（东）交通设施的建议》等4篇社情民意被采纳。二是春节和中秋节开展三胞亲属联谊活动，为促进祖国和平统一大业做贡献。三是特聘委员界别活动。深圳特聘委员在委员郭萍的带领下，接待并参与市政协组织的大亚湾核电站的考察活动，参观华为总部和盐田港。组织北京、深圳和岳阳本市的特聘委员赴上海考察学习，参观上海特聘委员的部分企业，互相交流并探讨明年的界别活动工作。委员傅福初以发展乡友经济为题在市政协七届三次全会上发言。

研究室工作

【概况】 2014年，市政协研究室参与“加快发展湖南临港产业”调研，协助组织召开座谈会，收集整理资料，承担调研报告部分章节撰写任务。与市农业局联合开展“绿色蔬菜产业基地”的调研，完成《打造绿色蔬菜基地，做大做强优势产业》调研报告，为建设华容、君山50万亩绿色蔬菜产业基地献计出力。与市政协经科委一起完成“长江岸线资源”调研，共同承担撰写调研报告。组织特邀界别委员召开座谈会，开展考察活动。按照省政协要求，组织“国家治理体系和治理能力现代化视角下的人民政协”和“纪念人民政协成立65周年”为主题的理论征文活动。完成制定机关开展群众路线教育实践活动的有关文稿30余篇。

（本栏撰稿　杨　星）

责任编校　肖　卫

民主党派·工商联

中国国民党革命委员会岳阳市委

【概况】 2014年，中国国民党革命委员会岳阳市委员会（简称民革市委）围绕全市中心工作，认真履职，加强自身建设，为建设现代幸福岳阳做贡献。

一、履行参政议政、民主监督职能。围绕全市中心工作、结合社会热点和老百姓关心的问题，深入开展调查研究，积极建言献策。政治协商方面，民革市委主要领导多次列席中共市委常委会，出席中共市委、市人民政府、市政协召开的协商会、情况通报会、座谈会等，就加快湖南长江经济带建设、岳阳抗战胜利70周年纪念活动筹备工作、完善协商民主以及时政府工作报告的意见等方面提出意见建议。“两会”期间，全市民革党员中的市人大代表，省、市政协委员共提交提案、议案48件，其中民革市委集体提案22件，市人大代表、市政协委员个人议案、提案26件。大多数建议得到重视和采纳实施。集体提案《开展抗战胜利70周年系列纪念活动的建议》和主委秦吉兵、副主委任浩波的提案《把湖南临港产业新区建设成为沿江开放型经济实验区的建议》被列为市领导重点督办提案，并被市政协评为优秀提案。《加强我市输油管道安全检查及防护的建议》《加快我市电子商务发展的建议》等提案均得到有关部门重视。市人大常委、专职副主委陈立新在市七届人大二次全会上提交《关于加快发展我市服务业的建议》，市政府经过专题调研后，出台《岳阳市现代服务业发展行动计划（2014-2017年）》。副主委袁正宏在市政协七届二次大会上代表民革市委作题为《加快新型城镇化、建设大美新岳阳》的发言。省政协委员、副主委范泽容向省政协大会提交《关于加大对民营剧团的扶持力度的建议》。党员侯练兵、欧阳拥军、陶新宇被市政协评为“五个一”活动先进个人。课题调研方面，全年完成3篇重点课题调研报告。一是《打造磁力之都，建设全国最大的磁力设备基地》，深入分析全市电磁产业存在的问题、具有的产业基础和广阔的市场前景，并提出切实可行的建议。市委书记卿渐伟对此调研成果高度评价，并作出批示。市政协将其评为2014年度调研成果一等奖。二是《突出优势、抢抓机遇，推进长江经济带融合发展》受到市领导关注。三是欧阳拥军执笔的《以法治思维与法治方法推进邻避项目的建议》直面热点难点，视角新颖，针对性强，受到市领导高度评价。民主监督方面，认真履行参政党民主监督的职能，依法对群众反映的系列个案开展民主监督。在党的群众路线教育实践活动中积极参与，反映党风政风问题。党员中的各类特约监督员、监察员等尽力发挥民主监督作用。7月，市政协副主席、民革市委主委秦吉兵带领部分界别政协委员赴巴陵石化岳阳分公司督查环保，形成书面报告。

二、加强党员队伍与组织机构建设。一是开展坚持和发展中国特色社会主义学习实践活动，制定学习方案。集中学习中共十八届三中全会、四中全会精神、习近平总书记系列讲话精神。邀请省政协副主席、民革省委主委刘晓为全市民革党员传达全国“两会”精神并作题为“云计算与大数据思维”的专题讲座。民革市委主编的《岳阳与辛亥革命》一书被市社科联授予社科成果特别奖。二是做好党员发展工作。全年发展党员19名，其中高中级职称4人，硕士3人，县政协委员1人。入党审批比往年更加严格，要求有本科以上文凭，专业人员有中级以上职称、在单位或社会有良好形象与影响力。三是机关与基层组织焕发活力。参政议政工作委员会组织3次大型的课题研讨会。祖统工作委员会接待海外侨胞、台湾同胞20余人次。经济和社会服务工作委员会承办“三八”妇女节、青年节、老年节活动。民革市委机关承办主委办公会、市委会、市委扩大会、专题会10多次，参与中共市委、市政府布置的相关工作，组织党员开展活动并承办文字材料、宣传信息的撰写工作，制作党员基本信息电子档案。各支部分别开展有关政治学习教育活动、扶贫助教、“同心社区”建设等活动，组织活动丰富多彩。岳阳县支部被推荐为“伸出博爱之手——民革基层组织牵手困难群众活动”先进基层支部。党员立足本职岗位做贡献。邓自佑被评为第五届岳阳市劳动模范，罗瑞被市政府荣记三等功。程思良、张春等分别主持学校重大课题研究。郑玲创作的《智能保姆》获湖南省优秀剧本奖。陈立新等创作反映湘北抗日战争的电影剧本《第一防线》。四是加强领导班子和干部队伍建设。坚持民主集中制和领导分工负责制，做到民主、团结、高效。9月，正副主委参加中共市委统战部组织的暑期谈心活动。组织骨干党员参加省社会主义学院、市委党校主办的培训班，培训20余人次。4月，民革市委正式启动届中调整，任浩波当选为民革市委会主委。

三、祖统联谊与社会服务工作。全市民革党员中的台属通过探亲、走访、电话与书信往来为促进两岸文化和经贸往来做贡献。4月，接待台北市政府顾问郑安国夫妇一行。5月，向台北湖南同乡会发函要求到台湾有关档案馆查阅湘北抗战资料得到回复。9月，与市政协文史学习委员会等单位在岳阳县大云山举办凭吊湘北抗战英烈纪念活动，邀请美籍华人侨领、抗日将领黄保德的长子黄开基，抗日烈士史恩荣、史恩华的亲属代表等人参加。在社会服务方面，继续推进关爱抗战老兵活动。年初开始开展抗战老兵入户调查、上门慰问、视频制作等系列活动，完成120名老兵的入户调查，30余名老兵的视频制作，抢救收集一手史料。采写和收集有关记述岳阳抗战的文章52篇，图片46幅，为纪念抗战胜利70周年作准备。两次向中共市委、市政府建议加强对湘北抗战文化的抢救、挖掘与保护工作，市委书记卿渐伟高度重视，两次均作出批示。民革市委委员侯练兵带领新墙河抗战文化保护与利用小组的工作人员与岳阳县支部一起开展抗战史料收集及新墙河抗战博物馆建设等活动。市直属支部、岳阳职院支部分别开展对抗战老兵的慰问和爱国主义教育活动。岳阳楼区总支、南湖风景区支部、君山区支部继续开展法律进社区等同心活动。

【反映湘北抗战的电影剧本《第一防线》通过评审】 民革市委致力于推动湘北抗战历史文化的保护与利用工作，将其作为“同心工程”和社会服务的重要内容。2014年11月5日，由民革市委专职副主委陈立新和湖南省作协会员彭新华创作的电影剧本《第一防线》（暂定名）在北京湖南大厦召开评审会，获得八一电影制片厂原厂长、中国电影家协会副主席明振江少将，中国人民解放军军事科学院军史部副部长、中国重大革命与历史题材影视创作领导小组成员肖裕声少将等专家的好评。这是全市第一部反映湘北抗战的电影剧本，《岳阳日报》《中国妇女报》等20多家媒体先后作了报道。

（本栏撰稿　李元平）

民盟市委组织开展义诊活动　　（黎雄斌　摄）

中国民主同盟岳阳市委

【概况】 2014年，中国民主同盟岳阳市委员会（简称民盟市委）努力践行同心思想，积极参政履职，各项工作取得进展。被民盟中央评为宣传思想工作先进集体，被民盟省委评为纪念民盟湖南省级组织成立65周年先进地方组织和社情民意信息工作先进单位，被市政协评为“五个一”活动、社情民意信息工作先进单位。

一、加强思想建设。组织学习和贯彻落实中共十八届三中、四中全会、全国“两会”、盟中央、盟省委盟务工作会议精神。先后召开市委会、机关专干会议和基层负责人会议，学习传达会议精神。盟市委主要负责人学习习近平总书记在庆祝人民政协成立65周年大会上重要讲话精神的心得体会被《岳阳日报》刊发。推荐16名盟员参加中央、省、市社院学习，5名盟员参加市政府在香港、上海、深圳举办的研修班，举办第二期“民盟大讲堂”。开展社会主义学习实践活动。制定学习实践活动年度计划，岳阳民盟网站还开设学习实践活动专版，各基层组织和专委会结合自身实际，组织学习30余次，参观考察、专题讲座5次。青委会组织青年盟员、支部主委等30余人赴湘阴、汨罗开展坚持和发展中国特色社会主义学习实践活动。组织4位盟员参加纪念湖南民盟省级组织成立65周年书画展，其中彭世猛、李纯2位盟员作品入选作品集并在省博物馆展出。

二、提升参政议政水平。一是参与协商监督。民盟市委负责人先后参加省、市各级的调研座谈会，省、市两级政协相关会议，提出意见建议40条。作为民主党派市委机关值班单位，组织各民主党派市委参加省委统战部组织的湘江流域污染治理专项民主监督。二是撰写提案建议。省政协委员、市政协副主席、民盟市委主委万岳斌在省政协第十一届二次会议上提交《关于规范政府投资项目招投标工作的建议》《关于进一步加强我省边界小城镇建设的建议》2件个人提案，8件联名提案。市政协七届二次会议上，民盟市委提交团体提案7件，个人提案26件，其中3件被评为优秀提案。提交书面发言材料2篇并2次口头发言。民盟市委集体提案《关于加快金凤湖生态保护区建设的建议》得到市长盛荣华的肯定和批示，要求高起点编制好规划。《岳阳日报》就此专访民盟市委。市政协将其列为重点督办提案。三是紧扣中心调研。就石化产业的绿色发展问题，深入化工企业、园区等地调研，组织盟内、盟外专家学者集中研讨，形成调研报告。调研报告《促进我市石化产业绿色发展》被评为市政协重点调研课题二等奖。中共市委书记卿渐伟在民主党派调研成果汇报会上充分肯定，并批示相关部门落实。民盟市委还中标承担民盟省委下达的“关于依托长江经济带，促进我省开放崛起的研究报告”“民主党派基层建设情况调研”两项课题调研。四是专题研讨建言。将参政议政委员会下设5个工作小组，组织盟内专家学者多次召开专题研讨会。市政协主席赖社光对这一做法给予较高评价。所提的一些建议在市政协常委会上得到中共市委、市政府的肯定和采纳。五是反映社情民意信息。全年报送社情民意信息100多条，其中《把好“土地”关是产业转移的基本推动力》等11条信息被民盟中央采用，《关于建立突发安全事故救助基金的建议》等3条信息被省政协采用。《谨防“村官”腐败现象》得到中共市委书记卿渐伟的批示。

三、开展社会服务。一是服务社区。各支部开展送医、送药、送文化、法律援助、心理咨询等一系列同心活动。全年组织义诊4次，法律咨询3次，发放宣传资料1000份，捐赠价值5000余元的药品。巴陵剧团支部参加“欢乐潇湘·幸福岳阳”大型群众文艺会演活动。二是扶贫助学。民盟市委接力已故老盟员张曼珠个人设立的“张曼珠教育奖”，刘佳琪、徐斌、徐绍凯积极倡议募集资金近12万元。民盟市委在市内遴选出10名品学兼优的寒门学子，筹资3万余元，帮助他们圆大学梦。三是支持新农村建设。抽派专干担任工作队队长，驻点参加新农村示范点建设，发动13个盟基层组织到君山区柳林洲镇双五村实地调研，与相关部门对接项目，引进资金142万元。四是帮扶企业。对口帮扶重点民营企业湖南和立东升集团，先后6次深入5个项目区调研视察，5次召开协调会，帮助企业解决项目中涉及的难点问题。部分盟员参加各种志愿者活动，盟员姚平被评为全国自强模范，由他筹备、注册的岳阳市爱心助残志愿者协会也被评为岳阳市学雷锋优秀志愿者服务组织。盟员陈静林当选为市巾帼志愿者协会会长。

四、提高组织活力。一是开展“五个一”活动。以界别为单位组织一系列献计献策研讨活动。二是推进基层组织建设。完成部分支部换届及调整工作。民盟市委主要负责人走访各支部了解情况，交流交心。召开基层组织建设座谈会并为获得民盟中央先进基层组织称号的君山支部授牌。岳阳中学、医卫、经开区等3个支部被评为庆祝省盟65周年先进基层组织。三是注重盟务交流。民盟省委直属青委会20余人到岳阳交流工作。10月13日，邀请友好组织民盟上海徐汇区委主委周秀芬主委一行8人到岳阳访问，召开合作交流会，中共市委副书记李志坚，中共市委常委、市委组织部、统战部部长王瑰曙参加。四是延揽优秀人才入盟。全年发展盟员14人。其中硕士4人，副教授1人，工程师5人，新盟员呈现年轻化、知识化等特点。重视基层后备骨干的培训锻炼，按要求推选8名民盟市委领导班子后备干部。

【举行第二期“民盟大讲堂”】 2014年4月28日，民盟市委邀请中央社会主义学院政治学教研室主任、教授、博士后导师，中国经济体制改革研究会特约研究员王占阳到岳阳为第二期“民盟大讲堂”授课，作题为《新政改的思想背景与要义》的专题报告。讲堂由市政协副主席、民盟市委主委万岳斌主持。市政协、各民主党派负责人，民盟盟员以及市政协、市委统战部、市国土资源局、市工商联机关300多名干部职工一同聆听报告。

（本栏撰稿　李　湘）

中国民主建国会岳阳市委

【概况】 2014年，中国民主建国会岳阳市委员会（简称民建市委）努力加强自身建设，认真履行参政党职能，积极开展“社会服务年”活动，团结和带领全体会员投身“同心工程”，各项工作取得较好成绩。

一、加强自身建设。将坚持和发展中国特色社会主义学习实践活动与自身建设紧密结合。一是基层组织建设扎实推进。探索形成一系列新的工作机制。实施机关专干联系支部制度，3名机关专干每人联系6个支部，帮助支部推进学习实践活动，制定工作计划，确定支部活动主题，解决支部建设中的困难。年终召开述职测评大会，所有支部负责人述职并由评委现场评分。支部活力增强，云溪区支部、市经济技术开发区支部等支部实现有经费、有场地、有档案、有制度，支部规范化建设取得新进展。形成主委定期走访、市委定制课题、专干定点联系的“三定”工作机制，经验得到民建省委推介，成为民建全国市级组织中的先进典型之一。二是思想组织建设稳步提高。全年选派14名会员参加中央、省、市民主党派骨干成员培训班、党外代表人士培训班。自办2期会员培训班。全年出刊《岳阳民建》4期。完成民建中央组织管理信息系统的数据录入。按程序推荐民建市委领导班子后备干部。成立文艺支部和市经济技术开发区支部两个基层组织，完成海联支部和市一中支部两个支部班子调整，全年发展会员24人。三是机关工作规范增效。出台参政议政工作考评办法等各项工作考评办法和工作制度，使各项工作有章可循，更加注重量化考评。会内活动更加常态化、规范化，开展长江岸线资源考察等活动，形成相关调研报告。

二、积极参政议政。2014年，民建市委被民建省委确定为反映社情民意工作示范单位。创新经验被省委在两期“半年一讲”活动中重点推介。示范单位各项指标全面完成。建立较完备的制度体系，做到制度完善，台账清晰。组建基础信息员、骨干信息员和专业培训师三个层次的社情民意信息员队伍。开展培训研讨活动。举办两期特聘信息员（扩大）培训班，支部举办相应的业务培训。确定重点课题，组织“一月一研讨”活动。在联点的“同心社区”设立信息采集点，成立信息员小组，全年收到信息稿件10余篇。构建支部收集素材、机关研究课题、中心组提炼升华的工作机制。全年上报社情民意稿件191篇，被民建省委采用43篇，中央采用6篇，名列全省第一，各项创建指标均达到预期目标。专题调研方面，全年完成3项专题调研，其中调研报告《打造航运服务集聚区，加快建设湖南长江经济带》得到中共市委书记卿渐伟批示，并被市政协评为优秀调研成果，在市政协七届三次全会上发言。《推进我市绿色食品加工业的发展必须加强源头治理和监管》在市政协七届三次全会上发言。《岳阳养老事业的现状及对策》被市政协评为优秀调研成果。组织会员参与市政协“长江岸线资源管理与利用”，民建省委“东洞庭湖湿地保护利用”“小微企业发展环境调查”“新型城镇化”等课题调研。在“五个一”活动方面，在市政协七届二次全会上提交提案19件，社情民意稿件117条，组织会员参加委员调研视察活动120人次、办理民生实事17件，组织会员参加志愿者行动140人次。被市政协评为“五个一”活动先进集体，两名会员被评为先进个人。下半年以岳阳林纸为重点监督对象，开展湘江流域重点污染源民主监督活动。

三、开展“社会服务年”活动。民建市委将2014年确定为“社会服务年”。在开展助学、助残、助老活动传统项目的基础上，推进“四同创建”工作（创建同心园区、同心项目、同心社区、同心乡村），密切联系社区、乡村和学校。一是创建“同心社区（乡村）”。将岳阳楼区望岳社区作为联点“同心社区”，3月，捐赠社区建设资金2万元，下半年筹集价值6万元的健身器材，为望岳社区建设一个居民健身园。1月，在岳阳县鹿角敬老院、友爱敬老院开展慰问活动，为老人送去近2万元慰问金。积极参与新农村建设活动，7月，在君山区柳林洲镇新洲村开展捐赠活动，为该村捐赠图书400余册。机关干部全年参与文明创建活动，主动深入街道、社区做好文明引导工作。二是推进扶贫助学。5月9日，在湖南理工学院颁发第三期“鸿升励志奖”，奖励6名在校学生。11月7日，在岳阳县月田中心学校开展送文艺及助学捐赠活动，向学校捐赠价值2万元的书籍和体育用品。三是服务地方和高校的发展。先后在云溪区、临港新区、湖南理工学院开展调研活动。10月下旬，湖南省第八届少数民族运动员在岳阳举办期间，设立“参赛运动员健康服务点”，提供保健和治疗服务。四是服务会员企业。3月，成立民建民营企业家联谊会，筹集资金10余万元为会内服务提供资金保障。10月19日，举办一期“企业人力资源法律法规知识讲座”。五是支部和会员踊跃参与。岳阳楼区支部开展送就业、创业、法律、早教辅导等服务进社区公益活动。君山区支部筹集专项经费10万元协助完成社区科普室建设。机关支部在湖北随州，岳工支部在平江，南湖支部在湘鄂赣革命根据地分别开展旅游文化资源调研活动。文艺支部多人次参加由市文联主办的送文艺进乡村、学校和社区的活动。云溪区支部在陆城镇敬老院开展慰问活动，岳工支部在湘阴县开展助学活动，巴陵支部为云南省迪沃州香格里拉县迪喜学校开展捐赠活动。会员积极参与公益活动，开展进社区慰问、向敬老院老人捐资捐物活动，参加扶助湘西救助濒临失学学生慈善活动，向广西、云南贫困学生捐赠活动，为云南昆明暴恐案专项慈善基金捐赠活动，为市脑瘫儿童基金会捐款等。民建会员立足本职建功立业。部分会员在社区担任法律顾问，为居民提供法律咨询和援助服务。两家企业和两名个人获“市长质量奖”，会员王五星、梁志军分获其中一项。

【民建市委被评为全国地市级组织建设先进单位】 2014年7月1-3日，民建全国市级组织建设研讨会在北京召开。民建岳阳市委实行的主委定期走访、市委定制课题、专干定点联系“三定”工作机制和经验被推介，主委方争奇作《创新三定机制破解三无困局》的典型发言，被评为民建全国300个市级组织的15个先进典型之一。得到全国人大常委会副委员长、民建中央主席陈昌智的肯定。

【会员岗位立业创佳绩】 2014年，民建会员发挥自身优势为岳阳经济社会发展做贡献。王五星领办的湖南天欣科技股份有限公司和梁志军个人获得市政府颁发的“市长质量奖”。会员企业鸿升电磁科技有限公司获得全国‘安康杯’竞赛先进单位，“鸿升”商标获得湖南省著名商标，“电磁感应化工磁稳定成套设备”获得湖南省科技进步二等奖和省、市名牌产品。梁志军获得湖南省五一劳动奖章、特殊津贴专家称号。

（本栏撰稿　郝　纯）

中国民主促进会岳阳市委

【概况】 2014年，中国民主促进会岳阳市委员会（简称民进市委）努力践行同心思想，积极推进组织建设工程、服务惠民工程和参政汇智工程，各项工作取得明显成效。

一、组织建设工程。民进市委抓住组织建设这一年度工作主题，不断加强自身建设。一是深化政治共识。开展坚持和发展中国特色社会主义学习实践活动，组织开展“读会史、学传统、明使命”专题宣讲，组队参加全省会史知识竞赛，取得全省第三名的好成绩。二是加强组织建设工作。结合创先争优活动，重点开展组织建设年工作，完成基层组织状况调查和课题报告。加强支部工作指导，完善市委委员分管联系支部制度，全年17位市委委员参加55人次支部活动。创新支部活动方式，鼓励支部联合组织大型活动。组织建设工作获得民进省委的肯定，在民进全省组织工作会议上被表彰为民进全省组织建设先进市级组织。民进岳阳市委专职副主委李尧瑶在会上作经验交流发言。岳阳楼区机关联合支部、岳阳楼区教育局机关支部、民进岳阳市文化支部等7个支部被评为民进全省组织建设先进基层组织。肖洋溢、王秀云、赵小青被评为民进全省组织建设先进个人。李国武、苏菊辉等10人被评为全省优秀会员。加强支部宣传引导，借助岳阳民进网站的信息平台、编印寄发5期《会务动态》专刊。三是加强班子建设。按照市委统战部《关于民主党派市委主委、副主委任免工作程序》，启动届中调整工作，为民进市委领导班子新老交替做好准备。注重加强学习，参加全市统一战线暑期谈心活动。加强后备干部队伍建设，完成2014-2016年民进市委领导班子后备干部民主推荐工作。全年发展新会员8人，会员总数达到498人。推荐8名骨干会员参加全市党外代表人士培训班。多个支部和会员获得市级以上奖励。民进市委参政议政、宣传信息、组织建设和机关建设等4项工作被评为全省专项考核一、二等奖。岳阳楼区教育局机关支部被评为民进全国宣传思想工作先进集体。民进市委机关二支部被评为民进全国组织建设先进基层组织。会员罗慧蓉被评为民进全国组织建设先进个人。省级以上媒体91篇次刊登岳阳民进特色活动和优秀会员先进事迹稿件。

二、服务惠民工程。挖掘自身资源优势，结合民进省委的重点工作，组建会内和会外两支队伍，做大做强同心生态文化和同心市民文化两个品牌。一是整合资源，组建队伍，夯实社会服务的工作基础。一方面以市委委员、支部主委、各级人大代表、政协委员和文化教育界别骨干会员为主体，组织和策划文化服务活动。另一方面积极主动争取民进省委、中共市委统战部和市（区）政府部门的支持和帮助，建立省、市、县（区）三级联动网络。二是打造两个文化品牌。一为生态文化品牌。结合环洞庭湖生态经济区建设发展战略，组织开展“生态文明建设”系列调研，编著《生态文明建设普及读本》一书，助力文明城市创建。鼓励会员积极参加“四同创建”工作，支持市委委员李国武开展同心生态园建设。再是市民文化品牌。有针对性地组织开展书香文化、传统文化、广场文化和抗战文化等多种活动，满足基层群众对文化生活的多样化需求。倡导微公益，鼓励全会主动开展志愿服务和为民办实事等“五个一”活动，基层组织和会员自发开展送教助学、医疗义诊、文化交流、帮扶藏族学生和敬老爱老等活动。

三、参政汇智工程。把握两会议政、专题调研和社情民意三大平台，积极参政议政。一是“两会”建言献策。会内4名省人大代表、政协委员和26名市人大代表、政协委员共提交提案建议52件，大会发言材料2篇。有3件集体提案被列为重点提案，《切实提高产能和品质，确保洞庭湖地区粮食安全》得到中共市委书记卿渐伟的高度重视和批示，列为1号提案由中共市委督办。《关于治理城区水域垃圾污染，建设美丽幸福岳阳的提案》被市长盛荣华批示，列为2号提案由市政府督办。《关于加强东风湖污染综合整治的建议》被列为市政协重点提案。《关于将湖南理工学院西院改造成一所高中一所小学的提案》得到市政府的重视，副省长李友志批示同意岳阳市人民政府回购岳阳理工学院西院资产，将其改建为十四中和一所小学校址，十四中拟定于2015年暑假迁址。有关粮食安全和城区水域垃圾污染治理2件提案被评为全市优秀提案。二是专题调研有成果。围绕“生态文明建设”主题开展系列调研，完成《加强危险化学品监管，确保石化行业安全》专题调研，市领导对报告分别作出批示，要求加大监管力度，督促相关部门及时清除危化品行业的不安全因素，明确重大问题由市安委会、市政府专题研究解决。完成《湘江流域重点污染源民主监督报告》，配合市政协重点提案督办调研，完成《我市中心城区水域垃圾污染情况的调研报告》。12月15日，民进市委专职副主委李尧瑶、副主委张世愚参加全市各民主党派、市工商联、市知联会专题调研成果汇报会。张世愚在会上介绍民进七届市委成立以来，围绕生态文明建设开展的系列调研工作。三是关注民生。向民进省委、中共市委统战部和市政协共提交社情民意87条，其中“关于建好长江经济带岸线码头的建议”等19条信息被中共省委统战部采用，3条信息被民进中央采用，2条信息被市政协采用。信息工作在全省民进市级组织和全市统战系统中名列前茅。

【举办“坚持和发展中国特色社会主义学习实践活动”主题培训班】

2014年7月10日，民进市委举办“坚持和发展中国特色社会主义学习实践活动”主题培训班。民进市委主委隋国庆，中共市委统战部常务副部长邓有根，副主委李尧瑶、张世愚、丁卫平、部分民进市委委员和新任支委班子成员共120余人参加活动。培训邀请全国政协委员、民进湖南省委副主委、湖南师范大学文学院教授汤素兰作“读会史、学传统、明使命”专题宣讲，中共市委统战部干部科科长朱平作《争做优秀党派代表人士》讲座。

【承办全省文化惠民首场演出】

2014年5月25日，由民进湖南省委、湖南省文化厅共同举办，中共岳阳市委统战部、民进岳阳市委、中共平江县委统战部共同承办的“文化惠民，同心共进”文化公益活动在革命老区平江县举行。1100多名当地群众共同观看大型古装喜剧花鼓戏《连升三级》。

（本栏撰稿　李　倩）

中国农工民主党岳阳市委

【概况】　2014年，中国农工民主党岳阳市委员会（简称农工党市委）全体党员团结奋进，积极作为，在自身建设、参政议政、社会服务等各个方面均取得新的成绩。被农工党省委评为先进市级组织、社情民意信息先进单位，被市政协评为“五个一”活动先进单位、社情民意信息工作先进单位。

一、思想建设得到加强。组织开展一系列学习教育活动。包括开展坚持和发展中国特色社会主义学习实践活动、以“坚定政治信念、解放思想”为主题的学习活动，举办“中国梦·农工情”演讲比赛等。参加全省“中国梦·农工情”演讲比赛和征文活动并获奖。出版《岳阳农工》2期，在市政协“五个一”活动专报上刊登活动信息40余篇，在媒体上刊发各类信息60余篇。

二、组织建设取得新进展。启动农工党市委委员、机关干部联系基层支部制度。创建“岳阳农工党员”微信群，实行专人管理，积极引导，及时了解党员思想动态。完善组织布局，全年发展新党员37名。调整个别支委班子。新成立市经济技术开发区支部、湖南民族职业学院支部和岳阳楼区第三支部三个支部和理论研究、经济工作、科教文卫等5个专委会，完成专委会的建章建制。委派15名党员参加在中央、省、市社会主义学院举办的培训班学习。重视对党员干部的培养锻炼和实职安排。年底,安排市委机关专干赵军到市经济技术开发区康王乡挂职锻炼。完成领导班子后备干部的候选人推荐工作。支部之间继续互相学习联谊。3月，组织各支部在君山天井山森林公园“农工党之林”开展植树活动。7月，组织到君山区开展现场义诊，捐助药品3000元。各专委会活动丰富多彩，各基层组织活动经常化、规范化，全年集中传达、学习上级精神38场次，组织送医送药义诊、关爱留守儿童等活动50余次。

三、参政议政开创新局面。一是“两会”议政。将“五个一”活动纳入规范化制度化轨道，每季度通报。在市政协七届二次全会上递交集体提案11件，其中《关于进一步强化城区社会治安管理的建议》被中共岳阳市委、市政府定为重点督办提案，3件提案被评为优秀提案并被定为市政协重点督办提案。“两会”期间，被市政协评为“五个一”活动先进组织集体。专职副主委周波、党员刘志敏、李昌保、范亚夫4人被评为“五个一”活动先进个人。周波被省政协评为“最美政协人”。二是课题调研，全年承担完成5项课题调研任务，包括农工党中央的《岳阳市张谷英村姓氏渊源和文化的调研》《优化产业布局，保护长江流域水环境》，农工党省委的《关于推进洞庭湖博览园建设的调查与思考》，中共市委的《岳阳市建设生态宜居城市的调研与思考》《重视我市失地农民长远生计保障的建议》。调研小组走访市直、县区有关部门20多个，形成调研报告，其中《重视我市失地农民长远生计保障的建议》被选为市政协全会的发言材料。三是社情民意信息工作。全年向农工党省委上报信息60多条，被农工党中央、省政协各采用4条，省委统战部采用28条。分别被农工党省委、市政协、市委统战部评为社情民意信息工作先进单位。周波、司马雄翼、殷俊、赵军被农工党中央评为社情民意信息工作先进个人。

四、服务社会做出新贡献。开展形式多样的社会服务工作。开展“农工党之林”义务植树活动。开展“同心系湘江·共护母亲河”专项监督行动。农工党市委在湖南理工学院为15名贫困大学生颁发第三届“励志奖学金”。继续在岳阳监狱六监区举办“爱在高墙，喜迎国庆”帮教活动，中共市委常委、市委组织部部长、统战部部长王瑰曙亲自参与。通过励志教育、法律咨询、医疗救助、心理咨询、一对一帮扶教育和帮教晚会等形式关爱失足人员，此项同心活动被中共市委统战部评为全市统战工作实践创新项目。发动党员参加“结穷亲、帮学子”活动。君山区支部在许市镇凉亭完小进行“同心·关爱”活动，重点帮扶3名成绩优异、家庭异常困难的留守儿童。联合支部党员李穆在平江县板江中学设立“永普励志奖学金”捐资助学，奖励优秀学子和教师。

（本栏撰稿　赵　军）

中国致公党岳阳市委

【概况】　2014年，中国致公党岳阳市委员会（简称致公党市委）积极参政履职，开展同心活动，各项工作取得发展。全年发展党员17名，党员总数达到239人，有支部11个，小组1个。党员中各级人大代表、政协委员48人，占党员总数的22%，其中，全国人大代表1人，省政协委员3人，市人大副主任1人，市政协常委4人。

一、强基固本，加强自身建设。一是开展学习实践活动。制定下发《致公党岳阳市委关于开展坚持和发展中国特色社会主义学习实践活动的方案》和年度活动计划，开展系列学习实践活动。发动党员参与致公党省委举行的“坚持和发展中国特色社会主义实践活动”征文活动，投稿9篇，其中副主委陈跃平的《民主党派应自觉凝聚中华民族伟大复兴的正能量》和市职业技术学院支部黎玄哲的《坚定理想信念，扬帆职业教育》分别获得一等奖和二等奖。二是夯实领导班子建设。全年召开主委办公会8次、市委扩大会议5次，讨论工作，进行学习。领导班子成员积极参加致公党中央、致公党省委重要会议，参加省、市社会主义学院举办的主题班学习，参加致公党省委和中共市委统战部组织的暑期谈心活动，领导班子成员政治理论素质得到提高。健全各项会议制度、工作制度，贯彻民主集中制。三是宣传工作。全年向致公党省委上交理论研讨文章3篇，在致公党中央网站发表宣传信息稿件15篇，在致公党省委网站发表稿件151篇，岳阳致公网站刷新各类信息220条，被三湘统战网采纳信息3条。四是加强组织建设。高标准发展新党员，17名新党员中硕士研究生1名，中级及以上技术职称7名，4名具有侨海关系。组织近3年发展的39名新党员举行入党仪式。选送5名党员参加中央、省、市社会主义学院学习培训，致公党市委举办2次专题培训班。建立党员电子信息档案并及时更新。对任期届满的市职业技术学院支部、直属支部和君山支部换届选举。11月，成立南湖风景区支部。党员活动开展经常，各个支部均开展2次以上的活动。3月，组织全体女党员到君山开展“三八”妇女节活动。10月,组织全体老党员座谈并开展户外活动。五是强化机关建设。建立健全机关工作管理的各项规章制度，促进机关管理规范化。六是争先创优作贡献。党员柳玲玲被致公党中央评为优秀党员，王光文被评为中国食用菌行业优秀科技工作者等。

二、围绕中心，积极参政议政。出台《致公党岳阳市委参政议政奖惩机制》，鼓励党员积极建言献策。一是大会建言。党员中的各级人大代表和政协委员年初向各级“两会”提交议案、建议和提案103件，其中向全国人大提交建议案31个。《关于积极推进湿地生态保护及综合利用的建议》和《关于加强耕地土壤污染防治确保粮食安全的建议》被列为全国重点建议案。向省政协提交提案6件，向市政协七届二次会议提交团体提案17件，个人提案25件，组织大会发言2篇，其中2件被市政协列为重点提案，2件被评为优秀提案。向岳阳楼区政协、人大提交提案和建议案26件，其中《关于加快推进我区新型城镇化的思考与建议》被列为重点督办提案。谢模满、李信华被市政协评为“五个一”活动先进个人。二是专题调研。开展专题调研活动2项，并形成调研报告，其中《关于精准扶贫的调研》得到市领导的肯定和批示。岳阳楼区支部的《民间借贷现状分析报告》被作为成果采用。云溪区支部撰写的《关于我区农村合作经济组织发展情况的调查与思考》获得云溪区委统战部组织的“同心追梦，献智云溪”调研论文一等奖，并被定为云溪区政协四届三次全会发言材料。三是社情民意。全年向各级组织及部门报送社情民意400多条，其中被省委统战部采用46条，《基层农民期盼关于农村房屋确权的三个问题》被全国政协采用。《劳教制度废止后三个问题亟待关注》《关于加强自来水信息公开的建议》等5条社情民意被省政协采用，其中《设立居民户口并未改变我国户籍制度分裂问题》得到副省长张硕辅的批示。社情民意信息工作得到致公党省委、市政协及中共市委统战部的好评。四是协商民主。在各级政治协商会、提案督办会、市政府工作报告征求意见会和中共群众路线教育实践活动征求意见等会议中积极建言献策。同时，丁湘平、谢模满、李信华、李泉源、肖翠兰5名党员被市政协聘为民主监督小组工作人员。

三、发挥优势，主动服务社会。一是开展“四同创建”工作。将致公党党员、全国人大代表杨莉创办的湖南洋利生态农业有限公司打造为全省“同心园区”示范点，多次实地调研，根据公司产业经营特色，制定实施方案，分4个片区规划，从资金、项目和人才上帮扶。按照“六有”标准指导岳阳楼区支部在东升社区创建“同心社区”。发动支部党员开展扶贫帮困、法律服务、矛盾协调、志愿服务等一系列活动。东升社区成为全市“同心社区”创建示范点，并被省委统战部验收。“同心园区”“同心社区”建设被致公党省委评为社会服务工作优秀成果，李薇薇和李泉源被致公党省委评为社会服务先进个人。连续三年帮扶君山柳林洲镇，开展“同心乡村”建设，累计资助资金10余万元，另外捐赠6800元医疗器械用品支持卫生室建设。二是推进“致公助学”工程。继续在湖南理工学院设立“岳阳致公助学金”，4年累计捐助资金16万元，受赠学生80人次。5月，先后2次与市职业技术学院园林艺术系一同赴海泰博农生物科技有限公司商谈致公助学事项并达成初步协议，由学校推荐10名优秀园林艺术学生到公司实习，致公党市委和公司负担生活费和一定的劳务费。6月，联合致公党省委在平江县瓮江镇大兴小学和南江镇阜山小学开展助学活动，发放助学金1万余元，捐赠图书1000册，书包、文具盒173套。省血防所支部联合“多背一公斤水”志愿者协会，在岳阳县中洲乡河头小学开展“传递书香，相约健康”图书捐赠和爱心义诊活动，免费为200多名学生体检，发放宣教资料300多份，还向困难学生捐赠助学金。岳阳楼区支部组织党员到蔡家小学调查走访，并发放书包、衣服等物资。“六一”儿童节前夕，市经济技术开发区支部联合区妇联、团委、教育局及一些企业爱心人士到西塘镇高城完小，为学校及孩子们送去打印机、校服等爱心物资。直属支部组织党员为岳阳县麻塘镇洞庭小学、君山区康河小学“爱心书屋”捐款3000余元。党员余永贵参与“牵手湘西公益行”活动，为湘西凤凰县腊尔山岩坎小学和三江镇凉灯小学贫困生累计捐助学习用品近2万元。三是开展扶贫帮困活动。岳阳楼区支部联合区红十字会在湘爱园社区、枫树岭社区和奇家岭敬老院慰问特困家庭和孤寡老人，发放慰问款和慰问物资共计5万余元。综合支部组织党员到市社区老年医疗养老服务中心慰问，送去慰问物资及爱心款1万余元。云溪区支部与区民政局共同组织“关爱孤儿，传递爱心”志愿服务活动，为5名特困孤儿送去慰问金7150元等。党员吴银熔给原种场冯姓残疾人捐款1000元。党员曾淼红连续四年为四化建社区免费提供法律服务，免费解答社区法律咨询上百起。

（本栏撰稿　周　静）

九三学社岳阳市委

【概况】　2014年，九三学社岳阳市委员会（简称九三学社市委）践行同心思想，履行参政党职能，围绕中心工作建言献策，加强自身建设，各项工作取得好成绩。

一、汇聚集体智慧，提高履职水平。制定《九三学社岳阳市委基层组织参政议政目标管理考核评分细则》，完善《九三学社岳阳市委参政议政奖励办法》。鼓励社员围绕全市经济社会发展中的重大问题和群众普遍关心的热点问题深入调查研究，不断提高建言水平。一是做好重点调研工作。九三学社市委成立调研组到产粮大县、乡镇，就粮食生产现状、存在问题、促进可持续发展的对策调研。调研报告《稳定水稻生产，确保口粮安全》得到中共市委书记卿渐伟的肯定和批示，《岳阳日报》11月14日全文刊发。针对威胁女性生命健康最常见的宫颈癌和乳腺癌的问题，组织社内医疗专家，就“两癌”专项补助资金不足等问题调研，提出《关于加强岳阳市妇女“两癌”筛查工作的建议》。承担九三学社省委2014年参政议政中标课题，就岳阳市新型城镇化建设中“如何彰显岳阳城镇特色和内涵”提出政策建议，形成调研报告。二是“两会”建言献策。社员中的各级政协委员、人大代表提交提案、建议25件，大会书面发言3篇。在市政协七届二次会议期间，提交并立案的提案12件，其中被列为重点提案的1件。在大会上作《倾力推进湖南长江经济带开放发展的建议》的口头发言和《加快我市新型工业化发展的建议》的书面发言。集体提案《关于申报国家级洞庭湖生态旅游度假区的建议》《关于我市保障性住房的建议》被评为优秀提案。通过九三学社省委提交省政协集体提案2件。各基层组织积极向地方政协建言献策。岳阳楼区、君山区和云溪区支社共向区政协提交提案8件。三是民主监督。九三学社市委主要领导应邀出席中共市委召开的党外人士座谈会，各级各部门召开的座谈会和情况通报会，就有关突出问题提出建议，一些建议得到重视和采纳。九三学社市委按照九三学社省委工作安排，民主监督屈原管理区科达印染有限公司排污情况，由于监督得力，被确定为中共省委统战部对湘江流域重点污染源专项民主监督验收现场。在党的群众路线教育实践活动中，九三学社市委和广大社员积极参与，反映党风政风问题。社员中的各类特约监督员、监察员、检察员、审计员积极发挥民主监督作用。四是社情民意工作。举办社情民意工作培训班，全年上报统战信息和社情民意60余条。《击破当前农村社区化建设五难问题，助推幸福岳阳的建议》得到中共市委书记卿渐伟的批示。

二、加强自身建设，完善组织形象。一是思想建设方面，结合学习重要会议精神，夯实同心思想基础。利用抗日战争胜利暨九三学社成立69周年等重大纪念活动或时间节点，开展坚持和发展中国特色社会主义学习实践活动。主委李平的论文《民主党派在合理引导网上舆论，履行参政党职能中大有可为》入选社中央专题论文集。组织参加九三学社省委开展的征文活动和离退休成员思想状况调查。与长沙、湘潭等地社市委互相学习交流。组织支社主委参观芷江抗战胜利受降纪念馆。二是组织建设方面，建立组织管理电子信息档案。高标准发展新社员，全年发展新社员22人，平均年龄32.9岁。其中高级职称4人，中级职称11人。截至2014年年底，全市社员389人，平均年龄47岁，其中高级职称144人。新成立市经济技术开发区支社，支社达到19个。加强班子能力建设，班子成员多次参加各级各类的培训和学习。还有6名社员参加省、市社会主义学院的培训班。组织活动丰富多彩。举办各类主题节庆活动。支社组织社员到洪湖接受革命传统教育。湖南理工学院支社组织社员到市儿童福利院慰问。关心社员疾苦，慰问生病、困难社员100余人次，为身患重病的老社员郭胜年争取九三学社中央王选关怀基金资助款3万元。

三、开展“四同创建”，积极服务社会。一是开展“九三科技行”活动。完成科普基地建设，组建科技服务志愿者队伍12人，开展科技讲座3场。继续赞助岳阳县筻口镇三胞胎“岳、阳、楼”第二学年学费1.5万元。向君山区新洲村捐赠图书500余册。组织岳阳楼区支社等开展科技进社区活动，举办脊椎健康知识讲座，在康岳社区、东升小学等地普及药品安全、慢性病防治等知识，赠送科普读本1500册，资料1万份。组织农科所支社编印科普读本《岳阳市主要作物栽培技术》。组织社内专家赴屈原管理区河市镇河夹塘居委会开展送科技、医疗、法律等活动。二是“同心社区”建设。在岳阳楼区吕仙亭街道创立岳港“同心社区”，提供养老服务、法律援助、心理咨询和文体娱乐等。“同心社区”工作有场地、有队伍、有制度、有活动，受到群众赞誉。8月，为该社区群众送出30个医药保健箱。中共省委统战部领导前来社区视察后，将其确定为全省统一战线“同心工程”的样板。三是企业帮扶。根据中共市委中心工作的安排，九三学社市委主委班子和九三学社届别政协委员，深入湖南长康实业有限责任公司、泰和集团现代农业综合开发公司、中国华粮物流集团城陵矶港口库考察调研，制定帮扶支持和整治方案，为企业提供智力支持。四是立足岗位做贡献。长炼董事长、长炼支社社员李华牵头组织的10万吨/年双氧水直接氧化丙烯制环氧丙烷装置实现一次开车成功,填补国内技术空白。农科所支社周泉、李海平、许望龙、杨秋功践行社会主义核心价值观，奋战在科研工作一线，《洞庭之声》报以《绝对忠诚——岳阳科研工作者风采录》分别作报道。职院支社刘小方、江里华利用自身专长，经常为学校、政府部门讲课，提供法律援助。城建支社徐超被市政府记三等功。市直二支社綦群炎为岳阳楼区“同心社区”创建捐款5000元。理工学院支社张晓红在2014年第六届全国大学生机械创新设计大赛中，其指导的作品获国家级二等奖。

（本栏撰稿 杨 波）

岳阳市工商业联合会（总商会）

【概况】 2014年,岳阳市工商业联合会（简称市工商联）坚持“团结、服务、引导、教育”的方针，做好参政议政、内引外联、经济服务、教育培训、非公党建、公益慈善等工作。截至2014年年底，全市有私营企业近2万家，个体工商户20多万户。全市近50%的税收、60%以上的GDP、70%以上的创新、80%以上的投资以及90%以上的新增就业岗位都来自于非公有制经济。

一、强化宣传教育，凝聚思想共识。围绕学习贯彻党的十八届三中、四中全会精神，抓好非公有制经济人士理想信念教育。3月，全国工商联副主席安七一到汨罗市调研，充分肯定岳阳市的非公有制经济人士理想信念教育。市工商联副主席、湖南省十三村食品有限公司董事长李国武获全国第四届道德模范称号。市工商联副主席、湖南安信联合会计师事务所董事长谭秋云获全国自强模范称号。深入推进以诚信守法为主题的“信誉建设年”活动，开展“用道德和良心做产品”教育引导活动。召开群众路线教育实践活动动员会议，全市1860家非公有制经济党组织和1.4万余名党员参加活动。积极整改落实20个“四风”方面的突出问题，清理完善22项规章制度。深入开展“党员进社区，竞赛当‘五员’”活动，帮助解决企业发展难题和职工的实际困难1600多个。6月29日，学制一年的“北京大学—岳阳市企业家高级研修班”在北京圆满结业。2014年又与市委组织部、市经信委联合浙江大学举办“浙江大学—岳阳市企业家高级研修班”，80名企业家参加学习培训。与香港中华总商会对接，组织38名优秀民营企业家赴香港学习。引导非公有制经济人士积极参与光彩事业，开展“百企联百家，同心促和谐”活动。加强对非公有制经济的宣传力度，在《中华工商时报》《人民政协报》《湘声报》及中央统战网、全国工商联网等发表新闻稿件200多篇，创办会刊《岳阳商会》，为会员企业提供新的宣传展示平台。

二、优化经济服务，努力帮扶企业。与工商银行、交通银行、兴业银行等金融机构合作，争取授信10多亿元，帮助会员企业联保贷款9000多万元。通过调查摸底，为市委市政府开展“重点产业、重大项目和重点民营企业”联手帮扶建言献策，重点帮扶37家民营企业。在全市三季度经济形势讲评会上，受到市委市政府的通报表扬。围绕加快环洞庭湖生态经济圈建设，推进洞庭湖绿色食品产业园项目建设，引导湖南鱼米之乡、国泰榨菜、伟民食品等企业入驻园区，打造岳阳市千亿元食品产业园区。举办岳阳市第八届巴陵车展、家装建材展销会、地方名优特产展销会等活动，成交额过亿元。科伦制药、天欣集团、道道全粮油、和立东升、中创化工、金龙铜业等6家企业跻身2014年湖南民营企业100强。对上海、北京、深圳等地寓外乡友返乡的创业情况调查摸底，详细推介岳阳的投资项目，吸引更多寓外乡友回岳阳再创业、再发展。

三、深入调查研究，积极参政议政。开展“为会员企业解难题、办实事”大走访活动，就企业“融资难”“供地难”“用工难”“协调难”等困难走访调研企业50次以上，收集意见建议80多条，帮助解决问题30多个。调研报告《规范民间融资管理，支持中小微企业健康发展的建议》被列为市政协重点提案，并在市政协优秀调研报告征文中获一等奖，在全省工商联系统优秀调研报告征文获二等奖。《岳阳寓外乡友返乡创业情况报告》得到市委市政府主要领导的重视和指示，并被相关部门采纳。

四、提升非公党建规范化水平。在全市非公经济党组织中开展“凝聚正能量，同心促发展”规范建设主题实践活动和争做“五个先锋”党员活动（创业发展先锋、爱岗敬业先锋、诚信经营先锋、促进和谐先锋、奉献爱心先锋），通报表彰20个先进基层党组织和40名优秀共产党员。湖南省十三村食品有限公司党委等7家非公经济党组织被评为全省先进基层党组织，陈国泰等6名党员被评为全省优秀共产党员。岳阳中创化工党总支在全省非公党建品牌工作展示活动中获二等奖。通过推行“党员责任区”“党员先锋岗”“明星党员排行榜”等举措，引导党员在促进企业发展中树标杆、做表率、当先锋，全市广大非公经济组织党员在关键岗位为企业破解发展难题580多个，实现技术创新230多项。积极探索非公企业纪检工作，明确湖南省十三村食品有限公司、黄河集团等8家企业为试点单位。

五、夯实基础工作，推进“同心工程”。新发展23家直属会员，严格考察和综合评价市工商联七届执委会届中调整人选。成立市工商联青年企业家商会，市委副书记、市长盛荣华出席成立大会并讲话。制作纪念市工商联成立60周年专题片，编印《风雨同舟》画册，召开市工商联成立60周年座谈会。推进“同心工程”，精心打造“同心品牌”，引导湖南国泰食品有限公司等农产品加工企业，建立绿色农产品种植基地，以“订单生产”模式，引导农民种植绿色生态环保经济作物。支持湖南鱼米之乡有限公司建立加工基地，进行新鲜水产品深加工。通过自主申报、综合考评，与市委统战部联合授予南翔万商（岳阳）商贸物流城为全市“同心创新创业基地”。授予湖南岳阳绿色化工产业园、湖南洋利生态农业产业园为“同心园区”。授予湖南省十三村食品有限公司、湖南国泰食品有限公司为“同心项目”。授予湖南科伦制药有限公司等10家企业为“同心示范企业”。

（本栏撰稿　江　俊）

责任编校　肖　卫

社会群众团体

岳阳市总工会

【概况】　2014年，岳阳市总工会深入贯彻党的十八届四中全会和中国工会十六大精神，落实习总书记“两个信赖”工作要求，以党的群众路线为引领，服务经济发展，服务职工群众，各项工作取得新突破。圆满承办全市劳模命名表彰大会、“中国梦·劳动美”职工系列文化活动、全国工会“中彩金”法律援助项目现场经验交流会等大型活动，4次在省级以上工作会议作经验发言。先后获得全国工会推进工资集体协商先进单位，全省工会年度考核一等奖、工会组建工作一等奖、经审工作规范化建设特等奖、工会财务工作先进单位，被评为全市综合绩效考核先进单位和党风廉政建设、计生工作、综合治理、安全生产先进单位。

【开展重大活动】　2014年，市总工会开展系列活动有影响，一是开展服务发展主题活动。为应对经济下行压力，市总工会以赛奉献、赛作为、赛风采为主题，因时而赛、因地而赛、因难而赛，在巴陵石化等大中型企业，开展创新增效劳动竞赛，助力企业扭亏止损，在蒙西华中铁路洞庭湖大桥等重点项目，开展攻坚提速劳动竞赛，助力企业凝心聚力，在石化、非煤矿山、建筑施工等高危行业，开展安康杯竞赛，助力企业安全生产，在卫生、教育、纺织等女职工集中的行业，开展芙蓉杯岗位技能竞赛，助力女职工素质提升。同时，落实省总工会113行动计划，助力企业实施以创新经营理念、创新生产技术、创新发展模式为主要内容的三创新工程，开展群众性技术革新活动，申报湖南省第二批职工科技创新扶持项目6个。二是开展劳模先锋行活动。以全市劳模评选为契机，深入开展劳模先锋行系列活动，召开第五次劳动模范命名表彰大会，评选表彰80名劳模，召开全市优秀劳模代表座谈会，介绍他们在各自岗位上建功立业的先进事迹，开展“弘扬劳模精神，奉献服务发展”活动，打造社区公共服务、技术创新、公益慈善等不同类型的劳模志愿服务品牌；组建由50多名优秀劳模代表组成的劳模宣讲团，深入园区、厂区、社区、校区巡回宣讲，传递正能量；在《岳阳日报》等主流媒体建立宣传阵地，开设“主力军风采”“寻找最美劳动者”等专栏，深入宣传劳动模范和五一劳动奖、工人先锋号获得者事迹，形成学习劳模、争当劳模、关爱劳模的良好氛围。三是开展职工文体活动。组织各级工会以“中国梦·劳动美”为主题，开展“欢乐潇湘·幸福岳阳”职工文艺会演，主办专场文艺晚会、职工全健排舞大赛、职工书法大赛、“全民读书月”等系列活动，丰富职工的文体生活，进一步凝聚职工力量、增强应对经济下行压力的信心。推荐市级优秀节目参加“欢乐潇湘·劳动最美”全省职工专场文艺晚会，获得二等奖。推荐市级获奖单位——长炼职工全健排舞队参加省总工会组织的总决赛获得金奖，市总工会女工委获得优秀组织奖。

【阵地建设有亮点】　2014年，市总工会一是在职工之家阵地有亮点。着眼建家工作的系统性、长期性特点，开展“会家合一”建设，出台《岳阳市职工之家建设工作方案》，建立分级负责、工作督查、工作交流、表彰激励等四项制度。以巴陵公司、云溪工业园、岳阳楼区万家坡社区等20个单位为样板，在企业、园区、社区分类召开建家评家流动现场会。在投入上，采取“党政投一点、市总拨一点、基层筹一点”的办法，使建家工作进一步延伸到非公企业、“两新”组织、工业园、乡镇（街道）、村（社区），实现多层次、全方位、立体性的推进。全市建家工作开展面达86%。二是在职工技能创新阵地有亮点。为发挥劳模和高技术人员在科技创新中的引领作用，在市级以上劳模、拥有技师以上技术等级的职工所在企业，建立以巴陵公司劳模陈旺、岳阳供电公司劳模卓进等创新工作室为样板的36个劳模（职工）创新工作室，1个推荐上报为全国示范点、3个被评为全省示范性创新工作室。发挥创新工作室的示范作用，开展劳模带高徒、劳模带标兵和把高徒培养成劳模、把标兵培养成劳模的“双带双培”活动，构建“名师带高徒、劳模当表率”的技能人才培养和技术创新格局。

【服务职工有特色】 2014年，市总工会贯彻落实依法治国战略，以构建法治工会统揽维护职工合法权益，以帮扶中心为平台，联合20多家律师事务所，组建300多人的职工维权律师志愿服务团，为广大职工提供法律咨询、法律援助、劳动仲裁等服务。全国总工会将岳阳市列为全国首批“中彩金”法援项目示范单位，12月9日，在岳阳市召开全国工会“中彩金”法律援助项目现场经验交流会。为残疾人、妇女、下岗职工和农民工等弱势群体提供法律援助，免费受理各类法律援助案件133件，结案率100%，受到全国总工会的充分肯定。在常态化帮扶上，依托“双联”帮扶平台，有效整合帮扶资源，筹集资金4000多万元，组织开展两节送温暖、金秋助学等12项活动，帮扶困难职工和农民工5万人次。在项目化帮扶上，8月，开展“金秋助学·大兵义演”活动，筹集爱心助学资金897万元，定向捐助4933名贫困学生，动员19家爱心企业家志愿者结对助学22名学生，每年每人捐助1万元，连续资助4年。深入推进职工医疗互助项目，有13万名职工参与，近2000名会员得到补助，深受职工好评。在发展式帮扶上，以市职工培训学校、市农民工培训学校、市女职工业余学校为平台，创新培训方式开展造血式帮扶，全年各级工会开办培训班200多期，培训7600多人次，帮助6700多人实现就业和再就业。同时，根据县域经济各具特色、支柱产业逐步形成的特点，以“一县一品”破解行业性工资集体协商难题，打造汨罗市家具、湘阴县餐饮、临湘市浮标、华容县纺织、平江县熟食、岳阳县陶瓷、岳阳楼区休闲、云溪区化工、屈原管理区饲料、君山区农家乐等10多个行业工资集体协商典型，通过以点带面，推动劳资共赢，构建和谐劳动关系。岳阳市工资集体协商建制数达到已建工会组织企业数的93%，超额完成年度任务。

【全国工会“中彩金”法律援助项目经验交流暨培训部署会】 2014年12月9日，全国工会中央专项彩票公益金法律援助项目经验交流暨培训部署会在岳阳市召开。全国总工会书记处书记、党组成员、法律工作部部长郭军出席会议并讲话，省人大常委会副主任、省总工会主席刘莲玉和岳阳市委副书记李志坚作大会致辞，全国总工会法律工作部副部长孙文彬主持会议。省总工会党组成员、副主席黄新民，市人大常委会副主任、市总工会主席彭先政，市总工会党组书记、副主席谭志兰，全国各省、市、自治区工会法律工作部相关负责人110人参加会议。会议指出，全国工会“中彩金”法律援助项目自2013年试点以来，取得一定成效。各地工会深入学习贯彻党的十八届四中全会精神，准确把握工会法律援助工作与依法治国、依法治会的关系，提高对工会法律援助工作的认识。在推进依法治国进程中，找准工会法律援助的切入点和着力点，充分运用法治思维和法治方式，树立市场意识，进一步扩大“中彩金”法援项目覆盖面，增强代表性，探索做好维护职工合法权益的新途径。

【岳阳市第五次劳模命名表彰大会】 2014年4月29日，岳阳市第五次劳模命名表彰大会在市会展中心举行，会议表彰第四次劳模命名表彰大会以来，全市各行各业各条战线上涌现出的品德高尚、业绩卓越、贡献突出的劳动模范和先进工作者80名（66名职工劳模，14名农业劳模）。市委副书记、市长盛荣华在会上作重要讲话，市领导李志坚、李湘岳、赖社光、彭先政、向伟雄等出席会议。盛荣华代表市委、市人大、市政府、市政协向受表彰的劳模表示热烈祝贺，向辛勤工作在全市各条战线上的广大干部职工和劳动群众，致以良好的节日祝愿,并寄语广大劳动模范和先进个人，评一次模范，当一辈子先进。努力争当科学发展的推动者、努力争当深化改革的参与者、努力争当社会稳定的维护者、努力争当文明新风的倡导者，珍惜荣誉、再接再厉，为全市经济社会持续健康发展再创新业绩、再做新贡献。

【开展“金秋助学·大兵义演”公益行动】 2014年8月19日，省总工会、市总工会在市会展中心举行“金秋助学·大兵义演”活动。此次活动由省、市总工会联合邀请省著名笑星演员大兵及其团队，重点推出“金秋助学·大兵义演”公益行动，打造工会助学公益品牌。整场活动募集爱心善款897万多元，22名品学兼优的困难学生现场获得19家爱心企业和爱心人士连续4年的资助。“金秋助学”活动作为帮扶困难职工四大品牌之一，主要从三个方面真正为困难职工、贫寒学生解决实际困难。一是整合助学资源。发挥市“双联”和困难职工帮扶工作领导小组的作用，各县市区工会与同级各成员单位沟通协调、争取广泛支持。同时,市总工会还鼓励爱心企业或爱心人士在“金秋助学·大兵义演”活动现场面对面捐赠受助学生。二是推动寻访宣传。市总工会组织维权服务先锋行志愿服务队对2014年所有受助学生进行入户走访核实，并建立详细台账资料；邀请湖南广播电台、岳阳电视台对2014年“金秋助学”应届优秀学生困难职工家庭开展爱心寻访；市电视台对工会助学进行为期一周的专题报道，对义演活动整场录播；《湖南工人报》开设专版报道岳阳市“金秋助学”活动盛况。三是提升助学成效。市总工会本级筹集120万元对235名应届困难学生进行帮扶。全市各级工会筹集助学资金2200万元，帮助4000名困难职工和困难农民工家庭子女金秋入学圆梦。

【举办市职工全健排舞大赛】 2014年8月28日，由市总工会举办的“中国梦·劳动美”职工全健排舞大赛开赛，来自全市各级工会选送的24支代表队、近500名职工参加。此次全健排舞大赛，各参赛队结合行业特色，把企业文化融入舞蹈之中，为观众呈现一台独具匠心的视党盛宴。在3个多小时的精彩比赛中，盛装的排舞队员们表演《快乐时光》《雪花飘飘》《远航》等舞蹈，赢得评委和观众的阵阵掌声。经过激烈角逐，长岭炼化工会、中南黄金冶炼工会代表队分别获得一等奖。作为新引进中国的舞蹈运动项目，“全健排舞”是中华全国总工会近年推出的一种舞蹈，它既是一种运动，更是一种文化，简单易学，老少皆宜，被称为是“能走路就能跳”的舞蹈，非常适合职工体育的特点和要求。此次全健排舞大赛作为2014年市总工会职工“中国梦·劳动美”系列活动之一，旨在推广普及全健排舞，提升职工素质，凝聚和传递追求健康向上的正能量，推动幸福岳阳建设。

【举办“欢乐潇湘·幸福岳阳”职工文艺晚会】 2014年8月28日晚，伴随着开场舞《盛世和韵·福满洞庭》的动人旋律，由市总工会承办的“欢乐潇湘·幸福岳阳”职工文艺晚会，在岳阳市文化艺术会展中心举行。巴陵石化公司、长岭炼化公司、华能湖南岳阳发电公司、湖南科伦制药公司等企业职工表演的歌舞《阳光路上》《旗帜颂》等节目，博得观众阵阵掌声。由市总工会编排的新闻纪实节目《用生命绽放最美的劳动之花》，讲述巴陵石化已故劳模邱立勇隐瞒肝癌晚期病情，仍带病坚持工作近3年的感人事迹，令现场观众感动不已。

（本栏撰稿　罗　军）

共青团岳阳市委员会

【概况】 2014年，共青团岳阳市委员会（简称团市委）履行组织、引导、服务和维护青少年合法权益四项基本职能，团结带领广大团员青年听党话跟党走，以党的十八大、十八届三中、四中全会和习近平总书记系列重要讲话精神为指引，开展党的群众路线教育实践活动，牢牢把握“三个根本性问题”和“两大战略性课题”，以“党政认可、青年满意、社会欢迎”为准则，围绕中心转作风、服务大局惠青年，塑造青年思想引领、青年志愿社区行、希望工程爱心助学、大学生村官管理服务、保护母亲河、少先队工作等一系列特色鲜明、内涵丰富的品牌工作，共青团事业取得长足进步，为建设美丽幸福岳阳做出贡献。团中央书记处常务书记贺军科、团中央书记处书记周长奎、团中央办公厅副主任郭峰、团省委副书记汤立斌、团省委副书记冯海燕等领导到岳阳调研，充分肯定全市团工作，中共湖南省委常委、组织部部长郭开朗对杨树塘社区志愿者工作站予以高度评价。中央电视台《新闻联播》、人民网、新华网、新浪网、湖南卫视、《湖南日报》《湖南青年》等媒介对全市团工作进行重点推介。团市委被评为全市全面建成小康社会综合绩效考核先进单位、全市社会综合治理先进单位，获得全国挑战杯职业学校创新创效创业大赛优秀组织奖，预防青少年违法犯罪课题被团中央、中央综治委立项。

【加强青年理想信念教育】 2014年，团市委牢牢把握青年理想信念的“制高点”。把动员青年高举团旗跟党走作为政治任务，开展党的十八大、十八届三中、四中全会和习总书记系列重要讲话精神宣讲活动，引导广大青年深刻把握“四个全面”战略布局带来的新机遇。以建党、建团、五四等节庆日为契机，在百万团员青少年中开展“我的中国梦”“学党史、知党情、跟党走”“我与祖国共奋进”“红领巾相约中国梦”和“纪念任弼时同志诞辰110周年”“奋斗的青春最美丽”分享活动3000多场次，奏响爱党、爱国、爱家乡的主旋律。通过主题活动激发青年正能量。围绕培育核心价值观和创建全国文明城市主线，抓住团、队成建制的力量集中在校优势，在全市高校和中小学中分别开展“青年马克思主义工程”“与人生对话——我的中国梦”“彩虹人生——我的中国梦”、“红领巾相约中国梦”活动，引导青少年立志勤学、修德明辨、笃实践行。五四期间，全市举行“五四”运动95周年座谈会暨奋斗的青春最美丽分享活动，郭伟民、文祥、叶丹等20名杰出青年分享他们的事迹，在全社会反响强烈。依托新媒体发出青年好声音。动员2200人组成市、县级网络宣传员队伍，联合岳阳日报集团创办“掌上岳阳”新媒体，共青团纳入岳阳微新闻专版，微信公众平台、官方网站全新改版，社会主义核心价值观占据更多比重，得到团中央书记处书记周长奎充分肯定。利用新媒体开设“寻找身边好青年”专栏，组织“我为核心价值观代言”活动，推介付文韬、黄勇等20多名最美青年，加强正面宣传和舆情引导。

【服务经济社会发展】 2014年，团市委开展“青年创新创业行动”。健全由人社、财政、农办、金融等组成的联席会议制度，强化各方支持。聘请李国武、黄政伟等150名创业能人成立“创业导师库”，组织青年参加SIYB等培训，创办青年电商学院，线下培训服务青年3860名。以培育巴陵青年英才为牵引，开展全民创新创业大赛、青年创新创业大赛评比活动，发掘一批好项目。推荐10名选手参加全省大赛，赵科研3D打印和李铎惠民公共服务APP软件获得全省前10名。推进就业创业见习基地建设，新建见习基地15个，开展3场“见习助就业、牵手毕业生”岗位对接活动。推进青年创业小额贷款工作，联合金融机构发放小额贷款112笔。召开促进青年创新创业座谈会、返乡创业青年分享会，鼓励外出务工青年回乡创业，发挥2360名青年致富带头人的引领作用。与深圳网商协会商洽，培育具有创业潜能的创客100名。推荐钟瑛、李黎等14名创客加盟湖南青年创业导师团、致富带头人协会。开展青年志愿社区行系列活动。围绕创建全国文明城市，推出青年志愿社区行活动，在22个社区推行协会（社团）“一对一（多）”入驻模式，择优将市直部门、爱心企业、学校、医院等单位整合到社区中，吸引多背一公斤等20家团队竞相参与，打造四点半成长学堂、青春护航、精彩大讲堂、微孝蛋糕、传递书香、全家传心、模拟法庭等15项服务品牌，打通服务群众“最后一公里”。三五期间，市领导卿渐伟、盛荣华、李志坚、徐新启、樊进军等到社区参与“我们都是志愿者”活动。全年设志愿服务站台296个，捐款捐物580万元，爱心结对1592对，义务植树23.1万株，无偿献血13万毫升，参加活动志愿者20.3万人次，志愿服务成为全民自觉行动。开展“水墨丹青生态岳阳”行动。围绕四湖两河，开展骑观天下水、美丽岳阳城和保护南湖水、美丽岳阳城环保志愿活动，举行保护母亲河行动，打造“保护洞庭湖”“保护江豚（候鸟）”“低碳出行”“秀美村庄”等一批品牌项目，城乡生态环境得到改善。

【维权服务】　2014年，团市委深入推进希望工程。动员全社会筹资538.4万元，实施“芙蓉学子”“华融湘江绿色助学”“富基春晖班”“和均助学”等10多个品牌项目，策划爱心改变命运、情系寒门学子等20多项活动，捐建希望图书室、厨房、七彩小屋等30间，受助学生11176人，使他们得到团组织实实在在的帮扶。倾情关爱重点群体。打造婚恋交友平台，举办“相约巴陵、幸福佳缘”青年员工联谊会3期，一批单身青年成功牵手，得到中央电视台、凤凰网等主流媒体报道。成立未成年人心理健康辅导站，举行心理危机干预、咨询辅导100场次，缓解青年成长成才困惑。组织1000名志愿者深入福利院、特教学校与残障儿童进行游艺互动、学业辅导、亲情陪伴。加强大学生村官管理服务。联合组织部门落实培训、管理、保障、流动机制，促使800多名在岗大学生村官成长成才。举办2014选聘高校毕业生到村任职上岗和创新创业培训班，连续举办7年，鼓励大学生村官创业，培育电子商务、香菇野菜种植、生猪石蛙养殖、工艺品制作等30个自主创业项目，筹集资金880万元，带动800名群众致富增收。主动维护青少年权益。切实履行未保委常设机构和综治委预防青少年违法犯罪专项组牵头单位的职责，深入推进社区青少年安置帮教、禁毒防毒宣传、法制宣传教育、创建“平安校园”等工作，主动承接政府购买公共服务，推动青少年事务社会工作专业人才队伍建设，举行共青团与省市人大代表、政协委员面对面活动，形成专题调研报告和提案，在省政协专题协商会上交流。

【提升基层组织建设水平】　2014年，团市委依托党建带团建。市领导对共青团工作高度重视，卿渐伟、盛荣华、李志坚、徐新启、樊进军、王瑰曙、余炳锐、欧江平等多次调研工作、参加活动或作出指示、批示。重点强化乡街团工作队伍、活动、经费形成制度保障，推行网格化管理、组团式服务，将县市区划为3个片区，将市直单位、中央及省驻岳单位、高校（含高职高专）及市直中学（含中职中专）划为9个组别，推行跨系统、跨地域合作模式，构建资源共享、项目共创、资金共筹、活动共抓“大共青团”格局。实施区域化团建，在产业园区、特色街区、商圈楼宇等地新建团组织105家。强化队伍建设。召开全市青年人才工作座谈会，开设团干培训班、团干素质提升课堂12期，分层分类培训900人次。践行群众路线。结合群众路线教育和“党员进社区，竞赛当‘五员’”活动，注重“面对面、心贴心、实打实”服务青年和群众，建设广大青年“想得起、找得到、靠得住”团组织。开展为民服务活动369次，走访入户3400户，召开群众恳谈会168次，筹资35万元为联点村建设乡村道路，筹资30万元为弱势青少年送去关怀，筹措210万元用于基层团建、创业扶持和志愿者工作站建设。

（本栏撰稿　李貌　赫桓　向钟）

岳阳市妇女联合会

【概况】　2014年，岳阳市妇女联合会（简称市妇联）紧贴中心，服务大局，主动作为，创新推动全市妇女儿童事业发展，在全省妇联系统工作绩效考核中获得先进单位，连续三年获得岳阳市综合绩效考核先进单位、岳阳市社会综合治理先进单位、岳阳市纪检监察工作优胜单位等多项荣誉，综治民调工作在全市排名第三，家风家规家训经验法在全国推广。

【争取各界对妇联工作的支持】　2014年，市妇联一是争取领导重视。市委市政府主要领导多次过问妇女工作，“三八”“六一”等节日前夕，市委书记卿渐伟、市长盛荣华亲自参加相关慰问活动，送出党和政府的关怀和温暖。市人大常委会对《妇女权益保障法》等法律的执法督导力度不断加大，政协岳阳市委专门组织妇女界委员对全市学前教育工作进行专题调研。二是争取部门联动。联合市政法委开展“平安家庭”创建，联合市委宣传部、市文明办开展“十佳好婆媳”评选，联合武警岳阳支队开展“最美军嫂”评选表彰活动，联合市人社局开展“春风送岗位”和妇女创业就业培训工作，联合市公安局、市禁毒委开展“蓝结行动”，联合湖南理工学院开展“送健康进高校”活动，联合市妇幼保健院成功承办湖南省PAC公益项目总结交流推进会。三是争取政策出台。市委常委会专题听取妇女工作汇报，以市委常委会议纪要形式明确，在全省率先将《两个规划》的贯彻实施情况纳入市委市政府综合绩效考核，将男女平等基本国策纳入党校主体班培训内容，进一步加大市妇联机关干部和女干部的培养交流力度，将妇女儿童活动中心建设纳入政府100个重大惠民实事项目，将妇女儿童权益保护工作纳入人大执法检查。

【开展“三爱”主题活动】　2014年，市妇联在全市开展“我爱我家”“我爱我岗”“我爱我城”的“三爱”主题活动，取得看得见、摸得着的成效。

一、做优“家”字文章。一是弘扬良好家风。主动寻找最美家庭，评出岳阳市最美家庭12户，湖南省最美家庭7户，全国最美家庭提名奖1户；举办首届岳阳孝心文化节，开展“十佳好婆媳”“最美军嫂”“家规家训进万家”创评活动，召开践行社会主义核心价值观、弘扬良好家风座谈会。二是创建文明家庭。推进两型示范家庭创建，4户家庭获得“省两型示范家庭”荣誉；在全市开展“五好文明家庭”评选表彰活动，12户家庭受表彰。三是建设书香家庭。组织家庭教育公益巡讲54场，联合文明办举办“现代女性大讲堂”等18场次。5户家庭获得“省书香家庭”荣誉。四是打造平安家庭。开展送法律“进企业、进社区、进机关、进学校、进家庭”的“五进”活动，高标准建设婚姻家庭纠纷专业性人民调解委员会，依托新成立的女律师专门委员会，组建妇女儿童巾帼志愿者维权工作站，强化12338妇女维权服务热线接听处理，成功召开全市妇女权益保护暨平安家庭创建工作推进会。接待来信来电来访670件，信访调处率达100%。做活“家”字文章的经验做法在《中国妇运》推广。9月，全国妇联办公厅组织21个省、自治区妇联办公室负责人专程到岳阳市调研家风家规家训工作，对岳阳妇联工作给予高度评价。

二、做实“岗”字文章。一是助力社会主义新农村建设。进一步深化“双学双比”、巾帼示范村创建、岗村共建结对帮扶、农村女性致富带头人培训等活动，引导广大农村妇女参与产业结构调整，发展循环农业、生态农业及特色农业。创建全国巾帼现代农业科技示范基地1个，省级巾帼现代农业科技示范基地2个，市级巾帼示范村12个。二是引领城镇妇女岗位建新功。先后举办巾帼文明岗负责人培训班，妇女手工技能、家政服务等培训班30多期，培训女性2000多人次，推动落实妇女小额担保贷款9600多万元，解决300多名妇女创业资金难题。成功承办2014年湖南省春风行动启动仪式暨岳阳专场招聘会。三是服务女企业家做大做强。打破市妇联对女企协大包大揽的管理模式，赋予协会更多的自主权，进一步规范女企业家队伍建设，协会的生机与活力更加凸显。7月，召开女企业家协会年会，市级全体女领导出席，并亲自给20个女大学生创业就业实践基地授牌。引导广大女企业家反哺社会，开展金秋助学、关爱留守儿童等公益活动，捐资达300万元。

3.做美“城”字文章。一是弘扬美德。联合市文明办举办“文明岳阳，低碳出行”首届女性健康长走活动，举办第二届“情定君山”万人相亲大会，首届孝老爱亲文化节主题活动，开展“美德礼仪进万家”活动，组织巾帼志愿者深入社区、机关、家庭开展文明礼仪巡回讲座。联合中华经典文化教育协会，开展海峡两岸洪淑慧亲子共读《岳阳楼记》展演会，来自两岸10个城市的600多个亲子家庭共读论语、孝经等经典，有力促进中华优秀传统文化的传承。二是传递爱心。把孤残儿童、留守儿童、特困母亲列为妇联重点关爱对象，争取一切政策和社会力量予以关爱。成立“行业爱心妈妈”志愿者队伍，创建全市首个留守儿童爱心屋，率先在全省建立首家县级留守儿童心理关怀辅导站——华容县青苹果心理关怀辅导站。救助特困母亲360人，其中“两癌”特困母亲76人，每人获得1万元专项救助基金。三是选树典型。引导广大妇女群众、机关女干部、女党员、巾帼志愿者传递正能量，通过主流媒体推介她们的感人事迹。全市涌现出省级优秀志愿者邓红梅、留守儿童好妈妈阮梅等一大批先进典型，爱心女企业家黄素萍、邹瑰丽被推荐为全国城乡巾帼建功标兵。

【强化妇联自身建设】 2014年，市妇联一是提升素质。争取市委组织部重视，将妇联系统干部培训纳入计划，并在主体班培训计划中优先安排一定比例女干部。全市各级党校、女性素质教育基地培训女干部1100多人次，选送10多位优秀女企业家到北京大学、浙江大学进行培训。鼓励妇联系统干部参加各类有益提升素质的培训考试，市妇联有两位班子成员率先分别通过国家二级、三级心理咨询师职业资格考试。二是参政议政。在全市第九次村支两委换届中，全市3089个行政村村支两委都配备1名以上的女性，并选出女村支书65人，比上届增加13人。全市党政女干部、人大女代表、政协女委员积极参政议政，为建设现代幸福岳阳做出贡献。湖南省第十二次妇代会召开期间，岳阳市42名代表严守大会纪律，认真履职，展现岳阳女性良好的精神风貌。三是转变作风。开展党的群众路线教育实践活动，组织全体机关干部到弼时纪念馆、平江起义纪念馆缅怀先烈，接受思想洗礼。开展下基层、访妇情、办实事、党员进社区、竞赛当“五员”等主题活动，先后筹措10余万元资金，到双联企业走访慰问，为联点社区捐赠健身器材、开展金秋助学等活动，为扶贫联点村完善群众文化活动场所等，用实际行动赢得基层干部群众的一致好评。四是主动学习交流。为创新开展妇联工作，主动到外省市学习先进经验做法，先后组织妇联干部到广州市、佛山市、珠海市、武汉市、宜昌市等地学习交流妇女儿童活动中心建管使用、家政服务、信息化维权以及银企合作等相关工作。

（本栏撰稿　黎　伟）

岳阳市文学艺术界联合会

【概况】 2014年，岳阳市文学艺术界联合会（简称市文联）根据市委市政府工作部署和省文联工作安排，以“为民、务实、清廉”为主题的党的群众路线教育实践活动为契机，深入基层、深入群众，开展丰富多彩的文艺活动，狠抓文艺创作，夯实文联基础，团结广大文艺工作者，形成稳定、和谐、繁荣、发展的文艺局面，取得一定成效。连续三年被评为湖南省文联系统先进单位。

【文艺活动】 2014年，市文联围绕市委市政府中心工作，结合党的群众路线教育实践活动，开展一系列惠民、为民、乐民文艺活动。举办和开展各类文艺展览、演出、研讨、采风和送文艺下基层活动1100多场（次）。主要活动有“知我岳阳、爱我岳阳”文艺创作、参观临湘市十三村食品有限公司、君山团湖警示教育、岳阳文学讲坛揭牌仪式、送文艺进乡村学校捐献、5·23大型文艺采风等活动。

【文艺创作】 2014年，市文联出版各类文艺专著50部，在省以上文艺刊物发表各类文艺作品985篇（件），其中小说、报告文学、儿童文学、电视电影和戏剧剧本214篇（部），获得省以上奖项作品75篇（件）。短篇小说《歌郎》获得湖南省第五届毛泽东文学奖，儿歌《小小时钟》获得中国儿童音乐奖，儿歌《快乐米多》和小戏《铁面法官》，分别获得湖南省“五个一工程”奖。歌舞小戏《特别嫁妆》和花鼓小戏《智能保姆》《偷鸡》《择婿》，获得湖南省“中国梦”戏剧剧本奖。花鼓小戏《过渡》《拍照》，分别获得全国长江流域戏剧艺术节暨第一届小戏、小品大赛最佳剧目奖。花鼓小戏《抓阄》另获“中华颂”第五届全国小戏曲艺大展银奖。微电影《龙舟祭》获第二届亚洲微电影艺术节好作品奖、《宝地》获最佳编剧奖。舞蹈《古风楚韵》获得第九届中国“荷花奖”校园舞蹈比赛十佳作品，油画《临界体温》，获得第十二届全国美术作品展优秀奖。

【指导市摄影家协会换届选举工作】

2014年，市文联着重抓好协会管理，12个专业协会和2个分支文联基础工作进一步加强。尤其是市摄影家协会换届选举工作，历史积压矛盾过多，不和谐因素过多，一度在一定范围产生不良影响。市文联党组果断决策，制定出“化解焦点，控制局面，逐步冷却，分层治理，问题销号，整体解决”的处理方案，深入协会，调查研究，严肃纪律，弘扬正气。以群团组织自治原则，指导协会主席团以少数服从多数的方式，确立换届规则，严格按协会章程推进相关工作，三位党组成员先后分别接待各类上访人员近60多人次，召开专题会议20多次，召集联席会议10多次，并对换届选举全过程进行严密督查和实时指导，对换届选举大会进行全方位审核、监督。于9月6日完成岳阳市摄影家协会第六次代表大会换届选举工作。

（本栏撰稿　冷述冬）

岳阳市科学技术协会

【概况】 2014年，岳阳市科学技术协会（简称市科协）深入学习贯彻党的十八大和十八届三中、四中全会精神，学习贯彻习近平总书记系列重要讲话特别是关于科技和科协工作的讲话精神，以开展党的群众路线教育实践活动为主线，围绕市委市政府的工作中心与重点部署，坚持“三服务一加强”工作方针，牢牢把握服务创新驱动发展战略主线，以提高全民科学素质为目标，切实增强大局意识、机遇意识、创新意识、服务意识，推动各方面工作改革创新，不断提升工作水平，团结带领广大科技工作者为加快全面建成小康社会、建设现代幸福岳阳做出贡献。

【开展学术交流活动】 2014年，市科协开展以“科技创新与产业发展”为主题的科技论坛活动，征集论文174篇，经专家评审，评选出一等奖优秀论文12篇，二等奖41篇，三等奖60篇，将获得一、二等奖论文汇编成《2014年岳阳科技论坛论文选编》，为党委政府及有关部门科学决策提出参考意见和建议。10月29日，在市委党校举办2014年岳阳科技论坛主题报告会，邀请湖南大学教授、博士生导师邓爱民作题为《岳阳航运物流创新及其装备制作与电子信息产业》的主题报告。支持、指导所属团体承办和参加各种学术交流活动，据统计，所属市级学会举办各级各类学术研讨会、报告会、讲座100多场次，编印发行学术刊物、专业期刊、论文集近万册，为提升全市自然科学领域科技水平和科技创新作出贡献。

【开展“基层科普行动计划”】

2014年，市科协实施“基层科普行动计划”，培植农村科普组织和科普示范社区，提高广大农民和社区居民的科学文化素质，让科普公共服务持续惠及广大基层群众。全市表彰农技协16个、农村科普示范基地19个、科普带头人13名、科普示范社区19个。华容县铭泰优质稻种植协会、汨罗市磊石蔬菜种植协会、岳阳楼区金凤生态种养科普示范基地、岳阳县嘉林农牧科普示范基地、云溪区陆城镇陆城社区，临湘市江南镇江南村李华平、湘阴县文星镇望滨村杨辉获得中国科协、财政部表彰的2014年“基层科普行动计划”奖补单位和个人，湘阴县凯佳葡萄种植协会、平江县城关镇同鑫科技种养殖协会、屈原管理区广源肉牛养殖专业协会、临湘市横河堤养殖场名特水产健康养殖园区、岳阳市君山巴陵春黄茶生态园柿树基地、岳阳楼区枫桥湖街道康岳社区、平江县城关镇童家岭社区，岳阳县老港芦苇场昌建、平江县安定镇官塘村余文辉获得省科协、省财政厅表彰的2014年“基层科普行动计划”先进单位和个人。奖补金额210万元，实现全市各县市区全覆盖，形成较好的示范效应。

【服务企业科技创新】 2014年5月9日，市科协联合临湘市人民政府在临湘市工业园区举办企业科技信息推介应用培训会，邀请省科技咨询中心两位专家就专利技术的推广应用意义、特点等作专题讲座，近40家企业100多名企业负责人与技术骨干参加会议。11月14日，联合省科技咨询中心举办2014年度湖南省企业专利应用工程师培训，对80家企事业单位的141名科技工作者进行企业知识产权培训。继续在15家企业开展“讲创新、比贡献”竞赛活动，12月，中国石化长炼科协获得中国科协、国家发展改革委、科技部、国资委、全国总工会表彰的全国“讲理想、比贡献”活动创新团队，中国石化长岭分公司科技开发处副处长、高级工程师贺晓军获得创新标兵称号。

【服务党委政府科学决策】 2014年，市科协推进科学决策思想库建设，组织专家参与全市培育壮大千亿石化产业、石化产业转型升级和芳烃项目的调研工作。组织市环境科学学会、市水利水电学会、市国土资源学会和市林学会围绕“推进生态文明，建设美丽岳阳”开展专题研讨并形成专家建议，4月，专家建议以《推进生态文明　建设现代幸福岳阳——2013年岳阳科技论坛专家建议》为题，在市委办、市委政研室主办的《领导参阅》第3期刊载。7月8日，邀请湖南师范大学教授、省政协委员尹笃林在市人民政府第二十三次常务会议上作《石化产业是社会进步的物质保障》专题讲座。为争取将炼化一体化和芳烃项目列入国家石化产业规划布局方案，完成1500万吨/年炼油改造和100万吨/年芳烃项目的项目建议书，参与相关协调工作，促成大芳烃、大炼油项目列入国家发改委“十三五”发展规划方案。9月23日，受市发改委的委托，组织石化领域专家包装11个招商项目建议书，全部通过招商项目评审会的评审。组织科协界政协委员调研撰写的《关于我市餐厨废弃物减量化、无害化、资源化治理的建议》被市政协评为2014年度优秀提案。组织专家围绕2014年岳阳科技论坛主题，形成《依靠创新驱动建设岳阳现代化港口》的建议在市政协七届三次会议上作书面发言。

【主题科普活动深入基层】 2014年，市科协开展主题科普活动重点关注民生、关心热点。9月19–26日，与平江县政府、岳阳楼区政府联合，举办以“创新发展，全民动员”为主题的“全国科普日”系列科普活动。在平江县天岳广场、岳阳楼区万家坡社区分别举行启动式和主场活动，组织学生代表宣读保护生态环境倡议书、搭建科技咨询台、展出科普展板、分发科普宣传资料、举办科普讲座等，内容丰富、形式多样，活动规模达1000余人。各县市区科协同步开展“全国科普日”系列活动，取得圆满成功。此外，市气象学会、岳阳楼区科协等所属市级学会、县市区科协积极组织、广泛参与，全年开展“科技活动周”“防灾减灾科普宣传”“三下乡”“食品安全宣传周”“科普知识进社区讲座”等多项科普活动，全市举办各类科普活动近30项。丰富多彩的主题科普活动为提高全民科学素质、增强自主创新能力做出贡献。临湘市科协获得中国科协办公厅表彰的2014年全国科普日活动优秀组织单位，岳阳楼区科协科普讲师团专家进社区活动获优秀特色活动，云溪区科协获得中国科协、全国妇联、农业部联合开展的“全国农村妇女科学素质网络知识竞赛”活动县级优秀组织单位。

【开展青少年科技教育活动】 2014年3月8–10日，市科协联合市教育局、岳阳楼区人民政府主办以“创新、体验、成长”为主题的岳阳市第三十五届青少年科技创新大赛，展示108件优秀项目，38项实践活动，119幅科幻绘画，30件教师科技作品。组队参加湖南省第三十五届青少年科技创新大赛和第二十九届全国青少年科技创新大赛，获得省级一等奖8个、优秀组织奖2个等40个奖项。举办岳阳市第十五届青少年模型竞赛，59所学校1200多名青少年运动员进行航空、航天、航海模型、车模、建模、悠悠球、魔方和机器人等34个项目的比赛。选派中小学生参加第七届湖南省青少年机器人竞赛获得好成绩，4组选手获得机器人擂台赛小学组金牌，1个项目获得创意赛小学组银牌。组织30名优秀中学生参加全国、全省青少年高校科学营活动。成功申办湖南省第三十六届青少年科技创新大赛。继续开设8所《周六课堂》，每所《周六课堂》上课34堂，参加学生1.3万多人次，深受社会、学校、家长和青少年的喜爱。

【深化科普志愿者服务活动】 2014年，市科协按照全市创建全国文明城市工作的统一部署，组织干部职工上街开展公共文明引导工作和志愿服务活动。出台《2014年深化全国文明城市创建工作方案》，指导中心城区乡镇、街道科普队伍和科普服务站建设。与岳阳电视台科教频道联合举办科普宣传栏目——《科学在身边》。各县市科协结合实际，全力服务文明县（市）区建设，岳阳县科协开展学雷锋科普志愿服务进社区活动，深入县城12个社区宣传消防、食品安全、生态环保等知识，临湘市科协组织科普志愿者利用双休日，深入社区开展食品安全宣传活动。推进科普人才队伍建设。发挥社会各界开展科普活动的积极性，为公众搭建经常化、社会化的科普知识普及平台，启动市科普讲师团建设，完成第一批22名科普讲师团成员的聘任工作。组织市科普讲师团专家在岳阳楼区16个乡镇、街道办事处，举办10场贴近居民生活健康的系列科普讲座，开展科普宣讲和科普志愿服务活动，为提升社区居民科学素质和文明城市创建做出贡献。

【加强科普基础设施建设】 2014年，市科协为提高基层科普服务能力，成功申报中国科协为地市配备的“科普大篷车”，实现岳阳市“科普大篷车”零的突破。5月，成功申报中央财政补助地方科技基础条件项目——《科普展品购置》，争取补助经费350万元，进入展品选购阶段，计划从安全教育、国防教育及本市全国青少年创新大赛一、二等奖作品复制等方面丰富科技馆展品。市科技馆新馆建设正在推进中，完成规划选址。

【开展中国科协科技工作者状况调查站点工作】 2014年，市科协组织开展科技工作者科研伦理意识和思想状况两项调查工作，为中国科协提供翔实的参考资料。同时，围绕站点信息上报工作，深入各学会进行调研，加强与科技工作者的联系，了解和收集科技人员的意见和呼声，为进一步做好服务工作奠定基础。上报13篇有效站点信息，其中《关于‘科普大篷车’工作有待进一步完善几点建议》被中国科协采用，刊发于《站点信息》第134期。市科协被中国科协评为全国科技工作者状况调查AA级优秀调查站点。

【开展企业科协组织建设调研】

2014年3月17日，中国科协计划财务部副部长周文标一行到岳阳考察调研企业科协工作，组织部分县市区科协和企业科协负责人召开全国“讲理想、比贡献”活动制度修订座谈会，就《全国“讲理想、比贡献”活动表彰奖励办法》（修订审议稿）和《全国“讲理想、比贡献”活动管理办法》进行交流和探讨。

（本栏撰稿　兰　岚）

岳阳市社会科学界联合会

【社科理论宣传】 2014年，岳阳市社会科学界联合会（简称市社科联）开展理论宣传，上半年，联合市委党的群众路线教育实践活动办、市委宣传部共同组织开展党的群众路线理论研讨和论文征集活动，向全市下发征文通知，全市各部门的领导干部、社科专家积极参与，活动征集到有较高水平的理论文章100多篇。8月，组织召开全市社科普及工作暨培育社会主义核心价值观座谈会，30多名专家学者和市直相关职能部门单位负责人结合地方和部门实际，就如何利用社科普及的形式，更好地践行社会主义核心价值观各抒己见。《岳阳日报》整版刊登座谈会发言摘录，岳阳电视台播发新闻。同时，在全市党政机关、企事业单位、学校、社区设立道德讲堂400多所，以“崇尚真善美、建设道德城市”为主题，主办“四德”巡回宣讲360多场。

【社科课题研究】 2014年，市社科联按照习近平总书记视察湖南时提出的“一带一部”战略定位和省委书记徐守盛的指示要求，在省社科联的指导下，市社科联承接省级重大课题《关于加快湖南长江经济带建设的政策建议》。3月，成立由市长盛荣华为主持人，省、市相关部门单位、高校社科专家学者参与的课题组。为取得第一手资料，课题组成员先后到湖北省宜昌市、荆州市、黄石市，安徽省芜湖市、江西省九江市等地调研。课题组经过多次座谈研讨、反复征求意见和多次修改，形成研究报告上报省社科联，为省委省政府决策提供参考。课题得到省社科联领导的高度重视和支持，省社科联党组书记周发源、副主席汤建军等领导先后专程到岳阳市调研，与课题组有关专家专题研讨长江经济带建设的有关问题，对研究报告的形成提出全面具体的指导意见。此外，社科联积极参与各种调研活动和座谈会，为岳阳经济社会发展建言献策。先后参加市政协举办的协商民主研讨会、岳阳抗战历史座谈会、岳阳市旅游文化座谈会、岳阳市公共文化建设座谈会、中组部关于市县委书记管理与权力监督调研会、岳阳市旅游发展研讨会、湖南省诚信文化建设课题调研会等活动，所提建议得到有关部门的重视。在省委宣传部“改革金点子”征集活动中，市社科联撰写的《关于编制发布湖南省党风廉政建设禁令的建议》被省委专报第44期刊发，并选登在6月16日《湖南日报》，中组部共产党员网、凤凰网等16家网站先后转载。

【社科普及活动】 2014年，市社科联开展社科普及宣传活动8次，设置社科普及咨询台24个（次），发放各类资料1000多份。首次举办以“素养改变你我他”为主题的岳阳市首届人文社科普及征文活动，收到来自省内外的征文100多篇。5月30日，市社科联在岳阳楼街道北门社区，与市委宣传部、市文明办联合主办社科普及宣传周启动式暨社科普及进社区咨询服务活动。来自各个学会的40多名志愿者制作37块社科知识展板进行展示，现场就未成年人心理问题、法律问题、教育问题、礼仪常识等接受200多名市民的咨询，活动取得实效。市林业经济学会还专门组织工作人员带着树苗免费为社区植树绿化，受到市民的赞扬。8月30日，市社科联组织各学会、协会、研究会的专家学者先后到杨树塘社区、枫树新村社区和市委机关大院，开展社科普及宣传进社区进机关活动，受众达500多人次。此外，市社科联有针对性地开展5次“湖湘大学堂”讲座活动：省社科联党组书记周发源在湖南理工学院进行社会主义核心价值观专题讲座，岳阳历史文化学者陈湘源在岳阳楼公园举办岳阳历史文化讲座，市社科联党组书记、主席魏星先后在湖南民族职业学院、岳阳楼区工商局、岳阳楼街道北门社区进行3次政策宣讲和读书专题讲座。7月，市社科联邀请星兴心灵咨询服务中心在岳阳楼街道举办婚姻家庭教育公益讲座，邀请市礼仪文化传播协会进行礼仪文化公益讲座，吸引300多名听众。鼓励和指导市直和各县、市、区有条件的单位申报市级社科普及基地，先后有9家具有特色的单位进行申报。经过实地研究，确定5家社科普及基地，并推荐岳阳市礼仪文化传播协会等作为省级社科普及基地的候选单位。岳阳楼街道办事处和谐宣讲团成为岳阳市第一个省级社科普及基地。

【社科学会工作】 2014年，市社科联学会制度健全、活动精彩。市教育学会加强教师培训、搞好课题管理、办好会刊；市钱币学会强化组织领导、及时完成学会改选，强化上下联动、组织开展钱币调研活动，强化协调配合、参与反假宣传活动，强化教育培训、充分发挥学会资源优势；市工商行政管理学会加强理论调研、提高学术水平、组织全市工商行政管理理论调研论文评奖活动，加强自身建设、提升业务能力、健全学会工作学习等规章制度。

（本栏撰稿　谭　綮）

岳阳市归国华侨联合会

【开展慰问捐赠活动】 2014年，岳阳市归国华侨联合会（简称市侨联）心系困难归侨侨眷，开展走访慰问活动。全国人大常委会副委员长艾力更·依明巴海，在省人大常委会副主任刘莲玉等的陪同下到泰格林纸集团看望慰问归侨家庭薄怀全、邹乃芳夫妇。市政府副市长宋爱华慰问际华3517退休归侨江亚芳，省侨联党组成员副主席、秘书长孙民生先后到彭银生、薄怀全、陈耀荣等老归侨家中走访慰问，看望慰问其家属，送去关怀和慰问物资。市侨联组织走访慰问活动10余次，发放澳籍华人魏基成夫妇捐赠的助听器100副和过冬棉衣500件，发放慰问金5万元，直接受益困难归侨侨眷600余人。

市侨联为海外华人华侨爱心传递搭建渠道。10月份，完成平江县南江镇中心卫生院救护车捐赠。该项目是加拿大籍华人陈沙立先生倡议发起。该项目的实施使平江县南江镇中心卫生院方圆40公里百姓疾病就医难的问题得到缓解。在多方大力配合下，完成临湘市珍珠班续捐计划。

【助力服务经济建设】 2014年，市侨联围绕全市经济工作大局，挖掘侨务资源，着力引资引智，努力推介、对接服务建设项目。6月

19日，市委书记卿渐伟会见国务院侨务办副主任谭天星、正大集团执行副总裁谢毅一行，开展正大集团百万生猪项目洽谈，相关方面与正大集团签订建设100万头生猪产业化项目合作意向。同时，不断加强与归侨联系，搭建政府与侨商快速通道，努力改善岳阳投资环境。为解决岳阳经开区湖南蓝马集团奔驰汽车4S店项目推进过程中的阻工问题，联系省侨联、岳阳经开区管委会、岳阳楼区公安分局、当地派出所、所在村组负责人，7月9日在项目工地开展现场协调会议，同时将会议内容向岳阳经开区汇报，使问题当日得到解决。推动市侨商与境外企业的交流联系与项目合作。5月24日，泰中友好协会副主席、泰国潮州会馆永久名誉主席、泰国万盛集团董事长陈汉士及泰国渔业水产厅厅长等官员、水产专家一行就“珍珠生态养殖和特种水产品生产基地”等项目，对屈原管理区的普利农业科技股份有限公司珍珠生产和加工基地进行实地考察。

【探索侨胞之家建设】 2014年，市侨联在开展党的群众路线教育实践活动形势下，加强与归侨联系，把侨务侨联工作向基层延伸，更好地为归侨侨眷、海外侨胞、港澳同胞及其眷属服务,争取省外侨办、省财政项目支持，在交通便利、归侨侨眷集中的社区打造“侨胞之家”，建设有会议室、阅读室、活动室。其中，会议室满足50人以下侨界相关活动，阅读室提供侨务知识、文化、技术技能相关书籍，活动室主要用于文娱体育活动。在岳阳楼区、华容县建立2个试点社区，试点建成后，进一步提高凝侨聚侨能力，使归侨增强归属感，社区干部群众反响好。

【加强涉侨维权工作】 2014年，市侨联在建立重大涉侨案件通报制度的基础上，根据省侨联相关文件精神，进一步扩大和深化与司法、检察、法院、公安联系，建立并完善人民陪审员队伍、人民监督员队伍、执法监督员队伍。为畅通联络渠道，及时反馈涉侨案件信息，进一步完善全市联络员队伍。利用涉侨法律援助站，构建维侨护侨的渠道和平台，健全依法维护侨务对象合法权益的机制。接待处理信访85起，涵盖合法权益遭受侵害、“三侨”子女高考加分咨询、捐资捐赠咨询、致困归侨侨眷救助等，办结率为94%。君山区特困归侨彭银生要求申请临时低保救助、英籍华人田佑林反映因住房周边危墙施工受阻、岳阳经开区奔驰4S店施工受阻等都得到妥善有效解决。

【组织参加省委侨联工作会议和省七代会】 2014年11月25日，省委侨联工作会议在长沙市召开。市委常委、组织部部长、统战部部长王瑰曙参加会议。11月26–28日，省第七次归侨侨眷代表大会在长沙市召开。市归侨侨眷代表20人参加会议。正厅级干部市侨联主席刘力群作为特邀代表参加会议。宋爱华、李红、任焱辉、毛伟华、戴宝萍、魏星当选为省侨联第七届委员会委员，毛伟华当选为常委。张向东、刘永平、刘曙东、詹景春获得全省归侨侨眷先进个人称号。

【加强侨联组织建设】 2014年，市侨联针对全市侨联基层建设总体较弱，发展不一的现状，结合机构改革，围绕各县区外侨办、侨联的机构编制问题，于九月开展调研活动。此次活动主要对基层工作队伍底数进行了解，同时对基层工作开展所遇到的问题以及相关工作建议进行收集整理，完成相关情况汇总并形成调研报告，报送相关部门和领导。为贯彻落实中央、省委《关于加强和改进新形势下侨联工作的意见》、全国九次侨代会、省七次侨代会和省委侨联工作会议精神，为进一步重视和加强管理机制、队伍建设、工作条件等方面建设，加强党对侨联工作的领导，市委编制办呈报省委编制办将市侨联作为正处级单位单列。

（本栏撰稿　毛伟华）

岳阳市残疾人联合会

【概况】 2014年，岳阳市残疾人联合会（简称市残联）围绕市委市政府推进“四化两型”,促进“三量齐升”的总要求，坚持“强基础、抓重点、创亮点”的工作思路，加快推进残疾人同步小康进程，不断增进残疾人福祉，有效促进残疾人事业又好又快发展。在全省绩效评估活动中，省残联连续两年将岳阳市评为优秀等次市州。市残联获得市级文明标兵单位、办理提案先进单位、信访工作先进单位等荣誉称号。

【社会力量助残】 2014年，市残联组织开展“义卖中秋月饼·帮扶残疾人家庭”“扶残助学长江行动”等助残志愿服务活动36次，近万名残疾人受惠。5月22日举行岳阳市自强模范报告会暨贫困残疾儿童抢救性康复基金募捐活动启动仪式，现场诺捐善款549万元，实际到账512万元。9月26日，在湖南理工学院举行澳籍华人魏基成夫妇“天籁列车岳阳行”助听器捐赠活动暨岳阳市扶残助听工程启动仪式，魏基成夫妇为岳阳市捐赠助听器6000台，儿童棉袄3200套，教学机43台，总价值1300万元。11月18–23日举办“幕阜耕云·2014欧阳惠书法作品慈善展”，平江残疾人书法家欧阳惠向省残疾人福利基金会岳阳市分会捐赠书法作品66幅。

【为民办实事工作】 2014年，市残联切实抓好为民办事工作，一是贫困残疾人家庭无障碍改造工程。完成贫困残疾人家庭无障碍改造任务90户，完成任务数的150%。主要开展残疾人家庭安装扶手、改造卫生间、设置低位灶台、铺设斜坡道等项目。落实补助资金74.04万元，户平补贴0.82万元。二是康复救助工程。投入资金574万元，帮助225名残疾儿童实施抢救性康复，超额完成任务19名，完成任务数的109.2%。其中，帮助17名聋儿实施人工耳蜗植入并进行语言训练，为152名脑瘫儿童、31名孤独症儿童、25名适配助听器听障儿童实施康复训练。该项目总有效率达95%以上，家长培训率100%，家长满意率97%。三是贫困残疾人住房解困工程。落实《2014年市政府工作报告》中“推进残疾人住房解困工作”的任务要求，在与市政协港澳台侨民族宗教外事委联合调研，广泛征求市直部门和基层残联意见的基础上，制定出台《岳阳市市辖区2014年贫困残疾人住房解困实施方案》。市本级落实市辖区农村贫困残疾人住房解困资金150万元，其中残保金安排110万元，协调福彩公益金40万元。市残联组织专人深入各市辖区，上门核查186户残疾人家庭，确认符合条件的解困对象151户。12月，对照标准逐户验收，150户通过验收，市区两级落实解困资金247万元。

【抓好残联事务工作】 2014年，市残联切实抓好日常事务工作，一是惠残政策。为全市42610名贫困重度残疾人发放特殊生活补贴2528万元。为5221名残疾人发放机动轮椅车燃油补贴资金135.75万元。为4.7万名重度残疾人发放5-12月护理补贴资金1880万元。二是抓好教就工作。申报全省盲人保健按摩进社区合格门店20家，输送11名选手参加全省第五届残疾人职业技能竞赛，肢残人苏芳获得计算机数据处理第一名。举办残疾人专场招聘会4场，推荐残疾人成功就业60多人，登记残疾人求职200多人次，市本级新增残疾人就业100多人，争取省残联残疾人创业扶持项目资金130万元，扶持残疾人135人。组织残疾人定岗培训、盲人按摩提高培训班26期，培训1665人次。落实阳光家园托养服务工作，完成1300人托养服务任务。三是实施康复救助。市残联自筹资金在市辖区对50名贫困精神残疾人住院实施救助。救助经费标准为每例4000元，用于救助在医保、农合报销后自负部分。对60名0-14岁贫困脑瘫、自闭症、听障儿童实施抢救性康复训练，救助经费标准为每例1.2万元。向在各定点康复机构接受康复训练的319名残疾儿童按每人600元的标准发放生活补贴金19万元。省残联将岳阳博康康复中心定点为全省唯一的智障儿童康复示范机构，安排智障儿童康复训练项目资金282万元。四是开展辅具适配活动。开展残疾人辅助器具流动服务车“走近残疾人，服务千万家”活动，为各类残疾人适配辅具9278件，其中，助听器6200只，轮椅1679台，座便椅223张，盲杖628根，凳拐42根，拐杖186副，其他辅具140件。安装假肢103例，矫形器77例。五是开展帮扶工作。开展“连千村帮万户”活动，协会领导和中层干部深入扶贫联系点汨罗市大荆镇金星村3次，资助村委会扶贫款3万元，组织帮扶资金4.8万元，结对帮扶贫困残疾人10户，帮助2户残疾人发展生产，帮助盲人五保户黎细初建好40平方米的安居房。开展与残疾人交朋友活动，明确协会领导和干部职工结对帮扶1-3名残疾人，其他工作人员每人结对帮扶1名以上困难残疾人，为结对帮扶的残疾人朋友解决上户口、就业、生活困难等问题40个。六是加大依法行政力度。规范残疾人证办理，制定《岳阳市实施〈中华人民共和国残疾人证管理办法〉细则》《关于清理全市残联系统工作人员及亲属持有残疾人证的通知》等文件，努力解决“关系证”“稳定证”“糊涂证”等问题。全市办理残疾人证104219本,其中2014年办理13453本。加大残保金征收力度，市本级入库残保金937.45万元，超过年初任务37.45万元。七是做好信访维权工作。全市残联系统接待和处理残疾人来信来访7940多人（件）次，有效化解涉残矛盾纠纷182起。其中，市本级收到来信23件次，接待残疾人来访2390人次，化解信访积案13起。市残联领导坐堂接待来访残疾人、健全四项制度，规范信访工作经验被省残联推介。

【残疾人文体事业】 2014年，市残联组建由10名残疾人自强模范、助残典型组成的“自强与助残”先进事迹报告团，组织获得第五届全国自强模范的谭秋云和盲人小提琴家王国强等典型代表开展自强与助残先进事迹报告会活动。在《长江信息报》开辟“自强与助残，我们同关注”专栏，报道自立自强、爱心人士助残、家庭养残典型故事29期，树立一批鲜活的自强与助残典型人物。市残联组队参加省八届残疾人文艺会演，5个参赛项目4个获奖，其中，声乐、小品获得一等奖，综合成绩全省第三名。组团参加省九届残运会，获得奖牌32枚，其中金牌12枚，获得“体育道德风尚奖”。参加省智障、自闭症教师技能大赛，获得一、二等奖各一个，三等奖四个，综合成绩全省第一名。

【残疾人无障碍环境建设】 2014年，市残联按照市委要求，牵头承办中心城区无障碍环境建设工作。8月，组织调研中心城区无障碍设施情况，形成调研报告，向市委市政府领导汇报。9月，组织市辖区负责人和市直10个责任单位负责人召开中心城区无障碍设施建设专题会议，以市文明办名义向6个区和38个市直单位下发交办函，下达无障碍设施建设工作任务。全市新修和改造盲道12690米，新建和改造缘石坡道270多个，新增和改造无障碍设施1030处，改造无障碍卫生间85座。

（本栏撰稿　李怀安）

岳阳市红十字会

【概况】 2014年，市红十字会以人道救助、爱心奉献为主题，围绕救灾、救助、救护开展工作。春节期间，深入开展博爱送万家慰问活动，发放价值40万元的慰问物资和11万元慰问款。5月8日，在市会展中心举行“安全血液挽救母亲生命”暨2014年“寻找岳阳最美献血者”颁奖仪式大型公益活动，活动现场，市长盛荣华和500多名志愿者参与无偿献血。开展应急救护知识进社区活动，组织志愿者开展社区应急救护知识普及。为40个社区，2000多群众普及应急救护知识，组织3万人参与无偿献血。完成造血干细胞捐献志愿者采高分辨65人，体检20人，回访志愿者1200人次，成功完成造血干细胞捐献12例，实现捐献118例，稳居全国同等城市第一位。加大人体器官捐献宣传工作，30名志愿者加入到人体器官捐献队伍中，实现成功捐献3例。

（潘　灿）

责任编校　刘兴汉

法 治

综 述

【概况】 2014年，全市政法部门根据省委政法工作会议的整体部署，实施以平安岳阳、法治岳阳为主题的和谐社会构建工程，政法工作取得显著成效。全市有效接处警总量同比下降，多发性案件和可防性案件得到有效遏制，矛盾纠纷和群体性事件得到及时妥善处置，公共安全得到有力维护，重点项目建设和经济发展环境明显改善，人民群众的安全感和满意度明显提高。市综治民调排全省第二位，其中社会治安、政法队伍建设、平安创建三项核心评价指标均位居全省前列。10个参评县市区有7个进入全省前60位，其中君山第1，屈原第7，华容、平江、云溪、临湘、岳阳县分列第20位、22位、41位、51位、52位。岳阳市连续第8年评为全省社会治安综合治理（平安建设）先进市。

【加强平安岳阳建设】 2014年，市委政法委一是开展严打整治。组织打黑除恶专项斗争、打击聚众赌博和地下“六合彩”集中整治、打击非法集资、多发性侵财犯罪专项整治、禁毒会战等一系列战役以及交通秩序整顿等专项整治行动，打掉黑恶势力犯罪团伙15个，抓获犯罪嫌疑人230余人。全市立命案26起，破26起。五类犯罪现象比2013年下降13%，中心城区两抢案件下降54%。加强治安巡逻和流动人口、肇事肇祸精神病人、涉毒重症人员等特殊人群的服务管理。涉毒重症人员收治中心收治对象超过400人次，全市接收社区矫正人员5362人，累计解除矫正2696人，现在册2666人，无漏管、脱管和重新犯罪。推进安置帮教工作，全市128名重点帮教对象均按要求接回，全部签订安置帮教协议，帮教率100%。二是健全群防网络。开展网格化管理、组团式服务，推广三室十户长、无职党员综治维稳责任区、商业店铺联防、楼栋长、十户联防等管理创新举措，群众参与平安建设的主动性提升，基层综治维稳能力增强。以建设立体化防控体系为目标，加强平安细胞建设。市委、市政府出台关于加强公安工作基层基础建设的意见，完成专职巡防（协辅警）80%的配备。加强平安天网建设，中心城区新增监控探头600个，完成省定电子防控系统建设任务。加强平安巡逻建设，全市182个乡镇专用巡逻车配备率、专职巡防队伍建设率达到100%。三是情报准确预警。广布反恐和对敌斗争信息耳目，建立三调联动月会商、月纪要机制，有效挫败敌对分子、民运分子、邪教组织多起非法聚集和捣乱破坏活动，查破邪教组织反宣案件20多起，没有发生一起重大案事件。排查调处各类矛盾纠纷11600起，化解医患纠纷113起。对进京非访加强督办，严格实行警示挂牌，全年共收集涉稳信息近千条，对进京非访突出的4个县市区实行警示挂牌。全市进京非访治理工作排名全省第二。防范和处理邪教问题工作评为省先进。四是落实社会稳定风险评估工作。全年共实施社会稳定风险评估工作136起，准予实施105起，暂缓实施20起，不予实施11起。

【推进法治岳阳建设】 2014年，市委政法委按照《法治岳阳建设纲要》的总体规划，一是大力开展法治创建活动。各县市区大力开展法治先进县市区、先进乡镇（街道）创建活动，成立领导机构，出台创建工作指导标准，建立工作机制，创建工作稳步推进。市直各单位大力开展依法办事示范窗口创建活动，村（社区）以基层民主法治建设为目标，大力开展民主法治示范村（社区）创建活动，全市有26个行政执法单位开展了依法办事示范窗口创建活动，有40个基层执法单位评为全省依法办事示范窗口单位，48个村（社区）被评为全省民主法治示范村（社区），其中，有3个村（社区）被评为全国民主法治示范村（社区）。君山区、临湘市被全国普法办评选为全国法治创建先进县市区。二是法制宣传教育有声有色。市委法治办开展以做法律明白人为主题的以案学法活动，免费发送《案例汇编》5万册到各县市区、市直各单位及各乡镇、村（社区）居委会；建立手机短信平台，每月向全市处级以上领导干部推送1～2条法治宣传信息，加深领导干部法治意识。三是干部学法用法考试不断完善规范。根据市人大《关于对市法院、检察、公安执法人员进行集中学法用法考试的决定》要求，组织公、检、法和国土、卫生、物价部门共1786名执法人员进行集中学法考试，得到省人大内司委、省普法办的充分肯定。

【深化司法体制改革】 2014年，市委司法体制和社会体制改革专项小组重点推进司法体制改革5项任务及11项举措，5项任务包括优化司法职权配置，推进司法公开，严格规范减刑、假释、保外就医程序，建立健全涉法涉诉信访依法处理机制，健全国家司法救助制度；社会体制改革9项任务及24项举措，9项任务包括完善社会组织管理制度、改革信访工作制度、深化平安岳阳建设、建立科学完善的食品药品监管体系、完善安全生产预防控制体系、创新立体化社会治安防控体系、推进社会事业改革等。一是司法公开进一步透明。审判公开、检务公开、警务公开力度不断加大，审判文书和执行文书网上公示率达到86.36%，庭审直播案件35件，召开执行异议、复议案件听证会48次，有力促进司法公正。二是司法效率进一步提高。健全司法责任制,让审理者裁判、由裁判者负责；推进涉法涉诉信访改革,涉法涉诉信访依法终结；废止劳教制度,彰显司法保障人权；网上立案、远程立案等，大大提高司法效率。三是司法队伍形象进一步好转。在是年下半年全省综治民调中，岳阳市政法队伍建设评价排名居全省第1位，检察官、法官整体形象排全省第1位，连续8年荣获全省综治工作先进市称号。

【执法监督卓有成效】 2014年，市涉法涉诉办（执法监督室）一是集中化解疑难积案。全市政法系统共查处“三案”（人情案、关系案、金钱案）案件37起40人，纠正乱收费、不作为、慢作为等15起，整改问题19个。其中公安系统查办“三案”34起37人，法院系统查办“三案”3起3人。截至12月，共接处涉法涉诉信访案件2140起，与上年同期2254起比较，下降6%，进京非访13起，比上年同期下降8.7%。上级部门和领导交督办案件共117起，基本办结息访。二是专项办理交督办案件。全年省委政法委交办到省进京访案件23起，全部依法妥处到位，办结息访罢诉，及时予以回复，得到上级部门和有关部门的充分肯定。三是综合治理群体访案件。全年共协调处理群访案件6起，有效防止矛盾激化，维护社会稳定，无一例涉法涉诉赴省进京群体访问题发生。四是全力推进涉法涉诉信访改革工作。市委政法委制定《岳阳市处理涉法涉诉信访问题工作流程》（岳市政法发〔2014〕6号），组织市县两级政法委书记和法、检、公、司一把手及分管领导、部门负责人100多人参加改革培训，学习和传达中央、省委、市委涉法涉诉信访改革会议精神，各地各部门均建立诉讼与信访分离机制、涉法涉诉信访事项导入法律程序机制、涉法涉诉信访事项终结机制。

【加强队伍建设】 市政法委一是开展“竞赛当五员”活动。市委政法委以党员进社区竞赛当五员活动为契机，采取送卡上门、填写征求意见表、召开恳谈宣讲会等形式，党代表和全体党员到社区挂牌服务，对联系点岳阳楼区望岳街道办事处老垅坡社区进行一次全面的走访，共走访居民653户，收集意见283条。通过召开相关部门主要负责人协调会、现场办公会等形式，解决20个比较突出的民生问题。全市各政法基层单位均建立联系点，共建联系点200多个，走访上万人次，解决实际问题600多个。二是开展全体党员到社区挂牌服务，党代表百联万进活动。全市政法系统深入开展百个部门联社区、万名干部进家庭活动，走访扶贫、上访对象，帮助社区加强支部建设，理清文明创建思路。对市直政法部门127个基层党组织进行分类定级工作，其中定为好的103个，较好的24个。共创建6个全市党建示范单位。三是大力开展党的群众路线教育实践活动。按照省委、市委统一部署，从2014年2月下旬到9月底，历时7个多月时间，在机关全体党员干部中深入开展党的群众路线教育实践活动。按照“照镜子、正衣冠、洗洗澡、治治病”的总要求，紧密围绕为民务实清廉的主题，聚焦“四风”突出问题，联系工作实际，扎扎实实完成学习教育、听取意见，查摆问题、开展批评，整改落实、建章立制三个环节的工作任务，达到预期的目标。教育实践活动中，领导干部带头深入调研，征求意见建议，查摆“四风”突出问题，采取有效措施进行问题整改。市委常委、政法委书记向伟雄到华容县万庾镇塌西湖村开展调研，指导基层组织召开民主生活会，为华容县基层组织作好示范。结合“七一”党的纪念日活动，分别组织党员干部到韶山、井冈山、刘少奇故居、任弼时故居等革命纪念地开展传统教育，举行集体宣誓仪式，重温入党誓词，进一步强化理想信念和宗旨意识，队伍形象全线攀升，法官、检察官、民警、司法行政人员整体形象分列全省第1位、2位、5位、4位。政法宣传工作进一步加大力度，《长安网》上稿排名全省第一。

（本栏撰稿　阮定平）

公安工作

【维稳反暴恐工作】 2014年，市公安系统一是牢牢稳控涉稳重点人员。不断强化完善基层情报信息工作，积极搜集涉稳情报信息，及时进行分析研判和上报。在特殊敏感时期，将摸排上的涉稳重点对象，按照属地原则，落实“五包一”措施，将重点对象稳控在当地。是年，岳阳市赴省进京非正常上访人数全省最少，全国“两会”、党的十八届四中全会等特殊敏感时期，没有发生重点对象进京滋事造成不良影响事件。二是稳妥处置群体性事件。针对“三堵”现象，全市公安机关依法依规予以打击处置。年内多起群体性事件均得到稳妥处置，没有因处置不当引发不良后果。特别是“二医院事件”“平江游行事件”，在市委、市政府领导指挥下，果断行动，取得良好效果。三是全力开展反暴恐工作。武警、特警联合组成6个战斗小组，全副武装24小时屯兵街面，执行叠加式武装巡逻。组织开展全市反恐工作大检查，对危爆物品、校园周边环境、内保单位等重点物品、场所进行专项排查和整治。

【严打各类违法犯罪】　2014年，全市公安机关部署开展打击五类违法犯罪，治爆缉枪、安全生产大整治大排查等专项行动，努力为全市创造一个稳定有序和谐的社会环境。一是深入开展打黑除恶专项斗争。全市侦办涉黑犯罪案件1起，打掉黑恶势力犯罪团伙15个，抓获犯罪嫌疑人230余名，一审判决210人，破获各类刑事案件181起。打黑除恶排名全省第5。二是命案侦破继续保持良好势头。全市共立现行命案26起，破26起，破案率为100%，同2013年比立案数下降29%、破案率上升3.5%。三是盗抢犯罪专项行动成效显著。全市共破获各类侵财案件3873起，逮捕侵财类犯罪嫌疑人841名，并先后侦破一批重大侵财案件。打击两抢一盗犯罪全省排名第2。四是扎实推进扫黄禁赌禁毒工作。开展禁毒会战，破获涉毒案件623起，抓获涉毒违法犯罪人员767人，逮捕651人，缴获毒品91公斤，强制戒毒2043人。开展为期一年的严厉打击聚众赌博和地下“六合彩”违法犯罪集中整治行动。截至年底，全市禁赌刑拘574人，逮捕232人，起诉740人，打击处理排在全省第二位。扫黄专项行动中，刑拘61人，逮捕34人，起诉60人，打击卖淫嫖娼违法犯罪全省排名第1。

【公安基层基础建设】　2014年，以市委市政府两办名义下发《关于加强和改进公安基层基础工作的意见》，为全市公安基层基础工作长远发展提供政策支持。制定《社区和农村警务室工作实施意见》，为全市社区和农村警务室建设指明工作方向。岳阳楼分局、白石岭分局、汨罗市局基本实现“一区一警”。对各项基础设施建设各地各单位也是全力保障，交警支队极力推进“智能交通”建设，平江县局的“天网”工程、湘阴县局“5分钟治安控制圈”等工程建成，极大提高社会治安防控能力。

【公平公正执法】　2014年，市公安系统一是组织开展“四个一律”专项检查。全面摸清全市执法办案区域底数，对每个执法办案区域的设置、管理、使用情况进行全面检查，对可能影响执法公正的问题进行全部整改到位。二是全面查摆整改执法突出问题。共查摆各类突出问题39340个，整改到位15638个，有力推进执法规范建设。

（本栏撰稿　李利平）

检察工作

【概况】　2014年，市检察机关围绕全市经济社会发展大局，忠实履行宪法和法律赋予的职责，各项检察工作在加强和改进中取得新的进展。顺利通过省级文明标兵单位验收，同时，被评为全市全面建成小康社会综合绩效考核先进单位、全市扶贫红旗单位；岳阳市检察机关在全省综治民调检察官整体形象测评中排名第二，君山、屈原、华容3个基层检察院进入全省基层院建设前10名，其中君山区检察院排名全省第一。

【服务发展大局】　2014年，市检察机关积极参与整顿和规范市场经济秩序,依法起诉非法集资、制假售假、金融诈骗等破坏市场经济秩序的犯罪151人，依法起诉盗窃、诈骗企业财产和侵占、挪用企业资金的犯罪129人；严肃查办商业流通、工程建设、土地开发、环境保护等领域的职务犯罪37人；探索通过支持起诉、督促履行职责等方式，推动有关行政机关依法履职，为国家追回应收款项9879万元；加大生态环境司法保护力度，推进美丽岳阳建设，湘阴县检察院督促相关职能部门严肃查处胡某非法排放药品废料案，立案查处6人，逮捕3人，该案被最高人民检察院、公安部挂牌督办。主动对接企业开展服务，深入企业了解司法需求，以《企业家及其企业刑事风险与防范应对》为题，配合市委政法委组织专题讲座，增强企业家风险防范意识和政法机关主动服务意识。

【查办和预防职务犯罪】　2014年，市检察机关共立案侦查职务犯罪案件108件118人（其中贪污贿赂犯罪78件85人，渎职侵权犯罪30件33人）。突出查办大案要案，共查办大案要案96件，占立案总数的88.9%，同比增加13.3个百分点，查办厅局级干部要案2人，县处级干部要案7人。根据省委部署，在省检察院的统一组织指挥下，市检察院组织60余名干警历时6个月，圆满完成对衡阳破坏选举案中3个县市区的甄别和查办工作，以涉嫌破坏选举、玩忽职守、滥用职权犯罪，立案侦查并审查起诉11件11人，均被法院作出有罪判决。由于查办该案成效突出，市检察院被省检察院记集体二等功，市检察院刘恩怡副检察长被最高人民检察院荣记一等功，26名干警受到省委、省政府、省检察院的表彰。下半年，市检察院又组织华容、湘阴、岳阳楼、云溪4个基层检察院80余人，立案查办中纪委、最高人民检察院交办的中国民用航空飞行学院院长郑某（正厅级）、副院长吴某（副厅级）滥用职权、受贿系列案。突出查办窝案串案，共查办环洞庭湖基本农田建设工程领域系列案25件28人，查办淘汰落后产能领域系列案13件13人，查办司法工作人员职务犯罪6件9人，查办商务系统家电以旧换新项目系列案5件5人，查办中职教育系统套取国家助学金系列案4件4人。比较典型的案件有：岳阳市住房和城乡建设局副局长刘某受贿案，岳阳市商务局副局长丁某受贿案，岳阳监狱副监狱长林某受贿案等。突出职务犯罪预防工作，以市人大常委会主任会议专题审议职务犯罪预防工作为契机，着力提升预防职务犯罪的影响和效果。新建警示教育基地9个，开展警示教育活动53场次，上警示教育法制课137场次。逐步推进将有无行贿犯罪记录，作为国有资金投资、政府采购等招投标资格审查的必具条件，向相关部门提供有无行贿犯罪记录证明1388份。在国土、民政、中储粮三个系统开展了专题预防调查，发现职务犯罪风险原点9个，提出检察建议50余份；结合办理的职务犯罪案件，撰写预防调查报告40份，向党委、政府提出决策建言120余条。

【刑事检察工作】 2014年，市检察机关共批准逮捕各类刑事犯罪2898人、提起公诉4097人,依法不批捕刑事犯罪1074人，不起诉210人。重点打击严重暴力犯罪、黑恶势力犯罪、毒品犯罪、多发性侵财犯罪和危害食品药品安全犯罪，共批准逮捕1670人，提起公诉1949人。在审查岳阳县张某绑架杀害3名小学生一案中，市检察院提前介入引导侦查取证，依法快捕快诉，并对处置群众报警求助不力的派出所民警黄某以玩忽职守罪立案侦查。坚持当宽则宽，深化刑事和解、检调对接等工作，在法律许可的范围内最大限度减少社会对立面，化解消极因素，共运用刑事和解不批捕81人、不起诉99人。积极推进未成年人附条件不起诉、未成年人犯罪记录封存等制度的落实，对涉罪未成年人不批捕75人，附条件不起诉12人。

【诉讼监督工作】 2014年，市检察机关着力监督纠正司法活动中损害群众权益的突出问题。一是加强刑事立案和侦查活动监督。监督纠正侦查机关应立案而不立案53件，不应立案而立案17件；纠正漏捕172人、漏诉145人；纠正侦查活动违法219件（次）；开展捕后羁押必要性审查，依法建议侦查机关对136名犯罪嫌疑人变更强制措施。二是加强刑事审判监督，提出刑事抗诉21件，比2013年增加12件，法院审结8件，改判和发回重审6件，采纳检察建议25件；纠正审判活动违法44件（次），提出2317份量刑建议均被法院采纳。三是加强民事和行政诉讼监督，向省检察院提请抗诉11件，向市中级人民法院提出抗诉1件，法院改判、调解结案11件（含积案），提出再审检察建议2件均被采纳；办理执行监督、违法行为调查案件13件。湘阴县检察院在办理一起保险公司申请监督案件过程中，既对枉法裁判行为进行监督纠正，又对相关司法审判人员进行立案查处，使当地利用虚假诉讼骗取交通事故保险赔偿金的乱象得到遏制，该案被最高人民检察院评为民事检察监督优案。四是加强刑罚执行和监管活动监督。认真开展“减刑、假释、暂予监外执行专项检察”和“久押不决”“交付执行”专项清理行动，同步审查提请减刑、假释和呈报暂予监外执行案件2400件，纠正提请（呈报）不当376件；对30名不符合监外执行条件的罪犯督促收监，纠正超期羁押3人；派驻监管场所规范化检察室建设全面升级提质，全市9个派驻检察室规范化建设顺利通过检查验收。五是加强“两法衔接”工作，建立联席会议、信息共享机制，加大线索收集、排查力度，督促行政执法部门及时向侦查机关移送犯罪线索13起，实现行政处罚和刑事处罚无缝对接。如在“破坏环境资源和危害食品药品安全犯罪”专项监督活动中，岳阳楼区检察院督促相关职能部门严肃查处左某利用双氧水加工熟食一案，并针对该案在食品生产、加工、流通、检验等环节暴露的问题，向工商、食品药品监督等部门发出检察建议，有效遏制住使用有毒有害化学物质加工销售食品现象，该案被评为全省侦查监督十优案件。

【检察开放日】 2014年7月24日，市检察机关举行侦查监督开放日活动，以增强检察工作透明度。活动邀请市人大代表、市政协委员、人民监督员、高校师生、社区群众、新闻媒体等代表共300余人参加。代表们走进检察机关，零距离感受阳光检务，真实了解侦查监督工作。活动安排侦查监督工作情况介绍、观看侦查监督优秀案件专题视频和侦查监督案件公开听审等几个环节。全市开放日活动期间，共向社会各界人士发放“阳光检务手册”“侦查监督开放日宣传手册”800余册。

【岳阳检察首部微电影】 2014年，市检察院青年干部组织自编自导自演的首部微电影《致我们正在燃烧的青春》已完成拍摄。该片讲述了一群青春活泼、踌躇满志的年轻检察官们对农村未成年人开展帮扶的过程，向人们展现新一代青年检察官们的社会担当和法律梦想。片中女主角李想，在所办理的一起未成年人犯罪案件作出附条件不起诉决定后，通过写信的方式慢慢走进该案中附条件不起诉对象的内心，帮助他重拾信心，回到学校，走上正途。在这个过程中，李想意识到预防未成年人犯罪，关爱留守青少年的重要性，开始在村里开展帮扶活动。中间，虽然也遇到过不理解和冷嘲热讽，但村民和孩子们对志愿者们的真诚感激，与志愿者们之间的真挚情感，让越来越多的检察官明白做这件事情的意义，越来越多的人受到感染带动，也纷纷加入这个团队。该片是检察宣传形式的一个创新。

（本栏撰稿　万佳妮）

法院工作

【概况】 2014年，岳阳市中级人民法院（以下简称市中级法院）围绕全市工作大局，坚持司法为民，推进司法公开，深化司法改革，确保司法公正，争创全国一流法院，各项工作均有新进展。市中级法院和君山区法院民调分别居全省中院、基层法院第一，全市有8个基层法院进入全省前40名；司法绩效和司法状况考评均排全省第二。共受理案件40572件，办结34487件，其中，市中级法院受理6117件，办结5276件。

【刑事审判工作】 2014年，全市法院受理案件3562件，审结3230件，判处罪犯4148人。其中市中级法院受理391件，审结335件，判处罪犯595人。一是严惩严重刑事犯罪。依法判处杀人、抢劫、强奸等侵害公民人身权、财产权罪犯1702人；判处非法集资、金融诈骗等破坏市场经济秩序罪犯108人；审理震惊全国的“10·30”绑架杀害3名小学生案，当庭宣判被告人张兴艳死刑；涉黑犯罪团伙首犯阮应良被执行死刑；审理吴钊葵团伙贩毒案、陈文烈武装运毒案、李成龙人体藏毒案等一批重、特大涉毒案件，对运输毒品犯彭代武执行死刑；衡阳破坏选举系列案有11案在岳阳市一、二审审结。突出打击职务犯罪。判处贪污贿赂及渎职罪犯61人，其中处级干部3人。市建设局原副局长刘继和因犯受贿罪被判处有期徒刑六年。三是加强与行政执法的衔接。依法从严打击生产销售伪劣商品、破坏环境资源、恶意欠薪、网络诈骗、醉酒驾车等危害民生犯罪，判处罪犯104人。坚持宽严相济，对罪行严重的295人判处五年以上有期徒刑直至死刑，对罪行较轻、确有悔罪表现的初犯、偶犯、未成年犯、老年犯等914人依法适用缓刑。对56人免予刑事处罚。四是加强人权司法保障。36案启动非法证据排除程序，对不构成犯罪的3名被告人宣告无罪。

【民商事审判工作】 2014年，全市法院受理案件22720件，审结17994件。其中，市中级法院受理2148件，审结1472件。一是依法审理民事案件。审结婚姻家庭、继承纠纷案5069件。妥善调处劳动争议案884件。对农民工追薪案快立、快审、快执，共追薪1.18亿元。审结交通事故案3209件。审结医疗纠纷案106件。审结房地产纠纷案371件。审结资源开发、环境保护案87件。审结宅基地使用权、土地承包、相邻纠纷等案145件。二是依法审理商事案件。审结各类合同纠纷案6324件。长炼兴长公司诉浙江兰亭公司买卖合同纠纷案，立案后即采取财产保全措施，通过多次协调促使双方达成调解，40天追回货款4520万元。加强金融审判，审结民间借贷、金融借款和小额借款等案件3380件，涉案标的12.12亿元。审结涉外涉港澳台民商事纠纷案62件。三是稳妥推进破产、清算案件审判，审结33案，清理企业债务13.67亿元。四是强化知识产权保护。审结知识产权案32件，促进创新驱动战略的实施。通过积极争取，最高法院授权，岳阳楼区法院成为全省第5个兼具一审知识产权和涉外商事案件管辖权的基层法院。

【行政审判工作】 2014年，全市法院受理案件1200件，审结1126件。其中市中级法院受理177件，审结168件，受案数、结案数、协调结案数均居全省前列。努力畅通“民告官”诉讼渠道，通过异地审理排除各种干扰，较好地解决了群众反映强烈的起诉难、审理难、胜诉难的情况。判决行政机关履行法定职责、确认行政行为违法、撤销或变更行政行为75案，占一审判决结案数的47.77%。因当事人和解而撤诉750件，依法妥善审理杭瑞高速工程建设中58户房屋拆迁案及3个村民小组土地征收补偿案。加强非诉行政案件审查和执行，对行政行为合法有效的2339案裁定予以执行。推进湘阴武警军用机场、临湖公路赶山片区工程等大型国防、公益建设。审结国家赔偿案件5件，决定予以赔偿的3件。加强司法与行政的良性互动，依法支持全市禁拆治违工作，及时向行政机关反馈审判工作中发现的行政执法问题，推进法治岳阳建设。

【执行工作】 2014年，全市法院受理案件8694件，执结7796件，执结标的16.12亿元。其中市中级法院受理230件，执结146件，执结标的5.83亿元。一是开展“涉民生案件”“涉金融案件”专项执行和“转变执行作风，规范执行行为”专项活动。执结涉金融案件299件，兑现2.05亿元；执结以追索劳动报酬、赡养费、扶养费等10类案件为重点的涉民生案件1439件，兑现1.04亿元。湖南经视就此对岳阳县和湘阴县法院的做法予以报道，市中级法院被评为全省法院清理涉金融执行积案先进集体，岳阳楼区法院被评为全国法院清理涉党政机关执行积案先进集体。二是穷尽强制措施，依法制裁“老赖”。以拒不执行判决、裁定罪判刑5人，拘留421人次，罚款77人次85万元，限制高消费和限制出境103人，在媒体和最高法院执行信息平台公布失信黑名单733人。三是创新执行机制，提升执行效率。建立“点对点”网络执行查控机制，查询银行开户信息3920次，查询银行账户余额60211次，查询车辆信息3705次。对暂时无法执行到位、而申请人因情况特殊急需救济的小额案件，尝试先行垫付，缓解燃眉之急。四是强化执行监督，扩大执行效果。督促执行23件，指定执行7件，办结执行异议、复议案件60件。被执行人何强食品公司系列案，公司法人代表逃匿，资不抵债，中院组织相关单位先行垫付91名民工工资，依法拍卖公司全部资产，兑现债权2410万元，并引进一家食品企业，促进企业再生产，对公司员工进行妥善安置。

【能动司法】 2014年，市中级法院一是完善诉讼服务措施。加强对经济社会发展的调研和司法应对。市中级法院领导带队先后走访部分行政机关、企事业单位和社区，认真研究服务实体经济、综合治理等方面的法律问题，及时提出司法建议，积极防范和化解风险，如总结工伤保险待遇纠纷案件审理中发现的问题，向企业建议规范工伤保险申报，促使企业用工制度更加科学。加强诉讼服务中心建设。实行导诉分流、诉讼风险告知和判后答疑，引导当事人理性诉讼；将上诉案件移送情况纳入绩效考核，开辟涉侨案件和老弱病残人员立案“绿色通道”，适用小额速裁程序审理简易案件1159件，减轻当事人负担。加强司法救助。市中级法院为确有困难的当事人缓减免诉讼费163.87万元，为24名刑事被害人和特别困难的当事人申请救助金38.15万元。二是推进社会矛盾化解。坚持巡回审判。就地立案、就地审理，在社区、村组、企业、学校等现场开庭392场次。坚持调解优先。民事案件调撤率59.73%，并加强刑事附带民事案件调解工作，市中级法院为刑事被害方兑付赔偿款387万元；发挥人民法庭的前沿阵地作用，加强与派出所、司法所以及乡村组织的沟通联系，指导人民调解委员会加大诉前调解力度，推动完善人民调解、行政调解、司法调解联动工作体系和矛盾纠纷多元解决机制，将纠纷尽量化解在基层和诉前。坚持“诉访分离”。依法畅通“诉”的入口，保障当事人申请再审和申诉权利，审结此类案件69件，对原判确有错误或因其他法定事由改判29件；全市法院均开通远程视频接访系统，有21人次由此向最高法院表达诉求，减轻上访负担。依法畅通“访”的出口，做好法律解释，对缠访闹访行为“零容忍”，不以牺牲法律为代价，依法给予制裁。岳阳市涉诉信访工作仍居全省法院前列，《人民法院报》以“岳阳：化解信访积案‘神奇药方’”为题推介市中级法院做法。三是参与社会综合治理。开展送法上门活动，到社区、街道、学校开展法律咨询活动17次，举办法制讲座143场，赠送法律书籍375册；在“6·26”国际禁毒日前，组织200多名法学院学生旁听“零口供”运毒案庭审，当庭质证、认证，反响很好。设立未成年人刑事审判合议庭，促进未成年犯帮教工作的开展，对未成年人犯罪记录依法封存，为其重归社会后入学、就业提供平等竞争机会。市中级法院成立审判监督第二庭，加强减刑假释工作，改听证办理为开庭审理，改监内公示为网上公示，邀请人民陪审员和特邀监督员全程参与，裁定减刑假释2996人，不予减刑1人，准予监狱撤回7人减刑意见；与社区矫正机构无缝对接，对6名严重违反社区矫正规定的假释罪犯和7名暂予监外执行条件已经消失的罪犯裁定收监执行；对汨罗市勇救落水儿童的社区矫正人员吴某，在当地开庭后当庭宣判减去未执行完毕的刑罚，湖南卫视等媒体予以报道。

【监督管理】　2014年，市中级法院一是完善审判管理。在全市法院开展案件质量评查、文书评选和庭审评议等“三评”活动，重点评查576案评选出23份优秀裁判文书和10场优秀刑事案件庭审。观摩评议市中级法院15个合议庭的庭审一审案件被改判和发回重审率为全省最低。利用数字法院管理系统，及时掌握审判流程动态信息，定期通报，严格审限，立案变更率、法定审限内结案率、案件平均审理天数、实际执行率等均居全省法院前列。编辑完成《审判管理工作手册》。启动执行指挥中心信息平台建设，改造审委会会议室和多功能会议室。全市共建设科技法庭10个，推进庭审全程录音录像。升级远程提审系统，实现远程提审、质证和开庭的高清化。二是深化司法公开。全市904名人民陪审员共参审7747案，参审人数10070人次。举行公众开放日活动13次，邀请代表、委员、基层群众、学生等走进法院、走近法官，零距离感受法院工作。召开新闻发布会4次，在岳阳电视台开设“法官说法”栏目，播放7期。通过法院网站和官方微博直播案件庭审60场、公布生效裁判文书17119份。岳阳法院网年度发布率、点击率分别居全国中院网站第四和第六位，均居全省各中院网站首位。市中级法院和汨罗市法院被评为“全国法院司法宣传工作先进集体”。公开内容规范化。科学界定公开与不公开、依职权公开与依申请公开、对当事人公开和对公众公开的信息范围，做到应公开的全部公开，杜绝暗箱操作。由湖南卫视等媒体组成的“司法公开三湘行”采访团采访报道市中级法院和华容县法院的司法公开工作情况。三是认真接受监督。主动接受人大权力监督和政协民主监督。向市人大常委会报告贯彻落实行政诉讼法执法检查审议意见的情况，接受省人大内司委对司法公开工作情况的考察，向市人大内司委专题报告人民陪审员的履职情况。加强与代表、委员的联络，寄送《汇报专刊》4期共3800余份，邀请代表、委员视察法院、旁听庭审，走访部分代表、委员，当面听取意见。办理市人大批转信件34件、代表建议3件、委员提案3件以及代表、委员来信28件。认真接受检察机关法律监督。依法审理检察机关提出的抗诉案件，认真对待检察建议，邀请检察长列席审委会，召开“两院”联席会，共同维护司法公正。广泛接受社会监督。加强与律师协会的沟通，高度重视律协和律师反映的问题，尊重和保障律师依法履职；新聘知名网友为特邀监督员，邀请监督员到院参观、座谈，主动听取意见建议；认真办理群众来信，广泛听取群众意见；自觉接受舆论监督，安排专人搜集、阅评网络舆情，编发《岳法舆情》52期，公开回复网民意见39条，做到与舆论良性互动。

（本栏撰稿　许　辉）

司法行政工作

【推进法治岳阳建设】　2014年，市司法局一是规范法治岳阳建设考评工作。以法治岳阳建设领导小组办公室的名义，下发《关于切实做好2014年度法治岳阳建设综合考评工作的通知》，首次对各县市区法治创建工作实行计分考核，纳入市委市政府综合绩效考评范畴。二是开展形式多样的法制宣传教育活动。开展“12·4”首个国家宪法日万人签名、集体宣誓、市委书记答记者问系列宣传活动。开展“法援苍生、与你同行”专项宣传活动。法治文化长廊、法治主题公园、法治文化广场、法治公益广告阵地在全市相继建立。在法制网、《湖南日报》、省内刊等各级新闻媒体上稿50余篇。法治专栏、专题电视、广播等媒体宣传也在市、县两级广泛开展；普法读本《做法律明白人》首印5万册免费向农村和街道社区发放。三是加强法治创建工作。全市共有40个基层执法单位、48个村（社区）被省委法治湖南建设领导小组评为全省依法办事示范窗口单位、全省民主法治示范村（社区）。其中，岳阳县清水村、华容县黄山村、岳阳楼区杨树塘社区被评为全国民主法治示范村（社区）。同时，推荐君山区、临湘市作为全国法治创建先进县参与评选。四是严格规范学法用法考试。在全省首次组织公、检、法及国土、物价、卫生等部门近2000名在岗执法人员学法用法集中考试，并先后成功组织全市厅级、处级、科级及科以下干部学法用法考试，参考总人数近9万人。

【提升法律服务水平】　2014年，市司法局积极组织全市律师参与“助改革、促发展、保民生”专项法律服务活动和律师“进社区、进园区、进企业”活动。共代理诉讼与非诉讼案件259件，避免和挽回经济损失14347万元，帮助筹措建设资金2513.48万元。成立岳阳市中小企业法律服务中心，推进律师担任社区法律顾问工作，实现中心城区“一社区一顾问”。市律协社会化管理工作逐步规范，在市级实现律师事务所、法律服务所机构和人员的全部脱钩，新成立司法鉴定协会和法律服务工作者协会，加强业务培训和行业自律，加强律师队伍诚信建设，为律师行业的发展营造良好环境。加强法律援助便民服务窗口建设，加强案件质量监管，规范审批指派程序，打造“12348”法律援助热线平台，出台《岳阳市12348法律援助热线管理制度》，有效推进法律援助各项工作的顺利开展，全市办理法律援助案件2193件，接待来访咨询648人次，接听“12348”热线电话1635次。加强公证工作管理，深化便民服务，提升公证质量，强化队伍建设，公证工作全面有效开展，全年办理各类公证7600余件，收取公证费270余万元，接待并解答咨询25000人次，继续保持着无一例错证、假证，无一例赔偿事件的良好发展态势。

【强化特殊人员管控】 2014年，全市司法行政干警牢固树立安全维稳意识，大力加强强戒场所管理，探索社区戒毒工作，推进安置帮教和社区矫正工作,为确保社会和谐稳定作出积极努力。一是提升教育矫治质量。加强强戒工作管理，开展禁毒工作宣传，强化场所安全措施，市劳动教养、强戒工作实现连续13年“六无”、19年安全生产无事故。重点推进社区戒毒康复工作指导站建设和戒毒康复区建设，丰富教育矫治手段，教育矫治质量稳步提升。实施“情暖场所·关爱孩子”联合帮扶，对该所320名戒毒人员和30名戒毒人员家属及未成年子女发放“爱心助学”礼包，对筛选的12名重点对象连续跟踪帮扶5年。二是强化社区矫正工作。加强社区矫正工作管理，利用手机定位、电话抽查询问、回访、集中整训等多种方式加强对社区矫正人员的监管，做到月见其人，周闻其声，确保教育帮扶到位、监管措施到位、规范管理到位。全年全市接收社区矫正人员5362人，累计解除矫正2696人，现在册2666人，无漏管、脱管和重新犯罪。三是推进安置帮教工作。对服刑人员基本信息进行网上核实和衔接，月核实率保持在98.5%以上，衔接率、帮教率均为100%。截至2014年年底，全市累计接茬刑满释放人员1360人。四是创新社区戒毒工作。积极探索社区戒毒康复工作指导站建设和戒毒康复区建设，协助省戒毒管理局对岳阳楼街道办事处剪刀池社区戒毒工作指导站进行工作指导，取得明显效果，在册管理的87人中没有一人复吸，无一人犯罪，其创新性工作在全省产生广泛而积极的影响。

【加强人民调解工作】 2014年，市司法局切实加大人民调解力度，积极争取市委、市政府支持，以两办名义出台《关于切实加强人民调解工作的意见》。按照省厅统一部署，积极组织开展“三调联动化矛盾，息访息诉保平安”专项调解活动，完善“三调联动”信息共享、定期会商、联动联调、考核奖惩和挂号销号等各项制度，有效实现人民调解、司法调解、行政调解有机衔接。加强区域性、专业性、行业性人民调解工作，开展省际边界矛盾纠纷排查化解，成立联防联调委员会，有力促进平安边界建设。年底，全市共调处各类矛盾纠纷20251件，防止民转刑案件352件，防止群体性上访605件。全市村（居）矛盾纠纷调解率和调解成功率均达到98%以上。2014年，省综治民调中“矛盾纠纷是否有人调解处理”一项岳阳排名第三。

（本栏撰稿 陈翔宇）

岳阳监狱

【概况】 2014年，湖南省岳阳监狱全面推进省级现代化文明监狱创建工作，坚持管理从严、激励多元、服务超前工作理念，深化精化细化管理和绩效考核，持续转变工作作风，深入推进文明监狱，全力打造平安监狱、法治监狱和过硬队伍。监狱连续14年7个月实现无罪犯脱逃、无重大狱内案件、无重大疫情、无重大安全生产事故的“四无”目标；各级班子和警察职工队伍建设持续加力，党的群众路线教育实践活动整改落实成效明显。监狱被评为“全国监狱劳教（戒毒）工作先进集体”“全国监狱戒毒系统教育质量年活动表现突出单位”“全省监狱改造工作先进单位”“岳阳市安全生产工作先进单位”。

【筑牢防线保安全】 2014年，岳阳监狱克服押犯点多线长面广、基础设施条件简陋、狱内外安全风险不断增大等不利因素，坚守安全稳定底线不动摇，一是进一步健全“四级”安全责任和检查督导机制。监狱各级领导率先垂范，践行“一线工作法”和基层联系点制度，经常深入罪犯学习、劳动、生活“三大现场”，带头检查指导安全稳定工作、排查整治监管安全隐患、参加联系点单位犯情分析会、对包教罪犯进行“一对一”帮扶。全狱警察发扬“艰苦奋斗、乐于奉献、勇于拼搏、开拓进取”的建新精神，始终坚守监管改造一线，切实履行管教、执勤、带班职责，转化罪恶灵魂，挽救失足浪子。二是扎实开展监管安全百日竞赛、“查隐患、堵漏洞、防脱逃”、“一打两整治”（严厉打击狱内破坏监管秩序行为，集中整治罪犯私藏违禁物品、行为养成差）、安全隐患排查整治等系列活动，清缴销毁各类违禁物品，侦破狱内预谋案件，严防罪犯自杀，将事故隐患和案件苗头遏制在萌芽阶段。三是完善应急处置机制，加强与驻狱武警部队共建、共管、共保安全建设，成功处置“5·17”两名社会人员冒充联合国官员到狱提取在押犯事件。该事件经中央电视台、湖南经视等各大新闻媒体报道后，引起社会强烈反响，百度、搜狐等网络搜索引擎点击量一度飙升三甲。四是加快推进第一押犯点建设。年内已完成主体工程建设，信息化建设实现局域网全覆盖，开发应用视频监控、接见监听和报表软件系统等，不断提高监狱安防信息化和办公自动化水平。

【廉洁执法促公正】 2014年，岳阳监狱认真贯彻落实中央政法委5号文件《关于严格规范罪犯减刑假释暂予监外执行切实防止司法腐败的指导意见》，一是严控三类罪犯减假保工作，斩断“有钱人”“有权人”提前出狱的捷径，有效防止“人情案”“关系案”“金钱案”等现象。二是强化狱务公开工作，制定出台《岳阳监狱深化狱务公开实施办法》，添置执法公开查询机，建立覆盖全狱的局域网络，完善各单位狱务公开栏，及时公开执法信息，推进阳光执法、公正执法，让罪犯明明白白服刑改造，让犯属和社会人员更好地了解监狱工作。三是不断规范刑罚执行，积极配合岳阳市中级人民法院率先实行罪犯减刑、假释庭审制度，将庭审法庭搬入监区，邀请社会人士现场旁听和监督，使罪犯减刑假释工作更好置于聚光灯下。全年共依法办理罪犯减假保案件2000多件，集中清理近三年减假保案件6000余件，依法收监保外罪犯、假释罪犯若干名。四是保障罪犯合法权益，足额供应罪犯生活物资，月人均伙食费达204元，补贴罪犯节日生活70余万元。在合理安排全体罪犯节日生活的同时，突出做好“三无”（无通信、无会见、无邮包汇款）、老弱病残、家庭特困等罪犯的关怀帮扶，召开座谈会、个别慰问帮教等，使每一名罪犯感受到家的温暖。深入落实罪犯低报酬制度，全年累计发放罪犯劳动报酬590余万元，月人均获酬100余元，最高一个月拿到500多元。全面推行罪犯消费“一卡通”，让罪犯购物、拨打亲情电话、亲人汇款、零用金和低报酬兑付等行为一律通过刷卡完成，既保证消费公开透明，又有效杜绝现金等违禁物品流入监内。实行罪犯医疗分级管理，推进标准化医院建设，探索网络问诊等医疗新途径，收治病犯700余人次，通过新农合医保报销医疗费240多万元，有效提升治愈率，降低病亡率，确保全年未发生狱内重大流行性疾病、传染病和罪犯非正常死亡。

【提高罪犯教育改造】 2014年，岳阳监狱一是抓教育改造工作。进一步健全罪犯三级包教网络，狠抓个别教育，做到包教罪犯每月谈、重点罪犯突出谈、择警罪犯随时谈、十种情形必须谈。降低狱内发案率、罪犯违规违纪率和刑释人员重新犯罪率。实施顽危犯挂牌攻坚，顽危犯转化率达到70%，表彰个别教育先进个人64人。11月25日，全省监狱个别教育经验交流暨教育改造现场观摩会在岳阳监狱举行。二是认真落实“三课”教育。尝试菜单式教学，开展罪犯教育大讲堂近100场次。举办监区文化周、主题征文、演讲比赛和“高墙内的感动人物”评选表彰等活动，编写《洗心改造》等书籍，广泛开展优秀传统文化和先进时代文化教育，致力打造文化狱园。三是强化心理矫治工作。发挥全狱数百名心理咨询师作用，邀请湖南师大、岳阳市心理卫生协会等专家到狱进行心理辅导和疏导。团体心理矫治和顽危犯改造课题分获中国监狱工作协会、司法部预防犯罪研究所立项。邓协平被国家教委评选为首届“中国智慧春雨心理健康指导师”，并获评全国监狱系统心理矫治工作标兵。四是举办社会亲情帮教活动。巧借社会资源，联合清华大学法学院、农工党岳阳市委等单位举办社会亲情帮教活动数十次，联合社会培训机构举办出监教育暨职业技能培训班1100余人次，联合地方司法行政部门积极探索刑释人员无缝对接机制，帮助刑释人员安置生活、及时就业、顺利回归，努力实现不让罪犯带着怨气和仇恨离开监狱。大力实施人文关怀，根据省综治办、省司法厅、省民政厅等14部门统一部署，积极开展“情暖高墙·关爱孩子”专项帮扶，设立服刑人员“爱心基金”“阳光助学基金”，摸排困难罪犯子女223名，入户走访慰问特困罪犯家庭32户，帮扶特困罪犯子女36人，发放慰问金、慰问品共8万余元。

（本栏撰稿　刘青山　杨振兴　赵　辉）

责任编校　秦小燕

国防建设

岳阳军分区

【概况】 2014年，岳阳军分区贯彻落实党中央、中央军委和习近平主席指示，始终着眼强军目标谋发展，聚焦使命任务搞建设，改进工作作风抓落实，各项工作保持良好的发展势头。

一、思想政治建设全面加强。全面深化创新理论武装，官兵学用习主席系列重要讲话精神成为自觉行为。深入开展党的群众路线教育实践活动，各级党组织和广大党员反“四风”、改作风思想统一，态度坚决、措施有力，不良风气得到扭转。开展“牢记强军目标、献身强军实践”和“讲党性、守党规、严党纪”教育，听党指挥和强军兴军认知认同、信念坚定。及时传达学习全军、军区政工会议精神，统一认识，立起根本、指导工作。党组织建设不断加强，师团两级党委班子团结和谐、风清气正、坚强有力。华容县人武部党委被省军区评为先进党委，岳阳县、岳阳楼区人武部被省军区评为全面建设先进单位。执行党的纪律严肃认真，彻底肃清徐才厚案件影响。抓好“四反”工作，要害部位人员政治审查不漏一人。加大对干休所指导帮建力度，遗留问题得到有效解决。

二、军事斗争准备扎实推进。战备工作落实，修订完善军分区8类28个、人武部4类22个方案计划。投入31万元建成军分区新战备库室，完成师团两级作战值班室视音频改造。实战化训练深入，全年完成民兵军事训练40期3428人，首长机关训练5期65天，选派35名新任职专武干部参加省军区集训，参与省军区个人研究作业网上抽考和省军区年度军事训练考核，成绩名列前茅。组织全区445人进行抗洪抢险15种行动训练，参加省军区“湘江-2014”非战争军事行动演习，得到省军区首长的充分肯定。深入推进国防动员和后备力量建设，民兵整组有力有效，应急分队建设稳步推进。协调市、县两级国防动员领导干部12人参加全省国防动员领导干部业务抽考，进行本级普考。军分区和华容县人武部被省军区评为军事训练先进单位。

三、部队安全管理不断正规。以“五种管理方式”促进安全工作落实，强化安全责任，健全领导组织，层层签订安全管理责任状。抓好经常性管理，严格落实早操、交班、点名、查铺查哨、军容风纪检查等制度，组织条令法规抽考，加强节假日、敏感时期的安全检查。抓好安全工作防范，为全区官兵购置保密手机，完成集中文印室建设、指挥大楼门禁系统和车库道闸系统安装、营院视频监控系统改造，投入120多万元升级市民兵武器装备仓库监控系统，师团两级落实应急处突力量，配齐防暴器材，制定《营院处置突发情况应急预案》《军分区车辆管理使用规定》等制度，实行常态演练、动态监管。开展“消除安全隐患整治”活动，组织拉网式排查，治理安全隐患。抓好保密管理，军分区被广州军区评为保密工作先进单位。抓好涉军维稳，全年协助处理涉军纠纷和案件38起，接待信访群众200人（次），走访慰问50多户复退军人特困家庭，舆情管控和涉军维稳工作取得较好成效。

四、后勤保障能力逐步提升。加强财经运行管控，严把预算编制、调整关口，强化预算执行，经费保障向战备训练聚焦。强化党委依法管财意识，集体理财制度有效落实，“家底工程”建设有较大进步，完成6个团级单位主官财务交接的监督指导。注重开源节流，突出难管易超项目管理，行政消耗性开支同比下降27.9%。加大营院综合整治力度，投入180多万元完成机关食堂装修配套建设，投入110万元对机关和长城市场变压器进行增容改造。湘阴县、岳阳楼区、君山区人武部维修整治营院和指挥楼。岳阳县人武部被省军区评为后勤建设先进单位。注重排忧解难，落实机关综合楼改造建设经费，投入30多万元整治改造机关干部公寓楼，协调办理八一小区经济适用房总房产证。着眼装备管理有序有效，进行车辆装备普查清理，开展枪支弹药和民兵武器装备仓库专项整治，投入70多万元购置3G移动通信等器材装备。完成4648发民兵报废弹药销毁处理任务，将22.91吨民兵报废弹药调运到山西侯马销毁站，全程安全顺利。

五、党管武装氛围持续优化。发挥职能作用，市县两级党委政府主要领导带着感情和责任支持武装工作，全市党管武装氛围不断优化。坚持召开议军会、过军事日，落实人武部党委第一书记任职谈话、召开命令宣布大会，强化责任。提升后备力量建设质量，下发《关于加强民兵应急队伍建设的通知》《关于成立民兵应急营和民兵信息大队的通知》，市委市政府主要领导到军分区专题研究后备力量建设问题。云溪区人武部协助区委抓建武装，党政领导管武观念不断增强，建武力度不断加大。深入开展全民国防教育，向全市手机用户发送国防教育宣传短信100万条，军地领导为各级干部讲国防教育课12次。参建参治，组织部队和民兵2700多人次参与8起扑灭山火行动，圆满完成应急处突、重大活动安保等任务。发挥退役军人优势，搞好“双带双促”，在扶贫帮困、参加新农村建设、维护社会稳定方面取得良好效果。

【召开民兵整组工作会议】 2014年2月21日，岳阳军分区组织召开全市民兵整组工作业务培训暨任务部署会，市政府常务副市长陈奇达、军分区司令员刘亚兵出席会议。组织与会人员到岳阳楼区民兵基层建设现场进行观摩，并就民兵整组工作业务进行授课。陈奇达、刘亚兵部署民兵整组工作任务，提出工作要求。

【组织搜索谷歌气球】 2014年2月25日至3月1日，美国谷歌公司一科研无人空飘气球非法入境中国，航线经由海南、广西、贵州、湖南、湖北，由上海出境。在湖南省境内大致航线为：由贵州铜仁市至常德，到湖北武汉方向，飞行高度2.2万-2.7万米，省军区要求岳阳军分区组织力量在相关地段协助搜索残骸，发现情况及时上报。接到省军区通知后，军分区高度重视，指定各人武部分别组织30人的应急搜索力量进行搜救备勤，协调落实指挥车、运输车（装载人员）、吊装运输车（装载气球残骸）各1辆，并组织好实施搜索的通信、照明、警戒等装备器材。

【组织非战争军事行动演练】 2014年6月下旬至7月上旬，岳阳军分区部队出动445人参加省军区组织的代号“湘江-2014”非战争军事行动演练，出动指挥车9台、运输车22辆、重型装备16台、冲锋舟18艘、橡皮艇9艇、救护车5辆、炊事车1辆、3G移动设备10套、植桩机2部，各类通用装备、救生器材和照明器材12类约3500件。对15种抗洪抢险行动的重点研究逐步深入，主要领导亲自设计、亲自指挥、亲自把关，突出指挥到位、传输到位、动作到位，演练规模大，效果好，官兵的综合素质和民兵抗洪抢险能力明显提高。一是组织筹划周密。军分区首长和机关年初就开始组织筹划这次演练活动，利用民兵整组时机区分专业，编实兵力，通过兵要地志、现地勘察和与市防汛抗旱指挥部紧密联系，全面了解掌握辖区可能发生的险情及易发地域，军分区首长亲自审定方案，多次组织参谋人员修订完善预案，搞好相关协调，研究解决有关问题，周密制定计划，及时补充大量装备物资器材，打好顺利参演的基础。二是训风演风扎实。军分区大力纠治训风演风，室内作业不写脚本，机关只提供学习资料和基本数据，必须在演习场上体现各级军政领导的军事指挥素养，室外演练不掺水分，分队干部按标准要求严格组织训练，必须在演练场上磨炼抢险队员英勇顽强的战斗作风。军分区首长充分预想各类险情可能同时引发的复杂情况，深入分析研判15种抢险救援行动，科学区分力量，人武部按基本力量、机动力量、支援力量和预备力量进行编成，市本级另编8个机动队。三是参演分队吃苦耐劳。6月中旬，军分区先行组织市民兵应急营进行5天、人武部组织民兵应急连（排）进行3天的实兵演练，演练内容多，休息时间少，大多数民兵都没经历过这种抢险专业训练，但都能克服困难，刻苦训练，无一人退缩和叫苦叫累。

【组织高校学生预征启动仪式】

2014年5月10日，岳阳军分区在湖南理工学院组织开展全市大学生预征启动仪式。市政府常务副市长陈奇达、军分区司令员刘亚兵、参谋长袁建华和市教育局、四所高校的分管领导及1000余名大学生代表参加启动仪式。大学生现场咨询征兵政策，网上报名积极性高。

【组织开展全民国防教育】 2014年9月20日，市国防教育办以第十四个全民国防教育日为契机，给全市手机用户发送国防教育短信100万条，组织志愿者服务队到大中院校宣传国防知识，发送宣传资料9000份，到广场、社区、步行街等场所张贴国防教育挂图350张、悬挂横幅200条。开展维护海洋权益系列国防教育活动，在全市范围各大中小学进行国防教育征文和海洋权益知识竞赛，收集征文6000份，收集知识竞赛答题卡4万张，从市教育局、市文化局抽调业务骨干参与评选活动。在向上级搞好推荐工作的同时，评选表彰市本级优秀征文获奖者和优秀组织单位。

【参加全省国防动员考核】 2014年10月28日，岳阳军分区参谋长袁建华组织带领岳阳市、湘阴县12名地方领导干部（常务副市长、县长，市（县）两级人防办、交战办、信息动员办、国民经济动员办主任）参加全省国防动员领导干部业务考核。这次考核在省军区教导大队进行。全省168人参考，考核组织指挥业务、国防动员法规知识、述职报告拟制3项内容，岳阳参考人员安全顺利通过考核。

（本栏撰稿　杨志清）

预备役三团

【概况】 2014年，湖南陆军预备役步兵师第三团（简称预备役三团）深入学习贯彻党的十八届三中、四中全会以及习近平主席系列重要讲话精神，践行党在新形势下的强军目标，围绕“始终抓根本、聚力抓中心、依法抓管理、扎实抓基层、从严抓作风”的工作思路，抓好年度各项工作落实，团队全面建设取得明显进步。

一、思想政治建设富有成效。强化思想政治工作首位意识，抓好各项政治工作落实，确保部队风清气正。党组织建设不断加强，党委班子团结和谐、坚强有力，党委班子科学决策、民主决策、依法决策水平进一步提高。2人分别被省军区和师评为优秀共产党员。全面深化创新理论武装，官兵学用习主席系列讲话精神成为自觉行为。开展党的群众路线教育实践活动，“四风”问题得到有效扭转。开展“牢记强军目标、献身强军实践”和“讲党性、守党规、严党纪”教育，听党指挥和强军兴军意识进一步坚定，开展“战斗力标准大讨论”的做法被省军区和师机关转发。及时传达学习党的十八届三中、四中全会和全军政治工作会议精神，统一认识，立足根本，指导工作。注重加强干部队伍的编配、培养、管理和教育，结构逐步优化，整体素质不断加强。开展警示教育，彻底清查清理涉徐信息，团党委始终与党中央、中央军委保持高度一致。利用展板、电视、报纸、网络等媒介，及时搞好宣传报道工作，1人被省军区评为结合工作写报道先进个人。

二、战备训练工作完成出色。坚持基于威胁、基于任务、基于能力搞建设谋发展，结合部队担负的使命任务，利用部队点验和应急出动演练进行检验论证，锤炼摔打部队。严格日常战备制度，战备教育、战备值班、战备演练等经常性战备工作得到有效落实，部队始终保持良好的战备状态。训练基础不断夯实，先后组织参加入队训练、首长机关在职训练、参谋业务集训、现役营连长集训、军区预备役部队第一政委和军事主官集训以及各类专业骨干集训，部队基础训练质量稳步提升，团被师评为军事训练先进单位，2人在全省预备役部队现役营连长集训中被评为优胜个人。组织部队高标准完成系列演习、试点等重大演训任务，多次受到省军区和师首长机关好评。团现役干部参加师和省军区组织的年终军事训练考核，分别取得总分第一名和第二名的好成绩。结合研究作业、演习、试点等活动，开展作战研究，整理汇编资料，为部队实战化训练提供依据。

三、基层基础建设全面加强。始终坚持把工作重心放在抓基层、打基础上，不断提升基层建设质量。按照省军区“全面搞建设，扎实打基础，反复抓落实，长期铸特色”的抓建思路，对部分连、排、班进行调整，跨区联编和向高科技企业、城区集镇等拓展的模式得到推广，基层编组布局和兵员结构进一步优化，全团预编士兵退伍军人比例、专业对口率不断上升。按照师基层建设标准，对部分营（连）部进行提质改造，营连基础设施更趋完善配套，基层正规化建设水平稳步提升。在师基层营连部建设达标检查中，警侦连、卫生队等7个单位被师评为优秀，营连部建设走在全师前列。

四、部队安全管理扎实有效。认真贯彻习主席强军之基重大战略思想，坚持把依法从严治军作为经常性基础性工作紧抓不放，团队保持高度安全稳定，被广州军区评为安全工作先进单位。严格落实安全分析制度，每月结合首长办公会，分析安全稳定形势，研究制定落实措施，“管为战”的思维理念不断增强。抓好法纪教育和“四反”教育，认真传达学习各类失泄密事件通报，组织观看警示教育片，不断增强官兵法规意识和纪律观念。结合开展“百日安全无事故”和“条令月”学习活动，修订完善19项管理规定。严格落实一日生活、留营住宿、查铺查哨、警戒值勤等制度，部队管理正规有序。深入开展“消除安全隐患整治”，组织拉网式排查，消除各种安全隐患。加强日常办公和生活安全隐患治理，建设集中文印室，较好地满足机关日常办公和重大演训活动需要。办理屏蔽上网功能的内部通话卡，有效消除失泄密隐患，官兵保密意识和防范能力进一步增强。

五、后勤保障逐步提升。加强财经运行管控，严把预算编制、调整关口，强化预算执行，经费保障向战备训练聚焦。严格落实党委集体理财制度，抓好经费使用管理，修订完善《经费管理规定》，全面落实“一人一卡”管理制度，公务卡结算率达到80%以上。开展“创建节约型军营”活动，全团行政消耗性开支、接待费大幅下降。抓好“健康军营”评选活动，严格落实现役官兵、职工及家属体检制度。加强军交运输油料管理，全年车辆运行19万余公里安全无事故。抓好营区治理和美化、绿化，对党委会议室、招待所、营院围墙、路灯进行升级改造，营造良好的工作、学习和生活环境。坚持依法管装用装，严格落实武器装备动用使用、登记统计、擦拭保养制度，强化动态管控，武器装备“三化”管理水平稳步提高。

【入队训练】 2014年3月30日至4月5日，预备役三团在汨罗市、华容县、临湘市和云溪区人武部分片组织248人入队训练。通过训练，使新入队士兵掌握预备役部队基本常识和军事技能，培养良好的军政素质和军人作风。

【营连长集训】 2014年4月6日至5月15日，预备役三团全体营连长在长沙参加为期38天的全省预备役部队现役营连长教学法暨分队战术指挥集训。通过理论辅导、观摩示范、分组训练、考核验收等形式，对军事理论、“四会”教学、编制装备、分队战术指挥等内容进行训练。2人在集训考核中被评为优胜个人。

【舟桥骨干集训】 2014年5月22日至5月28日，预备役三团在岳阳市南湖组织一期舟桥骨干集训。主要对操舟机原理、安装及一般故障排除，冲锋舟离、靠岸，冲锋舟操作驾驶，打捞和水上救生，冲锋舟编队行进6个内容进行学习和训练。通过训练，培养一批舟桥操作骨干，锻炼提高指挥员组织指挥抗洪抢险应急行动能力、部队快速反应能力和后装综合保障能力。

【“湘江-2014”演习】 2014年7月1-3日，预备役三团以辖区发生特大洪涝灾害为背景，在营区和临湘市江南镇高标准完成组织筹划、机动展开、行动实施和回撤返营四个训练问题的演练。通过演习，锻炼首长机关的谋划指挥能力，检验部队遂行非战争军事行动能力，部队得到一次近似实战的锻炼。

【转服现役试点】 2014年7月29日，预备役三团在岳阳市学生军校承办湖南省军区预备役部队转服现役试点现场观摩会，各军分区和预备役部队首长机关相关人员到场观摩。主要内容有召开营党委会、组织点验、召开转服现役誓师大会的演练示范，为全区预备役部队组织转服现役提供参考。

（本栏撰稿 程胜民）

武装警察

【概况】 2014年，中国人民武装警察部队岳阳市支队（简称武警岳阳市支队），贯彻落实党的十八大、十八届三中全会和习近平主席系列重要讲话精神，突出聚焦强军目标、提升核心能力、抓基层打基础、纯正部队风气，抓好党的群众路线教育实践活动，不断提高指导力、增强执行力、扩大影响力，部队建设稳中有进。支队船艇大队1名士官被全国妇联和中国儿童少年基金会授予中国儿童慈善奖——春蕾芬芳荣誉称号。支队参加武警部队基层建设征文评比获得二等奖，参加总队政工干部大练基本功比武获得第一名，参加总队特战分队比武获得团体总分第三名、2名战士获得三湘勇士勋章。支队被总队评为新闻工作先进单位。

【训练执勤处突维稳】 2014年，武警岳阳市支队通过严密组织各类集训和“卫士-14”演习，抓紧实战化训练，部队训练水平明显提升，在武警总部半年军事考核中获执勤支队第二名。通过严格落实执勤制度，开展“执勤六查”活动，推进“三化两拓展”建设，实现固定目标绝对安全。8月，在总部执勤正规化等级评定交叉检查中受到通报表扬。通过科学部署、严密组织，圆满完成各类临时勤务200余起，受到地方党委政府和人民群众赞誉。通过抓战备工作，严格落实重大节日、敏感时段战备动员，组织实兵实装拉动，参加岳阳市反恐综合演练，有效锻炼部队。

【提升后勤保障能力】 2014年，武警岳阳市支队通过协调市领导到支队现场办公，解决支队特种车辆、船艇大队护坡建设等经费缺口问题。通过协调军地单位，推进岳阳监狱第一看押点部队营房、船艇大队码头、岳阳县中队新营房建设和干部士官团购房项目，完成部分基层单位生活设施改造，部队基础条件明显改善。通过承办总队船艇操舟手培训，举行水上应急救援综合演练，组织后勤专业兵培训，提高应急救援和应急保障能力。通过党委集体当家理财，搞好财务检查和大项建设，经费管理效益进一步提高。通过严格落实后勤规章制度，卫生防病、车辆枪弹管理等工作扎实有效，后勤规范化管理水平明显提升。

【春运执勤】 2014年2月3-25日，武警岳阳市支队根据武警湖南省总队春运执勤工作指示精神和岳阳火车站及高铁岳阳东站请求，历时23天，圆满完成春运执勤和城市武装巡逻任务。

【处突维稳】 2014年1月23日晚，岳阳市湘阴县鹅形村一村民焚烧田间稻草，引发山林大火，造成大面积火势蔓延，危及周边人民群众生命财产安全。接到湘阴县委县政府灭火派兵请求，武警湘阴县中队出动官兵，担负火灾现场警戒、开挖隔离带、疏散周边群众等任务，官兵连续奋战13个小时，劝导疏散村民400余户，排除险情20余处，抢救民房6处，挽回经济损失近200万元。

3月3日下午，岳阳市岳阳楼区吕仙亭社区村民李某（男，49岁，无业，有吸毒史）因吸食毒品过量，产生幻觉，持刀上街行凶，在岳阳市东茅岭天虹广场追砍行人，威胁过往群众。武警支队岳阳楼区中队出动官兵，成功处置，抓获犯罪嫌疑人1名，缴获砍刀1把。

3日21时，湖北省潜江市籍男子彭某（44岁，无业）因感情纠纷导致精神失常，手持2米长木棍在岳阳市联港南路（距离六中队50米），对路边车辆实施疯狂打砸，打伤过往行人，致使11台车辆被砸，6名群众不同程度受伤。武警支队六中队出动官兵，成功处置。

5月17日，2名湘西籍男子租车到岳阳监狱第三监区，出示伪造证件（主席令、联合国维和部队总司令部联络办事员证件），要求监区马上释放在押犯，被监区长杨海波识破，随即拉响警报，武警支队一大队四中队出动官兵，成功制止，抓获假冒人员2名，缴获伪造证件及文书8份。

【安全保卫任务】 2014年3月29日，中央电视台《寻宝》节目走进岳阳，在岳阳楼举办海选活动。来自国内知名宝物鉴定专家及湖南、江西、湖北等地的近1万名收藏爱好者，携7000件藏品前来参选。根据岳阳市委市政府统一部署，报请总队批准，武警岳阳市支队出动官兵，圆满完成现场安全保卫任务。

6月2日、6月12日，第十届中国汨罗江国际龙舟节暨“巨博杯”湖南省群众性龙舟总决赛，在汨罗市隆重举行，根据岳阳市委市政府统一部署，报请武警总队批准，武警岳阳市支队出动官兵，历时2天，圆满完成现场安全保卫任务。

10月23日，湖南省第八届少数民族传统体育运动会，在岳阳市体育中心举行，来自全省14个市州和17个民族县市区的31个代表团、3000余名少数民族代表参加，根据市委市政府统一部署，报请武警总队批准，武警岳阳市支队出动官兵，历时5天，圆满完成现场安全保卫任务。

【警卫勤务】 2014年4月28日，为纪念任弼时诞辰110周年，湖南省在任弼时故里汨罗市，举办向任弼时铜像敬献花篮仪式，省委书记徐守盛、副书记孙金龙，中央文献研究室副主任李忠杰、团中央书记处书记周长奎、解放军总政治部副部长杨定宇以及省领导、岳阳市委常委等出席仪式。根据省委省政府统一部署和武警总队指示，武警岳阳市支队出动官兵，圆满完成仪式警卫任务。

6月5–6日，全国人大常委会副委员长艾利更·依明巴海率全国人大华侨委员会调研组一行到岳阳市考察，并深入临湘市、云溪区等地参观。武警岳阳市支队出动官兵，圆满完成现场警卫任务。

【水上应急救援综合演练】　2014年6月9日，武警岳阳市支队船艇大队和总队船艇操舟手集训300余官兵，围绕“紧急出动、编队开进、水上捕歼、水上救援”四个科目在洞庭湖水域举行水上应急救援综合演练。武警总队贾龙武少将和岳阳市委书记卿渐伟、市长盛荣华等首长现场观摩。通过此次水上应急救援综合演练，全面展示部队遂行水上抢险救援任务的能力。

【“最美军嫂”颁奖典礼】　2014年11月18日晚，武警支队践行强军目标“最美军嫂”颁奖典礼在岳阳市文化艺术会展中心举行。武警总队副司令员杨英建，岳阳市委常委、宣传部部长徐新启，市妇联党组书记、主席魏淑萍，支队长邓海兵、政委曹文涛及支队党委常委参加颁奖典礼，十大“最美军嫂”及其亲属，支队官兵及家属代表，新闻媒体记者和社会各界人士观看典礼。此次评选表彰的首届十大“最美军嫂”分别是：司令部副参谋长刘辉的妻子朱叶青、后勤处营房股股长李首仁的妻子谢孟姣、后勤处运输股助理员华爱平的妻子侯娟、一大队教导员胡惜辉的妻子周范文、船艇大队教导员吴学军的妻子许艳、二大队副大队长黄辉的妻子任瑜阳、一大队管理员谭建芳的妻子李燕、云溪区中队指导员徐志军的妻子曾璐璐、教导队班长邓勇的妻子易玲、岳阳楼区中队司务长陈名的妻子李欢迎。

【市长现场办公会】　2014年12月12日，岳阳市人民政府市长盛荣华在武警岳阳市支队召开驻岳部队现场办公会。市委常委、市政法委书记向伟雄，副市长、市公安局长丁阳云，市政府秘书长谈正红，市发改委、市财政局、市国土资源局、市政府研究室主要负责人，武警支队、公安消防支队、边防检查站等14人参加。会议听取驻岳部队工作汇报，研究解决驻岳部队建设保障问题。会议决定，采取照单全收、分步解决的方法，解决驻岳部队提出的困难。武警支队：1.关于特种车辆和执勤通信装备、船艇大队护坡问题，市财政解决600万元经费，分两年解决。2014年解决400万元，其中船艇大队护坡建设200万元、购买指挥车150万元、购买巡逻车35万元、购买对讲机15万元；2015年解决200万元。2.船艇大队营房新建问题2015年予以考虑。3.船艇大队护坡改造400万元预算，由发改委立项，进行概算、评审，确定最终预算金额。4.关于土地出让金返还问题，由市财政局核算，除去成本，原则上全部返还。

（本栏撰稿　周　新）

公安消防

【概况】　2014年，岳阳市公安消防支队（简称市消防支队）全体官兵忠诚敬业，克难攻坚，努力推动全市消防工作和部队建设，各项重点工作取得新成效。岳阳市政府被评为全省消防工作先进市州，支队被公安部评为清剿火患战役成绩突出集体，全省公安现役部队党风廉政建设先进单位，岳阳市依法行政先进单位、学雷锋优秀志愿服务组织、书香警营荣誉称号，支队消防窗口被评为政务服务先进窗口。

【增强防火灭火能力】　2014年，市消防支队执勤训练实战化持续创新。深入推进“一基三化”执勤训练改革，自主研发消防警务通移动智能指挥平台，开展冬季大练兵和实战化演练，组织举行迎国庆、保安全比武竞赛活动，2名官兵被评为全省双十佳训练标兵，支队在全省成建制中队比武竞赛中进入先进行列，全面提升社会应急救援联动能力。全市部队接警2352起，抢救、疏散被困人员3358人，抢救财产价值1.2亿元。成功处置“1·1”汨罗新市橡胶仓库火灾扑救“8·11”岳阳楼区银丰大厦火灾扑救等急难险重任务。

【加强消防工作体系化建设】　2014年，市消防支队坚持政府主导，提请市委市政府将消防工作纳入政府绩效考核和全面建成小康社会综合绩效考评范畴，将消防安全网格化管理纳入基层党组织网格化管理和建设美好社区、温馨家园工作体系，提请市政府制定出台《2014年市直有关单位消防工作考核实施细则》，有效推动地方各级政府、部门消防工作责任制落实。

【完善消防管理社会化机制】　2014年，市消防支队圆满完成省消防总队执法监督记录仪试点任务，形成一站多点架构、四级两专模式、六规五统标准、三化考核机制的岳阳经验，在全省消防部队推广应用。

岳阳市公安消防支队第一次党代表大会　（罗　宁　摄）

督促指导11个消防窗口达到亮窗工程建设标准、421个消防控制室完成达标创建任务、100%社会单位实现了“户籍化”管理标准。坚持铁腕除患、综合治理，打赢今冬明春第二次“清剿火患”战役、重大火灾隐患集中整治等专项行动，检查社会单位7784家，发现和整改火灾隐患17520处，临时查封单位42家，责令三停89家，行政拘留11人，确保全市火灾形势始终保持平稳状态。

【消防宣传常态化教育】 2014年，市消防支队利用岳阳创建文明城市契机，举办“消除火灾隐患、共建文明岳阳”系列消防宣传活动。同时，利用地方媒体长期播发消防公益广告、公益短片，与岳阳移动、岳阳电信、岳阳联通公司签订协议每周定期、定量发送消防短信提示，利用消防微博、微信、QQ群等互联网平台，加大提示性、常识性宣传力度，实现对重点人群，重点单位、列管单位的全覆盖，极大提升全民消防安全知晓率。

【抓好基础建设保障工作】 2014年，市消防支队抓好部队基层基础工作。装备建设加速发展，采购消防车辆2台，个人防护装备7501件（套），抢险救援器材617件（套），常规灭火器材1200件（套）。持续深化消防装备大排查、大整治、大保养活动，进一步加强装备技师队伍建设，定期举办装备技师业务培训，开展装备巡检8次，切实提高基层装备维护管理水平，实现人与装备的高效结合。队站建设强力推进，临港消防站全面竣工并驻兵执勤，湘阴县第二站、平江县第二消防站均进行到主体动工阶段。

（本栏撰稿　黄伟光）

人民防空

【人防工程建设】 2014年，岳阳市人民防空办公室（简称市人防办）按照中央八项规定关于停建楼堂管所的决定，及时调整、优化人防疏散基地建设方案，通过市政府审批。协调地一大道、钱粮湖贸易楼和君临新世界，完成东茅岭步行街地下人防工程地下停车场车道建设工程。加大结建项目现场监督，监督指导113次，及时发现和纠正质量隐患26处，竣工验收防空地下室项目10个，市质监站被省人防办评为优秀质监站。制定《岳阳市人防工程安全管理工作实施方案》《人防工程巡查奖惩措施》，对早期人防工程实行划片分组负责制，把人防工程安全管理责任落实到具体责任人身上，组织20余次巡查，投入107万元经费对早期人防工程进行维护，使其达到“灯明、路洁、水畅”要求。

【人防依法行政】 2014年，市人防办党组专题向市政府汇报《关于贯彻落实省政府270号令的请示》，协调物价和财政部门转发文件，变更收费登记证，从4月1日起，在全市范围内同步实施270号令和60号文件。保障性住房结建防空地下室取得新突破，结建防空地下室面积和收取易地建设费，均超额完成任务。办理报建项目76个，结建防空地下室22个。排查项目15个，查处违规项目5个，做到程序合法、适用法律准确。12月2日，市政府召开第32次常务会议，听取办党组《关于贯彻落实省政府270号令和湘价费〔2014〕60号文件精神的情况汇报》，确保“一令一文”的全面落实。

【人防宣传教育】 2014年3月31日，市人防办在金鹗山公园东门广场设立省政府270号令和湘价费〔2014〕60号文件宣传点，在市政务服务中心公示栏张贴全文，《岳阳日报》、岳阳电视台报道宣传“一令一文”内容。在5月12日防灾减灾日和11月1日前后集中宣传人防政策法规和《居安思危、备战人防》科教系列片，完成23个社区人防宣传教育达标建设任务，300名各级领导干部和5400名高中生开展人防知识与技能培训。在各级媒体发表文章和信息170篇（条）。被国家人防办评为2014年度《中国人民防空》通讯报道先进单位。

【人防指挥通信】 2014年，市人防办完善城区警报规划布局和警报台账建设，做到每月一次检查，每季一次维护，切实提高建城区警报音响覆盖率。9月10–13日，组织市、县8台人防机动指挥通信车、28名通信指挥和专业人员从岳阳市出发，途经临湘、平江、汨罗3县（市），行程500余公里的人防机动指挥系统演练。11月1日，在市城区和6个县（市）同步开展警报试鸣活动，9时30分，组织岳阳市三中400多名学生进行紧急疏散演练。

（本栏撰稿　陈莉莉）

边防检查

【概况】 2014年，岳阳边防检查站贯彻落实湖南边防总队党委决策部署，按照“党建引领、服务发展、夯实基础、规范运作、官兵满意”的目标定位，着力打造素质强警、舒畅通关、固本强基、规范提升、综合保障五大工程，实现队伍能力建设、边检服务水平、基础工作能力、安防管理水平、可持续发展能力的全面提升，部队建设呈现出稳中有进、创新发展的良好态势。

【提升党委谋划决策能力】 2014年，岳阳边防检查站一是打造学习型班子提升素养。严格落实党委中心组学习制度和理论学习计划，系统学习领会党的十八届三中、四中全会、全军政治工作会议、全国公安现役部队党的建设工作会议精神及习近平总书记系列讲话的深刻内涵，探索解决问题的新思路、新方法。年内，组织包括民主集中制内容在内的理论学习12次，开展各类座谈研讨、专题调研活动6次。二是打造务实型班子增进团结。严格坚持党委统一集体领导下的首长分工负责制，贯彻湖南边防总队《团级以下单位军政主官职责分工实施办法》，党委正副书记以身作则抓好团结，班子成员主动讲原则、讲风格、讲正气，始终做到重大问题民主讨论、集体决定，党委核心领导作用得到充分发挥。召开党委会13次，研究议题65项，未出现议而不决现象。三是打造服务型班子赢得支持。坚持把服务作为转变作风的关键，下大力气改善官兵工作、生活环境。坚持主官下基层当兵和党委成员基层联系点制度，推动党委决策更加切合实际、贴近基层。通过座谈交流、问卷调查、个别谈心等形式，征求意见建议20余条，协调解决官兵医保、家属随军、子女入学、家属就业等涉及官兵切身利益的现实问题。主动联系省人民医院与单身干部开展警民联谊活动，牵线搭桥，为大龄干部解决婚恋难问题。四是打造合作型班子实现共赢。深入推进规范党内生活，创建模范党组织活动，主动协调市消防支队、市委警卫处，牵头建立党组织联创联建机制，构建“大党建”工作格局，开展党课讲坛授课3次，经验交流2次，重温入党誓词活动1次，相关经验做法得到省公安厅现役办领导批示肯定，并分别被公安部边防局、警卫局以信息和简报形式刊发。该站党委正副书记各有一篇创建征文被部局采用刊发。五是打造清廉型班子肃风正气。加强反腐倡廉建设，通过开展廉政讲座、参观监狱等警示教育，有效强化领导干部廉洁从政意识。注重加强党风廉政机制建设，全面落实重大事项票决、重大情况通报和党务公开制度，坚持在干部选拔、考学提干、选改士官、立功受奖等敏感事项上做到公开、透明。严格落实领导干部述廉、报告个人重大事项、“党委转变作风八项规定”、“党委五条公开承诺”等制度，坚决整治“四风”，着重规范“三重一大”事项监督。该站被评为全省公安现役部队廉政文化建设示范单位。

【提升边检服务管控能力】 2014年，岳阳边防检查站一是执法服务水平稳步提升。坚持服务驻地开放导向，深化边检提质服务，检查出入境船舶1艘次，出入境人员13人次，未发生任何勤务差错。围绕市委市政府加快推动长江流域经济带建设和强力打造现代航运物流旺市发展战略，深入涉边企业、口岸联检单位和政府职能部门走访调研，出台《十项便民服务举措》，研究分析口岸发展形势，定期向市委市政府报送口岸信息简报，主动当好口岸发展参谋，湖南省政协主席陈求发、副主席武吉海等领导到口岸调研时听取岳阳边检站工作汇报后对此给予充分肯定。二是队伍专业水平明显进步。持续深入开展边检岗位练兵活动，坚持每周一测、每月一考、每季一赛，并将考核成绩与官兵绩效奖励挂钩，严格落实奖惩。按照湖南边防总队区域警力协助机制要求，选派6名干部全力支援长沙边防检查站勤务。派出5名业务骨干到福建总队交流取经，努力提升专业能力水平。有6人获得一、二级检查员资格。在湖南边防总队两次执法业务竞赛考核中，该站均以达标率100%、平均成绩90分以上的成绩名列前茅。三是口岸管控能力有效提高。坚持业务例会和口岸风险评估制度落实，修订完善《口岸处置突发事件预案》，建立健全口岸安全风险评估及预警防控机制，与武警支队教导队建立共建联动机制，开展口岸联合处突演练2次，有效提升执勤官兵应急处突能力和反恐实战能力。按要求完成口岸执勤配套设施建设，协调市公安局在行政拘留执行、拘留审查、在控在逃人员羁押场所等方面的支持，提升口岸智能化管理水平。四是口岸法治化建设成效凸显。积极促成召开口岸限定区域管理研商会，市政府法制办、市政府口岸办和岳阳边检站共同制定出台《城陵矶口岸限定区域管理规定》，顺利通过市纪委、市政府的廉政审查和法制审核，并于4月正式发布执行。市政协委员、站长陈亚玲提交的关于“加强口岸立法工作，构建和谐平安口岸”的提案获得市长盛荣华、市政协主席赖社光等领导的高度肯定。五是部队信息化应用不断发展。先后完成战士宿舍楼弱电系统安装、50兆互联网专线业务开通、公安网光纤线路铺设、网络存储服务器架设、机房UPS电源主机更新、梅沙服务器更换等工作。争取市政府投入40万元完成执勤现场的梅沙系统专用网络升级、船舶外弦可移动视频摄像系统配置等边检配套设施建设，部队信息化应用水平和信息安全保障能力得到有效提升。

【提升部队遂行任务能力】 2014年，岳阳边防检查站一是抓教育管理，正规化建设水平有新跨越。明确正规化建设整体目标，理清管理层级，修订《岳阳边检站规章制度汇编》，投入5万元专项资金完善新战士楼内务配置，通过作风纪律整顿、条令知识竞赛、管理骨干培训、观摩见学等形式，狠抓官兵令行禁止的条令意识和作风养成。从严规范部队四个秩序，定期开展形势分析和抓好问题整改，强化督导检查，形成党委统管、综合办督导、责任人员抓落实的运行模式，部队正规化建设水平明显提高。二是抓安全防范，部队安全防护能力有新提升。围绕“三项纪律”“五个决不允许”“七个严禁七个一律”等制度高压线，突出“人、车、枪、酒、章、财、密”等重点环节，层层签订安全工作责任状，明确安全责任和奖惩措施，提高官兵安全防范意识。加强营门外租店铺管理，重新标识警戒线，设立禁停区，规范营门外管理秩序。投入专项资金采购警用防暴装备，修改完善营区处突工作预案，组建应急处突分队，切实强化应急处突能力。协调地方交警部门建立车辆违章情况通报制度，开展车辆专项整治。以“百日安全竞赛”为抓手，加强重点时期安全防控，发挥督察工作效能，及时发现问题，消除隐患，部队连续17年无安全事故。三是抓岗位练兵，官兵综合能力素质有新进步。坚持立足岗位、全员参与、注重实效深入推进岗位技能练兵，建立“每日一练习、每周一测试、每月一考核”的练兵机制和练兵档案，通过“班子成员带头练、着眼实战应用练、注重能力提升练”，全面掀起练兵热潮，取得良好效果，获得总队上半年军事业务考核第一名，总队边检业务竞赛第二名。特别是湖南边防总队把参加公安部边防管理局军事体育运动会集训地定在岳阳后，该站坚决受领任务，全力搞好组训工作和各项服务保障，确保集训队全身心备战，集训人员取得全国内陆总队团体总分第三名以及2个团体单项奖和3个个人单项奖的好成绩。

【提升官兵思想保证能力】 2014

年，岳阳边防检查站一是夯实官兵思想政治基础。开展牢记强警目标，履行边防使命主题教育，坚定官兵的理想信念，筑牢听党指挥的思想基础。积极拓展政治教育形式，通过开展清明节祭奠英雄先烈、“七一”重温入党宣誓、观看红色电影、慰问革命老前辈等活动，激发官兵荣誉感和使命意识。二是营造文化育警良好氛围。倡导快乐工作、幸福生活理念，组建阳光自行车队，系统推进楼道文化、悦读文化、团队文化、廉政文化等具有岳阳边检特色的营区文化建设，自主创作的岳阳边检站站歌《为梦想坚守》，获得公安部边防局2014年警营原创文艺作品歌曲类三等奖，MV被腾讯、凤凰、百度、人民微视频等几十家媒体转载。加强新闻宣传工作，1条建议获得公安部边防管理局“擦亮‘七面红旗’、放飞强警梦想”金点子奖。三是巩固和谐警政警民关系。响应市委市政府号召，组织官兵参加“携手节能低碳·共建碧水蓝天”“同植共青林，共圆两型梦”“青年志愿社区行”“义务献血”等公益活动，致力驻地和谐社会建设和全国文明城市创建。获得“2014年岳阳市最美献血公益团队”，与驻地岳城小学、南湖小学签订警校共建帮扶协议，开展义务军训和国防教育，继续结对帮扶10名贫困学生。

（本栏撰稿　龙国华）

责任编校　刘兴汉

经济监督与管理

宏观经济管理

【概况】 2014年，岳阳市发展和改革委员会（简称市发改委）主动适应经济新常态，把握稳中求进总基调，加强规划思路研究、项目资金争取、产业结构调整、改革事项谋划、民生实事办理和干部队伍建设，取得较好成效，被评为全市全面建成小康社会综合绩效考评先进单位。一是立足争机遇、谋大势，抓好宏观综合。规划编制方面：动员部署岳阳市“十三五”规划编制工作，开展20项前期课题研究和规划思路起草工作；协助省发改委编制完成城陵矶综合交通体系、物流体系和口岸体系规划。战略谋划方面：对接长江经济带和洞庭湖生态经济区战略，争取岳阳港、三荷机场、常岳九铁路、洞庭湖博览园、河湖连通工程等一批重大项目列入国家长江经济带综合立体交通走廊规划和省洞庭湖生态经济区建设“511”工程，储备和申报沿江基础设施项目80个。政策研究方面：围绕全局性重大问题调研，形成“创新发展工业地产，迅速壮大园区经济”等调研成果20余篇。牵头开展市委、市政府关于加快湖南岳阳绿色化工产业园发展的意见研究，初步提出6方面16条政策意见。二是围绕稳增长、扩内需，抓好项目建设。全市完成固定资产投资1790.13亿元，比2013年增长20.5%。抓项目建设，牵头开展项目建设“三个一批”竞赛和重大项目“双百工程”行动。103个重大前期项目21个提前开工；104个重大建设项目100个开工，完成投资326亿元；组织实施亿元以上投资项目352个，完成投资459.7亿元。百万千瓦级火力发电厂、煤炭储备基地、小墨山核电、蒙华铁路等一批重大项目取得重大进展。抓争资争项，把握国家石化产业调整机遇。争取1500万吨炼油改扩建及100万吨芳烃项目纳入国家“十三五”石化产业规划布局，绿色化工产业园列入国家首批低碳工业园区试点；牵头策划申报项目500多个，争取国家和省预算内资金21亿元，比2013年多争取资金4亿元；协助2家公司发行企业债券，计划募集资金26亿元，国家发改委批复13亿元；策划开发并争取32个项目纳入2014年湖南省招商引资项目册。抓项目监管，11批次对150个项目进行专项稽查和检查，下发整改通知书200余份。配合国家、省发改委到岳阳市监督检查5批次，检查项目35个，规范政策资金的使用。三是着眼转方式、调结构，抓好转型升级。助推园区发展，落实全省产业园区工作会议精神，制订“岳阳市推进‘135’工程建设，加快产业园区创新发展工作方案”，对10个省级以上园区任务进行部署，加快标准厂房建设。强化节能减排，组织对99个项目进行节能审查，核减项目能源消费量约10万吨标煤，建立温室气体排放报告制度，将全市127家重点企（事）业单位纳入湖南省温室气体排放直报系统，全年单位GDP能耗降低6%左右。推进两型建设，争取汨罗市白水镇西长村、五里牌街道办事处杨树塘社区等18个村（社区）列入湖南省两型社会示范创建试点；重点推进纳入长株潭试验区的14个重大项目建设，4个示范片区完成固定投资350.4亿元。四是突出抓改革、促开放，增添发展动力。深化重点领域改革，抓好由市发改委牵头的13项重点改革、16项参与改革事项和3项重大改革试点工作，承担经济体制改革和生态文明体制改革工作的牵头部门责任。起草“岳阳市关于推进诚信建设制度化的实施意见”“岳阳市政府投资项目代建制管理办法”等5个文件。促进对外开放合作，组织筛选100个重点招商项目，参与中博会、湘商会、珠洽会等招商引资活动项目推介；筹备和参与长江沿岸中心城市经济协调会第十六届市长联席会议。五是注重抓协调、优服务，搞好实事办理。推进联系帮扶工作，牵头开展石化和电力能源两大产业联系帮扶工作，为巴陵石化、长岭炼化等重点企业发展和煤炭储备基地、百万千万级火电厂等重点项目建设协调解决困难与问题20多个。

【洞庭湖生态经济区建设】 2014年4月，国务院正式批复洞庭湖生态

全省洞庭湖生态经济区建设推进会在岳阳市召开　（范向辉　摄）

经济区规划，标志着洞庭湖区域生态发展上升为国家战略。5月9日，湖南省政府新闻办公室在长沙市举行洞庭湖生态经济区规划新闻发布会，7月25日，全省洞庭湖生态经济区推进大会在岳阳召开。根据省委、省政府的统一部署，岳阳市洞庭湖生态经济区规划编制工作2012年全面启动，市发改委牵头开展规划编制，形成洞庭湖生态经济区岳阳市域规划。规划由“一大九小”规划和一个项目库组成，即一个总体规划和农业、水利、交通、工业、旅游、国土、文化、城镇化、环境保护九个专项规划；重大项目库按照十大工程、千个项目、万亿投资的目标建立。规划以2011年为基期年，以2020年为目标年，重大事项展望到2030年。规划空间涵盖岳阳全部行政区。岳阳市洞庭湖生态经济区建设明确五大目标：以水资源优势为基础的全国大湖综合开发示范区，以粮食安全为重点的国家生态农业带动区，以绿色低碳为目标的湖南“两型”工业先导区，以大湖名楼为特色的现代旅游引领区，以港口航运为依托的现代物流中心。

【重大项目建设】　2013年，岳阳市加快推进重大项目的立项和建设。芳烃及炼油能力改造项目。组织人员多次赴京沟通对接，寻求支持，争取1500万吨炼化一体化和100万吨芳烃项目列入国家“石化产业布局规划方案”，蒙华（蒙西–华中）铁路项目。完成洞庭湖大桥用地报批及锚地和5个拆除码头资产评估工作，获得水上水下施工许可，编制3个危化品码头搬迁方案，完成投资5.04亿元。神华国华岳阳电厂（2×100万千瓦）项目获得国家能源局批复，华电平江电厂（2×100万千瓦）项目委托国家电力规划设计总院重新进行厂址比选论证。湖南岳阳煤炭储备基地项目获批与蒙华煤运铁路同步建成，注册成立湖南岳阳煤炭储备基地有限公司，取得地方海事局关于统一开展前期工作的回函，铁路土地预审上报国土资源部，铁路及港口压覆矿产取得省国土资源厅备案文书，各项前期工作有序推进。岳阳机场项目完成选址、立项批复，完成社会稳定风险评估、地震安全性评估、水土保持调查、地质水文初步勘察、林业资源、无线电环境监测、地磁监测、连续两周年实地气象观测等17项专项评估，可行性研究报告通过专家评审，环境影响评估报告报国家环境保护部。

【评为全国社会扶贫先进集体】
2014年10月，市发改委被评为“全国社会扶贫先进集体”。市发改委1985年开始在平江县咏生乡挂点扶贫，近30年来坚持精准扶贫原则，实行输血与造血并举、扶贫与扶志共抓，采取整村扶贫、流动联点方式，以点带面推进咏生乡扶贫开发。共派出12批工作组、62名干部到乡扶贫，帮助该乡新建项目76个，解决资金5546万元，办理实事248件。2014年又启动中心卫生院改造、水源引用堰坝工程，生态移民示范点一期工程和杜庄村至童市镇公路建设工程。

（本栏撰稿　艾君民）

物价管理

【概况】　2014年，岳阳市物价局（简称市物价局）坚持民生思想、发展理念、服务宗旨，发挥职能作用稳物价、惠民生，为岳阳经济社会发展营造良好价费环境。全市居民消费价格指数累计上涨1.2%，低于全国涨幅0.8个百分点、全省涨幅0.7个百分点，涨幅在全省14个市州中排名第十三位，实现市政府确定的调控目标。获得2013～2015年湖南省依法办事示范窗口单位、湖南省落实十件价格实事工作先进单位、岳阳市学习型党组织建设示范点等称号。

【价格调控】　2014年，市物价局抓好价格调控，市场价格走势前高后低、稳中略涨、总体平稳。一是落实监测预警制度。开展价格常态监测、应急监测、市场巡查和调查研究，上报各类价格数据信息1.66万条、市场价格分析材料137份，为市委市政府、省物价局及时掌握市场价格动态提供第一手资料。二是严控价费调整。严格控制和把握政府管价项目调整的时机、节奏和力度，全年接到18家单位调价申请，降低13个项目的调价幅度，延缓3项调价政策的出台。组织召开市二医院普济颐养中心寄养护理服务收费标准听证座谈会和市公共自行车租赁超时使用收费标准定价听证会。三是落实保供稳价责任制。与有关部门一起抓好粮食、生猪、食用油、蔬菜、农资等重要生产生活资料的调控和保障工作，落实“绿色通道”政策，对企业生产、流通环节以及蔬菜综合批发市场等服务性收费进行清理。四是扶持发展生产，保障市场供应。市本级征收入库价调基金3657万元，投放1500多万元扶持发展生产、保障市场供应。市第七届人民代表大会常务委员会第十三次会议对全市价格调节基金管理工作评议为满意。

【收费改革治理】 2014年，市物价局推进价格改革，开展收费专项检查，优化发展环境。一是稳妥推进价格改革。取消服务性收费项目和行政事业性收费项目23项，降低18项收费标准，市场化23项收费。调整市中心城区及各县市区非居民天然气价格，在天然气管道直达的市县区实行居民生活天然气阶梯价格。二是开展涉企收费检查。以“发展环境优化年”为主题，会同市监察局、市财政局、市优化办对市质量技术监督局等29家涉企收费单位及其二级机构的收费进行检查。开展银行收费专项检查。5月开始对全市范围内国有商业银行、全国性股份制商业银行、邮政储蓄银行、城市商业银行、农村商业银行、农村合作银行、农村信用联社等金融机构执行收费政策情况进行专项检查。开展医药卫生计生服务收费专项检查。组成13个检查组，7月开始对全市75家医药卫生、计生公共服务单位组织进行大检查。组织开展排污费征收和中介协会收费专项检查。

【价格监管】 2014年，市物价局加强市场物价检查，办理群众投诉，规范教育收费，完善价格监管。一是加强节假日和冰雪天气期间市场价格监管。成立市场价格监管领导小组，落实领导带班和值班，每天到车站、码头、商场、农贸市场、旅游景点等重点行业、重点部位，对市场价格进行检查。2014年春节期间价格投诉举报比2013年春节期间下降46%。二是办理群众价格投诉。参加“电话问政”活动，现场受理18件群众的价格咨询和举报投诉。全市价格举报中心并入国家电子政务外网价格举报信息平台运行，实现国家、省、市、县价格举报管理信息系统四级联网。市本级受理各类价格咨询1138件，处理价格投诉913件，市长信箱、局长信箱收到群众价格投诉举报共84件，办结率100%。三是规范教育收费秩序。按要求落实逐校审批制度，农村非义务教育阶段寄宿费每生每期最高不超过300元，城市义务教育住宿费最高每生每期不超过500元。春、秋季开学期间，组织7个督查小组对全市87所中小学开学收费进行督查。

【价格服务】 2014年，市物价局做好价格资政服务工作，引导生产和消费，为民办实事取得较好成效。一是开展价格调研。对全市生猪、蔬菜、油菜的生产成本、市场供应和价格运行等进行调研，并将调研情况报省发改委和国家发改委。全市物价系统撰写价格调研报告或理论文章41篇，23篇被报刊采用。二是正确引导生产和消费。报送价格政务信息326篇，在媒体发布价格信息2293条，价格政务信息报送量和采用量在市直单位中排名第一。三是保障低收入群体生活。向全市32万低保户发放价格临时补贴3293.51万元。继续落实低收入家庭每月免收10千瓦时电、4立方米天然气、5吨水的费用，每月优惠有线电视收视费7.5元，门诊挂号、诊查费减半，免收特困学生校服费、残疾人车辆停放费等价格优惠政策，减轻物价上涨对低收入群众生活的影响。四是降低部分民生价格标准。调整125个品种、1200余个剂型规格药品的最高零售价，平均降幅13%；降低国家AAAAA级景区岳阳楼景区淡季优惠票价；机动车驾驶许可考试费由每人次600元降为510元。五是提升价格服务水平。对265家行政事业性和服务性收费单位共386项收费项目进行年检年审，取消和暂停27项收费项目，注销14个服务价格登记证。办理涉案物价格鉴证案件24宗，鉴证金额1700万元。对10个单位的价费项目进行成本监审，监审上报成本2.8亿元，核减不合理成本费用5000多万元。

（本栏撰稿　傅　峰）

工商行政管理

【稳步推进监管执法】 2014年，岳阳市工商行政管理局（简称市工商局）加强市场监管，打击假冒伪劣，查办各类案件1777件。一是开展“三大”整治。进行打击假冒伪劣、红盾护农、整治虚假违法广告专项行动，查处假冒伪劣商品案件351起。集中销毁近30吨价值100万元的假冒伪劣商品；查处农资案件116件，封存、销毁不合格化肥126吨；查处虚假违法广告案件95件。二是提升日常监管效能。查办烟草违法案件、食品违法案件、商业贿赂和其他竞争案件、商标侵权案件、网络商品交易违法案件807件，点评“霸王条款”25条；取缔传销窝点83个，劝返传销人员、解救被骗人员660人次，41名传销头目移送司法机关。三是消费维权保民生。受理消费者申诉、举报和咨询1.4万件，受理“12345”公众服务热线转办件1328件，按期办结率100%，为消费者挽回经济损失500余万元。四是清理投融资公司。率先在湖南省实施“两个暂停”（暂停新登记此类公司，暂停此类公司的名称预先核准、法定代表人变更、股东变更和注销登记），检查非融资性担保类公司834户，责令62户办理名称变更、77户办理住所变更、46户撤销或更换广告宣传牌，对126户查无住所的予以监管锁定，23户吊销营业执照，移送公安机关处理4户，移送金融监管机构处理4户。

【推进商事制度改革】 2014年，市工商局立足经济发展大局，全面推进商事制度改革。起草岳阳市前置审批制度改革试点工作方案和后续监管工作意见，获得市政府第32次常务会议审议通过，保留前置审批事项15项，前置改后置187项。坚持宽进与严管相结合，推行信用监管，建立企业“红黑榜”，及时曝光失信违法企业。全市新登记各类市场主体3.36万户，其中企业6180户、企业注册资本总额331.95亿元，比2013年分别增长59.57%、98.53%。通过湖南企业信用信息公示系统向社会公布895条市场主体违法信息。

【岳阳商标综合实力排名湖南第二】

2014年，市工商局在全市87个工商所建立商标指导服务站，指导企业注册国内商标2416件、马德里国际商标37件、地理标志商标3件，新认定湖南省著名商标81件、中国驰名商标9件，岳阳商标综合实力在湖南省市州排名第二。

【发展电子商务】 2014年，市工商局大力发展电子商务。出台促进网络商品市场发展的20条举措，开展走访1万家电子商务企业、培训2000名网商活动。以“电子商务与可信交易”为消费主题，在“3·15”活动中宣传和培育发展电子商务，新增电商1.2万户，并协助岳阳经开区规划电子商务产业园建设。

【提升工商执法水平】 2014年，全市工商系统开展执法工作“三个一”活动，提高执法办案能力和水平。整合优化教育培训资源，建立教育培训师资库，开展专题培训24期，举办道德讲堂8期，培训2287人次。开展以“密切联系群众，服务帮扶企业”为主题的大走访、大服务、解难题活动，提升服务效能。全市工商干部走访联系各类市场主体5万多户，帮助解决问题2760个。工商志愿者服务队开展各类志愿服务23次。

（本栏撰稿 姜 滔）

审计管理

【概况】 2014年，岳阳市审计局（简称市审计局）深化审计改革，履行审计监督职责,推进各项建设，工作取得实效。实施审计项目475个，查出违规问题金额31.5亿元，促进上缴财政和减少财政拨款4.36亿元,其中收缴财政3608万元，审减投资额1.67亿元。移送经济案件线索33件。向各级党委、政府报送的审计报告和重要信息，被批示、采用114篇（次）。促进被审计单位建立健全规章制度和完善整改措施189项。市审计局干部朱国芬评为“全国审计机关先进工作者”，全市审计系统9人取得计算机审计中级水平证书。

【财政预算执行审计】 2014年，市审计局严格财政预算执行审计，围绕提高财政资金绩效主线，加大对重点资金、重点部门、重点领域的审计监督。审计工作报告如实反映2013年度市本级预算执行的整体状况，揭露违规问题，为政府加强预算管理、人大加强预算监督发挥作用，得到市人大、市政府肯定。强化对预算执行审计查出问题的整改监督，初步形成由市政府督查室、市监察局、市财政局、市审计局、市地税局联合督办的工作机制。制订整改清单，采取“挂号销号”方式，开展跟踪督查。截至2014年10月底，通过审计整改上缴国库资金13.18亿元，归还原渠道资金4.61亿元，制定完善制度26项；启动问责程序1起，追究违纪责任7起，经济处罚4人，诫勉谈话2人，责成4个单位和2名责任人写出书面检讨。

【领导干部经济责任审计】 2014年，市审计局关注权力运行和责任履行情况，深化领导干部经济责任审计。审计领导干部161人，其中县处级11人、乡科级142人、其他人员8人；查出违规问题金额8.92亿元，其中领导干部负直接责任问题金额1.35亿元。出台“岳阳市经责审计成果运用办法”，关注领导干部所在单位的资金资源资产、政策执行、经济决策、内部管理以及领导干部作风建设、廉洁自律等方面的情况，促进领导干部履行好经济责任。

【政府投资资金审计】 2014年，市审计局加强政府重大投资项目审计监督，对王家河流域综合治理工程、临湖公路建设工程、奥体中心建设工程、洞庭新城建设工程实施跟踪审计，对工程施工过程中的关键阶段、关键部位跟踪监督，严格控制工程变更，解决施工单位低价中标、通过变更达到高价结算的问题。将征地拆迁个案补偿评估纳入审计监督范围，规范投资管理，遏制损失浪费。对政府投资建设项目进行工程竣工结算审计，全市审计机关审计核减工程造价1.67亿元，为国家节约大量建设资金,提高资金使用效益。

【民生专项资金审计】 2014年，市审计局根据审计署和湖南省审计厅安排，组织完成全市保障性安居工程跟踪审计和生猪生产专项资金审计。查出保障性住房资金使用和筹集管理不严格、分配和使用有待优化、部分项目建设管理不规范影响工程质量等问题，涉及管理不规范金额近4亿元；查出生猪生产专项资金分配不当、挤占挪用财政补贴资金，保险经办机构违规理赔等问题,涉及金额1240多万元。专项资金审计重点关注专项资金的分配、管理和使用情况，促进保障改善民生。

【上级交办事项审计】 2014年，市审计局完成湖南省审计厅和市委市政府临时交办的审计任务17件。抽调35名业务骨干、历时2个多月，完成娄底市土地出让收支和耕地保护情况专项审计。配合省审计厅完成3个外资审计项目和惠民生、转方式、调结构专项审计调查。配合完成市（县）委、市（县）政府交办的各项中心工作。代市政府草拟《关于加强‘三公’经费审计监督的意见》。完成岳阳市直五区社会救助专项资金检查、清理规范社会中介组织和行业协会收费行为、“小金库”专项治理、良种补贴和农机购置补贴政策落实情况专项整治、低价出让国有建设用地使用权和矿产权专项清理整治、22家市直单位专项资金备案登记检查等事项，及时提交审计报告，为正确决策，化解矛盾提供可靠依据。

【创新审计业务管理】 2014年，市审计局创新业务管理，加强效能建设。推行“三二三”审计业务管理新模式，实行审计计划、审计实施、审计审理 “三分离”，执行审计公开和审计纪律“两项保障”，对审计项目作出审计方案由局业务办公会议集体审定、审计报告征求意见前由业务办公会议集体决定、审计项目限时办结的“三条规定”。实行审计项目审理前置及二次审理，将政府投资结算审计项目纳入审理范围，实现审计项目审理全覆盖，提高审计工作效能。

（本栏撰稿 何军霆）

统计管理

【概况】 2014年，全市统计系统围绕全面深化改革和推进现代服务型统计建设的总体要求，忠诚履职，各项工作取得新成绩。岳阳市统计局（简称市统计局）被国家统计局评为全国第三次经济普查先进单位，被市委市政府评为全市全面小康综合绩效考核先进单位。

【第三次经济普查主体任务完成】 2013年，全市第三次全国经济普查深入推进，经过各级普查机构和普查工作人员的努力，至2014年底完成岳阳市经济普查的前期准备、入户登记、数据上报、数据处理、质量评估等主体任务，并进行普查公报的编辑、普查成果的开发应用等工作。在经济普查中，全市1.38万名普查员和普查指导员，深入企业、门店，首次利用PDA进行现场登记，对普查对象空间定位、拍摄证照、数据采集和上报；市县两级领导深入登记现场检查工作，协调、指导经济普查相关工作；市经济普查办公室制定领导分片责任制、登记进度调度制等制度，开办“经普周报”，及时调度，派出督查组到各地督促并指导普查登记工作；在数据质量控制上，规定实地登记，要求数据即采即报，坚持依法普查，查处普查弄虚作假行为和不配合普查行为。经济普查数据真实，成果丰富，家底清楚，首次建立覆盖全市的普查电子地图，为全面深化改革提供依据。

【创新统计服务】 2014年，市统计局创新形式、提高质量，提升统计服务水平，为市委市政府决策提供参考数据。一是增强预测预警力度。以全面小康综合考核考评等为内容的部门统计联席会议常态化，每个季度联合相关部门召开1次。跟踪监测全市经济形势，加强预测预警，加强部门指标的预测，做到在月度分析上求快、在预测分析上求准、在专题分析上求精、在对比分析上求深，撰写统计报告100余篇。二是增加统计新产品。在编好《岳阳经济动态》《2009-2013数据岳阳》《岳阳统计年鉴（2014）》等统计产品的同时，编辑《岳阳市国民经济运行情况分析报告》，市委书记卿渐伟对这份资料非常满意。三是开展重大课题研究。组织力量到县市区和部门调研，撰写《岳阳市第三产业发展课题研究报告》。华容县统计局编印工业动态、季度经济分析报告等。

【基层统计基础建设】 2014年，市统计局抓好基层统计和部门统计工作。提请市政府下发《岳阳市人民政府办公室关于进一步加强统计基层基础工作的通知》。加强业务指导，推进“联点进企，固本强基”活动，到县市区乡镇企业进行经济运行情况调研、业务指导41批次。加强硬件建设和县市区统计人员培训力度，培训统计员242人，更新县市区、乡镇街道办事处统计工作专用电脑。岳阳县统计局评为湖南省县级统计工作规范化建设先进单位，岳阳楼区枫桥湖街道等8个单位评为湖南省乡镇（街道）统计工作规范化建设先进单位。

【常规统计扎实有序】 2014年，市统计局常规统计工作开展扎实有序。执行国家统计调查制度，组织实施农业、工业、能源、建筑业、房地产开发、服务业、固定资产投资、贸易、人口、就业、劳动力、劳动工资、社会科技、文化产业、开发区、企业景气等统计调查，申报“四上”企业（规模以上工业企业、资质等级建筑业企业、限额以上批零住餐企业、规模以上服务业企业）173家。推进“四上”企业统计联网直报，将规模以上服务业企业、战略性新兴产业等纳入联网直报范围，启动投资项目纳入统计联网直报平台试点工作。开展各级党委、政府委托的民意调查6大类13个子项，如全面建成小康社会综合绩效考核民意调查、乡镇群众满意度民意调查等，真实反映社情民意。

【统计数据质量提升】 2014年，市统计局坚持依法统计，加强统计执法检查，统计数据质量提升。严格业务规范。出台《岳阳市统计业务流程规范及质量控制办法》，加强数据质量控制与评估。加强基本单位名录管理，保证基础数据源头可信。统一反馈核算结果和基础数据，做到GDP审核认定工作阳光下运行。加强统计宣传。利用媒体、电子屏幕、标语、宣传车等，进一步宣传统计法。开展统计执法。完善统计执法责任制，形成以行政问责制为核心的依法统计长效机制。印发《2014年度统计执法检查工作通知》，对岳阳楼区、平江县进行统计巡查，印发“统计工作巡查意见书”，对市直40家事业单位和近300家企业单位进行执法检查，查处办理违法案件54起。

（本栏撰稿　谢　亢）

国家统计调查

【概况】 2014年，国家统计局岳阳调查队（简称岳阳国调队）改进工作作风，强化经济调查监测，提高统计调查水平，强化直接调查，提高调查数据质量，强化服务意识，提高服务决策能力，确保全市统计调查工作顺利开展，较好完成各项调查任务，为岳阳经济社会发展发挥参谋助手作用。抓好科教文体建设、环境卫生管理、扶贫帮困工作和综合治理工作，开展志愿者服务、道德讲堂活动、文明餐桌行动，促进和谐机关建设，获得省级文明单位、档案工作规范化管理省一级单位、全市综合调研政务信息工作先进单位等称号。

【完成个体户抽样调查】 2014年，岳阳国调队以第三次全国经济普查为契机，积极作为，顺利完成经济普查个体经营户抽样调查。以市政府办名义印发《关于开展岳阳市第三次全国经济普查个体经营户抽样调查工作的通知》，广泛开展宣传发动。12次与岳阳市经济普查办核对样本框，巡查72个普查小区，普查小区个体经营户户数准确率100%。对102名普查调查员、辅助调查员进行培训，5人次参加上级组织的培训，309人次参加市里组织的培训，现场模拟调查实践2次。在入户调查中，领导加强督导，不定期抽查调查员工作状态、调查数据和工作进度，确保基础数据质量。强化数据监控，制定数据质量控制办法、现场调查数据质量评估细则，利用平台导出数据与现场记录表进行合并报表审核，及时进行数据质量总体评估和分析，撰写数据分析报告。国家统计局湖南调查总队督导组到岳阳市现场复审数据，抽检的个体户回复数据与调查员上报数据一致。

【做好住户调查样本轮换】 2014年，岳阳国调队根据《2015年度住户收支与生活状况调查样本轮换实施细则》，完成对全市490个调查样本进行轮换的工作。从8月中旬开始，对六县三区需轮换下去的490户和需轮换上来的490户进行初步核实排查，弄清样本框的基本情况。10月17日，召集城区22个调查小区的辅助调查员，进行集中业务培训，详细讲解住户收支与生活状况调查样本轮换实施细则，对实际操作中可能遇到的问题展开讨论。住户调查换户工作分散在六县四区98个小区，经过半多个月的努力，按时、如质完成样本轮换框第一次上报，并在初步确定2015年样本框后，分区分点进行新户集中培训，老户年底记账提醒。各县也采取多种方式开展集中培训，提高记账户的记账能力，从试记账情况看，基本符合要求。

【推进工业调查联网直报】 2014年，岳阳国调队加快推广规模以下工业联网直报工作，切实提高工作效率，保证调查数据准确。全市联网直报企业100个，分散在9个县市区，岳阳国调队对70多家企业上门走访，现场指导，对20多家在设备、人员配备上达不到要求的企业，责令改正。各县市区统计调查部门严把报表数据质量的第一关，岳阳国调队按照调查方案要求进行第二次审查，对存在疑问的情况现场核实，确保上报数据真实准确。

【巩固基层基础工作】 2014年，岳阳国调队强化基础基层规范化建设，提高调查数据质量。加强网点管理。对所有新增样本逐一上门摸底，全面掌握样本信息，并进行登记。对各专业原有的样本点重新进行核实，对消亡迁出岳阳市范围和不符合要求的样本进行调整。平时加强与调查对象和辅助调查员的沟通，了解他们的生产生活情况，尽力为他们解决一些问题。强化直接调查。按照《湖南省统计调查业务规范化标准》对各项调查业务实施规范化管理，数据质量进一步提升。日常工作中积极推进直接调查，减少对辅助调查员的依赖，确保源头数据采集。开展基础工作检查。检查样本企业378个、样本户668户、网点83个，自查数据6.68万笔，查出误差数据75笔，占总笔数的0.11‰，比2013年降低0.02个千分点。

【推进信息化建设】 2014年，岳阳国调队推进统计调查工作信息化建设，调整队信息化领导小组成员，增加技术人员。建立健全网络与信息化工作管理制度、信息系统网络与信息安全应急预案、外网信息管理暂行办法等多项规章制度。投入信息化建设经费15万元，更换网线、投影仪、灯光和音响等，购置7台电脑、路由设备。提升信息安全水平，制定信息系统安全管理办法及应急预案，配备各种安全设备和工具，形成调查内网和调查外网隔离，使用安全的用户管理策略等。完善网站管理，印发《国家统计局岳阳调查队外网信息管理暂行办法》，外网发布信息实行三级负责制。整合统计调查信息资源，为领导决策提供网上信息服务，更新各类信息466篇。

【开展法制宣传和统计执法】 2014年，岳阳国调队扎实推进统计调查法制工作。制定年度法制工作计划，开展法律知识学习4次，集中学习20余部法律法规制度，7人取得统计执法资格证，1人获得法律从业资格证。加大法制宣传，印制发放统计法规小册子1万份，利用全国法制宣传日、统计法颁布日等时点，开展普法宣传活动。严格检查执法，检查单位260个，数据12万笔。坚持依法行政，制定完善61个工作制度，加强行政行为的规范性审查，对7个公文进行规范审查，对18项财务活动进行合法性审查。

（本栏撰稿　陈艳飞）

国土资源管理

【概况】 2014年，全市国土资源系统积极应对增长速度换挡期、结构调整阵痛期、前期刺激政策消化期“三期叠加”的发展压力，落实“三位一体”的职责定位，尽职尽责保护国土资源，节约集约利用国土资源，尽心尽力维护群众权益，不断提高国土资源保障服务能力和保护监管水平，较好完成各项工作任务，岳阳市国土资源管理局（简称市国土局）被评为“湖南省国土资源工作先进单位”。

【城乡建设用地管理】 2014年，市国土局建设科学合理的城乡建设用地市场。开展低丘缓坡未利用地开发试点、城乡建设用地增减挂钩试点，科学合理安排用地计划，全市批准建设用地项目245个，面积1271公顷。加强房地产用地调控，全市招拍挂出让土地632公顷，成交价款60亿元。市政府出台《国有建设用地批后监管暂行办法》，建立建设用地“批、供、用、补、查”全程动态监管机。加强闲置土地清理，督促动工建设闲置土地25宗107公顷；收回闲置土地9宗37公顷。《岳阳市集体土地征收与房屋拆迁补偿安置办法》获省政府批准后实施。开展全市性坚决纠正征地拆迁中损害群众利益行为专项整治行动。

【耕地保护】 2014年，市国土局落实耕地保护行政首长责任制、离任审计制，推进农村土地综合整治，全市新建成高标准基本农田2.2万公顷。华容县3535公顷“旱改水”项目获批立项。湘阴县小桥村等35个村开展首批农村土地整治“先建后补、以补促建”项目建设。

【矿产资源管理】 2014年，市国土局优选临湘市、平江县5个普查、详查项目续作。开展“矿产资源储量动态监测质量建设年”活动，动态监管水平不断提高。严格落实矿山地质环境恢复治理备用金、矿山准入环评制度，建立矿山环境监管责任体系。临湘桃林铅锌矿区、平江长石矿区等9家矿产企业完成复绿任务，复绿面积35.8公顷。

【地质灾害防治】 2014年，市国土局加强地质灾害防治，开展汛期地质灾害应急演练、预警预报和专项巡查，全市查明地质灾害点590处，发布地灾预警信息1580条次，应急排险200多处，实现地质灾害“零伤亡”。开展中央投资1550万元特大型治理工程项目实施工作。平江县推进湖南省首个地质灾害危险区居民搬迁避让试点，搬迁危险区居民100多户500多人。

【测绘地理信息管理】 2014年，市国土局建成“数字岳阳”地理空间框架，通过验收投入使用。第一次地理国情普查完成外业调查任务。岳阳市国土资源规划勘测院晋升为全市首家测绘甲级资质单位。加强测绘资质管理，建立测绘资质申报审批流程、资质年检等制度。建立完善测绘市场联合监管机制，国土局、国安局、工商局、文广新局等单位联合开展地理信息、网络地图、测绘市场、安全保密等专项整治。

【规范国土管理和利用秩序】 2014年，市国土局开展卫片执法检查，加强动态巡查和违法预防，开展新开工项目清理等专项行动，全市违法占用耕地比例下降至6.63%。开展禁违拆违治违专项行动、低价出让国有建设用地使用权和矿业权清理整治、小产权房清理、整顿和规范矿产资源开发秩序、打非治违等执法行动，全市查处国土资源违法案件145宗，收缴罚款1140万元，拆除和没收违法建筑物5.3万平方米，移送公安机关追究刑事责任5宗，移送法院申请强制执行18宗，落实党纪政纪处分5人，国土资源管理和利用秩序进一步规范。

【国土基础业务建设】 2014年，市国土局开展市本级、平江县、岳阳县土地利用总体规划定期评估、适时修改试点。完成长江经济带国土资源专项规划编制。完成全市农村集体土地所有权确权登记工作调查任务。全市“第二次土地调查”主要成果数据发布。“一张图”数据中心项目建设加快推进，实现业务辅助审批和查询分析。市级国土资源数字档案馆项目一期工程建设完成。在全省率先完成全市乡镇国土所内网光纤开通和电子政务应用建设。

（本栏撰稿 段晓武）

质量技术监督管理

【概况】 2014年，全市质监系统突出抓质量、保安全、强质监、促发展，质量技术监督工作稳步推进。国家磁力设备质量监督检验中心通过国家考核验收，岳阳黄茶批准为国家地理标志保护产品，汨罗循环经济产业园区国家循环经济标准化试点通过国家标准委考核评估。凯美特气体股份有限公司获省长质量奖，2家企业、2名个人获市长质量奖。制定国家标准2项、省地方标准2项，申报国家循环经济标准化试点项目1个。加强产品质量和特种设备安全监管，特种设备实现职能划转以来连续15年零事故。食品和烟花爆竹等重要工业产品质量安全持续保持稳定。帮扶企业有成效，全市36家重点民营企业列为帮扶对象。继续开展农贸市场计量专项整治和计量惠民服务活动，对全市大型医疗计量器具进行检测。党风廉政建设以预防为主，狠抓责任制落实，班子队伍建设、学习型机关建设、法制建设、政务公开等工作均取得明显成效。依法行政水平进一步提高。行政复议案件维持率100%，无一例行政诉讼案件。所有行政审批事项进入市政府办证大厅，政务信息通过市局网站对外公开。

【国家磁力设备质量监督检验中心通过验收】 2014年4月13日，国家磁力设备质量监督检验中心通过国家认监委和认评委计量认证、审查认可和实验室认可“三合一”评审，5月8日取得认证认可证书，9月19日通过国家质检总局专家组能力建设现场考核验收。经过5年多的努力，国家磁力设备质量监督检验中心在岳阳市建成投入运行。

【岳阳黄茶批准为国家地理标志保护产品】 2014年4月9日，国家质检总局发布2014年41号公告，岳阳黄茶地理标志产品经审查合格，批准为地理标志保护产品，即日起实施保护。通过申报地理标志产品，对划定区域范围内的产品进行保护，对促进区域经济可持续发展有着重要意义。

【质量提升行动有效推进】 2014年，岳阳市推进质量提升行动产生好效果。开展市长质量奖评选活动，湖南科伦制药有限公司、湖南天欣科技股份有限公司和岳阳鸿升电磁科技有限公司总经理梁志军、汨罗市人民政府市长周金龙获2013年市长质量奖。全市有26个产品获得湖南名牌产品，16个产品被评为岳阳市名牌产品。开展“质监利剑”和“百姓安康”等执法打假行动，开展专项执法打假和整治行动15个，检查企业1038家，查处质量技术监督违法案件950件，其中大要案件7件，移送公安机关案件2件，查获假冒伪劣产品标值1034.9万元。监督抽查产品2100批次，监督抽查合格率达97.8%，捣毁假冒生产加工窝点25个。加强棉花质量监管，完成棉花公检15.21万吨，加大对“黑心棉”、“转圈棉”、棉花收购加工中弄虚作假和絮用纤维的执法打假力度，对15家棉花加工企业进行质量保证能力审查和巡查，查处棉花纤维违法案件18件。推进企业分类监管和质检机构分类考核工作，对列入分类监管的企业严格实施“五查”，对质检、安检机构严格考核，查出质量风险300多起并责令限期整改。加强生产许可证管理，受理8家企业生产许可证办证申请，对35家工业产品生产许可证获证企业进行巡查和回访。

【凯美特气体公司获得省长质量奖】 2014年10月9日，在湖南省省长质量奖颁奖大会暨全省质量工作会议上，湖南凯美特气体股份有限公司被省政府授予“省长质量奖”，实现岳阳市省长质量奖“零”的突破。

【质量安全保障有力】 2014年，全市质监系统不受职能调整的影响，在食品监管上站好最后一班岗。巡查食品企业885家，发现安全隐患135起，下达责令改正通知书135份，签订质量安全承诺书165份，完成监督抽查1100批次，抽查合格率96%。开展豆制品、月饼等专项整治10次，立案查处食品违法案件26起。在中心城区开展为期两个月的食品小作坊专项整治，摸底165家食品小作坊，下达责令整改通知书75份，排除隐患85个，抽查样品监督检验140批次、合格率85%。以《特种设备安全法》颁布实施为契机，开展"打非治违"行动，加强重点时段保障性检查，查封不合格游乐设备，查处无证移动式压力容器充装单位和违规充装气瓶单位2家，查处未履行手续安装锅炉单位2家，查处7家使用不合格电梯使用单位，特种设备实现职能划转以来连续15年零事故。开展烟花爆竹区域整治，严格监管，没有发生大的质量安全事件。加强质量、计量诚信体系建设，建立企业"黑名单"制度，在网站设立"诚信岳阳"质监专栏，建立以组织机构代码为基础的企业质量信用档案。开展涉及道路交通安全、校车质量安全和危险化学品安全隐患专项执法检查，全市没有发生大的质量安全事故。

【标准化战略有效实施】 2014年，岳阳市质量技术监督局（简称市质监局）推进标准化战略工作取得成效。制订国家标准、省地方标准4项，申报国家循环经济标准化试点项目1个，新申报22个省级标准化试点项目，备案企业标准65项，备案企业标准150项。印发《关于开展标准化良好行为企业创建工作的通知》，培育创建标准化良好行为企业8家。举办农业标准化从业人员业务培训，指导市烟草局修订完善烟草配送服务标准体系。汨罗循环经济产业园经过三年努力，完成标准化工作预定目标任务，5月16日园区通过国家循环经济标准化试点单位考核。落实屈原管理区国家现代农业综合示范项目资金75万元。

【计量监管突出惠民生】 2014年，市质监局突出惠民进行计量监管。开展集贸市场计量专项整治，检定计量器具778台件，查处计量违法行为57起，没收不合格计量器具52台件。开展计量惠民服务活动，进一步巩固"推进诚信计量、建设和谐城乡"主题行动成果。加强民用水电气"三表"、医疗卫生、安全防护、环境检测、餐饮业、加油机、液化气充装站等计量监督检查，对180家乡镇社区医用计量器具免费检定，全市强检工作计量器具10万台（件）。加强定量包装商品计量监管，查处短斤少两违法行为35起。推进能源计量工作，帮助企业建立计量制度，合理配备计量器具。

（本栏撰稿　周志勇）

食品药品监督管理

【概况】 2014年，岳阳市食品药品监督管理局（简称市食品药品监管局）以保障食品药品安全为根本，推进食品药品专项整治，查处假劣食品药品案件，解决食品药品安全隐患，推动生物医药产业健康快速发展。加强党风廉政建设，干部队伍作风明显转变。

【餐饮食品安全专项整治】 2014年，市食品药品监管局学校食堂、小餐饮为重点开展餐馆食品安全专项整治，检查餐饮单位2万余家次，集中抽检192批次，立案362件，当场行政处罚216件，做到餐饮单位检查覆盖率100%。在春秋季开学期间集中力量检查大专院校、中小学、托幼机构食堂1425家次，重点对食品原材料索证索票制度、加工环境等软硬件管理状况进行现场督查，没收过期变质食品113公斤。开展小餐饮整治。重点对运通街、如意市场等地段共231家小餐饮店进行专项整治，下发监督意见书和责令改正通知书389份，现场抽检11种可疑产品，取缔26家。对必胜客、肯德基、麦当劳和德克士等13家洋快餐店进行突击检查，封存扣押3箱猪肉饼、鸡肉火腿片。对634户酒店宾馆、快餐店、学校（工地）食堂等餐饮服务单位，抽检肉及肉制品21个批次，对不落实索证索票和进货查验制度的下达责令整改意见书。

【餐饮食品安全量化分级管理】

2014年，市食品药品监管局继续推进餐饮食品安全量化分级管理工作。对市区近5000家餐饮单位实行每季1次监管，通过量化评分，分别以大笑、微笑、平脸三种脸谱进行等级公示。绝大多数餐饮企业在店堂醒目位置悬挂"六统一"公示栏，统一公示许可情况、从业人员信息、食品安全管理员、食品安全承诺书、监管部门动态监督结果（含量化等级、脸型）、餐饮安全投诉举报电话等，接受社会监督。结合"3·15"消费者权益日、食品安全宣传月等主题活动，在步行街、火车站等人流集中区域设立咨询台，摆放量化分级和餐饮示范创建知识宣传栏、宣传展板，发放宣传资料5000余份。在岳阳电视台开展为期6个月的"进店就餐看脸谱"宣传活动，增强公众健康消费意识。

【药品生产安全监管】 2014年，市食品药品监管局进一步加强药品生产安全监管。一是对湖南中启制药、健朗药业等20多家药品生产企业进行GMP（药品生产质量管理规范）跟踪检查，发现缺陷47项，督促企业严格执行药品GMP有关规定进行整改，严把人员资质、物料源头、质量检验、工艺流程等关键。二是通过多种途径开展新版GMP的培训工作，派员到湖南科伦等3家药品生产企业现场培训，组织全市药企112人参加中药饮片、无菌制剂和非无菌制剂的GMP专题培训，开展GMP认证前厂房设施改造、人员培训、资料申报等技术指导，完成44条生产线的GMP认证。三是采取日常监督检查与飞行检查相结合，对全市6家胶囊制剂和1家空心胶囊生产企业突击检查，全市药品生产环节所用药用胶囊（明胶）均从合法企业购进，物料台账清楚，安全可靠。四是对平江仁康堂等中药饮片企业进行专项检查，抽检3个品种，对3家企业下达责令整改通知书。

【整治药品流通环境】 2014年，市食品药品监管局针对群众反映强烈的花板桥中药材、中药饮片非法经营行为开展综合整治，8月31日，非法经营户搬迁或改营他业，市场基本关闭，药品安全隐患消除。与市卫生局、市人社局联合发文，启动对全市中药生产、流通和使用单位的全面检查，检查中药材、中药饮片生产、经营企业和医疗机构601家，快检筛查1600余批次，抽检50批次，检出假药7批次，劣药12批次，立案25起，没收假劣中药材、中药饮片346公斤，对6名涉嫌销售假药的违法人员传唤和立案侦查，并将抽检结果通过报纸、电视公示。在加强药品批发市场规范化管理的同时，强化药品新版GSP认证，制定下发《关于药品零售企业贯彻实施新修订〈药品经营质量管理规范〉的通知》，出台零售连锁药店“两证合一”许可流程。全市29家药品批发和连锁企业，上报新版GSP申报资料的25家，一次性通过新版GSP认证的药品经营企业22家，通过率87.8%，居湖南省前列。强化特殊药品监管和虚假药品广告监控。麻醉药品和第一类精神药品定点经营企业和麻黄碱复方制剂经营企业检查到位。

【医疗器械“五整治”行动】 2014年，市食品药品监管局开展医疗器械“五整治”行动，整治虚假注册申报、违规生产、非法经营、夸大宣传、使用无证产品行为。出动执法人员2851人次，对一次性使用无菌医疗器械生产、经营企业和使用单位以及高风险生产企业开展整治。检查医疗器械生产、经营、使用单位1091家次、责令整改323家，一类医疗器械真实性核查检查企业7家，注销品种58个，立案39起，检查义齿生产、使用单位167家，责令整改63家、警告4家、查处违法违规企业3家。查办乙型肝炎病毒检测试剂盒、气动雾化器等案件39起，对一次性无菌医疗器械、植（介）入类医疗器械、体外诊断试剂、高值耗材类医疗器械和注射用透明质酸钠开展检查，查处违法违规单位50家。

【打击假冒伪劣食品药品】 2014年，市食品药品监管局检查保健食品销售单位2320家次，核查产品3200多批次，快检近5000批，检出不合格品163批。打击仿冒药品名称和包装、在产品外包装和说明书上暗示对疾病有治疗作用或直接标示产品功效、添加药物成分等行为，检查300余家单位，核对产品1000多批次，查处非药品冒充药品案件45件。检查广告药品生产经营企业91家，下架广告药品品种6批次，下达责令改正通知书3份，抽样广告产品19批次。联合公安部门挖出一起涉及全国23个省市、涉案金额1亿元以上的非法添加有毒有害物质的保健食品案，捣毁利用互联网生产销售有毒有害保健食品窝点2个，查扣制假机械等设备10余台、非法添加有毒有害物质保健食品6个品种5.43万盒，无标识胶囊、蜜丸30万粒，抓获犯罪嫌疑人3名，中央电视二台报道此案。

【实行监管体制改革】 2014年是食品药品监管的改革年。市食品药品监管局成立监管体制改革领导小组，多次召开会议研究部署监管体制改革工作，配合市编办到乡镇、社区和基层药品监管局调研，集思广益，7月底制订县市食品药品监管体制改革指导意见草案，8月底交市政府审议。印发岳阳市食品药品监管机构三定方案和指导意见，开始有关职能、人员的整合。

【公示食品药品黑名单企业】 2014年，市食品药品监管局加快食品安全诚信体系建设，出台《食品药品安全红黑名单管理规定实施细则（试行）》，对市中心城区餐饮单位量化分级情况、食品药品抽验情况等进行网络公示，特别是公布21家食品药品安全黑名单企业，形成全社会参与餐饮服务食品安全监督的浓厚氛围。

【推进生物医药产业发展】 2014年，市食品药品监管局牵头帮扶生物医药产业发展，取得明显成效。截至年底，全市有医药及相关产业生产企业64家，生物医药产值近130亿元，产值比2013年增长30%，呈现产销两旺态势。组织召开的岳阳市医药行业“两型产品”（资源节约型、环境友好型）认定培训会议和岳阳市生物医药产业帮扶产销对接会议，帮扶医药产品扩大销路，2家药品企业的3个产品进入湖南省政府采购“两型产品”目录，岳阳民康医用材料有限公司、湖南康普图电子科技有限公司与医院当场达成1700万元的采购协议。争取2名岳阳籍企业家将湖南善源科技有限公司和湖南湘阴尔康药用明胶有限公司落户岳阳，共投资3亿元。全年医药产业新增项目3个，新增投资5亿元。通过挂号跟踪，为多个企业解决了生产销售中的一些具体问题。

（本栏撰稿　王　云）

安全生产监督管理

【概况】 2014年，市委常委会议、市政府常务会议4次研究安全生产工作，解决安全生产责任落实、机构编制、经费保障、奖惩考核等重大问题。岳阳市安全生产工作树立科学发展、安全发展理念，以大宣传、大培训、大检查、大整治、基本建设、基础工作、基层创建（简称“四大三基”）为抓手，以打击非法违法生产经营活动行为（简称“打非治违”）为主线，加强安全生产监管，遏制重大以上事故发生，继续保持安全生产形势总体稳定、趋势向好。全市发生各类生产安全事故214起，比2013年下降7.4%；死亡42人，下降23.6%；受伤816人，下降3.9%；直接经济损失1266.1万元，下降12.9%。其中工矿商贸发生事故14起、增长75%，死亡13人、增长30%，受伤2人、减少50%，直接经济损失246万元、减少44%；水上交通发生事故3起、减少25%，死亡人数8人、增长14.3%，受伤0人、持平，直接经济损失545万元、减少18%；道路水上交通发生事故163起、减少17.7%，死亡19人、减少38.7%，受伤806人、减少4.2%，直接经济损失457.4万元、增加35%。农业机械发生事故、死亡受伤人数、直接经济损失都有较大幅度增加，铁路路外发生事故、死亡受伤人数、直接经济损失有较大幅度减少。没有发生重大及以上生产安全事故。岳阳市被国务院安委会评为全国“安全生产月活动”先进单位、被省委省政府评为湖南省安全生产先进市（州）。

【突出“打非治违”】 2014年，岳阳市把打击非法违法生产经营作为安全生产的主线，出台安全生产“打非治违”专项行动方案，并指导危化品、非煤矿山、烟花爆竹等13个重点行业领域制订专项工作方案。成立13个由安监、交通、海事等牵头单位负责人带队的督导组，到各县市区和28个重点乡镇开展驻点督导。在输油气管道、危险化学品、涉氨企业、城市燃气、道路交通、建筑施工、消防、工业企业、特种设备等重点行业领域，集中开展“六打六治”专项行动，全市出动联合执法人员2760人次，检查企业1218家，出动暗访暗查人员3406人次，检查企业1325家，曝光非法违法行为65起，关闭企业38家，责令停产整顿企业108家，追究刑事责任26人。

【抓专项整治】 2014年，岳阳市安全生产监督管理局（简称市安监局）开展专项整治，突出行业安全生产管理。重点整治非煤矿山非法承包以及假技改、假关闭行为，对48家企业采取暂扣安全生产许可证、下达限期整改指令书等措施。开展管道安全隐患大排查，特别是针对易腐蚀穿孔、穿越以及悬空的管道重点进行巡回检测，强化监控，重大隐患按“一点一案”的原则加以整改，全市排查出油气管线安全隐患498处。重点整治烟花爆竹生产行业违法行为，在高温、停产整顿等时段对75家烟花爆竹生产企业落实专人24小时驻厂把守。开展建筑工程“打非治违”和建筑起重机械、支模架、脚手架、建筑消防等专项整治。开展劳动密集型企业消防安全专项行动。发挥综合监管职责，协调推进国土、旅游、农机等行业的专项整治工作。

【隐患排查治理】 2014年，岳阳市推行企业隐患自查自改月报告制度，四大高危行业自查隐患8136项，已整改7327项，整改率90.1%。创新开展“百名专家查隐患”集中行动，建立由各县市区和危化、烟花爆竹、交通等重点行业领域100名专家组成的专家库，形成专家查、部门督、企业改的隐患排查治理新模式。开展安全生产大排查、大整治、大督查行动，成立由市长任组长、分管市级领导为副组长的领导小组，下设道路交通安全、非煤矿山和尾矿库安全等9个专项整治工作小组，全方位开展了排查整治。

【实施“四大三基”】 2014年，市安监局进一步实施“四大三基”工作，推进大宣传、大培训、大检查、大整治、基本建设、基础工作、基层创建。开展安全生产月活动，打造安全文化进万家、安全文化长廊等系列特色安全文化品牌。承办湖南省安全生产培训工作暨实际操作现场经验交流会；举办岳阳市首届乡镇领导干部安全生产专题培训班。全市非煤矿山企业达标率96.6%，烟花爆竹企业达标率75%。开展危险化学品运输泄漏事故应急救援演练、矿井火灾事故应急救援演练等各类演练24批次。

（本栏撰稿　王炎坤）

国有资产监督管理

【概况】 2014年，岳阳市国有资产监督管理委员会（简称市国资委）按照市委市政府“建设幸福美丽岳阳”的要求，以党的群众路线教育实践活动为主线，推进国企改制工作，提升国有资产科学监管水平，优化资本运营能力，各项工作取得成效。监管企业实现营业收入13.31亿元，资产总额达436.64亿元，所有者权益209.66亿元。为企业发债提供服务，惠临公司发债13亿元，城投公司、临港公司发债融资110.05亿元。12345热线服务优质高效，接案432件次，回复100%，回复满意率100%。

【上轮改制工作扫尾】 2014年，市国资委探索改制优服务、惠民生、促发展的新途径，加大关系职工群众切身利益的遗留问题处理力度，推进上轮改制扫尾工作，截至年底全市148家改制企业完成133家。一是加快遗留问题处理。从改制职工群众最关心的问题和困难入手，加大办实事解民困的力度，完成水改2516户、电改1960户，筹资2.2亿元处理公共部分维修、欠缴社会保险、社区移交及其他遗留问题。二是加快社区移交。完成市糖酒副食品公司、市肉联厂、市商大宾馆、轻化公司、机电设备公司、国际大厦、市生产资料服务公司等13家改制企业的社区移交工作，移交职工7520名。三是加强改制资产监管。加大协调督查力度，完成燃气公司、服装工业公司等5家企业的资产移交工作，收回原市医药公司和金属材料公司资产处置欠款340万元。对完成改制任务的市食杂果品公司、金属材料公司等8家企业改制资金使用情况进行审计稽查。四是加快韶峰岳建公司改制。与1021名职工签订解除劳动协议书并发放安置金，安置率达到98%；办理220名提前退休人员退休手续；完成工伤工残人员、四类病残人员、精简下放人员的安置工作。筹资300万元对职工家属区公共部分进行一次彻底维修；办好近300名职工的经济适用房申报手续；启动韶峰岳建及其下属白云公司股权的兑付工作。

【推进新一轮国企改革】 2014年，市国资委根据省委、省政府关于进一步深化国有企业改革的意见，加快新一轮国企改革步伐。制订改革方案和配套政策。起草岳阳市关于进一步深化国企改革的意见，征求有关部门意见。配合市财政局起草岳阳市国有资本经营预算管理试行办法，在第十九次市政府常务会议上审议通过。规范企业监管，制订出台岳阳市属国家出资企业章程管理办法。规范企业用工和工资薪酬管理，起草企业负责人经营业绩考核暂行办法、企业负责人薪酬管理暂行办法，由市人社局等单位组织征求意见。完善国家出资企业监督机制，起草岳阳市市属国家出资企业监事会管理暂行办法。规范企业领导人员管理。对市属国有企业董监事及高管由党政干部兼任的现象进行清理，专职领导退出公务员队伍转为企业人员身份，其他兼职人员向国资委党委和所在公司写出辞职申请，按程序办理有关手续。理顺市县区投融资平台机制。协助临湘市将原临湘城建投改组为临湘市惠临投资发展有限公司，完成县级投融资平台向市级平台公司的转变。协助湖南城陵矶临港新区开发投资有限公司由县级投资融资平台升级为市级平台公司，按照现代企业制度建设要求，完善公司法人治理结构。

【配合驻岳央企省企改革】 2014年，市国资委着眼大局，配合驻岳央企、省企改革工作。开展“三供一业”调查。为推进驻岳央企、省企分离移交供水、供电，供气和物业管理工作，起草分离移交“三供一业”工作实施意见，并组织对驻岳44家央企、省企排查摸底，启动分离方案设计和成本测算工作。开展企业职教幼教退休教师待遇落实。牵头组织对18家在岳央企、市属国企申报241人的资料多次会审，审减197人，通过职教幼教退休教师资格认定44名，上报省国资委、省财政厅。联合市纪委、市教育局对群众举报的3517工厂职教幼教问题进行严肃查处，取消5人职教幼教资格。

【规范国资监管】 2014年，市国资委突出重点，规范国有资产监管。加强产权管理。完成全市133家国家出资企业的重新登记工作，与省国资委开通上市公司国有股权管理信息系统。加大资产处置价款的回收力度，收回原市医药公司、市政公司资产处置及岳阳同联八字门抵债资产欠款4650万元。完成梅溪桥农贸市场的公开处置，成交价款2790万元。加强债务清收工作，依法清收债务包与承租人欠租金1340万元。加强绩效考核。通过抽签选聘中介机构完成10家监管企业2013年度年报和业绩考核专项审计及企业负责人薪酬兑现工作。与11家企业签订2014年度经营业绩考核责任书。完成投融资公司和国有控股公司2013年度兼职董事、监事履职情况考核。按规定程序报请市政府奖励市城投公司、市公交公司。

【推进经营预算管理】 2014年，市国资委根据岳阳市国有资本经营预算管理试行办法，完成年度国有资本经营预算试编工作，组织国有资本经营收入8221万元，上缴财政533万元。参与市级平台公司债务清理与规范工作。切实加强监事会建设，监事会工作人员和各企业监事会主席忠诚履职，按监事会指引要求加强对企业监管。

【扎实推进项目建设】 2014年，市国资委探索创新，扎实推进项目建设。天润五星级酒店取得突破。该项目2011年选址南湖桃树山，由于征地拆迁等问题土地不能挂牌，项目不能落地建设。6月4日，召开桃树山拆迁专题会议，成立专门拆迁班子对8户“钉子户”依法拆除，并协调职能部门调整规划为项目招拍挂扫清障碍。洞庭新城项目有序推进。洞庭新城2014年主要有两大项目建设，即鱼巷子改扩建工程和沿湖治理（一期）工程，完成投资5.01亿元，完成计划的100%。鱼巷子改扩建工程一期工程竣工，二期工程主体工程完成，三期完成现场测绘、拆迁评估、初步设计方案及相关报建工作。沿湖治理（一期）工程，完成涉铁桥梁60%，完成道路路基40%，土方工程完成30%，完成投资1.7亿元。东风湖项目完成投资2亿元，岳阳县湖滨李坡村项目完成113.33公顷土地收储征收。

【做好央企省企对接】 2014年，市国资委根据市委市政府邀请央企省企来岳参与长江经济带和洞庭湖生态经济区建设的要求，收集筛选71个项目准备与省属企业对接，19个项目与相关央企对接。到国务院国资委、省国资委汇报衔接，与中信国安广视网络有限公司、中节能六合天融环保科技有限公司、中环水务投资有限公司、厚基资本、湖南湘投控股集团有限公司、湖南兴湘投资控股集团有限公司等央企省企进行项目对接。11月，中节能六合天融公司到岳就临湘铅锌矿尾矿治理项目进行考察洽谈，与金叶众望科技股份公司合作开发新型化肥项目有进展。

【加快多元化投资】 2014年，市国资委开拓思路加快多元化投资。投资交通服务行业。为配合岳阳市公务用车改革，为车改后的机关和各企事业单位提供公务用车服务，岳阳市国有资产经营有限责任公司（简称市国资公司）出资500万元注册成立岳阳市国资通达公务用车服务有限公司。投资文化信息产业。市国资公司出资与岳阳有线电视宽带网络有限公司合资成立岳阳市有线网络云信息科技有限公司，进入文化信息产业。进入成品油市场。市国资公司和市交建投合资成立国鑫能源经营公司，争取省市经信委、省商务厅支持，马壕加油站项目公示，随岳连接线2个加油站拿到批文。

（本栏撰稿　戴立群）

责任编校　黄玉祥

财政·税务

财　政

【概况】　2014年，岳阳市财政局（简称市财政局）攻坚克难，务实作为，取得较好成绩。获得省级文明标兵单位、全市全面小康综合绩效考核先进单位、党风廉政建设先进单位、全市重点产业和重点民营企业帮扶行动优胜单位等称号。全年财政工作一是开展好“一大活动”，即党的群众路线教育实践活动。二是实现“两个确保”。确保收入平稳增长。面对长岭炼化、巴陵石化入库税收比2013年减少19.8亿元的不利局面，加强收入调度，实行联点督收，强化非税征管，实现市委市政府提出的收入目标。全市完成公共财政预算收入256.35亿元，比2013年增长0.1%。同时加大争资力度，争取转移支付资金196亿元，增长12.3%。争取地方政府债券8.04亿元，增长47.8%。确保支出平衡有效。全市财政支出314.5亿元，增长12.3%。其中民生支出228.35亿元，增长13.2%，占财政支出比重为72.6%。加大现代农业发展、教育事业、社会保障和就业、医疗卫生、计划生育、住房保障等投入力度，落实各项强农惠农政策，启动城镇独生子女父母奖励资金发放工作，推进医保全覆盖，支持创新创业，启动第三步规范津补贴，开展公交车更新、南湖治污、城市渍水整治和公共自行车租赁等工作，公共财政导向得到彰显。三是推进“三项改革”。预算制度改革。落实全口径预算，编制一般公共预算、政府性基金预算、国有资本经营预算和社会保险基金预算，出台国有资本经营预算试行办法，同时根据我市实际情况，编制砂石收入预算和铁山水资源生态保护资金预算。加大预算公开力度，实现部门预算首次提交全市人民代表大会审查、首次编制“三公”经费预算、部门预决算首次在市政府门户网站全面公开。加强公务卡改革，全市和市本级公务卡报销占授权支付比重分别达到了53.3%、55.8%，比2013年分别提高22.5个和21个百分点。税制改革。将营改增试点范围扩大到铁路运输、邮政业和电信业，减轻企业负担1.5亿元。开展税收优惠政策实施情况调研和成品油消费税提高单位税额标准测算工作，得到省财政厅肯定。政府债务管理改革。制定政府债务管理办法，实行市级融资平台公司资金账户“双控”管理，对市级政府融资平台公司资产、债务进行摸底调查，完成政府存量债务清理甄别工作，防范财政资金风险。推进政府和社会资本合作模式。四是加强“四个建设”。加强财源建设。出台《岳阳市民营企业重点帮扶资金管理暂行办法》，发挥财政资金和财税政策的杠杆作用，支持新型工业化发展、企业自主创新和产业转型升级，支持市属国有企业改制，支持长江经济带、临港新区建设，全市财源基础进一步夯实。加强绩效建设。围绕小康社会综合绩效考核和政府工作报告目标任务，在一些重点工作上取得成效，将100万元以上的专项资金和低于100万元专项的部门整体支出纳入预算绩效目标管理，完成市政府交办的综合保税区申报对接批复工作，争取城陵矶港纳入启运港退税政策试点范围，清理行政事业单位办公用房，出台市直党政机关办公用房出租出借管理办法，加强厉行节约，制定出台市直单位会议费、培训费、差旅费、外宾接待经费管理办法，重新核定非税收入成本率，加强财政监督重点检查，强化对民生政策和资金落实情况的监督，开展“小金库”专项治理，加强政府采购监管，延伸财政投资评审领域，分别节约财政资金4.1亿元、4.7亿元。加强队伍建设。单设机关党委，落实党风廉政建设“两个责任”，加强干部轮岗和竞职上岗，创新了目标管理考核机制。加强文明建设。创建省级文明标兵单位，开展丰富多样的活动，加强机关配套设施建设和机关管理。

【节约资金投向民生】　2014年，市财政局按照作风建设新要求，制定出台市直单位会议费、培训费、公务接待费、差旅费、外宾接待经费管理办法，规范办公性行政经费预算和支出管理，全市“三公”经费比2013年下降27.9%，其中市本级下降32.5%。调整优化财政支出结构，把压缩“三公”经费和新增财力主要投向民生领域。全市与民生相关的支出228.3亿元，占财政支出比重为72.6%。农林水事务支出44.4亿元，重点落实强农惠农补贴政策，推进农业水利基础设施建设、新农村建设和扶贫开发建设，开展农村环境整治、铁山水资源保护，加快现代农业发展，促进农业增效、农民增收和农村繁荣。教育支出51.6亿元，主要用于学校基础设施建设、校舍改造、弱势群体助学帮扶，保障学校正常运转与发展。社会保障和就业支出56.8亿元，主要用于城镇职工和城乡居民养老、医保全覆盖、扩大就业规模，解决军转干部、退伍军人等城镇就业困难对象就业援助和支持石化企业医保移交地方。医疗卫生与计划生育支出31.6亿元，主要用于新农合市县两级财政补助、基本公共卫生服务、基本药物制度实施、城镇独生子女父母奖励。住房保障支出15.8亿元，推进保障性住房建设和各类棚户区改造。文化体育与传媒支出3.6亿元，主要用于文化事业发展、公共文化服务体系建设。筹措资金保障津补贴和绩效工资按政策落实到位。加大省市实事项目资金的筹措和监管力度，保障实事项目完成。

【集中财力办大事】 2014年，市财政局根据市委市政府的部署，围绕新兴产业，推进结构升级。市本级整合安排资金5900万元，支持新型工业化发展，安排科学技术资金1800万元，支持企业自主创新和产业转型升级。深入开展重点民营企业三年帮扶行动，出台《岳阳市民营企业重点帮扶资金管理暂行办法》，整合筹措帮扶资金近2000万元，支持企业发展。筹措资金1.38亿元，支持市属国有企业改制。围绕贸易流通，促进开放型经济发展。争取上级资金和整合相关专项资金近2亿元，支持长江经济带、临港新区和“一区一港三口岸”建设，按照要求做好综合保税区申报对接工作，争取城陵矶港纳入启运港退税政策试点范围。围绕重大项目，加强基础设施建设。整合资金，支持公路、铁路、航运等交通建设，支持重大项目前期工作有序推进。市本级筹集资金6528万元，支持铁山水资源生态保护。市本级城市基础设施维护安排4.6亿元，用于城市公交车更新、南湖治污、城市渍水整治、公共自行车租赁，支持开展整治，推进新型城镇化建设。

【办公用房清理处置】 2014年，市财政局抓好办公用房清理处置工作。克服困难和阻力，化解矛盾和问题，集中清理7个多月，进行方案制订、会议组织、专题培训、文件出台、数据收集到面积核定、协调沟通、移交腾退、处置落实、督促整改等工作，并延伸清理二级预算单位办公用房、按新标准对办公用房进一步清理整改，达成预期效果。清理副处级以上单位150家，清理处置办公用房4.4万平方米。其中，14个单位调剂使用2.81万平方米，16个单位移交财政管理9551平方米，13个单位腾空保管留待安排6309平方米，解决16个单位无办公用房的问题，节减建设投入近2亿元。出台岳阳市《关于进一步加强和规范市直单位房屋出租（借）管理的通知》，打破一个单位一栋办公楼、一个单独院落的格局，盘活办公资源。

【加强政府性债务管理】 2014年，市财政局从制度建设、主动服务、清理整顿、加强管理等方面，加强政府性债务管理，防范财政债务风险。一是建立两个制度。以市政府的名义，出台《岳阳市市本级政府性债务管理办法》《关于加强市本级政府融资平台投融资计划与资金管理的通知》，对政府性债务的举借、审批、使用、偿还和投融资平台的监督管理从制度上进行规范，债务管理和平台公司管理做到有规可依。二是实施“双控”管理。对融资平台公司资金账户实行“双控”管理，即要求将融资平台的公益性项目、竞争性项目和经常性支出资金账户都必须增加财政部门的预留印鉴，资金支付由财政部门和平台公司双方共同管理。财政部门根据融资平台支付申请，依据年度投融资收支计划和项目实施情况审核资金支付，符合规定的核准支付，不符合规定的退回融资平台。对城建投、水建投、交建投的银行账户更换印鉴，实行“双控”管理。三是开展两大清理。8月中旬开始对融资平台公司进行一个月的清理，全面摸清融资平台的资产、债务、项目建设和经营发展情况。11月18日开始，联合市审计局对市本级政府性债务进行一个月的清理，进一步澄清政府性债务存量，甄别债务类型，划清偿债责任，出台相应措施，化解债务风险。

【预算制度改革实现突破】 2014年，市财政局推进预算制度改革，加强全过程预算绩效管理。一是不断扩大预算编制范围，推进全口径预算。在所有非税收入（教育收费除外）纳入预算管理、16项专项资金（基金）编制专项收支预算的基础上，2014年又将河道砂石收入和铁山水资源保护专项资金纳入预算编制范围，并将所有专项资金（基金）预算专题报人大常委会审批。初步形成公共预算、基金预算、国有资本经营预算和社保基金预算四位一体的全口径预算体系。二是进一步改革预算编制方式，提高年初预算到位率。市财政对比其他市州情况，结合市级财力，认真测算，压缩一般专项，做好2015年部门预算公用经费保障水平提标方案。整合一般商品服务支出、一般业务专项、会议费等资金，统筹编制部门预算。三是改革非税收入统筹办法，进一步正本清源。配合市非税收入征收管理局对各类非税收入调查摸底，对政府性基金、专项资金的收入细化，支出使用范围进行规范。重新核定了非税收入成本率。四是推行预算公开，部门预决算首次实现全面公开，首次编制市本级“三公”经费预算，部门预算首次全面提交全市人民代表大会上审议。

【非税收入征管工作】 2014年，岳阳市非税收入征收管理局严格执行《湖南省非税收入管理条例》，在征收中抓管理，在管理中促征收。全市完成非税收入123亿元，比2013年增长15.9%，其中市本级完成非税收入38.96亿元，增长17.9%。

全市完成公共预算的非税收入63.95亿元，完成全年预算的117%，增长19.9%。政府基金收入53.14亿元，完成全年预算的156%，增长11%，财政专户收入6亿元，增长16%。

【财政国库集中支付工作】 2014年，市财政国库集中支付局以科学化、精细化、规范化为目标，严格按照规范化的国库集中支付业务流程和相关财经政策法规办理国库集中支付业务。办理国库集中支付业务8.68万笔，集中支付83.67亿元，其中，办理财政直接支付业务6.18万笔，直接支付81.26亿元，财政直接支付比重达到97.12%,授权支付中公务卡刷卡比例达到58.76%。严格执行直接支付限时办结制，严格预算执行监管，严把财经制度执行关，因政府采购手续不全、专项资金未专款专用等原因退回不合规定的直接支付101笔，金额329.1万元。

【农业综合开发工作】 2014年，全市农业综合开发系统贯彻落实国家、省农业综合开发各项政策要求，以推进农业现代化为中心，投入各项农业综合开发财政资金1.92亿元。其中，争取土地治理项目财政投资资金13460万元，立项1个“一县一特”产业发展试点项目，财政资金投资560万元；3个中央财政贷款贴息项目，财政资金投资199万元，18个财政补助项目，财政资金投资2568万元；部门项目财政资金投资2387万元。加强项目库和专家库建设，在充实完善项目库建设的同时，建立由水利、农学、畜牧、建筑、财会等专业88名专家组成的农业综合开发项目评审专家库，保证评审申报项目的公正性和科学性，促进项目决策的规范化。编制2015年度土地治理和产业化经营项目滚动计划。

【行政资产管理工作】 2014年，岳阳市行政事业资产管理工作扎实，建立起“五大体系”。建立制度管理体系。将资产管理纳入财政管理整体制度设计，探索资产管理与财政管理有机融合的路径，在资产使用、配置、处置三个方面制定11个规范性文件，建立涵盖资产管理各个环节的实施办法、管理细则和操作规程。建立信息管理体系。组织清查市直300多家行政事业单位国有资产情况，建立资产数据库，实行“一物一卡”管理。经过三年努力完成信息系统平台建设，率先在全省实现资产的实时、动态管理。建立配置管理体系。出台资产配置管理办法和通用资产配置标准，单位通用资产配置实现有据可查。收集整理土地、房产、车辆、专用设备等资产的配置标准，基本做到各项资产配置都能“量身定制”。建立使用管理体系。依据整体资产配置和需求情况，能够调剂解决的不进行增量配置，促进存量有效利用。对需要新购建办公用房的22家行政事业单位进行调剂安排。建立处置管理体系。与国土、房产等部门联手监管，实行多环节把关，处置土地、房产。通过政府采购对产权交易机构实行公开招标，将要拍卖的资产交由产权交易机构面向社会公开挂牌，“阳光”处置。全年办理资产处置等事项37宗，处置收入800多万元。

（本栏撰稿 高 飞 张 弓）

国家税务

【概况】 2014年，岳阳市国家税务局（简称市国税局）落实市委市政府、省国税局决策部署，坚持依法征税，强化税收征管，优化纳税服务，改进工作作风，较好地完成各项工作任务。累计入库各税133.64亿元，比2013年减收15.39亿元，下降10.33%，其中，车辆购置税累计入库5.76亿元、增收0.57亿元、增长11.01%，国内增值税累计入库60.06亿元、减收4.57亿元、下降7.08%，国内消费税累计入库57.83亿元、减收12.97亿元，企业所得税累计入库9.99亿元、增收1.57亿元、增长18.75%。被评为2014年度全面建成小康社会综合绩效考评先进单位、落实党风廉政建设责任制推进惩防体系建设优胜单位，市国税局机关通过全国文明单位复查验收。

【应对困难服务大局】 2014年，市国税局应对宏观经济增速放缓、结构性减税持续发力、新增税源相对不足等多重困难，强化税源监控、税收分析预测和收入调度，着力挖潜堵漏，在长岭炼化、巴陵石化停产检修短收18.31亿元的情况下，入库税收133.64亿元，其中车购税入库5.75亿元。剔除长岭炼化、巴陵石化减收因素全市入库50.4亿元，比2013年增长4.89%，完成市委市政府核定的收入任务。落实结构性减税政策，抵扣固定资产进项税额4.15亿元，办理出口产品免抵退税2.19亿元，落实小微企业等税收优惠政策减免12.32亿元，税收政策的红利充分释放，有力地促进全市经济发展和民生改善。

【便民办税春风行动】 2014年，市国税局以简政放权、规范执法、减负提速为重点，开展便民办税春风行动。推进政务公开，将61项税务行政审批事项向社会公布。推出进户审批制度，分3批取消29项进户执法项目。在湖南省国税系统率先推行税务行政案例指导制度，发布5个指导性案例，开展优秀行政执法案件评选和执法案卷评查活动。加强税收执法日常监控，申辩调整后的执法正确率100%。强化税收执法督察，纠正违规税收执法行为75项。落实《全国县级税务机关纳税服务规范》，公布10项服务承诺，新增22项免填单服务事项，推行首问责任制、首席代表制、一窗通办、县域通办、纳税人专用停车位等服务举措。办好纳税人学校，办班78期，培训纳税人7391户次。10个课件入选湖南省国税局网上纳税人学校优秀课件，占全省优秀课件总数的55.6%。在湖南省国税局第二届星级办税服务厅评定中，岳阳市国税系统12个办税服务厅有5个评为五星级、5个被评为四星级、1个被评为三星级，星级、五星级办税服务厅数量均居全省国税系统第一位。

【税收征管提质增效】 2014年，市国税局搭建风险管理平台和涉税信息平台，加强第三方信息的采集利用和风险归口管理，形成“市国税局以预警分析为主，县区国税局、稽查局承担风险应对”的税收风险管理新格局。制订全市47个重点行业、2581户增值税一般纳税人的税负异常清册，发布风险预警信息1645户次，开展纳税评估813户次，入库税款7805万元。开展三类税源专项核查，核查纳税人3604户次，入库税款、滞纳金2643万元。开展打击“虚开虚抵”专项行动，发现涉嫌“虚开虚抵”企业83户，移交稽查28户，查补税款、滞纳金2100万元。以农副产品增值税核定扣除扩围为契机，加强农产品加工行业税收管理。以石化、房地产等行业税收专项检查和大要案查处、发票打假为重点，查办案件282件，入库税款1.01亿元，比2013年增长27.87%。铁路运输和邮政业、电信业“营改增”工作顺利推进，“营改增”纳税人的后续管理加强，入库税收2.17亿元。加强所得税分类管理，入库税收9.98亿元，增长18.75%。创新车购税专业化管理方式，经验做法得到湖南省国税局肯定并在全省国税系统推介。加强大企业和国际税收管理，完成海日公司立案和结案工作。

【行政效能不断提升】 2014年，市国税局全面推行绩效管理，制定系统和机关两套指标体系，建立绩效工作讲评等4个制度，持续优化绩效指标，运行绩效管理信息系统。规范财务管理，细化会议费、接待费、差旅费等管理办法，强化实有资金监管和预算管理，推广使用公务卡，“三公”经费和会议费、差旅费、培训费下降。细致做好规范津补贴工作，确保政策落实和队伍稳定。开展“三清三审三察”专项治理，停建3个基建项目，清退办公用房5572平方米。开展领导干部经济责任审计和离任审计。信息调研在全省保持领先地位，内控外评管理信息系统在全省国税系统推广应用，被省国税局评为一类创新项目，在国家税务总局评审中被评为二类创新项目。

（本栏撰稿 许 正）

地方税务

【概况】 2014年,岳阳市地方税务局（简称市地税局）建设“责任、阳光、幸福”地税，抓好组织收入、税收征管、队伍建设、作风建设、内务管理，攻坚克难，锐意进取，圆满完成各项工作任务。市地税局机关继续保持全国文明单位称号，被市委市政府授予全面建成小康社会综合绩效考核先进单位、全市党风廉政建设先进单位。入库各项收入72.5亿元，比2013年增收5.8亿元，增长8.8%。入库费金收入4.28亿元。

【夯实地税征管基础】 2014年，市地税局开展数据清理、品牌创建、信息管税等工作，夯实地税征管基础。加强数据清理，严把采集、审核、录入、利用“四关”，清理单位9275户、个体户60542户，修正补录数据信息17万条。加强欠税清理，追缴欠税1.8亿元。坚持按月考核、按季通报，多项征管指标明显提升。按分户建档、定期归档、集中存档的要求，规范征管档案资料。开展征管品牌创建活动，打造一批征管品牌。加强信息管税，突出大集中系统、减免税收、个税扣缴等软件应用和网络安全管理，信息化水平得到提高。开发并上线涉税信息平台，将40个部门纳入系统管理，完成33个部门的信息采集。

【推进地税征管工作】 2014年，市地税局推进综合治税、强化税务稽查、优化纳税服务，提升税收征管质效。建立国税窗口代征、工商把关股权转让税收等综合治税机制，国税窗口代征入库4790万元。对接“营改增”，开展营业税专项清理，清理营业税欠税5.2亿元。加强地方税管理，通过推进土地增值税清算、实行土地使用税“以地控税”、落实资源税政策、加强印花税核定征收管理，6个地方性税种入库9.82亿元，比2013年增长9.1%。规范房地产企业所得税征收方式，突破医疗机构企业所得税征管。抓好高收入自行申报和扣缴软件应用，加强个人所得税征管。组织自查632户，进户检查340 户，查补税款6.5亿元，入库4.01亿元，其中查补金额500万元以上的大要案19起、1000万元以上的大要案5起,公开曝光税案6起。推行一案双查双报告制度，实行一案双查86户，下发督办函65份，追责19人次。开展便民服务春风行动，落实《纳税服务规范》，抓好网上办税厅应用，创新服务品牌，纳税服务提质。落实税收优惠政策，减免地方税收2.8亿元。

（本栏撰稿 何 喜 李 志）

责任编校 黄玉祥

金　融

综　述

【概况】　2014年，岳阳金融业保持平稳健康发展势头，金融综合实力稳步提升，金融组织体系不断健全、金融生态环境进一步优化。截至年末，全市金融机构各项存款余额1474.85亿元，比年初增加162.13亿元。各项贷款余额781.69亿元，比年初增加97.58亿元，增长15.2%。金融机构年末不良贷款率7.98%，比年初下降1.96个百分点，实现盈利19.2亿元。保费收入38.4亿元，增长14%，赔给付16.8亿元。完成证券期货交易额1583.05亿元，增长72.8%。全市18家小额贷款公司累计放贷43.8亿元，10家融资性担保公司累计担保贷款44.6亿元。2014年3月11日，岳阳市第十三届银企信贷洽谈会召开。492个企业和项目与金融机构签订136.8亿元信贷协议。签约企业80%以上为小微企业。

【引进设立金融机构】　2014年，引进中信、光大2家股份制商业银行。新增永诚保险等1家保险公司。新增方正证券汨罗营业部、中信建投、五矿证券、华融证券、长江证券、海通证券6家证券营业部。新设岳阳经济技术开发区钰城、岳阳经济技术开发区天一、岳阳楼区玉鑫、平江县坤鑫4家小额贷款公司。新增君山大业、南湖鑫天福2家融资性担保公司。

【推动农村信用社改革】　2014年，岳阳楼区、云溪区、君山区农村信用联社整合组建岳阳农村商业银行，开展不良贷款清收，启动固定资产确权。各县（市）区农村信用联社改革组建农村商业银行工作全部启动，平江、湘阴农商行进入筹建阶段。

【重点后备企业上市进程加快】

2014年，全市45家企业列入市级上市后备资源库，其中26家进入省重点上市后备企业。百利工程科技、金叶众望科技在中国证监会排队审核。金联星、道道全报省证监局备案。中天农舟农机进行股份制改造。国信军创（岳阳）6906公司引进创投基金，启动上市工作。

【开展清理整顿活动】　2014年5月份，开展声势浩大的“打非宣传月”活动，发放宣传资料14.5万份，在《岳阳日报》等媒体开展广泛宣传，广大群众抵制非法集资意识进一步增强。全年对存在问题的51家非融资性担保公司进行规范，重点查处违反规定的公司30家。清收公职人员拖欠贷款4527万元。一批金融老大难案件得到执行，清理金融积案134件5722万元。全市金融维权意识和社会信用意识明显增强。

（本栏撰稿　袁彦文）

银行业

中国人民银行岳阳市中心支行

【概况】　2014年，中国人民银行岳阳市中心支行（简称人行岳阳市中支）发挥金融的核心作用，认真贯彻执行稳健的货币政策，不断改进金融服务，推进金融管理，维护区域金融稳定，支持地方经济平稳较快发展。年末，全市银行业金融机构存款余额1474.85亿元，新增162.13亿元，比2013年增长12.35%。贷款余额781.69亿元，新增103.21亿元，同比增长15.21%。人行市支行系统获得上级表彰和各类荣誉18项，探索开展农村土地承包经营权抵押贷款、财政专项资金纳入国库集中支付等工作取得实质成效。28项工作亮点获上级行领导批示、会议交流或刊物推介。在人民银行武汉分行和长沙中心支行2014年度考核评比中均被评为先进单位。

【贯彻稳健货币政策】　2014年，人行岳阳市中支积极加强调控引导，支持经济发展成效明显。引导金融机构加大信贷投入，全年新增贷款超过市委市政府下达的100亿元目标任务。在岳阳县开展农村土地承包经营权抵押贷款试点工作，得到长沙中支和市委领导充分肯定。参与承办岳阳市第十三届银企信贷洽谈会，银企签订信贷融资协议136.8亿元，创历史新高。深入推进与华容县政府关于经济金融协调发展的战略合作。指导平江县实施金融扶贫战略工程。加强分析研判和信息资政服务，10篇上报信息获总行级载体采用，7篇获总行领导批示，为历年之最。7个调研课题获上级行评比一等奖，3篇调研报告获总行刊载。中支政务信息工作连续15年在上级行考核中位居先进行列。

【维护辖区金融稳定】 2014年，人行岳阳市中支开展金融生态综合评估，辖内6个县（市）均进入全省评估前50名。湘阴县获得省级金融安全区授牌，岳阳县创建市级金融安全区顺利通过考核验收并获授牌，华容县创建省级金融安全区已通过预验收。推进“两类机构”信用评级工作，实现评级报告在政府部门、金融机构广泛应用，做法获长沙中支推介。依法对银行、证券、保险类金融机构开展综合执法检查和专项检查，对违法违规问题实施行政处罚，效果良好。开通12363金融消费权益咨询投诉热线，全年受理咨询投诉229件，客户满意率100%。加强对民间融资、影子银行、房地产等重点领域、重点行业的监测评估和风险防控。《2014年金融稳定报告》被评为全省第二名。在湘阴县开展民间融资供需双向监测工作，做法获上级行推介。

【履行外汇管理职能】 2014年，人行岳阳市中支强化业务监管，防范跨境资金异常流动，有效规范外汇收支行为。编撰《银行外汇业务异常数据规范指南》，相关做法获省外汇局领导肯定并批示，获外汇总局《外汇管理信息与调研》《金融时报》及上级行载体推介。强化监测分析，提升风险防范能力。选择5家企业为敏感样本企业，开展特色监测分析。开展19家重点企业监测，督促外汇企业加强风险防范。优化外汇业务办理流程，为银行机构和外汇企业及时提供外汇业务登记、备案等服务。落实市政府要求，争取省外汇局和外汇总局对城陵矶综合保税区申报工作的支持，主动做好后续服务工作，先后两次得到岳阳市人民政府市长盛荣华表扬，并获市政府专项奖励。

【提供优质金融服务】 2014年，人行岳阳市中支不断创新服务方式，提升金融服务质效。精心组织，顺利实现第二代中央银行会计核算数据集中系统（ACS）上线运行，岳阳市中支和汨罗市支行被评为全省ACS上线先进单位。推进农村支付环境建设，全辖行政村助农取款机具布放率达176%。会计财务科获评全省助农取款服务推广先进集体。推广金融IC卡应用，协调建立银行卡防诈骗快速反应机制。试行财政专项资金纳入国库集中支付，推动财政资金规范化、科学化管理，做法获《金融时报》记者实地采访和总行《送阅信息》推介。开展现金服务示范行创建活动，提升金融机构现金服务水平。加强对假币危害突出地区重点整治和反宣币专项整治，净化人民币流通环境。新设征信服务大厅，推行贷款卡年审、信用报告查询“一站式”服务和无过错“零”投诉活动，窗口服务水平得到提高。

（本栏撰稿 黄 猛）

岳阳市金融工作会议暨第十三届银企业信贷洽谈会

（人行岳阳市中支 供稿）

中国银行业监督管理委员会岳阳监管分局

【概况】 2014年，中国银行业监督管理委员会岳阳监管分局（简称岳阳银监分局）依法履行监管职责，防范金融风险，努力做好监管工作，为全市经济发展和银行业稳健运行保驾护航。一是加强风险防范。针对辖内银行业风险状况，注重整体谋划，积极构建政府、监管、银行、企业“四位一体”风险防控格局，确保各类风险始终处于有效控制之内。成立风险防控领导小组，落实“双线”防控责任，建立房地产贷款风险监管联席会议制度。组织召开房地产贷款和案件风险等专题风险分析通报会，全面分析形势，预判事态发展，提出监管要求。针对一些重大信用风险事件，组织下发风险提示单，召开债权协调会，共商应对措施，统一认识，统一行动。针对不同风险根源和企业实情，加强对政府汇报协调，提出处理意见，维护银行权益，防范处置风险。二是推动改革创新。加强和各级政府汇报协调，深入各联社进行持续督促推动，广泛凝聚共识，激发改革内生动力，促使岳阳市农信社改制工作稳步推进。坚持引进、改造和调整并重，抓好银行业机构体系建设，主导引进2家股份银行，设立2家社区银行，在县域及乡镇新增2个机构。三是优化服务。运用窗口指导形式，督促各银行业机构增规模、引政策，持续加大对重点领域、“三农”和小微企业等薄弱环节的信贷支持。到年末，全市各项贷款余额781.6亿元，比年初增加103.2亿元，增长15.2%。加大对金融知识的宣传普及，规范信访工作流程和职责，耐心接待和处置各类投诉。督促引导银行业机构改善柜面服务，向乡村、社区延伸基础金融服务，推进普惠金融建设，提升金融服务普惠性与均等化水平。工作经验被《经济日报》、岳阳红网推介。四是加强监管。整合监管资源，组建专业化现场检查队伍。推广和应用EAST系统，探索设计11个模型应用于3个现场检查项目。组织完善行政许可操作规程，提高办事效率。加强非现场监管数据质量管理，强化数据资源运用分析和风险预警功能。在现场检查中，强监管、严处罚、重整改，全年高效完成30个现场检查任务，及时发现、纠正各类问题和风险点279个。对工行、临湘联社实施行政处罚，罚款40万元，处理高管人员4人。监管有效性和威慑力得到彰显。五是加强汇报交流。多次向市委市政府主要领导汇报，全面启动三区联社整合改革为农商行工作，促成市政府出台政府性债务管理办法和引进银行业机构奖励办法，启动清收国家公职人员拖欠银行贷款和清理整顿民间投融资公司专项行动。17次调研走访各县市区政府，促成各地出台支持农村信用社改革的强力措施。深入10家银行业机构走访调研，广泛征求意见，并利用现场检查和监管调研座谈等各种机会，宣传传播金融法规政策，在相互交流探讨中有效贯彻落实上级政策要求。

【推进农合机构革改革】 2014年，岳阳银监分局成立改革领导小组，制定农村信用社风险处置方案和改革工作规划。举办农村信用社产权制度改革培训班，通过约见谈话、巡回督查等方式对各联社改革工作进行督促指导，推动全市农信社改革工作按照年初规划稳步推进。城区3家联社组建湖南岳阳农村商业银行全面启动。8个县市区政府启动农村信用社清收不良贷款专项行动。平江联社改革清收不良贷款3.47亿元，完成信用社资产确权、中介机构清产核资和整体资产评估。湘阴联社清收不良贷款1.04亿元，完成资产确权的清理、测算工作。

【重点领域信用风险控制加强】 2014年，岳阳银监分局加强融资平台公司退出平台审核把关，紧盯到期贷款风险并推动落实还款来源，组织平台贷款检查并督促落实整改，全市纳入监测的104.7亿元融资平台贷款全部为正常类。建立房地产贷款风险监管联席会议制度，召开专题风险分析通报会议，组织开展房地产贷款风险排查，全市房地产贷款不良比例较年初下降0.34%。加强湖南华昌纺织等银行贷款客户重大信用风险事件风险处置，将信用风险降到最低。督请市政府组织开展国家公职人员拖欠银行业贷款清收活动，全市银行业机构不良贷款比例较年初下降1.96%。

【内部人员和非法集资风险防控】 2014年，岳阳银监分局加强银行业机构内部人员道德教育，防御外部风险，实现“零发案”。重点督导邮储机构狠抓案防薄弱环节整治的经验材料《创新机制强化综合治理》被《金融时报》刊发。开展银行业机构授信客户民间融资风险调查和核查。加强银行业机构员工涉嫌非法集资和民间借贷行为排查，深入开展防范打击非法集资宣传教育。强化机构的非法集资风险防范、排查与处置责任，外部风险防范效果较好。

【金融消费者权益保护】 2014年，岳阳银监分局组织召开消费者座谈会，开展“送金融知识进乡村、进社区、进学校”“金融知识进万家”宣传服务月等活动。完善信访投诉处理机制，妥善处理信访事件80余起、市政府12345热线所转投诉177起。上半年，被市委市政府评为社会管理综合治理工作群众满意度调查考核先进单位。

【重点领域和薄弱环节信贷支持】 2014年，岳阳银监分局鼓励、引导银行业机构立足于服务支柱产业、园区经济、中小企业和现代农业，不断创新特色信贷服务和产品，合理把握信贷投向。按季加强小微企业和涉农贷款的监测与考核通报，组织相关情况调研报告上级部门。积极牵头组织召开全市中小企业银企洽谈会，促进现场签约项目492个，总金额136.8亿元。开展“第三届小微企业金融服务宣传月”活动。推进农村金融服务“三大工程”建设，督促加强对三农和小微企业等薄弱环节的金融服务。《信贷圆了渔民上岸梦》工作经验被《经济日报》推介。

（本栏撰稿 李素萍）

中国农业发展银行岳阳市分行

【概况】 2014年，中国农业发展银行岳阳市分行（简称农发行岳阳市分行）按照“夯实基础、严控风险、稳中求进”的工作思路，强化政策性职能，坚持“两轮驱动”发展战略，业务经营基本平稳，员工队伍建设和谐稳定，为促进地方经济发展和支持新农村建设做出积极贡献。全年贷款27.26亿元，累收贷款34.52亿元。年末贷款余额84.24亿元,各项存款余额7.06亿元，存款日均余额为10.29亿元。中间业务收入308万元，国际业务结算量2301万美元。实现利润1.45亿元。

【信贷支农】 2014年，农发行岳阳市分行支持政策性收储，发放粮食最低收购价贷款5.04亿元、支持收购粮食1.76亿千克，保障粮农利益。支持粮食加工产业化龙头企业，发放市场性粮食收购贷款2.76亿元，支持收购早晚稻1.01亿千克。在国家对棉花取消政策性收储的背景下，发放棉花收购贷款6000万元，支持收购籽棉18.1万担。全年审批发放4个政策性中长期项目5.38亿元，将2个重点项目贷款10.8亿元审批到位。

【基础管理】 2014年，农发行岳阳市分行推广信贷、财会基础工作试点，以点带面，推动全行系统信贷及财会基础管理水平的提升。落实客户维护工作要求，做好续贷维护工作。在重点支行召开银企座谈会，建立行领导蹲点联系行制度，实施重点帮扶。走访政府部门及部分客户，赢得客户的理解认同。

【运营管理】　2014年，农发行岳阳市分行加强各项基础管理制度建设及监测考核，做好资金计划管理和财政补贴协调工作，以动态管理方式改进存款及中间业务挂钩考核办法。开展内控评价和内部审计工作，强化检查监督，重点针对内外部检查问题建立整改台账跟踪管理。加快法律合规体系建设，提升合规管理水平。加强财会管理，引导财务资源向效益好、质量好的机构倾斜。发挥信息科技支撑作用，组织开展信息安全自查及演练工作，全面升级相关设备，有效缓解设备老化等问题。

（本栏撰稿　刘　磊）

中国工商银行股份有限公司岳阳分行

【概况】　2014年，中国工商银行股份有限公司岳阳分行（简称工行岳阳分行）贯彻省分行工作要求，以质量和效益为主线，较好完成各项工作任务，经营发展继续保持良好势头。完成利息收入7.87亿元，同比增加5302万元。中间业务收入2.08亿元，同比增加1654万元。实现拨备前利润3.96亿元。扣除资产减值损失3744万元拨备后利润3.58亿元，净利润2.68亿元。各项存款余额193.43亿元，比年初增加11.98亿元。储蓄存款余额130.27亿元，比年初增加8.36亿元。在努力克服高速公路等大型企业到期还贷压力下，发放公司贷款53亿元，各项贷款余额142.49亿元，比年初增加15.83亿元。各项贷款新增市场份额达23.5%，比2013年提高19.1%。年末，个人客户总数达144.92万户，比年初增加9.4万户。销售个人理财产品25.37亿元，比增加1.8亿元,余额3.83亿元,比年初增加0.87亿元。基金销售8559万元,同比增加1067万元，余额3.01亿元。代理保险销售5052万元,余额10.38亿元。代发工资单位增加135户，代发工资个人客户数净增3.23万户，工资代发额34.35亿元,净增3.64亿元。新增有效对公结算账户954户，完成省行全年任务的83%。销售法人理财1.07亿元，营销财智账户卡96户。签订现金管理服务协议716户。新增贵金属有效账户567户，销售品牌金8.8千克，销售对公积存金0.8千克，销售黄金白银递延15.33吨，销售账户黄金白银9129千克。新增信用卡1.61万张，净增3843张，特约商户拓展353户，消费额88.52亿元，年分期付款交易额8.7亿元。净增个人网上银行证书客户5.12万户，完成年任务86.7%。净增企业网上银行证书客户972户，完成年任务126%。净增手机银行客户7.07万户，完成年任务122%。净增工银E支付客户7.96万户，完成年任务88%。实现电子银行交易额3722亿元，完成年任务103%。电子银行中间业务收入5303万元，完成年任务115%。成功营销并上线融E购商户4家、电子商务平台1家。

【夯实管理基础】　2014年，工行岳阳分行建立行级领导常态化的督办机制，对中层执行力进行计分考核。完善支行和部门多层次考核激励措施，制定存款精准考核奖惩、系统客户维护、中间业务、各类产品专项竞赛等30多项制度和办法，调动员工业务发展积极性。强化风险管理委员会职能和风险排查工作，清收处置不良贷款9383万元，其中现金清收6458万元、呆账核销2925万元。不良贷款余额1.84亿元，比年初增加1675万元，不良贷款率1.29%，比年初下降0.03个百分点。建立《信贷管理风险押金制度》《信贷管理量化考核办法》，推进信贷流程管理精细化。开展行风行纪规范教育年建设，组织110名管理人员及客户经理到岳阳监狱开展警示教育。举办《员工违规行为处理规定》知识抢答赛等活动，积极治理“屡查屡犯”风险事件，督促57名合规经理高效履职，在全行形成依法合规的工作氛围。在总行确定的6大案件重要风险点之外另增“客户经理道德风险”“信用卡业务违规经营风险”2个案件风险点，并进行重点防控、重点排查。严格风险事件责任追究，对内部因素造成的风险事件责任追究109人次，其中违规积分30人次，批评教育6人次。查处违规违纪事件12 起，给予20人行政处分，其中行政警告10人、记过 7 人、记大过2 人，留用察看1人。全行因十大违规行为引发的风险事件由2013年的10笔下降到2笔。业务运营可控风险暴露水平由2013年年末的9.60%降至1.36%。安全保卫与社会治安综合治理工作考核全省排名第一。

【网点建设加强】　2014年，工行岳阳分行成立渠道建设领导小组，完成岳阳分行三年渠道建设规划。物理网点优化建设完成投产3个，新增离行式自助网点12个，同比增长75%。离行式自助网点与物理网点比例由上年的1／0.39上升到1／0.68。启动实施网点运营标准化管理改革，推进城区八个二级支行高低柜业务分离。优化网点流程改造，推动标杆支行建设和“人民满意银行建设年”活动。充实网点大堂经理、大堂引导员队伍，规范行长网点值班制，大现场管理模式初步形成。网点服务品牌形象大幅提升，服务效率和客户满意度明显改善，优质服务工作考评进入全省先进行列。柜面业务可分流率降至20.9%，较年初下降4.6%。

【“大数据”战略实施】　2014年，工行岳阳分行积极开展MOVA推广应用，采取支行行长示范讲演、派出专家组成推广小组对支行巡回上门辅导、发动和组织应用达标验收等多种方式，提高网点对MOVA系统的认知度和应用面。全行开立MOVA用户888户，个人营销系统开立418户，法人营销系统开立260户，网点业绩视图任务数和可比行设置达到100%，网点使用率达到100%，系统动户率达42%，处全省前列。全行MOVA使用已成常态。

【支持地方经济发展】　2014年，工行岳阳分行以全市发展重点区域、重要行业、重大项目为融资对象，以“投向准、投放快、投效好”为总体目标，加大融资投入力度。重点加快与临港产业新区的全面合作。2014年9月，省分行党委书记、行长苏国庆到临港产业新区专项调研，提出要把握城陵矶开发、开放进度加快的发展机遇，进一步加大临港新区支持力度。确定临港新区合作项目7个，已审批贷款金额30.8亿元，放款14亿元，创造港区融资历史效率最快纪录。高度关注全市重大热点民生建设项目，为“南翔万商”商贸城发放贷款3亿元，为“洞庭新城”发放贷款2.99亿元，为王家河流域综合治理工程发放贷款2.65亿元。对岳阳市新筹建的多个风电、火电项目提供银团贷款和贷款承诺函等多种形式金融服务，累计金额60亿元。

（本栏撰稿　文雨浪）

中国农业银行股份有限公司岳阳分行

【概况】　2014年，中国农业银行岳阳分行（简称农行岳阳分行）把握升级进位主线，深植“合规是前提，业绩论英雄”经营理念，坚持发展第一要务，坚持以客为尊，坚持深化改革，坚持严守底线，坚持一张蓝图干到底，各项工作取得进步。各项存款余额209.5亿元，时点增量14.4亿元，日均增量21.9亿元。县域存款保持同业“双第一”。各项贷款净增13.9亿元。实现中间业务收入完成省行计划的106%。中间业务收入计划完成率、同比增幅均列全省第一。综合绩效考核、班子考核均排名全省第五，分别比上年度上升1位和6位。

【支持地方经济发展】　2014年，农行岳阳分行以服务实体经济为导向，建立健全组织架构，创新推出金融产品，理顺业务办理流程，简化业务办理手续，加快客户融资进度。年末，各项贷款余额为145.3亿元，净增信用23.6亿元，其中新增信托、内保内贷等表外融资10亿元。支持王家河水系治理、洞庭新城、荣湾湖治理、武深高速等基础设施项目，重点支持南翔万商、中航地产、华能电厂等政府重大招商引资项目，支持一批小微企业客户和农业现代化企业。

【经营品种创新】　2014年，农行岳阳分行实现新兴中间业务收入9871万元，占比62.2%，比2013年增加2714万元，比2013年增加37.9%。实现内保内贷、黄金租赁、国内订单融资、信托计划保管等产品零的突破，成功营销全省农行首张总行版单位结算卡和首家网上收单商户。推出“青创时贷”特色信贷产品，《金融时报》《中国城乡金融报》均做典型推介，入选总行《2014年社会责任报告》。完成53个网点装修改造，增设8个离行式自助银行，成功上线“超级柜台”。研发运用系统数据考核到人模板，固化推广网点十类岗位绩效计划书。

【做好民生代理】　2014年，农行岳阳分行下属7个支行实现涉农直补全面代理，4个支行实现涉农直补项目银财系统对接，新增代理项目66个，开立账户32个，发放直补资金112万笔，金额13.3亿元。代理农电缴费46.39万笔，金额3595万元，代缴笔数和金额均为全省第一。“惠农通”工程提质增效，全市行政村覆盖率95.15%，有效率54.57%，分别比年初提升12.82%和23.89%。惠农卡新增发卡34.8万张，完成年度任务的761%。

【基础管理提质】　2014年，农行岳阳分行月均操作风险值压降比为46.84%，高出省行计划16.84%。操作风险调整系数0.70，排全省第二，比2013年上升5位。表内外信贷类经济资本系数6.23%，比年初下降1.13%，计划完成率113%。自营不良贷款、委托资产贷款、核销呆账计划完成率分别为111%、126%、205%。连续5年蝉联内控“一类行”，圆满完成合规网点、“平安农行”等创建任务。成功堵截10余起外部欺诈事件，涉及金额1000多万元。

（本栏撰稿　丰国香）

中国银行股份有限公司岳阳分行

【概况】　2014年，中国银行股份有限公司岳阳分行（简称中国银行岳阳分行）以“担当社会责任、建设最好银行”为引领，坚持“深化转型、稳中求质”经营方针，积极拓展资产负债规模,着力推动产品运用覆盖，持续强化各类风险管理，较好地实现规模与效益协同提升、业务发展与风险防控动态平衡。各项存款余额130.72亿元，较年初新增8.70亿元，增幅7.13%。各项贷款余额68.01亿元，较年初新增14.10亿元,增幅26.15%。不良贷款余额7008万元，不良率1.10%，较年初下降0.15%。

【贷款投放】　2014年，中国银行岳阳分行加大对实体经济信贷支持，各类授信净增超过14亿元。深度融入岳阳经济发展，加大对道路交通、港口建设、水电气基础设施、农产品加工等行业授信介入，切实保障重点企业与工程融资需求，公司类贷款净增超过8.6亿元。推动地方特色产业链转型升级，结合各县区经济特点，从工业园、产业区着手，对一批资质良好、具备潜力的中小企业扩大贷款投放，助推小微企业发展壮大。截至年末，该行中小企业授信余额超过2.7亿元。围绕广大居民的贷款需求，从优化流程、提升效率着手，加大个人住房按揭、个人投资经营和信用分期等品种授信投放，个人零售贷款净增3.66亿元。注重发挥国际结算传统优势，主动为当地重点进出口企业提供综合金融解决方案，贸易结算量2.74亿美元，占岳阳同业市场份额超55%。

【惠民金融】　2014年，中国银行岳阳分行着眼客户金融需求，加大产品研发与创新，深入推动“惠民金融”系列产品覆盖落地。围绕与百姓日常生活相关的民生服务领域，推出“惠保障”“惠健康”“惠教育”“惠缴费”“惠消费”“惠助农”服务方案。新增发行社保IC卡、公交IC卡、金融IC卡等8.7万张。在网上银行、手机银行实现水、电、通讯费实时缴费功能。在农村地区推出固话POS助农取款及手机取款业务，通过合作商户进行取现、余额查询等，享受转账、水电煤、新农合、新农保缴费、信用卡还款等延伸服务，较好满足农村客户办理基本业务。开发公共资源交易平台、物业维修基金代收、预售房资金监管系统、ETC

系统等，较好满足政务公共金融需求。发挥国际化、海内外一体化优势，为重点企业达成“海外直贷”业务6亿元，“人民币质押贷外币”业务1亿美元，融资渠道有效拓宽。积极推动跨境人民币结算、个人出国金融等产品业务向网点落地，为企业扩大对外贸易、市民出国学习旅游提供便利。

（本栏撰稿　徐　斌）

中国建设银行股份有限公司岳阳市分行

【概况】　2014年，中国建设银行股份有限公司岳阳市分行（简称建行岳阳市分行）存款总额231亿元，较年初新增25亿元，增幅12.1%，总额与新增继续均居岳阳市同业第一。贷款111.9亿元，较年初新增24.9亿元，增幅28.6%，贷款投放连续四年同业第一。实现中间业务收入1.9亿元，同比新增1931万元，增幅11.3%。不良贷款余额430万元，比年初下降3090万元，不良率为0.04%，比年初下降0.36个百分点。纯新发贷款实现零不良，对公贷款一举实现零不良。经营效益持续增长，实现账面利润5亿元，同比增长1.4亿元，增幅38.3%。实现无重大违规、无重大安全责任事故、无案件“三无”目标。

【获全国金融“五一劳动奖状”】

2014年，建行岳阳市分行紧扣“发展与稳定”这条主线，转变业务发展方式，突出树立人才竞争理念，内强素质，外树形象，进一步实施“二三四”工程，继续坚持以资产业务为龙头，以机制建设为手段，确保工作核心不动摇。加强贷后管理、优质服务和队伍建设。推动个人资产业务、政府机构业务、创新业务和客户维护取得突破。通过整合资源，充分调动员工积极性，不断深化改革，加快发展，优化服务，强化管理，客户基础进一步牢固，员工士气进一步提升，主要业务指标再次取得同业“五个第一”的成绩：一般性存款份额和新增第一，对公存款份额和新增第一，个人存款新增第一，贷款新增第一，账面利润第一。实现经营效益和社会效益双丰收，被授予全国金融“五一劳动奖状”称号，是湖南省建行和当地金融系统唯一获此殊荣的单位，树起“人本管理，科学发展”里程碑。

【贷款突破百亿元大关】　2014年，建行岳阳市分行贷款总额111.9亿元，四行占比27.4%。新增24.9亿元，四行占比37%，保持同业第一。增幅28.6%，全省建行系统排名第2位，上升7个名次。加大支持地方经济建设力度，被市委市政府授予“金融支持地方经济建设突出贡献奖”。着重支持水利、交通、城镇化建设等基础设施项目、地方民生工程、小微企业及实体经济发展，全年新增大中型信贷客户11户。为王家河流域综合治理、平江自来水、君山区保障房、云溪绿色产业化工园等项目发放贷款40.09亿元。支持重点民营企业发展，为道道全粮油、中创化工、平江汪辉食品等企业提供信贷资金3.2亿元。多管齐下，在服务模式、流程优化、产品开发和担保形式等方面推陈出新，以“善融贷”“商盟贷”“助保贷”等小企业产品运用为重点，为泰和大市场、中南大市场、太阳桥建材市场等实体和市场小微企业融资开辟新渠道，全年为小微企业提供贷款12.2亿元，服务小微企业客户207户，有效缓解一大批小微企业融资难题。

【创新转型求实效】　2014年，建行岳阳市分行推进创新转型，优化发展方式。在信贷规模日趋紧张的情况下，加大直接融资产品创新和推广力度，推进人民币贸易融资产品组合和服务，提升多元化、个性化金融服务能力。为华能电厂发放湖南省建行系统首笔“内保内贷”8亿元。为岳阳林纸发放湖南省建行系统首笔外汇储备贷款2000万美元。发放全国建行系统首笔小微企业“商盟贷”1000万元。将服务民生作为转型重点，在全市率先推出ETC（高速公路电子不停车收费）业务，有效缓解排队难问题。加快电子银行推广和自助银行布局，对电费、水费、学杂费等民生缴费项目提供网上银行一站式服务。加大农村金融支持力度，推广福农卡、助农取款等服务。大力发展“普惠金融”，丰富消费金融支持手段，提供购车、装修等信用卡消费分期服务，圆广大市民“安居梦”“私车梦”。

【内控管理推进】　2014年，建行岳阳市分行加强关键风险点管控，严控操作风险，落实案防例会制度。开展“学案例、知法纪、明禁令”员工主题管理年活动，组织“双基”应知应会知识笔试、抢答赛，《违规失职行为处理办法》考试，员工遵章守纪意识明显增强，实现连续10年零发案。会计管理刷新纪录，营运质量再创新高。稽核差错率降到0.09%，降幅为45%，创历史最好水平。33个网点会计基础工作通过二级复验，云溪支行成功创建“标杆网点”。全年无人民银行假币数据通报，现金备付率达到历史最好水平，营业部等7个网点获得市人行“现金服务示范行”荣誉称号。在省行2014年会计管理工作考核中名列地市行第二名。安全稳定保障有力。成立安保行务和信息技术专管员队伍，深入开展“平安建行”创建活动和安全生产大检查，有效排除安全隐患。加强声誉风险管理，妥善化解舆情事件5起。注重维稳工作常态化，落实“五种责任”，强化“铁纪六条”，加强与地方政府、有关部门密切联系，形成工作合力，确保大局稳定。

（本栏撰稿　全　磊）

交通银行股份有限公司岳阳分行

【概况】　2014年，交通银行股份有限公司岳阳分行（简称交行岳阳分行）严格贯彻执行各项规章制度，强化经营管理，提升服务质量，调整客户结构，加快业务转型，存款和利润适度增长，资产质量基本稳定，经营管理呈现有序局面。实现存款余额75.07亿元，比年初下降4.65亿元。对公存款余额41.01亿元，较年初下降5亿元，降幅为10.87 %。对私存款余额34.06亿元，新增0.35亿元，增幅为1.04%。各项贷款余额39.62亿元，比年初增加 3.2亿元，增幅为8.80%。个贷余额15.54亿元，比年初增加 2.32亿元，增幅为17.50 %。对公贷款余额24.08亿，新增0.89亿元，增幅3.83 %。实现经营利润1.36亿元，同比增长2%。不良贷款余额2885万元，不良率为0.73%。小企业贷款不良率为0。

【收单、个贷业务形势喜人】

2014年，交行岳阳分行家易通存量客户2035户，存款时点16728万（含天A）,较年初13162万增长3566万，户均8.22万,较年初6.97万增长1.25万，质量有所提升。个贷余额（不含公积金）15.2亿元，全年发放个贷1551笔5.41亿元，较年初净增1.97亿元，完成全年任务164.09%，超额完成省行计划任务。个人贷款不良率0.25%，全行零贷客户存款较年初新增286万。

【培育卡消费环境】 2014年，交行岳阳分行与步步高、大润发、百盛商场等大型超市、商场合作，打造“最红星期五”,每周开展“吃喝玩乐朝我看”卡消费活动，提升卡消费。8月，召开“2014年秋季太平洋卡特惠活动启动暨特惠手册发布会”，有针对性投放3万册特惠手册，通过媒体宣传交行卡，加深交行卡的品牌影响力。全年刷卡净回佣净收入368.3万元，同比增长52.3%，其中借记卡净回佣收入98.2万元，贷记卡净回佣收入270.1万元，占比12.6%。以刷卡活动辐射带动信用卡激活用卡，截至年末，激活3239张，激活率69.47%，同比增长24.34%。

【业务竞赛促发展】 2014年，交行岳阳分行开展“百花开门红，骏马跃百亿”“建功立业、拒绝平庸”业务竞赛活动，增存1.03亿。二季度开展“表内业务营销竞赛”活动，表内理财余额较一季度日均增长10304万。三季度开展“全员营销”储蓄竞赛活动，全行员工增存约1亿元。四季度开展“社区行PK赛”“2014年代发工资客户低成本核心负债专项提升活动”。全年组织社区行活动10余场，提升代发有效客户1362户，提前完成省行任务。

（本栏撰稿　李爱龙）

华融湘江银行股份有限公司岳阳分行

【概况】 2014年，华融湘江银行股份有限公司岳阳分行（简称华融湘江银行岳阳分行）围绕“改革、创新、转型、发展”主旋律，攻坚克难，努力提升经营效益，全面促进合规管理，实现业务持续稳健发展。年末各项存款余额101.47亿元，比年初增长22.8%。各项贷款余额50.66亿元，比年初增长27.77%。信用总量69亿元，同比增长32.69%。实现经营利润1.87亿元，同比增长28.08%。全面完成非生息资产处置任务。分行班子团结，队伍思想稳定，内部管理有序，风险防控有效，全年安全无事故。

【对公业务增势有力】 2014年，华融湘江银行岳阳分行以城市建设、大中型企业为主打市场，以临港产业新区、岳阳经济技术开发区、岳阳楼区及县域经济为突破口，通过创新业务带动、竞赛活动推动、激励措施拉动等措施，稳步推进公司业务快速发展。年末对公存款 56.6 亿元，较年初增长9.4亿元，增幅19.92 %，居全市各金融机构前列。分行新获政府业务资质4个，新增专项资金存款1.8亿元，授信客户货款回笼率增加20%，存量客户增存1.3亿元。新增创新业务项目9个，创新业务金额16亿元。结构保理、贸易融资等项目取得突破性进展，订单融资类业务在全行成功实现零的突破，第一笔财富管理项目2亿元成功落地。信贷投放重点支持王家河流域综合治理、开发区安置房、临港新区基础设施和标准化厂房、湖南绿色化工业园区基础设施、岳阳县荣湾湖生态园、临湘市城建基础设施、华容县城建基础设施、汨罗市省道308提质改造、湘阴县东湖治理等项目建设。

【大零售业务稳中有升】 2014年，华融湘江银行岳阳分行储蓄存款余额排名全市较同期上升1位。通过VIP客户全员维护、产品拉动、宣传促动等措施，分行客户群体不断扩大，客户质量进一步提高，零售业务发展基础进一步夯实。理财产品全年累计新增13.4亿元，为2013年同期的3倍。年末储蓄存款余额35.4亿元，较年初增长6.5亿元。大力推动小微企业贷款投放，稳步做好小微存款提升。积极推广银行承兑汇票业务，提高保证金存款。实行授信项目跟踪管理，以行业分析和模式化营销为抓手，开展汨罗循环经济退税权质押、核心企业上下游、“种子基金+联保”模式化营销工作，加强项目储备和投放力度。以创新引领中间业务开展，积极拓展信贷资产转让和国内保理项下再保理业务。

【品牌形象彰显】 2014年，华融湘江银行岳阳分行通过季度服务工作讲评、服务明星评选、暗访，参与岳阳市全国文明城市创建工作，投诉呈下降趋势，全行考核排名较2013年有较大改观。加强服务培训，一线员工参训率达100%。加大网点建设的投入。增加7个离行式自助银行、13台自助设备。财源支行顺利通过湖南省银行业文明规范服务百佳示范单位创建工作验收。

【绿色助学】 2014年，华融湘江银行岳阳分行联合共青团岳阳市委开展“青春微力量，风尚新主张”——公益生活之“华融湘江银行·绿色助学行动”。资助家境贫寒、品学兼优高中毕业生75名，资助标准3000元／人，并为受助生在实习、就业等方面提供支持帮助。

【获全市首家社区银行牌照】

2014年5月30日，华融湘江银行岳阳分行岳阳富川鸿景园社区支行成立，这是岳阳市发放的首家社区支行牌照，标志着华融湘江银行在探索社区支行建设方面迈出重要步伐。设立社区支行，主要定位于服务社区居民。社区支行秉承“两个立足，两个不涉足”（即立足社区居民、立足社区企业，不涉足大企业、不涉足社区外）的服务理念和“定位社区、服务小微、规划先行、循序推进、均衡设置、持续经营”的思路，针对社区金融需求细分市场，构建专业化、个性化的社区金融产品体系，以满足社区居民和企业多样化的产品需求，打造社区金融“一站式”服务平台。

（本栏撰稿　艾传刚）

中国邮政储蓄银行岳阳市分行

【概况】　2014年，中国邮政储蓄银行岳阳市分行（简称岳阳邮储银行）完成收入进度排全省前列，完成省行全年收入预算100.27%。收入规模较2013年同期上升1个名次，同比增幅20.28%。个人存款余额突破167亿元，公司业务余额突破26亿元，信贷业务放款超过40亿元，全行服务客户突破500万户。做好涉农补贴资金、新农保、养老金、困难补贴等金融服务，为近200万名城乡居民代收发各类资金20亿元，客户汇款、异地交易资金70亿元，成为全市城乡居民提供金融服务和个人结算主渠道之一。

【提升服务水平】　2014年，岳阳邮储银行立足“普惠金融”理念，不断提升服务地方百姓、服务三农水平。在城乡设立网点140个，ATM机160台，建设农村信贷咨询服务点40个，建立信用村镇30个，布放助农取款机640台，开通电话银行、手机银行、电视银行43万户，使广大农户享受到“零距离”“24小时”便捷金融服务。开展送金融服务下乡活动，发放贷款40亿元，向农村投放贷款20亿元，惠及农户10万户，帮助4万户种养户、农产品加工户扩大经营规模。为5万户偏远农村居民节省交通费2000万元。

【提高创新能力】　2014年，岳阳邮储银行加强服务与产品创新，满足客户多元化需求。在140多个网点开办信贷业务，开展“送百亿元贷款下乡，服务春耕备耕信贷早春行”“助万人创基业，送贷款到基层”“走进工业园，服务小企业”和创富大赛等活动，使信贷市场得到深入、专业、高效开发。创新推出“小额担保贷款+特色行业”再就业担保贷款经营模式，得到省行认可并全省推广。推行信用村镇建设，对农户进行信用评级，降低农民贷款利率。推行“一户一案”，制定最优惠的贷款方案，为农户节减贷款费用300万元以上。

（本栏撰稿　童　玲）

岳阳邮储银行“金融消费者权益日”宣传丰富多彩　（童 玲 摄）

湖南省农村信用社联合社岳阳办事处

【概况】　2014年，湖南省农村信用社联合社岳阳办事处（简称省联社岳阳办事处）抓住产权改革、信贷营销、业务创新、资产质量、案件防控、激励约束等工作重点，稳中求进，务实求为，各项工作取得较好成效。年末，存款238.62亿元，其中，两活存款101.55亿元，占比42.56%。贷款145.3亿元，其中，涉农贷款132.7亿元，占比91.32%。存、贷款总量分别占全市金融机构的16.18%和18.59%，均居第一位。共清收和处置不良贷款14.05亿元，净压缩10.82亿元，占比下降10.2个百分点。实现总收入16.2亿元，同比增加2.9亿元。实现经营利润5.25亿元，同比增加1.07亿元。华容农商银行被省联社评为“2014年全省农村信用社绩效考核先进单位”。

【产权改革稳步推进】　2014年9月25日，岳阳市人民政府召开组建岳阳农商银行专题会议，正式启动岳阳农村商业银行组建。平江联社完成清产核资验收工作。7月，湘阴联社启动改革，不良贷款清收成效较好。岳阳县联社、汨罗联社、临湘市联社启动改革前期工作。

【支持地方经济成效显著】　2014年，省联社岳阳办事处在全市农村信用社开展“走基层、访客户、接地气、送福祥”、“百千万客户”拓展、产品创新三大工程建设金融服务活动。走访客户6.2万户，评级授信3.5万户，授信金额12亿元。发行福祥便民卡7305张，授信11.92亿元，用信9.37亿元。加大对“三农”、小微企业和实体经济的支持力度。贷款114.23亿元，同比多增10.51亿元，其中涉农贷款101.37亿元，同比增加9.17亿元。小微贷款余额35.61亿元，比年初增加6.48亿元，同比多增2.58亿元，增幅22.23%。在岳阳市第十三届银企洽谈会上与168家小微企业签约，达成贷款意向9.64亿元，履约率95%。在岳阳县举行农村土地承包经营权抵押贷款首发仪式，通过土地承包经营权作抵押，发放贷款2460万元，得到中共岳阳市委、人行长沙中支肯定。

【转型业务迅速发展】　2014年，省联社岳阳办事处牵头与岳阳供电公司签订电费代收合作协议，9个行社均开展代付业务。与市人力资源和社会保障局达成代理发行社保IC卡协议，于7月10日在临湘市举行首发式。岳阳县、临湘市、君山区等3家联社发行社保IC卡47.34万张。6家法人行社签订新农保代理合同，发行新农保81.30万多户，代理涉农资金11.23亿元。全市农村信用社开通手机银行10.40万户、网上银行4.31万户、发行便民卡1.46万张、公务卡1734张，安装POS机1532台、ATM柜员机26台，用卡环境得到改善。实现电子银行业务交易35.06万笔，交易量26.7亿元，电子银行替代率24.97%。

（本栏撰稿　刘风波　范威力）

中信银行股份有限公司岳阳分行

【概况】　2014年12月21日，中信银行股份有限公司岳阳分行（简称中信银行岳阳分行）正式试营业，实现当年筹建当年开业。现设办公室、公司银行部、零售银行部、风险管理部、营业部5个职能部门。全行人员41人，平均年龄28岁，是一支专业化、年轻化的现代化商业银行队伍。本科以上学历38人，其中硕士、硕士研究生10人，所涉专业有会计学、金融学、工商管理和计算机科学与技术。（陈桑桑）

中国光大银行股份有限公司岳阳分行

【概况】　2014年，中国光大银行股份有限公司岳阳分行（简称光大银行岳阳分行）对私存款突破1亿元，对私客户数超千户，对公新增账户近百户，新增对公存款6亿元。发放贷款3.8亿元，其中，政府平台类贷款3.5亿元，医疗卫生类贷款2000万元，文化产业类贷款1000万元。

（罗　湘）

兴业银行股份有限公司岳阳分行

【概况】　2014年，兴业银行股份有限公司岳阳分行（简称兴业银行岳阳分行）成立反洗钱领导小组、信用审查委员会、内部控制委员会，定期组织开展会议，做好日常业务经营风险防范工作，全年全行运行平稳，未出现重大风险事故。认真抓好新客户拓展、授信客户达标、存量客户升级、基础客户降级预警及回补“五大沙盘”，全面扩大基础客户群体，大力营销岳阳行业龙头、央企、国企及在岳子公司，多元化业务运用，全面绑定客户，扩大支柱型客户群体。贷款投向注重消费民生领域，深度突破日用百货、物流行业，介入医疗卫生、电子商务等领域。参与岳阳市贫困残疾儿童抢救性康复基金捐赠，参与市新年音乐会赞助，履行企业社会职责，传播兴业文化理念。截至年末，各项存款余额21.24亿元，贷款余额10.01亿元。

（谢经纬）

保　险

【概况】　2014年，岳阳保险行业有市级保险机构38家，其中产险19家，寿险19家。四级机构108家，其中产险52家，寿险56家。乡镇营销服务部82家。岳阳保险行业保费38.36亿元，比2013年增长12.25%。其中，产险原保费收入14.88亿元，同比增长21.21%。寿险原保费收入23.49亿元，同比增长9.89%。赔、给付支出16.85亿元，同比上升11.69%，增加1.76亿元。保险深度达到2.1%，保险密度为705元/人。

【加强社会服务能力】　2014年，岳阳保险行业下发《关于推动岳阳保险行业诚信建设的实施意见》，制定《岳阳市保险从业人员职责道德准则》，开展行业诚信服务“十佳百优”评选活动。利用“3·15”消费者维权日、“7·8”全国保险公众宣传日开展保险消费维权活动。建立保险投诉纠纷人民调解机制，有力维护保险消费者的合法权益。岳阳保险行业从业人员1.56万人，行业年度上缴税费2.2亿元，其中代收车船税0.86亿元。积极与市、县两级交警部门配合，成立7个道路交通事故快处快赔中心，处理交通事故1.5万起。

（本栏撰稿　杨丹丹）

中国人民财产保险股份有限公司岳阳市分公司

【概况】　2014年，中国人民财产保险股份有限公司岳阳市分公司（简称人保财险岳阳市分公司）围绕“加大改革创新力度，继续保持稳健增长，更加注重价值创造”工作主基调，突出民生保险服务，始终坚持服务地方经济社会发展，扎实推进各项重点工作，公司业务发展和关键经营指标持续向好，经营管理水平持续提升，整体呈现出持续向上的良好态势。全年实现保费收入4.17亿元，同比增长14.63%。承担各类风险保障金额1216.6亿元，同比增加174.5亿元。支付各类保险赔款2.13亿元，同比增长11.41%。上缴各项税收4554万元，同比增长36.10%。人保财险岳阳市分公司以“基层建设年”为抓手，推进“三农”保险营销服务部建设。完成现有8个“三农”营销服务部改造升级，建成3个“三农”营销服务部并正式营业，上报湘阴县南湖洲、汨罗市长乐镇、岳阳县新墙镇3个“三农”营销服务部筹建资料。

（本栏撰稿　郝生用）

中国太平洋财产保险股份有限公司岳阳中心支公司

【概况】　2014年，中国太平洋财产保险股份有限公司岳阳中心支公司（简称太平洋产险岳阳支公司）围绕集团公司“稳增长、重价值、促转型、增效率”工作要求，以客户需求为导向，保持业务持续、稳步增长。实现保费收入1.67亿元，完成全年计划100.38%。其中，车险保费收入1.23亿元，同比增长22.73%，目标达成率98.6%。非车险保费收入4539万元，同比增长52.85%，目标达成率105.56%。综合赔付率53.49%，同比下降14.9%。综合费用率29.07%，同比上升1.52个%。综合成本率82.88%，同比下降13.29%。净利润2270.31万元。高度重视风险防范，全年未因违规行为受到行政处罚，未出现重大经营风险和各类责任事故。

【推进车商，电、网业务发展】 2014年5月，太平洋产险岳阳支公司重组车商团队，建立车商团队建设管理办法，完善奖惩制度，公开招聘车商驻店专员，打造20人的专业化营销队伍，合作车商由2013年的10家增至59家，车商合作覆盖率80 %。同时，太平洋产险岳阳支公司紧盯市场，积极对标，开展各类营销推动方案，助力电网销售业务发展。开展“双12”电网销促销活动、开门红电网销推动活动，单日签单生效保费92万元，创历史单日最高保费纪录。

(本栏撰稿　湛应根)

中国太平洋人寿保险股份有限公司岳阳中心支公司

【概况】 2014年，中国太平洋人寿保险股份有限公司岳阳中心支公司（简称太平洋寿险岳阳支公司）坚持“发展、管理、服务、合规、品质、效益”六个方面均衡成长，提高公司综合竞争能力，取得较好效果。全年实现保费收入2.42亿元，其中营销新保达成4713万元，比2013年增长20.8%。直销880.2万元，同比增长12.1%。 在湖南分公司系统、岳阳寿险行业系统均排名第三。

【规范经营促发展】 2014年，太平洋寿险岳阳支公司抓基础管理，重制度建设。完善差勤管理、会议及培训管理制度。加大合规制度执行力度，确保体系正常运转，将合规工作纳入年度重点工作。宣导杜绝违规行为，遏制重大案件与系统性风险，杜绝一般性内控缺陷与重复性合规问题的发生，推进内控工作体系建设，夯实内控基础管理工作。把好承保关，加强核赔、调查过程监控，加强保全后台品控。全年未发生一起违规违纪行为，无一起系统性风险事故发生。

（本栏撰稿　甘爱军）

中国平安财产保险股份有限公司岳阳中心支公司

【概况】 2014年，中国平安财产保险股份有限公司岳阳中心支公司（简称平安财险岳阳支公司）整体保费2.86亿元，比2013年增长21.24%，计划达成率100.2%，市场份额23.2%，份额提升0.23%，完成年度目标任务。整体综合成本率94.3%，同比下降21.3%，其中车险95.4%、财产险77.7%、意建险86.4%，三大险种全面盈利。四级机构保费1.32亿元，增速32.2%，超中支整体增速9%，超岳阳市场增速12.2%。续保指标达成较好，个车保费续保率68%，同比提升2%。团车保费续保率、标的续保率均达75%。

【合规管控中介】 2014年，平安财险岳阳支公司收集、上报兼代单位换证材料3家，为个人代理人及前线业务员换证60余人。新签个人代理人45人。组织机构、渠道开展中介业务数据真实性自查整改工作两次，终止合作专代公司1家，终止合作代理人6人。制定中介合规规定动作，每月进行中介合规清查。每季度最少进行一次机构、渠道中介自查工作，从源头杜绝违规现象。

(本栏撰稿　罗玲燕)

中国平安人寿保险股份有限公司岳阳中心支公司

【概况】 2014年，中国平安人寿保险股份有限公司岳阳中心支公司（简称平安寿险岳阳支公司）城区代理人数发展到1200人，营业部发展到14个。新开发平江网点。完成个险首期标准保费5000万元，完成财产保险业务1500万元，完成养老金公司短期业务260万元。

（本栏撰稿　黎艳平）

新华人寿保险股份有限公司岳阳中心支公司

【概况】 2014年，新华人寿保险股份有限公司岳阳中心支公司（简称新华保险岳阳中心支公司）突出价值导向，加大队伍建设力度，提升基础管理水平，不断调整和改善结构，逐步转变管理方式和发展方式，提升发展效益，确保健康、合规成长。全年实现保费收入1.77亿元，市场占有率7.52%。为14.91万市民提供58.64亿元的保险保障，赔付支出2253.5万元。个险业务承保规模保费1086万元，比2013年增加42.7%，计划任务达成率105%，个险承保价值保费876万元，同比增加101.8%，计划任务达成率135%。新增营业部5个，增新营业组23个，个险业务达成毛价值548万元，计划达成率114%，价值增长72%，期交增长180%，市场排名及系统内排名均获提升。

（本栏撰稿　杨　辉）

中国人民人寿保险股份有限公司岳阳中心支公司

【概况】 2014年，中国人民人寿保险股份有限公司岳阳中心支公司（简称人保寿险岳阳支公司）经营能力与服务水平不断提升，全年实现保费收入2.94亿元，比2013年增长4.71%，岳阳寿险市场份额占比12.52%，同比增长2.57%。其中期缴新单保费 1908万元，同比增长113%，短意险保费516.44万元，同比增长33%。承保保单4.19万件，赔付9749件，支付赔款2543.69 万元，平均结案时效 3天。

【参与新农合意外伤害保险经办服务】 2014年，人保寿险岳阳支公司根据国务院六部委联合下发的卫农卫发【2012】27号文件，积极参与新农合经办服务。为160余万参合农民提供优质快捷的服务。参合群众保额大幅度提升，基金管理得到加强，补偿公正性得到充分保证。《湖南日报》等新闻媒体给予肯定报道。

【拓展“保险下乡 服务‘三农’”工作】 2014年，人保寿险岳阳支公司落实省政府金融办批转人保寿险开展“保险下乡，服务‘三农’”工作报告，在市、县、乡三级政府大力支持下，深入乡镇、村场召开宣传会，宣传保险政策，传播保险知识，开展消费维权。截至年末，在100%的县域、50%的乡镇、80%的村场召开5000场次的保险宣传会，听众30万人次。

（本栏撰稿　邓爱平）

中国人寿保险股份有限公司岳阳分公司

【概况】　2014年，中国人寿保险股份有限公司岳阳分公司（简称中国人寿保险岳阳分公司）保费收入8.3亿元，市场占比35.35%，寿险市场排名第一。办理借款2999件，借款金额3709.78万元，满期给付1.16万件，给付满期金2.26亿元。处理赔案1.52万件，支付赔款4714.59万元。经营指标考核得分计107.11分，达成A类公司经营目标。全市有五个经营单位年度经营指标考核得分达到90分以上，最高分达到123分，其中个险城区营销部、云溪支公司获评AAA公司，临湘支公司、城区银保获评AA类公司，岳阳县支公司获评A类公司。

【以改革促进中心城区绩效】

2014年，中国人寿保险岳阳分公司以机构整合为契机，深化管理改革，有序推进销售渠道中心城区机构改革，分设个险城区营销部，银保理财中心，银保及团险中心城区营业区等四个机构。年末，中心城区完成首年标保1776.2万元，比2013年增长41.52%，完成10年期保费2248.5万元，比2013年增长53.2%，渠道贡献占比36%。银保中心城区完成新单保费7955.1万元，同比增长2.1%，其中首年期交保费完成1530.7万元，同比增长53.7%，渠道贡献占比12.7%。团险中心城区营业区完成意外险保费542.5万元，同比增长14.9%，渠道贡献占比19.3%。

（本栏撰稿　张　雨）

证券·期货

湘财证券岳阳营业部

【湘财证券稳健运营】　2014年，湘财证券岳阳营业部收入3388.72万元，较2013年增加769.72万元，增长29.39%。客户资产总额28.08亿元。A股基金市场份额0.09%，较2013年同期上升24.14%。实现新开普通资金账户2129户，新增净资产1.03亿元。完成融资融券开户642户，融资融券业务日均余额3.32亿元。投顾业务净创收94.1万元，保有签约客户359户。销售开放式基金1252万元，基金子公司专户300万，信托产品456万元。自有资管产品“金桂四季”年日均余额411万元，“天天盈”年日均余额4516万元，“保利金”年日均余额330.2万元，其他集合资产管理计划1755万。银行理财产品61万元，实现金融产品销售收入104.08万元。　（李杨丽）

首创证券岳阳营业部

【首创领航稳中有升】　2014年，首创证券岳阳营业部秉承“追求客户满，专业创造价值”理念。加强团队建设，实施精兵战略，以强化融资融券、个股期权、资管产品、期货业务、债券、股票质押式回购、约定购回、一码通账户、沪港通、网上开户等创新业务培训为切入点，瞄准市场行情，把握时机，主动服务，各项经营指标稳中求升。托管资产14.12亿元，完成交易总量109.2亿元,金融产品销售1613.9万元。　（黄健民）

方正证券股份有限公司岳阳营业部

【方正证券拓展全方位服务】

2014年，方正证券岳阳营业部致力为高端机构投资者，有理财、投资与增值服务需求的客户搭建全方位、多层次的金融服务体系，业务范围涵盖证券经纪、期货经纪、投资银行、证券自营、资产管理、研究咨询、IB业务、QFII业务、融资融券、直投业务、证券投资基金业务、场外市场业务、质押式报价回购业务、代销金融产品业务、受托管理保险资金业务及证监会核准的其他业务。年末客户数1.69万户，客户总资产8.32亿元。

（徐　波）

华泰证券岳阳营业部

【华泰证券转型创新谋发展】

2014年，华泰证券营业部推进业务转型和创新，高度重视风险防范，经营业绩稳步上升。利用互联网手段，扩大客户规模、客户资产和市场占有率。梳理优化“涨乐财富通”平台业务和功能，持续提升客户体验，扩大客户覆盖面。加大中后台业务流程和体系梳理。 培养网络营销队伍，建设网络服务团队。提升天天发、两融、客户基础账户功能覆盖率，增强公司业务体系对客户的吸引力。持续推进个股期权、沪港通、柜台业务等创新业务发展，不断深化财富管理服务内涵。强化风险管理意识，倡导树立“始终敬畏风险，时刻警惕风险，主动管理风险”的风险文化，坚持“收益与风险匹配，风险可测、可控、可承受”的风险管理原则，充分发挥业务风险管理考核导向作用，实现“阳光”利润。

（本栏撰稿　陈　华）

责任编校　屈胜龙

工 业

综 述

【概况】 2014年，岳阳市经济和信息化委员会（简称市经信委）面对宏观经济形势收紧、经济下行压力较大的局面，围绕“三量齐升”总体目标，着力调整产业结构，加快转变经济发展方式，全力推动工业经济加速、提质、转型、增效，工业经济保持平稳较快发展。

一、工业经济总体平稳。主动应对宏观经济形势收紧、经济下行压力加大和两厂停产检修、支柱产业贡献疲弱、中央省属企业生产下滑、规模企业核减较多、新兴产业拉动不强等突出困难，把稳增长摆在突出位置，通过加强经济形势研判和经济运行调度，出台一系列帮扶实体经济发展的政策措施，有效扭转经济持续下行的不利局面。工业经济运行呈现企稳趋暖的良好态势。全年全部工业增加值1305.58亿元，比2013年增长9.0%、规模工业增加值增长9.2%。

二、产业结构提质升级。在经济下行压力的倒逼作用下，更加注重转方式调结构促转型，着力提高发展质量和效益。产业结构进一步优化。战略性新兴产业发展加快，全年增长12.9%，拉动规模工业增长2.8个百分点。生物医药、节能环保、装备制造等产业累计增幅分别为25.4%、19.5%、14.5%。全市高加工度、高技术产业规模工业增加值比2013年分别增长12.6%、22.8%，增幅高于全市平均水平。高新技术产业增加值占GDP比重上升到17%，提高0.3个百分点。加快淘汰产能攻坚，全市共淘汰19家企业的66条落后生产线，关闭28家“十五小”企业。开放型经济发展加快，全年完成进出口总额8亿美元，实际利用外资3.2亿美元，比2013年分别增长24.2%、19%。

三、项目建设扎实推进。开展“双百工程”、“百日攻坚行动”和“三个一批”竞赛活动，实行市级领导联系重大项目制度，项目建设持续升温加力。中石化长岭分公司10万吨环氧丙烷、巴陵石化“碧水蓝天”计划、鑫光铸造、金正科技等一批项目竣工投产，国家磁力设备质量监督检验中心建成运营。北斗卫星导航产业基地、煤炭储备基地、汽车整车进口口岸、科伦制药二期等项目加快推进，1500万吨炼油改扩建及100万吨芳烃项目纳入国家“十三五”石化产业规划布局。绿色化工产业园列入国家首批低碳工业园区试点，北斗卫星产业园、洞庭湖国际电子商务新城启动建设。汨罗市顺利通过国家循环经济标准化试点验收，全省首个农业光伏发电项目落户平江县，君山工业园获批省级工业集中区。

四、非公有制经济发展活力增强。依托市中小企业窗口服务平台，整合专业机构资源，为企业提供人才培训、信息化建设、管理咨询、法律援助等一站式专业服务，帮助企业提升管理效能；推广“一会三台”（信用协会和管理平台、融资平台、担保平台）融资担保模式，做大做强市级融资平台，全年各融资性担保公司累计为中小企业提供融资担保贷款20亿元，有效缓解中小企业融资难问题。道道全粮油、中创化工、金龙铜业等6家企业进入湖南民营企业100强，凯美特气获“省长质量奖”，科伦制药、天欣科技获“市长质量奖”，巴陵节能在新三板挂牌。新增中国驰名商标9件、国家地理标志保护产品3件，食品产业成为岳阳市第二个千亿元产业。全年非公有制经济实现增加值1659亿元，比2013年增长10.5%，非公有制经济增加值占GDP比重达到63%。 （易振波）

【工业投入达1563亿元】 2014年，市经信委树立“一切以项目为中心，一切为企业谋发展”的工作理念,实行委领导联系重大项目制度，项目建设持续升温加力。中石化长岭分公司10万吨环氧丙烷、巴陵石化“碧水蓝天”计划、椰星食品、中联铝车轮等一批项目竣工投产。北斗卫星导航产业基地、煤炭储备基地、汽车整车进口口岸、科伦二期等项目加快推进。1500万吨炼油改扩建及100万吨芳烃项目纳入国家石化产业规划布局方案。全年完成工业投入达1563亿元，其中工

业技改投资753亿元，工业投资810亿元。（易振波）

【万元能耗下降10%】2014年，市经信委系统突出抓好节能减排，推进产业转型升级。全市共淘汰19家企业的66条落后生产线，关闭28家“十五小”企业。第一批中心城区重点排污企业“退二进三”工作进入政策兑现阶段，已完成湖南科伦、新泰化肥土地收储；湖南科伦一二期新建项目已完工，新泰、同联新上项目正在建设；启动第二批企业“退二进三”工作方案已上报市政府，待审批实施。建立健全节能指标考核体系，制定下发各县市区和重点企业2014年度节能目标任务，严格督查考核，全面推进重点行业和重点企业实施清洁生产，严格控制“两高”和产能过剩行业新上项目，遏制低水平重复建设。全市万元规模工业增加值能耗同比下降10%，超额完成全年目标任务。（易振波）

【助推非公有制经济加快发展】

2014年，市经信委系统贯彻中央关于进一步促进中小微企业、非公有制经济发展的一系列方针政策和改革措施，开展企业服务活动，助推非公有制经济加快发展。切实加大中小企业人才培训力度，4月23日举办“2014年国家企业银河培训工程湖南省（岳阳市）企业领导者管理创新能力提升培训班”。学制一年的“北京大学—岳阳市企业家高级研修班”圆满完成各项教学内容，于6月底顺利结业。9月21日，“浙江大学—岳阳市企业家高级研修班”在南湖宾馆正式开班，为加快全市经济社会发展奠定坚实的人才保障。全年共举办培训班22场次，培训学员6000人次。内容涵盖企业家人文素养与社会责任、博弈论与企业经营策略、大数据时代企业战略转型升级、企业战略与商业模式创新、公司总裁的财务决策等内容，推动全市中小企业可持续发展。切实加强窗口服务平台建设，与省经信委衔接，组织各县（市）区工信局及中小企业服务机构开展平台网络培训，成功组织150家服务机构及企业上网注册登记，与省平台实现互联互通。制定《岳阳市中小企业窗口服务中心（平台）管理和考核暂行办法》和《关于岳阳市中小企业窗口服务平台考核评价实施方案》对入驻服务机构开展服务考核，实行优胜劣汰。开展服务活动，组织省、市核心服务机构赴各县（市）区企业开展中小微企业服务需求情况调研。根据调研成果引领平台机构共组织各类服务活动23场，其中管理咨询系列活动5场，惠及企业1520家次，人员培训系列活动14场，惠及企业员工2967人次，信息化系列活动4场，惠及人数1109人；全年共发送各类信息1229条，惠及企业1000余家次，受理企业来电来访6000多人次，完结率达到100%，为企业产生直接经济效益1000多万元。全年非公有制经济实现增加值1659亿元，比2013年增长10.5%。（易振波）

【帮扶行动优环境】2014年，岳阳市开展11大重点产业和37家重点民营企业三年帮扶行动。市级领导带头调研解难，带头推进帮扶，为全市帮扶工作深入开展起到很好的示范带动作用。全市38名市级领导率领帮扶工作组深入11个重点产业和37家重点民营企业开展帮扶调研110次，44个相关市直部门和单位主要领导和分管负责人走访调研对口企业和项目310余次。组织开展银企对接、项目招商、产业合作、产销对接、产品推介、人才引进、管理提升等主题活动97个,解决困难问题257个，土地问题、融资问题、项目申报问题等一些老大难问题得到有效解决,为全市产业发展升级、企业做大做强做出较大贡献。（易振波）

【信息化推进】2014年，岳阳市大力发展北斗导航产业，加大政策扶持力度，制定出台《关于加快推进北斗卫星导航应用及产业发展的意见》和《关于加快临港军民融合产业发展的扶持政策》等文件。着力提升信息化建设水平，发布实施《数字岳阳建设纲要》，为加快全市信息化建设做好顶层设计。推进三网融合，协调推进“光纤到户”工作，提升城市信息化建设水平。组织开展信息化“登高计划”和“数字企业”创建行动，推进全市企业信息化建设。培育和发展现代信息服务业，促进电子商务发展，组织编制《关于加快电子商务发展的若干政策措施》。开展“4G惠三湘活动”，通过一系列信息化宣讲、行业信息化解决方案推广、4G产品体验推广等，送信息服务下基层，促进信息消费的快速健康发展。（易振波）

【中石化炼化一体化项目列入国家规划】2014年，在市委市政府的总揽下，市经信委会同市发改委、市科协、云溪区政府、长岭炼化、巴陵石化等企业完成1500万吨炼油扩改和100万吨芳烃项目的大量前期调研工作，和项目可行性的论证工作。经省、市主要领导推动，通过向国家发改委、工信部、省经信委和中石化等部门单位的汇报及跟进，该项目成功列入国家《石化产业规划布局方案》，有望在“十三五”期间实现落地，推动岳阳成为中部地区重要的炼油和非乙烯化工一体化基地。年产100万吨芳烃项目投产后，可带动形成600亿的地方生产总值。（易振波）

【食品产业产值过千亿元】2014年，岳阳市列入帮扶计划的37个重点民营企业中食品企业占有14个席位，占全部企业数近四成。全市上下集中优势资源，着力将黄茶、黄酒以及鱼制品、豆制品、休闲食品等具有岳阳特色的优势食品产业做大做强，引导龙头骨干企业通过整合、并购、引进战略合作伙伴等方式组建大型企业，延长产业链条，以此带动食品产业的发展。全市食品产业完成产值1081亿元，比2013年增长9.2%，完成规模工业增加值278.3亿元，比2013年增长10.3%，成为全市第二个千亿元产业。（易振波）

【汽车整车进口口岸建设快速推进】

2014年，市经信委牵头成立岳阳市汽车整车进口口岸建设指挥部，制定工作方案和责任分解表。组织临港新区、交通局、规划局、规划设计院、海关、口岸办等单位到天津、张家港学习汽车口岸建设和运营经验。经组织专家对岳阳市滚装码头规划选址进行评审，选择在紧邻城陵矶港区（松阳湖）一期工程建设“混合直立式滚装码头”。按照2015年7月海关验收达标要求倒排工期，项目征拆工作、建设工作加快推进，与上港集团签署合作协议，共同组建湖南省城陵矶港务集团具体负责汽车整车进口口岸运营。（易振波）

【311大队地勘经济稳健发展】

2014年，311大队“大地质”格局初见成效，地勘经济稳健发展。地质找矿取得重大突破，提交平江黄金洞大型金矿资源储量和平江小坪中型铀矿资源量，新增黄金储量21.02吨；提交平江县长源、尖山、上坪、仁里等4处铅锌矿产地和铌钽矿产地1处、钨矿矿产地1处，提交平江双家、金塘坳、九龙庙、新丰富、指泉岭和炎陵县桃树溜等6处金矿矿产地。公益地质服务范围扩大，成为岳阳市矿政管理、地质灾害应急处置、土地整理的技术服务支撑单位；成功组织实施1：5万汨罗幅地质灾害详查项目，实现1：5万地质灾害详查项目零的突破，实现100多份地质技术服务报告未发生质量事故的好成绩。（李奇志）

【311大队长沙窗口基本建成】

2014年，311大队主动作为，成功将岳阳基地72.5亩宗地变性处置，预期可获得土地处置返还款3531.73万元，湘核盛园房地产项目总规正在报批中，各项前期工作进展顺利。该大队法定住所变更到长沙星沙滨湖西路26号，从7月1日起，大队全体职工享受长沙地区绩效工资待遇。年新增财政预算832.39万元，人均受益7880元。湘核地质大楼年内完成办公室简装、办公用房的分配和办公家具的配置，311大队长沙窗口基本建成。（李奇志）

石化工业

【概况】 岳阳是中部地区最大的石化产业基地，石化产业是岳阳首个千亿产业集群，在经济社会发展中举足轻重。1500万吨炼化一体化和100万吨芳烃项目列入国家《石化产业规划布局方案》，湖南岳阳绿色化工产业园已成功列入国家循环化改造示范试点园区。全市石化及其配套规模企业发展到238家，沿着四条主产业链（丙烯、碳四、芳烃、碳一）形成锂系聚合物、己内酰胺、环氧树脂、环乙酮、双氧水、氯丙烯、催化剂等一批具有岳阳特色的拳头产品，产能、产量和市场竞争力都处于全国前列，占据国内主导地位。（易振波）

【长岭炼化逆境求进】 2014年，长岭炼化公司进行全厂性停工大检修，建成投产环氧丙烷装置，1#催化烟气脱硫脱硝项目中交投产，10个“碧水蓝天”环保项目达到进度计划要求，焦化、渣油加氢装置完善改造等48个重点项目建成投用，完成一批新技术研究，环氧丙烷、RSDS-Ⅲ工业试验等“十条龙”重点攻关课题取得成功，原油膜强化传质等自主研发成果转化有力推进，共取得公司级科技成果22项。内部改革也迈出新的步伐，探索全员绩效考核改革试点，清理规范各类用工119人，实施业务外包5项，编制《深化用工制度改革方案》；稳妥推进石化职院移交和基本医疗保险属地化管理，企业社会职能移交工作取得实质进展。公司全年加工原油639.4万吨，股份分公司账面利润亏损11.84亿元，资产分公司亏损0.99亿元，两大公司实现营业收入401.3亿元，上缴税收62亿元。12月，长炼科协荣获2013-2014年度全国“讲理想、比贡献”活动创新团体荣誉称号，长岭炼化公司被评为2013-2014年度湖南省思想政治工作先进单位。（王毅平 李 星）

【长岭炼化开展从严管理年活动】

2014年，长岭炼化公司深刻吸取“4·18” “5·29”事故教训，启动从严管理年活动，把严要求、严考核、严兑现的管理理念体现到日常工作中去，梳理问题1217项，制定整改措施2134条，问题整改率达到93%。严格落实安全生产责任制和事故问责制度，集中开展反“三违”、反“低老坏”、反事故和“五大纪律”整顿等活动，避免各类事故132起。抓实管理提升活动，明确32个公司级课题、梳理264项业务职责、修订119项管理制度，逐步推动管理由职能驱动向业务驱动转变。全口径严控成本费用，8项重点监控费用同比下降21.2%，单位完全费用较年度目标节约8.8元/吨。强化目标管理，16个设备关键指标实现达标，物资供应管理在总部考核排名上升至第5位，社区能源收入支出比率同比提高7.9%。完善法律风险防控体系，围绕重点领域、重大事项开展效能监察和审计监督，为公司规范经营提供保障。（王毅平 李 星）

【长岭炼化炼油生产线停工检修】

2014年3月18日，长岭炼化公司开始新建800万吨/年炼油生产线首次停工大检修。检修改造项目总投资达7.2亿元,覆盖15套炼油、化工装置及储运、热电、水务3个公用工程系统，实施技改技措项目61项，5月15日，各检修装置陆续开工正常，为提高装置长周期运行能力打下基础。（王毅平 李 星）

【环氧丙烷装置开工投产】 2014年12月6日，长岭炼化公司环氧丙烷装置开车投料一次成功，标志着国内首套采用自主开发、具有完全自主知识产权的双氧水法制环氧丙烷装置正式进入工业化生产阶段。该项目是国家重点科技攻关项目之一，采用中国石化自主开发的双氧水法制环氧丙烷新工艺，从催化剂制备到生产工艺在国内外共申请30余项发明专利，拥有完全自主知识产权，被列入国家973计划、中国石化2012年度“十条龙”科技攻关项目。项目总投资12.8亿元，设计产能10万吨/年，2013年4月7日中国石化总部批复基础设计，6月18日开始土建施工，2014年7月25日实现中交。该项目的研发投产，不仅填补国内空白，打破国外技术垄断，也将为国内环氧丙烷产业链的工业发展提供强有力的技术支撑。（王毅平 李 星）

【千万吨级大型炼油装置智能控制系统通过验收】 2014年5月21日，中国石化重大装备国产化项目“千万吨级大型炼油装置智能控制系统”在长岭炼化公司通过验收并示范推广，结束国内千万吨炼油工程完全依赖国外控制系统的历史。该系统列入国家智能制造装备发展专项项目，由浙江中控集团与长岭炼化公司共同负责实施。

（王毅平　李　星）

【海峡两岸媒体人采访长岭炼化】

2014年7月30日，来自中央人民广播电台、中央四套、海峡之声等海峡两岸23家媒体的34名记者来到长岭炼化公司进行采访。本次活动是“第十一届海峡两岸媒体来湘联合采访活动”的组成部分，记者们分别来到南区装置观礼平台、炼油二部中控室，了解长炼整体运营情况。公司副总经理蒋文军陪同采访并向两岸媒体介绍海峡两岸企业交流、区域环境和生态保护、油品质量升级以及中国石化的碧水蓝天项目等情况。（王毅平　李　星）

【中国石油学会全国科普活动日启动仪式在长岭炼化举行】 2014年9月19日，以“创新发展，全民行动”为主题的中国石油学会全国科普活动日启动仪式在长岭炼化公司举行。中国石油学会将全国科普日活动主场落户长岭，安排一系列创新交流活动和产学研对接活动，并将公司确定为中国石油学会科普基地，旨在进一步提升公司的科研生产水平，促进湖南省石化产业的科技创新和科技进步，为湖南省的科学发展贡献正能量。

（王毅平　李　星）

【巴陵石化获多项荣誉】 2014年3月21日，巴陵石化炼油化工改造项目部获评“湖南省工人先锋号”。4月，合成橡胶事业部橡塑技术中心副主任李望明获全国五一劳动奖章，合成橡胶事业部SBS车间201工段和热电事业部电气车间，被中华全国总工会评为全国模范职工小家。10月9日，巴陵石化改制企业、湖南凯美特气体股份有限公司获湖南省省长质量奖。（黄　洋　贺致富）

【巴陵石化推进民生工程】 2014年，巴陵石化完善补充医疗保险制度，推进老旧小区改造及社区隐患治理，落实城镇独生子女父母奖励政策，办好职工食堂，发放帮扶救助金320万元，提升职工群众的归属感。3月11日，汪家岭小区综合治理、胜利沟及金盆小区综合治理、七里山小区综合治理、鹰山及青坡小区综合治理4个可行性研究报告获得中国石化总部批复，批复总投资1.09亿元，总费用3833万元，合计总投入1.48亿元。4月1日，巴陵石化职工基本医疗保险与岳阳市并轨，移交地方管理。6月24日，参加国务院国资委与省政府在长沙召开的驻湘央企分离移交“三供一业”（供水、供电、供气和物业管理）启动工作会议，并签署工作协议，明确2017年底全面完成包括巴陵石化在内的驻湘央企“三供一业”分离移交任务。（黄　洋　贺致富）

【巴陵石化注重安全环保工作】

2014年，巴陵石化扎实推进从严管理，完善HSE制度体系，深入反违章、查隐患，加强直接作业环节、承包商监管，开展专项整治，严格责任追究。6月27日，巴陵石化与岳阳市应急办联合开展煤气化装置合成气泄漏事故应急救援演练，岳阳市岳阳楼区政府相关部门和巴陵石化消防队等参加。实现连续30个月无上报事故，事业部级、车间级事故同比分别减少50%、69%，被评为“湖南省安全生产工作先进单位”。通过加快“碧水蓝天”专项行动，投用系列环保项目，强化源头减排，污染物外排总量下降22.5%，固废有效处置率100%。

（贺致富）

【巴陵石化降耗增效】 2014年，巴陵石化生产炼化产品436万吨，实现营业收入208亿元，实现各项税费26亿元。在中国石化总部考核巴陵石化的26项能耗物耗指标中，除4项因未开车不可比外，22项优于考核值，15项创历史最优；巴陵石化内部考核的111项能耗物耗指标，73项创历史最优，累计节能降耗降本2.27亿元。（黄　洋）

【巴陵石化内部改革动真格】

2014年，巴陵石化完成处级干部和公司机关“全体起立、全员竞聘”改革，公司处级干部减少26人、压减16%；机关部室由18个减少至15个、压减17%，科级机构由143个减少至112个、压减22%，科级干部减少39人、压减22%；平稳实施水务、信息化、计量、消气防、财务等5项专业化重组，涉及职工1100多人。科学定岗定编定员，显现富余人员，分流安置富余人员393人，现有业务用工总量减少623人。（黄　洋）

【巴陵石化科研工作有成效】

2014年，巴陵石化获国家科技进步二等奖1项，5个项目获省部级科技进步奖，7个重点科研项目稳步推进，开发新产品、新牌号14个，获得授权专利25件。7月7日，以巴陵石化为主完成的“新一代高性能苯乙烯类热塑性弹性体成套技术”项目通过国家科学技术进步二等奖初评。9月10日，巴陵石化获得湖南省财政拨付的2014年重点发明专利维持专项经费7.48万元。

（黄　洋　贺致富）

【“碧水蓝天”项目完成投资5.4亿元】 2014年，巴陵石化累计投资5.4亿元，实施7个“碧水蓝天”项目，其中，污水提标改造、炼油催化裂化装置脱硫治理、动力锅炉脱硫除尘改造等5个由国家环保部督办的环保红线项目建成投用，己内酰胺废液焚烧装置环保治理、动力锅炉烟气脱硝治理2个项目按进度推进。

（黄　洋）

【国内最长氢气输送管线正式投用】 2014年4月20日，国内最长的氢气长输管线——巴陵石化“巴陵-长岭”氢气输送管线首站，巴陵石化煤气化装置至巴陵石化供销部分输站引入氢气，实现安全投用。该管线总长42.2千米，于2011年9月开工建设，2013年12月24日中交，总投资1.96亿元。（黄　洋）

【煤气化装置运行周期创纪录】

2014年10月17日，巴陵石化煤气化装置停车检修，至此，该装置实现高负荷连续运行225天，创运行

周期最长纪录。（贺致富）

【炼油常压蒸馏装置隐患治理项目一次开车成功】　2014年11月10日，巴陵石化常压蒸馏装置隐患治理项目正式投用，实现一次开车成功。该项目于2013年3月27日土建开工，2014年9月30日中交，批复总投资1.9亿元。（黄　洋）

【四化建公司获多项荣誉】　2014年，四化建公司新签合同额33.2亿元，完成主营业务收入28.12亿元，完成公司年度目标和集团下达的指标，各项工作稳步推进，喜获多项荣誉。2–3月，该公司相继获得岳阳市2013年度社会管理综合治理工作先进单位（连续4年）、岳阳市2013年度医疗保险征缴诚信示范单位（连续5年）、岳阳市2013年度人口和计划生育先进单位（连续3年）等3项荣誉称号。7月,获2012–2013年度全国守合同重信用企业、全国石油和化工新闻宣传先进单位称号。10月，该公司被中国施工企业管理协会评为2013年度科学技术奖科技创新先进企业，低合金复合钢堆焊隔离层与奥氏体不锈钢焊接技术获的中国施工企业管理协会科学技术奖科技创新成果一等奖。11月，公司施工的中海油海南天然气化工工程获得中国建筑业协会颁发的“改革开放35年百项经典暨精品工程奖”，公司总工程师孙韵获得全国建筑业企业优秀总工程师荣誉称号。12月，该公司获省委宣传部和省工商局指导颁发的湖南诚信百强品牌及湖南诚信企业证书，“2012–2014年度湖南省思想政治工作先进单位”荣誉称号。

（廖亚玲）

【民生建言引关注】　2014年3月，十二届全国人大代表、四化建公司党委书记、董事长刘德辉在十二届全国人大二次会议上提交《关于加快提高国有企业早期退休人员养老金待遇的建议》，受到权威主流媒体及全国7500余万国有企业退休人员的高度关注和充分肯定。该《建议》缘自刘德辉在多年的工作实际中发现，国有企业早期退休人员养老金待遇严重偏低、生活艰难。为写好这条建议，他深入社区走访征求100余名国有企业早期退休人员的意见和愿望，取得真实客观的第一手资料，并通过整理、修改，最后向全国人大提交。《建议》在人民网3月12日刊发后，当即被全国人大新闻网、全国政协网等权威网站和新浪、搜狐、腾讯等知名网站转载，受到广大网民的热议和好评。

（廖亚玲）

【四化建公司一批科技成果获认可】　2014年4月，四化建公司一批科技成果获国家知识产权局、建设部、岳阳市科技局等部门认可。建筑工程分公司严伟申报的“复式冷箱基础施工方法”和西北分公司罗长彪申报的“托普索径流合成塔催化剂装填配套机具”被国家知识产权局授权为国家发明专利和实用新型专利；“低合金复合钢堆焊隔离层与奥氏体不锈钢焊接工法”和“大中型球罐无中心柱现场组装工法”获得由中华人民共和国住房和城乡建设部颁发的国家级工法证书；“中石化长岭分公司油品质量升级改造项目240万吨年汽柴油加氢装置安装工程”获得由岳阳市政府颁发的重大工程科技成果二等奖；“低合金复合钢堆焊隔离层与奥氏体不锈钢焊接技术”获得由中国化工施工企业协会颁发的2013年度化工工程建设科技创新成果一等奖；公司获2013年度全国化工工程建设科技创新先进企业光荣称号。华南分公司经理胡华伟和中南分公司经理罗君华分别获得2013年度全国工程建设优秀项目经理和2013年度全国化工工程建设科技创新先进个人荣誉称号。（廖亚玲）

【华南分公司成为埃克森卓越供应商】　2014年3月，在埃克森化工(番禺)有限公司主导的评比中，华南分公司喜获“2013年度卓越供应商”称号。自1999年–2000年华南分公司承建埃克森化工(番禺)有限公司后，分公司就成为这个世界五百强企业的供应商之一。从埃克森化工(番禺)有限公司新建工程完工至今14年来，华南分公司一直是埃克森化工(番禺)有限公司的技改和维修任务的承担者。华南分公司南沙项目部负责埃克森化工(番禺)有限公司设备维修保养、工厂停产检修，提供零受伤与零事故的优质服务，得到业主认可。（廖亚玲）

【四化建公司通过压力管道换证评审】　2014年5月20日，中国石油天然气压力管道安装许可证评审中心专家到四化建公司进行压力管道换证现场鉴定评审。经过专家组对该公司压力管道资源条件、质量保证体系运行等资料的严格评审，专家组对该公司的压力管道安装工作给予较高的评价，顺利通过压力管道安装换证评审。（廖亚玲）

【四化建公司通过国家级高新技术企业复审】　2014年9月23日，四化建公司顺利通过国家级高新技术企业的复审。该公司自2011年获得高新技术企业认定以来，严格按照《国家高新技术企业认定管理办法》的规定，在科研活动组织、成果的开发和转化、知识产权保护等方面积极开展工作，企业的技术创新能力进一步增强。（廖亚玲）

【四化建公司与博天环境集团签署战略合作框架协议】　2014年11月17日，四化建公司与博天环境集团股份有限公司在岳阳签署战略合作框架协议。公司董事长、党委书记刘德辉与博天环境集团董事长兼总裁赵笠钧代表双方公司签署战略合作协议书。这是四化建公司与合作单位首次签署战略合作协议。

（廖亚玲）

【3517公司营收突破5亿元】

2014年，3517公司面对行业市场疲软、公司产成品资金高额占用、产品结构和产能结构极不合理的严峻局面，新一届领导班子率领干部职工加强市场拓展力度，开展降本压费活动，提升实物劳动生产率，促进公司盈利能力提高。公司工业产品完成营业收入50517.23万元，同口径、同期比较基本持平；工业产品完成利润总额3553万元，比2013年增幅16%；完成经济增加值（EVA）2089万元，比2013年增幅92.71%；成本费用占营业收入比重92.74%，比2013年上升0.44%；

经营活动净现金流量比率64.04%，比预算增加21.04%；货款回收率100.61%，比2013年下降1.02%；存货净额20905.49万元，比2013年增加7%；产成品净额14313.77万元，比2013年增加17.46%。（季花搬）

【3517公司加快工业入园升级步伐】 2014年，3517公司领导班子提出新园区建设规划，得到岳阳市委市政府和集团公司的肯定，公司“强二”工作进入实质性推进阶段。制订以“三园一中心”（国家级高分子材料技术研发中心、制鞋产业园、橡胶制品产业园、高分子材料工业物流园）为架构的高分子材料高科产业园升级目标。强化工业升级入园项目实施力度。6月，公司与青岛科技大学在临港产业新区签订战略合作协议，启动与青岛科技大学共建博士后工作站工作，共同建设天然杜仲胶产业化工程技术中心与中国化工集团株洲橡胶研究院签订战略合作协议，利用双方优势资源，从共建低蛋白橡胶产业化项目和湿法混炼项目入手，打造在高分子新材料、新工艺研发和应用方面的全面战略合作伙伴关系。8月，工业入园项目部在临港产业新区完成招拍挂程序，摘得土地36.01公顷；公司与国家轮胎工程技术中心、青岛高校软控股份有限公司、青岛怡维怡橡胶研究院签订战略合作协议，共同打造特种橡胶制品研究领域的全面战略合作伙伴关系。

（季花搬）

【3517公司推进老厂区存量土地开发】 2014年，3517公司加快老厂区1200亩存量土地开发，取得阶段性成果。公司成立以主要领导牵头的存量土地开发项目领导小组，配备相关方面的专业人才，解放思想，大胆推进存量土地开发工作。聘请专业机构进行项目的概念性规划设计，科学规划，博采众长，高起点、大手笔谋划公司存量土地开发规划。花费400余万元，聘请8家国内外知名的建筑设计公司，出台10版不同的概念性规划，通过与岳阳市规划设计院、岳阳市规划局专家多次沟通和协商，最后由长沙建筑设计院综合形成一版综合性的概念性规划。该规划于11月通过岳阳市规划局组织的专家评审委员会专业评审。对接政府和集团，争取集团和政府的政策支持，成功顺延“退二进三”优惠政策。公司先后4次促成集团公司领导与市委市政府主要领导进行会谈和沟通，有效促进政府对公司“强二进三”项目的支持和重视。市委书记卿渐伟亲自实地调研公司工业园建设情况，并对公司的专题报告作详细的批示；市长盛荣华也多次过问公司的“退二进三”工作情况，在与集团公司领导会谈后，同意顺延对公司的“退二进三”优惠政策。项目组积极对接临港新区政府、市规划局、国土局、房管局、市经信委、市退二进三办、园林局、岳阳楼区区委区政府、市发改委等部门。与国土局、市退二进三办签订《际华3517橡胶制品有限公司国有土地使用权收回框架协议》。11月，集团公司与公司联合在岳阳市注册成立岳阳际华置业有限公司，为公司的存量土地开发项目搭建主体平台。12月25日与国土局土地储备中心、房产局签订土地开发项目一期5.95万公顷土地收储协议。（季花搬）

【3517公司注重改善民生】 2014年，3517公司新的领导班子注重提高员工收入，改善民生，大办惠民实事。落实2013年度职代会精神，从4月起，完成公司员工增资工作。全年职工人均月增资397元，人均工资收入增幅18.76%，职工人均年收入30406元；社会保险刚性增长，人均年社会保险缴纳14357元。提高员工晚班津贴，将中班津贴从2.5元/天提高到5元/天，将深晚班津贴从4元/天提高到8元/天。该公司工会坚持慰问走访，节日期间慰问住院职工275人次，金额59960元；日常慰问住院职工（包括退休职工）236人次，金额9580元；慰问各类劳模及老干37名，金额1.5万余元；慰问特困职工39人次，金额27900元；吊唁去世职工63人，慰问、车辆补助费、救济金等3.7万余元。申请市总女工部困难帮扶2人，金秋助学1人；组织对全体女工进行专项体检，配合重症女员工的跟踪治疗。耐心细致宣传，为女职工办理特殊疾病保险相关手续，参保人数达到1189名。下拨夏季送清凉活动经费3.68万元，分解专项困难帮扶资金4.16万元，及时为职工排忧解难。补助职工子女学费955人次，金额59640元。收集、整理2226人资料及时上报政府，落实独生子女奖励政策。组织1002名职工参加医疗互助活动，32名住院职工获医疗互助金1万余元。筹集专项资金改善职工生活环境，营造安定祥和的生产生活氛围。公司安排专项资金28万余元，修建围墙960米，将公司生活区原拆迁后遗留下来的闲置土地分块隔离，营造相对整洁有序的生活环境。筹集资金200多万元，对公司生活区内四条主要道路进行全面的维修，投入近30万元对社区进行检漏、绿化、疏通下水道等工作，争取政府支持，全面升级改造原农贸市场，给职工和家属营造良好生活环境。公司投入资金20多万元，在生活区、生产区安装监控探头55个，形成覆盖主要生产生活区的安全防护监网络，营造安定祥和的生产生活环境。（季花搬）

造纸工业

【概况】 2014年，岳阳市造纸产业实现工业总产值183亿元，比2013年增长9.3%，实现工业增加值40亿元，比2013年增长15.4%，总量在全省市州中排名第一位。全市共有造纸工业规模企业55家，主要集中在岳阳楼区、岳阳县、汨罗市、湘阴县和君山区等地。主要产品有：以岳阳纸业为代表的精品文化用纸，如精制轻量涂布纸（LWC）、颜料整饰胶版纸、彩印超级压光纸、轻型印刷纸等多个系列30多个品种；以岳阳丰利纸业、丰隆纸业为代表的“南方花”文化用纸系列，如高白双胶纸、彩色双胶纸、中性静电复印纸等；以汨罗再生资源集群（废纸）为依托的宏达、环宇、天宝等为代表的包装和生活用纸，如瓦楞纸、箱板纸、牛皮纸、卫生纸等。

（易振波）

【岳阳林纸获全国林业产业创新一等奖】 2014年3月25日，2012-2013年度首届中国林业产业创新奖（林

浆纸类）在上海颁奖，岳阳林纸研发的“用于配抄高档文化印刷纸DIP制浆技术及其应用”荣获一等奖。（倪 浪）

【岳阳林纸一项目通过鉴定】 2014年7月11日，岳阳林纸研发完成的2011年度湖南省重大技术创新项目“轮转数码喷墨印刷纸技术研究及应用”通过专家组鉴定，并一致认为该项目整体技术达到国内领先水平。（倪 浪）

【岳阳林纸列为国家两化融合贯标试点企业】 2014年7月21日，岳阳林纸被选定为全国两化融合贯标试点企业502家之一。（倪 浪）

电力工业

【概况】 岳阳是中部地区电力能源大市，全市共有电力工业规模企业8家，以火电和小水电为主，其中专业电力工业企业有华能湖南岳阳发电有限责任公司和凯迪绿色能源开发有限公司2家，华能装机252.5万千瓦，凯迪装机2×12万千瓦。有非独立核算的热电联产企业泰格林纸岳阳自备电厂装机16.8万千瓦、巴陵石化自备电厂装机14.2万千瓦、长岭分公司自备电厂装机6.2万千瓦，热电联产装机共计37.2万千瓦。有小水电装机容量18.72万千瓦。2014年，岳阳市电力产业完成规模工业总产值93.9亿元，完成增加值28亿元，总发电量92.2亿千瓦时，神华国华岳阳电厂获国家能源局批准，计划2017年左右建成投产，华容县桃花山风电、临湘市窑坡山风电建设即将完成。（易振波）

【岳阳电网安全生产4337天】 2014年，国网岳阳供电公司开展党的群众路线教育实践活动，转作风、强管理、促发展，实现连续安全生产4337天，荣获湖南省电力公司和省能监办安全生产先进单位称号。主要经济指标完成年度目标，售电量完成76.88亿千瓦时、增长率0.77%。公司党风廉政建设被省电力公司评为年度考核优秀单位，效能监察项目获省电力公司二等奖，1项创新成果获全国电力行业二等奖、2项获省公司二等奖，1项QC成果获省公司一等奖，2人获岳阳市劳动模范，1人获省公司劳动模范。（熊 佳）

【推进岳阳电网建设】 2014年，国网岳阳供电公司开展基建“规范管理年”活动，严格按里程碑计划有序推进电网建设。投产110千伏湘阴六塘输变电工程及4个110千伏改扩建项目，开工金凤桥、华容城东等3个110千伏新扩建项目；新扩建35千伏项目7个、年内投产4个；完成东西帮扶工程和419个村农网升级改造，岳阳县建成为全省新农村电气化县。开展配电网典型供电模式专题研究，完成1400个村网规划编制工作，村网规划被树为国家电网公司示范样本。（熊 佳）

【提升岳阳电网经营服务水平】 2014年，国网岳阳供电公司开展“低电压”治理专题攻关，整治低电压台区576个、32617户。严格预算管理和考核，预算调整事项大幅度减少，各项预算指标得到有效落实。深入推进依法治企，完成审计项目163项，审查会签合同877份，办理涉诉案件45起。加强本部部室和三级单位绩效考核，推广试行一线员工工作积分标准。全面开展集体企业财务资产清理，着重加强整章建制、规范管理和增收创效工作。创新服务方式，开通“95598供电服务”微信平台，“1+1”“1+3”业扩经验得到省电力公司肯定并推广。建成城市十分钟缴费圈和村村有缴费点。扎实做好春节、高考、全省民族运动会等特殊时期保电工作，得到地方各级党委政府充分肯定。（熊 佳）

【优化岳阳电业内部体制机制】 2014年，国网岳阳供电公司全面落实建设“三集五大”体系方案，按期完成95598全业务上收、配抢指挥业务向“大运行”移交工作。在全省系统率先推行变电“运维一体化”工作，完成4个县公司110千伏变电站运维业务上收。建成运营监测大厅，成功接入16个统推业务系统数据。开拓员工成长通道，积极稳妥开展用工清理规范，完成平江、屈原公司人财物上划移交和君山配网公司上划准备工作。按照方便客户的原则，新设立3个农村供电所。建成后勤保障体系，不断规范后勤服务管理。（熊 佳）

【华能岳阳电厂安全运行2464天】 2014年，华能岳阳电厂实现安全零事故目标，累计安全运行2464天，保证生产安全、经营安全、政治安全、形象安全，获华能股份公司本质安全管理体系三星级企业称号。（李福如）

市政重点项目铁塔迁改工程　（齐 滨 摄）

【节能减排有成效】　2014年，华能岳阳电厂投资环保设施改造，实现全部机组脱硫、脱硝，提前一年实现与省政府签订的“十二五”减排目标。该厂云溪工业园、临港产业新区工业蒸汽供应项目，年内供汽12万吨，比2013年增长50%，对园区经济扩量提质、资源环境保护发挥较大作用。完成全厂六台机组电除尘检修及电除尘高效电源改造工作，排放的粉尘浓度达到国家新的大气污染物排放标准。在国家环保部组织的火电厂环保核查和省环保监测站季度现场监测中，该厂环保设施的投运率、效率均在全省处于领先水平，各项污染物排放值低于全省平均水平。　（李福如）

【华能岳阳电厂回馈社会】　2014年，华能岳阳电厂以各种活动为平台，奉献爱心，回馈社会。开展对口扶贫帮建、新农村建设和义务献血、困难帮扶活动，被岳阳市授予“慈善爱心企业”称号。2013-2014年投入扶贫资金30余万元；2014年筹集新农村建设资金30万元、大病救助资金10万元，义务献血200多人次，献血66600毫升，获岳阳市“最美献血公益团队”称号。华能岳阳厂团委开展“关爱抗战老兵”志愿服务活动和“关爱留守儿童”志愿服务活动以及“为留守儿童圆梦”活动，募捐善款1.82余万元。

（李福如）

饲料工业

【概况】　2014年，岳阳市有饲料生产企业87家，比2013年减少42家。饲料总产量为450万吨，比2013年下降3.5%，其中配合料332.6万吨，下降2.5%，浓缩料28万吨，下降3.7%，预混料28万吨，下降6.4%，单一饲料60.6万吨，下降12.%，添加剂3万吨，下降0.4%；各品种饲料分别为：猪饲料335.6万吨，下降3.7%，水产料38万吨，增长20%，其中特种水产饲料突破10万吨，占两湖地区50%市场产量，禽料14.8万吨，减少23.7%。饲料工业总产值为162亿元，比2013年下降3.4%。

一、饲料工业加快转型升级。全市新上单班配合饲料产能2万吨以上生产线15条，新增特种水产膨化饲料生产线6条，产能增加40万吨，九鼎、展翔、正昌等企业在外省、市开办新的分子公司。湖南九鼎科技（集团）有限公司的“九鼎”商标、岳阳市九岳饲料科研开发有限公司的“九岳及图”商标、岳阳市新宏饲料有限公司的“新宏”商标获国家工商总局商标评审委员会认定为中国驰名商标，湘天、新宏、展翔、艾克美、清源鱼料获湖南名牌，展翔、艾克美鱼料和强神猪饲料获岳阳市名牌。

二、行业集中度提高。经过选优淘劣和集中换发新的生产许可证，规模企业的产能和产量大幅提升，产量前15位（5万吨）企业饲料总产量达到280万吨，占企业总数的不足五分之一的企业产量占到总产量的60%；

三、饲料产量及工业总产值略有下降。受生猪价格深度低迷、豆粕等大宗原料涨价、农业部提高饲料生产许可条件、生猪疫病高发、饲料企业“退二进三”及用地困难的影响，饲料行业转型处境艰难，发展出现多年少有的下滑势头。

四、质量安全有保障。通过宣贯《饲料和饲料添加剂管理条例》及配套规章制度，饲料企业强化原料采购，生产加工，产品检测，流通销售环节的管理控制，企业管理规范，质量安全责任增强，产品质量稳步提升。全市产品质量抽检合格合格率达到98.5%，同比提高0.3个百分点，全年没有出现重大质量安全事件。

五、产业链不断延伸。一批先行先试、发展产业化的企业取得成功经验，吸引更多企业向下游产业链延伸，通过订单农业，终端直销，精深加工，投资入股等形式，走出一条机制灵活，股权清晰，合作共赢的多元化产业发展之路。

【加强饲料行业监管】　2014年，全市饲料管理部门开展“五查一活动”，加强饲料行业监管。结合饲料企业年审备案、抽样、专项整治，开展动物源性饲料产品安全、饲料添加剂和饲料药物添加剂使用、企业执证、饲料用油五项检查。开展为期二个月的打击假、冒、伪、劣饲料、饲料添加剂专项整治活动。全年共印发饲料安全宣传资料2.2万份，出动执法人员248人次，检查饲料生产、经营企业537家，整顿饲料市场16个，对2013年度部、省、市三级监管部门通报不合格产品企业进行登记造册建立黑名单，明确有11家企业，32个品种为重点监控对象。全年立案6起，结案6起，下发整改通知书18份，停产整顿企业12家，取缔无证生产企业1家。开展“瘦肉精”专项整治。全年发放“瘦肉精”快速检测试纸2200多条，排查养殖场210家，饲料经营户218个。加强对动植物蛋白饲料“三聚氰胺”和预混料中苯乙醇胺A专项监测，抽取“三聚氰胺”样26个，苯乙醇胺A样35个，均未检出“三聚氰胺”和苯乙醇胺A。根据新《饲料和饲料添加剂管理条例》，换发新生产许可证，有95家饲料企业通过年审备案，12家企业因生产设备、管理水平、检化验设备等条件不合格，未通过年审备案，整改期一年，有22家企业生产条件严重不符合规定被淘汰，已报农业部注销。4家新办企业获得饲料生产许可证，53家浓、配料和单一饲料企业顺利换发新的生产许可证。

【参加全国饲料工业博览会】
2014年4月，岳阳市有10家企业，派出28个代表参加在沈阳举办的全国饲料工业博览会，其中尤特尔、利尔康等企业还增设展位，九鼎、正虹派专人参加高层论坛，长江饲料有限公司签订设备供应意向协议。

【盐业管理部门与饲料企业达成和解】　2014年4月24日，市饲料工业办、市饲料协会、饲料企业代表与市盐业公司负责人在市畜牧水产局召开协调会。双方就盐业管理部门进入饲料生产企业干涉使用饲料级添加剂氯化钠达成调解方案：盐业管理部门经销的饲料级氯化钠必须有产品生产许可证，不越权进入饲料企业阻碍使用饲料级添加剂氯化钠，盐业部门须在产品价格和完善服务上赢得市场，饲料企业在同等价格和售后服务条件下优先使用盐业公司经营饲料级氯化钠。

【正虹科技院士工作站组建】 2014年5月23日,岳阳市正虹科技院士工作站组建汇报会在岳阳市南湖宾馆召开。正虹科技与中国科学院亚热带农业生态研究所联袂,由国家一级研究员、中国工程院院士印遇龙领衔担纲,以“院士+博导+博士”为阵容组建的正虹科技院士工作站,在“绿色健康养殖”领域向更深更远方向进发。组建汇报会上,正虹集团董事长夏壮华表示,企业将借助院士工作站这一高端平台,进一步拓展合作面,加快技术创新和人才培养,发挥院士专家高端智力引领作用,加大研发投入,加快产品开发,不断提升企业的自主创新能力和核心竞争力,为国内饲料事业“绿色、健康、安全”和持续发展做出更大的贡献。印遇龙要求工作站帮助正虹突破技术难关,培养和引进更多的高端科研人才,让院士工作站真正成为企业可持续发展的创新引擎。

【农业部专家组莅临岳阳九鼎验收】 2014年12月7日，农业部畜牧业司副司长王俊勋率农业部专家小组对岳阳九鼎公司王家畈工厂进行农业部饲料质量安全管理规范示范企业现场验收。专家组一行听取集团总裁周细军就九鼎公司企业文化、与客户共赢的发展理念以及重视产品质量管理体系的情况汇报，详细检查生产、检验现场，一一检查和核实公司的质量、生产、采购、人力行政、销售管理等部门的相关文件、记录与人员素质情况，经过综合评审和讨论，专家组对湖南九鼎公司王家畈工厂《饲料质量安全管理规范》实施情况表示认可。

（本栏撰稿 周 裕）

食品工业

【概况】 2014年，岳阳市食品产业完成规模工业完成产值1081亿元，比2013年增长9.2%，完成规模工业增加值278.3亿元，比2013年增长10.3%。打造湘阴洋沙湖食品工业园、平江食品工业园、岳阳县食品工业园、华容县插旗蔬菜工业园四大食品加工园区。初步形成以油脂、饲料、粮食、蔬菜、水产品、茶叶、饮料等加工业为主，以调味品、休闲食品等其他加工业为辅，门类齐全的食品产业格局。其中饲料加工、油脂加工、调味品制造、制茶等行业在全省同行业中处于领先地位。酱油、芝麻油、鸡精等调味品产量居全省第一；拥有黄、绿、黑、红四大茶类，君山银针、临湘黑茶产量、销售产值在全国县级市中排名第六。全市食品工业拥有正虹、岳泰、九鼎、古越楼台、道道全、君山银针等10个中国驰名商标，正虹、岳泰等3个中国名牌产品，全市通过“三品”（无公害、绿色、有机）认证的农产品达到419个。此外，正虹科技等3家企业被评为国家级龙头企业，巴陵油脂、插旗菜业等27家企业被评为省级龙头企业，鱼米之湘、国泰食品等196家企业被评为市级龙头企业。

（易振波）

生物医药工业

【概况】 2014年，岳阳市生物医药规模企业完成产值140.3亿元，同比增长30.7%，是全市增长最快的产业。初步形成生物医药、化学合成原料药及制剂、生物发酵、中成药、中药饮片、药用胶囊、药用辅料、药包材、医疗器械等共同发展的医药工业体系。工业剂型品种多，共有注射剂等20多种剂型，生化药品等168个品规；中药材资源丰富，全市共有中草药品种1365个，其中植物药1244种，动物药111种，矿物药10种，自产中药材有80多种，中药材种植基地有29个；产业基础好，全市24家药品生产企业中80%以上通过GMP认证，各类药品生产线多达68条,现有药品生产企业数量和药品品种数量在全省排名第二。拥有中南地区最大的输液生产基地湖南科伦药业有限公司，全省首家高科技生物制药企业湖南康润药业有限公司等8家产值过亿元的医药企业。

（易振波）

建材工业

【概况】 2014年，岳阳市重点发展水泥、建筑陶瓷、新型墙体材料、木材深加工、人造板材和石材开采加工等六大门类产品生产，重点扩张临湘海螺水泥新型干法窑和华新岳阳公司、南方岳阳公司、大力建材等优势企业生产能力；依托本地丰富的高岭土资源，抓住沿海地区建筑陶瓷产业向内地转移大好时机，积极引进外资，加快岳阳建筑陶瓷产业发展，重点建设岳阳县、临湘市两大陶瓷产业园，打造岳阳建筑陶瓷产业集群；大力发展以花岗岩为主体的石材产业，提升石材加工品级，增强品牌效应和产品的市场竞争力；重点扶持六大人造板厂发展，组建湘阴家具工业园。岳阳市建材产业正处于关闭小建材、关闭黏土砖厂，大力发展新型建材工业，并对现有两个建筑陶瓷工业园进行产品升级换代的健康发展阶段。2014年岳阳市建材产业年产值496亿元，比2013年增长13.6%，完成规模工业增加值133亿元，比2013年增长12.2%。

（易振波）

机械制造工业

【概况】 2014年，岳阳市机械制造产业实现产值583.7亿元，比2013年增长9.2%，完成规模工业增加值164.3亿元，比2013年增长14.5%，拥有通用机械设备制造，专用机械设备制造，交通运输机械设备制造，电气、电磁设备制造，办公设备制造等7个大类，其中通用机械设备、电气机械设备、专用机械设备3类成为产业支柱，产值均在30亿元以上。拥有机械制造产值过亿元企业39家，其中：天一科技是中国泵业第一股，全省100强企业之一，生产的稠油泵、潜水电泵、气液混输泵、电力控制设备、高低压电力开关等被列为国家免检产品，占国产泵市场份额的40%；中科电气是一家创业板上市企业，其自主研发的板坯联铸电磁搅拌成套装置和高压变频器属国内首创，具有国际领先水平；中天科技自主研发的收割机、旋耕机等产品，具有很强的市场竞争力，龙舟牌收割机获中国驰名商标，联合收割机占省内市场份额的35%，行业排第一位。

（易振波）

【长江动力机械厂战略转型有进展】 2014年，长江动力机械厂抓住回归中航工业发动机公司的契机，推进企业战略转型。在中航工业发动机公司支持下，以军品生产科研为中心，抓好金属封严环产品科研工作，拓展军品零部件加工业务。该厂介入多个航空发动机型号金属封严环产品的研制和批产，实现航空发动机在研和预研型号的全覆盖。成功签订某些型号航空发动机的批产配套合同并替代进口，成为国内金属封严环研制单位中的第一家、也是唯一一家正式签订批产配套合同的企业，正式进入重点型号科研配套体系。承接各类军品结构件、发动机机匣类组件、航空复杂标准件、航空易必件等产品研发生产，在中国航空发动机的领域里，力争打造成金属密封结构件、中小钢件、航空标准件的专业化生产基地。

（陈启洲）

【金秋红日公司借助外力谋发展】 2014年，金秋红日公司借助外力营造良好发展环境，重大项目有序推进。争取湖南省军民融合财政专项资金200万元，着手微烟药生产线改造；加强临港新区征地协调，编制《年产150万发引信项目可行性研究报告》，为安全改造项目落地和"退城进郊"、"五年三步走"战略做好前期准备；在省重点项目办公室和省科工局的协调下，落实靶场拆迁还建补偿资金2800万元，将建设中南地区一流的试验靶场；争取财政资金支持761.8万元，配套棚户区改造项目二期主体工程；借科研院所之力助推科研开发工作,开展5个引信项目的科研试制工作，即某型号弹底机械触发引信、某型号弹头机械触发引信、某型号单兵武器弹底机械触发引信、某型号制导子母弹ZDH击发装置和国家十三五装备某型号单兵武器弹药引信。

（康苏高）

【金秋红日公司解决历史遗留问题】 2014年，金秋红日公司在省、市相关部门的关心支持下，努力化解各种复杂矛盾，推进各项维稳工作。该公司前身是原湖南红日机械厂（544厂），2001年4月成为中国兵器装备集团公司首家破产改制企业，改制后存在诸多历史遗留问题，原企业职工赴省进京缠访、闹访、群访事件不断。公司扎实推进历史遗留问题的处理，至年底原企业9大历史遗留问题处理到位，一是补发4643名职工搬迁运输费139.29万元，二是累计发放968人独生子女保健费63.89万元，三是支付864人次老工伤（含军残、职业病）人员后续治疗费377.79万元，补发61名符合政策的老工伤人员一次性伤残补助金47.47万元，四是514名老工伤人员全部移交岳阳市工伤统筹管理，五是12名离休人员津补贴发放和日常管理落实到位，累计发放各项津补贴234.54万元,六是356名重组职工安置费补发到位，累计补发安置费645.15万元，七是完成红日社区下水管网改造工程，八是完成职工住宅屋顶漏雨维修工程，同时筹措职工住宅房屋维修基金191.28万元；九是完成棚户区改造项目，新建546套职工住宅，彻底解决社区职工无住房的困难。绝大多数职工和社区居民比较满意，公司呈现良好的稳定局面。

（康苏高）

电子信息与光伏工业

【概况】 2014年，岳阳市电子信息产业完成产值172.8亿元，比2013年增长10.5%，军民融合北斗卫星产业园加紧建设中，项目总投资10亿元，全部建成后预计年销售收入可达100亿元，创税6.7亿元。组建北斗卫星导航应用院士工作站，军民融合北斗卫星导航产业纳入省政府与中国航天科技集团战略合作框架协议中的核心内容。全市电子信息产业主要规模企业集中在省级岳阳田谷电子信息产业园和汨罗、华容、湘阴等县市的市级电子信息产业园，形成太阳能光伏产业、软件产业、电子元器件制造业等三大电子信息产业集群。田谷电子信息产业园正在全力打造以国信军创6906为龙头的卫星导航产业集群，华容电子信息产业园形成以润华新能源为龙头的光伏产业集群，成为湖南省太阳能产业链上的重要节点；汨罗电子信息产业园拥有音品电子、铭鸿电子等新型电子元器件生产企业，已形成一定的产业规模优势；湘阴电子信息产业园光电一体化产业加快发展，集聚依鲁光电、英思特晶体电波等一批上下游关联企业。通过技术引进和技术改造，岳阳市电子信息产业产品逐步向高品质、高附加值方向发展。液晶显示器件、太阳能电池组件、LED大功率照明光源、工业软件、北斗卫星导航终端产品以及新型电子材料等正逐步成为岳阳市电子信息产业的主流产品。

（易振波）

【6906公司北斗研发大楼封顶】 2014年1月23日，6906公司北斗研发大楼封顶仪式在长沙举行。北斗研发大楼工程是该公司重点建设项目之一，位于长沙国家高新区。大楼投资近5000万元，总建筑面积21541平方米，建筑主体结构呈"∟"字形，为框剪结构。主体工程东西长49米，南北宽49米，共16层，地上14层，地下2层。该公司北斗事业部搬迁至该大楼，并配备先进的研发、生产设备及基础配套设施，为工作人员提供良好的研发条件和工作环境。

（周婉如）

【岳阳北斗卫星导航应用院士工作站成立】 2014年6月20日，岳阳市北斗卫星导航应用院士工作站成立暨北斗城市应用示范项目工作汇报会在临港新区举行。北斗卫星导航系统总设计师、中国科学院院士、"两弹一星"功勋奖章和国家最高科学技术奖获得者孙家栋，中国卫星导航系统管理办主任冉承其到会指导，岳阳市委副书记李志坚、副市长李为、6906公司董事长向志明等出席。该工作站以6906公司为平台，由以孙家栋为团队核心的19名博士、硕士组成。工作站拟投入研发经费1000万元，重点研究北斗系统室内室外高精度定位技术、全球体制下北斗终端核心技术。

（周婉如）

【岳阳卫星应用产业园开园】 2014年6月20日，岳阳军民融合卫星应用产业园开园仪式在临港新区举行。北斗卫星导航系统总设计师孙家栋宣布产业园开园，市长盛荣华，市委副书记李志坚，中国卫星导航系统管理办主任冉承其、副市长李为等出席。岳阳军民融合卫星应用产业园是国内“北斗卫星导航应用示范”城市建设重点项目，6906公司作为该园区首批入驻企业，将在园内征地13.33公顷、投资8.2亿元建设北斗军民融合产业化项目，包括航天弹载北斗、北斗导航终端产品生产制造装置基地、北斗导航区域运营中心、产业研发中心等9个项目，搭建卫星导航产业服务和孵化平台，着力打造从材料、元器件、芯片、终端、软件到应用的完整产业链，拉动地方及行业经济增长。（周婉如）

纺织工业

【概况】 2014年，岳阳市纺织产业实现规模工业总产值215亿元，完成增加值57亿元。形成华容、湘阴、君山、屈原、岳阳等县区5个棉纺织产业集群，其中华容县是湖南省纺织基地县。主要产品包括：棉花生产与初加工、棉及棉混纺纱线、坯布(机织布和针织布)、印染及家纺、服装生产与加工以及棉苎麻混纺产品生产与加工。拥有湖南华升洞庭麻业有限公司、湖南德科纺织印染有限公司、岳阳宝丽纺织有限公司、华容县华青纺织有限公司等38家产值过亿元的纺织企业，其中以洞庭麻业有限公司为龙头，建立国家级企业技术中心和国家苎麻产品开发基地，承担完成的国家“十一五”科技支撑项目“高档超高支苎麻产品加工关键技术”通过国家验收，并获得中国纺织工业科学技术一等奖。岳阳市已初步形成以纺纱为主、织造、印染、服装互为补充的纺织工业生产新格局。

（易振波）

【洞庭麻业公司着力创新开发】 2014年，湖南华升洞庭麻业有限公司面对市场苎麻原料资源萎缩、产品供不应求的现状，加大技术创新和新产品开发力度。该公司的“气流槽聚型苎麻集聚纺纱关键技术研究”“特色麻面料技术研究”“Coolmax新型纤维与苎麻混纺工艺技术研究”“苎麻纺织装备数控化应用示范”四个项目通过岳阳市科技局的鉴定验收。重点开发以麻为主的家纺产品拓展国内市场，开发新产品152个，有9个新产品投入，批量生产，其中“蓝色情怀、麻赛稠”两个产品被评为2015年“春夏中国流行面料”，“麻舒爽”被评为2015年“秋冬中国流行面料”，全年新产品销售额4950万元，家纺产品近千万元。该公司还被中国麻纺行业协会授予“中国麻纺织行业市场开发贡献奖”。

（覃春琳）

节能环保工业

【概况】 2014年，节能环保产业完成产值375.8亿元，增长16.7%，实现工业增加值92亿元，增长19.5%，污水处理厂和垃圾焚烧发电厂等重点项目推进顺利。再生资源集散地主要集中在汨罗市、平江伍市、屈原管理区等地，其中汨罗循环经济工业园是国家首批循环经济试点和全国首批“城市矿产”示范基地，再生资源经营业主发展到4000多家，在市内外建立废旧物资回收站点1900多个，聚集长江铜业、兴发铝业、平桂制塑等50多家再生资源加工企业，形成再生铜、铝、不锈钢、塑料、橡胶、废纸等加工板块，是中南五省最大的再生资源交易市场。

（易振波）

责任编校 曹春友

信息产业

综 述

【电子信息与光伏产业】 2014年，岳阳市电子信息产业完成产值172.8亿元，比2013年增长10.5%，军民融合北斗卫星产业园加紧建设中，项目总投资10亿元，全部建成后预计年销售收入可达100亿元，创税6.7亿元。组建北斗卫星导航应用院士工作站，军民融合北斗卫星导航产业纳入省政府与中国航天科技集团战略合作框架协议中的核心内容。全市电子信息产业主要规模企业集中在省级岳阳田谷电子信息产业园和汨罗市、华容县、湘阴县等电子信息产业园，形成太阳能光伏产业、软件产业、电子元器件制造业三大电子信息产业集群。田谷电子信息产业园正在全力打造以国信军创6906为龙头的卫星导航产业集群，华容县电子信息产业园形成以润华新能源为龙头的光伏产业集群，成为湖南省太阳能产业链上的重要节点，汨罗市电子信息产业园拥有音品电子、铭鸿电子等新型电子元器件生产企业，形成一定的产业规模优势，湘阴县电子信息产业园光电一体化产业加快发展，集聚依鲁光电、英思特晶体电波等一批上下游关联企业。通过技术引进和技术改造，岳阳市电子信息产业产品逐步向高品质、高附加值方向发展。液晶显示器件、太阳能电池组件、LED大功率照明光源、工业软件、北斗卫星导航终端产品及新型电子材料等正逐步成为岳阳市电子信息产业的主流产品。

【信息化与工业化融合推进】 2014年，岳阳市信息化管理局大力发展北斗导航产业，加大政策扶持力度，制定出台《关于加快推进北斗卫星导航应用及产业发展的意见》《关于加快临港军民融合产业发展的扶持政策》等文件。提升信息化建设水平，发布实施《数字岳阳建设纲要》，加快岳阳市信息化建设做好顶层设计。推进三网融合，协调推进“光纤到户”工作，提升城市信息化建设水平。开展信息化“登高计划”和“数字企业”创建行动，推进全市企业信息化建设。培育和发展现代信息服务业，促进电子商务发展，组织编制《关于加快电子商务发展的若干政策措施》。开展“4G惠三湘活动”，通过一系列信息化宣讲、行业信息化解决方案推广、4G产品体验推广等，送信息服务下基层，促进信息消费的快速健康发展。

（本栏撰稿 易振波）

无线电管理工作

【加强频谱监测】 2014年，岳阳市无线电管理处（简称市无线电管理处）坚持做好无线电日常监测工作，掌握辖区内空间电磁环境的分布，确定合法电台的使用，进行日常频谱监测近14000小时，掌握市区主要频段的电磁环境情况，进行24小时制值班近1300小时。重点对广播电视、民用航空、武广高铁、长江海事、用电采集等业务进行严密监测和保护，在春节、“两会”等重大节假日和政治活动期间，启动安全保障预案和应急准备，进行无线电环境巡查，保障各类无线电通信业务和环境的安全。年内查处无线电干扰10例，其中，日常监测工作中发现的干扰2例，用户投诉干扰8例。查处湖南数字电视在汨罗市、湘阴县、平江县幕阜山、岳阳县鹰嘴山，君山钱粮湖，云溪区受干扰，汨罗市广播电视台MMDS系统受干扰和临湘市西正街、忠防镇马港村居民投诉电视受干扰事件。在全国高考、研究生考试、司法考试、公务员考试等14次考试期间，加强管理，严密监测无线电信号，防范和打击利用无线电设备进行考试舞弊的行为。

【加大无限管理宣传力度】 2014年，市无线电管理处结合无线电管理各项工作，开展“世界无线电日”、无线电管理宣传月等宣传活动，为全市无线电管理创造持续良好的舆论环境，增强社会公众无线电频谱资源意识和法制观念。将宣传活动深入设台单位，帮助设台单位解决实际工作中遇到的问题。抓住各项考试无线电安全保障的机器，打击利用无线电设备进行作弊的行为。定制3万个印有宣传口号的环保购物袋及宣传资料，入超市免费发放，普及无线电管理条例和法律法规。在《岳阳日报》《洞庭之声》上专题刊登《加强无线电管理服务经济社会发展》，普及无线电知识，发布打击非法设置使用无线电台站的相关信息，增强公众关注度和参与度。

【推进依法行政】 2014年5月，市无线电管理处联合移动运营商、公安系统，在市区和县区进行大规模的查处打击伪基站的行动，查获收缴伪基站一批，抓获作案人员一批。协助公安系统对公安系统查处的伪基站进行鉴定，全年计鉴定公安系统查处的伪基站六次，打击伪基站破坏通信秩序的行为，净化岳阳市空中无线电波环境。同时还查处步步高超市、焦点会所、阿波罗饭店等十几家擅自设台单位，要求其补办手续。

【确保少数民族运动会通信畅通】 2014年11月20–27日，湖南省第八届少数民族传统体育运动会在岳阳举行，市无线电管理处承担整个运动会期间的无线电安全保障任务。开幕式彩排之前，无线电监测小组提前掌握周边地理环境，对重点频段进行不间断扫描，并对背景场强信息进行采样，及时应对可能出现的无线电干扰奠定基础。比赛期间，监测小组每次提前到达指定工作地点，对重点频段进行保护性监测，对新出现的信号与采样结果进行对比分析。整个运动会期间，队员坚守在工作一线，完成少数民族传统体育运动会无线电安全保障任务。

（本栏撰稿 刘晓辉）

电信通信

【电信生产经营】 2014年，电信岳阳分公司完成收入预算100.77%，经营效益持续改善，利润比2013年增长90.55%，实现翻番。规模发展能力明显增强，净增移动用户完成率排全省第九，净增智能机用户完成率排全省第四，宽带净增出账用户完成率排全省第六。并获得省公司“2014年度业绩考核达标单位”称号。

【电信基础建设】 2014年，电信岳阳分公司新建CDMA基站24个，室分系统10套，安装LTE–FDD基站267个，建共享9个（共享联通5个、移动4个）。宽带合作引入民资排名全省第三。新建FTTH端口16万个，乡镇FTTH改造162个，除青山铺岛外乡镇光网覆盖率达100%。

【电信客户服务】 2014年，电信岳阳分公司建立上下联动的服务管控团队，加强两会及3.15期间服务热点问题排查整改，确保敏感时段和敏感区域的服务平稳。开展三强问题及垃圾短信整治，实行投诉处理周报制度。推进城区宽带五项服务承诺，规范装维人员上门服务动作和时限，责任到单、人，每月通报，考核兑现，处理能力明显改观。

（本栏撰稿 刘 文）

移动通信

【岳阳移动4G建设】 2014年，岳阳移动分公司将4G建设和发展作为一号工程，推进4G建设和发展。巩固网络能力领先优势。年内全公司掀起大规模4G网络建设热潮，公司上下齐心协力，攻坚克难，保质保量保速度，建成投产2317个4G基站，超过前15年2G站建设规模，4G网络覆盖城区、县城以及所有乡镇驻地，全网4G基站的承载能力由年初1805个提高到2780个，PTN骨干汇聚层容量增大120GE；多举措优化网络质量。开展2G、3G到4G的系统间邻区的配置和专项优化工作，完成2G到4G的FR功能优化、CSFB接通率和时延专项优化、4G精品网优化等工作，经过多次扫频、ATU测试分析，对全网采取PCI优化、覆盖优化、室分优化等措施，降低全网重叠覆盖度和网络干扰，客户感知明显改善。从4G终端体验、4G业务宣传、4G专柜建设三方面抓好4G终端推广工作，4G客户DOU达到542MB，日均流量达到8000GB，超过2/3G网络流量之和，呈现加速突破，爆发增长的发展态势。

【岳阳移动智慧经营】 2014年，岳阳移动分公司完成6个自营厅的整体改造、19个自建他营厅和150家社会渠道的局部改造，打造方便、快捷、舒适的服务平台，从“流量套餐营销、流量客户拓展、应用内容推广、流量营销渠道、流量客户服务”五个方面加快流量经营转型，全力提升流量增长水平。开展网厅岳阳专区，及时跟进湖南省公司先进营销模式，丰富电子渠道界面和通道，提升客户对电子渠道的感知，参与平安城市、电子政务、财政专线等大型数据专线项目建设，推广“校讯通”“警务通”“物联网”“企信通”等信息化产品，为客户提供基于4G优质网络的“巡店安防”“驾考实时传输”“公交WIFI”等无线应用，建成800多个小区、13万多个端口，以光宽带为主，充分考虑家庭客户未来的信息需求，将信息化服务融入市民生活，让众多行业客户和普通客户更加感受到移动通信带来的便捷。

【岳阳移动严抓管理】 2014年，岳阳移动通信分公司实施多项举措，固本强基提升管理效率。健全企业各项制度流程，开展基础管理工作，实现管理流程化、规范化、标准化、精细化。做好税收筹划，建立适应增值税要求的运营管理模式，提升增值税管理水平，年内缴纳企业所得税1.56亿元，地税3631万元，增值税4190万元，落实国资委和集团公司“保增长”及销售费用压降工作，强化成本管控，合理配置资源，先后开展信息安全综合治理、消防演练等活动，提升人防、物防、技防能力，保障公司生产安全。构建“五型”卓越班组，推动基层组织管理提升，网络维护中心监控班被评选为集团公司“卓越班组”。

（本栏撰稿 欧阳拔坤）

联通通信

【概况】 2014年，岳阳联通分公

司秉承“六有”文化，以“强价值、塑品牌，优流程、促满意”十二字方针，深化管理模式和业务发展模式转型，打造移动宽带领先的第一品牌，深入细致地抓好抓实“3G、4G规模有效发展、固网融合发展、集团信息化发展、服务创新驱动、网络运营保障、基础管理提升”六个方面工作，提升公司内部的营销力，实现岳阳联通规模效益发展。到年底移动客户达到150万户，实现全年业务收入比2013年增幅16.2%，上缴税收5054万元。

【岳阳联通聚焦网络建设】 2014年，岳阳联通分公司全年新建基站226个，195个LTE-FDD基站的开通建设。现网G网基站1196个，W网基站1153个，实现市区和县城的FDD覆盖率达到W网基站的80%。抓住全省乡镇网络全覆盖试点单位这一契机，抓好各乡镇的网络覆盖建设，以“牛头模式”为主的宽带业务的合作经营，推进各城区、乡镇网络建设，加大对WCDMA和LTEFDD移动网络的建设力度，实现城市到城郊、地上地下、室内室外、路中路终的无缝隙覆盖，提升网络服务质量，满足市场业务发展需求。同时，与甘塘村结成扶贫对子，先后投入100多万元对该村区域及周边网络覆盖加进行网络覆盖建设，针对村级集团网制定适合广大村民消费使用的资费套餐，提升用户的满意度。坚持“平战结合”的原则，加强重大活动通信保障与应急通信保障演练，完成湖南首届群众性汨罗江龙舟节通信保障任务，为湖南省第八届民运会提供全方位的一流通信服务保障。

【岳阳联通助力推进信息化】 2014年，岳阳联通分公司始终秉承“强政、兴业、惠民”的宗旨，围绕智慧城市建设，聚焦“信息强政、信息兴业、信息惠民”三大领域，推进行业信息化建设，探索“整合、优化、共享、外包”的理念，电子政务建设得到迅猛发展，同时，企业信息化和电子商务建设也有巨大的发展，协同办公、财务、物流、客户资源管理、企业资源管理等越来越多的应用系统逐步建设完善。为党政机关和部门提供“掌上办公、应急指挥、车辆监控、综合执法、司法矫正、工商执法”等一系列信息化行业应用。打造巴陵石化公司的“智慧厂区”，提供专业、高效、便捷的信息化服务。构建以数字化校园、班班通、平安校园等信息化应用支撑平台，采用体验式等多种形式，结合示范项目参观、教育信息化应用体验、现场签约等服务，搭建教育信息化论坛、发挥“示范项目”的示范作用和辐射效应，推进教育信息化，塑造教育信息化的品牌形象，实现校园教学与管理一体化和高度的信息化，为广大师生提供多元、优质的校园信息化服务。

（本栏撰稿　章昔文）

责任编校　邹　青

农 业

综 述

【概况】 2014年，岳阳市农业系统认真贯彻落实中央和省委一号文件精神，以全面深化农村改革为动力，以全面建成小康社会为目标，稳步推进现代农业建设，农业农村经济社会健康发展，农村大局保持和谐稳定。

一、主要农产品增产。粮食、茶叶、油菜、蔬菜、生猪、牛、羊、水产品等主宗农产品实现全面增产。粮食播种总面积55.5万公顷，比2013年增长1.8%，粮食总产量318.63万吨，增长2.7%，粮食生产实现“十一连增”，湘阴县、华容县、岳阳县被评为全国粮食生产先进县。蔬菜种植面积9.74万公顷，增长3.1%，总产量312.8万吨，增长10.3%。油料作物种植面积12.5万公顷，增长0.5%，总产21.6万吨，增长7.3%。棉花因国家政策调整减面减产，种植面积3.9万公顷，减少4.4%，总产5.6万吨，减少0.2%。年出栏生猪760.29万头，增长1.5%，出栏牛15.95万头，增长6.1%，出栏羊44.24万只，增长4.6%。出产水产品48.21万吨，增长8.8%，水产品出产量连续25年排名全省第一。

二、农业效益稳步增长。全市实现农林牧渔业总产值445.3亿元，实现农林牧渔业增加值292.24亿元，比2013年增长4.6%，为近5年来最大增幅。其中，农业总产值211.38亿元，增长3.6%，林业总产值14.63亿元，增长6.9%，牧业总产值137.83亿元，增长4.2%，渔业总产值74.64亿元，增长6.8%，农林牧渔服务业总产值6.82亿元，增长12%。

三、农民收入持续增加。全市农民人均可支配收入为11062元，增长11.4%，农民收入实现“十一连增”，连续8年保持两位数增长。

四、农村大局和谐稳定。全市没有发生重特大森林火灾、重特大洪涝灾害、重大动物疫病流行、重大农产品质量安全事故等，没有发生重大涉农群体性上访事件和涉农恶性案件,农村大局和谐稳定。

【现代农业加快发展】2014年，岳阳市结合湖南省两个“百千万”工程，加快推进传统农业大市向现代农业强市转型发展。新型农业经营主体快速壮大，新增农民合作社935家，总数达到2391家，增幅为64%，国家级、省级、市级示范社总数分别达到13家、52家、48家。农业产业化水平显著提升，食品产业首次突破千亿元大关，跃升成为全市第二大千亿元产业，岳阳市成为全省首个拥有千亿食品产业的地市，全省规模食品企业前五名，岳阳市占据3席，全市饲料产业产量和产值均位居全省第一。全市市级以上农业产业化龙头企业达到267家，其中，国家级4家，省级45家，涉农中国驰名商标新增7个，总数为27个，居全省各地市州第一，湘阴县凯佳生态园成功申报省特色产业园，成为全省重点支持的2个休闲农业特色产业园之一，全市省级三星以上休闲农庄发展到64家，其中五星级16家。农业机械化水平不断提高，全市农业综合机械化水平达到63.4%，居全省第一，建成汨罗市1个全国“平安农机”示范县、12个示范乡镇；农机互助保险总额和农机综合“三率”居全省第一。农产品物流平台建设实现重大突破，争取海吉星农产品物流产业园落户岳阳，产业园建成后将成为岳阳乃至湘北地区最大的一级农产品批发市场、湘北农产品集散中心和区域性冷链集散中心。

【农村改革全面启动】 2014年，岳阳市按照中央、省委省政府部署，全面启动农村改革。在1个乡镇和14个村开展农村土地确权登记颁证试点，试点面积3346.67公顷，试点农户1.17万户，试点工作圆满完成，推进农村土地有序流转，全市农村土地流转面积达到20.64万公顷，比2013年同期增加3.57万公顷，建立岳阳联合农村产权交易中心，借此平台岳阳县麻塘镇畔湖村一块2公顷的集体土地11年经营权拍得41.8万元，每年承包价是原来13倍，成为全省农村集体土地经营权流转“入市”的首宗成功案例。

在岳阳县探索开展农村土地承包经营权抵押贷款试点，第一批22个农户或新型经营主体获得贷款2460万元，开创岳阳土地承包经营权抵押贷款的先河。在平江县瓮江镇探索推进农民住房财产权抵押贷款试点，在临湘市、华容县扩大林权抵押贷款。

【新农村建设深入推进】 2014年，岳阳市突出以农村环境整治为重点的新农村建设和美丽乡村建设工作，出台《岳阳市2014-2020年农村人居环境整治和美丽乡村建设实施方案》。全市投入农村环境整治专项资金3.27亿元，强化月暗访、季明察制度，坚持一季一排名、一季一奖惩，初步实现“三有三无”目标（有环卫设施、有保洁人员、有管理制度，无裸露垃圾、无污水乱流、无乱堆乱放），农村环境整治工作得到社会各界一致好评。重点建设10个城乡统筹试点镇、18个示范创建片及306个示范村，突出打造10个省级新农村建设示范村。岳阳县、临湘市被评为湖南省新农村建设先进县（市），汨罗市西长村、华容县五星村、屈原管理区荷花村、平江县武岗村、湘阴县柳江村、云溪区牌楼村被评为“湖南省美丽乡村建设示范村”。

【减负惠农工作严格落实】 2014年，全市农业农村战线通过多种形式和渠道宣传减负惠农政策，印发宣传资料270多万份，《致农民朋友的公开信》《农民负担与补贴监督卡》“一信一卡”入户率95%以上。按照市委群众路线教育实践活动专项整治工作要求，突出抓好“坚决纠正损害涉农利益行为专项整治工作”。落实惠农补贴160多项，落实各项政策性惠农补贴资金40多亿元，治理乱收费为农民减负1500多万元。

（本栏撰稿　吴倩男）

农村经营管理

【概况】 2014年，岳阳市农村经营管理局（简称市农经局）认真履职，狠抓落实，锐意开拓，全市农村土地承包管理、农民合作社规范化建设、农村集体“三资”和农村财务管理等工作均实现年初预定目标，为全市农村经济发展和农村社会稳定发挥应有的作用。被评为全省经管工作先进单位、农村土地承包经营权确权登记试点工作先进单位。

【建立农村土地经营权有序流转引导机制】 2014年，全市农村土地有序流转。一是引导发展农业适度规模经营，推动农村土地向家庭农场、专业大户、农民合作社、龙头企业、农业社会化服务组织转包租赁，促进农村土地流转。全市农村土地流转面积达到20.64万公顷，比2013年增加3.57万公顷。其中，耕地流转面积8.15万公顷，增加1.47万公顷。种粮面积6.93万公顷，比2013年增加0.47万公顷。二是推进农村土地承包经营权抵押贷款试点。启动人民银行对农村土地承包经营权进行抵押贷款的试点，岳阳县一家合作社及22个农户通过农村土地承包经营权抵押获得2460万元的信用贷款，真正让农民群众享受到农村改革带来的红利。三是建立岳阳联合农村产权交易中心。借此平台，岳阳县麻塘镇畔湖村一块2公顷的集体土地11年经营权拍得41.8万元，每年承包价是原来13倍，是全省农村集体土地经营权流转“入市”的首宗成功案例。

【推进农村土地承包经营权确权颁证试点】 2014年6月，市政府召开全市土地承包经营权确权登记颁证试点工作动员大会，确权颁证试点工作正式开启。下半年以来，在全市选取15个村和1个乡镇开展农村土地确权登记颁证试点，举办涉及五个层面的工作技术培训班，推动各县市区全面开展试点工作。截至年底，全市完成试点面积3346.67公顷，开展试点登记农户1.17万户。通过试点摸索经验，切实解决承包地块面积不准、四至不清、空间位置不明等突出问题。其中岳阳县柏祥镇的整乡推进试点工作经验被编入《湖南省农村土地承包经营权确权登记颁证文件资料汇编》，并向全省推介，试点工作圆满完成。

【加强合作社规范化建设】 2014年，全市新注册合作社935个，新增入社农户6.2万人，注册登记农民合作社总数达2391个，农民合作社入社成员总数达28.5万人。创建省级示范合作社8个，市级示范合作社11个，以点带面，示范引导全市农民合作社规范发展。全市有362个合作社产品拥有注册商标，162个合作社产品通过农产品质量认证，创办加工实体的274个。282个合作社与超市、批发市场、学校等建立稳定产销关系，合作社的农产品质量得到社会的广泛认同。全市2391个农民合作社统一组织销售农产品总值达33.6亿元，统一组织购买农业生产投入品总值达11亿元。

【强化农村“三资”规范化管理】 2014年，全市农村财务规范运营，村级集体产权制度改革有序稳妥推进。初步搭建全市农村集体资产产权交易平台，截至年底，湘阴县完成19个乡镇的“三资”管理交易信息平台搭建工作，临湘市完成17个“三资”管理交易平台建设。对全市村（居）级财务和“三资”进行全面清查和审计，清理资产总额92.58亿元，资源总量100.91万公顷，经济合同20196件，经济合同金额10848万元，查处案件65件，查处违法违纪村干部52人，查处收回违纪金额567.4万元。岳阳楼区经营管理局被评为“全国三资管理先进单位”。

（本栏撰稿　罗　玖）

农村能源

【概况】 2014年，岳阳市农村能源系统围绕市委市政府和省农村能源办的工作部署，适应农村能源发展的新常态，按照“两型社会”和生态文明建设要求，以“整体推进、项目示范、技术一流、服务到位、群众满意”为指导，通过典型引路，示范创建，省级示范点创建工作成效明显，实现农村能源事业的持续健康发展。全市新建户用沼气池4100口，联户沼气工程280处供气2900户，沼气国债任务全面超额完成。新建乡村农村能源服务网点14个，推广太阳能热水器1.1万台、太阳能路灯2000盏，省柴灶节煤炉8500台，秸秆生物质固化和风能利用发展较快，新建大型沼气工程7处，2013年批复的4处大型沼气工程年底完成主体工程。省领导孙金龙、张硕辅、徐明华，市领导盛荣华、李志坚、李湘岳、熊炜等先后考察指导岳阳市农村能源工作，对全市农村能源工作给予充分肯定。

【省农村能源工作会议召开】 2014年11月13–14日，全省农村能源工作会议在岳阳市召开，省委副书记孙金龙出席会议并作重要讲话，副省长张硕辅主持会议，市委书记卿渐伟、市长盛荣华、市委副书记李志坚参加会议，盛荣华作经验交流发言。岳阳市经验在全省得到推介，与会代表参观湘阴县三塘镇农村能源服务站和岳阳县枫树湾大型沼气集中供气工程两个示范点现场，反响好。12月25日，《湖南日报》以《变粪为宝“气”更顺》为题报道推介湘阴县三塘镇农村能源服务站的先进经验。

【沼气示范点创建工作】 2014年，市能源生态局按照省农村能源办创建农村能源示范点的统一部署，提出在示范项目申报和创建时，要与农村环境整治相结合、与新农村建设相结合、与市县领导办点示范相结合、与交通优势相结合、与秀美村庄相结合、与良好的群众基础相结合、与自然资源和产业基础相结合，加强项目整合力度，全力推进农村能源项目建设。全市创建联户管网沼气示范村、管道沼气示范项目、农村能源后续服务示范点、秸秆能源化利用示范项目、“三沼”综合利用示范点和多能互补示范村等6个方面32个示范点。

【构建沼气三大新模式】 2014年，全市农村能源系统着力构建农村沼气新模式。一是构建大型沼气工程综合利用新模式。通过发展大型沼气集中供气工程，实现大型沼气综合利用的规模化、市场化，达到业主和农户“双赢”。岳阳县枫树湾大型沼气综合利用工程已建1200立方米发酵装置及其配套系统，2014年投资近400万元进行全面提质改造，重点发展管道沼气和沼液沼渣综合利用，以1.5元立方米的价格向周边1038户农户实行有偿供气，计划以后供气户达到2000户以上，价格仅相当于城市天然气的50%，将沼液储存于水塔式的罐内，用于自动喷灌附近66.67公顷葡萄园，同时还探索出沼肥商业化营销方式，在沼液中根据不同农作物生长需要加入各种营养元素，用桶罐装或制成“营养快线”向外销售，探索一条大型沼气工程综合利用绿色产业园中国南方新模式，全市建设大型沼气工程31处，有15户处实现集体供气，集中供气户数达6138户。二是构建农村能源后续服务新模式。通过探索专业管护、付费服务、沼气合作社、协议服务等模式，形成覆盖面广、服务周到及时的服务体系。湘阴县三塘镇农村能源服务站大胆创新，将养殖场、沼气用户和种植业基地有机结合起来，构建反应迅速、便捷高效、服务周到的物业化管理模式，对农户实现“四包”（包进出料、包上门服务、包安全指导、包沼气供应），与沼气用户签订有偿服务合同，用户可享受一年维修、进、出料服务，农户的用气得到保证，该站还利用沼气吸粪车，为乡村污水沟、塘坝、城市下水道、化粪池排污去污，确保服务网点的服务领域不断拓宽，收入不断增加，纯收入达50多万元。岳阳县能旺沼气专业合作社采取为入社会员提供“1+5”(一项收费五项服务：有偿入会，服务及时、定时回访、小修免费、大修优惠、统一出料)的模式，入社会员达5000多户，入社会员的沼气使用率达95%以上。华容县五星村利用“三联两解一提升服务模式”创建户用沼气示范村，大幅提高沼气使用率。三是构建秸秆能源化利用新模式。通过将农作物废弃物转换成生物质燃料，变废为宝，实现秸秆利用的生态效益、经济效益和社会效益的全面提高。湖南给力新能源公司主要以农作物废弃物为原料，加工生产生物质颗粒、薪棒、环保碳等燃料，产品供不应求，产值达7963万元。华容县农福来公司生产的多种生物质燃料可替代煤，既节约资源，又为企业带来可观的收入，还净化环境，成为全省农村物秸秆能源化利用的典范。

【能源事业呈现“三大转变”】 2014年，全市农村能源一是由发展户用沼气为主向建设沼气联网工程转变，沼气联网工程既可解决养殖污染又可为周边没有养殖的农户提供生活用能，还能将附近户用沼气池多余的沼气通过联网集中储存起来，也能通过联网给户用沼气池产气不足的农户补充供气，湘阴县三塘镇将8处200立方米储气装置和240个户用沼气串联起来，使农户使用沼气不受单个养殖场影响，向附近400多户农户供气，探索出沼气联网供气新模式。二是由单一沼气利用向“三沼”综合利用转变，利用沼渣沼液加工有机肥，既可以解决沼渣污染问题又可以为养殖业主盈利，平江县园艺场打造全市“三沼”综合利用第一场，用沼气煮饭、照明、洗澡和冬天取暖。三是由单一发展沼气向多能互补转变，在重点抓好农村沼气的同时，加快推广太阳能热水器、太阳能路灯、节能煤灶，发展太阳能光伏发电、生物质固化碳化、风力发电、地热利用等清洁能源，努力实现多能互补，平江县武岗村光伏发电项目12月16日开工建设，2015年6月建成投产，年发电量可达5100万千瓦时，这是湖南首个农业光伏发电项目。

（本栏撰稿 邹志雄）

扶贫开发

【概况】 2014年度，全市扶贫开发工作贯彻落实习近平总书记关于扶贫开发系列讲话和中央25号、省委8号文件精神，立足全市全面建成小康，开展系列专项工作，成效明显。全年减贫5.8万人，其中平江县减贫2.568万人，圆满完成省委省政府下达的减贫任务。市政府扶贫开发领导小组办公室（简称市扶贫办）被评为全省扶贫系统先进单位。

【贫困识别登记全面完成】 2014年，全市扶贫开发工作按照中央和全省统一部署，在10月前完成41.17万贫困人口和412个贫困村的识别登记工作。整个识别工作按照自愿申报、集体评议、上级审核程序进行，反复进行公告公示，确保识别工作的公平公正，摸清谁是贫困人口、贫困程度如何、为何贫困、怎样脱贫等问题，为全面实施精准扶贫工作打下坚实基础。

【驻村扶贫成效显著】 2013–2014年，市级领导驻村扶贫，市委常委、人大常委会主任、政府副市长、政协主席等18位市领导亲自联点指导，112家正处以上单位集中对33个贫困村进行帮扶。根据市扶贫办驻村扶贫工作验收汇总，市本级2013–2014年驻村扶贫对33个贫困村投入6535.61万元(含协调资金和物资折款)。通过两年帮扶，贫困村生产生活条件明显改善，基层组织建设明显加强。两年来，33个贫困村兴修维修水利工程272处，新增旱涝保收面积414.53公顷，解决9858名群众饮水困难，修筑村组公路172.92公里，调整农业产业结构590.40公顷，架设农村电网310.98千米，解决2800户群众用电问题；发展沼气太阳能430户，培育农村合作经济组织31个，资助贫困大中小学生456名，慰问救济困难户1354户。调整村支委37人次，培养入党积极分子72名，发展新党员49名。各扶贫工作组为贫困村、贫困农户的脱贫出谋划策，摸索出“以奖代投”等宝贵经验，有效调动贫困农户改善基础设施、发展种养殖和危房改造的积极性。

【贫困户危房改造工作】 2014年，岳阳市实施全省贫困户危房改造“百千万”工程，通过百村示范和千村联动，助推贫困农户安居乐业。平江县南桥乡永联村和汤塅村两村集居点81户率全省之先全部建成。省扶贫办充分肯定其资金整合和住房设计模式，作为贫困户危房改造样板村向全省推广，将全省贫困户危房改造现场会定在永联村召开。国务院扶贫办领导两次到永联、汤塅村考察，对集中力量帮扶真正贫困户危房改造给予高度评价。6个县市确定13个贫困村进行危房改造千村联动，贫困户住房重建工作有序推进。

【财扶资金管理机制创新】 2014年，岳阳市由市财政部门牵头，按照“简化资金拨付流程，项目审批权下放到县”的要求，全年下达各县区财政专项扶贫发展资金指标5569万元，资金项目计划由县区审批，报省、市备案。对接重大扶贫项目，整合现代农业发展、小型农田水利建设、农业综合开发等涉农项目资金，集中用于贫困地区现代农业发展、基础设施建设、农村社会事业发展等方面的资金需求。

【扶贫产业发展来势好】 2014年，全市扶贫产业按照习近平总书记产业扶贫要注意保护生态的要求，做好产业扶贫和生态扶贫的结合工作。平江县按照公司+基地+农户的模式，投入财政扶贫资金1000万元，扶持九狮寨、白云、友人家三家龙头企业和福寿山等9个农民专业合作社带领1162户贫困农户在海拔800米以上的高山贫困村新建高山有机茶基地203.76公顷。4月底前完成验收，所有基地均符合高山有机茶项目建设标准，茶苗生长良好。岳阳县根据环铁山库区保护水资源和发展经济双重要求，确定发展红薯种植产业，将覆盖58个村，4000多名贫困群众受益。

【金融扶贫逐步展开】 2014年，市扶贫办推进产业扶贫贷款贴息工作，帮助贫困地区和贫困农户建立增收产业，增强其发展能力。平江县中和农信小额贷款完成机构组建、评级授信等前期工作，于年底集中向贫困农户下放第一批贷款。平江县、华容县、岳阳县、湘阴县申报“无担保、无抵押”小额信贷。

【首个“扶贫日”宣传活动】 2014年10月17日为全国首个“扶贫日”。根据中央和全省统一部署，在市委市政府高度重视下，市扶贫办协同相关单位开展系列活动，营造良好的社会扶贫氛围。在各级媒体发表相关文章18篇，滚动播放“扶贫日”标语500条次，有独立办公场所的市直单位悬挂“扶贫日”宣传横幅，岳阳移动、岳阳联通、岳阳电信公司向手机用户发送“扶贫日”主题短信。组织市直机关干部、驻岳部队官兵、岳阳楼区群众、青年志愿者在校学生代表组成五个方阵近3000人参加签名。市委、市人大常委会、市政府、市政协、岳阳军分区等领导出席签名活动。市扶贫办制作20块大型“心系扶贫”图片展板，图文并茂地展示市领导和社会各界对扶贫开发的重视，以及贫困乡村发生的巨大变化。

（本栏撰稿　陈　超）

种植业

【概况】 2014年，全市各级农业部门深入开展党的群众路线教育实践活动，认真贯彻落实中央1号文件精神，克服生产成本攀升加快、资源环境约束加重、经济下行压力加大等困难，圆满完成各项工作任务，确保大宗农产品有效供应，稳步提升农业种植效益，全市实现种植业总产值201.5亿元，增长3.9%。

【突出抓好粮食生产】 2014年，市委市政府下发《关于加强粮食生产的意见》，对2014–2016年粮食生产发展提出明确要求，各级政府层层签订粮食生产责任状，制定粮食生产奖罚办法，安排专项经费奖励粮食生产，充分调动农民种粮、地方抓粮的积极性。“压单扩双”行动取得明显效果，增加早稻面积0.71万公顷，总面积达21.4万公顷，扭转近几年单季稻扩大之势。全年粮食生产面积达55.48万公顷，总产318.6万吨，比2013年分别增长1.8%、2.7%，湘阴县、华容县、岳阳县被评为全国先进单位，汨罗市、临湘市分别被评为全省粮食生产标兵单位、先进单位，屈原管理区杨岳球被评为全国十佳农民。

【大力发展高效经济作物】 2014年，市农业局以市政府名义下发《2014–2020年岳阳茶叶产业发展规划》《关于扶持茶叶产业发展的实施意见》，就茶园规模化标准化生产、老旧茶园改造、龙头企业扶持等方面进行大力扶持，取得明显效果，全市全年扩建新茶园550公顷，改良低产茶园近670公顷，临湘市聂市镇育苗良繁基地于年底启动建设。全年茶叶总产3万吨，比2013年增长15%，总产值6亿元，增长7.1%。受棉花种植结构调整影响，全市蔬菜播种面积明显扩大，总面积11.29万公顷，总产量408.18万吨，分别增长2.6%、3%，实现总产值51.29亿元，增长0.8%，蔬菜加工企业发展至92家，年加工鲜菜132.29万吨，实现蔬菜加工增值30.48亿元。

【加快农业产业化进程】　2014年全市农业系统开展企业运行监测，淘汰不合格市级龙头企业23家，新认定市级龙头企业36家，市级以上农业产业化龙头企业发展至267家，其中，国家级4家，省级45家，市级218家。组织申报省政府“百千万”现代农业发展工程，全市农业产业化龙头企业有13家入选，占到全省的12.7%，争取省财政扶持资金829万元。湘阴县凯佳生态园成功申报省特色产业园，成为全省重点支持的2个休闲农业特色产业园之一，君山区许市休闲农庄等3家休闲农庄成功申报省五星级休闲农庄，全市省三星级以上休闲农庄达64家，其中，五星级16家，四星级22家，三星级26家。全年农产品加工业实现销售收入947.6亿元，比2013年增长10.5%，休闲农业实现经营收入15.6亿元，增长10%。

【提升农产品质量安全】　2014年，市农业局全面督查落实乡镇农产品质量安全监管体系改革，全市有120个乡镇配备农残速测仪，基层农产品生产基地监管工作全面铺开。新增“三品一标”认证企业8家，全市有效“三品一标”农产品达到169个，其中，无公害农产品94个、绿色食品63个、有机农产品8个、地理标志农产品4个，抽检蔬菜、水果样品9801批次，其中不合格样品111批次，样品农残超标率为1.13%，接受省农业厅例行监测四次，抽检蔬菜农残合格率均为100%，全市连续11年未出现重大食品安全事故。

【创新服务方式】　2014年，市农业局引导种粮大户、专业合作社、专业服务组织壮大发展，扶持以粮食生产为主体的家庭农场320户，争取补助资金527万元，全市3.33公顷以上种粮大户发展至5015户，户平承包面积4.27公顷，比2013年增加0.87公顷。新增病虫害统防统治专业化服务组织9家，总数达51家，全程承包面积10.82万公顷，比2013年增加0.82万公顷，湖南新闻联播、岳阳电视台以《绿色防控给水稻害虫设置温柔陷阱》为题先后对岳阳市专业化统防统治与绿色防控融合推进工作进行宣传报道。“田园牧歌”农村电子服务平台在华容县、平江县、临湘市正式启动，提供在线咨询、农资购买、产销信息、技术支持和农作物病虫害防控等多项服务，规模在全省位居第一，成为全市现代农业发展的新亮点。推广配方肥面积29.33万公顷，节本增收3.97亿元，建设农村清洁工程示范村11个，超目标任务2个，完成新型职业农民培育任务2.1万人，湘阴县成功申报为全国试点县。

（本栏撰稿　王景晨）

蔬菜生产

【概况】　2014年，岳阳市完成蔬菜播种面积11.29万公顷，比2013年增加2847公顷，增长2.6%，蔬菜总产量408.18万吨，增加11.7万吨，增长3.0%，实现蔬菜总产值51.29亿元，增加0.42亿元，增长0.8%，蔬菜加工企业92家，年加工鲜菜132.29万吨，实现蔬菜加工增值30.48亿元，蔬菜个体运销户3343户，实现市外境内销售鲜菜181.1万吨，境外出口销售鲜菜4万吨，实现蔬菜流通增值22.76亿元；全市注册登记各类蔬菜专业合作组织（包括食用菌）43个，入社社员9500多人，合作生产面积2.13万公顷。蔬菜生产企业17家，生产经营面积2413公顷。全市蔬菜生产、加工、流通总值达到104.53亿元。

【食用菌生产】　2014年，岳阳市有涉菌农户1.15万多户，播种面积122.95万平方米，总产量3.78万吨，总产值1.096亿元。有食用菌专业合作组织及生产企业10家。通过生产企业、种植大户的集合联盟，部分生产基地规模越来越大，成为带动基地农民快速增收的主导产业。临湘市云景生物科技公司，自2013年以来投资500多万元，在临湘市聂市镇三和村建立香菇生产基地，带动三和村、关田村200多农户种植香菇，户平增收1.5万元以上。

【蔬菜质量安全】　2014年，市、县（市、区）两级农产品质检中心对全市各主要蔬菜生产基地和市场抽取蔬菜农残检测样74088个，农残检出超标样830个，超标率仅为1.12%。远低于国家和省市规定的指标。特别是23个国家级蔬菜标准园，经农业部抽检，合格率均为100%。全市连续8年没有发生一起由于食用蔬菜造成农药中毒事故，实现连续7年岳阳市基地外销蔬菜（包括出境蔬菜）没有发生一起由于农残超标问题被处理的事件。

【蔬菜科技推广】　2014年，岳阳市有大中棚设施栽培面积1806.67公顷，小拱棚设施栽培面积7286.67公顷，遮阳网覆盖栽培面积5173.33公顷，防虫网覆盖栽培面积2286.67公顷，频振式杀虫灯防控面积2.38万公顷，性诱剂、黄板诱蚜防控面积8833.33公顷，田园牧歌开展蔬菜统防统治面积333.33公顷。全市蔬菜系统举办各类技术培训班160期，培训10820人次，发放各类培训资料2.2万多份。

【蔬菜标准园建设】　2014年11月，经农业部专家组验收，岳阳市5个国家级蔬菜标准园：华容县红旗蔬菜专业合作社，君山区建新蔬菜专业合作社，岳阳县民通蔬菜种植基地，汨罗市为民蔬菜专业合作社，湘阴县远博农业股份有限公司，全部创建达标合格。

【蔬菜专业基地建设】　2014年，岳阳泰和集团投入8000万元在君山区钱粮湖镇马颈河村建立200公顷设施蔬菜基地，湖南绿色洞庭农业科技有限公司在君山区广兴洲镇洪市村流转土地140公顷，建设精细蔬菜基地。

（本栏撰稿　谭建军）

畜牧业

【概况】 2014年，岳阳市畜牧业围绕“稳产、优质、环保”的工作思路，真抓实干，务实进取，全年工作取得较好成绩。

一、畜牧养殖工作做好“四个稳步”。一是生产目标稳步完成。全市年出栏生猪760.29万头，比2013年增长1.5%，出栏牛15.95万头，增长6.1%，出栏羊44.24万只，增长4.6%，出笼家禽3045.41万羽，下降2%。二是规模养殖稳步发展。全市年出栏生猪500头以上的规模场（户）3341个，比2013年增加5.29%，出栏生猪459.16万头，规模养殖比重达61%，存笼家禽5000羽以上的规模场（户）658个，出栏牛50头以上的规模场（户）385个，出栏羊100只以上的规模场（户）272个，分别出栏（笼）家禽、牛、羊1356.66万羽、5.03万头、6.07万只，畜禽规模养殖比重同比均提高5-7个百分点。三是标准化建设稳步推进。市畜牧业主管部门于3月份制定下发《2014年岳阳市国家级、省级畜禽养殖标准化示范创建活动方案》。通过宣传发动、资料审核、现场指导等工作措施，确定6家标准化示范场申报单位。截至年底，5个申报单位通过验收（其中国家级1家），完成省畜牧水产局下达的任务。全市挂牌的国家、省级畜禽规模养殖标准化示范场达46个，稳居全省第二位。四是畜禽良繁体系稳步完善。创新管理模式。从9月1日起，岳阳市把“国家种畜禽生产经营许可证网络管理系统”作为全市种畜禽管理工作的常态化手段。将全市34家种畜禽场的畜禽品种及数量、生产许可证信息等要素全部录入该系统网络，实现即时查询、管理。开展技术培训。4月，在汨罗市举办第三期养牛技术培训班。来自全市的养牛大户和重点县（市）区畜牧股长170人参加培训。全年各县市区开展养殖技术讲座、培训11次，培训规模养殖户1900人。加大品种改良和遗传保护力度。全市5个良种补贴县市区，15家（由110余家压缩、升级而成）供精站，全部通过省畜牧水产局验收，并获得较高评价。截至年底，全市猪、牛、羊品种改良覆盖率分别达到90%、80%和65%，全年牛冷配冻精10.85万份，全面完成省畜牧水产局任务。

二、畜禽养殖污染治理做好“两个全面”。一是畜禽养殖污染治理全面开展。开展调研。年初，市畜牧水产局对全市畜禽规模养殖场近年来粪污治理工作进展情况进行全面调查，形成《生猪规模养殖污染治理刻不容缓》的调研报告。报告在《湖南畜牧水产信息》和岳阳市委办《领导参阅》全文刊发。制定实施方案。5月初拟定《岳阳市畜禽规模养殖污染治理实施方案》，并征求相关部门意见后，于8月以市政府文件形式下发。推动生态养殖和粪污治理。截至年底，全市推广农牧结合养殖场5579家，渔牧结合方式养殖场3710家，林牧结合方式养殖场1436家，有机肥加工养殖企业8家，大型工厂化治污养殖企业5家，推行清洁养猪试点11家。省畜牧水产局下达的粪污治理规模养殖场42家，清洁养猪示范基地1家，农牧一体化养殖场建设6家的任务全面完成。二是湘江干流畜禽规模养殖污染防治全面推动。一是摸底核实。市畜牧水产局对湘江干流500米区域内，年出栏300头以上的规模猪场进行逐户现场确认、核实，至9月底，最终统计数据为：统计得出该区域内年出栏50-299头的规模猪场243户（汨罗市1户、湘阴县208户、屈原区34户），栏舍建筑面积30314.94平方米。二是强力推动。10月中旬，市畜牧水产局和市政府督查室联合对湘江干流500米内畜禽退养工作进行督查指导，有力推动该项工作的实质性进展。11月中旬，制定、下发《岳阳市湘江干流两岸500米内畜禽规模养殖场退养验收标准》。三是成效显著。截至12月30日，全市湘江干流两岸500米范围内规模养殖场退养123户，退养栏舍面积23285.24平方米。其中，年出栏300头以上的规模猪场退出14户，退养栏舍面积10259.85平方米，完成任务总量的100%。年出栏50-299头的规模猪场退出109户，退养栏舍面积13025.39平方米，分别完成任务总量的44.9%和43%。

（陈　亮）

【《岳阳市畜禽规模养殖污染治理实施方案》出台】 2014年，市人民政府办公室下发《岳阳市人民政府办公室关于印发〈岳阳市畜禽规模养殖污染治理实施方案〉的通知》，该《方案》是市畜牧水产局通过对全市畜禽规模养殖污染情况进行细致调研，根据部、省养殖污染治理工作要点，结合全市实际，在征集环保、国土、规划、财政、水务、能源等部门意见后，制定的实施方案。《方案》从治理要求、治理对象、实施步骤、部门分工、保障措施等方面对全市畜禽规模养殖污染治理工作做了全面指导和规划，由市人民政府办公室以岳政办函62号文件印发各县、市、区政府和相关单位全面施行。这标志着全市畜禽规模养殖污染治理中期规划完成，且全面开始实施，为推动全市养殖业结构调整，发展生态健康养殖，优化养殖环境，增加农民收入，加快农村全面建设成小康社会步伐提供重要保障。（陈　亮）

【开展动物防疫职业技能竞赛】

2014年9月28-29日，由全市30名基层动物防疫专业技术人员组成的10个代表队经过两天激烈角逐，湘阴县获得团体一等奖，平江县获得团体二等奖，云溪区获得团体三等奖，平江县毛杰成、湘阴县尚胜丰、君山区徐泽河分别获得动物防疫员组前三名，平江县彭鹏、汨罗市徐婷分别获得兽医化验员组前两名。其中毛杰成在全省比赛中获得二等奖，代表湖南省队参加中国职业技能竞赛获得动物防疫职业技能竞赛二等奖。（廖加生）

【开展最美乡村动物防疫员评选活动】 2014年，经各县市区推荐，市级初评，在湖南省畜牧水产局和中华保险公司湖南省分公司联合举办的“湖南省中华保险杯最美乡村动物防疫员”评选活动中，陆朝玉获得中华保险杯最美乡村动物防疫员，姚龙玲获得优秀乡村动物防疫员，吴红专、邓乃东、翁朝晖、黄德成、袁野、乔食林获得百佳乡村动物防疫员荣誉称号。（廖加生）

【提高动物防疫“两率”工作】

2014年，市畜牧水产局提出“两率”（即提高畜主自主免疫率和动物产地检疫率）。提出“两率”是全市为落实生产者承担第一责任，化解政府包揽动物防疫工作困境，依照《动物防疫法》等法律法规，将动物防疫监督机构的根本职能回归到本位而提出的重大举措。为保障“两率”工作的强力推进，市畜牧水产局成立以局长陈克祥为组长的“两率”工作领导小组。9月22日，市畜牧水产局向全市下发《关于提高“畜主自主免疫率和动物产地检疫率”实施方案》，方案明确要求规模养殖户的自主免疫率和产地检疫率必须达到100%，散养户除自宰自食外，产地检疫率必须达到100%，同时，为确保工作落实，严明奖惩，配套出台《岳阳市2014年度落实“两率”工作考核评分办法》，对工作不力的单位和人员实行一票否决。按照实施步骤，全市“两率”工作进入试点阶段。

（廖加生）

【建设动物卫生监督管理信息平台】 为规范动物检疫行为，提升动物卫生监督执法信息化管理，市畜牧水产局2014年3月16日启动动物卫生监督管理信息平台，在全省率先启动电子出台。各县市区高度重视，筹措资金，合理设置站点，统一配齐电脑、打印机等相应设备，举办培训班，县级系统管理员到乡镇检疫申报点现场指导，该工作进入全市推广阶段。截至年底，全市10个城区定点屠宰场出具动物产品B证检疫证明284735份，78个乡镇122个产地检疫申报点出具动物检疫证A证出证记录2155条，产品检疫证A证出证记录228条，动物检疫证B证出证记录6421条。通过动物卫生监督信息平台建设，强化检疫出证、人员管理、养殖档案、动物诊疗、产品交易、产品贮藏、监督检查等监管，市、县级动物卫生监督所通过网络随时监督动物及动物产品的流通及监督管理情况。

（廖加生）

水产业

【概况】 2014年，岳阳市水产养殖工作本着“提质增效”的工作思路，抓好池塘改造升级与水产良种繁育体系建设，重点推行水产健康养殖，因地制宜加快休闲渔业发展，发展新型渔业经营主体。全市水产品总产量48.2万吨，比2013年增长9.1%，其中名特优鱼类产量17.5万吨，占总产量的36.2%，生产各类鱼苗92亿尾，增长4亿尾，渔业总产值74.64亿元，增长1.17%，渔业经济稳中有增。

一、推进水域滩涂养殖证制度建设。核发新版“水域滩涂养殖使用证”4817本，覆盖水面6.17万公顷，占应确权面积（6.39万公顷）的97.3%。

二、推进水产健康养殖示范场创建。全市创建岳阳市君山区良心堡镇前锋渔业产销专业合作社、君山区柳林洲镇绿富才鱼养殖专业合作社、临湘市横河堤养殖场、湖南清渠农业发展有限公司、华容县利恒淡水鱼养殖专业合作社、洋沙湖现代农业科技有限公司等6家国家级水产健康养殖示范场，创建君山区许市镇利民水产养殖专业合作社、汨罗佳晟生态农业科技有限公司等4家市级水产健康养殖示范场，湘阴县、华容县申报创建全国渔业健康养殖示范县。全市创建部级水产健康养殖示范场39个，核心区面积1.17万公顷，2371户共同参与创建，年生产无公害水产品5.4万吨。创建市级水产健康养殖示范场21家，其中有6家成功创建国家级水产健康养殖示范场。

三、完成水产苗种繁育体系建设调研。2014年，市畜牧水产局在专题调研的基础上，撰写《岳阳市水产苗种繁育体系建设调研报告》。全文在《湖南省畜牧水产信息》《当代水产》杂志、中国水产养殖网等媒体上刊发。

四、推动甲鱼政策性保险试点。市畜牧水产局会同湘阴县水产局与中国太平洋财产保险股份有限公司岳阳中心支公司、中国太平洋财产保险股份有限公司湘阴县支公司进行水产养殖品种中的中华鳖保险现场调研，促进甲鱼政策性保险能在湘阴县试水。太平洋岳阳公司保险试点方案上报省公司。甲鱼政策性保险如能试点成功，将有效改变水产养殖者在各种风险面前孤立无援的窘境，进一步增强特色水产抵御自然灾害风险的能力，有力促进中华鳖产业健康发展。

五、推进江豚馆的筹备工作。为推进江豚馆的筹建工作，市人大常委会副主任包忠清、市人民政府副市长宋爱华及洞庭湖博览园相关人员分别到湖北中科院武汉水生生物研究所、长江天鹅洲豚类国家级自然保护区、长沙海底世界调研江豚馆调研江豚保护和水族展陈策划设计工作，编制江豚馆的设计要点，组织国内有名专家对设计要点进行论证，邀请湖南省畜牧水产局专家、海南丹青环艺设计有限公司总设计师对江豚馆的建设给予指导。

（蔡建军 廖加生）

【全市水产健康养殖示范推广】 2014年，全市水产业抓农业部水产健康养殖示范场创建，引导、发挥水产健康养殖示范场的示范与辐射作用，将水产健康养殖向纵深推进。指导岳阳市君山区良心堡镇前锋渔业产销专业合作社等6家养殖单位完善生产条件，规范生产管理，通过农业部水产健康养殖示范场考核验收。全市农业部水产健康养殖示范场达39家，覆盖养殖水域1.16万公顷，核心示范区年生产无公害水产品5.4万吨，2371户养殖户直接参与创建活动，辐射养殖面积达4.87万公顷。 （崔高峰）

【全市首家“全国现代渔业种业示范场”】 华容田家湖渔业科技有限责任公司是华容县最大的水产良种繁育场，长期从事黄颡鱼、“四大家鱼”、鲫鱼、团头鲂、大口鲶、鳜鱼等水产良种繁育及产业化推广工作。2014年繁育19个品种40余亿尾水花，被渔民称为“鱼苗超市”。公司引进武汉百瑞生物科技公司专利许可，建立黄颡鱼“全雄1号”繁育基地，与湖南农业大学动物科学技术学院产学研合作，建设大学生实习基地，与上海海洋大学国家水生动物病原库筹建研究生研究基地，校企合作构建渔业科技创新和成果转化产学研平台，不断提升育繁推一体化进程，为构建新型渔业种业体系充分发挥示范带动作用。12月，田家湖渔业科技有限责

任公司获得全国现代渔业种业示范场荣誉称号。（崔高峰）

【启动养殖池塘升级改造试点】 2014年，省政府出台池塘标准化升级改造政策，旨在提高水域资源利用和渔业生产水平，重点开展“三改”：“浅改深”“小改大”“死改活”，消除水产品质量安全隐患。君山区和湘阴县被选为试点县。（崔高峰）

【“全国休闲渔业示范基地”增至3家】 2014年，临湘黄盖湝生态度假有限公司、湖南凯佳生态农业有限公司顺利通过农业部的考核，获得“全国休闲渔业示范基地”称号。岳阳市“全国休闲渔业示范基地”增至3家。全市休闲渔业垂钓总水面0.92万公顷，直接安排就业岗位3000个，每年接待休闲人员267.5万人，创造经济效益7.62亿元。（崔高峰）

【开展水生生物增殖放流活动】 2014年，岳阳市充分利用春季禁渔期禁止一切捕捞，鱼类生长繁衍的好时机，采取集中放流与分散放流相结合，简化仪式，突出宣传的形式，开展水生生物增殖放流活动，有效养护水生生物资源。全市放流不同种类不同规格苗种3543.545万尾，投入放流资金302.5万元。（胡　灿）

【加强渔政执法】 2014年，岳阳市通过建立市级督查制度和县级巡查制度，加强部门间的联合执法行动，开展打击电力捕鱼和非法矮围网围整治专项行动，坚持发现一起打击一起，决不姑息，非法捕捞现象得到有效遏制。全市查获违禁违法捕捞船520艘次，查处违禁违法捕捞案件531起，拆除“迷魂阵”231部、35352米，拆除矮围19处、8217公顷，取缔其他违禁渔具7950件，查获电捕鱼案件143起，没收电捕设备149台（套），没收渔或物1.3万公斤，行政处罚521人，其中，治安拘留71人，刑事拘留32人。11月14日，市畜牧水产局组织汨罗市、屈原管理区渔政部门对矮围采取强制拆除，首开湖南省非法矮围网围整治行动的先河，受到省政府领导的高度肯定。（胡　灿）

【开展“三证合一”换发工作】 2014年，全市水产部门结合船检，开展“三证合一”换发工作，消除渔业安全生产隐患。通过核对捕捞渔民身份信息，渔船信息，排查渔船安全隐患等手段，对符合“三证合一”换发要求的渔船发放牌照，拍照存档。同时根据船检数据，全市建立捕捞渔船渔民信息电子档案，为下一步建立全市渔民渔船数据库，渔民违法信息联网，严格执行渔政处罚与油补挂钩制度，加强渔政管理打下扎实基础。（胡　灿）

【争取生态补偿资金】 2014年，市畜牧水产局履行法律法规赋予的职责，加强涉渔工程的执法管理，争取和督促涉渔工程开展渔业环境影响专项评价和生态修复，在市渔政部门的争取和督促下，建设单位开展蒙西华中铁路洞庭湖特大桥、华能岳州电厂新建工程取水工程和云溪石油化工码头三项建设项目的渔业生态影响环境评定工作，并分别达成补偿协议，全市争取到生态补偿资金971.9万元（包括蒙西铁路751.9万元，华能电厂110万元，云溪码头110万元）。其中，蒙西铁路751.9万元的生态补偿资金到位，华能电厂及云溪石油化工码头建设项目的补偿资金正在争取中。（胡　灿）

农业机械化管理

【概况】 2014年，岳阳市农业机械化管理局（简称市农机局）围绕全年目标任务，促进农机事业的发展。全市农机装备总量达到71.3万台（套），比2013年增长6.1%，农机总动力达到553万千瓦，增长4.2%，农业综合机械化水平达到63.4%，增长3.8个百分点。在全省农机化工作考评中，获得省农机工作先进单位，并包揽农机购置补贴、农机安全生产、农机行风建设等7个单项先进。

【水稻机插有新突破】 2014年，市农机局为推进全市水稻生产全程机械化，把水稻机插作为重中之重。推广插秧机963台，超额完成省农机局下达670台的任务，机插面积达到9.8万公顷，机插超过20%，其中屈原管理区机插水平达到60%。一是争取重视。将水稻机械化生产纳入《岳阳市2014年粮食生产考核管理办法》，明确机耕、机收率90%以上计20分，机插秧水平50%以上计10分。各县市区分别成立由分管副县长任组长的领导小组并将任务分解到各乡镇，汨罗市作为全国水稻生产全程机械化示范县，将此项工作纳入《政府工作报告》，安排专项工作经费。二是突出重点。市农机局把新型高速插秧机作为重点机具，同时不断探索新技术，市农机研究所引进的“双季水稻钵苗摆栽机械化技术”获得财政部农业技术推广项目资金扶持。三是强化培训。注重农机与农艺的融合，协调农业部门，派出技术骨干组成机插秧技术推广专家小组，培训农民4500多人。4月，市农机局在屈原管理区通过现场演示的方式，对全市农机技术推广员、农机大户、合作社负责人200多人，进行机插秧技术培训。四是加大奖励。各地争取财政支持，在原有补贴额度上进行累加补贴。屈原管理区对每个千亩机插秧核心示范区给予20万元补贴，单季机插秧33.33公顷的合作社或种植大户给予1万元奖励，对新购置的高速插秧机补贴2万–3万元。

【落实惠农政策】 2014年，市农机局针对全省农机购置补贴工作新特点、新要求，严格按照省农机局方案规范实施，加强监管，确保资金落实到位。实施购机补贴资金1.2亿元，涉及农机具近3万台，受益农户1.24万家，拉动投资4.5亿元。下半年，市人大常委会对市农机局农机购置补贴实施情况进行调研，听取工作汇报，在评议中，购置补贴工作获得市人大代表高度评价。一是责任到位。建立“政府统筹、农机主抓、部门参与”的工作机制，农机、财政、监察、纠风、减负各负其责，各县市区都将购机补贴工作纳入政府目标管理考核，市纪委将农机购置补贴落实情况纳入“党风廉政建设责任制和推进惩治和预防腐败体系建设”考核内容。二是程序到位。按照省农机局要求，进一步优化补贴操作程序，加强对县市区及乡镇工作人员的业务培训，建立“谁办理、谁负责、谁核实、谁负责”的责任追究制度。要求各县市区对补贴额高于5000元的非牌证机具实行100%实地核查，确保“见人、见机、见票、见证、查参数”。三是服务到位。采取每月定期通报的方式，督查各地加快结算进度，在湘阴县、华容县、平江县等地开展购机补贴办理和牌证办理“一站式”服务，并在农忙时节开通购机绿色通道。四是监管到位。开展“弄虚作假、以权谋私”专项整治活动,在自查自纠的基础上，联合财政、审计、纠风部门，分两批对25个乡镇49个村的670台机具进行实地核查，严肃查处湘阴县顺和农机公司弄虚作假、套取补贴资金等违规行为，取消该公司的补贴资格。

【确保农机安全】 2014年，市农机局以“平安农机”创建为载体，强化源头管理，不断健全农机安全监管体系，安全形势不断向好。全市新增拖拉机2540台、联合收割机1584台，新增拖拉机驾驶员1143人、联合收割机操作员285人，拖拉机年检6477台，农机综合“三率”稳居全省第一，农机安全“四项指数”均控制在指标范围之内。一是监管体系不断健全。争取市政府支持，将农机安全生产纳入对各县市区的绩效考核，并代表市安委会进行考评，在湘阴县403个行政村配备村级农机安全员，负责安全生产和机具核查工作，由地方财政落实工作经费54万元。承办全国农机安全生产宣传咨询日启动仪式和全省农机安全监管体系建设会议。二是监理程序不断规范。举办2期业务培训班和全市农机技能比武，队伍素质明显提升，在全省技能大比武中获得2个单项第一名、1个单项第二名和团体三等奖的好成绩。实行考试异地监考制度，驾驶员的安全意识和安全技能明显改善，开展外挂车辆和超标准上户拖拉机专项清理，农机安全隐患得到有效遏制。三是示范创建不断深入。建成1个平安农机示范县、10个示范乡镇、40个示范村、400个示范户。其中汨罗市通过省监理总站验收。四是安全保障不断夯实。在自愿的基础上，鼓励机手参加农机互助保险，保额达到218万元，居全省第一。

【创建油菜机械化种植示范点】 2014年，市农机局按照“增点扩面，提高水平”总体要求，选定汨罗市、临湘市、平江县等6个县市区建立油菜机械化种植示范点，实现油菜机播1.2万公顷、机收3.67万公顷，油菜综合机械化水平较2013年提高3个百分点。一是改进技术。通过引进新机型、新良种、新工艺，逐步形成一套适合全市油菜生产机械化作业的技术路线和操作规程，有效提高油菜种植存活率和亩产量，实现优良品种覆盖90%、关键技术覆盖100%、新品种新技术覆盖90%。二是开展实验。在核心示范区开展油菜种植对比试验，数据表明，油菜机械种植比传统人工每亩平均节约人工9.4个，节约成本790元。四是示范引导。联合市农业局组成技术小组深入核心示范区，在临湘市举办培训班2期，培训168人次，发放宣传资料2000份，提高作业人员综合素质。五是创新模式。湘阴县实行“农户+基地+公司”的大面积、规模化机械种植模式，推广新型油菜生产机具42台，油菜种植面积达到1866.67公顷，每亩可增收近千元。

【发展农机产业】 2014年，全市有农机研发生产的企业13家、农机购置补贴产品定点经销企业63家、农机大市场4家、合作社145家。其中汨罗中天龙舟有限公司年销售额超过4.5亿元。一是争取领导重视。市农机局成立农机产业发展领导小组，争取到市财政专项工作经费10万元，用于推进农机产业化发展。二是打造龙头企业。汨罗市制定“十二五”农机产业发展规划，重点扶持中天龙舟和海鑫新材料两家龙头企业。中天龙舟公司获得国家产业转型升级项目资金940万元，用于年产2万台联合收割机装备技术改造。华容县碧华粮食机械有限公司生产的谷物烘干机，申报录入农业部农机推广产品目录。三是建设专业市场。华容县湘北农机大市场总投资1.8亿元，占地面积6.67公顷，主体工程基本完工，建成后将成为集农机补贴办理、办牌办证、农机检测、培训操作、信息提供、小额贷款等一条龙的优质服务示范窗口。四是扶持品牌合作社。按照“小”“精”“坚”的标准，新建农机专业合作社76家，提质改造108家，全市累计达到145家，注册资金超过3亿元，流转土地1.03万公顷。

【推进农机科教工作】 2014年，市农机局通过教室传授理论、田间地头现场演示和实地操作等方式，开展培训30余次，参训农民10590人。一是加强培训。组织全市70多名农机人员参加全国基层农机购置补贴工作人员培训、全省购机补贴操作骨干培训和全省拖拉机驾驶教员培训，选派4名农机人员参加第三期全国农机职业技能鉴定考评员培训。二是争取政策。加强与有关部门的配合，利用国家各项扶持政策，开展农业机械化教育培训工作。全市举办阳光工程培训班12期、农村劳动力就业转移职业技能培训9期，培训农机技术人员9000人次。三是强化指导。对全市拖拉机驾驶培训机构进行督查，要求培训机构在建章立制、办学条件、教学质量、收费标准等方面加强整改，指导岳阳经济技术开发区申办耕耘拖拉机驾驶员培训学校，配合省农机局对平江县、岳阳县拖拉机驾驶培训学校进行检查。

【完成农机统计工作】 2014年，市农机局在完成各项农机统计任务的同时，在岳阳县开展农机统计普查试点，3个试点乡镇、82个村的农业机械统计工作全部完成，登记各类农业机械8200多台。一是加强领导。成立农机统计领导小组，召开统计工作会议，明确责任，要求统计人员进一步树立责任意识、大局意识、服务意识。二是严格把关。对全市农机管理人员进行统计年报培训，详细讲解报表的各项指标，对统计年报工作提出具体要求。三是加强协调。协调农业、统计部门，防止数据相悖，重复统计和混统、漏统，全面细致分析数据，切实提高数据质量。四是严格审核。组织人员对数据进行抽样检查，对统计数据严格把关，做好农机年报总结分析工作，通过年报查找不足。

（本栏撰稿 李 为）

农业科技

【概况】 2014年，岳阳市农业科学研究所（简称市农科所）以科研立所、科研强所为工作方针，围绕年初制定的工作目标，推进农业科技创新，为全市现代农业发展发挥支撑和引领作用。

一、突出作物研究，加快成果培育。坚持“科研立所”，发挥自身种质资源优势，利用本地自然资源优势，以提高自主创新能力为重点，开展作物品种研究，取得许多新的成果。品种选育。优质杂交晚稻新组合盛泰优722通过农业部超级稻认定，米质国优3级，成为全市选育的第一个超级稻品种，也是湖南省第二个早熟型超级杂交晚稻品种。两系杂交中稻（一晚）兼用型品种C两优018通过湖南省农科院审定，是全省审定的唯一一个一季稻品种，与桃花源种业合作选育的岳优2115通过省农科院审定。品种储备。水稻方面，市农科所晋级续试和区试的品种有：国家生产试验品种——C两优4418，国家区试品种——C两优018和深95A/CR227，湖南省续试生产试验品种——龙两优018、盛泰优626、盛泰优352，湖南省区试品种——风S/018、龙S、R629和五丰A、YC343，湖北省续试生产试验品种——盛泰优216，安徽省区试品种——创香5号，福建省区试品种—盛泰优018等。还有12个水稻组合参加国家及多省预试。西瓜品种方面，黑神98、泉蜜308、甜宝小玉等无籽西瓜新品种参加省级区试，特色小果型无籽西瓜新品种绿虎申报2015年省级区试。8个不同类型的西瓜组合成功培育，表现良好，为省级审定做好准备。此外，“高产优质高抗中小果型无籽西瓜新品种博帅的选育与示范推广”获得岳阳市科技进步一等奖，棉花三系不育系6001A通过国家转基因安全评价，为2015年申报审定打下基础。

二、突出公益职能，拓宽研究领域。国家水稻体系岳阳站在岳阳6县市开展技术试验和示范。内容包括水稻病虫草害预测预警及防控关键技术示范、水稻生产全程机械化技术示范、长江中下游稻区单改双技术示范、水稻南方黑条矮缩病防控技术示范及水稻侧条施肥技术示范和推广，示范面积6078公顷，体系内综合考评第21位，排名全省前列。湖南水稻体系湘北站在岳阳县筻口镇、常德市城区韩公渡乡、沅江市阳罗镇、临湘市长塘镇、开展新品种省内联合比较试验、新品种新技术试验示范、超级杂交晚稻盛泰优722千亩示范、“双季双超”机插秧百亩示范、机插节氮抗倒百亩示范、水稻种衣剂应用等试验示范，示范面积71.33公顷。

省棉花体系岳阳站在华容县新河乡、注滋口镇、插旗镇三个基地及市农科所试验场开展棉花全程机械化技术示范和适合棉花机械化采收的新品种筛选，试验面积2.67公顷。筛选出两个适合机械化采收的棉花新品系。同时在华容县新河乡沙口村先后举办省棉花全程机械化（机械采收）现场会和省棉花油后直播中期管理技术研讨会，其中机械采收现场会由省农委主办，市农科所承办，省农委、省科技厅、省财政厅及省外多家部门及农业单位领导、专家200人参加，中国工程院院士喻树迅亲自到场指导。

农业部岳阳农业环境实验站全面完成实验站创新能力条件建设，顺利通过项目验收，承接7项中国农科院环发所科技项目，完成洞庭湖径流水质监测、湖垸旱地玉米油菜减氮控磷试验、洞庭湖区双季稻田氮循环试验、镉砷轻中度超标土壤农业安全利用试验、畜废利用模式下氮磷肥适量投入试验示范，同时还完成6个长期定位观测试验，包括水稻土渗滤池长期试验、旱地长期定位试验、重金属微区试验、猪粪施用环境风险研究长期定位试验、多熟制作物长期定位试验等。不同播期岳优9712对镉吸收栽培研究正在进行，“洞庭湖区水稻侧条施肥机插秧技术的研究与应用”获得岳阳市科技进步二等奖。

技术培训方面，在岳阳县、临湘市、汉寿县、常德市、沅江市、赫山区、华容县等地开展各类技术示范和培训活动67次。此外，还承担水稻、西瓜、油菜、棉花4大作物的全国与省级区试，完成水稻国家区试132个品种，省级234个品种；西瓜国家区试9个品种，省级10个品种，油菜国家区试52个品种，省级20个品种，棉花国家区试24个品种。

（本栏撰稿 彭长城）

林 业

【概况】 2014年，全市完成人工造林2万公顷，森林覆盖率稳定在45.3%，活立木蓄积量达1804万立方米，林业经济总产值达231亿元。一是城乡造林绿化提质增量。完成造林和森林经营任务6.5万公顷，完成五边造林3733.33公顷，新造油茶2153.33公顷，完成油茶低改2000公顷、楠竹低改5000公顷。加强种苗繁育和质量管理，圃地苗批质量合格率达100%，测土配方系统造林使用率达85%，造林质量合格率达98%。完成义务植树1100万株，尽责率达80%。二是森林资源管护不断加强。落实县级保护发展森林资源目标责任制，平江县接受国家林地管理检查获优秀等次。严格执行限额采伐制度，依法采伐蓄积23.3万立方米，占计划的52.7%。严格林地管理，依法办理征占用林地手续165宗，平江县代表全省接受国家林地管理检查获得全省第一名。严控森林火灾，全市没有发生重、特大森林火灾。严防森林病虫害，全市林业有害生物发生面积3.6万公顷，成灾面积1466.67公顷，成灾率2.7‰，低于省定控制指标。三是湿地保护力度不断加大。各级领导高度重视湿地保护工作，国家林业局局长赵树丛及省委常委张文雄、副省长张硕辅、省林业厅厅长邓三龙、市委书记卿渐伟、市长盛荣华分别到东洞庭湖湿地进行调研，在湿地保护上给予大力支持。华容县、岳阳县、临湘市成立专门湿地管理机构，强化东洞庭湖湿地保护管理，加快湿地项目建设。全市湿地保护面积18.75万公顷，湿地保护率达76.6%。四是民生实事承办不断加力。完成22.66万公顷省级以上生态公益林保护建设省实事项目，管护面积到位率100%，补偿资金到户率100%。市林业局获得全省为民办实事工作组织工作先进单位，临湘市、平江县、岳阳县获得全省为民办实事工作先进单位。完成退耕还林巩固成果市重大项目投资8377.5万元，改善2780户退耕农户能源结构，实现生态移民64户，建设后续林业产业基地2333.33公顷。全市建立12个市级林下经济示范点，获批1个国家级林业专业合作示范社和2个省级林下经济示范基地，6个省级林下经济示范基地挂牌，林下经济总面积达4.54万公顷，产值11.8亿元。加快森林公园旅游基础设施建设，全市投入配套资金1.98亿元，接待游客167.85万人次，实现旅游收入1.83亿元。岳阳县大云山森林公园“三战三捷”摩崖石刻列入第七批全国重点文物保护单位，平江县福寿山森林公园被省旅游局、省环保厅批复为省级生态旅游示范区，成为全省首批六个示范区之一，这是全市唯一获此荣誉的景区。五是林业改革发展不断深化。加速林权流转和抵押贷款，林权抵押贷款面积0.9万公顷，贷款金额18亿元，余额2.5亿元。加快森林保险，全市51.27万公顷森林纳入森林政策性保险，投保率达87.5%。启动湿地生态补偿试点工作，加大重要水源地生态补偿力度，争取市财政每年投入1000万元，专款用于饮用水源铁山水库周边森林生态补偿。六是生态文化建设不断推进。组织开展3月林业宣传月活动和植树节、爱鸟周、首个“世界野生动植物日”等一系列公益宣传活动和志愿者活动。凤凰卫视《与梦同行》栏目播报华容县绿色通道、汨罗市秀美村庄和东洞庭湖美丽湿地建设情况。全市林业工作通过中央台报道近10余次，湖南卫视等省级媒体报道20余次，市级媒体报道80余次。市林科所被评为全省生态文明教育基地。汨罗市西长村入选全国生态文化村。巩固林业科研成果。由省林科院、市林科所承担的“湖南油茶良种组合区划和标准化栽培”获得湖南省科学技术进步奖二等奖。由市林科所承担的“柳树优良无性系苏柳799、903、795及造林配套新技术推广”获得岳阳市科学技术进步奖三等奖。

【开展“绿箭”专项行动】 2014年，市林业局开展打击破坏林木、林地、野生动植物和湿地资源违法犯罪行为的“绿箭”专项行动，查处盗伐滥伐林木、无证运输木材、非法占用林地等案件386起，确立刑事案件29起，刑事拘留17人，收缴林木389立方米。湘阴县严厉查处非法占用林地案件，依法逮捕违法当事人，实现林地刑事案件“零”突破。

【推进绿色通道和秀美村庄三年行动】 2014年，全市林业系统推进绿色通道和秀美村庄建设三年(2014–2016)行动计划，全市境内高速公路、高速铁路和国省道绿色通道建设绿化达标率达92%。2320个村参加秀美村庄创建，省、市、县联办示范村7个，秀美村庄创建覆盖面达83%。

【湿地保护建设】 2014年，华容县、岳阳县、临湘市成立专门的湿地管理机构，华容县东湖国家湿地公园、屈原管理区湿地保护与恢复工程项目正式批准实施，平江县黄金河国家湿地公园项目通过考察评估。强化东洞庭湖湿地保护管理，加快区划调整，落实丁字堤封闭管理，新建君山后湖管理站和实时监控、GPS定位、巡护在线管理系统，争取湿地生态补偿试点项目资金4000万元。11月14日，东洞庭湖国家级自然保护区被世界保护联盟组织（IUCN）列为首批保护地绿色名录。

【岳阳市森林公安局刑侦大队为执法示范单位】 2014年11月24日，国家林业局命名岳阳市森林公安局刑侦执法大队为“全国森林公安机关基层执法示范单位”。

（本栏撰稿　易少满）

水　务

【概况】 2014年，岳阳市水务系统贯彻落实中央加快水利改革发展的系列决策部署，较好地完成年度水利工作任务。市水务局被评为全国水利系统先进集体、全省水利建设先进单位、全市小康社会综合绩效考核先进单位、全省河道管理工作先进单位、洞庭湖区水利工程建设管理工作先进单位等。

一、防汛抗灾取得新胜利。岳阳市境内出现七次强降雨天气过程，7月下旬，洞庭湖区一度出现超警戒水位洪水。在市防汛抗旱指挥部（简称市防指）的领导指导下，全市水务部门积极应对、科学决策、及时调度，精心组织，突出水库防守、山洪防御重点，加强长

秀美的野生荷花公园　（彭宏伟　摄）

江和洞庭湖一线防洪大堤巡堤查险工作，有效将洪灾损失降到最低限度，保障群众生命财产安全，全市无一人伤亡，实现防洪保安全、减灾保民生的目标。

二、水利建设再谱新篇章。全市投入水利资金20.05亿元，完成各类水利工程5万处，加固堤防60千米，除险加固水库66座，治理中小河流90千米，解决农村饮水不安全人数69.25万人，治理水土流失面积66.2平方千米，启动52处农村小水电扩容改造，小农水重点县建设改善和新增灌溉面积0.67万公顷。坚持以民生为导向，在全市范围掀起农村沟渠疏浚行动和农田水利“百千万”工程建设，全市整合涉水资金8.06亿元，疏浚沟渠2万多千米。改扩建骨干山塘1000口，改造机埠100座，衬砌斗渠50万米。

三、依法治水取得新成效。严格“三条红线”指标考核，规范水资源论证，建立水资源论证联审机制，严把入河排污口审批，加强农村生活水源地保护，推进河湖水域禁止投肥养殖工作，编制《全市水资源保护规划》，水资源管理全面加强。推进河道采砂统一管理，进一步健全票据管理、旁站监管、督查巡查、远程监控管理机制，严厉打击非法采砂行为，全面加强河道采砂安全生产监管，配合开展长江非法采砂整治行动，河道采砂管理全面加强。将水保方案审批作为开发建设项目的前置条件，方案审批由被动变主动，审批率100%，水土保持监督全面加强。

四、行业能力实现新突破。水利改革不断深化。对2011年以来的水利改革试点情况进行全面总结，精心制定《岳阳市全面深化水利改革工作方案》，对全市深化水利改革进行部署并有序推进，基层体系不断健全。新增28个农民用水户协会，逐步完善农民自主开展农田水利建设和管护机制。乡镇水利站规范化建设稳步推进，建设管理不断加强。规范水利工程建设市场，推进县级水利建管中心建设，加强招投标管理，确保水利工程建设管理有序进行。

【规范河道采砂管理】 2014年，全省河道采砂管理工作座谈会、全省河道管理工作会议在岳阳市召开，省人民政府副省长张硕辅在省政府《政务要情》上对岳阳市河道采砂规范管理工作给予肯定。市水务局进一步强化票据管理、远程监控、督查巡查等日常管理措施，全面统一洞庭湖采砂计量标准，规范砂石配载行为，严厉打击非法采运行为，开展长江非法采砂专项整治行动，有效遏制岳阳市境内长江水域非法采砂行为；开展安全生产集中整治月行动、旁站监管员培训、水上联合治超行动，组建水上交通安全联合执法队，安全事故较2013年下降50%，采取依法调整采区范围、补足延误开采时间和剔除计量水分等措施，在政策允许范围内尽可能减轻砂石企业压力，引导砂石市场健康有序发展。

【水利改革试点工作】 2014年，全市新增28个农民用水户协会，逐步建立农民自主开展农田水利建设和管护机制，乡镇水利站规范化建设稳步推进。规范水利建设市场，推进建设项目信息公开，加强招投标管理，确保水利工程建设有序进行。行政审批不断优化，深化水行政审批改革，水行政审批项目由15项精简至11项，最大限度减少行政审批环节，缩短审批时限，提高行政审批效率。岳阳市水利改革工作受到省水利厅充分肯定，并在全省水利改革试点评估会议上作典型发言，在水利部发展研究中心组织开展第三方评估时给予充分肯定。

【抓好湘江保护协调工作】 湘江保护和治理被列入省政府的“一号重点工程”，2014年，岳阳成立由市长盛荣华任主任的湘江保护协调委员会，办公室设市水务局，制定《岳阳市2014年湘江保护工作方案》，下发到各县市区，开展湘江流域水行政专项执法，通过摸底排查和现场检查，查处水事违法行为51件，下达文书70余份，追缴规费0.5万元，罚款30万元。8月29日，省湘江保护协调委员会专门到岳阳市进行指导，并对照文件精神要求的16项内容逐一检查落实，湘江保护工作得到上级肯定。

（本栏撰稿 夏 宇）

水文水资源勘测

【概况】 岳阳水文水资源勘测局（简称岳阳水文局）成立于2010年8月，为省水利厅和市人民政府双重领导的参照公务员管理副处级事业单位，承担全市水文水资源工作。2014年，岳阳水文局围绕水文中心工作和经济社会发展大局，圆满完成各项工作工作任务，综合绩效考核被评为全省水文系统先进单位，局属加义水文站被省总工会授予湖南省工人先锋号荣誉称号，伍市水文站获得湖南省水文系统文明单位。

【水文业务工作】 2014年，岳阳水文局着力做好以下五个方面的工作：一是准确及时提供防汛抗旱减灾信息。测好全市汛期六次较大暴雨洪水过程，发送水情信息20万份，编写分析材料30余份，进行洪水预报会商15次，参与市防指防汛会商20次，四次发布汨罗江洪水黄色预警，提醒沿江各单位及社会公众及时做好防洪避险工作。二是完成全市水资源调查和水环境监测工作，编制岳阳市水资源公报。对全市水资源量、蓄水动态、供用水量、水资源利用、水资源质量和重要水事等情况进行全面分析。三是配合省水利厅做好岳阳市国家水资源监控能力项目建设，包括华能电厂、巴陵石化在内的全市22家大型取水企业以及下辖县市区自来水厂，安装38套取水量监控前端设备，实现监控数据实时传送省水资源检测监控数据平台。四是承担蒙西华中铁路洞庭湖大桥建设项目的施工期水文预报服务工作。为蒙西华中铁路洞庭湖大桥施工防汛调度提供科学决策依据。五是完成《岳阳市水资源管理“三条红线”指标体系》《岳阳市河湖连通工程(王家河流域)及水系生态综合治理项目景观工程防洪影响评价报告》《汨罗市农村饮水安全项目兰新饮水工程水资源论证报告》等岳阳各级政府部门交办的重要工作。

【水文基础设施建设】 2014年6月，岳阳水文测报分中心投入正常使用。南湖、钱粮湖、红花、石塘、新墙、陆城6个水文（位）站相继建成并完成竣工验收，梅仙、三市、新市三个水文站开工建设。屈原管理区蓝渡桥、湘阴县城西垸两个省洞工局水位站的查勘完成。购置湘阴水文局、平江水文巡测基地和临湘水文中心站办公用房和职工宿舍，2015年全部投入使用。

（本栏撰稿　彭　星）

防汛抗旱

【概况】　2014年暴雨前，市防汛抗旱指挥部（简称市防指）沉着应对，积极作为，带领广大干群奋起抗灾，努力将灾害损失降到最低。

一、领导重视，从严要求。国家防汛抗旱总指挥部、解放军总参作战部、武警总部、水利部、长江水利委员会、省委省政府、省防汛抗旱指挥部多次到岳阳市检查指导防汛工作，联点省领导省委常委、省委秘书长韩永文，副省长黄兰香对岳阳市的防汛抗灾工作非常关心，多次研究部署，到岳阳市指导工作。韩永文对岳阳防汛工作充分肯定，并作出重要批示。市防指主要领导高度重视防汛抗灾工作，市委书记卿渐伟、市长盛荣华、市委副书记李志坚、副市长熊炜多次听取防汛抗灾工作汇报，组织召开防汛抗旱工作大会、防汛会商会，督促检查防汛抗灾工作落实情况，并就防汛抗灾工作作出重要指示。

二、提前预警，科学调度。每次强降雨发生前，市防办都在第一时间将暴雨预警信息、地质灾害预警信息等有关情况，通过短信平台、传真、电话等渠道向各县市区防指、市防指成员及相关防汛责任人发布，特别是迎战历次强降雨和超警洪水过程中，多次组织防汛会商，启动防汛应急响应，全力以赴迎战暴雨洪水。入汛后，先后下达明传电报50份、防指通知52份，编辑发送短信4.48万条，保障防汛抗灾工作高效有序开展。7月16日9时，市防指对汨罗市、平江县、岳阳县、临湘市启动防汛三级应急响应。7月16日18时，省防指启动防汛3级应急响应后，市防指在全市范围内相应启动防汛II级应急响应。

三、突出重点，把握关键。突出水库防守、山洪防御等重点，科学调度水库蓄水，病险水库和除险加固未完成的水库，严格实行空库运行，1177座小型水库安全管护员到岗到位，开展雨水情观测、隐患排查等工作，强降雨期间，岳阳县大坳水库等45座水库及时开闸泄洪，确保水库度汛安全。山洪防御方面，构建群测群防体系，落实山洪灾害易发区的防守责任人和手电、铜锣、喇叭、口哨等物资器材，畅通预警信息渠道，解决“最后一公里”问题，做好山洪灾害监测预警设施的维护和管理工作，确保正常运行，发挥工程效益。入汛后，全市山洪灾害预警系统发布预警短信5500条次，启动预警广播450站次，有效指导人员转移6000人次。

四、强化值守，严格督查。从3月28日16时开始，市防指提前在全市范围内启动24小时防汛抗旱值班。市县乡三级防办严格实行24小时防汛值班制度，搞好预报预警、上传下达、防汛调度工作。5月31日，市委书记卿渐伟深入山洪灾害防御重点县平江县和东洞庭湖防汛重点堤垸屈原管理区暗访防汛工作。6月5–10日，市防指派出4个督查组，对平江县、岳阳县、湘阴县、汨罗市的水库管护、山洪灾害防御、防汛物资储备管理等三项工作进行专项督查。7月下旬，市防指又下派9个督查组，分别由市水务局局领导带队，对各县市区水库山塘和防汛安全工作进行抽查，确保防汛抗灾各项工作有序开展，落到实处。

【农村沟渠疏浚行动】　2014年，市委市政府高度重视农田水利基本建设，市委书记卿渐伟在市委农村工作会议上强调：要加强农田水利基本建设，切实抓好大型水利工程和渠系管网建设，特别是要打通农田灌溉的最后一公里，加快沟渠疏浚，争取两年内搞畅通。市政府下发《关于大力开展沟渠疏浚行动的通知》，要求按照“清空见底、坡面整洁、岸线顺畅、环境同步”的标准，自2014年至2015年，用2年时间完成农村渠道疏浚5.89万千米，力争将全市的农田灌溉水有效利用系数提高到0.51，为全市防洪安全、供水安全、生态安全、粮食安全提供有力支撑。市纪委制定《沟渠疏浚工作监督检查工作方案》，会同市委督查室、市政府督查室组成全市沟渠疏浚工作专项监督检查组，对全市沟渠疏浚工作进行严格督查。各级各有关部门迅速行动，全市农村掀起沟渠疏浚行动热潮。全市计划疏浚长度29684千米，实际完成沟渠疏浚30032千米，清淤土方4627万立方米，超年度任务计划1.17%。其中，完成县办重点工程41处663千米，乡办重点工程463处1982.8千米，村办重点工程3187处5279.6千米，完成率100%。资金投入上，全市投入资金8.89亿元。其中，市县乡三级财政投入资金1.8亿元，整合小农水重点县建设、农业综合开发土地治理、千亿斤粮食产能、农作物新产品示范基地、农村环境综合整治、环洞庭湖基本农田建设重大工程、移民后扶、市级农田水利“百千万”工程等涉水涉农项目资金3.15亿元，发动群众150万人次参与沟渠疏浚，筹资筹劳3.94亿元。

【推进农田水利“百千万”工程建设】　针对全市小型农田水利基础设施上存在的工程短板，2014年5月6日，市政府办下发《关于印发〈岳阳市加强小型农田水利建设实施方案〉的通知》。根据《实施方案》，市人民政府重点对骨干山塘、小泵站、小渠道等小型农田水利设施建设进行奖补，实施“百千万”工程，按照小型机埠每处3万元、山塘每口1.5万元、小渠道每米20元的标准进行奖补。各县市区按照1：1的比例进行配套奖补。各地群众积极性高涨，掀起全市水利秋冬修高潮。全市投入资金1.2亿元，开挖土石方960万立方米，完成小机埠维修改造100处、骨干山塘改扩建1000口、清淤衬砌斗渠50万米。

（本栏撰稿　冯　伟）

铁山供水工程

【概况】　2014年，市铁山供水工

程管理局（简称铁山管理局）在市委市政府的坚强领导下，围绕《政府工作报告》总体部署，突出铁山水资源保护为重心，科学调配水资源，加强项目建设，破解发展难题，圆满完成各项工作任务。全年实现水利总产值2.91亿元，总收入2.19亿元，比2013年增长11.8%和17.9%。

【经济发展成效显著】 2014年，铁山管理局实现经济总收入2.19亿元，比2013年增长17.9%。主要经济指标超额完成年初确定的计划，呈现出以下特点：供水主业实现重大突破。铁山城镇原水供应9044.87万立方米，原水收入2836.96万元。其中城市供水量7975.6万立方米，为历史最好供水成绩。全力拓展供水市场，新增城区供水面积6平方千米，新增用户11185户，新敷设输水管道1.32万米。同时，加大巡查、监督方面的制度建设确保全年安全供水无事故，为供水总量的突破提供保障。渔业生产实现重大突破。水库鲜鱼产量76万千克，收入823.43万元，实现产量收入双突破。在渔业生产经营过程中，加大渔业秩序的整顿力度，查处破坏渔业秩序的人和事267起，创新工作思路走品牌销售之路，成功策划并实施巴陵铁山鱼新闻发布会，使鲜鱼销售价格大幅度提升，市场零售价突破每千克5元大关，销售收入大幅增长。三是项目引资实现重大突破。在全面完成国家项目投资的前提下，争取国家投资项目2000多万元。2014年度农业水价综合改革项目，争取投资1000多万元，争取落实电站增效扩容项目500多万元，为以后的电力生产打下坚实基础，争取灌区基层站危旧房改造建设及信息化建设项目，争取资金700多万元，项目建设完工后为基层一线职工创造一个舒适安全的生产生活环境。四是多种经营实现重大突破。在市场下行压力增大的情况下争取局内外工程项目，实现安全生产、经济效益的最大化。同时，按照新型城镇化的要求，与岳阳县政府配合完成南干所机关大院的搬迁改造，在实现经济效益的同时确保社会稳定。

【铁山水资源保护力度加大】 2014年，铁山管理局加大对铁山水资源保护力度，铁山水库水资源保护是事关岳阳市100多万人口安全饮水和100万公顷农田灌溉的民生工程，是铁山局的基础工作，2014年，铁山水资源保护工作取得很大成效。一是市委市政府高度重视，研究并通过由铁山局起草的《关于进一步加强铁山饮用水水源保护与库区民生保障的意见》，文件出台为今后长时间水资源保护工作提供政策保障，将铁山局在水资源保护、供水设施维修投入、行政执法和协调库区群众矛盾提供政策支撑。文件对原水提价、工程养护、供水工程维修养护经费、执法机构队伍和责任范围等核心问题都作了明确的规定，解决困扰铁山局多年的保护和发展问题。二是抓好水库“禁钓”“禁采”工作。2月20日，市政府发布《岳阳市人民政府关于禁止在铁山水库从事旅游垂钓等活动的通告》，铁山局积极行动，迅速成立禁钓工作小组，出台禁钓工作管理制度，出动宣传车在库区周边乡镇进行大规模法制宣传教育活动，使由节假日铁山水库周边人满为患的局面有了转变，禁钓工作取得成效。同时，狠抓水库挖沙禁采。铁山局组织力量对水库挖沙行为严加监管，禁止所有挖沙船只的启动，密切配合岳阳县开展宣传教育，督促船主自拆上岸。库内26艘挖、吸沙船除1条船暂扣押未上岸外，15条船只解体上岸，10条船拖离上岸，为今后的水资源综合执法奠定良好实际操作基础。三是组织开展“铁山水资源保护行动月”活动，加大宣传力度。广泛宣传市委市政府下发的“两保意见”，使库区周边群众对铁山水资源保护意识大大加强，由原来的对着干转变为现在的主动参与。四是组建铁山水资源保护综合执法支队，按照市编制办文件精神，成立铁山水库水资源保护综合执法支队，解决执法机制缺失问题，筹建执法支队。

【破解经济难题】 2014年，铁山局党委在听取群教活动意见主动出击，破解经济收入单一、债务包袱沉重、工程运行费用巨大三大难题。一是铁山原水提价工作取得新进展。铁山原水价格12年来未作调整，一直按照市物价局【2003】56号文件规定的每吨0.3元执行。近年来，关于请求提高铁山原水价格铁山局党委做了大量工作，11月4日，市长盛荣华在铁山库区水资源保护与保障改善民生政府专题会上明确指示：铁山原水加价工作要提到议事日程，请物价局牵头，铁山局、相关部门配合，调研拿出方案。铁山局面对难题锲而不舍，无数次与市物价局汇报衔接协调，想方设法做通物价部门相关人员的工作，截至年底，市物价局正式向市政府提交《关于中心城区居民自来水阶梯价格改革及调价有关情况的汇报》，标志着原水调价前期工作正式启动。二是债务处置工作取得新突破。3.4亿元的债务负担一直是制约铁山局发展的沉重包袱。三是南、北干渠工程维护经费得到保障。一直以来，南北干渠养护维修经费都是铁山局自身承担，年均支出维修费用300多万元，对本就十分紧张的局级财政构成不小的压力。局党委调整思维，抢抓契机鼓与呼引起领导重视，拿出南北干渠养护维修经费方案，2014年南、北干渠维修经费纳入市级财政保障范围，常年解决两条干渠维修经费300万元以上，为确保全市安全高效供水提供有力保障。

（本栏撰稿 李仙凤）

长江修防

【概况】 2014年，岳阳市长江修防处（简称市修防处）按照治江护堤，防洪保安的工作要求，以党的群众路线教育实践活动为契机，把握稳中求进总基调，扎实履行职能，圆满完成各项工作任务。全年争取工程项目资金7000多万元，到位资金4000万元，完成工程投资2000多万元，征收水利建设基金2918.76万元，确保长江护岸工程和城区安全度汛。

【城市防洪】 2014年，市修防处始终坚持以人为本、提前部署、科学调度、积极应对，在城市防洪和城市防洪工程建设上成效明显。一是全面完成城市防汛任务。吉家湖、东风湖、南湖、月形湖4座电排站17台机组累计运行5279台时，排水4600万立方米，确保城区未受涝灾损害。7月19日，吉家湖大堤巴陵石化穿堤管道发生漏水险情，市修防处主要领导和工程技术人员迅速赶到现场，第一时间组织车辆10多台套、劳力300多人，奋战20多个小时，成功控制险情的发展，确保吉家湖垸、巴陵公司生产区以及杭瑞高速洞庭湖大桥施工区的安全。二是南津港大堤护坡工程基本完成。南津港大堤外坡护坡工程是防洪建设与城市建设相结合的景观工程，项目总投资1200万元，施工面积8.2万平方米。工程于2月开工，克服外湖水位长期偏高、协调难度大等困难，于年底全面竣工，与环南湖交通“三圈”交相辉映。三是超额完成全年水利建设基金征收任务。在收费模式转变、市财政增收压力大于往年的情况下，市修防处加大征收协调力度，应对全市经济发展新变化，采取稳定小户、攻坚大户、调解难户等办法，征收市本级水利建设基金2918.76万元，比2013年增长11%。

【长江护岸】 2014年，市修防处增强抓项目、争投资的紧迫感和责任感，抢抓项目建设机遇，长江护岸工程建设取得新突破。一是长江护岸2009年度荆江河控工程项目进展顺利。该项目总投资8200万元，其中，国家投资5000万元，地方配套3200万元，于2009年完成前期工作。2014年10月，长江水利委员会建设局将该项目委托市修防处组织建设。截至年底，如期完成工程设计、公开招投标等工作，2015年2月底将正式动工。该项目的实施，既能化解以往的工程遗留问题，更有助于集中整治新沙洲、荆江门、七弓岭三个重点岸线3360米。二是启动长江防汛处险工程项目。市修防处在2013年争取国家长江特大防汛经费1500万元的基础上，2014年加大争取国家资金的力度，争取到国家长江护岸防汛处险费850万元，用于天字一号、洪水港、七弓岭、城螺等河段1393米岸线险情的处理。七弓岭河段工程于年底完工，其他河段工程将于2015年3月底完工。三是服务好国家重点工程建设，完成七弓岭大堤路面硬化工程。蒙华铁路和杭瑞高速贯通七弓岭大堤和吉家湖大堤，为确保国家重点工程建设和大堤防汛保安两不误，市修防处协调督促施工单位完成防汛补救措施。至7月底，硬化七弓岭大堤路面4720米，浇筑砼1.6万立方米，利用大桥施工土方回填大堤滩涂坑地2.5万立方米，累计投资600多万元，后续七弓岭大堤和吉家湖大堤施工区恢复工程正在按防汛补救措施要求同步进行。四是推进三峡后续工程项目。三峡后续工程规划整治岳阳市范围内长江岸线53.02千米，投资5.1亿元。第一期工程项目可研、初设等前期工作完成，第二期工程项目可研报告审查和移民征地调查完成，两期项目计划于2015年同时开工。

（本栏撰稿 夏佩华）

责任编校 刘兴汉

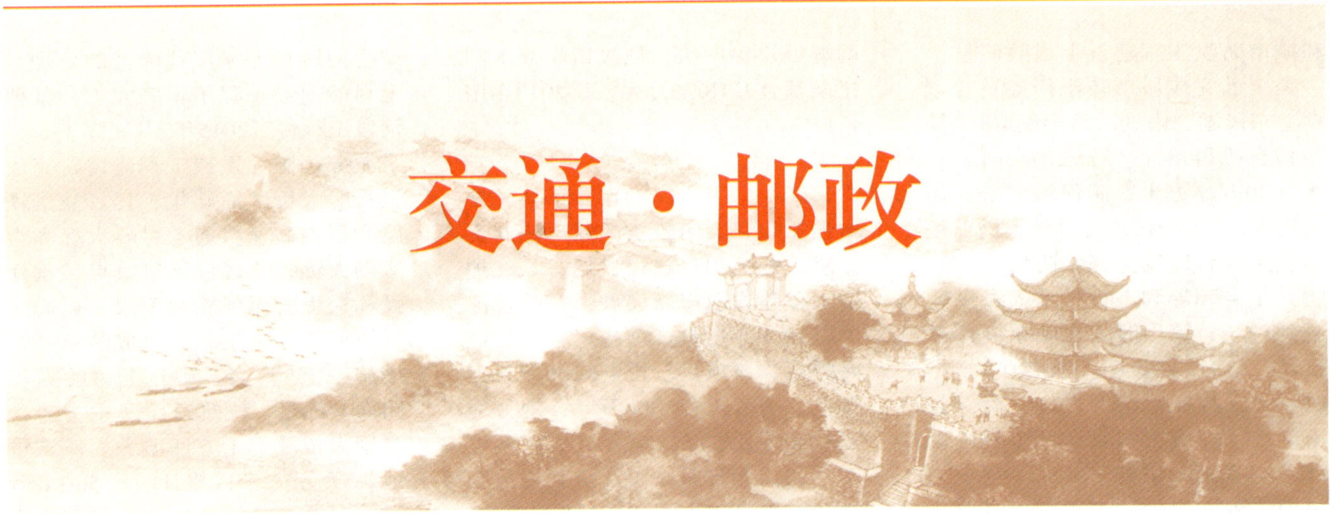

交通·邮政

综　述

【概况】 2014年，岳阳市交通运输系统围绕年度工作目标，以开展党的群众路线教育实践活动为主线，以创建全国文明城市为抓手，突出科学谋划，狠抓项目建设，加强行业管理，优化运输保障，着力创先争优，圆满完成各项工作任务，“五个交通”建设呈现稳中有进、进中向好的发展态势。市交通运输局获得岳阳市全面建成小康社会综合绩效考评先进单位、全省农村公路建设先进单位等荣誉和奖励。一是交通投资再创新高。完成投资82.77亿元，同比增长22.4%。其中，高速公路“两路一桥”、临湖公路、京港澳高速岳阳收费站改扩建工程、省道216线华容县白果乡至君山芦苇场公路、省道319线汨罗市红花乡至屈子祠公路、省道303线云溪区排碧桥至陆城公路、省道210线云溪区至道仁矶公路和鹿角码头、君山区荆江门码头等项目加快建设，省道208线岳阳县杨林至张谷英公路、省道208线临湘市江南镇至最兰坡公路、国道107线临湘最兰坡至巴咀坳公路等项目主体工程完工，均超额完成省、市目标任务。二是争项引资成效显著。全年争取干线公路、农村公路、危桥改造、水运、站场等计划项目490个，争取到位国省补助资金8.03亿元。京港澳高速新开联络线等项目前期工作有序推进，完成干线公路前期工作57千米，城陵矶港区（松阳湖）二期工程批复初步设计，岳阳港、岳阳三荷机场、常岳九铁路等项目列入国家长江经济带综合立体交通走廊规划。三是运输生产保障有力。圆满完成春运、省第八届民运会、秋季新兵运输、国庆黄金周等重大运输保障任务。完成公路旅客周转量59.1亿人千米，比2013年增长10.4%，完成公路货物周转量238亿吨千米，增长4.3%，完成水路货物周转量117.3亿吨千米，增长16.4%。地方铁路完成货运量1440万吨，城市公交、出租汽车分别完成客运量1.7亿人次、0.9亿人次。改造乡镇邮政所56个，邮政普遍服务网点覆盖率达到100%，快递业务完成2940.8万件，同比增速超过40%。全市完成港口货物吞吐量1.2亿吨，同比增长10.6%，完成集装箱吞吐量22万标箱，同比增长10.2%。四是民生实事强力推进。大力实施公交优先发展“三年行动计划”。《岳阳市公共交通系统规划》通过专家评审，城区再次更新200台高档空调公交车，郭镇公交综合基地开工建设，岳阳东客运枢纽站前期工作加紧对接，公交事业发展提速。大力发展农村交通。建设农村公路504千米、危桥改造326座、安保工程23个/226.38千米、渡改桥3座、农村客运招呼站104个，完成和超额完成年度目标任务，全市农村公路通畅率达到97.62%。五是行业管理不断加强。坚持依法行政，加强路政、海事、运政、公交、质安、邮政、造价、地方铁路、物流等行业管理，严格市场准入，整治市场秩序，持续开展打击非法营运专项行动，全面推进车辆超限超载集中整治，各项工作卓有成效，交通工程质量总体可控，安全生产形势总体好转并持续稳定。加快发展现代物流，全市3家物流企业通过国家AAAA级评估，海纳物流甩挂运输试点项目通过交通运输部验收。

【岳阳港君山荆江门码头开工建设】 2014年1月6日，位于长江干堤岳阳段的岳阳港君山荆江门码头正式开工建设。该码头是岳阳市君山区首个大型码头项目，工程占地18.73公顷，总投资2.517亿元，拟建设两个3000吨级（兼顾5000吨级）多用途泊位，设计最大年吞吐量达150万吨。荆江门码头所在河段深槽稳定，码头前沿水域宽阔，岸线稳定。码头陆路交通十分便捷，往南1.5千米连接省道306线，往东3千米连接杭瑞高速君山出口，正在建设的荆岳铁路离该码头不到1千米。该工程分水工和陆域两大部分进行，整个工程将在2015年10月竣工。该工程的建设，将改变君山港有港无深水通用码头的局面，年内3000吨级轮船可停靠君山港，有利于充分发挥长江黄金水道运输能力。

【鄂皖湘赣长江中游黄金水道建设座谈会召开】 2014年5月26日，湖北、安徽、湖南、江西等4省交通运输厅联合长江航务管理局、长江科学院在湖北省武汉市召开合作推进长江中游黄金水道建设座谈会，共商合力打通长江中游航道的发展大计，就下一步合作达成4点共识：一是合力推动长江中游航道整治工程，争取国家立项。二是建立健全专项工作协调机制。三是深化长江水运发展交流和合作。四是加强"十三五"规划研究对接，突出与长江中游城市群发展规划的有效衔接，强化航运与过江通道的协调发展，提升港口枢纽物流节点与集疏运功能，完善长江中游江海直达运输格局，支持沿江地区依托长江航运大力发展临港产业和外向型经济。

【全市交通项目推进暨农村公路现场会召开】 2014年7月3-4日，市交通运输局在湘阴县召开全市交通项目推进暨农村公路现场会。会议通报上半年全市交通项目建设和农村公路建设等有关情况，与会人员围绕全市交通运输发展进行讨论，各县市区汇报上半年交通运输工作，介绍下半年工作安排。会议强调，2014年是"十二五"规划任务完成的关键之年，上半年以来，全系统围绕目标，狠抓落实，促进全行业平稳较快发展。会议要求，要围绕"稳中求进、进中求好"总基调，带着理念、思路抓好谋划工作，带着职能、责任抓好项目建设，带着智慧、方法抓好农村公路建管养运，本着守土有责、守土负责、守土尽责的态度抓好安全质量工作，按照"四拼一保"的要求抓好客运市场管理，全力推进"五个交通"发展，确保年度目标的全面完成和超额完成。会议期间，与会人员还现场观摩学习湘阴县的农村公路拓改工程建设现场。

（本栏撰稿　刘　端　顾小川）

铁路运输

【岳阳车站安全工作】 广州铁路（集团）公司岳阳车站地处京广铁路干线湖南省岳阳市，管辖岳阳北站、岳阳南站、岳阳客运车间。主要承担岳阳及周边市、县的铁路客、货运业务，现有干部、职工800余人。2014年，岳阳车站进一步强化安全风险管理，抓安全风险研判，全力开展标准化车站（车间）创建活动，推进自控型班组和可控型班组建设，岳阳南站被广铁（集团）公司授予标准化示范车站（车间），岳阳北站、岳阳客运车间被授予标准化车站（车间）。经常组织开展安全大检查、大反思、大整改活动，严格干部责任追究、强化职工标准落实，做到全过程控制、全方位督导，确保安全持续稳定，实现无责任铁路交通事故2795天。

（于　雷）

【岳阳车站生产任务】 2014年，岳阳车站抓好客、货运输组织优化，及时研究解决客、货运输中出现的问题，不断提升运输保障能力。严格预算管理，加强成本控制，优化岗位配置。完善收入分配办法，任务挂钩，奖罚分明，职工责任心增强，工作积极性进一步提高。全年完成旅客发送337.4万人，完成货物发送796.1万吨，完成运输收入11.19亿元。（于　雷）

【岳阳车站服务质量】 2014年，岳阳车站树立"以服务为宗旨，待旅客如亲人"的理念，规范服务行为，提升服务质量，设备设施、售票管理、职工素质、保洁卫生、站内秩序得到广大旅客和社会普遍认可，旅客满意度明显提升。春运期间车站按照"安全出行、方便出行、温馨出行"的要求，周密部署，精心组织，圆满完成春运旅客发送任务，被湖南省评为春运先进单位。此外，暑运、黄金周等重要运输任务期间，严格卡控措施，强化协调配合，全方位做好安保工作，保证旅客出行安全。

（于　雷）

【岳阳东站运输生产】 2014年，岳阳东站在原有开通方向基础上开通天津、南宁、南昌和省内的怀化、芷江等方向高铁，使岳阳的高铁里程不断延伸，极大地方便湘北地区广大旅客出行。全年发送旅客285.8万人，完成运输收入4.32亿元。日均发送旅客0.78万人，单日最高发送旅客1.72万人。

（龚飒虎）

公路运输

【概况】 2014年，岳阳市公路系统攻坚克难，奋力拼搏，加快推进公路建设，全面提升管养能力，努力提高服务水平，圆满完成年度各项目标任务。

一、科学养路，公路通行能力全面提升。日常养护全面推进。组织"标杯"和"雨杯"养护劳动竞赛，开展水沟畅通、路面平整、路面防水、路容美化等养护专项活动，加大日常养护巡查，建立月检查、季讲评机制，实现省定"七无三有"日常养护目标，干线公路的优良率达94.4%，超出省定目标8.4个百分点。路况水平全面改善。国道107线路面改善工程完成产值3000万元，完成国道106线平江段路面改造工程投资1600万元。全年完成路面大中修里程95千米，水泥路面换板42773平方米，灾毁恢复工程18千米,总投资8447.35万元。监理公司以旁站方式进行全过程、全方位、全天候的国省干线养护工程质量监控，工程质量验收合格率100%，优良率100%。安全保障全面加强。全年排查各类隐患104处，整改92处，整改率达89%，确保养护工程和在建项目无重大责任安全事故发生。完成危桥改造37座，安保工程投入400万元，新增钢护栏2000米。获得全省公路技能比赛一等奖。

二、依法治路，公路管理水平明显提高。开展专项行动，路域环境整治有新力度。依托"城乡同治"，扭住政府主导这个"牛鼻子"，打好部门联动这套"组合拳"，大力整治路域环境，开展车辆超限治理，干线公路管好率达到96%以上。对国道107线、省道306线等主要干线集中开展违法棚屋、龙门架和打谷晒粮等"拆违打非"专项整治行动，清除路障2165处，拆除非公路标志597块，全年检测车辆16660台次，查处超限车辆1040台次。借力政府支持，治超站点建设有新进展。8月29日省政府开启治超“郴州模式”以来，强力推进超限检测站建设，湘阴县超限检测站主体工程建设全面完成，岳阳县、华容县、临湘市、汨罗市完成检测站设计规划、土地征用工作，年内启动建设，基本形成覆盖国省干线公路的管控网络。加大队伍建设，执法形象有新改变。以路政执法队伍整治为突破口，针对超限运输执法过程中的一些不规范行为，开展为期两个月的专项治理，对3名直接责任人和2名领导责任人给予组织处理，有效治理执法过程中的不正之风，纯洁执法队伍，提升执法形象。

三、合力建路，公路融资瓶颈实现突破。公路要建设就要投入大量资金，只有多方联动，形成合力，才能突破瓶颈，实现共赢。一是争取省公路局重视。省公路局全年下拨大中修、安保工程、危桥改造、水毁恢复等建设资金9983万元，有力保障全市养护工程投入。二是争取财政支持。燃油税费改革以来，公路行业经费来源一直存在缺口，通过多方努力，全年新增财政预算3000多万元，人员工资基本得到保障，消除职工的后顾之忧，增强行业归属感。三是争取地方给力。各县市政府转变观念，加大投入，逐渐在路网改造和项目建设中发挥主导作用，全年配套养护资金6000万元，完成44千米县道大修，市区局争取到岳阳经开区投入配套资金280万元，完成奇西线4千米大修，临湘市投入5000万元对最江线进行改扩建，岳阳县投入1.3亿元对梅城线进行拓宽改造，湘阴县投入12亿元对湘长路、牛大线实施改造，为路网结构的持续优化提供保障。

（龚子翔）

【临湘市公路路网改造投资合作达成意向并签署框架协议】 2014年7月3日，岳阳市公路局与临湘市人民政府就临湘市公路路网改造投资合作达成意向并签署框架协议。此次合作建设的公路改造项目包括临湘市长忠公路、麦坡路、毛塘大道、桃林快速通道、南太路城市道路改造和熊白公路改造等，估算总投资15亿元。项目由岳阳市公路建设投资有限公司与临湘市兴路交通建设投资有限公司共同管理、合作经营，以加快推进临湘市公路和城区道路建设。

（龚子翔）

【完成省道202线一、二期等项目竣工验收】 2014年，市公路局完成省道202线一、二期工程的竣工验收工作。国道106改扩建项目的竣工验收前期工作基本完成。省道201线、省道301线、省道207线三个项目环评验收工作启动，其他的竣工验收前期工作完成。

（龚子翔）

【省委省政府督查组专项督查岳阳市高速公路建设】 2014年6月30日，省委督办专员贺仁雨率省委省政府重大项目建设第八督查组到岳阳市，就岳望高速公路项目建设工作进行专项督查。岳阳至望城高速公路是国家高速公路规划网许昌至广州高速公路的一段，也是湖南省高速公路网“五纵七横”中的第三纵岳阳（湘鄂界）至武林（湘粤界）高速公路的一段。路线起自岳阳市经开区昆山，接随岳高速公路，止于长沙市望城区茶亭，接长湘高速公路。贺仁雨提出相关要求。市政府副市长向伟雄表示，岳阳市将按照此次督查组提出的要求，认真抓好落实，进一步提高认识，明确目标，制定具体措施，确保目标任务完成，确保路地和谐稳定。

（刘　端　顾小川　蒋　斌）

【“八项清零”行动助推高速公路建设】 2014年8月21日，岳阳市召开上半年在建高速公路征地拆迁暨八项清零工作讲评会。岳望、大岳高速和大岳高速洞庭湖大桥建设顺利推进。市高速公路建设协调指挥部在全市开展“八项清零”攻坚行动，着力解决项目建设中征地拆迁不彻底、施工环境不优、服务质量不高、路地履职不到位、办事效率较低等问题。其主要内容是：重点治理“不作为、慢作为、乱作为”的政务环境，“乱检查、乱收费、乱罚款”的生产经营环境，“强买强卖、强行阻工、强揽工程”的施工环境。切实做到“零”距离服务，工作高效，“零”征拆遗留，路地和谐；“零”“三强”现象，环境优良；“零”工程隐患，质量可靠；“零”安全事故，社会稳定；“零”个案积压，矛盾化解；“零”投诉上访，群众满意；“零”违纪违规，为政清廉。

（刘　端　顾小川　蒋　斌）

【省交通厅领导督查岳阳高速公路建设】 2014年11月17日，省交通运输厅党组书记、厅长刘明欣到岳阳市调研交通重点项目，部署加快推进岳阳高速公路建设等工作。市领导卿渐伟、盛荣华、向伟雄、陈恢清等陪同。刘明欣一行实地察看杭瑞高速公路洞庭湖大桥A1标和大岳高速15、16标建设现场，每到一处，他都详细了解工程质量、安全及进展情况。刘明欣对岳阳近年来交通建设方面取得的成绩给予肯定。他要求，项目各参建单位要明确责任，分解任务，做好计划，加快施工进度，力争尽早完成全年的目标任务，要严抓工程质量，加强安全隐患排查和监管，确保无重大事故发生，要把好廉政关，确保工程质量和干部队伍建设，继续抓好融资平台建设。

（刘　端　顾小川）

【市政府领导调度交通重点项目建设】 2014年12月10日，市长盛荣华主持召开市交通重点项目建设推进会，调度京港澳高速岳阳收费站改扩建、郭镇公交综合基地、城区200辆公交车更新、岳阳东客运枢纽站等项目建设。副市长陈恢清、岳阳经开区工委书记王小中和市政府秘书长谈正红等出席。盛荣华指出，四个项目既是全市交通重点项目，也是重大民生项目和公益性项目，各级各部门要进一步高度重视，密切配合，攻坚克难，加快推进，努力完成目标任务。他要求，要加大工作力度，加快征拆腾地，岳阳经开区、岳阳楼区要扎扎实实做好群众工作，全力以赴完成征拆任务，确保项目顺利推进。要抓紧完善优化设计方案，高标准规划岳阳东客运枢纽站、郭镇公交综合基地，使功能布局和交通组织更加科学合理。要加大政策和资金支持力度，抓好各项优惠政策的落实。要加强组织领导，迅速成立交通重点项目建设领导小组和四个相应的建设指挥部，明确责任，强化措施，挂图作战，严格督查，加快项目建设步伐。会前，盛荣华还实地察看京港澳高速岳阳收费站改扩建工程进展情况。（刘　端　顾小川）

【岳阳市应用先进检测设备检查干线公路质量】　2014年12月11-26日，市交通质量和安全监督管理局对省道207线平江城区段秀野大道、省道208线岳阳县杨林至张谷英公路、芙蓉大道（湘阴段）等3个干线公路项目进行工程质量专项检查。为及时、有效掌握已完工主体工程的质量状况，检查采用道路综合检测车、地质雷达、落锤式弯沉仪等多种先进检测设备,多项技术指标实现数据自动化采集，整个检测过程客观、公正、高效、连续，进一步提高用数据说话的力度，丰富质量监管手段。

（刘　端　顾小川　陈　波）

【市农村公路工作纳入全市综合绩效考评体系】　2014年5月，市委市政府将农村公路工作列入全市全面建成小康社会综合绩效考评指标体系。农村公路建设作为“省、市实事考核”类别的重要内容，在公共考评部分中占30分，农村公路危桥改造、渡改桥建设作为“水利交通”类别的重要内容，在公共考评部分中占2分。

（王兴华　刘忠福）

【市农村公路重点工程扎实推进】

2014年，市农村公路局打通湘鄂西革命根据地进出口道路改造工程（许东公路）全线路基，完成土石方58万立方米、构造物1250立方米、级配碎石路面4.7万立方米，实现工程产值2642万元。完成杭瑞高速金凤桥连接线两阶段施工图设计、小墨山核电站专用公路“工可”设计等前期工作。扎实做好铁桃公路的管养，完成大修和水毁抢修工程，确保全线安全畅通。6月19日和12月26日，进港道路、铁桃公路，相继通过竣工验收。至此，两大跨越8年的重点工程画上圆满句号。

（王兴华　刘忠福）

【市农村公路局完成民生实事】

2014年，市农村公路局建设完成通畅工程504.019千米，完成投资4.16亿元，里程和投资分别占年度考核目标的101.96%和101.74%。新增通畅村88个，全市100%的乡镇、97.62%的行政村通水泥路或油路，直接惠及全市177个乡镇、3238个行政村和273.4万村民。狠抓质量安全，大力推行“七公开”，贯彻落实《湖南省乡村公路条例》。按新标准制定“十一五”期间提前实施项目的拓宽及受限路段整改方案，并通过在湘阴县召开现场会，示范引领县级具体实施。高效完成为民办实事10周年专题调研、“十三五”交通运输部规划数据、省级实事考核、GPS巡查、交通流量、统计年报等基础工作。

（王兴华　刘忠福）

【市农村公路局管理养护工作】

2014年，市农村公路局坚持专业化养护与群众性养护互为补充，形成专业公司养护、分段承包养护、道班养护三大模式。全市农村公路县、乡、村道常养率，分别达到100%、82%、72%。PQI（路面使用性能指数）中等路以上比例达到88%。绿化率达到82%。新增文明示范路里程354千米，新建文明示范乡镇7个。路政案件查处率、结案率，分别达到100%、99%。5月，高分通过市人大常委会对农村公路管理养护工作的专项评议。

（王兴华　刘忠福）

【市农村公路局加大危改安保力度】

2014年，岳阳市完工危桥改造299座，实现投资2.7亿元，分别占年度考核目标的104%和87%，改造数量和投资均比2013年增长184.76%。完工安保工程项目24个，处治隐患里程243.61千米，实现投资3532万元，占年度考核目标的100%。同时，完工渡改桥3座，实现投资5710万元，占年度考核目标的100%。累计完成682个危桥改造完工项目、56个安保工程项目的交竣工验收。坚持工程基本建设程序，严格执行质量终身责任制、质量责任追究制度和项目法人负责制度、招投标制度、工程监理制度、合同管理制度，所有参建项目的招投标、施工许可、竣（交）工验收项目手续完备。

（王兴华　刘忠福）

道路运输

【确保低温雨雪冰冻天气道路运输安全畅通】　2014年春节期间，全市气温持续偏低，并出现低温雨雪冰冻天气，最低温度达到-6℃。为确保春运期间道路畅通和运输安全，市交通运输局主动应对，强化四项措施，全力以赴做好各项春运应急保畅工作。一是及时部署应对。2月8日市委市政府召开恶劣天气应对会议后，该局连夜召开专题会议，进行研究部署，并迅速下发紧急通知，要求全市交通运输系统各单位进一步提高思想认识，切实保障线路畅通，全力确保运输安全。二是启动应急三级响应。根据天气变化，该局及时启动应对低温雨雪冰冻天气应急三级响应，并强调在恶劣天气条件下，通村公路和山高、坡陡、路况差的公路一律实行封闭，非客运车辆一律不得载客，各客运企业采取有效防冻防滑措施，全面落实安全主体责任。三是加大督查力度。从2月9日开始，该局派出6个督查组，每组由一名局领导带队，对各县市区及局属各单位应对恶劣天气的工作落实情况进行督查，重点对桥梁、重点路段、客运站场及时扫雪除冰，及时指导道路保畅工作。四是加强应急值守。该局春运办实行24小时值班制度，加大信息共享机制，将每日辖区内道路、水路畅通情况及时上报市委市政府，确保恶劣天气期间的政令畅通。

（刘　端　顾小川）

【确保春运平安有序】　截至2014年2月24日，岳阳市为期40天的春运圆满落幕。春运期间，全市公路、铁路、水路发送旅客1018.25万人次，全市客运安全形势平稳，没发生一例重特大安全事故，实现平安有序。

（刘　端　顾小川）

【开展安全生产大排查大整治行动】 2014年7月底，市交通运输局按照省政府、市政府和省交通运输厅安全生产专题会议精神，迅速落实，开展全市交通运输安全生产大排查大整治行动。一是迅速贯彻传达。下发《关于加强交通运输安全生产工作的紧急通知》，并通过网站、短信、GPS信息平台等载体，将7月19日省政府安全生产紧急电视电话会议、市政府安全生产专题会议，以及7月21日全省交通安全专项大整治行动紧急电视电话会议精神，及时传达到全市交通运输系统各级各单位，以及每一位干部职工、从业人员。二是迅速部署安排。按照市政府的部署要求，迅速制定方案并下发《全市交通运输安全生产大检查方案》，成立整治行动领导小组，明确检查内容和范围，突出道路危险货物运输、客运、城市公共汽车、出租车等领域，分行业以表格形式细化、具体化。同时，成立道路运输和城市公交、农村公路、交通建设施工、洞庭湖大桥、铁路等5个类别的9个检查组，对全系统分行业和区域开展安全生产检查。三是迅速开展检查。从7月21日开始，由局领导、各行业管理机构主要负责人带队，抽调业务骨干、行业专家，9个检查组深入各县市区、系统各行业单位，采取不发通知、不打招呼、不听汇报、不用陪同和接待，直奔基层、直插现场的方式，迅速开展道路交通安全暗访督查、突击检查。

（刘　端　顾小川）

【参加全省客运站优质服务竞赛】 在2014年9月4日结束的湖南省汽车客运站优质服务竞赛暨首届全国汽车客运站优质服务竞赛选拔赛中，岳阳汽车站代表队一举夺得集体和个人两个一等奖。此次竞赛由省道路运输协会、省道路运输管理局工会联合主办，来自全省14个市州的20多个汽车客运站代表队56名选手参加理论知识和操作技能竞赛。在两天的比赛中，岳阳汽车站“蓝丝带”服务班4名选手组成的岳阳代表队作为全市唯一参赛队伍，技压群芳，勇夺团体一等奖。李伶俐获得个人一等奖，并推选为首届全国汽车客运站优质服务竞赛湖南省代表队队员，岳阳汽车站“蓝丝带”服务班获得湖南省交通运输行业芙蓉标兵岗荣誉称号，李伶俐等队员被授予湖南省交通运输行业芙蓉百岗明星。

（刘　端　顾小川）

【岳阳中心汽车站完成主体改造】 2014年10月底，岳阳中心汽车站提质改造主体工程基本完成。该站将以全新面貌迎接全国文明城市测评检查，旅客的候乘环境将得到极大改善。中心汽车站建站近20年，客运设施比较陈旧，不能满足人民群众日益提高的出行要求。7月开始提质改造以来，对候车室、发班区、洗手间等进行全面升级，墙壁、地面全部焕然一新，相关配套设施正在紧张地安装中。改造后的候车室新增空调、电子屏、电视机等设施，完善相应的标示和引导标牌。特别是与候车室相连的售票厅，安装两台自动售票机。这是岳阳市公路运输系统首次采用自助售票方式，旅客可自助完成购票，省去排队买票的烦恼。在春节等节假日购票高峰期，可在一定程度上缓解旅客购票压力。

（刘　端　顾小川）

【推进全市治理车辆超限超载工作】 2014年12月18日，全市治理车辆超限超载工作推进会在临湘市召开，岳阳市人民政府副市长陈恢清与会。治理车辆超限超载工作分部署发动、集中整治、检查验收三个阶段，从2014年10月13日至2015年12月31日，全市统一开展车辆超限超载集中整治行动，重点开展车辆、货物源头治理和路面执法，通过一年三个月时间的集中整治，基本消除公路车辆超限超载行为。从10月开展专项集中整治行动以来，各项工作扎实推进，取得阶段性成效。陈恢清要求，各县市区及相关部门要高度重视，形成共识，明确思路，理清措施，加大推进力度，真抓实干，树立“抓治超就是抓经济发展、促进经济可持续发展”的理念，按时按质，全面完成治超站场建设，各执法机构要严格按照省政府治超工作“七个一律”的要求，强力开展综合执法行动，顶格从重处罚，实行责任倒查，建立健全常态化治超工作体制机制，相关部门要加强领导、调度、协作、考核、督查、宣传，奖惩兑现，实现从2016年1月1日起全市常态化治超目标。

（刘　端　顾小川　唐　潮）

【华容县公交进村惠及农民出行】 2014年，华容县落实“公交优先”发展战略，大力推进城乡公交一体化建设，优先提升发展城乡公交覆盖率，在原有偏远乡村线路的基础上，加大公交车发班密度，方便群众出行。截至年底，该县将城乡公交线路延伸到县城周边10个乡镇，公交线路由30多条增加到43条，进一步提升农村交通水平和农民生活幸福感，极大地缩小城乡距离。

（刘　端　顾小川）

【督查全市治超和冬季交通运输安全生产工作】 2014年12月25日，省交通运输厅副厅长胡建新带队对全市治超和冬季交通运输安全生产工作进行督查。省督查组一行先后对洞庭湖大桥管理局桥头、市公路局万庾、建新3个公路超限检测站进行现场督查，并检查中心汽车站、洞庭汽车站的安全生产工作。在听取岳阳市治超和冬季交通运输安全生产工作汇报后，胡建新对岳阳市所做的工作给予充分肯定。他指出，岳阳市治超工作领导重视、宣传发动和经费保障到位，但治超站建设任务很重，一定要按照省统一部署抓紧建设。他强调，交通运输安全生产工作责任重大，要结合前期暗访和本次督查，进一步落实安全生产各项制度，切实做到危险品运输和水上安全生产管控不放松。

（刘　端　顾小川）

【争取站场建设补助资金】 2014年，市交通运输局主动作为，争取省交通运输厅、省运管局对岳阳站场建设的大力支持，获得站场建设专项补助资金3198万元。全市站场建设资金补助计划坚持“保重点、保续建、保投产”的原则，严格按照“十二五”中期评估确定的建设项目，根据前期工作进展、项目建设进度、资金筹措等实际情况进行编制，全市有13个项目得到资金支持，其中，汽车客货站项目补助2990万元，农村客运招呼站项目补助208万元。汽车客货站建设资金补助计划把握“三个适度倾斜”，即适度向货运站建设项目倾斜，适度向二、三级汽车客运站项目倾斜，适度向工作进度快、建设积极性高的项目倾斜等趋势，农村客运招呼站则主要依据全市农村客运网络化建设规划，力求做到成网成线，方便群众。

（刘　端　顾小川　张　湖）

【开展危货市场专项整治】　2014年，市运管局为落实“安全生产月”工作部署，根据全市交通运输系统开展全市道路危险货物运输安全大检查的要求，从6月份开始,开展为期3个月的危货市场专项整治。一是现场检查。该局组织稽查力量，在城区路口对危货运输车辆的经营资质、技术等级、危货标志灯等进行重点检查，检查危险品运输车辆22台，发放宣传资料40余份。二是上门宣传。深入相关危货企业，大力宣传7月1日起实施的《道路运输车辆动态监督管理办法》，督促各企业使用符合标准并接入联网联控的监控平台，按规定配备专职监控人员，危货车辆必须到有资质的一类危货维修企业维修、保养等。通过此次专项整治，进一步强化道路危险货物运输企业的安全管理，提高从业人员的安全意识，保障道路危货运输安全生产形势的全面好转。

（刘　端　顾小川　张　湖）

【洞庭湖大桥管理局维安保畅全面落实】　2014年，岳阳市洞庭湖大桥管理局坚持查处病害、项目建设、动态治理三结合，推动桥梁养护管理工作上台阶、上水平。加强病害处置。科学制定检查计划，每周针对不同的重点部位进行检查，投入日常养护资金90多万元，及时消除安全隐患，确保桥梁结构稳定和技术状态良好。实施系列工程。7月10日，正式启动桥面大修工程。大修过程中，采取提前公告、“半幅施工、交替推进”、联合执法等有效措施，尽量减少施工对交通的不利影响。截至年底，桥面大修工程按预定工期全部完成。该局还实施监控中心机房搬迁改造、桥西配电房搬迁等项目。强化动态管理。科学整合路政、维护、监控三大职能，上桥巡查325次，劝离乱停乱靠、违规滞留桥面的车辆400多台次，多次配合交警部门快速清理交通事故现场，使桥面交通保持安全顺畅。加大整治超限运输工作力度，全年依法查处超限车辆3067台，对其中200余台严重超限车辆进行处罚，卸载货物568.23吨，遏制超限运输损害桥梁的违法行为。同时，跟踪处理路产路权案件9起，落实路损赔补资金20多万元，维护路产路权。

（刘国平）

水路运输

【“三基三化”建设试点工作取得成效】　2014年，交通运输部为加快推进基层执法队伍职业化、基层执法站所标准、基础管理制度规范化建设（简称“三基三化”建设），在全国交通运输系统内进行建设试点工作。作为长江航道部门唯一的试点单位，长江岳阳航道管理处按照《关于加强交通运输行政执法队伍的指导意见》《关于规划交通运输基层执法站所的若干意见》文件精神要求，对航道行政执法人员结构进行调整，严格执法人员准入制度，明确执法岗位职责，对执法站所基础设施进行整合，增设政务窗口大厅，推行网上办案和安监分级审核管理信息系统，对执法管理制度进行修订，建立健全执法程序，完善执法监督机制，有效实现执法人员队伍素质的提升，基础制度管理的规范，服务社会水平的提高。

（袁　也）

【强化航道行政管理】　2014年，长江岳阳航道管理处持续开展源头治理超吃水，巡航218次，登船检查188艘，提醒和劝阻船舶按照航道部门公布的航道尺度合理装载，督促29艘船舶进行卸载，减载吨位9400吨，加强非法采砂管理，会同长江海事、长航公安开展6次大型联合执法，10余次驻守非法采沙现场，重点对洞庭湖口港区航道违法采砂船舶进行管理，加强长江岳阳辖区段和港区临跨河物、黄砂转载、锚地等航标管理，现场处理碰损航标案件7起，为蒙西华中铁路洞庭湖特大桥等工程建设服务，保障施工现场及周边水域的安全。　（袁　也）

【保障长江岳阳段航道畅通安全】　2014年，长江岳阳航道管理处经过科学分析，制定航道维护预案，通过优化航标配布方案、加大航道探测力度、及时发布航道通电等维护措施，全力保障枯洪水期等重点时段的航道安全畅通，对洞庭湖口航道、临跨河建筑物施工现场等重点航标悬挂警示标语，适时安排人员驻守现场，保障施工水域航道安全，强化与沿江港航企业的沟通，落实信息通报制度，走访企业征求航标配布合理化意见，根据自然水深，放宽岳化等危险品锚地水域，开放海轮航道和缓流航道，全年城陵矶以上航道维护水深为3.3米，城陵矶以下航道枯水期维护水深为3.7米，中洪水期为5.0米，海轮航道维护水深达6.5米。

（袁　也）

【水上救援行动】　2014年2月26日，赣州货0188轮因舵机失灵顺江漂流至长江岳阳熊家洲段，长江岳阳航道管理处汉道标310艇开展紧急救援，采用拖带的方式将船只拖至安全水域，挽回其损失；12月27日，“新人湾03”“新人湾04”装载着芦苇的船队在长江砖桥水道起火，并顺水下漂，长航汉道标310艇获悉后立即赶往现场，救援人员集中对起火的前甲板部位扑火，待到火势稍有减弱，汉道标310艇大副陈卫兵和轮机长杨航军两人冒着被火灼伤的危险跳上失火甲板抛下锚链，以便稳定船体，可仅仅只停留十来分钟，该船队因锚的分量轻未能将船队稳定住又随主流向下游漂去，当即，汉道标310缓缓靠近起火船队，并用缆绳将失火船队绑紧，利用汉道标310艇的动力将其拖到岸边固定，救援过程中风向不时改变，给拖带工作带来很大的难度，且失火船队机舱时时传来爆炸声，增加救援的安全风险。经过4个多小时的救援，大火于22时50分才被扑灭，据了解，这次火灾事故的原因是违规装载、吊机起火引起，无人员伤亡。汉道标310艇多次救援行动得到社会的高度赞誉，并获得长江岳阳水上搜救中心的嘉奖。

（袁　也）

【省政府领导到岳调研港口建设等工作】　2014年5月26–27日，副省长张剑飞率省直相关部门负责人到岳阳市，调研港口建设等工作。省长助理袁建尧，市委书记 卿渐伟、市长盛荣华等陪同调研或参加汇报会。张剑飞指出，岳阳最大的优势是紧靠长江，最大的资源是水，一定会成为全省发展的战略性支撑点。要抓紧完善、完成岳阳港的总体规划，整合港口和岸线资源，引进既有货源又懂运营管理的战略投资者。要节约集约利用岸线资源和腹地资源，严格控制规划，严格审批程序。要充分利用水运优势，大力发展临港工业，加强铁路、公路等基础设施建设，不断提升临港产业综合竞争力，助推湖南临港产业和开放型经济加快发展。

（刘　端　顾小川）

【市领导调研水上交通和危险化学品安全生产工作】　2014年7月17日，市委书记卿渐伟调研水上交通和危险化学品安全生产工作。市委副书记李志坚、市政府副市长向伟雄陪同调研。卿渐伟强调，要加强组织领导和部门协作，突出工作重点和责任落实，对违规现象严格处罚、严格追责，不断巩固全市安全生产持续向好势头。卿渐伟指出，岳阳市由于地域和产业方面的特点，高危行业集中、涉危企业多，是全省安全监管任务繁重的市州之一。他强调，安全生产人命关天，监管部门和企业都不能有丝毫大意和放松，任何时候都要把安全放在首位。各部门要加强组织领导，加强部门协作，进一步健全制度，加大安全教育力度，要突出工作重点、突出责任落实，对重点行业和重点地域进行重点监管，排除隐患，对违章违规情况要严格处罚、层层追责，不断巩固全市安全生产持续向好势头。

（刘　端　顾小川　胡祥华）

【岳阳市3000吨级江海轮岳港K001下水】　2014年8月15日，岳阳市航运物流首艘江海轮岳港K001正式下水。此举改变岳阳市“有港无船、有货无船、有货等船、直航全靠外来船”的被动局面。9月初,岳港K003等其他船舶将陆续下水进行调试。自2013年城陵矶至香港澳门水运直达航线开通以来，湖南福星仓储物流有限公司为打造浏阳烟花鞭炮运输通道，在岳阳注册成立岳港航运物流有限公司,并投资2.5亿元打造10条江海轮，每条江海轮约3000吨，可装136个标准集装箱。2014年将下水4艘船舶，预计2015年8月可全部投入城陵矶至香港澳门水运直达航线营运。（刘　端　顾小川）

【湖南湘江水上交通应急救援演练在岳举行】　2014年10月11日，随着一条滚滚浓烟的运砂船停于江面，海事、消防、医疗等救援船只迅速集合，一场惊心动魄的生死营救拉开，这是全省2014湘江（湘阴段）水上交通安全应急救援演练的一幕。市委常委、市政法委书记向伟雄参加。此次水上交通应急救援综合演练由省水运局主办、市地方海事局和湘阴县人民政府承办，参演船只40多艘，参演人员达300多人。来自全省各地市州海事部门现场观摩落水人员和被困船员搜救、船舶火灾扑灭、水质环境监测和污染处置等科目演练。向伟雄表示，此次实战演练，检验水上安全应急机制，增强处置突发水上事件的实战能力和救助技能，为全市水上交通安全提供有力救援保障。

（刘　端　顾小川）

海事管理

国家海事管理

【概况】　2014年，岳阳海事局以“三化”（革命化、正规化、现代化）建设为主线，以服务地方经济建设为目标，以安全监管统领全局，推动各项工作跨越式发展。局辖区货物吞吐量9600万吨，比2013年增长17.7%，危险品货物674.5万吨，同比上升0.7%。全年实现辖区运输船舶“零死亡”，取得良好社会反响。在服务岳阳地方经济建设以及安全监管、执法规范、队伍建设、文明创建等方面取得明显成效。长江航务管理局长江航运文化建设品牌，长江海事局创“零死亡”辖区先进单位、船舶管理工作先进集体等荣誉。

【安全监管创“零死亡”成绩】　2014年，岳阳海事局辖区发生险情6起，在监管任务加重的形势下，险情数下降53.8%。救助遇险船舶18艘次，救助遇险人员712人，人命救助成功率100%。全年无船舶污染事故，辖区实现运输船舶“零死亡”。

【推进危防管理】　2014年，岳阳海事局加强危险品运输船舶管控，动态跟踪和重点航段现场维护并举，全年载运一类危险货物船舶盯屏跟踪率及现场维护率同比分别提升19%、29%，辖区连续8年未发生船舶污染事故，全面实施小型液货船夜航禁航，大力推进单壳液货船淘汰，探索船舶溢油应急设备库委托管理模式，防污设备库启动运行，开展《长江干线危险品船舶动态跟踪平台及应用研究》课题的研究与应用，开展水上危险化学品运输安全专项整治，排查97项安全隐患并全部督促整改。开展长江岳阳区段船舶溢油应急联动演习，有效整合辖区应急资源，提高长江岳阳段船舶污染应急联动处置能力，推进实施危险品货主选船机制。

【加强洞庭湖口通航秩序整治力度】　2014年，岳阳海事局取消长江岳阳段6个单向控制区，对2个横驶区进行调整，成为中游航路改革力度最大，最彻底的一个区段，编印400本《长江中游分道航行示意图（岳阳段）》进行发放宣传贯彻。启动洞庭湖口水域航路改革工作，联合地方海事局起草《岳阳扁山至城陵矶水域通航管理规定》，并向岳阳市政府报送专题报告，争取地方立法通过。形成全时电子巡航、高峰现场巡航、夜间错时巡航互为补充的长江巡航新模式，车船年巡航里程160万千米，巡航频度力度不断加大，辖区通航环境明显改善。

【加强联合执法】 2014年，岳阳海事局继续深化联合执法，会同岳阳市水务、海事、国土资源和长江公安、长江航道等部门，对自卸驳“艘艘”登记、对出港砂石船“条条”检查。通过开展30余次联合执法行动，检查驱赶采砂船舶40余艘次，查扣涉嫌非法采、运砂石船12艘，并按相应法律法规进行行政处罚，就涉嫌刑事犯罪的案件移交的相关程序和证据初步形成机制，同时，开展“三防一禁”“三保一创”“安全生产月”、船舶配员与船员证书专项检查等21个专项活动，做好高洪水位、枯水位等特殊水位期的通航保障工作，尤其是三江口进湖3.5千米水域通航秩序管理，对船舶配员不足、无证驾驶等突出违法行为保持严厉打击的高压态势。

【提升民生保障能力】 2013年以来，湖南省陆续开通岳阳至上海、宁波等地的“五定班轮”和岳阳至香港的直达航线。省内有船舶修造厂和航运公司20余家，每年新增运营船舶近10艘，而办理船舶登记业务需要出省办理，给水运发展带来不便。2014年，岳阳海事局完成电子巡航联动平台信息化监管项目开发并投入试运行，完成VTS雷达站国内设备、国外设备的安装及调试、防雷检测等工作，项目建设进展顺利，开展全景摄像系统在现代海事监管中的课题研究，组织编写长江客渡船舶位动态报告、报警系统课题，完成项目设计和产品初步设计。向上级主管部门争取沿海海船登记资质，解决省内船舶所有人（经营人）船舶登记办证远、办证难的问题，继续开辟绿色通道，保障煤电油等重点物资运输，继续实施“三免一送”帮扶措施，为客渡船免费配发救生衣500件、救生凳320只，有力保障蒙西华中铁路大桥、荆江航道整治工程等全国重点民生项目的施工安全。

（本栏撰稿　陆吉庆）

地方海事（港航）管理

【概况】 岳阳市地方海事局（市港口航务管理局、市船舶检验局）负责全市2300余平方千米水域、1274千米航道、140处乡镇客运渡口渡船水上交通管理，负责市辖湘江、洞庭湖、长江471千米岸线和200余座港口码头管理，负责全市900余艘客货运输船舶登记检验、2700余名船员培训考核发证，负责水路交通规费征收，行政许可审批职能22项。

2014年，市地方海事局围绕长江经济带建设和服务临港产业崛起忠诚履职、开拓进取，不断强化基础工作，着力拓宽发展空间，主要经济指标取得新突破，全市完成港口货物吞吐量1.2亿吨，比2013年增长10.56%，完成集装箱吞吐量22.14万标箱，增长10.65%。岳阳港主要经济指标继续占到全省50%左右，在长江干线和全国内河排名居于前列。自2015年1月1日起，岳阳港成为全国31个（含海港和内河）向国务院直报港口水运数据的单位之一，湖南仅此一家。

【安全监管新成效】 2014年，市地方海事局辖区107处乡镇渡口、14处危险品码头保持12年安全无事故记录，辖区通航水域发生一般事故1起、死亡1人，事故指标在省、市控制线以下，较2013年分别大幅下降66.6%、85.7%。“从源头抓起”的安全监管综合体系建设不断推进，运砂船舶超载的顽疾得到有效治理，岳阳水上治超工作取得实效；水上安全联合执法模式取得新突破，视频监控和应急救援效应不断显现，“2014湘江（湘阴段）水上交通应急救援综合演练”获得好评。

【行业管理加强】 2014年，市地方海事局开展船员基本安全培训、适任考试培训、渡船船员持证培训、渡工及签单员等特殊岗位人员安全培训17期1487人，占全省总量的70%以上。新建水上信息服务平台，通过手机短信为1000多名船东、船员和相关监管人员发布特殊气象预警、适航信息、安全知识信息5万条次。“六公开”“一站式”为水上群众办理行政许可审批项目1347件，实现“零错漏”“零延误”“零投诉”。截至年底，全市水上在册船舶发展到993艘、97.8万总吨，运力比2013年增长10.36%，全市水运企业、水运服务企业、港口企业发展到144家，增长21%，水路市场各类生产要素更加活跃。

【规费征收提升】 2014年，市地方海事局完成水路交通规费征收7133万元，比2013年增长7%，为省、市财政做出较大贡献，“阳光收费”深入人心，未发生一例水上“三乱”行为和负面新闻。在宏观经济下滑、财政增速放缓的情况下，水路规费逆势上扬，得到市政府和有关部门的充分肯定。

（本栏撰稿　胡祥华）

城市公共交通

【稳步提升出租车管理服务工作】 2014年，市城市公交管理局（简称市公交局）进一步提升为企业为从业人员服务的能力。在对企业的月度服务质量信誉考评上，进一步公开化，建立责任制，要求各相关部门每月对企业运营管理、服务质量、安全生产、文明建设、维稳工作和社会评价等内容进行独立考评，负责考核数据采集的真实性，准确性，由于权责到位，保证考核公平公正。在到期车辆续牌上，密切与公证部门，车管部门联系，尽量缩短办理车辆相关手续和证件的时间，全年为鸿乐、利诚、三维出租车公司到期续牌95台车，为慈善公司更换60台柴油车，为考核奖励的14台车辆上户，保证市场运力的正常供给。（刘　波）

【提升出租车企业安全工作】 2014年，市公交局全面落实安全生产责任，抓安全基础性工作。一是认真组织开展“安全生产月”活动，悬挂横幅27条、标语120份，举办宣传栏23期、宣传展板12块，资料2000余份。二是组织健全责任体系。根据“一岗双责”制度的要求，对安全生产内容进行分解，层层签订责任状，构建横向到边，纵向到底的安全管理格局。三是定期研判，及时督导。坚持一个季度召开一次全行业安全工作例会，分析存在的问题，调整工作重心和方向，积极督查指导事故隐患排查治理工作，每月排查出租车辆次数达3500台次，组织开展全市城市客运安全生产专项大检查，排查整改安全隐患351起，整改率100%，基本上杜绝因车辆机损造成事故因素。四是加强培训提高安全意识。组织全市交通系统城市客运企业（含出租、公交）法人、安全分管负责人、安全人员和从业人员专项培训，培训4000余人次，取得较好效果。五是加强特殊时段安全监管。春运、“五一”、清明、端午、国庆等节假日，组织公司安全管理人员上路稽查，严厉查处乱停乱靠、超速等各类违法行为200多起，有效地规范驾驶员的行车习惯。六是标准化达标工作有序推进。采取下基层督促指导的方式，督促企业按照安全生产标准化建设实施细则的要求，进行各类台账的分类、归档、收集、自评、申报、注册等基础工作，市区11家出租车企业全面达标。

（刘　波）

【规范驾驶员培训考核工作】　2014年，市公交局制订新教学大纲，出台《进一步加强驾驶员质量信誉考核工作的有关规定》，进一步规范培训流程，严格考试制度，从严抓出租车从业人员素质教育取得明显成效。开设10期新准入人员培训班，合格1050人，开设继续教育培训25期，培训上岗人员3600人，同时完成2013年度注册人员的等级评定工作，其中3500人评为AAA级，218人评为AA级，26人评为A级，2人评为B级，并对被评为AAA级以下的驾驶员举办2期再教育培训班。

（刘　波）

【推进驾驶员优质服务工作】　2014年，市公交局通过加强出租车日常监管力度，保持出租车优质服务良好常态。一是按照市文明指数测评要求分解责任，实行分片包干责任制，每月下企业联点互动，对出租车企业的安全、营运、经营行为，对驾驶员运营服务和社会责任形成齐抓共管的合力。二是在行业广泛开展“三不三心”和争创五项标兵活动，通过开展主题教育活动，树立从业人员诚信经营、优质服务的意识。三是组织稽查和暗访。采取执法大队巡查与出租车公司管理人员定点稽查相结合的方式，检查出租车8000余台次，有效提升出租车服务质量。同时聘请第三方对出租车进行暗访，全年暗访9次，查处问题车辆69台次。

（刘　波）

【编写出租车从业人员区域性科目培训教材】　2014年1月2日，省道路运输管理局组织专家对《岳阳市出租汽车驾驶员从业资格考试区域性科目培训教材》进行审定并同意备案，这是全省第一个完成该编写任务的单位。为了贯彻落实交通运输部《出租汽车驾驶员从业资格管理规定》和《出租汽车从业资格考试大纲》精神，从2013年初开始，市公交局组织专门人员，认真编写切合全市实际的出租车从业人员培训教材，该教材着重突出地方历史文化、风土人情、风景名胜、旅游景点以及地名线路、行政区域、街道布局、服务规范运用、设施设备使用等城市实际，具有较强的针对性和可操作性，较好地满足现阶段出租车从业资格考试申请者、继续教育及岗前培训的实际需要。

（刘　端　顾小川　刘　波）

【举办出租汽车驾驶员运营知识竞赛活动】　2014年7月15日，市公交局在湖南理工学院举行“鸿乐杯”岳阳市城区出租汽车驾驶员运营知识竞赛活动。整个活动从5月10日持续到7月中旬，城区12家出租车公司参与，在全行业5000多名出租车驾驶员中进行全面动员，掀起一股学知识、树新气的热潮。此次知识竞赛活动旨在进一步夯实文明创建成果，进一步提高出租汽车驾驶员的服务技能，使“您的满意、我的追求”内化于心，外化于形，真正使每位出租车驾驶员营运中做到“三不三心”，推动全市出租汽车行业服务质量和服务水平更上一个新的台阶。经过激烈角逐，鸿乐公司获得一等奖，雅安与三维公司获得二等奖，阳光、大地飞鹰、邦田公司获得三等奖，利诚公司获得组织奖。

（刘　端　顾小川　刘　波）

【加强打非舆论引导】　2014年，市公交局在各站场设置打击非法营运宣传标牌与宣传窗15块，印制宣传标语2200条，向市民群众、出租车从业人员发放整治通告8000余份，与岳阳电视台新闻频道、财经频道和《岳阳日报》《长江信息报》以及网络媒体联系多次进行专题报道，并制作拒乘黑车与C5残疾人非法营运车的公益广告在电视台循环播放四个月，在城区形成强大的舆论声势，扩大社会影响，市民通过市政府12345热线和市公交局的服务热线8663333举报非法营运车辆数量呈明显上升势头，有力遏制城区非法营运行为。

（刘　波）

【加强联动执法】　2014年，市公交局在市整治客运市场秩序领导小组的领导下，协调与各职能部门联合执法，组织参与市中心城区春运期间客运市场秩序联合整治和文明创建交通秩序集中整治行动。并针对重点地段与突出问题，组织C5残疾人车辆非法营运整治、站场客运市场秩序整治和套牌出租车非法营运等5次专项整治行动，取得显著效果，查处非法营运车辆400台次，套牌车106台次，收缴非法安装的客运设施200套。

（刘　波）

【集中销毁150多套假冒客运设施】　2014年4月3日，市公交局集中销毁一批假冒客运设施。同时，面向社会悬赏，对举报套牌出租车协助查实者一次奖励举报人300元人民币，举报电话为8663333。近年来，城区部分车辆违规设置顶灯，擅自安装客运服务设施，冒充出租汽车非法从事客运经营，严重影响城市客运市场秩序。从2013年12月开始，市公交局在全市范围内，开展城区违规设置顶灯车辆非法营运集中整治行动，集中执法力量严肃查处机动车悬挂顶灯从事非法营运行为。经过三个多月的努力，公交执法人员联合公安部门查处套牌车21台辆，收缴各类假冒客运设施150套。

（刘 端 顾小川 刘 波）

【创建行政许可红旗窗口】 2014年，市公交局在市政务中心窗口受理办结各项业务2000多件，做到100%受理，100%当场或承诺期内办结，未出现一起业务滞办、拖办的现象，接待前来咨询办证流程群众近3000人次，发放宣传资料和服务指南2000多份，收到群众送来的锦旗18面、感谢信30封。窗口月月被评为先进，连续4年被市政府评为先进单位。 （刘 波）

【创建文明行业新形象】 2014年，市公交局在全行业开展一系列文明创建引领工作：道德讲堂、希望工程爱心一元捐、爱心送考、网络文明志愿传播、讲文明树新风宣传等活动，其中，全行业举办道德讲堂60余场次，受教育干部职工与出租车从业人员达3500人次。6月高考期间1100台出租车参与爱心送考活动，免费热心服务1500余人次，为50名考生提供一对一服务，出租车公益广告覆盖率达到100%，网络文明志愿者服务在全市检查评比中取得第二名的好成绩，雅安出租汽车公司、大地飞鹰出租汽车公司被评为省级文明窗口单位。

（刘 波）

【市公交总公司抓建设争优先】

2014年，岳阳市公共交通总公司（简称市公交总公司）一是抓好场站扩容。推进郭镇13公顷公交基地建设工作，办理林业占地许可证、环保测评、节能和可行性研究报告等各项手续，市财政下拨1000万专项资金，做到政策、资金、人员三到位，进入施工建设阶段。二是做好车辆提档工作。2013年底和2014年初，投资1.06亿元采购200台国Ⅴ标准系列环保空调车，让乘客感受到城市流动风景线的精彩。三是线网优化方便市民。配合市规划局、市交通运输局及南京设计院专家，采用分区域、分层次、多主题优化思路，完成大发展、高起点、全覆盖的公交线网规划，方案通过专家评审。优化后的公交线网将更加功能健全、更加辐射纵深、更加快捷便民。 （陈国阳）

【市公交总公司抓改革创效益】

2014年，市公交总公司以改革为主旋律，调格局促增收。对40路、46路提前一年回收，对经营到期的14路线重新签订责任制经营合同，对3路到期回收实行责任制经营，使公司集约化经营线路达到85%以上，实现两个效益的最大化。强改革精管理。一是深化目标考评。细化指标严考核，奖罚兑现重落实，实现月月有考评、事事有督办、样样有落实，推进核心目标的完成。二是进行中层干部缺位竞聘工作。针对干部队伍老年化现象，通过阳光选才，沙场点将，将17位优秀员工提拔到中层副职岗位。三是清理停薪留职、歇岗和外借人员。重点整改6分公司带薪息岗和外借人员畸形膨胀现象。拓三产挖潜力。实现城市一卡通系统升级业务、三鑫驾校下岗再就业定点培训业务、物维公司公务车定点维修业务、公交广告业务全面提升，三产业年创利近千万元。 （陈国阳）

【市公交总公司抓好文明创建工作】

2014年，市公交总公司抓好创建工作。一是抓好五创提质美环境。实行车辆趟扫日洗、候车亭全天候保洁、公益广告全覆盖、公交志愿者活动持续增温，形成整洁靓丽的绿色风景线，圆满完成创建任务。二是竞赛争先优服务。广泛开展"做文明标兵、创文明城市"百日竞赛和"太平洋保险杯"等系列劳动竞赛，使车辆首末班准点率达到96%，正点满趟率达到97.5%，服务合格率达到95.8%。三是安全生产促畅通。深入开展安全生产大检查大排查大整改活动，加强营运车辆拉网式排查和百分量化考核，组织太平洋保险杯劳动竞赛等系列竞赛活动，全年安全间隔里程155万千米，四项指数与2013年相比，事故起数下降13.6%，受伤人数下降5%，无死亡事故，经济损失下降47%，安全间隔里程同比上升3.3%。 （陈国阳）

【市公交总公司开展劳动竞赛】

2014年6月5日，市公交总公司联合太平洋财产保险岳阳公司，以"岗位争先锋，安全创一流"为主题，举办首届"太平洋保险杯"劳动竞赛。这次劳动竞赛从本月全国"安全生产月"活动举办开始，一直持续到年底，为期200天，参赛对象为市公交总公司各分公司全体员工，竞赛内容涵盖规范管理、守法驾驶、文明驾驶、车容车貌、设备设施、环境卫生、仪容仪表、优质服务等方面。通过本次劳动竞赛活动，提高员工安全意识，增强员工安全责任感，进一步提升全市城市公交的管理水平和服务质量，达到安全事故明显下降、路面违法行为明显减少、优质服务水平明显提高的效果。

（刘 端 顾小川 曾文奇）

城区出租汽车驾驶员运营服务知识竞赛

现代物流

【市政府领导调研物流企业】 2014年4月1日，市政府副市长向伟雄到物流企业实地调研，了解《关于进一步加快现代物流业发展的意见》执行情况。向伟雄一行先后到岳阳科德商贸物流有限公司、湖南省宏发物流有限公司、岳阳宏岳物流有限公司调研。每到一处，他都认真询问生产经营情况，了解物流运行流程，对企业的发展提出一些建议，召集部分物流重点企业负责人座谈。向伟雄指出，一是以规划为龙头，有序推进项目建设。二是落实《关于进一步加快现代物流业发展的意见》，企业要将困难和问题采取一事一报，有组织集中申报。三是优化环境、物畅其流，执法部门对物流企业运行中的问题要依法执法，妥善处理。四是加强沟通、人尽其才，要通过考察、培训、学习等培养人才，提高全市物流行业的管理水平。

【海纳物流甩挂运输试点项目通过国家验收】 2014年4月22日，岳阳海纳物流国家甩挂运输试点项目正式通过交通运输部专家评审组的现场评估验收。专家组对该公司的经营机制、货源组织、安全生产、项目建设等方面均表示肯定。这标志着将开启全市公路货运行业转型升级的新里程，也意味着试点项目将获得国家甩挂运输专项资金的支持。甩挂运输是指当配送车将满载的集装箱送达目的地时，车头与集装箱可以分离，车头再将满载的另一个集装箱运回，从而减少配送车返程空载率，最大限度地节约等候装卸的时间，是提高道路货运和物流效率的重要手段。

【李志坚调研航运物流企业】 2014年6月24日，市委副书记李志坚率领市交通运输局等相关部门负责人到航运物流企业实地调研。市人大常委会副主任许伟奇参加。全市航运物流业发展优势明显，境内有通航航道1274千米，有城陵矶新港等大小码头16个，航运物流企业16家。李志坚指出，加快航运物流产业发展，是全市落实推进长江经济带建设、对接“一带一部”发展战略的重要抓手，要突出产业帮扶重点，着眼大物流，立足航运物流，突出岳阳优势，培育物流龙头企业，建好航运物流产业园区，搭建物流产业发展平台，出台物流扶持政策，打造长江中游区域性航运物流中心。

【岳阳现代物流知识专题研修班在上海结业】 经岳阳市委市政府批准，由市委组织部主办，市交通运输局承办的岳阳现代物流知识专题研修班在上海复旦大学举办，培训班从2014年7月14日开班，为期7天。副市长向伟雄主持开班式，市委副书记李志坚作学习动员。研修班安排12堂专题讲座，3次现场学习和观摩，聘请复旦大学、同济大学、上海海事大学、上海理工大学的资深学者和上海交通、商务、政策研究等部门的领导授课。从现代物流的热点问题到对上海、岳阳两地物流发展的比较研究，始终围绕物流的现状、发展和未来开展教学、研讨。培训人员带着责任、带着问题，专心听课，认真思考，真学深学，进一步开阔眼界和思维，取得良好的学习效果。

【市交通运输局联手媒体开展物流专题宣传活动】 2014年7月31日，随着岳阳电视台新闻频道公路物流收官篇的播出，历时近2个月的“物流岳阳·借风扬帆赶潮头”系列专题宣传活动暂告一段落。在市政府《关于进一步加快现代物流业发展的意见》颁布实施一周年之际，市交通运输局精心策划，联手岳阳电视台新闻综合频道，深入到20多家企业采访，全方位地宣传报道全市物流。从航运物流迎来发展新机遇、新型物流产业崛起、公路物流由传统运输向现代物流转型发展的新视角，重点宣传以城陵矶综合保税区为代表的航运物流四大平台的打造，以龙骧神驰、海纳物流和运发物流为样板的公路物流，以科德、港龙、宏岳公司为主体的仓储物流，以“磁极”效应逐步显现的南翔万商为中心的商贸物流，以及恒阳石化、冷链、粮食、快递、电商等特色物流。7月24–31日，在《岳阳新闻》黄金时段作六次专题报道，为全市物流业快速发展营造良好的舆论氛围。

【岳阳3家企业晋升为国家AAAA级物流企业】 2014年9月19日，全国第十九批A级物流企业授牌大会在宁夏回族自治区银川市举行。岳阳城陵矶港务有限责任公司、江南棉花交易市场有限公司、宏岳科技股份有限公司3家物流企业晋升为国家AAAA级物流企业。至此，岳阳市A级物流企业总数达19家，其中AAAA级企业达8家。物流企业的提质升级，全面、系统地反映企业的综合实力，有利于企业提升正规化、现代化和标准化管理水平，提高物流服务质量，有效地促进全市物流行业的规范、创新、健康发展。

【科德商贸物流获得全国先进】
2014年10月16日，在北京市召开的2014年度全国先进物流企业表彰大会上，岳阳科德商贸有限公司获得2014年度全国先进物流企业。这是岳阳市物流企业首次被评为全国先进。此次全国先进物流企业评选活动由中国交通运输协会主办，倡导主题是“创新、转型、智慧、绿色”。岳阳市成为继长沙市之后的湖南第二个物流节点城市，物流行业发展潜力很大。全市将抓住长江经济带、环洞庭湖生态经济区战略建设契机，深入推进物流企业提质升级，推动企业转型发展，促进和引导物流行业创新、健康可持续发展。

（本栏撰稿 徐远方 邓志鹏）

邮 政

【概况】 2014，全市邮政业发展继续保持稳中有进、进中向好的发展态势。业务总量完成4.3亿元，业务收入完成5.06亿元（不含邮政储蓄银行直接营业收入），比2013年增长33.38%，在全省排名第七位。其中，快递业务处理量完成2940.8万件，出口业务收入达到1.67亿元，全市快递业务量、业务收入继续保持40%以上快速增长，日均服务8万消费者，充分带动全市电子商务、现代物流的发展，在便利全市城乡居民生活、服务社会生产和推动经济社会发展等方面，发挥着越来越重要的基础性作用。

（柳　毅）

【全市邮政业政策环境持续改善】 2014年，岳阳市邮政管理局以政策为导向，紧抓行业发展机遇期，多次向省邮政管理局、市政府请示汇报，争取上级单位对岳阳邮政监管工作的指导和支持；依托综合交通运输体系，对接九一物流园继续做好发展规划的衔接，协调推动全市快递园区、区域分拨中心的建设；对接工商、质监等单位，指导市邮政分公司完成企业更名、挂牌、公告工作；5月，指导企业成立快递行业协会，进一步规范企业服务水平、扭转市场竞争乱象；联合市交警、运管等部门，经报请分管副市长批示，《岳阳市快递配送车辆管理办法》于8月出台，截至年底发放快递车辆通行证143张，为快递车辆日常通行及旺季服务生产提供有力支持；对接市委组织部、市国资委、市财政局、市房产局等相关单位，在新办公业务用房方面获得市委市政府支持，并申请到5套“拎包入住”的人才公寓房，率先在全省邮政监管系统解决办公用房和无房公务员周转住房问题。

（柳　毅）

【完成空白乡镇邮政局所补建工作】 2014年，市邮政管理局针对全市空白乡镇普遍服务网点补建工作任务数量大、启动时间长、遗留问题多等复杂情况，局党组以“零容忍”态度强力开展实地督办，局领导带队深入乡镇补建一线，对全市56个补建网点开展两轮“地毯式”实地核查，逐一销号，对君山区采桑湖镇、平江伍市镇、湘阴县三塘镇、六塘乡等营建滞后网点采取每周一关切、半月一督查，讲求实效，依法履责，用持续“高压态势”，全力以赴推进局所补建工作，实现补建运营进度后发先至，率先在全省完成补建任务。在网点补建过程中，各县市发改部门、乡镇领导对该项工作给予全力支持，市邮政公司班子主动担当、积极作为。特别是在“6·20”平江空白乡镇邮政网点补建暨邮政综合服务平台建设工作现场会后，各级各单位统一思想，密切合作，努力克服规划、资金、沟通等方面的困难，进一步强化补建运营工作力度，确保全市空白乡镇局所补建任务的圆满完成。11月25日，湘阴县三塘镇邮政所正式对外营业。至此，岳阳市56个空白乡镇补建局所全部投入运营，提前完成国家邮政局“双百”任务，在全省率先实现“乡乡设所”。岳阳市“补白”工作经验被省邮政管理局推选编入国家邮政局“两会”工作经验交流材料。

（柳　毅）

【开展专项检查】 2014年，市邮政管理局始终聚焦安全生产监管，以强化执法力度为抓手，充分发挥依法行政效能，进一步提升行业形象。先后组织执法人员到郴州市、张家界市学习行政执法先进经验，汇编邮政行业执法工作手册，加强业务学习。加强和国安、公安、文化执法局相关执法单位交流，先后成为地方反恐、禁毒、扫黄打非工作成员单位，并联合市国安局发文建立邮路联合执法机制，定期开会交流，紧密协作，增强合力，切实做好安全监管工作。通过开展收寄验视、集邮市场、安全生产、规范化学品寄递、联合执法检查等系列专项检查活动，强化执法力度，对市邮政公司下达责令改正3次，通报4次，对快递企业下达责令改正22次，依法查处快递企业违法行为4起。

（柳　毅）

【开展市场整治】 2014年，市邮政管理局开展邮政网点日常检查162人次，快递网点日常检查182次，对企业经营场所、操作流程、安全设施、人员车辆、用品用具等全方面开展检查、整治。接受省邮政局委托核查企业22次，依法开展企业许可、备案现场核查工作，严把“入口关”；安排专人对全市独立许可企业进行年审指导，深入开展快递企业经营范围规范和清理工作；组织4期统计、法律、安全生产等专题企业培训，继续开展月度统计考核通报，强化企业动态管理；及时处理12305邮政行业热线、市12345公众服务热线、局长信箱等渠道近491项申诉，处理结果得到消费者普遍认可；坚持早动员、早准备、早部署，各快递企业积极响应、全力处置，基本保证旺季快件无爆仓、无滚存积压，圆满完成旺季服务保障和应急处置工作。“双11”旺季期间，全市处理快件190.9万件，比2013年增长54.6%。（柳　毅）

【出台快递配送车辆通行管理办法】 2014年，市邮政管理局抓住深入开展党的群众路线教育实践活动契机，与市公安交警支队、市道路运输管理局等单位沟通协调，对各级保障快递配送车辆通行措施认真研究细化，报请岳阳市人民政府副市长丁阳云批示，联合印发《岳阳市快递配送车辆管理办法》，为成功化解快递配送车辆进城难、通行难、停靠难提供政策保障。根据该《办法》，市邮政管理局、市公安局交警支队、市道路运输管理局建立日常沟通机制，对从事快递配送的车辆按“安全实用、标识统一、鼓励更新、从严把握、平稳过渡、政策扶持”的原则进行管理和要求，在国家尚未明确城市快递配送专用车型前，对符合安全载货条件并持“快递作业证”的车辆，提出“不因载货而进行查扣和处罚”“禁（限）行路段上的可以临时停车作业”“因揽收、投递作业在公共停车场地上停靠二十分钟内不予收费”等一系列优惠政策。该《办法》的出台，一方面将进一步优化快递企业发展环境，鼓励企业为老百姓提供更加便捷、优质的服务，另一方面，能有效推动快递配送车辆的更新和提档，引导企业做大做强，促进行业有序健康发展。

（柳　毅）

【岳阳市快递协会正式成立】 为进一步加强快递企业交流合作，规范快递市场秩序，提升快递服务质量，维护快递企业权益。岳阳市快递协会于2014年5月27日正式成立。省邮政管理局市场监管处处长、省快递协会秘书长肖罗生，市政府办党组副书记林霞辉，市民政局副局长、市社会组织党工委副书记杨书生，市交通运输局副局长张建辉，市邮政管理局局长胡荣满等省市领导出席会议。EMS、中通、申通、天天等来自岳阳各市县78家快递公司参加会议并申请成为会员。会议选举产生岳阳市快递协会第一届理事会会长、副会长以及16名常务理事。岳阳市红春速递有限公司总经理王承春当选岳阳市快递协会会长。傅斌勇、潘瑞樟、符艳群、曾业江、卢山、贺敏六人当选副会长。胡荣满在会上强调，岳阳市邮政管理局将充分尊重行业协会自治、自律和行业管理的特点，指导和推进市快递协会健康发展，并通过协会充分了解和帮助解决各家企业发展中的困难和问题，真诚为企业办实事、办好事，共同推动岳阳邮政事业健康有序发展。岳阳市快递行业协会的成立标志着岳阳市快递行业进入新的发展时期，将推动岳阳市快递行业管理体制和市场机制的进一步建立和完善。

（柳　毅）

【召开“诚实守信、共建和谐集邮市场”座谈会】　2014年3月14日，岳阳市邮政管理局举行全市“诚实守信、共建和谐集邮市场”座谈会，会议围绕集邮市场管理相关的法律法规宣贯、集邮市场管理工作情况通报和加强集邮市场监管工作等内容，特邀岳阳市集邮协会的集邮专家、集邮票品经营者、资深集邮爱好者等25人开展座谈交流。会议传达省邮政管理局关于开展“3·15”主题宣传活动的通知精神，并通过详细讲解《集邮市场管理办法》《邮票发行监督管理办法》，深入开展集邮政策法规学习。市集邮协会秘书长廖智平指出，2014年市集邮协会配合市邮政管理局工作，全市邮票发行活动圆满顺利，组织多场“走入工厂、走入校园”的集邮社会活动，严防假冒伪劣集邮票品和违规经营集邮品流入邮市，未发生任何安全事故。市邮政管理局局长胡荣满强调，全市集邮市场参与者要加强学习，遵守依法依规经营，要诚信守纪，培育市场共建和谐，要强化监管，清正公平为民服务。会上，听取与会代表对岳阳集邮市场规划发展远景、规范经营活动、加强市场监管等方面提出的建议与意见，现场对问题进行解答。与会代表纷纷表示，这次座谈会是岳阳市十多年来首次由行业主管部门主办的活动，备受感动与鼓舞，今后将继续加强学习，不断健全集邮市场管理制度，努力营造良好的集邮环境。

（柳　毅）

【召开全市邮政管理工作会议】

2014年3月7日，岳阳市邮政管理局召开全市邮政管理年度工作会议。市政府副秘书长林霞辉出席会议，市委宣传部、市政府办公室等相关市直单位、邮政快递企业、社会监督员等106人参加会议。市邮政管理局负责人在工作报告中全面回顾2013年的工作，全市邮政系统贯彻执行省、市各项工作部署，注重顶层设计、科学谋划，坚持开拓创新、忠诚履职，行业管理不断加强，服务质量逐步提升，各项工作圆满完成，发展态势良好，有力支撑全市经济社会平稳较快发展。同时，对2014年的工作进行全面部署，要求2014年全市邮政管理工作要贯彻落实党的十八届三中全会精神，围绕省邮政管理局工作思路，坚持以党的群众路线教育实践活动为主线，促进政策集聚，优化发展环境，强化市场监管，提高发展质量，强化工作措施，保障发展安全，加强队伍建设，凝聚发展力量。林霞辉充分肯定岳阳邮政管理局2013年取得的成绩，同时，对2014年工作提出四点希望：一是希望把工作联动机制再加强。二是希望加快基础设施建设，更好地服务社会。三是希望把服务质量提到最优，服务水平提到最好。四是希望加强邮政市场监管，做到严之又严。会议传达国务院总理李克强、副总理马凯批示精神和全省邮政管理工作会议精神，全市各邮政、快递企业向邮政管理局递交“寄递安全责任书”和“服务承诺书”。

（柳　毅）

【岳阳市邮政公司保持邮政经济平稳较快发展】　2014年，湖南省邮政公司岳阳分公司（简称岳阳市邮政公司）以省市第十六次邮政工作会议精神为指导，围绕省公司“5210”发展战略，立足全年工作目标和邮储“新百亿”工程，进一步深化改革、转型升级，保持邮政经济的平稳较快发展,全区实现邮政业务收入5.89亿元，增幅11.34%。获得岳阳市落实党风廉政建设责任制推进惩防体系建设优胜单位、2014年度全省邮政党风廉政建设工作先进集体等荣誉称号。

（付　彪）

【岳阳市邮政公司企业发展实现量质齐升】　2014年，岳阳市邮政公司转型发展，业务收入持续稳定增长。邮政企业实现收入3.05亿元，规模继续排全省第六位，增幅达6.82%，进度和增幅均列全省第四位，分别较2013年上升七位和三位。争先进位，邮政业务实现高效发展。各专业、各县局和各支局通过“争先进位”竞赛活动的开展，加大重点高效业务的发展力度，各专业中有函件、集邮完成进度名列全省第一位。发行、零售、分销、保险4个专业项目进度或增幅排名进入全省前五。在全省县局“争先进位”活动中，分别有岳阳县邮政局、华容县邮政局、平江县邮政局在季度竞赛中先后进入小组前三，跻身全省先进行列。三量齐升，代理金融发展成效显著。全市邮储、理财、保险三项金融总资产累计净增28.49亿元，比2013年增加9.37亿元，其中，邮储余额净增19.2亿元，增加5.6亿元，余额规模达到129.55亿元，跨年度竞赛净增5.21亿元，增幅占比全省排名第一。代理保险完成5.51亿元，增加1.32亿元，保费点均产能达到466.3万元，银保市场占有率上升至64%，较2013年上升4个百分点，继续稳居当地行业第一。理财产品有效销量达到3.78亿元，邮银占比达到60.77%，较2013年提高22个百分点；创新模式，邮务类业务出现良好态势。函件专业成功转型，累计收件国内小包41.3万个，实现收入346万元，日均收寄达1130件，规模排名全省第二，进度排名全省第一。切入文化领域，开展商演活动，取得首站新春音乐会成功，实现招商金额

101.4万元的良好开局，成为函件收入新的增长点。报刊发行专业依托校园、第三方订阅和数据库营销等深入开发收订市场，实现报刊发行收入2110万元。《经典作文》累计销售7118套，连续两年排名全国第一。集邮专业成功举办《长江》特种邮票首发式活动、开展高端客户答谢暨贵金属鉴赏会，贵金属销售676万元，实现集邮业务收入1446万元，进度和增幅均列全省第一。分销专业“惠民优选”项目全面落地，实现销售额576万元，进入全省先进行列。（付 彪）

【岳阳市邮政公司提升企业运行质量】 2014年，岳阳市邮政公司优化配置，人力资源管理不断深化。进一步完善四级干部激励与约束机制，推进企业薪酬分配制度改革。实行职工年休假制度改革，保障员工的合法休假权利。优化管理人员配置，减少一般管理岗位21个，总体构建精简、高效、灵活的企业组织架构，精细管理，财务管控体系实现创新。实现利润1300万元，营收欠费持续下降，营收欠费率1.92%，同比下降0.64个百分点，提升服务，通信质量水平不断提升。客户有理由投诉率明显下降，各渠道有理由投诉103件，同比下降31件，点均投诉率0.4344%，同比下降0.19个百分点，邮政客户满意度达到87.1分，比2013年同期提高0.2个百分点，9月被中国邮政集团公司授予“全国邮政用户满意企业”荣誉称号。（付 彪）

【岳阳市邮政公司提升企业运行能力】 2014年，岳阳市邮政公司整合资源，网路运行效能稳步提高。加强邮件时限集中管控，全市普邮全程时限综合逾限率指标控制在0.28%以内，排名全省第一；加强管控，信息化网络建设取得新成效。信息技术方面加强核心指标管控，加大设备维护与投入力度，网络病毒防控实现“零感染”，在全省邮政信息网安全运行年竞赛中，综合排名全省第一；便民服务，综合服务平台建设初具规模。全市新增城市和农村便民服务站479个，累计达到880个，其中，城市便民服务站新增122个，累计达310个，农村便民服务站新增357个，累计达到570个。全市新增180个助农取款点，累计达到709个，新增代开国税、农电统版、代理火车票、代办车险多个便民服务项目；统筹兼顾，拓宽营投网络建设。稳步推进空白乡镇邮政局所的运营，全市56个空白乡镇局所运营率达到100%。（付 彪）

责任编校 刘兴汉

商贸·口岸

综 述

【概况】 2014年，岳阳市商务局（简称市商务局）把握稳中求进、改革创新的总基调和“四化两型”“三量齐升”的总要求，落实市委市政府和省商务厅的决策部署，全市商务和开放型经济在复杂环境中稳中有进。实现社会消费品零售总额880.3亿元，比2013年增长12.6%，完成进出口总值7.92亿美元，增长22.91%，实际利用外资3.29亿美元，增长19.7%，完成境外中方合同投资额4090万美元，增长32.7%，完成对外承包工程和劳务合作营业额1.49亿美元，增长22.2%。

【“一区一港四口岸”申报成功】 2014年，为积极融入“一带一路”战略布局，打造湖南通江达海新增长极，市商务局服务于城陵矶综合保税区、城陵矶出口退税试点启运港、汽车整车进口口岸、进口肉类指定口岸、进口粮食指定口岸和固体废物进口指定口岸申报建设工作。牵头协调进口肉类指定口岸申报和运营工作，收集掌握全湖南省及毗邻地区378家进口肉类收货人资质备案企业的基本信息，制订“关于推进进口肉类指定口岸建设运营的工作方案”“进口肉类业务流程”“进口肉类存储冷库备案指南”，促进口岸规范运营。岳阳市抽内有升鸿、有为两家进口肉类企业通过城陵矶进口肉类指定口岸办理相关业务。

【开放型经济逆势上扬】 2014年，市商务局面对国际经济不稳定的形势，实施开放型经济“破零倍增”计划，举办岳阳市商务和开放型经济培训班，聘请省、市专家授课9堂，全市100多家企业近300人参训，与湖南外贸职业学院签订“开放型经济人才培养培训战略合作协议”，促进全市开放型经济逆势上扬。一是推进外贸。推进转型发展，组织企业参加高交会、湘博会等各类高新技术节会，发展高新技术产品进出口业务。为3家企业办理技术进出口合同登记，为96家企业办理外贸备案登记或变更手续。发展转口贸易和进出口代理业务，支持企业开展3亿美元的外贸代理业务。推进项目建设，向湖南省商务厅、湖南省财政厅申报27个项目，争取项目资金1670.45万元。推进部门协作，与海关、检验检疫、口岸、税务等部门对接工作，推进“关贸”“检贸”协作，促进通关便利化。组织企业参加全省银企合作签约会，促成2家外贸企业与省建行签订合作协议。截至年底，岳阳市有资质外贸企业434家，其中新备案企业88家，产生业绩的130家，18家具有外贸资质的内贸企业、19家资质外贸企业进出口业绩破零，13家资质外贸企业业绩实现倍增。二是优化外资。优化审批服务，利用湖南省外资投资综合服务平台，推进网上审批和格式化审批，推广并联式、一站式网上申报，开辟绿色通道，大幅压缩审批时限，使外商投资企业快速、顺利地完成网上联合年检，参检率和合格率100%。做好外资审批权限下放工作，推行重大项目审批代理服务。对重大外资项目实行重点跟踪服务，特事特办、急事急办，使之尽快报批、落户。为外商投资企业排忧解难。三是引导外经。开展企业境外投资，重点拓展饲料原料、旅游商贸服务、护发、电磁产品、矿产等境外主营新行业，帮助企业绕过欧盟、美国等对中国设置的贸易高关税壁垒，直接进入世界市场。拓展劳务输出领域，进一步壮大劳务输出队伍，增加以建筑、文员、园林、海员、电脑工程师等对外劳务输出工种。引导和帮扶有条件的企业到境外承包工程咨询、设计等业务，开辟生产性服务输出的渠道。平江县、岳阳楼区、岳阳经开区实现境外投资破零，9个县市区对外承包工程和劳务合作营业额倍增。

【商贸流通扩容提质】 2014年，市商务局围绕全面提升岳阳市商贸流通水平、形成长江中游重要的物资集散中心的工作目标，坚持规划引领，精心组织编制《岳阳市流通产业中期（2013—2020年）发展规划》。推进项目建设，重点推进南翔万商商贸物流城、步步高东茅岭商业综合体、友阿城市综合体、临港汽车贸易城等流通项目。继续推进“万村千乡市场工程”，累计布建农家店4736个。发展边界贸易，深入调研后规划在平江东塔、临湘羊楼司等乡镇构建4大边贸商圈、3大跨区域配送中心、8大边贸市场。抓好菜市场标准化建设改造等民生实事，完成纳入省商务厅实事项目的23家县乡农贸市场标准化建设、市中心城区11家菜市场实施标准化建设和提质改造及35家菜市场完善功能改造工程，在中心城区建成营运泰和绿色蔬菜直销店45家。发展电子商务，推进中国洞庭湖国际电子商务新城建设运营，10家全国知名电商企业签约入驻；将淘宝网“特色中国·平江馆”引进落户平江县，“农村商贸综合服务体湘阴站”电子商务平台启动建设。发展第三方物流。引导本土企业进一步规范管理，延伸服务功能，从运输、仓储、配送等环节向供应链管理的各个环节渗透，实现从传统物流向现代物流的转变。岳阳市注册资本1000万元以上的物流企业18家，其中A级物流企业16家。促进内需消费，组织企业参加全国各类节会活动，支持举办淡季促销购物季、汽车博览会、农产品展销会等促销活动。推介本土品牌，促进“湘品出湘”。组织实施鼓励餐饮业发展的10条措施，开展“第二届岳阳餐饮名店、岳阳名菜、岳阳名厨”评选活动。制订《关于促进消费增长的若干奖励措施》，探索推进商贸流通业扩容提质的政策举措。对商贸流通产业帮扶，申报使岳阳市成为商务部第二批中心商贸流通企业服务体系建设试点市，岳阳市中小商贸流通企业公共信息服务平台建设初见成效。

【市场监管规范有序】 2014年，市商务局加强市场运行监测、调控、监管和整治，市场秩序更加安全有序。加强市场监测，巩固完善岳阳市蔬菜、水果、肉类、蛋禽类、食糖类、综合类预警监测点72个，健全规范大米、面粉、饼干、方便面、饮用水、蔬菜、鲜肉、鸡蛋等30多种物资器材的应急储备调运机制，蔬菜储备企业1家，日常储备1500吨，生猪活体储备达1.25万头。确定中心城区的步步高花板桥店、心连心步行街店、南湖店、梅溪桥菜市场等20个应急商品投放点。加强定点屠宰管理。推进县域城区机械化屠宰场建设，确保市场肉品的正常供应，加强生猪屠宰市场监管，开展打击私屠滥宰和病死猪病害猪肉非法交易专项整治活动，城区屠宰率、肉品鲜销合格率和案件查处率均达100%。加强诚信体系建设。开展“诚信兴商宣传月”“百城万店无假货”“诚信经营示范创建”等活动，发挥“12312”商务举报投诉平台，开展商务综合行政执法、酒类流通监管、电视购物专项整治、单用途商业预付卡管理等工作，有序推进典当、拍卖、药品流通、二手车等行业规范管理。

【抓好企业改制扫尾工作】 2014年，市商务局抓好企业改制扫尾工作，领导包案化解矛盾，做好改制企业职工、离退休人员、企业军转干部的稳定工作。55家商务企业中完成改制向社区移交的51家，安置职工1.24万人。未发生大规模越级到省进京上访事件，安全生产、综治维稳、禁毒等责任制落实到位。

（本栏撰稿 熊 杰）

供销合作

【概况】 2014年，岳阳市供销合作联社（简称市供销社）提升自身实力和为农服务能力，推进组织创新、经营创新、服务创新，各项工作都取得新成绩，全市供销系统社会影响力不断扩大，发展环境进一步优化。平江、汨罗、云溪等县市区供销社改革发展，金龙、瓮江等基层供销社资产改造和农资购销服务工作国家、省、市媒体报道，临湘市供销社确定为全省县级供销合作社综合改革试点单位，平江县供销社主任何国庆被评为全国供销合作社系统先进工作者。

【茶业产业持续发展】 2014年，市供销社按照政府出资、企业组团、合力布展模式，组织岳阳黄茶企业参加北京茶博会、深圳茶博会、梧州第十届茶业经济年会等节会，扩大“岳阳黄茶”品牌和黄茶文化的影响力。在深圳第八届国际茶博会上举行岳阳黄茶品牌推介会，现场成交1000多万元，与10多家客商签订专营合作协议。支持君山银针公司、北港毛尖等茶叶企业协调解决问题7个，促使君山银针黄茶产业园6月28日建成投产，为各大茶叶企业快速发展营造良好环境。平江县安云茶叶专业合作社通过联大靠强，按照“龙头企业+专业合作社+农户”模式，借力龙头企业君山银针，改造茶园基地13.3公顷，茶叶加工量比2013年增长50%，茶叶收购价格高于市场价格10%，茶农增收200万元。

【构建新型惠民农资供应体系】

2014年，市供销社发挥供销社农资经营储备、稳定市场价格、保障农产品生产稳定及质量安全作用，把农资供应工作放在主要位置，深化改革和创新管理服务，培育发展龙头企业、加速建设新型农资网络体系、提升市场控制能力，供销社农资供应主渠道地位拓展。发展连锁加盟经营农资超市154个，成立4个配送中心，网络体系基本覆盖全市145个农业乡镇。发展625个村级加盟店，对接水稻、棉花、玉米、南瓜、辣椒、葡萄等专业合作社26家，直供6.67公顷以上种植大户800余户，把触角延伸到基层。确保春耕生产农资需求，筹资近2亿元冬储化肥18.8万吨，送货上门5万吨，为农户节约运费300万元以上。通过新三湘农资公司直接从金叶众望科技有限公司等大型化肥厂家进货，减少流通环节，平抑农资市场价格。发挥新三湘农资公司遍布乡村的农资网点和金叶公司的科研优势，由配送中心聘请专业技术人员，成立庄稼医院，联合农业部门，推行测土配方技术，推广专用肥，为农户从事玉米、棉花、蔬菜等农作物生产提供订单服务，促进农业增效、农民增收。

【加强基层供销组织建设】 2014年，市供销社系统开展“基层组织建设年”活动，提出建设乡镇一级基层供销社的原则，通过自办和联合龙头企业、专业合作社和行业协会联办重建基层组织体系。新增基层供销社67个，超额完成省供销社下达的40个目标任务，加大社有资本对专业合作社的投入，领办、创办农民专业社52家。

【争资立项成效显著】 2014年，市供销社争资立项有力推进，争取新农村现代流通服务网络工程（简称“新网工程”）项目4个，农业开发项目4个，其他项目128个，项目总额1276.1万元。市天立再生资源公司列为中央级“新网工程”项目单位，临湘市长乐商厦日用消费品连锁经营网络改造等4个项目被纳入省级“新网工程”项目，争取以奖代补资金108万元。推荐屈原管理区蓝莓标准化种植基地新建等3个项目，列入2015年度农业综合开发供销合作总社新型合作示范项目滚动计划编制。争取岳阳九瑞棉麻有限公司申报中华全国供销总社系统龙头企业及2015年农业综合开发产销对接项目。华容县66.67公顷南瓜示范种植基地改扩建项目争取财政资金84万元，君山区1万吨棉花物流仓库改建项目争取财政资金140万资金。

【推进社有资产升级改造】 2014年，市供销社加快社有资产升级改造。平江县、汨罗市、临湘市、岳阳县等6个县市区供销社通过公开招标招租、引入社会资本、争取政策支持等途径整合资源，盘活资产。投入资金近3亿元，开发社有资产20多处，几年来升级改造商铺场地总面积30多万平方米，提升资产使用效益和社会效益。平江县供销社租赁收入由2008年前的不到500万元增加到3000多万元；汨罗市供销社对弼时、白水、新市等3个供销分社改造，实现固定资产成倍增长和收入翻番。

（本栏撰稿　白　猛）

粮油业

【概况】 2014年，岳阳市粮食局（简称市粮食局）围绕粮食安全和行业发展主线，结合实际，抢抓机遇，各项工作取得新成绩。全市收购粮食78万吨，收购量居湖南省前列。搞好粮油供应，销售粮食90万吨，油脂65万吨，城乡居民粮油供应充足优质。全市国有粮食购销企业实现经营利润466万元，完成省粮食局年度目标任务200万元的233%，连续7年实现盈利，经营利润居湖南省前列。

【完成托市收购任务】 2014年，全市粮食行政管理部门面对收购仓容紧张、设施不全、人力不足的局面，强化工作措施，加大收购力度，收购工作进度稳、质量好、资金足、秩序优、运输畅，全市收购粮食78万吨，其中国有及国有控股粮食企业入库41.6万吨，收购量居湖南省第二位。指导县市区创新收购模式，实行预约收粮，通过分镇、分村错峰送粮，与镇村联合用手机短信和村广播发通知，减少农民排队等候之苦。早稻收购期间，省委副书记孙金龙、市委书记卿渐伟等领导深入湘阴县赵垅粮食收储点、岳阳县荣家湾粮库等收购一线察看收购情况，对粮食收购工作给予肯定。

【完成基层粮库提质配套工作】

2014年，市粮食局落实目标任务，搞好部门协调，强化项目监管，加强过程督查，严格现场验收，完成全市基层粮库提质配套工作任务。12家项目实施单位通过验收，完成一般维修仓容14.97万吨，大修仓容24.23万吨，功能提升仓容9.16万吨，改扩建仓容0.25万吨。投入资金4615.84万元，其中，省级财政资金2077万元、县市区财政配套资金1248万元、企业自筹资金1291万元。项目管理规范，专项资金使用合理，工程质量符合要求，维修改造后的库点在粮食收购中发挥积极作用。

【建立健全粮油储备体系】 2014年，市粮食局进一步建立健全粮油储备体系。根据“市州按保证10天以上消费量建立应急成品粮储备”的要求，岳阳市应建立2800吨市级应急成品粮储备。市粮食局制订“建立市级成品储备大米的方案”报请市政府同意后，市粮食局与市财政局联文下达计划文件，制定“岳阳市市级成品粮储备管理办法”，2800吨市级应急成品粮储备年底落实到位，由市粮食局与代储企业中粮米业（岳阳）有限公司签订承储协议。

【加强粮油质量安全监管】 2014年，市粮食局梳理辖区内质量安全监管对象，定期检查和指导粮油经营者履行质量安全主体责任，督促148家粮油购销、加工企业与市县两级粮食局签订质量安全责任状，明确质量安全主体责任，辖区内未发生粮油质量安全事故。完成全市最低收购价托市粮检测扦样183个，收获品质测报样品早稻100份，中晚稻175份，油菜籽17分，发布质量信息，指导收购，确保原粮质量安全。推进岳阳市粮食质量监测体系建设，建设检测中心新检测楼，加强检测人员的技术培训，76人获得粮油质量检验员职业资格。

【推进中粮岳阳城陵矶产业园项目】

2014年，市粮食局加大招商引资力度，重点推进中粮岳阳城陵矶产业园项目建设。为促进项目落户岳阳，岳阳市委市政府主要领导多次赴北京与中粮高层对接，市粮食局负责人十余次向中粮集团汇报情况。经多方努力争取和精心运作，中粮集团领导及专家多次到岳阳考察、商洽，确定项目选址在岳阳城陵矶临港产业新区，新组建中粮贸易南良公司，在岳阳注册，具体操作该项目事宜。编制完成中粮岳阳产业园项目建议书及燃料乙醇项目可研报告，省发改委12月30日批准中粮岳阳城陵矶产业园开展项目前期工作。

【进口粮食指定口岸工作】 2014年8月6日，岳阳城陵矶港进口粮食指定口岸获得国家质检总局批准，市政府决定从9月5日起，城陵矶港进口粮食指定口岸工作由市粮食局牵头。市粮食局迅速组织调研，召集专家座谈，与市发改委、市口岸办、市检验检疫局、岳阳海关等有关部门对接，牵头成立进口粮食指定口岸运营工作小组，进行任务分工，责任落实。制定“关于推进城陵矶港进口粮食指定口岸建设运营的工作方案”“关于促进岳阳市进境粮食指定口岸业务发展的政策措施”，明确建设工作目标，将考核指标分解落实，进口粮食指定口岸工作运行有序。

（本栏撰稿 方 芳）

石 油

【概况】 2014年，中石化岳阳石油分公司（简称岳阳石油分公司）面对国际油价“断崖式”下滑、国内油价遭遇“11连跌”、消费需求不足、市场竞争异常激烈的复杂形势和繁重任务，贯彻执行新的发展战略，建设一流销售企业，全系统销售成品油54万吨，非油品实现全口径销售收入4389万元，均完成年度目标任务的103%。未发生安全环保质量上报事故，被市委市政府评为安全生产先进单位。

【公司实行混合制改革】 2014年，中国石化启动销售公司重组改革，以形成国有、民营、社会资本混搭的产权结构。2月28日，湖南石油分公司开展销售板块资产重组工作，岳阳石油公司经过二轮工作，历时九个多月，完成公司名称变更、国地税名称变更、土地房产权证的规范及名称变更等工作。混合制改革后，原“中国石油化工股份有限公司湖南岳阳石油分公司”更名为“中国石化销售有限公司湖南岳阳石油分公司”。

【向综合服务商转型】 2014年，岳阳石油分公司推进从油品供应商向综合服务商转型。通过O2O线上和线下相连，易捷便利店旧貌换新颜，传统货架大幅减少，消费者通过触摸屏以及扫二维码下单，商品既包括店内商品，又包括线上商品，消费者下单后可选择送货到家或到店自提，现金、银联卡、支付宝均可支付。销售公司在发展优势油品业务的同时，发挥平台优势，拓展便利店、汽车服务、车联网、金融服务、广告等新业务，提供综合性服务，打造生活驿站。

【加油站国四柴油升级置换】 2014年8月15日，岳阳石油公司启动国Ⅳ车用柴油置换工作。为避免置换期间发生资源集中到货造成出库不畅和资源偏紧造成供应脱销断档的情况，岳阳石油公司根据资源、仓储和经营情况，制订详细升级置换方案，按照资源合理分配、客户按需供应的策略，有序开展油品置换工作。保障重点，服务生产，将各片区重点大客户、直销终端户优先纳入保供名单，确保终端用户不断档、不停产。对社会经营户采取多批次、小吨位方式安排出库，受到好评。

【实施隐患治理和环保计划】 2014年，岳阳石油公司开展“安全隐患整改年”活动，实施“碧水蓝天”环保计划。围绕安全隐患整改和碧水蓝天项目改造，开展库站隐患排查和整理库站隐患治理数据的对接准备工作，向省石油公司汇报工程进度，衔接补充资金、集中物资采购申报和财务决算入账，与片区、库站对接施工承包商管理、设计图纸变更和施工现场安全监督，保证安全隐患整治和“碧水蓝天”环保项目无事故、按进度、保质量。安全隐患治理项目90个，涉及2座油库和53座加油站，治理资金1301万元。“碧水蓝天”环保隐患治理项目53个，涉及2座油库、38座加油站、11艘水上加油船（站），治理资金363.5万元。

【“家文化”建设】 2014年，岳阳石油公司在所属加油站、油库等基层单位推进“家文化”建设，打造“温馨、平安、奋进、和谐”的人文环境，增强企业向心力和凝聚力。3月，各加油站开展“公益学雷锋，爱心加油站”志愿者服务活动，以爱心、贴心、暖心、关心为志愿服务内容，完善加油站便民服务设施，增加服务项目，提高服务质量，打造品牌服务加油站，做客户的贴心人。元旦、春节期间，走访慰问困难职工103人。7月，将员工宿舍空闲活动室改建成瑜伽房，聘请老师开设健康瑜伽班。10月份，成立羽毛球兴趣小组，聘请教练授课，培养员工积极健康的生活方式。组织24名员工参加市经信委工会的“科学教子、和谐兴家”流动课堂活动，组织青年员工观看《云中岗亭》《你是我的兄弟》等教育电影。

（本栏撰稿 刘演林）

盐 业

【概况】 2014年，岳阳市盐务管理局（湖南盐业股份有限公司岳阳市分公司）按照市场不丢、销售托底、质量调优、管理提升、效益提高的工作思路，逆势而上，克服工业盐和饲料盐市场化变化大、结构调整压力大、终端网络建设转型升级任务重等困难，完成年度各项目标任务。购进各类盐9.3万吨，完成年计划的240%，销售各类盐9.3万吨，完成年计划的92%，其中新品高端盐销售6300吨，占小包盐销售的30%以上，比2013年同期增加近5000吨。岳阳地区各类盐库存约5000吨，与定额库存持平。非盐商品实现销售收入2500万元，利润97万元。实现利润总额2130万元，上缴国地两税1416万元。

【工业盐销售增长】 2014年，岳阳盐业遭遇腌制盐因雨雪天气影响销售严重滑坡、小工盐市场全面放开和饲料盐价格急剧下滑的局势。面对困境，市盐务管理局新一届班子深入市场调查，掌握市场动态，加强内部协调，调整充实一线营销力量，突出营销工作的主导地位。走访工业用盐户，了解客户诉求，巩固供求关系。加强与市畜牧局、饲料行业协会等部门的协调，依据盐业法规维护市场管理的主体地位，化解盐业法规与“饲料及饲料添加剂管理条例”冲突，取得职能部门理解支持。抽调专人负责大包盐的销售工作，在服务上做文章、下功夫，访销配送同步到位。价格上实行总量合同、分期确价、一厂一价、托底保量、退让有序的方针。搜集信息及时掌握市场动态，紧跟市场步伐，价格有序退守保市场，维持工业盐和饲料用盐的市场份额，工业盐销售比2013年有所增长。

【市场管理有序】 2014年，市盐务管理局以专项行动为抓手，以打击涉盐违法案件为重点，加强盐业市场管理。1月-4月，开展整治蔬菜腌制加工用盐市场专项行动，对重点市场派出稽查组值守20多天，严防死守华容县腌制盐市场。5月－6月，在全市开展以生产加工用盐管理为重点、以终端网络建设和结构调整为突破口的专项行动，对饲料用盐厂家进行拉网走访检查，对食品加工、蔬菜腌制、工业用盐厂家进行重点检查，对省际边界、集贸批发市场、城乡接合部，以及商店和超市进行密集检查。加大对涉盐违法案件的打击力度，对贩销湖北“三晶”牌精制盐的嫌疑人留置处理。对贩销江西晶昊盐的犯罪嫌疑人张某、周某依法打击，岳阳楼区法院判处张某、周某拘役4个月。全市查获涉盐违法案件22起，没收盐产品86.62吨，刑拘2人，判刑2人。

【做好盐业品牌宣传】 2014年，湖南盐业股份有限公司岳阳市分公司做好盐业品牌宣传促进销售。通过各种形式，重点宣传盐业发展、远景规划、公益服务，并隆重推出“雪天”品牌系列盐产品的介绍。培育健康用盐意识，从关心消费者的生活品质、自我保健的角度出发，引导消费者“吃好盐”的健康观念。聘请心脑血管专家，通过电视科普讲座、健康问答宣传低钠盐的功效，认识高钠盐的危害，中老年人成为低钠盐消费的忠实群体。同时利用“3·15”“5·15”等节点，做好产品消费升级等宣传活动。

（本栏撰稿 张 继）

烟草业

【概况】 2014年，全市烟草系统坚持稳中求进的工作总基调，转作风、调状态、讲规范、夯基础、谋发展。按照“程序化工作流程、数据化工作内容、标准化工作痕迹”要求，完善精益管理办法，确保精准营销。卷烟销售23.31万箱，实现销售收入51.62亿元，实现税收7.06亿元。在卷烟零售客户中开展“百家访谈、千户问卷”大走访活动，联系服务客户与群众。参与新农村建设，投身社会公益活动，投入新农村建设资金近300万元，投入扶贫帮困资金162万元。开展以强化安全基础、推动安全发展为主题的安全生产月活动，提升全员安全意识。严格落实局长接待日制度，落实机关干部24小时值班制度，全市烟草系统安全稳定。

【市场监管成效明显】 2014年，市烟草专卖局（公司）召开市“两烟”（卷烟和烤烟）协调领导小组第一次会议以及湘鄂两省专卖管理工作座谈会，深化毗邻地区烟草打假协作机制。全市系统出动执法人员3596人次，查处涉烟违法案件1418起，查获违法卷烟2701万支，查获违法烟叶25.3吨，破获国标假烟网络案9起。

【项目建设稳步推进】 2014年，市烟草专卖局（公司）执行中央精神及行业规定要求，暂缓经营业务用房等项目建设，根据工作需要建设物流配送中心。物流配送中心项目完成规划设计、工艺流程设计、建筑设计。增补计划的申请获得省烟草专卖局批复，报国家烟草专卖局批复。

（本栏撰稿 刘 波）

饮食业

【完成食品监管职能整合】 2014年，岳阳市加大食品监管力度。岳阳原由市卫生局食品安全管理办公室承担的食品安全指导、监督、协调等职责，市质量技术监督局承担的食品生产加工环节安全监管职责，市工商行政管理局承担的食品流通环节安全监管职责，以及市商务局酒类流通监督管理职责，全部划归市食品药品监督管理局旗下，形成对全市食品的集中统一监管，守护百姓“舌尖上的安全”。职能整合后，市食品药品监管局除承担原来餐饮服务、保健食品等监管职能外，新增食品生产、流通领域的监管职能，实现覆盖食品全领域（除种、养殖）的监管。同时承担酒类管理、食品安全综合协调、组织查处食品安全重大事故职能，改变了过去分散在卫生、质监、工商等部门多头负责的局面。

（周小平）

【餐饮行业投入文明城市创建】

2014年，市食品药品监管局组织餐饮行业参加文明城市创建。通过集中培训、上门指导等多种方式，对从业人员进行食品安全、文明礼仪、膳食营养等知识培训。制订文明餐桌行动实施方案、文明餐桌公约、文明餐饮店标准、文明食堂标准，印制发放各类文明餐桌行动的宣传画、文明餐桌公示牌等6000多套，设计“文明餐桌”行动公益广告、宣传挂画等各类宣传品，规范餐饮服务文明用语。与市文明办联合评选表彰10家文明餐饮示范店、32家文明餐饮店、10家文明示范食堂、31家文明食堂。以文明创建为抓手，整体提升餐饮业安全保障水平。“文明餐桌”行动被中央文明办定为创新加分项目。

（王 云）

【首届岳阳餐饮名店、名菜、名厨授牌】 2014年1月26日，由市商务局牵头，市餐饮行业协会、市湖鲜美食协会、市厨师协会承办的首届岳阳餐饮名店、岳阳名菜、岳阳名厨评选活动落下帷幕，授牌仪式在南湖宾馆举行。市委书记卿渐伟为餐饮名店、名菜、名厨授牌并讲话。首届岳阳餐饮名店、岳阳名菜、岳阳名厨评选活动，由市商务局牵头组织，市餐饮行业协会、市湖鲜美食协会、市厨师协会具体承办，按照自愿申报、协会评定、评审委员会核准、媒体公示的程序和公开、公平、公正的原则，评出小南方俏巴鱼馆等10家岳阳餐饮名店、力力鱼馆洞庭渔都店的秘制生态水鱼等12道岳阳名菜、张海龙等10名岳阳名厨。卿渐伟在讲话中指出，岳阳的特色餐饮是湖鲜美食，加快岳阳餐饮业的发展，要坚定不移地走特色取胜之路，高举品牌之旗，尽好发展之责，创新融合之策。

（何 瑶）

【重大活动餐饮食品安全保障】

2014年，市食品药品监管局采

市食品药品监管局对全市夏季夜宵食品开展专项检查 （王 云 摄）

取明确责任、控制源头、封闭管理、统一采购、集中供应的监管措施，完成好“两会”、两节、高考、民族运动会及重要领导到岳视察等餐饮保障任务。调研多家接待酒店、食品原料供应商，与符合条件酒店签订重大活动餐饮服务食品安全承诺书。分期分批对派驻执法人员进行上岗前培训，实现监管人员从“专”到“精”的转变。组成保障组，重点检查食品原材料来源、从业人员的健康合格证明、食品制作过程。分管领导到点巡查，直至保障任务圆满完成。

（王 云）

口 岸

【概况】 2014年，岳阳市人民政府口岸管理办公室（简称市口岸办）紧扣市政府年度目标任务，围绕大口岸、大物流、大通关、大发展做文章，突出稳增长、促和谐主题，服务湖南长江经济带建设。岳阳口岸进出口货物总量1.84亿吨，比2013年增长13.1%，集装箱吞吐量完成21.05万标箱，增长4.6%。岳阳市进出口贸易额7.92亿美元，增长22.91%，进出口规模创历史新高。烟花鞭炮等高危货物出口，连续8年口岸通关安全无事故。市口岸办被评定为2014年度全市全面建设小康社会综合绩效考核、廉政建设、产业帮扶、综治工作先进单位。

【综合保税区申报成功】 2014年，省内和省外申报综合保税区竞争异常激烈，岳阳申报城陵矶综合保税区工作面临艰难困局。在市委市政府领导下，市口岸办再次研究制订实现申报工作突破的工作方案，主要负责人带领申报办人员再次到国务院和海关总署争取支持，岳阳城陵矶综合保税区审批程序启动。2月中旬，住建部、国土资源部复函同意。2月20日，海关总署启动第二轮征求意见程序。5月份，“关于设立岳阳城陵矶综合保税区的请示”进入国家部委会签程序。为加快推进申报工作，保税区申报办的人员千方百计寻找突破口，43次到北京对接协调，跟踪申报进度，取得相关部委领导支持。7月5日，国务院向湖南省政府和海关总署发《关于同意设立岳阳城陵矶综合保税区的批复》，岳阳城陵矶综合保税区申报工作获得成功，市委提出5年申报成功的目标提前3年半实现。

【汽车整车进口口岸获批】 2014年，市口岸办争取申报汽车整车进口口岸的形势取得成功。1月，代市政府拟定《关于请予启动城陵矶汽车整车进口口岸审核程序的函》，取得省委省政府主要领导以及长沙海关的重视和支持。2月19日，长沙海关《关于申请启动岳阳城陵矶汽车整车进口口岸相关工作的函》作急件报海关总署监管司同，启动城陵矶汽车整车进口口岸审批程序。5月中旬，申报完成国家四个部委的会签程序。7月1日，国务院办公厅下发《国务院办公厅关于汽车整车进口口岸有关问题的复函》，批准同意岳阳城陵矶港口岸为汽车整车进口口岸。这是继上海、张家港之后长江流域第三个、中部地区首个汽车整车进口口岸。

【进境粮食指定口岸获批】 2013年，市口岸办以城陵矶新港公司、城陵矶港务公司、华粮城陵矶港口库3家公司作为申报平台，启动城陵矶进口粮食指定口岸申报。2014年初，组织检验检疫、海关等部门指导企业按要求对城陵矶新港、城陵矶港务公司和华粮城陵矶港口库等设施整改，添置相关设备。经精心筹备，6月中旬通过国家质检总局组织的检查评估。10月9日，国家质检总局下发《关于规范进境粮食指定口岸措施的公告》，确定岳阳城陵矶口岸的新港码头、老港码头、华粮码头3个查验点为湖南第一批进境粮食指定口岸。市口岸办指导进口粮食业务顺利开展，截至年底，从城陵矶直接进口粮食及加工品95批、近8万吨，大米、玉米、菜粕等新增业务占70%。

【进口肉类指定口岸获准运营】 2014年初，城陵矶进口肉类指定口岸查验平台项目竣工，完成电力和制冷设备的安装调试。市口岸办做好运营前期准备工作，制定进口肉类检验检疫流程和监管流程，组织技术人员到江苏省张家港市跟班学习，编印《进口肉类检验检疫工作指南》。5月21日，通过湖南出入境检验检疫局组织的预验收。9月10日，通过国家质检总局组织的进口肉类指定口岸验收考核。11月3日，国家质检总局批准同意将岳阳城陵矶水运口岸列为进口肉类指定口岸。市口岸办做好经营工作，牵头组织召开“湖南省城陵矶进口肉类指定口岸监管培训暨经营推介会”，协调湖南出入境检验检疫局审查批准肉类进口企业收货人24家，完成5批15个集装箱肉类产品进出口，累计360多吨70万美元。

【城陵矶口岸取得启运港退税试点】 2014年4月23日，市口岸办利用财政部税政司到岳调研的机会，向财政部税政司汇报城陵矶口岸软件和硬件都满足出口退税口岸的优势，申请启运港退税试点，得到税政司领导的重视。8月14日，海关总署、财政部、国税总局三部委下发通知，9月1日起城陵矶口岸实行启运港退税政策试点，这是继上海、重庆、武汉后长江流域获批的第四个城市。实行启运港退税政策，可降低临港产业新区进出口企业因跨关区退税带来的不确定性，简化进出港手续，加快企业的资金流转，同时增强城陵矶口岸的集聚辐射作用，提升岳阳市外向型经济特别是航运物流业的综合竞争力。

【落实战略合作协议推进航道疏浚】 2014年，市口岸办落实岳阳市政府与交通运输部长江航务管理局签订的战略合作协议，推进航道疏浚工作。协调相关部门推进岳阳至武汉231公里航道疏浚，加大对长江航道武汉——城陵矶四个河段的整治力度，完成先锋礁、磨盘石礁、烟灯矶礁炸礁工程的规划设计、项目立项和报批等前期工作，将航道维护水深枯水期提高到4.5米，丰水期提高到6米，1.7万吨散货船、5000吨级集装箱船舶能常年通航。杨林岩整治工程和铁铺——熊家洲河段整治工程建设顺利，为后期中游航道发展实现远期规划、提高维护水深、改善航行条件打下基础。其中铁铺——熊家洲河段整治工程主要协调推进宜昌——昌门溪河段航道整治工程。

【H986集装箱机检中心运营】 2014年，市口岸办向长沙海关和海关总署争取口岸通关设备，改善口岸通关条件。1月，在长沙海关的支持下，海关总署确定为岳阳口岸配备一台价值3400万元的H986X光机集装箱检测设备。为加快推进H986集装箱机检中心建设，市政府与长沙海关就有关问题座谈研究。在市财政困难的情况下，市口岸办不等不靠，向省政府、省政府口岸办、省财政厅汇报，争取专项建设资金，并成立H986集装箱机检中心工程指挥部和项目部，完成项目的规划设计、可研、环评、卫评、地质戡探和用地、规划许可，并经财政评审、政府采购、公开招投标，确定施工单位。9月初H986集装箱机检中心完成项目建设，11月12日通过长沙海关组织的预验收，试运行情况良好，每个集装箱检查由以前的3-5小时缩短为2分钟。

【争取推进岳阳电子口岸建设】 2014年，市口岸办对岳阳电子口岸实体平台建设进行可行性研究，制定电子口岸平台建设技术方案，争取推进建立集口岸平台监管、数据综合处理、政策信息发布和国际物流动态于一体的电子口岸。城陵矶口岸初步建成码头集装箱信息管理系统，实现海关、检验检疫、海事对码头、监管区24小时监管监控，但系统与海关、检验检疫、海事只是单机联网，没有实时进行数据交换的功能。今城陵矶进口肉类指定口岸、进境粮食指定口岸正式运营，启运港退税已经国家财政部、海关总署、税务总局批准试点，综合保税区、汽车整车进口口岸、固废进口指定口岸获得国务院和中央部委的批准，正按计划抓紧建设和运营中。这些平台的有效、科学运营，以及口岸通关无纸化要求，都迫切需要电子口岸作依托。

（本栏撰稿　任茂军）

海　关

【概况】 2014年，岳阳海关践行把好国门、做好服务、防好风险、带好队伍的总体要求，推进服务型、创新型、学习型、和谐型、廉政型海关建设，开创新常态下关区工作新局面。通关作业实现无纸化，主要进出口企业无纸化申报率90%。启动长江经济带区域11个海关的通关一体化，567票报关单实现一体化通关。开展关检合作改革探索，对废纸、大米等339票货物实现了一次查验、一次放行。抓好综合治税，审价补税8宗，补税9.2万元，减免税货物的审批管理，办理减免税3批次，减免关税126万元，减免税审批正确率100%。截至12月31日，岳阳海关入库税款2.82亿元，接受报关单5387份，监管货运量82.70万吨。新注册企业56家（其中注册报关企业1家）。办理加工贸易合同备案20份，备案金额1.1亿美元，保税仓库监管进出库棉花7177吨。加强实际监管，进出口查验率14.63%，查获率15.91%，均达标。加强稽查工作，以“绿风”专项行动为突破口，办理行政违规案件4起，办结3起，完成协办案件21起。对企业巡查17次，加工贸易核查21次，开展稽查作业5家。

【支持港口建设】 2014年，岳阳海关在H986大型集装箱检测设备以及联网监管建成运行的后续建设过程中，做好指导和保障工作。成立专门工作领导小组，明确时间节点和建设联络员，任务到岗、到人。针对岳阳综合保税区申报，协助地方开展申报、规划、入区招商引导等工作。加强项目督办落实，建立港口联网监管建设微信群，每周通报建设进度等情况。加强培训和人员保障，派业务骨干到张家港考察学习冻品监管，开展关区对内对外冻品监管培训，对H986操作人员进行工厂、现场及防辐射培训，新增2名新关员、4名协管员充实到业务一线。

【融入长江经济带通关一体化】 2014年12月1日，岳阳海关全面启动长江经济带12个海关区域通关一体化改革，打破地域限制和关区的行政管理界限。区域通关一体化，区域内企业可以自主选择报关纳税、货物验房地点；允许代理报关企业“一地注册、多地报关”，湖南代理报关企业在本地注册后，可在区域内12海关中任一海关办理进出口报关手续；允许许可证件正面签注口岸为长江经济带任一口岸的货物，在区域任一海关办理申报验放手续。通过打造统一的申报平台、风险防控平台、专业审单平台和现场作业平台，实现“12海关如同一关”的通关管理，促进长江经济带区域经济的协同发展，给岳阳市进出口企业带来更多通关便利。

【开展调研解企业难题】 2014年，

岳阳海关到有进出口业务的重点企业调研，帮助企业解决难题。落实长沙海关“支持湖南外贸稳定增长18条措施”，研究明确9条贯彻落实意见。到临湘、平江、汨罗、临港产业新区等县市区11家重点企业，开展“送法律、送政策、送服务、送培训”活动。利用市商务局、市口岸办组织培训的机会，向有进出口业务的133家企业248名人员进行加工贸易政策以及冻品进口政策宣讲。针对固体废物进口、茶叶出口、综保区建设开展专题调研，提出意见建议。积极为企业在本地报关、升A类企业等方面提供指导，中创化工有限公司升为A类企业，益海嘉里（岳阳）粮油工业有限公司完成升AA类企业验证稽查工作。

（本栏撰稿　张聪聪）

出入境检验检疫

【概况】　2014年，中华人民共和国岳阳出入境检验检疫局（简称岳阳检验检疫局）受理出入境货物报检7227批、货值3.8亿美元，比2013年批次下降5.1%、货值增长12.9%。其中，出境3499批、下降27.7%，货值1亿美元，下降22.1%，入境3728批、增长33.2%，货值2.8亿美元、增长34.9%。包装检验843批、268万件，分别减少2.7%、56.9%。产地证签证928份、增长12.2%，签证金额4899万美元、增长26.8%。完成进出境集装箱检验检疫3.6万标箱，增长39.9%。检出不合格货物72批、货值431万美元，分别增长22.0%、219.3%，其中进境不合格69批、货值424万美元。截获病媒昆虫等有害生物35种、85种次。申报的课题“城陵矶进口肉类食品风险控制分析与检验监管技术研究”获得湖南省科技厅立项。开展专题培训，召开全市进境粮谷检验检疫监管工作会议宣传贯彻进口粮食检疫监管法规，举办原产地政策宣贯暨业务知识培训，组织水运口岸平台等专题培训。岳阳检验检疫局被评为湖南检验检疫系统先进集体、岳阳发展开放型经济优质服务单位、岳阳口岸系统信息工作先进单位、岳阳“一区一港三口岸”申报工作目标考核优胜单位。

【推进检验检疫职能转变】　2014年，岳阳检验检疫局深化改革，推进检验检疫职能转变。开展“业务改革大研讨”，征集论文27篇、收集改革建议116条，出台《岳阳检验检疫局全面深化改革实施方案》《岳阳检验检疫局2014年全面深化改革第一阶段措施》。在12家主要出口企业实施无纸化报检，改集装箱申报方式为“整船申报”，在城陵矶口岸实施关检一次申报、一次查验、一次放行（简称关检“三个一”）。以风险分析为基础，综合运用举证放行、监管放行、核查放行等模式，减少抽检批次、提高窗口直放比例。11月25日，举办第二届湘鄂赣内河口岸检验检疫工作交流会，与九江港、南昌高新办、霞凝港、武汉港建立内河口岸检验检疫工作定期通报机制。

【推进“一区一港三口岸”建设】

2014年，岳阳检验检疫局做好指导协调工作，推进城陵矶一区一港三口岸建设。5次组织赴天津、厦门、四川及重庆等地学习综保区及指定口岸建设先进经验，7次陪同市领导专题调研，就岳阳开放型经济发展和口岸建设提出建议。指导市口岸办、新港公司等单位完善码头条件，抽调专人负责、开展肉类和粮食检疫技术储备，牵头做好验收各项准备。投入310万元改扩建实验室、设立进口肉类快速筛查实验室和口岸植物检疫实验室，提升技术保障能力。引导企业从城陵矶港进口，全年从城陵矶港直接进口粮食及其加工品9.15万吨，比2013年增加6.8倍。秘鲁冻鳀鱼、越南干蟹壳等为首次进口。明确专人对接，参与并指导城陵矶综合保税区、汽车整车进口口岸规划建设。

【把好口岸检疫安全关】　2014年，岳阳检验检疫局发挥职能作用，做好口岸检疫安全把关工作。一是口岸检疫把关。加强口岸查验，从进境货物集装箱中截获活黄胸鼠、蜚蠊，在口岸医学媒介生物本底调查监测、外来有害生物监测、埃博拉病毒防控中，捕获蚊类546只、鼠类14只、实蝇8170只，首次检测到长芒苋、瓦氏苋等检疫性杂草。二是质量安全把关。检出进口棉花短缺229吨，挽回损失56.7万美元。检出含非批准转基因MIR162玉米酒糟粕5批、2337.9吨，督促企业完成销毁，检出不合格公干鱼2批、48.3吨，做出退货处理，退运79.1吨未获进境动物检疫许可证的冻鸡爪，协助上海洋山局、外高桥局，监督销毁不合格玉米酒糟粕1.5万吨，帮助企业减轻损失600万元。三是质量基础提升。开展质量管理体系监督内审2次，发现并纠正问题21个。推进质量安全示范区建设，与君山区政府签订合作协议、共同创建君山出口蔬菜质量安全示范区。举办产地证知识、进口粮食法规、水运口岸平台、关检“三个一”申报等专题培训6期，培训企业人员295人次，提升企业落实主体责任能力。

【加强基本项目建设】　2014年，岳阳检验检疫局基本项目建设加强，投入345万元改造城陵矶口岸标本室、更换机关大院视频监控设备等。重点推进肉类食品检测区域性中心实验室改扩建项目。优化设计方案，对规划、土建、装修方案反复修改15次，组织设计方案公开比选，组织公开邀请招标活动3次。工程质量经检测符合要求，争取地方支持加快工程进度；降低工程造价，各环节降低预算55.6万元，减免规划、建设等报建费用5.8万元。

【湘鄂赣内河口岸检验检疫工作交流】　2014年11月25日，岳阳检验检疫局主办第二届湘鄂赣内河口岸检验检疫工作交流会，岳阳城陵矶港、长沙霞凝港、湖北武汉港、江西九江港、南昌高新办等5个内河口岸检验检疫机构的近30人参加。会议达成共识，随着国家依托黄金水道建设长江经济带的重大战略决策的实施，内河口岸发展迎来重大发展机遇，内河口岸检验检疫机构应抢抓机遇、奋力作为，加强业务交流，建立内河检验检疫工作定期通报平台，加强口岸合作，共同参与推进长江经济带检验检疫通关一体化建设。

【防控埃博拉病毒】 2014年，埃博拉疫情在西非肆虐蔓延。为防止疫情通过货物及集装箱传入，岳阳检验检疫局采取多项措施严密防范埃博拉病毒入境。7月，在口岸设宣传栏、触摸屏等介绍埃博拉出血热的有关知识和防控方法，对卫生处理人员现场培训，掌握对来自埃博拉出血热疫区的集装箱、货物消毒的方法，补充医学防护服、一次性口罩、手套，确保红外线体温检测仪等监测设备处于有效运转状态。10月24日，赴岳阳边防检查站开展埃博拉出血热防控知识宣传，向岳阳边防检查站官兵讲解埃博拉出血热的基本知识、传播途径、预防措施，提出风险防控建议。

（本栏撰稿　谭　婷）

责任编校　黄玉祥

城乡建设与管理

综　述

【概况】 2014年，岳阳市住房和城乡建设局（简称市住建局）紧扣建设水墨丹青岳阳城市发展目标，推进城市建设和建筑业管理，抓项目建设，办民生实事，保质量安全，促产业发展，城市功能和承载力不断增强，城镇治污不断加速，建筑业发展不断壮大，民生环境不断改善。完善城建项目储备机制，推动城市建设科学有序实施，谋划一批、在建一批、储备一批，量力而行分步实施，实施城市 东扩、北靠、西联、南延、中提的发展战略卓有成效。中心城区城建计划实施项目52项（其中16项为续建项目、29项新建项目、7项前期项目），涵盖城市路网、旧城改造、供水工程、污水处理、环境卫生、文化体育、安居保障等项目，完成投资35.3亿元。体育中心体育馆投入使用，确保省第八届民运会顺利开幕。启动城市道路建设项目36个，里程总长约35千米，其中，湖滨片区路网、环南湖交通三圈、金星路拓改等项目迅速推进；完成城区43条道路总长53千米油化提质改造。至年底，城市道路里程已达702千米。完成旧城改造投资18.3亿元，拆除旧危房屋32万平方米,新建房屋72万平方米。城市原点标志建设工程进入实施阶段；完成三大湖滨水休闲景观工程规划设计；完成2015-2020年路网基础资料库数据采集。

【实施生态修复】 2014年，市住建局加速城市河湖和城镇污水处理设施建设，完成王家河流域综合治理工程投资2亿元，累计完成工程投资5.93亿元，河道综合治理、河岸游路、景观绿化以及电力配套设施基本完成，“王家义渡”“君山银针”等14件文化创意作品完成大样制作，其中“王家义渡”等4件作品正在安装。王家河治理获得中央、省级媒体关注，《人民日报》以头条标题《岳阳惬意“深呼吸”》进行专题报道；《湖南日报》以标题《梦里水乡织锦绣》整版报道。完成东风湖、吉家湖综合治理工程初步设计方案。完成城镇污水处理设施建设投资5.2亿元，建成污水管网202千米。城区黄梅港、平江县污水处理厂二期等6个项目试运行；城区湖滨、岳阳县月田镇污水处理厂等5个项目完成工程主体；临港新区污水处理厂等6个项目开工建设；汨罗桃林寺镇污水处理厂等6个项目开展前期工作。全市城镇污水处理率88.27%，超省定指标5.27%。

【民生环境改善】 2014年，市住建局继续实施中心城区小街巷改造惠民3年行动，实施项目547个，超年计划147个，完成工程投资4893万元，解决一大批与老百姓生活密切相关的小街巷路不平、灯不亮、水不通、环境卫生差等问题，获得人民群众好评，湖南省政府网、《岳阳日报》等媒体多次关注和报道。推进全市农村危房改造与新农村建设、镇村规划、环境整治以及扶持群众发展生产、通电通路通水等相结合，全年完成改造9600户，超省定任务15.5%。24小时受理建筑工地噪声投诉，636件投诉件全部按时办结。市住建系统261名在职党员深入24个社区走访居民300多户，解决住房、生活、环境、社区服务等一系列困难问题。筹资150万元为9个社区实施环境整治。会同市公路局、岳阳县筹资216.58万元，帮扶岳阳县新墙镇清水村道路改造和污水处理站建设。先后投入建设扶贫资金30万元帮助汨罗市石陂村兴建一批水利、道路等设施。援建湘西保靖县岳阳幼儿园建设，到位援建资金240万元。推行施工企业作业人员资格考试免费试点，为1800名农民工减免费用52.56万元。

【服务城市重大项目建设】 2014年，市住建局全力服务重大项目建设，超前谋划，明确项目清单，推介大项目、好项目，有24个项目列入省重点项目享受优惠政策。宣传推广好的经验和作法。强力推行挂号、销号机制，建立一事一报告、一月一调度、一季一巡查工作模式，收集涉及40多个重大建设项目的53个问题，督促办结34件，挂号督办19件，销号15件。全市重点推

省委书记徐守盛考察岳阳市城建重点工程　　（范向辉　摄）

进在建重大项目104个，其中基础设施项目26个，重大产业项目38个，民生保障项目28个，生态环保项目12个，计划总投资1268亿元，年计划完成投资328亿元，全年实际完成投资335.5亿元，占年度计划投资的102.3%。

【新型城镇化建设】　2014年，市住建局召开全市推进新型城镇化工作会议，贯彻落实中央新型城镇化工作会议精神，研究部署下阶段推进新型城镇化和禁拆治违工作的各项任务。全市城镇化率达到52.5%，比“十一五”末提高6.25个百分点，年均增长1.25个百分点。全市共有建制镇96个、乡57个、村3085个。创建16个国家级重点镇和13个新型城镇化省级引导专项资金项目获批，全市完成农村危房改造9600户。市住建局提出建设长江城镇群的思路被列入《湖南省推进新型城镇化实施纲要》（2014–2020年）。该城镇群涵盖华容县、临湘市、岳阳县、云溪区、君山区、岳阳楼区、经开区、南湖风景区、临港产业新区，共45个建制镇，人口288.1万人，占全市52.52%；土地面积7332平方千米，占全市48.8%，是岳阳经济实力最集中的区域。指导岳阳县张谷英村、平江县虹桥镇平安村申报国家传统村落保护项目，其中，张谷英村列入国家传统村落保护计划，受到中央媒体关注，中央电视台4频道于1月13日播出《记住乡愁》的传统村落岳阳张谷英古村落专题片。

【严格规范市场秩序】　2014年，市住建局推进建筑工程管理安全质量标准化、监督规范化、监管信息化三化工作，开展建筑工程打非治违和专项整治，启动建筑管理综合治理两年行动，建立工程项目五方责任主体项目负责人“落实质量终身承诺”进入监督档案的机制。全年下发停工整改通知书364份，查处违规工程48个；行政处罚立案102个，下发处罚决定书43份；上报不良行为记录10件，对11起违规行为进行在岳阳招投标限制，无一起假案错案，无一起行政诉讼。全市未发生一起质量安全责任事故，实现零死亡目标；创建“国家AAA级安全文明标准化工地”1个，取得国家安全生产最高奖项“零”的突破。加强建设工程招投标监管，重点强化过程监管、标后监管和信息平台建设，审查工程招标上限值项目48个，查处一批阴阳合同、黑白合同，查处伪造业绩、关键岗位人员资格11起。全年共完成房屋、市政等各类工程招投标进场交易项目368宗，总交易金额43亿元。其中市本级完成招投标项目65个，中标交易额24.67亿元，应公开招标项目公开招标率、进场交易率100%。清欠建筑领域工程款和农民工工资2568万元，消除16起可能造成恶性上访的群体事件。

【优化行业服务】　2014年，市住建局大力简化行政审批程序，16项施工许可条件调整为14项，30项开工安全生产条件全部后置，15项施工合同备案资料精简为6项。工程报建、行政审批、行政执法等程序全面公开并一次性收件、内部流转、定时办结。全年中心城区受理报建项目61个，建筑面积348.58万平方米，比2013年增长34%；工程造价42.39亿元，比2013年增长17%。核发施工许可证67个，建筑面积308.33万平方米，比2013年增长5%；工程造价42.01亿元，比2013年增长9%。服务建筑业企业资质申报290家，其中资质升级49家，新增企业40家。城建档案入库6500余卷，为服务对象提供案卷2000余卷。组织建筑新材产品企业资源综合利用认定，为企业降低成本6000余万元。组织500余名工程造价从业人员培训，解答工程造价咨询132条，调解造价纠纷3起。征收劳保基金1.4亿元,拨付企业6900万元,组织专业技术培训1.87万人次，技能鉴定5217人次，完成省定任务的145%；创建农民工学校72所，培训农民工6700人次。

【帮扶促产业发展】　2014年，市住建局完成建筑业总产值292亿元，比2013年增长12 %；全年争取城镇污水管网建设、建筑节能、农村危房改造等中央、省专项资金1.98亿元，比2013年增长15%。帮扶环保产业发展，积极对接省厅，将岳阳桑乐太阳能热水器集中运用于农村低碳环保项目列入支持计划，指导支持瑞辰顶盛公司陶粒增强泡沫混凝土自保温砌块建筑企业标准拟上升为湖南省地方标准。帮扶环保产业发展，全市62家规模节能环保企业全年完成总产值388亿元，增长11%；实现增加值127亿元，增长16%；创税收12亿元，增长10%；新增固定资产投资5.8亿元，规模以上企业3家。明确10家重点帮扶企业和对口帮扶单位。开展推散禁实工作，充分发挥墙改基金和散装水泥专项资金杠杆调节作用，两金征收突破千万元大关。全市散装率达59.02%，关停红砖厂37家，其中中心城区关停26家。

【执行能力提升】 2014年，市住建局认真落实市委、市政府交办的重点工作和项目建设任务，举全局之力确保落实到位。王家河流域综合治理工程全线15千米，涉及周边群众15万余人，市住建局抽调56名干部，班子成员全员上阵，一个标段一名领导，一套人马，实行工地现场集中办公、工作任务交办、工程量调整快审快批、项目关键岗位人员指纹考勤、日计划周调度月讲评、项目建设高效保障等6项工作制度，编制百日攻坚方案，明确质量、安全和进度目标，实行时间倒计、任务倒推，工期倒排，为工程建设顺利推进抢得先机。全年共承办市委、市政府交办事项22件，件件有落实，事事有回音；做好农村危房改造、污水处理率、重点项目建设等省绩效评估指标联络协调工作，为全市在省绩效评估中做出重大贡献；在配合岳阳城陵矶综合保税区等四个申报工作中，市住建局在市直部门中首个完成工作任务。文明城市创建工作有声有色，300多名工作人员分期分批上街文明倡导，68个在建工地全部按照文明城市创建要求整改到位。

（本栏撰稿　任　勇）

城乡规划

【概况】 2014年，岳阳市规划局（简称市规划局）紧紧围绕市委、市政府建设生态洞庭、美丽岳阳和省住建厅推进新型城镇化建设战略部署，以全面建成小康社会为统揽，坚持一手抓党的群众路线教育实践活动，着力改进工作作风，一手抓城乡规划编制和管理工作，严格依法行政，锐意改革创新，切实加强党的建设和规划队伍建设。坚持以城市总体规划为引导，逐步完善城乡统筹规划、片区控详规划、各项专业规划、重要地段的城市设计和重大项目规划，推进各层次规划无缝对接和全面覆盖。完成环南湖旅游交通三圈、南湖水环境综合治理、三大湖滨水休闲景观工程规划和岳阳大道（东）两侧城市设计；积极对接一区一港四口岸平台建设，完成汽车滚装码头规划选址和论证；按照打造“中国湖泊第一馆”乃至世界级湖泊经济和生态保护平台的构想，全力推进洞庭湖博物馆项目建设，完成建筑设计方案招标；诚邀国内规划领域知名专家学者，对两馆两中心（图书馆、科技馆，妇女儿童活动中心和青少年活动中心）和洞庭欢乐世界主题游乐公园项目选址建言献策；委托南京市城市与交通规划设计研究院编制的《岳阳市交通系统规划》通过专家评审。经济技术开发区委托清华同衡规划设计院完成约25平方千米的金凤湖生态示范园概念性规划；开展空港产业园（三荷机场范围）周边区域概念性规划方案审查，启动金山片区、白石岭等片区控规调整工作。南湖风景区完成南湖新区规划调整方案，并经市委常委会审议通过，正编制南湖周边区域高度控制规划方案；启动辖区内的八仙台、麦子港、太平咀三片区控规修改工作。岳阳楼区调整枫桥湖片区、岳阳楼片区控详规划，并已按程序报批，完成九华山片区（四厂一湖）113.3公顷改造项目概念性方案编制。云溪区完成湖南绿色化工产业园5平方千米总体规划、道仁矶港区综合物流园概念性规划和云溪区河东侧风光带综合治理工程。君山区全面完成中心城区3.44平方千米城市设计工作，组织开展挂口、林角佬等4个片区控详规划的修改工作。做好创建全国文明城市工作，规范机关内部管理，使规划工作正确引领城市发展。

【行政许可】 2014年，市规划局突出加强房地产开发项目容积率、用地红线、建筑密度等硬性指标管控，维护规划严肃性。先后拟订《岳阳市建筑工程计容建筑面积计算和管理规定》《岳阳市建筑间距及日照管理规定》等规范性文件，并严格执行。全年共核发“建设用地规划许可证”111份，面积776万平方米；核发“建设工程规划许可证”77份，面积405万平方米；“建设项目选址意见书”20个，面积65.9万平方米；完成配套费征收1.6亿元，为年度目标任务的258%。

【规划执法】 2014年，市规划局把禁违拆违治违作为全年工作重中之重来抓。严格落实市委、市政府2号文件要求，推进工作重心下移、工作责任下沉，建立禁违村组为主、区乡连责，拆违区乡为主、村组连责，治违属地为主、部门连责的工作模式，将任务层层分解、落实到人。37个重点村（社区）实行市级领导联村和市直部门联点帮扶，定对象、定措施、定责任、定目标，以点带面，达到违法建设人人喊打、违建户主人人自危的氛围。贯彻落实市委、市政府禁新拆旧工作目标，加大日常巡查、重点清查、暗访督查力度，对重点时段、重点区域实行重点盯防；狠抓全市禁违工作网格化管理落实，确立以属地管理为基础，上下联动，条块结合的网格管理模式，将全市以社区划分单元格，实行无缝隙、全覆盖，全面控制新增违法建设，逐步消化部分存量违法建设。截至年底，市城区共计拆除违法建设2282处约31万平方米。在岳阳新闻频道开辟“禁违进行时”专栏，刊登禁违新闻400多条，编印禁违相关法规政策汇编1.5万册，转发短信1.6万条，编辑《工作简报》12期。

【规划审批信息化建设】 2014年，市规划局规划审批信息平台建设初见成效，完成一站式规划管理服务平台全部联网和测试，首次实现市局与局属各单位数据全面对接，纸质审批与电子审批相结合、网上审批与电子监察相结合的模式，杜绝项目审批体外循环和二次录入，办事效率得到全面提升。

（本栏撰稿　陈　思）

城市建设

【概况】 2014年，岳阳市城市建设投资集团有限公司（简称市城投公司）突出抓好融资和项目建设、经营开发和自身建设等工作，完成市委、市政府下达的年度目标任务，促进公司转型发展，助推岳阳市城市建设。市城投公司连续3年被评为全市党风廉政建设先进单位。在严峻的外部环境下，全年融资审批授信47亿元，融资到账31.23亿元，还本付息22亿元，支付工程进度款达10亿元。项目建设完成投资5.16亿元，完成市体育中心体育馆、游泳馆及配套设施的投资任务，确保省第八届少数民族运动会顺利召开；由岳阳城投集团负责投资、建设、运营、管理的马壕污水处理厂一期主体工程在年底如期建成，成功解除环保部对岳阳市涉水项目的区域限批；积极服务南湖水环境综合治理工程，全力做好资金保障工作，投入资金达4500万元；克服困难推进征拆安置工作，全年累计拨付征拆资金9730万元、安置补差资金7290万元。为推进转型发展，市城投公司以土地深度开发为核心，重点推进金凤桥片区土地开发，与房产公司签订合作框架协议；整合已投入运营的黄梅港污水处理厂、在建的马壕污水处理厂和罗家坡污水处理厂（二期），注册成立岳阳市环保水务有限公司；全年实现参股经营收入2276万元，并参股投资岳阳市中心城区垃圾焚烧发电项目；停车场运营状况良好，完成岳阳楼片区资产清理工作。

（杨飞跃）

【城市供电】　2014年，国网岳阳供电公司深入开展基建规范管理年活动，严格按里程碑计划有序推进电网建设。投产110千伏湘阴县六塘输变电工程及4个110千伏改扩建项目，开工金凤桥、华容县城东等3个110千伏新扩建项目；新扩建35千伏项目7个、年内投产4个；完成东西帮扶工程和419个村农网升级改造，岳阳县建成为全省新农村电气化县。开展配电网典型供电模式专题研究，完成1400个村网规划编制工作，村网规划被树为国家电网公司示范样本。开展低电压治理专题攻关，整治低电压台区576个，覆盖32617户。严格预算管理和考核，预算调整事项大幅度减少，各项预算指标得到有效落实。推进依法治企，完成审计项目163项，审查会签合同877份，办理涉诉案件45起。加强本部部室和三级单位绩效考核，推广试行一线员工工作积分标准。开展集体企业财务资产清理，着重加强整章建制、规范管理和增收创效工作。创新服务方式，开通“95598供电服务”微信平台，“1+1”“1+3”业务扩展经验得到省电力公司肯定并推广。建成城市10分钟缴费圈和村村有缴费点。在全省率先推行变电运维一体化工作，完成4个县公司110千伏变电站运维业务上收。建成运营监测大厅，成功接入16个统推业务系统数据。开拓员工成长通道，积极稳妥开展用工清理规范，完成平江县、屈原管理区公司人财物上划移交和君山区配网公司上划准备工作。按照方便客户的原则，新设立3个农村供电所。建成后勤保障体系，不断规范后勤服务管理。实现连续安全生产4337天，获得湖南省电力公司和省能监办安全生产先进单位。主要经济指标完成年度目标，售电量完成76.88亿千瓦时、增长率0.77%。扎实做好春节、高考、全省民族运动会等特殊时期保电工作，得到地方各级党委政府充分肯定。

（熊　佳）

【供水建设】　2014年，岳阳市自来水公司按照立足主业、主辅并进、多元发展思路，在国内整体经济增速放缓的大环境下，经营效益逆势提升。加强供水保障能力。全年完成DN200及以上管线安装19条，敷设管线10444米，全力确保京港澳高速岳阳连接线、南翔万商物流园、王家河流域综合治理项目等重点工程项目的管线建设。完成中心城区259台消火栓建设任务。优化管网布局，连通湖滨八仙台路和园艺路管线，确保党校片区正常用水；改造白石岭南路管线，有效解决八字门片区水压不足的问题，促进青年东路管线与岳阳大道管线互联互通；连通松阳湖路和长江路管线，具备向际华三五一七港区基地供水条件。推行城乡供水一体化，在岳新公路建设全市第一座二次供水加压站，实现向新开镇供水，做好向云溪区供水的前期准备工作。实施供水设施提质改造，对二水厂高配室进行整体提质，增加一台400千瓦机组，更换一台220千瓦机组，一水厂更换一台400千瓦机组，水厂运行效率和安全可靠性得到提升。全年完成供水量8066.46万立方米，售水量5719.17万立方米，比2013年分别增长5.4%和5.2%；实现主营业务收入1.18亿元，创建安产值5138.96万元，比2013年分别增长10.9%和15.5%。上交税费736万元。积极应对水质新标准，水质监测能力达到60项。完成水质监测站实验室标准化建设达标工作，通过省质量技术监督局“实验室资质监督评审”。在省住建厅组织的全省2014城市公共供水水厂水质大检查中，市公司水质全部符合国家标准要求，受到上级充分肯定。国外在建的埃塞俄比亚两个供水工程项目完工。新签订埃塞俄比亚拉格达迪深井供水管道项目，合同价2800万元人民币。承接喀麦隆水厂运营管理项目。市自来水公司获评“湖南省城镇供水分会政工委精神文明建设先进单位”“岳阳市12345公众服务热线先进单位”“2014岳阳市最美献血公益团队”。维修公司获评全国“工人先锋号”，管网检漏中心获评市级“工人先锋号”，工会女工委获得市直工委女职工权益实现及贯彻落实“女职工劳动保护特别规定”情况调研优秀组织单位。

【供水服务】　2014年，岳阳市自来水公司开展诚信承诺人民满意活动，推出延时服务、微笑服务新举措。进行大客户走访，参与市政务中心“12345”进社区、“我为群众当义工”活动，精心策划供水服务进社区，在社区组织用水业务宣传6次、帮助用户解决用水难题30多起、在市水务网站发布水质信息90次。升级公司网站和语音服务系统，建立二次供水设备远程监控系统。开发供水管网巡检养护系统，客户服务系统和调度系统融合，实现水表、阀门、管线等生产和服务相关信息的掌上监控和查询，提高供水调度和抢修服务效能，管网地理信息系统工程基本完成，累计采集水表点信息95248个，管线825千米。常年在市政务中心网站进行信息公开，通过公司电子信息、短信平台向用户发布和发送各类用水信息15万多条。

（本栏撰稿　蔡勋云）

城市管理

【概况】　2014年，岳阳市城市管理局（简称市城管局）按照让城乡更加清洁卫生有序、生活更加幸福美好的总体要求，瞄准建设宜居宜业宜游美丽幸福岳阳的工作目标，以改革创新为引领，全面推进项目建设、创新管理、社会服务3大工程，城市管理实现跨越式发展。坚持把卫生保洁作为第一要务。严格执行19小时两扫全保服务制和30分钟巡回保洁法，每周全方位冲洗、清洗主次干道和人行道两次以上，市容卫生质量不断提升。坚持把市容秩序作为突出环节。对占道经营较突出地段早晚无缝对接管理，实行户外广告日巡查制度，城区市容秩序全面改观。坚持把扬尘撒漏作为治理重点。围绕施工运输、夜市经营、非法燃炮开展污染防治，有效杜绝大气污染重症。坚持把窗口部位作为城市脸面。持续加大车站广场绿地养护、设施维护、执法疏导、文明劝导力度，塑造良好的对外窗口形象。新建东风湖、临港新区两处环卫专业停车场；搭建岳阳花讯公共微信和短信平台；接管学院路、北港北路等路段市容执法；市政改制进入收尾攻坚阶段；新增约800平方米的路灯材料堆场；对城区通信塔实行统一管理；户外广告公共场地和设施占用费试行标准出台实施；局属相关单位解决多年紧张的办公用房；城管信息网站成功升级改版并与政务网整合；数字城管完成一期项目地理信息普查的更新采补工作。设施建设完成城区16座公厕垃圾站整体提质和设备升级改造，对86座公厕配齐无障碍设施。实施青年西路林荫道、沿湖路绿化提质、琵琶王立交桥立体绿化工程和金鹗公园消防二期、南湖公园北门广场、五里牌小游园建设。修补损坏路面3万余平方米、人行道23万平方米，改造无障碍坡道219处，补建城区消火栓101台。完成欣园西路、龙山路、龙舟路等路灯新改建和亮化工程。全面落实民生实事。公共自行车租赁系统一期正式投入运行，累计使用超过670万人次。花果畈垃圾处理场实施整体维护改造，启动填埋气回收综合利用处理项目，垃圾无害化处理率达100%；督促县市区加大生活垃圾收转运和旧场整治，垃圾无害化处理率达95%。云溪区至长岭炼油股份有限公司天然气长输管线全线贯通并实现供气，全市新增管输天然气用户超3万户。加速推进重点项目。地下弱电综合管网依法选定投资单位，并按弱电规划依法依规稳步推进。中心城区亮化工程2013年5月底竣工验收。垃圾焚烧发电确定落地云溪区静脉产业工业园，进入规划选址阶段。将数字城管系统客观评估数据纳入整体考评，建立市与区之间、单位与单位之间市容秩序和环境卫生的日督查、周巡查、月讲评制度；按城市管理时段特点划分267个节点进行精细化考评，促进市与区的整体联动。发挥监督指挥功能。全年高效处置各类城市管理问题30余万件，有效处置率达98%，在政府“12345”热线办理工作考核中均为A级，位居全市前列。

【城市公共自行车调研】　2014年7月23–24日，省委书记、省人大常委会主任徐守盛在岳阳县、平江县、岳阳楼区等地，深入园区、企业、建设工地、社区，调研项目建设和经济运行情况。调研期间，了解全市公共自行车租赁系统情况。省委常委、省委秘书长韩永文参加调研，市领导卿渐伟、盛荣华、樊进军全程陪同。24日下午，在岳阳楼区调研首站——市图书馆自行车租赁点，徐守盛饶有兴趣地骑上自行车亲身体验。他指出：“要鼓励机关干部带头骑自行车，带领广大群众绿色、低碳出行，要进一步加强配套服务，把好事办好。”

【《户外广告公共场地和设施占用费试行标准》出台】　2014年，市城管局为更好规划、配置、利用和管理全市主城区户外公共场地和公用设施广告资源，美化城市外观，提升城市品位，依据湖南省物价局《关于委托市（州）县（市）价格主管部门制定价格有关问题》的通知、岳阳市人民政府《岳阳市中心城区户外广告管理办法》的有关规定，制订“户外广告公共场地和设施占用费试行标准”、经市纪委同意后，于9月12日正式出台，为全省该项工作先例，并填补岳阳市户外广告资源价格管理的空白。

【立体绿化构建城市空中绿肺】

2014年，市城管局首次尝试对立交桥进行主体绿化，琵琶王立交桥立体绿化工程顺利竣工。全部工程采用钢结构支架、挂置式PP花箱和先进的滴灌系统，既保证绿化排水的畅通可靠，又确保易于养护维修，营造绿量大、效果好、经济节约的现代立体绿化景观。琵琶王立体绿化是岳阳市园林绿化建设的一次大胆革新，不仅可起到城市绿肺吸尘、降噪作用，同时可改善城市生态环境，打造3D版城市绿化空间。

【新建全民健身场】　2014年，市城管局以文明创建为契机，在南湖公园东咀新建1处全民健身场地。该健身场占地1600多平方米，其中球场区占地680平方米，球场地面全部由硅PU材料铺设，地面舒适且富有弹性。共设羽毛球场两个，乒乓球场4个。健身器材区占地600余平方米，共有高低杠、双杠等健身器材20余套。在赊月亭旁新建占地350平方米的象棋盘区，逐步将南湖公园打造成集休闲、娱乐、健身于一体的城市公园。

【城区公共自行车租赁系统投入使用】　2014年，市城管局为方便市民出行、缓解城市交通压力、鼓励全民锻炼身体，在城区精心打造自行车租赁系统这一项民心实事工程，该系统按照国内一流，省内领先的总体要求，高起点规划、高品质设计、高标准建设，由市政府全额投资，市城管局作为项目建设管理主体，江苏省常州市永安自行车股份公司负责承建，首期投入5000辆公共自行车，设置有210个站点，建设2个中心调度站和1个中央控制机房。根据市民反映的停车需求，结合头半年的运行情况，经市政府批准，在部分人口集中地段增加16

个租赁站点、780套锁止器。系统坚持公益优先、3小时内免费、24小时服务的原则，实行通借通还、网络智能化管理，租还车操作使用方便快捷，运营管理由政府购买服务，主要以便民利民为目的。租赁站点充分考虑市民的出行需求，按间距以300米至500米的间隔设置，范围主要辐射居民小区、办公区、超市、学校、医院、公共交通换乘点、车站、购物中心、广场、公园等，中心城区基本形成公共自行车网络。该系统于4月25日由中国农业银行岳阳市分行城区各网点开放办卡，5月1日正式运行。

【垃圾场启动填埋气处理项目】 2014年，市城管局在城区周边花果畈实施垃圾场填埋气处理项目。设计规模为日回收利用垃圾填埋气2万立方米、年生产生物天然气360万立方米的填埋气回收综合利用项目，于10月正式启动。该项目可利用垃圾填埋气制取生物天然气，有效消除垃圾填埋气造成的环境污染和安全隐患。投入运行后，相当于每年节约标准煤4712吨，减少硫化氢排放6.5吨、二氧化硫排放12.4吨，在创造良好的社会和经济效益的同时，对合理利用能源、更好地维护花果畈垃圾场周边生态环境，进一步提升全市垃圾无害化处理水平等方面将发挥积极作用。

【城区地下弱电综合管网】 2014年，市城管局按照弱电下地、共沟共井、三个统一的建设思路，开展摸底普查，整理出“2014年岳阳市地下弱电管道资源现状汇总表”；引进投资单位，通过政府主导、市场运作模式依法选定专业公司进行建设、经营和管理；对接建设计划，初步对全市2014–2018年地下弱电综合管网建设进行规划设计；组织召开多部门配合联动建设协调会，进一步统一思想、落实责任，为合理有序开发利用地下空间资源打下坚实基础。

【城区错时和分类管理】 2014年，市城管局根据市民生产生活和工作出行的不同时段路段等规律，科学调度、优化配置各类管理要素。针对城区小学上、放学时人流车流聚集、校门及周边临时摆摊、散发传单、白色垃圾等市容卫生压力加大的现象，加强学校及周边早中晚各时段的市容卫生秩序整治，制止在校门口散发传单，营造校园周边良好市容环境。针对节后部分临街门店商家习惯燃放开门炮的现象，根据门店大小、营业时间等特点，在商业街区的临街门店分门别类蹲点巡查，增加路段的巡查频率，主动走访临街门店，发放限炮通知2000多份，累计制止60多起商家违规燃炮现象，并对无法及时制止的违规燃炮行为逐一摄像取证后统一实施处罚，有效遏制开门炮的不良习俗。

【垃圾焚烧发电项目推进】 2014年，市城管局负责牵头实施垃圾焚烧发电项目，由岳阳环保产业有限公司以BOT模式承建，项目投资4.5亿元人民币，一期工程日处理城市生活垃圾 1000吨。项目建成后可处理中心城区、君山区、云溪区的全部生活垃圾并可辐射临湘市的部分乡镇。目前按照市政府“1+1+1”模式遴选新的项目公司，完成项目公司内部审计、股权股份转让等工作。新项目公司人员已经到位，前期工作已经启动，并对拟定选址进行初选、筛选和综合评审。

【城区消火栓补建和维修】 2014年，市城管局为确保城区公共消防设施齐全和安全，根据消防技术标准和消火栓布局要求，组织市自来水公司对市中心城区现有主次干道消火栓进行补建，并对部分功能欠佳的消火栓进行维修，协助消防部门做好补建和维修消火栓项目验收，督促各区按照属地管理原则，由各区财政安排专项经费完成辖区范围的消火栓补建和维护工作，市本级完成中心城区消火栓补建101台、维修438台。

【金鹗公园消防通道贯穿】 2014年，市城管局负责实施的金鹗公园消防二期及绿化景观配套建设工程完工，园内消防通道全部贯通，不仅拓宽公园的游园区域，而且市民进园游乐更安全便捷。金鹗公园消防二期工程主体分布在金鹗公园南门新增的约4公顷山地区域，工程项目含消防管道铺设、消防通道的贯通建设，路灯、座椅、廊亭等配套设施建设，以及部分绿化景观的改造。整体建设完善后，新增区域与南门孔圣文化区连成一体，形成公园独具特色的文化区域。

【五里牌游园开放】 2014年，市城管局在位于五里牌路转盘处设计施工的五里牌游园项目春节前完成，并更名为五里牌驿站。该项目改造设计着重突出生态、舒心、人本特色，符合人们的工作、生活、休憩及审美情趣，以生态、环保为设计主题，创造高品质、高层次的景观空间。在规划设计时因地制宜，巧妙地处理地形，合理布局植物和硬质景观的比例，做到集生态、景观、文化于一体。

【城区路灯和桥梁管理】 2014年，市城管局加强路灯和桥梁设施维护的精细化管理。全城路灯总量17718基24166盏，各类大小桥梁共有16座，总长度近20千米。对路灯杆原有编号进行全面除污防锈和刷漆处理，并为每根路灯杆贴上EGP复合反光膜新型编号材料。新编号按照1条大街1个顺序号的原则进行，构建健康人文的城市照明环境；建立1桥1卡、1桥1档管理体系，构建城市桥梁作为城市重要基础设施的管理新格局，并注明道路名称、维修值班电话及序号。今后路灯巡线人员夜间巡查可快速记录故障路灯编号，市民发现路灯不亮，第一时间也能致电反映情况，维修人员即可在最短时间内找到损坏的路灯并进行维修。路灯管理部门连续被省道路照明协会评为先进单位，被市级主流媒体评为公益事业最具影响力单位；市政维护部门桥梁管理工作至今未出现一起桥梁安全事故。

（本栏撰稿 徐 畅）

园林绿化

【概况】 2014年，岳阳市风景园林局(简称市园林局)紧紧围绕建设水墨丹青幸福岳阳目标，创建国家生态园林城市，推进园林绿化建设，科学实施公园绿地管养，逐步完善风景名胜区管理，严格规范园林绿化行业监管，为改善城市人居环境、建设美丽岳阳做出积极贡献。全市建成区绿地率38.9%，绿化覆盖率40.55%，人均公园绿地面积9.23平方米。4月，市政府印发《岳阳市城市绿荫行动实施方案》并召开全市城市绿荫行动动员大会，全面部署城市林荫道路建设、公园和广场林荫景观建设、单位庭院小区绿化建设、林荫停车场建设、立体绿化建设、山体和水系生态修复建设等6大工程建设。会后，各县市区成立相应组织机构，制订切合实际的实施方案，全面开展城市绿荫行动，推进城市园林绿化增量提质，促进城市空气清新、景观优美、生态友好、城市人居环境改善。

【园林绿化建设】　2014年，市园林局以文明城市创建、国家级风景名胜区执法检查、城市绿荫行动等为契机，多方争取园林项目建设资金，着力推动园林绿化上项目、上水平、上台阶。一是全力推进园林工程建设。先后完成金鹗公园消防二期配套工程、南湖公园北门广场建设、琵琶王立交桥立体绿化、青年西路和沿湖路绿化改造，有效提升城市公园、游园及道路绿化的景观效果。二是全面改造园林基础设施。2014年是文明城市创建关键年，市园林局积极争取项目，加快园林基础设施改造力度，完善服务水平。南湖公园完成中咀次游路提质改造和东咀沿湖游路建设，完成赊月亭景观提质，对金鹗公园文昌阁、望岳亭等景点进行维修，增设孔子名言警句文化标牌；南湖广场对公厕、避雨休闲廊架等进行整理维修；在各公园、广场、小游园增设特色座椅350个，为市民游客提供舒适便利的休闲、娱乐环境。三是积极开展园林主题活动。继续完善鲜花一条街工程，根据季节变化适时更换时令花卉，全年换花面积近2万平方米，更换时令花卉数量达100万盆。利用节假日在城市重要节点摆花造景，为城市增添一道道靓丽的风景线。成功举办以“菊香金鹗·花韵巴陵”为主题的金秋菊展，本次菊展共有各类菊花6万余盆，近200个品种，其数量之多、种类之繁、规模之大，创岳阳花展历史之最。

【通过国家级风景名胜区执法检查】
2014年，岳阳楼洞庭湖风景名胜区于1988年获批为第二批国家级风景名胜区。市园林局坚持科学规划，统一管理，严格保护，永续利用原则，贯彻落实“风景名胜区条例”，狠抓规划与投入、建设与管理工作。景区规划优化、建设科学、管理规范，形成景区资源保护和经济社会发展相互促进、和谐共赢的良好态势。7月，住建部对岳阳楼洞庭湖风景名胜区进行执法检查，检查内容着重遥感图斑实地调查、制度建设、规划管理、建设管理、监管信息等方面。通过实地考察，专家组一致认为，岳阳楼洞庭湖风景名胜区环境改造工作投入力度大，治理成效明显；新一轮总体规划修编及时、覆盖全面，并批准实施；风景区建设项目依法依规履行审批手续；标识标牌突出，界碑界桩设置规范，形象宣传特色突出。岳阳楼洞庭湖风景名胜区顺利通过国家级风景名胜区执法检查。

（本栏撰稿　王　锋）

市容环卫

【概况】　2014年，岳阳市市容环境卫生管理局（简称市环卫局）全体干群紧紧围绕建设美丽岳阳城市发展目标，深入贯彻时时干净、处处整洁的长效管理理念，依托创建全国文明城市工作进程，坚持干字当先、细字贯穿、严字打底，把精神状态调到最佳，把工作标准调到最高，把市容卫生调到最优，强力推动环卫工作整体升级提质，城市环境卫生得到各级领导的高度好评和市民的一致认可，成为岳阳市对外开放的一张闪亮名片，为岳阳市获得“全国最具幸福感城市”“全国文明城市”两块金字招牌做出重要贡献。全局系统共获“五创”提质工作先进单位等市级综合性荣誉7项，丰利荣等4名职工获得市城管局“最美环卫工人”称号。

【市容卫生转型升级】　2014年，市环卫局以文明创建为重心，严格按照精细管理要求，高标准对待每项工作、每个流程、每个环节，推动城市卫生质量全面转型升级。一是科技作业全面覆盖。在洗扫保洁上，除对辖区街道严格推行人工“两扫全保”制，充分发挥机械作业优势，利用洒水车、高压清洗车、护栏抹洗车等设备，对城区车行道、人行道、边沿石及交通护栏进行全方位、全天候洗扫作业，提高科技作业水准，提升工作效率；在垃圾清运上，配齐保洁三轮车、勾臂车、压缩车等各类运输设备，无论是街面垃圾的零星收集，庭院、单位、门店垃圾短途转运，还是垃圾站、垃圾箱垃圾长途清运，

“菊香金鹗，花韵巴陵”金秋菊展　（黄　珂　摄）

全程基本上实现机械化和密闭化；在垃圾处置上，严格按照国家新出台的科技标准，对入场垃圾开展消杀蚊蝇、卫生填埋、覆盖黄土、处理污水，各项指标稳定达到国家规定要求。全年共无害化处理生活垃圾25万吨、污水9.5万吨。此外，对公厕、垃圾站、垃圾场每天都采用生物药剂消杀蚊蝇、除臭除异味，设施内外干净整洁。二是错时分类深入推进。根据上下班、早中晚、节假日等不同时段，商贸区、行政区、美食区等不同区域，落叶、高温、起风、下雨等不同气候，科学组合出20多种作业应对举措，形成制度在全局推广，减少外界动态因素对市容卫生的影响。通过强化管理责任，灵活增加人力和保洁频次，使垃圾着地时间从半小时缩短至20分钟，垃圾清运从"日产日清"向"随产随清"转变，最大限度消除垃圾产生的视觉和嗅觉污染，既打造出南湖大道、岳阳大道等一批市容卫生亮点，又攻克重点时段、重要地段及薄弱环节的保洁难点。三是源头治理双轮驱动。坚持标本兼治，突出从污染产生的源头使劲发力，对脏乱差实行"零容忍"。强化执法治污，采取分班次、分片区的办法，对城区污染频发地段实行蹲点值守，共督促60个重点工地、10多个砂石码头严格按照有关要求规范作业，查处违章车辆，整治各类污染源，有效堵住违规车辆入城、基建车辆带泥上路、散装货物运输沿途撒漏等污染顽症；强化应急处置，确保各类临时突发污染都在第一时间解决，有效减少负面影响。全年共处理突发污染事件2600起，办结数字城管派单等各类投诉事件9万多条，市民满意率持续攀高。

【环卫管理水平提高】 2014年，市环卫局坚持科学谋事干事，构建起一套全新的环卫管理模式。一是以领导示范鼓劲。坚持领导带干部，机关带基层，干部带群众，全面推行"一线工作法"。局领导切实转变作风，摒弃过去开车巡查、办公室调度方式，轮流值班带队，组织环卫干部走出机关，到市民意见多的地方去化解矛盾，到工作推不动的地方去打开局面，现场解决问题、现场捡拾垃圾、现场文明引导，把工作场所真正搬到街道上；各基层单位的所长、队长、质检员等中层骨干放下架子，帮助一线职工推板车、扫垃圾、洗厕所，以实干精神打动人、影响人、带动人，充分调动广大干群工作热情。二是以市场改革挖潜。将"竞争、创新、责任、担当"4个元素贯穿于每一项工作始终。对外部将千亩湖走廊和部分单位庭院的环卫服务面向社会公开招投标，择优选定作业单位；在内部既有垃圾运输短途"计片"承包、长途"计量"承包，又有道路清洗"计效"承包、单位庭院清扫保洁"计时"承包等多种形式。通过构建内外两个良性竞争格局，既强化干部职工的危机意识和发展意识，促进卫生质量提高，又节约生产成本。三是以督查考评提效。坚持对环卫工作执行"全过程、全天候、全覆盖"的24小时督查考核机制。强化步行督查。局、所两级考评人员每周都对辖区范围进行全覆盖步行督查，每天看质检员是否到岗到位、一线工人是否尽职尽责、工作效果是否经得起近看、细看、耐看；强化晚班考评。考评人员每周临时选定一天实施通宵考评，着重查晚班人员是否到位、是否作为、道路冲洒水和清洗质量是否达标，显著提高晚班工作人员工作效率；强化公平奖惩。全年增加考评经费30万元，对考评结果坚持用事实说话，侧重对问题解决快速、工作进步明显的单位实行重奖，对问题拖延不决的单位严厉处罚，干部职工的积极性得以充分发挥。四是以成本核算节支。在人员配置上，做好机械增加与清扫保洁人员减少的加减法，实现人力和机械作业高效结合；在材料采购上，深入市场调研，力争采购性价比最高的物件，并严格出入库和以旧换新制度，杜绝管理漏洞；在耗材管理上，实行一车一卡核油与加油，节油奖励，超油处罚；在街道清洗上，利用下雨天形成的自然流水，加大道路冲洗与清洗，提高工作效率。

【环卫基础设施建设】 2014年，市环卫局积极抓好基础设施建设，推进民生改善，千方百计增强单位发展后劲，促使行业综合服务功能大幅提高。把握文明创建机遇，争取市政府对环卫资源配置进一步倾斜。全年斥资1100万元，新购29台高科技机械设备，推动环卫机械化作业率达到60%。全年投入1200万元，新建城陵矶片区办公楼及东风湖、临港新区两处环卫专业停车场。投入800多万元，新建垃圾站2座，升级改造垃圾站（含设备）5座，配齐设备启用垃圾站3座；重点改造公厕16座，至此主干道两边50多座公厕全部得到提质升级，并配齐公厕无障碍设施，安装标识标牌500多块。全年基础设施建设累计投入超过2000万元，力度大标准高，环卫工作正由劳动密集型向机械集约型快速转变，并对大部分环卫机械车辆办理上牌手续。

（本栏撰稿　喻　阳）

勘测设计

【概况】 2014年，市规划勘测设计院紧紧围绕全市规划设计工作大局，以改革、品牌、服务为主题，以适应新常态、树立新思维、开创新局面为抓手，攻坚克难，奋力作为，设计理念全面更新，市场份额稳步提高，队伍素质全面优化，规划勘测设计事业保持平稳健康发展的良好态势，面对宏观经济下行压力和激烈的市场竞争，市规划勘测设计院审时度势，科学应对，全力深化改革，完善经济技术责任制，推动科室承包制试点，深入探索符合市场规律的专业发展方向，各专业设计理念全面更新，在攻坚克难中全年完成规划勘测设计项目450多个，合同产值突破6000万元，到账收入近5000万元。面对市场竞争白热化与企业经营战略创新化，市规划勘测设计院充分借鉴现代公司治理模式，实行管理工作精细化、人性化、制度化，规范内部管理，提升工作效率，促进各项工作有序开展，各项目标任务圆满完成。

【规划专业转型发展】 2014年，市规划勘测设计院根据城市发展规律，逐步转变设计理念，规划编制工作由城市扩张型规划向充分提升城市品质，挖掘城市内涵，彰显城市特色方向转变。规划一室以全市旧城更新改造为契机，在做好主城区、十四中学旧改新项目中积极探寻新型城镇化建设的新路子，取得显著效果；设计工作主动性得到全面增强，以人为本的新型城镇化观得到强化，民生理念得到彰显，为全市深入推进旧城改造、提升城市品位作出有益尝试。同时针对今年项目多、事务杂，人员少的特点，规划一室重点抓好2馆2中心、汽车滚装码头等重大基础设施的选址规划，控规修改，临湘市总规和专项规划等项目，全年完成合同产值1000多万元。规划二室以区域性项目规划为发展方向，积极谋划重大基础设施的科学布局，完善城市功能。主导的岳阳空港产业园规划在统筹城乡发展、完善水陆空三位一体立体交通网络，加快产业发展方面进行深度研究，填补全市区域航空运输空白，对完善中部地区机场网络起到巨大促进作用。天下洞庭博览园项目规划，充分展示洞庭湖自然美景，体现区域特色文化，为区域经济社会发展描绘宏伟蓝图，科学树立该院在区域新型城镇化建设等领域研究方面的权威。全年规划二室共承担设计任务近50项，新签设计项目32项，完成设计产值1000多万元，设计成果优秀率达95%，市场竞争力显著增强。

【民生与市政专业并举】 2014年，市规划勘测设计院积极更新设计理念，设计工作重点向研究解决城市交通拥堵，美化市容等方面下功夫；给排水专业大力探索科学治水、科学治污的新路子；风景园林专业抓紧城市环境整治、城市美化的发展机遇，电气专业狠抓亮化工作，设计成果更加精细化、专业化、人性化。市政道桥专业道桥设计室以精心设计、确保质量、优质服务为工作准则，全年高效完成来自全市13个业主方的大小道路设计项目70多个，打造一系列精品工程、样板工程。其中，华容县城区8条道路提质改造工作，使华容县市民出行，“晴天一身灰、雨天一身泥“的状况彻底改观。该室配合经营人员与华容县城建投等相关部门建立一套长期战略合作框架协议。湘阴县新世纪大道改造使城市品质全面提升，新世纪大道与省规划院承接的长沙市芙蓉中路一同开工建设，而该院承接的新世纪大道改造工程在设计理念、服务意识、现场管理上均技高一筹。在年度岳阳县市区流动现场办公会上该项目得到市委书记、市长的高度赞扬。道桥室承担的各县市区道路设计项目有20多个在施工建设，面对繁重的现场服务工作，各项目组成员不顾刮风下雨，酷暑严寒，先后86次奔波于各项目施工现场，使项目质量得以确保。给排水设计室以解民忧、排民困为己任，将民生工程摆在第一位。全年共完成大小项目60多个，范围覆盖给水排水、排污截污、水循环处理等多个分支专业。完成金东门、螺丝港等14个城区积水点改造项目，让当地居民彻底告别多年来的渍水之苦，得到老百姓的称赞；王家河循环水处理工程将此处昔日的“龙须沟”变成如今的“玉腰带”；马壕污水处理厂管网工程建设为全市污水处理增添新的强劲动力，岳阳县新墙污水处理站将过去的污水塘变成今天的人工湿地，还原一片青山绿水。该室业务范围除覆盖中心城区外，已拓展至临港新区、湘阴县、华容县、临湘市等地。全年创造设计产值1000多万元。风景园林室由以往简单完成道路配套绿化工作向独立承接大型景观绿化项目延伸，注重在施工中再创作、在设计中再提升，在服务中再完善，设计方法更加科学高效。以中桂园小区绿化项目为试点，风景园林室建立一套集现场调研、景观设计、施工指导、现场服务为标准的大型小区景观绿化工作方法，为建设规划系统美丽幸福家园全程服务，也为承揽大型小区绿化工作奠定基础。全年该室承担洞庭新城、八仙台社区改造工程等10个景观绿化项目，独立承接市水产科学研究所景观规划、平江县大洲乡汪萍小镇滨水景观设计等4个项目，设计工作取得较好成效。电气设计室克服技术力量薄弱的困难，业务范围由道路配套向独立承揽电力管网工程拓展。全年在优质完成40多项道路配套工程的基础上，承接华容大道、田家湖大道、大塘路等3个电力管网工程设计工作，均取得较好收效。

【建筑勘察测量承包改革】 2014年，市规划勘测设计院根据市场竞争情况和科室发展需要，在建筑、测量、勘察3个市场化程度较高的队室试行承包制，实现权力向承包人下放，风险向承包人转移，监管向承包人聚焦。承包制有效释放发展活力，调动干部职工工作积极性，提高劳动效能，创造较为可观的经济收益。建筑室在资质低，利润小的形势下，倡导和践行适应时代发展的经营理念，重点完成王家河新增工程项目设计、中桂园项目补充设计等建筑设计任务，全年完成产值近200万元，较好完成目标任务。勘察室冒酷暑、战严寒出外业，耐心细致作内业。全年完成王家河流域综合治理工程、滨水·翡丽城二期等勘察项目56个，累计进尺2.5万多米。为开拓勘察市场，勘察室勇于革新拓展超前钻业务。全年完成产值300多万元，创历史新高。测量队强化项目组长负责制，在队内引入竞争机制，作业小组之间加强技术比武，不断提高专业技能。全年完成临港新区道路测量、临湘城区地形图修测等项目96个，完成测量产值200多万元。

（本栏撰稿 李桂香）

房地产业

【概况】 2014年，岳阳市房地产管理局（简称市房产局）突出发展主题，奋力攻坚克难，圆满完成年度目标任务。在全国房地产市场普遍低迷，产业经济大幅下滑的情况下，市房产局积极作为，促进岳阳市房地产市场平稳健康发展。全年完成房地产开发投资131.78亿元，比2013年增长19.9%。实现商品房销售面积340万平方米，比2013年增长11.77%，实现销售金额123亿元，比2013年增长23.7%。市本级直接协助契税1.3亿元，同步增长30%。岳阳市房地产经济指标增幅位居全省前列。平江县房地产市场总体平稳，全县共销售商品住房2111套、成交7.60亿元；销售商品铺面227个、成交1.42亿元。商品住房销售套数、成交金额比2013年分别增加67.7%和20%。岳阳县、华容县局协征房地产税收均超过4000万元，比2013年有较大幅度增长。实行全方位市场开放，积极引进大项目，着力建设大项目，强力支撑岳阳市房地产业持续快速发展。新建成洞庭湖国际公馆、天伦城、中建岳阳中心、中航翡翠湾、滨水新境界、南翔万商、大汉新城、岳阳新天地等一批十万平方米以上的高档小区。春华家园、春和家园保障房小区3400多套公租房、廉租房也相继竣工。富兴、豪门物业公司晋升为国家一级物业服务企业，龙腾华府小区获得省级优秀物业小区。碧桂园、恒大、中航、中建等全国排名前列的上市房地产企业集团到岳阳投资开发，引进先进房地产开发理念和技术，岳阳市房地产业呈现规模化、多元化、人性化的良好发展态势。湘阴县引进一批省内外大型房地产企业，楼盘品质位于岳阳市前列。举办岳阳第十届房交会、第八届家博会，开展一系列提振市场信心、帮扶企业发展的管理服务举措，促进市场销售回暖升温。在《岳阳日报》、岳阳电视台、岳阳房地产网等媒体开辟房地产专栏，为产业发展营造良好舆论氛围。临湘市、平江县成功举办房交会。

【住房保障成效显著】 2014年，市房产局科学编制《岳阳市（2014-2020年）住房建设规划》，修订完善住房保障和棚户区改造规划，把规划落实到项目，把项目落实到地块。集中新建的保障房小区内，生活、娱乐、安全设施一应俱全，功能布局、建设品质等方面都得到很大提升。坚持按照先有项目、后定计划的原则，通过把项目储备和计划审批前置，建立县区级初审、市级复审与集中审核的机制，确保项目前期工作到位。把日常督查与半年督查、图片督查与实地督查、市级督查与省级巡查相结合，有效推进项目建设。严格实行建设项目公开招投标制、项目部主任负责终身制、工程质量监理制，严把施工监理关、建筑材料关，竣工验收关。岳阳市保障性安居工程总开工39087套（户），开工率为100%，基本建成39024套，建成率为99.8%，超额完成省、市实事工作任务。保障性安居工程质量合格率为100%，未发生安全生产责任事故。华容县3460套保障房任务，开工率100%，竣工率84%。加强运营管理。对春华家园和春晓园试点公共租赁住房和廉租住房并轨运营，实行统一政策、统一分配、统一运营、统一维护的管理机制。充分落实社区对保障房小区的社会管理职能，通过社区工作规范居民行为、化解居民矛盾。开展保障房分配后突出问题专项治理，对中心城区2855户住房保障家庭进行全面核查，取消135户住房保障资格，对2名工作人员进行行政处理。纠正转租、转借、转卖保障房的违规行为，提高公信力。汨罗市局修订《廉租住房管理办法》，印发《关于认真做好公共租赁住房管理工作》的通知，保障房运营管理步入规范化、正常化、长效化的轨道。湘阴县局出台“保障性住房配租和运营管理暂行办法”，完善两级审查、两轮公示的申请审核制度，综合评分、公开摇号的配租制度，长期清查清退的后续管理制度，进一步规范保障房配租和运营管理。岳阳市保障性住房项目建设进度排名位居全省前列，受到省住建厅和省住房保障巡查组多次通报表扬。

【行业管理服务提升】 2014年，市房产局根据中央依法治国要求，结合行业实际，制订《关于进一步提升行业管理服务现代化水平的意见》，重点加强对房地产市场的监管、引导，努力提升行业服务水平。以推进物业行业转型提质为重点，初步建立县市区、街道办事处、社区四级监管体系。承办省物业行业年会和物业管理工作立法座谈会，受到省住建厅的高度评价。将维修资金缴存时点调整至网签环节，确保应缴尽缴，全年归集维修资金1.9亿元，总额达到7亿元。临湘市归集维修资金990万元，总计归集维修资金3100多万元。加强征收监管职能。报请市政府出台加强城区房屋征收与补偿监管、房屋征收补偿补助奖励标准等规范性文件，明确在征收成本概决算审查、征收补偿方案、协议、评估报告备案等方面的职能，统一城区征收补偿标准，确保岳阳市征收补偿工作规范有序高效。屈原区局建立和完善国有土地上房屋征收补偿相关配套政策，加强征收补偿安置资金督管，妥善调处征收纠纷，确保旧城改造工作的顺利进行和人民群众的切身利益。加强装饰装修管理。规范小区家装市场监管，对装修方案进行审核，办理装饰装修施工许可证3700户。高标准完成环境检测实验室建设，实验室分析检测能力从每年不到1000户达到现在每年3000户，检测业务范围从市区拓展到县市区，从家装检测拓展到办公楼、医院、学校、宾馆酒店等公共场所。开展老楼危楼排查。争取市政府出台开展老楼危楼排查整改通知，对岳阳市自查上报的6344栋、212万平方米老楼危楼开展重点排查。对C级危险房屋提出整改意见，对D级危险房屋发出整改和疏散通知书，对在排查工作中发现的问题进行妥善处理，岳阳市未发生老楼危楼倒塌伤人死人事故。夯实基层基础工作。住房保障信息系统建设进展顺利，重新修改完善存量房网上备案和资金监管系统。推广维修资金缴存、商品房网上备案、预售资金监管等系统。完成市区房产图修补测50平方千米，君山区柳林4平方千米房产图新测。严格档案库房资料管理，确保无安全责任事故。推广白蚁防治环保技术，在佳汇华庭、洞庭春苑等小区安装饵剂系统2600多套，绿色防治施工面积150万平方米。汨罗市局建立包括城乡一体化系统、房屋权属交易系统、产权查询系统、商品房网上交易备案系统、房产信息发布网站及资金监管系统在内的汨罗市房地产信息一体化管理平台，信息化水平全面提升。提升效能建设水平。对城区范围内96个房地产项目进行巡查，对违规项目上门督查，书面督促整改。对君临国际、天伦国际、公园大邸等8个楼盘实施行政处罚，促进房地产行业健康有序发展。将行政审批流程再造，优化商品房预售许可、房地产开发企业、物业企业资质认定程序，减少收件资料，缩短法定办理时间。服务窗口实行服务承诺制、首问责任制、一次性告知制、督查讲评制，窗口工作高效规范。承办人大建议和政协提案共13件，见面率、落实率和满意率均为100%，被市人大、市政协评为建议提案办理先进单位。

【控建拆违工作推进】　2014年，市房产局在禁违拆违治违联系点蔡家社区进行广泛的政策宣传，成立禁违巡查队伍，分片分组巡查，及时发现、制止违法建设苗头35处。在岳阳市率先开展对党员领导干部违规建房的清理。同时配合公安、城管、控违等部门开展大中型拆除行动5次，拆除房屋13栋，面积2435平方米。通过铁腕整治，实现违法建设查处率100%，违法建筑拆除100%，新增违法建筑“零”纪录的目标。工作成效得到市委、市政府的高度赞扬，并将房产局的经验发简报进行推广。

（本栏撰稿　谭　畅）

住房公积金管理

【概况】　2014年，岳阳市住房公积金管理中心（简称管理中心）是直属市人民政府不以营利为目的的副处级事业单位，负责岳阳市住房公积金管理工作。年度全市归集住房公积金22.72亿元，缴存总额达到121亿元，缴存余额达到81亿元。全市全年发放住房公积金贷款9.76亿元，累计发放住房公积金贷款59.07亿元，贷款余额38.61亿元。贷存比由2013年底的52%上升至2014年底的53%，逾期贷款为27.67万元，逾期率仅为0.017%。办理住房公积金政策性提取7.91亿元，全市住房公积金提取总额达到40.28亿元。全年实现增值收益1.68亿元。年度发放利用住房公积金支持保障房建设项目贷款3.36亿元，项目贷款余额达4亿元。管理中心先后获得国家级巾帼文明岗、全国三八红旗集体、省级文明单位、省级文明窗口单位、省级巾帼文明岗、省级青年文明号等20多项荣誉称号，连续14年被评为全省住房公积金管理工作先进单位。

【公积金个人住房贷款政策调整】
2014年，岳阳市住房公积金个人住房贷款发放量比2013年同期大幅下降，对管理中心改善资金结构，提高贷存比，提升使用率增加新的难度。发现问题后，管理中心又及时对贷款政策进行微调。拟定一系列新的调整方案，包括调整第二套房和二套以上的放贷比例，异地购房、商转公贷和第二套以上住房根据个人申请可以按第一套房比例执行。10月，在接到国家三部委联合发布的《关于发展住房公积金个人住房贷款业务的通知》之后，管理中心及时组织对政策进行分析研究，并拿出个贷政策调整方案，明确职工正常汇缴住房公积金6个月以上，就可申请个人住房贷款；特别明确本地户口的异地缴存公积金的职工，在本地购房也可向管理中心申请贷款，并认可其连续缴存时间；将岳阳市下辖县市区个人住房贷款的最高额度由30万提高至40万、期限由25年延长至30年；开通异地贷款，取消合同公证收费，减轻职工负担，增强住房公积金制度的惠民性。

【项目贷款有序发放】　2014年1月，管理中心组织4个项目借款人分别与管理中心签订相关合同、协议。根据借款人所提供的抵押物价值，分次发放项目贷款，截至12月底，新增项目2亿额度发放完毕。岳阳市获批4.56亿元利用住房公积金保障性住房建设项目贷款额度全部发放完毕。管理中心全年合计发放项目贷款3.36亿元，回收利息合计约1285万元，回收本金5600万元。对于已发放的项目贷款，管理中心都严格审核每一笔拨付申请，每一笔款项都有对应的合同发票和工程进度，封闭管理贷款资金，全方位掌握项目建设情况和资金使用情况，做好风险防范，确保资金安全。

【管理信息系统升级】　2014年，管理中心基本实现归集、贷款、财务3大系统按照业务节点扫描形成电子档案，按业务处理时间、部门、类型查询和利用电子档案的升级改造目标。管理中心电子档案系统已经于5月试运行，并在7月份正式上线，目前运行状况良好。促成业务流程优化，更加方便档案查阅和交流，提高工作效率和管理水平，从源头上加强对信贷和提取资金风险的防控。

【住建部加强和改进住房公积金服务专项督查】　2014年10月底，管理中心代表湖南省住房公积金行业接受中华人民共和国住建部组织的加强和改进住房公积金服务的专项督查，督查组对市直和云溪区两个管理部进行现场检查，并听取岳阳市人民政府关于加强和改进住房公积金服务工作的专题汇报，督查结果显示，各项工作均获得好评，最终评分取得全国排名第三。

（本栏撰稿　李　游）

责任编校　龚英明

开发区·新区

岳阳经济技术开发区

【概况】 岳阳经济技术开发区（简称岳阳经开区）是沿江开放城市创办的首批开发区之一，1991年1月批准设立，1992年4月正式开发建设，2010年3月升级为国家级经济技术开发区。现辖3个乡镇2个管理处，总面积253平方千米，常住人口26万人。

一、区位优势日益凸显，是岳阳投资兴业的首选地。岳阳经开区是岳阳和全省对外开放的前沿阵地，处于武汉城市圈和长株潭城市群“两型社会”试验区建设的结合点上，紧邻湖南唯一的国家一类口岸城陵矶港，通过长江黄金水道通江达海，京港澳、杭瑞、随岳高速公路出入口和武广高铁岳阳东站、岳阳三荷机场都在该区范围，商机无限、潜力无限。全长9.7千米、宽120米、双向12车道的岳阳大道（东、中）被誉为“三湘第一大道”，沿线一批行政办公、企业总部、星级酒店、高端楼盘及商务大楼在此集聚，人气、商气、财气日渐浓厚。岳阳文化艺术会展中心是岳阳重要的标志性建筑之一，以武广高铁岳阳东站为中心的现代新城正在加速发展，以王家河——北港河——珍珠山为主体的滨水风光带建成之后将成为岳阳又一道靓丽的风景线。岳阳经开区正在成为岳阳现代城市发展的主阵地和美丽岳阳的形象展示区。

二、产业体系逐步健全，是岳阳转型升级的示范区。拥有国家级高新技术创业服务中心、国家新材料成果转化产业化基地、湖南省承接产业转移示范园区、湖南省两化融合试验园区、湖南省首批知识产权保护示范园区等众多产业发展的优质平台,基本形成以现代制造业、生物制造业为主体，以现代服务业为支撑的产业体系，北斗导航、生物医药、节能环保等新兴产业发展迅猛，磁力设备、石化装备等优势产业在全国具有较强影响。

三、经济运行稳中提质，是岳阳经济发展的重要增长极。

2014年实现地方生产总值208.23亿元，比2013年增长8.8%；完成规模工业增加值131.96亿元，增长8%；完成固定资产投资139.33亿元，增长24.5%；实现社会消费品零售总额99.97亿元，增长12%；完成公共财政预算收入24.4亿元，增长13.2%，总量继续稳居全市第一。税收收入占公共财政预算收入比重76.2%，同比提高2个百分点，南翔万商、雷勃电气、道道全粮油、湖南科伦、百利科技、华润燃气、中科电气等80家重点企业完成税收15亿元，增长23%；高新技术产业增加值占地方生产总值比重46%，高于全市平均水平29个百分点；三次产业结构比调整为2.1∶83∶14.9。

岳阳经开区经济社会发展将围绕二次创业总体目标，坚持产城共荣战略举措，按照木里港工业区、金凤湖生态示范区、三荷空港产业区、现代新型城区“四区一体”的功能布局，突出产业发展，统筹城乡发展，努力把经开区建设成为经济实力更强、产业结构更优、城市形象更美、人居环境更好，充分展示岳阳发展水平的现代核心城区。

【推进项目建设】 2014年，岳阳经开区招商引资实际到位内资45.1亿元，实际利用外资8000万美元，红星美凯龙城市综合体、飞艇研发中心和制造基地项目落户该区，汇一汽配城、中南商贸广场、百利科技总部等一批重大项目签约入区。岳望高速、大岳高速全线按期交地。京港澳高速岳阳收费站西移工程、金凤桥变电站、罗家坡污水处理厂二期等重点工程加快推进。南翔万商国际商贸城一期主体工程基本竣工，家居博览城开始施工。长炼机电园、科美达电气二期、华文食品建成投产。迅力机电市场、鱼蛋白肽即将竣工。同联药业建设加快。获批新增建设用地近千亩，征拆腾地230.2公顷，拆迁房屋1200多栋。

【产业转型升级】 2014年，岳阳经开区中国洞庭湖国际电子商务新城启动建设，电商服务中心投入运营，20多家电商企业和电商服务企业率先入驻。现代服务业加速发展，第三产业实现增加值30.9亿

2014年岳阳经济技术开发区乡镇、管理处简况

表3

名　称	国土面积（平方千米）	耕地面积（公顷）	年末总人口（人）	人均年收入（元）	书　记	乡（镇）长主任
康王乡	76.94	2067	33000	11600	刘庆波	徐　胜
三荷乡	92.68	2289.5	25931	10322	孙　吉	方　敏
西塘镇	49.8	1484.4	19124	10730	任岳良	宋祝鹏
通海路管理处	9.8	0	150000	25200	黎　为	熊绍辉
金凤桥管理处	24.05	369.4	17267	13752	易朝晖	黎　明

元，增长11.9%；新增个体工商户1946户，房地产税收增长46%，城区人气、商气日益兴旺。现代农业发展步伐加快，新增农民专业合作社7家，创建省级示范社4家。高新技术产业实现增加值95.97亿元，增长8.2%，新认定省级高新技术企业10家，授权专利119件。新认定中国驰名商标4件，新增马德里国际商标4件。巴陵节能炉窑成为岳阳在“新三板”挂牌上市的第一股，鑫隆信息在上海股权托管交易中心Q版挂牌上市。国家磁力设备质量监督检验中心建成运营，北斗卫星导航系统应用工程技术研究中心获批省级研发中心。

【城乡统筹发展加快】　2014年，岳阳经开区木里港工业区、金凤湖生态示范区、三荷空港产业区、现代新型城区“四区一体”功能布局更加科学，城乡规划编制更加完善。木里港路、长岭路、中科路全线贯通，拉开园区开发整体框架。创建文明城市建设成效明显，完成市政基础建设投资1.5亿多元，白石岭路、旭园路等道路提质升级，拉通王家垄路，社区“三改三化”建设发力，通海路管理处八字门社区、亮山社区提质改造获得好评，环卫保洁、志愿服务、交通秩序整治等工作形成常态，城市建管水平逐步提升。新农村建设成效明显，小农水建设三年行动扎实推进，疏浚沟渠 304千米，除险加固小［2］型水库7座，提质改造农村公路68.32千米、县道10千米，乌江高城水厂竣工运营，解决安全饮水人口约2万人，实施移民后扶和精准扶贫项目75个，农村三防体系建设明显加强，环境卫生整治工作被评为全市先进单位，农村生产生活条件不断改观。生态环境不断改善，环南湖截污管网工程加快建设，环南湖区域生猪退养基本完成，新增造林180公顷，削减化学需氧量4803吨，氨氮383吨。禁拆治违力度加大，全年累计组织拆违行动200余次，拆除违法建设1878处18.7万平方米，其中，存量违法建设1023处12.6万平方米，集中审批民生建房700户，加强农村集体土地农民建房管理。

岳阳经开区中国洞庭湖国际电子商务新城项目签约仪式　（王　志　摄）

【民生保障逐步加强】　2014年，岳阳经开区启动建设安置小区14个，建成安置房1498套，新建棚改房282套，建成公租房245套。新增城镇就业2785人，新增转移农村劳动力804人，零就业家庭动态援助率100%。“五大保险”继续扩面提标，城乡居民养老保险征缴率和发放率达到两个100%，城乡低保人均月保障标准分别达到400元和200元。新农合平均受益度达69.36%。人口生育水平稳定，出生性别比进一步优化，人口计生工作进入全市先进行列。中小学校标准化建设三年行动计划稳步实施，新增省级合格学校5所、公办幼儿园2所，师德师能建设明显增强，教育教学质量不断提升。机关、基层群众性文化体育活动活跃，西塘镇获得岳阳“书画之乡”“楹联之乡”称号。城乡居民可支配收入分别达到25528元和13940元，增长9%和11.4%。

【社会大局持续稳定】　2014年，岳阳经开区信访秩序持续好转，接待群众来访747批3306人次，比2013年下降11%；初访办结率90%，进京、赴省上访量分别下降58%和62%，化解省、市重点积案10件，“案结事了率”96.7%，基本实现“积访清零、突访稳控、日访有序”工作目标。社会综合治理稳步推进，查处各类犯罪案件990起，打击处理绝对数同比增长37%，特别是依法处置一批医闹、堵门、堵路案件，有力维护社会治安秩序和整治社会风气，公安民调保持全省先进，禁毒、护路工作评为全市先进。安全生产形势总体平稳，事故量同比下降13.6%，直接经济损失下降12%。重大疾病防控、公共卫生服务和食品药品安全工作扎实开展。法制建设步入正轨，行政审批

制度改革基本完成，行政执法监督得到加强，一批涉法涉诉遗留问题和行政、民商案件得到妥善处理。《经开区周刊》创刊发行，社会反响良好，宣传思想和舆论引导工作进一步加强，为促进发展和稳定弘扬正能量。

（本栏撰稿　易　磊）

湖南城陵矶临港产业新区

【概况】　2014年是湖南城陵矶临港产业新区（简称临港产业新区）“五年见成效”的收官一年。在市委市政府的坚强领导下，在云溪区、岳阳楼区和市直各部门的大力支持下，港区开发建设取得好成绩。城陵矶综合保税区、出口退税启运港、汽车整车进口口岸、进口肉类指定口岸、进口粮食指定口岸全部获得批复，国家级物流园区申报工作取得重大进展，成功获批湖南省首批示范物流园区，各项主要经济指标在新常态下保持逆势增长，全年实现地区生产总值65.78亿元，比2013年增长11.5%，完成固定资产投资62.47亿元，增长24.6%，完成公共财政收入5.25亿元，增长13%。获得岳阳市全面小康综合绩效考核先进单位。

【招商引资效果好】　2014年，临港产业新区重点围绕“一区三口岸”开展务实招商，积极对接“长三角”“中三角”，跟进央企、国企，招商引资在项目总量、项目质量上实现新的提升，获得岳阳市经贸活动组织工作先进单位、岳阳市发展开放型经济目标管理奖等荣誉称号。签约项目33个，合同引资124.1亿元，内联引资到位资金15.7亿元。新开工项目20个，新投产项目8个，在谈重大项目26个，其中，投资过10亿元项目8个，央企国企项目12个。一批打基础、利长远的重大项目招商取得务实进展。华菱集团欣港物流园项目于12月4日顺利签约。总投资50亿元的岳阳海吉星农产品物流产业园项目12月26日顺利签约，将创建具有国际先进水平的大型农产品物流枢纽中心和冷鲜食品集散中心。总投资50亿元的中粮产业园被列为省重点项目正在高位推进，泰格林纸湘江纸业改造项目计划投资15亿元，建设高档纸生产、加工项目，进入具体细节洽谈阶段，即将签约落户，海科泰电池出口加工和电芯生产项目成功签约，与上港集团的全面合作进入实质性阶段。同时招才引智工作不断拓展深化。成功组建由中国科学院院士孙家栋领衔的北斗卫星导航应用院士工作站，启动创越科技和中国航天科技集团重点实验室建设，际华3517与青岛科技大学合作建设国家级橡胶制品企业技术中心及博士后工作站进入正式运作，国防大学刘增良教授领衔的军民融合研究院即将成立，将为港区产业转型升级提供技术支持和人才保障。

【项目建设见成效】　2014年，临港产业新区累计完成基础建设投资35亿元，比2013年增长37%。一是“一区三口岸”建设顺利推进。综保区一期工程全面开工建设，围网、路网、主卡口、查验平台建设快速推进。汽车整车进口口岸规划设计完成，陆域部分征地拆迁全面开展。二是集疏运体系不断完善。新建续建道路7条21千米，向北连接随岳高速的长江大道北延线全线竣工验收，向东连接107国道的兴港大道完成主体工程，“15分钟”快速疏港体系初步形成。三是配套设施水平加速提升。远大安置房二期10栋房屋全面竣工，迎接三次省市保障性住房监督检查受到一致好评，城陵矶港区110千伏、220千伏高压线迁改工程完成规划设计前期工作，联港路10千伏入地项目即将完工，污水处理厂、永济小镇临街立面改造等项目启动建设。四是产业集聚效应逐步显现。恒阳化工、运想重工、高澜节能一期、凯育高尔夫等项目竣工投产，海圣祥、新永利特种车、际华3517、巴陵油脂食用油综合加工等项目开工建设，碧桂园一期10月25日开盘，三小时实现销售收入5亿元，刷新岳阳房地产销售多项纪录，汽车城一期建设完成投资5亿元，9家4S店建成运营，成功迎接全市流动现场会的现场检验，获得好评。

【争资融资成效好】　2014年，临港产业新区新增融资项目20个，签订融资合同45.63亿元，到位资金25.68亿元。争取上级资金3.08亿元。特别是争取湖南省工业园贷款贴息资金4366万元，占到全省总规模的1/6强，连续两年全省排名第一。盘活存量资金23.12亿元，支付资金24.56亿元，其中，支付土地报批资金2.23亿元，支付征地拆迁资金4.74亿元，支付工程资金5.67亿元，有力地保障港区建设发展的资金需求。

【城陵矶综合保税区申报获批】　2014年7月8日，国务院通过岳阳城陵矶综合保税区审批，标志着岳阳城陵矶综合保税区申报成功。该保税区总体规划面积2.98平方千米，分两期建设，一期1.5平方千米，设计有出口加工区、保税物流区、保税仓储区、综合服务区四个功能区，将建成长江中游航运物流中心与出口加工基地，湖南省对外开放门户与开放型经济发展平台。综合保税区的成功审批，对岳阳扩大对外开放具有重大意义，必将放大岳阳“一部一带”黄金节点优势，有力推动岳阳乃至全省开放型经济发展。

【城陵矶港正式纳入启运港退税政策试点范围】　2014年9月1日，根据财政部、国家税务总局、海关总署发布的《扩大启运港退税政策试点范围的通知》，岳阳城陵矶港将被纳入启运港退税范围。该政策施行后，岳阳自营出口企业，从城陵矶港启运报关出口，由符合条件的运输企业运抵上海洋山保税港区中转至境外的集装箱货物，一经确认离开城陵矶港，即可视同出口，并能马上办理退税手续。

【城陵矶汽车整车进口口岸获批】

2014年7月2日，岳阳城陵矶汽车整车进口口岸通过国务院审批，标志着岳阳成为继上海、张家港之后长江流域第三个，也是中部地区首个汽车整车进口口岸。该口岸设立后，湖南省重装制造所需汽车底盘可直接在城陵矶口岸进口，将有效降低企业生产经营成本，减少汽车底盘在途磨损和途中驾驶安全隐患，提高重型工程机械用车在市场的竞争力，有利于改善湖南乃至中西部装备制造业的发展环境，提高重装产业制造效能，促进重装产业的发展。在城陵矶新港口岸建设汽车整车进口口岸，每年将为湖南增加进出口额近20亿美元，有效提高经济外向度和影响力。

【城陵矶进口肉类指定口岸对外运营】 城陵矶进口肉类指定口岸于2013年2月获批，5月开工建设。2014年5月通过预验收，9月通过国家质检总局正式考核验收，11月3日正式对外运营。该口岸是继上海、重庆后，长江内河港第三个、湖南首个进口肉类查验港口平台。该平台分普丰冷链、海泰冷链和城陵矶口岸进口肉类实体平台三大块，总占地面积14.67公顷，总投资4.5亿元。每年可为城陵矶新港提供约5万标箱冷冻肉类产品集装箱。

【城陵矶进口粮食指定口岸获批】 2014年8月6日，岳阳城陵矶进口粮食指定口岸获得国家质检总局正式批准。这是城陵矶港口继获批中部地区进口肉类指定口岸、汽车整车进口口岸、综合保税区后，获得的第四块“国字号招牌”，可直接从巴基斯坦、越南、泰国、缅甸等国家直接进口粮食，减少粮食中转所带来的起吊、仓储、报关报检、损耗等费用，有利于降低进口粮食物流成本，对岳阳更好地融入长江经济带建设、加快发展临港经济、开放型经济具有重大意义。

【上港集团进驻临港产业新区】 2014年12月29日，省政府与全国最大的港口企业上海国际港务（集团）股份有限公司在上海市签署合作协议，双方决定设立湖南城陵矶港务集团，整合城陵矶、长沙港口水运资源，统筹集装箱集疏运体系，形成与上海港等港口的更有效联动，标志着岳阳城陵矶港将成为上海港真正意义上的“喂给港”，可大幅提升“湘货”出海的航运效率。省政府副省长张剑飞、省长助理袁建尧，市领导盛荣华、李志坚、陈恢清，上海国际港务集团董事长陈戌源和市政府秘书长谈正红等见证签约。

【华菱集团落户临港新区】 2014年12月4日，临港产业新区与华菱集团举行岳阳欣港物流总部经济项目签约仪式。市领导卿渐伟、盛荣华、李志坚、陈恢清，华菱集团董事长曹慧泉、总经理李建国和市政府秘书长谈正红等见证签约。岳阳欣港物流总部经济项目由两部分组成，一是将三钢（湘钢、涟钢、衡钢）原有的物流企业及其矿石原材料、成品钢材的运输整合起来；二是将华菱自有港口岳阳港、湘潭顺通港码头、湘潭顺达码头、湘潭顺祥码头、湘潭九华码头、长株潭物流、江苏靖江码头等13家港口物流企业整合起来。项目落户后将拉动临港产业新区航运、铁运、报关、商检、产业链金融等业态发展。

【深圳农产品股份有限公司落户临港新区】 2014年12月26日，临港产业新区与深圳农产品股份有限公司举行岳阳海吉星农产品物流产业园项目签约仪式。深圳农产品股份有限公司总裁胡翔海、长沙马王堆农产品批发市场董事长杨鹏，市领导卿渐伟、李志坚、赖社光、陈奇达、宋爱华等见证签约。岳阳海吉星农产品物流产业园以“岳阳一级农产品批发市场、湘北农产品集散中心和区域性冷链集散中心”为总体发展定位，本着立足岳阳、辐射中部的发展布局，力争在岳阳创建具有国际先进水平的大型农产品物流枢纽中心和进口食品集散中心。项目可直接带动就业超过3万人。

【岳阳军民融合卫星应用产业园开园】 2014年6月20日，岳阳军民融合卫星应用产业园开园仪式在临港产业新区举行。北斗卫星导航系统总设计师、中国科学院院士孙家栋宣布产业园开园，市长盛荣华，市委副书记李志坚，中国卫星导航系统管理办主任冉承其、副市长李为和临港产业新区负责人等领导出席。岳阳军民融合卫星应用产业园是全国“北斗卫星导航应用示范”城市建设重点项目。园区规划面积2平方千米，将按照科技与山水共生、产业与生活共融的理念进行建设。

（本栏撰稿 刘向葵）

岳阳南湖风景区

【概况】 岳阳南湖旅游度假区（又称岳阳南湖风景区）是1992年10月经湖南省人民政府批准建立的全省首家省级旅游度假区，2000年6月市委市政府在度假区基础上加挂南湖风景区牌子。实际管辖面积28平方千米，其中，三眼桥以下南湖水域12平方千米，辖3个街道办事处、11个社区，户籍人口4万人，管理人口10.4万人。有区直单位28个、驻区职能单位11个。主要有四个方面的特点：一是交通路网发达。位于城区南部，西傍浩瀚洞庭，东依京珠高速，北连中心城区，南面青山透迤。通过国道、主街道与京港澳高速、岳阳火车站、武广高铁岳阳东站以及在建的岳阳机场相连。二是生态环境优越。境内有城市天然湖泊——南湖，城市森林公园——龙山，“一座山”“一湖水”构成岳阳城市的自然生态核心。三是人文景观丰富。境内文物古迹众多，民俗文化底蕴深厚，有秦始皇赶山填海和一龙赶九龟的美丽传说，有南津古渡、天灯映月、龙舟倩影、李白赊月、九尚书坊、三眼桥、麋子古城、一龙九龟、八仙台、圣安古寺十大古景。四是产业发展迅速。南湖建区以来，传承龙舟传统民俗文化，成功举办第一届世界龙舟锦标赛、首届全国水上运动大赛等重大活动，创立享誉中外的岳阳国际龙舟节品牌。先后举办六届洞庭湖鲜美食节，打造“中华湖鲜美食名街”的金字招牌，为加快南湖三产业发展注入强劲生命力。

2014年，在市委市政府的坚强领导下，经过全区上下共同奋斗，南湖在项目建设、文明创建、实事办理、作风建设等方面取得较好成绩，实现经济社会发展的预期目标，为新城区建设打下良好基础。全区完成地区生产总值26.6亿元，比2013年增长9.3%，固定资产投资28.8亿元，增长25.7%，财政总收入4.06亿元，增长19.2%，增幅比年初预期值12%高出7.2个百分点，社会消费品零售总额15.8亿元，增

表4

2014年岳阳南湖风景区办事处简况

办事处	国土总面积（公顷）	耕地面积（公顷）	年末总人口（人）	人均纯收入(元)	书记	主任
湖滨办事处	1200	67	13456（常住） 33000（辖区）	19014元	王　维	许湘群
南湖办事处	750	244	18500（常住） 31000（辖区）	21500元	苏　冬	沈兰和
求索办事处	1076 （包括水面933.33公顷）	无	35800	29000元	毛晋锋	刘岳怀

长11.5%。主要经济指标保持平稳较快增长，财政收入、固定资产投资等指标增幅排名全市前列。稳步发展房地产业，商品房销售面积5.8万平方米，销售额4.6亿元。依法关停工业企业2家，规模工业进一步萎缩。三次产业比调整为1.8∶10.6∶87.6，三产服务业继续保持区域经济主导地位。

【项目建设进展加快】 2014年，南湖风景区连续四年开展项目攻坚行动，加快推进一大批重点项目建设。全年开工或续建项目24个，新增投资28.8亿元，完成内联引资13.2亿元、外资2594万美元，成功引进通信行业龙头企业中国铁塔股份有限公司落户南湖。环南湖旅游交通三圈项目建设突破资金瓶颈，新增投资5.8亿元，高标准建成南津港大堤段、大桥后山段5.5千米路段，刘山庙—南津港大堤—大桥后山11千米路段全线贯通，项目工程在全市首届“现代精美建筑”评选中排名第一。南湖水上游乐初具特色，完成投入3100万元，投放公务接待船1艘、画舫8艘、电动情侣船30条，千亩湖水上乐园投入试运营。湖滨污水处理厂如期竣工，完成投资1.6亿元，项目工程建设全面完工。金星路保障性住房顺利推进，新增投资2.8亿元，新建安置房14栋1500套、建筑面积21万平方米。洞庭湖国际公馆加快建设，新增投资3.3亿元，五星级酒店封顶，高尔夫球场完成环月形湖8个球洞建设。

【抓好中心工作】 2014年，南湖风景区大力治理南湖水生态环境，集中整治南湖周边三产企业（门店）10家、排污口7个，取缔生猪养殖户101户、存栏生猪7592头，实现辖区沿湖1000米范围内生猪禁养，启动1000米范围外禁养工作。南湖水质由劣五类提升为整体四类，向三类目标迈进。开展文明创建“六大整治”行动，提质改造小街巷20条，重点打造南湖农贸市场、湖畔社区、南津古渡广场和美食街4个样板点。开展“文明市民”评选活动，湖滨街道居民李金娥入选“中国好人榜”。加大禁违拆违治违力度，组织拆违行动32次，拆除存量违法建设19处6681平方米，拆除新增违法建设78处15582平方米，全面实现新增违建“零增长”、存量违建“负增长”的工作目标。五创提质、城市管理工作在中心城区考核评比中排名第一，为成功创建全国文明城市做出重要贡献。

【民生保障力度加大】 2014年，南湖风景区坚持从办理实事、保障民生入手，不断加强社会管理。全面完成11项为民办实事工作任务。开办一家公立幼儿园，财政用于教育投入达4310万元。投入400万元，建成求索社区卫生服务中心和八仙台社区卫生服务站。居民医疗保险参保1.1万人。发放救助金695万元，救助城乡低保2.5万人。在金星路和云梦新城分配安置房1760套，发放保障房货币补贴357户、36.8万元。拆除南湖旅游索道，消除重大安全隐患。食品药品安全监管一体化覆盖率100%，被评为全市安全生产先进县市区。深入开展“三提升”活动，办理“12345”公众服务热线工单891件，连续两年被评为全市人大建议、政协提案办理先进单位。

【社会发展加快】 2014年，南湖风景区以全面深化改革为契机，推进15项改革试点工作，为南湖经济社会发展凝聚活力。推进南湖新区规划实施，争取市委市政府重视和支持，启动新城区调规和行政机构改革，管理权限调整、管理体制改革激发的活力正在加速释放。落实信访工作改革，坚持推行信访积案包案和班子成员轮流接访制度，化解群众反映突出的信访疑难问题20个，办理群众来信18封，综治工作连续多年保持全市先进行列。稳妥实施计生“单独二孩”新政策，发放“单独二孩”生育证65个，人口自然增长率为5.3‰。

（本栏撰稿　熊泽波）

县市区工业园

岳阳楼循环经济工业园

【作好产业规划和地块推介】 2014年，岳阳楼区工业园管理委员会（简称楼区工业园）按照“一带、四区、一中心”（即城陵矶港口作业带，北部工业区、南部工业区、西部仓储区、中部生活区和洛家山公共服务中心）布局，主动对接市发改委、市规划局着手园区规划方案的制定修改，在加快沿湖大道、胥家桥路等道路建设和提质改造基础上，加快土地意向储备，出台项目开发计划，盘活道路两侧土地存量资源。为推动七里山片区快速发展,按照“一心、二园、二区”（即七里山路南端公共服务中心，东风湖公园、七里山公园，北部工业区及南部居住区）布局，将桂花园路、吉家湖路等道路建设纳入园区基础设施建设计划笼子。园区充分发挥传统工业基地优势，谋划产业布局，提升产业层级，结合湖南长江经济带建设契机，2月区政府明确由楼区工业园牵头组织区经信、招商、国土、规划、建设、水利等部门，开展产业发展调研，在调研基础上，争取市委政研室、市委党校、湖南理工学院和浙江大学专家组支持，着手园区产业规划的修改调整完善，进一步明确发展商贸物流仓储业、新兴生产型服务业、都市绿色工业。着手招商外联，开展地块推介。3月，楼区工业园制定翔实招商方案，会同区招商局，与世界500强ADM公司联络对接。该公司亚太区总裁朱林波率团到园区考察落实项目投资计划，实地察看七里山意向开发地块，园企双方在区政府主导下达成投资8000万、用地3.33公顷、年产值4亿元的核心蛋白配料项目洽谈，并建议ADM公司在项目进驻基础上建立生化产业园。4月园区项目部与巴陵石化公司规划发展部开展七里山化工基地产业升级发展课题研究，根据党的十八大提出的大力发展混合所有制的精神，加强经济协作，盘活洞氮生产装置资产，计划引入香港著名上市公司盈德气体有限公司，成立合资经营实体，拟投资14亿元，改造原尿素生产项目，引入水煤浆生产技术，建设七里山第二条煤气生产线，把园区气体产业做大做强，建立气体工业园发展雏形。在区委、区政府高度重视下，园区组织区发改、招商、规划、国土、征收安置、环保、城区电网等部门紧密协商，围绕该投资项目新建煤气化、空分、变换、甲醇洗、液氮洗、合成氨、PSA等装置及其他辅助设施开展可研分析和项目前期工作。

【推进项目建设进度】　2014年，楼区工业园落地进入生产经营的项目2个，总投资1.7亿元。在建项目2个，总投资5.45亿元。一是竣工项目效益初显。龙骧工业原辅料、化工产成品集装箱仓储物流中心，用地2.67公顷，为冷链运输与港口集装箱中转的重要枢纽，2013年整体工程完工后，2014年上半年进入正式生产，将有力服务园区现有企业，整合拉动七里山港口的散货运输、内河航运，无缝对接城陵矶集装箱储运，年货运量达每年46.2万吨，吞吐量为20万吨。该物流储运项目与中烟公司签订项目招商协议，合作建设湘北重要的烟草配送运输中转基地。湖南凯美特气体氩气铺设装置，占地3500平方米，投资3500万元，调试进入生产程序，有力扩大园区氩气产能。二是在建项目快速推进。湖南省气体工程技术中心项目是楼区工业园循环经济重大工业科研项目，是市政府着力扶持的37个重点项目之一，将打造湖南乃至国内首家集稀有工业气体研究、开发、生产、利用为一体的产学研基地，项目用地规模3.73公顷，选址于楼区工业园七里山工业聚集区，总投资5500万元，2013年12月开工建设。该公司七里山总部经济效益凸现，呈现项目集群发展态势，区级财税贡献自2011年以来连年翻番，跃增至2013年每年600万元。三是加快七里山综合物流园前期规划与建设进度。根据市委书记卿渐伟关于中心城区大力发展物流商贸产业的工作调研要求，为科学谋划项目，4月，区委书记秩励主持召开岳阳楼工业园物流配送中心项目对接洽商会，为落实会议精神，园区初步完成岳阳楼国际物流园项目的规划选址论证，着手项目下一步开发。四是保持园区持续发展活力，不断调度完善、充实园区项目库。云计算产业发展来势迅猛，将对物流产业信息化、电子商务新型产业崛起、智能交通、智能城管、智能政府建设产生巨大推动力，在发展战略新兴产业、引领传统产业升级、主导产业集聚方面作用意义重大。园区打破思维局限，参与湖南联通公司云计算和大数据中心项目的前期选址、项目供电、场地等要素评估，融入联通公司关于岳阳楼区智能城市建设的招商与业务合作，全面参与岳阳楼区电商网络产业园的谋划与建设推进。园区针对湖南凯美特气体股份有限公司打造总部经济中心的请求，计划在岳阳楼区交通建设有限公司意向收储土地征用6.67公顷选址建设，同时在冷水铺工业走廊完成英麦科化工特种设备检测中心的意向选址，形成土地置换建设方案，完成建设资金的争取与筹集。

【着手市级园区创业孵化中心创建】　根据湖南省委省政府关于全民创新、创业工作部署，为进一步加快工业园区创业孵化中心建设，推进创建创业城市品牌，2014年3月，岳阳楼区区政府成立创业服务领导机构，明确楼区工业园创业孵化基地建设的市级平台建设标准，园区进一步明确工作职责，与岳阳楼区就业局合署办公，成立市级工业园区创业孵化中心工作机构，明确由岳阳楼工业园管委会一名副主任牵头抓，由园区项目部负责运作。与园区29家企业建立就业服务双向协议，设立专门办公室，配备电脑，计划建立创业孵化中心网络平台，出台扶持政策，依托园区骨干企业，鼓励上下游产业延深、实现产供销环节项目外包，配育中小关联产业实体，依托龙骧一期物流基地，鼓励中小物流配送企业集聚，打造岳阳市区电商物流储运谷地。8月，岳阳楼区（市级）创业孵化中心在岳阳楼工业园区正式挂牌。岳阳楼区（市级）创业孵化中心将立足为城服务，以城北七里山绿色工业聚集区工业仓储物流需求为依托，以综合物流园为创业孵化器，鼓励小微电商物流配送业集聚，可容纳近100家孵化企业入驻，面向以大学生及企业改制分流对象创业为主体的创业人员提供创业孵化、创业指导、创业实训、项目推介、成果展示、政策宣传、政策落实等综合性多功能创业服务。符合条件的入驻企业可享受小额担保贷款、税收减免等创业扶持政策。企业入驻后，孵化中心将提供创业咨询、专家指导、项目推介、政策扶持、创业实训等一站式创业服务工作。

（本栏撰稿　王洪田）

湖南岳阳绿色化工产业园

【抓好规划布局】　2014年，湖南岳阳绿色化工产业园按照年初确定的工作目标任务要求，克服宏观经济下行压力和各种不利因素的制约，攻坚克难、开拓创新，确保各项工作有序推进。至年底，纳入园区管理的各类化工及配套石化企业153家，开发面积达到15平方千米，完成技工贸收入873亿元，创税117亿元，成为集石油炼制、催化剂及助剂、石油化工、精细化工和化工新材料产业于一身的现代化大型化工专业园区。园区获得国家第一批低碳工业园区试点，是岳阳市唯一一家“上榜”园区。岳阳绿色化工产业园坚持高起点定位，高标准规划。不断完善“1+5”的规划发展体系和儒溪新集镇发展规划，园区按照云溪片区、长岭片区、儒溪片区“一园三片”布局，做强炼油化工、催化剂及助剂、化工新材料及特种化学品、合成材料深加工等四个产业，做长丙烯、碳四、芳烃、碳一等四条产业链。同时，委托中国石化经济技术研究院编制《湖南岳阳绿色化工产业园发展规划》，将重点以每年1500万吨炼油和百万吨级芳烃项目为基础进行下游产业链设计，规划引领园区步入“高大强”发展新征途。

【完善基础配套】 2014年，岳阳绿色化工产业园云溪片区投资6000万元的氢气、氮气管线入园工程经过与巴陵公司进行多次对接，达成合作意向，项目正在进行设计，2015年年底建成。同时，固危废处置场、污水排江管线等正在与巴陵公司高层对接商讨。长岭片区公用工程岛7条管线一期投入使用，二期延伸正在抓紧建设，防洪排涝工程1034米主箱涵基本完成。

【突出招大引强】 2014年，岳阳绿色化工产业园围绕四条产业链，依托专家库智囊，制订产品构成树状图；联合两厂举办招商恳谈会，对接两厂的“十三五”规划,开发包装一批项目对外发布；开展上门招商活动，重点到江苏省、浙江省考察运城塑业、苏扬气体、聚酰胺切片、聚醚、特种聚丙烯等项目，同时，省市领导重点对接1500万吨炼油改扩建及100万吨芳烃项目、催化剂二期工程项目和MDI项目。10月30日，岳阳绿色化工产业园首次走向国际舞台，在上海市成功举办招商推介会，与拜耳、壳牌公司等11家世界500强，南京红宝丽等47家国内知名化工企业实行强强对话，成功达成意向投资27.5亿元；园区有三新项目39个，合同引资51.6亿元，到位资金15.7亿元。

【加大整治力度】 2014年，岳阳绿色化工产业园按照“安全、高效、低碳、循环”的要求，加快建设绿色化工园。严把项目准入。坚持项目洽谈、专家预审、准入评审三道关口筛选项目，提升项目准入门槛，先后拒绝不符合园区发展要求的投资过亿元项目27个。加大安全环保整治。聘请安全环保专家会同职能部门组成联合检查组，对所有企业开展拉网式安全环保大检查活动，成功整改隐患1095条，投入整改资金3548万元，赢得社会各界对园区安全环保工作的肯定和好评。着力转型升级。督促园区企业提高工艺水平、更新设施设备，对工艺差、设备差、管理差，不符合安全环保要求的清化包装厂等8家企业，予以关停、整治或搬迁，实行“腾笼换鸟”。加速提质改造。打造园林式园区、花园式工厂，推进企业清洁生产，提升园区形象。

【加速平台建设】 2014年，岳阳绿色化工产业园制定出台《湖南岳阳绿色化工产业园工业地产发展工作方案》，启动工业地产的项目建设。充分利用政策、土地、资金等系列要素资源，调动一切积极因素，采用政府补、企业投、园区奖等模式，争取在2015年至2016两年时间内建成各类用途标准厂房15万平方米。其中，依托园区云溪片区化工新材料功能区，设立高科技化工项目创业平台，建设标准厂房4万平方米；整合园区检验检测资源，建设园区现代化检验检测中心，并配套建设标准厂房1.5万平方米，依托园区长炼片区石油化工循环经济研发中试基地，建设科技研发和高新技术项目孵化用标准厂房1.5万平方米；依托园区化工资源优势，建设化工产品交易和配送中心标准化厂房14万平方米。做好工业地产功能区基础配套设施和公用工程的规划和建设，提升项目承载力。

【强化融资争资】 2014年，岳阳绿色化工产业园主动对接华融湘江银行、建设银行等银信部门，依托云溪片区公用工程和土地开发项目，对口包装融资项目，融资到位突破4.4亿元。争取项目资金。重点围绕国家环境保护、新型工业化示范基地公共服务平台、战略型新型产业引导、创新型产业集群、国家火炬计划环境建设、低碳园区建设等项目，争取项目资金5000多万元。

（本栏撰稿　宋　清）

君山工业园

【招商引资有新进展】 2014年，君山工业园区以现代农业、生态旅游、新型城镇化为招商重点，紧紧依托洞庭湖绿色食品产业园和洞庭湖博览园两大平台，连续第六年开展“招商引资和项目建设年”活动。全年新签约项目6个、新开工项目12个、新投产项目12 个，累计到位资金10.84亿元，全面超额完成市定招商任务，成功申报省级工业集中区。招商引资和园区建设等各项工作取得较好成效。一是扎实做好招商引资基础性工作。重新建立全区企业资源库、客商资源库和在谈项目资源库，定期修订完善。引导外来资本投向环保、低碳、节能减排项目及高新技术产业、先进食品加工业和节能环保产业等领域。二是策划好包装项目。抢抓国家实施沿江开放开发、建设长江经济带和洞庭湖生态经济区等有利机遇，依托良好生态资源和产业发展优势，聘请专门的策划公司，重新制作君山区招商引资专题片，重新策划包装洞庭湖绿色食品产业园和洞庭湖博览园等重大招商项目10个。三是突出适合全区产业定位的好项目招商。主动对接战略投资者，区主要领导先后带领招商小分队到浙江省、福建省、广东省等地考察洽谈项目8批次，接待到区实地考察客商20多批，收到较好的成效。福建文鑫莲业食品有限公司投资1亿元的莲子深加工及基地建设项目、香港资源资本时富元合群力国际（控股）投资有限公司投资1亿元的瑞丰现代物流项目和广东惠州兴达化工有限公司投资5000万元的庆胜新能源等6个项目签约。红星·美凯龙集团计划投资2亿元的红星·美凯龙项目初步达到投资协议。湖南轻工盐业集团投资3亿元的岳阳公司迁建、物流和商业开发项目达成意向，项目对接进展顺利。中国贵州黔国酒业有限公司计划投资1亿元的酒类灌装生产线，双方进行多次的洽谈和实地考察，进展顺利；还有西班牙麦卡莎集团投资农副产品物流园、中国粉丝制造龙头企业山东双塔集团“龙口粉丝”和蛋白质加工及旅游古村建设等12个亿元项目正在深入的对接之中。

【项目推进有新成效】 2014年，君山区工业园一是加强项目调度。对重点在建项目，每半月调度一次，全面掌握项目的动态，及时通报项目进展情况及建设过程中存在的问题，为领导决策提供依据。二是继续实行项目“四个一”机制。为确保项目建设顺利推进，按照“一个项目、一名领导、一套工作班子、一抓到底”的要求，落实领导联系项目责任制，对未开工项目抓开工，对续建和开工项目抓进度，对竣工项目抓投产达效。三是加速项目推进。童记三利和食品项目，完成立项、规划、国土、环保手续和填土、围墙的修建等一系列工作，即将进场全面建设。印刷二期，精诚印刷建设全部完成，12月投入生产；中原创特种印刷完成设备的调试,进入试生产。洞庭山茶、华南石化5万立方米储运和机动车安全技术检测线完成全部征地，即将进场建设。

【获批省级工业集中区】 2014年，君山区工业园为提升园区知名度，让入园企业享受到国土、环保、建设等更多的省级优惠政策，园区在区委区政府的协助下，抢抓省政府最后一批审批省级工业集中区的最佳机遇，重新编制《工业集中区发展规划》《工业集中区“十二五”规划》《工业集中区土地利用规划》《环境影响报告书》等发展规划和报告书,与省、市、区相关部门汇报协调,取得好效果，君山区工业园在湘政办函［2014］66号《湖南省省级及以上产业园区名录》的通知中确认为省级园区，成功获批省级工业集中区。

【优化服务有新成效】 2014年，君山工业园区以全区深入开展党的群众路线实践教育活动和“联手帮扶产业发展升级”行动为契机，着力转变干部不良作风，提升为企服务水平，破解企业发展制约瓶颈。协助办理印刷二期、机动车安全检测线、橡树林幼儿园、华南石化等项目的立项、规划环评、国土报批等各种手续。及时协调解决童记三利和、印刷二期和汽车检测线等项目与征收户青苗补偿矛盾。投资860万元，完成童记三利和项目排水和光纤的改建和移位，印刷二期水、电的配套建设，洞庭山茶的光纤移位；机动车技术检测线项目入厂便道的建设，华南石化仓储项目10千伏高压改道工程，鱼米之湘雨水排水改建和土方回填工程及洞庭湖绿色食品产业园10千伏大容量电网建设工程等。

（本栏撰稿 刘米武）

平江工业园

【平江工业园基础建设】 平江工业园区是2002年成立的升级工业园，2006年被国家发改委核准，2012年被工信部评为国家新型工业化产业示范基地（军民结合）。园区下辖伍市工业区、寺前工业区，一园两区总规划面积12平方千米，形成汽车和工程机械零部件、新材料、电子科技、食品药品四大主导产业，有入园企业73家，2014年完成工业总产值145亿元，税收1.24亿元。成功创建“省级高新技术产业园区”，在全省140个园区中排名由48位上升至第36位。园区投资1000多万元，对伍市工业区部分路段进行硬化，对全园污水管网进行雨污分离，完善污水厂的配套设施；对日供2万吨水厂进行扩容改造，对伍市110千伏变电站进行扩容升级，对南、北园、汽车产业园分别安装断路器，实行分区管理，有序供电。为方正达、新金刚、黄金冶炼等企业架设电力专线；投入320多万元对平伍公路园区路段进行绿化、量化、美化改造，设立大型招商广告牌，完善路牌路标等，进一步提升园区形象；投资5500万元建成2万平方米的标准厂房，配套建设办公、住宿、食堂和仓储等生产生活设施，打造省级中小企业发展的孵化基地，成功引进丰日电动车、澳源新材、享窈窕等企业入驻。

【平江工业园招商引资】 2014年，园区通过政府审定，制定出台《平江工业园招商引资优惠政策及项目入园管理暂行办法》，使园区招商引资和项目建设有据可依，有章可循，围绕基地招商、行业招商、协会招商做文章，与省证监局签订战略合作协议，支持园区项目引进和上市；全园新引进项目14个，主要有和汇绿源、丰日电动车、澳源新材、天创粉末、山西长达、享窈窕、福星泰、海云冶金等，其中和汇绿源、丰日电动车为亿元投资项目；园区会同纪检、国土等部门，盘活清理闲置土地23.6公顷，引进新的企业，实行“腾笼换鸟”。

【平江工业园项目建设】 2014年，园区开工建设项目14个，建成投产项目10个，分别是和汇绿源、丰日电动车、艾林维尔、云天科技、天希科技、南岭澳瑞凯、恒大科技、精工特泵、海云冶金、澳源新材。和汇绿源项目为当年签约，当年建成投产的重点项目，项目主要产品铝制模板，节能环保，市场前景广阔。园区电子科技龙头企业方正达公司和东莞茂朔电源有限公司成功“联姻”上市，进一步做大做强。

（本栏撰稿 李多金）

岳阳县生态工业园

【岳阳县生态工业园实现三量齐升】

2014年，岳阳县生态工业园努力化解经济运行中的不利因素，园区主要经济指标逆势攀升，实现三量齐升。

一、承载能力大幅提升。一是稳步推进四期扩园土地平整。克服阻工、多雨等不利因素，完成科伦二期6.67公顷土地平整。二是超前启动五期扩园系统工程。在城关镇开展土地征收工作的同时，园区不等不靠，超前启动五期扩园系统配套工程。三是配套完善园区基础设施。推进园区总长达7.5千米自来水扩容升级DN500管网建设，完成武广高铁西侧箱涵南延工程，完成园区一、二、三期雨污分流管网建设，实现与县污水处理厂对接，完成四期兴园路道路设计及工程预算，完成园区污水处理厂选址、测量以及可研报告编制和环境影响评价工作。

二、项目建设强力推进。园区坚持以项目建设为重点，将“早开工、早建设、早投产、早出效益”作为企业服务及项目建设跟踪督办的出发点和落脚点，抓住重大项目，抓准关键环节，严格按合同加大项目调度及协调力度，推进入园项目建设。茂昌医药、大力神磁选机、椰星食品饮料、安达耐火材料、慧璟科技等5个项目建成投产，四化建高压阀门管件、旺磁电子元器件等2个项目施工在建，智海复合电磁线、五鑫机械、科伦二期、健强药业等4个项目即将开工建设。

三、招商引资成效显著。园区坚决贯彻县委县政府招商选资要求，引进科技含量高、税收贡献大的项目，杜绝资源消耗大、科技含量低的项目入园，宁缺毋滥。通过收集招商引资线索，强化线索跟踪，签约落户园区项目6个，合同引资6.1亿元。大批实力型、带动型项目的签约落户和快速建成投产，进一步扩大园区主导产业集群优势，增强园区发展后劲。

四、高新区创建见实效。创建省级高新技术产业开发区，将现有园区打造成推进新型工业化的示范园区，促进园区产业转型升级，是园区全年中心工作之一。园区不等不靠，科学规划，超前谋划，主动开展高新区申报各项工作。在抓好日常工作对接，争取省政府各厅局支持的基础上，围绕申报要求全面梳理高新区申报基础数据，完成园区总体规划、产业规划、总体环评、土地集约用地评价等“二规二评”编制评审，出台高新区招商优惠政策，全部装订成册。12月26日，高新区申报通过省科技厅组织的专家评审会，即将获批。

【省领导考察岳阳县生态工业园】

2014年7月23日，省委书记、省人大常委会主任徐守盛到岳阳县生态工业园湖南科伦制药公司考察企业发展情况。8月14日，省委副书记、省长杜家毫调研岳阳经济运行情况，考察湖南科伦制药公司和中粮米业（岳阳）公司。8月19日，省委副书记孙金龙深入到中粮米业（岳阳）公司考察早稻托市收购与粮油产业发展情况。

（本栏撰稿　李　岳）

华容工业集中区

【华容工业集中区基础设施】 华容工业集中区由石伏工业园、三封工业园和洪山头工业园组成，总体规划面积9.8平方千米，开发面积4.3平方千米，2002年6月开区建设，2012年11月经省政府批准设立为省级工业集中区。2014年，华容工业集中区坚持“产业立区、创新兴区、科技强区”的发展方向，不断创新发展思路，开发建设高标准的基础设施：一是三封园区污水处理厂3月份正式投入运行。二是三封园区两栋公租房2月份竣工投入使用。三是洪山头园区安置区两栋安置房和两栋公租房年底完成主体工程建设，其中一栋安置房交付使用。四是三封园区建设南路完成硬化，求索南路路基土方工程基本完成；石伏园区石伏大道和凉台湖路建设方案确定，凉台湖路建设用地报批到位，11月份启动建设用地范围内的征拆工作，石伏大道建设用地正在进行国土报批工作。五是城东110千伏变电站7月份启动建设。

【华容工业集中区招商引资工作】

2014年，华容工业集中区一是创新招商引资方式。围绕纺织服装、医药卫材、食品加工、电子电源等园区主导产业上项目，围绕产业配套上项目，增强产业集聚效应。二是突出引大引强。密切关注国内外大企业投入方向，做到引大商、引好商、重潜力、求效益。对科技含量高、经济效益好、资源消耗低、环境污染少、带动作用强的重点项目，成立跟踪服务小组，及时协调解决项目在实施过程中遇到的问题，千方百计抓好项目引进工作。

【华容工业集中区项目建设】 2014年，华容工业集中区按照“一个项目、一名领导、一套班子、一套方案、一抓到底”的“五个一”项目协调服务机制，对项目建设实行挂牌管理、倒排工期、一线工作法、重点突破和跟踪考评，确保云龙菜业老坛酸菜风味包、艾尔盾智能门业、兰峰水泥等项目竣工投产，推进科创纺织、科力嘉纺织、瑞华织布、喜乐生态保健饮料、喜多多食品二期、牧特电子二期、宏绿食品等项目的顺利建设。

（本栏撰稿　蒋君健）

湘阴工业园区

【基础支撑引领园区发展】 湖南湘阴工业园区创办于2003年4月，2006年6月经国家四部委审核、省人民政府批准为省级工业园区。2014年，湘阴工业园区打造具有三个鲜明特点：一是具有独特的交通区位优势。南距长沙40千米，距黄花机场48千米，距长沙火车站35千米，东距京珠高速、107国道18千米；西傍湘江，距霞凝港仅20千米；北临省道308线，水陆空交通运输方便快捷。二是具有较强的基础支撑能力。坚持“高起点规划、高标准建设”，园区基础设施日趋完善，拉通“五纵四横”的园区主干道，兴建一座11万伏输变电站和一座22万伏输变电站，一座日供水1.5万吨的生活用水厂和一座日供水4万吨的工业用水厂，给排水管网均安装到位，实现降水、排污分流，日处理2万吨的污水处理厂正在加紧建设；安装有2400d程控电话交接箱6座，储备装机容量1.2万门以上。三是具有一定的产业集聚能力。园区引进远大可建、中联重科、中铁重工、鑫光铸造、富士电梯、元亨科技、驿通电子、湖湘木业、长康实业、义丰祥实业等120余家企业落户，项目总投资达100亿元，初步形成机械制造、电子信息、食品加工三大产业集群。

【科学规划引领园区发展】 2014年，湘阴工业园区坚持以科学规划为引领，推进园区发展。按照“优势优先、重点突破”的原则，集中布局湘阴工业园洋沙湖片区、中国

（湖南）轻工产业园、金龙新区、临港产业新区四大工业片区，争取省发改委支持，对园区产业定位进行适当调整，将园区主导产业以食品加工和精细化工为主调整为以机械制造和光伏电子信息为主。同时，坚持走特色化园区发展之路，避免同质竞争。湘阴工业园洋沙湖片区和金龙新区的规划面积分别为12平方千米和20平方千米，重点发展机械制造、电子信息产业；中国（湖南）轻工产业园规划面积15.3平方千米，重点发展轻工制造产业，打造“中国轻工产业示范园区、全国两型生态园区、湖南千亿产业园区”；临港新区规划面积4平方千米，重点发展港口物流产业，建设大耗水、大运量工业基地。坚持走新型工业化与新型城镇化“两化融合”之路，推进工业园区保障性住房、商贸网点等综合配套设施建设，打造宜工宜居的现代新型园区，建设工业新城、城市新区。

【招商引资注重招大引强】 2014年，湘阴工业园区坚持招大不放小的原则，加大招商引资力度，创新招商引资方式，构建“大产业、大配套、大集群”的园区产业发展新格局。先后引进中联重科、远大可建、中铁重工等一批大项目、好项目。远大可建项目总投资20亿元，将建筑构件进行工厂化流水线生产，产品具有9度抗震、6倍节材、5倍节能、20倍空气净化、1%建筑垃圾等优势，项目全面投产后年产值300亿元以上，税收9亿元以上。中国铁建重工项目总投资10亿元，主要生产隧道施工、特种装备及高端工程机械产品，建成后年产值100亿元以上。中联重科产业园项目主要生产汽车传动器等核心零部件，一期投资8亿元，竣工投产后年产值100亿元以上。这三大项目填补全县中央企业、上市企业、重工制造三大空白，成为全县经济腾飞的强大引擎。园区实施企业扩能升级行动，在土地供应、手续办理、税费收取等方面给予优惠，先后实施长康实业、湖湘木业等一批扩能改造项目，使长康集团成为全国最大的调味品生产企业。围绕远大可建、中铁重工、中联重科等龙头企业开展产业链招商，先后引进元亨科技、鑫光铸造等一批配套项目落户园区。园区初步形成以机械制造、光伏电子信息产业为主，以装饰建材、纺织服装、食品加工为辅的五大产业集群。坚持品牌兴园战略，拥有2件中国驰名商标，1个中国名牌产品，5个国家免检产品，16件湖南省著名商标，5个湖南名牌产品。

【抓好项目建设】 2014年，湘阴工业园进一步创新思路，拓宽渠道，建立政府引导与市场运作相结合的运行机制，坚持高起点规划、高标准建设和完善功能有利招商的指导思想，投资近8亿元，全面完成“五纵四横”的园区主干道建设。经过十年的发展，园区的规划设计全面完成，水、电、路、通信等基础设施建设实现配套完善。服务平台建设正式启动，保障性住房项目和综合服务区建设有序推进。截至年底，园区竣工投产项目达50个，在建项目20个。

（本栏撰稿　甘　奇）

临湘工业园

【抓好招商项目和建设】 2014年，临湘工业园按照“强基、理顺、调整、提高”的工作思路，推进项目建设，实现工业生产总值190亿元，比2013年增长43.9%；完成固定资产投资46亿元，完成国、地两税9189万元，其中国税6000万元，地税3100万元，比2013年税收总额7100万元增长29.4%；规模工业企业达到38家，规模工业增加值达49.6亿元，同比增长19%，园区规模工业增加值占全市规模工业增加值的比重为53.3%。被省经信委确定为全省新型工业化产业示范基地（战略性新兴产业培育发展·新材料产业），依托化工新材料产业申报全省特色县域经济重点县取得成功。临湘工业园签约、引进项目6个，签约资金7.8亿元，完成投资2亿元。千方百计抓闲置项目盘活。针对园区少数企业因经营管理不善而停产闲置的现象，园区联手帮扶，着力盘活闲置企业。盘活项目5个，安佑饲料项目实行股权转让，鲁湘酒精开始清产核资，实施整体拍卖，博翰化工破产重整顺利完成，开始复产，森泰化工通过司法程序理清债权债务关系，将实行整体拍卖盘活经营，家润置业理清债务纠纷，开工建设。稳妥推进抓基础设施建设，启动滨江产业区20平方千米规划编制；争取资金3200万元完成省道201线滨江产业区段5千米道路提质改造工程，投资610万元全面实施滨江产业区污水管网提质改造（“一企一管”）工程；自筹资金310万元完成省道201线滨江产业区段人行道踩板工程。

【创新融资争资渠道】 2014年，临湘工业园策划滨江产业区供排水管网工程项目，成功向华融湘江银行融资2000万元，争取到农村信用社贷款1000万元，争取华融湘江银行第二批融资5000万元通过省行授信评审，顺利通过湖南省特色县域经济重点县申报工作，争取项目资金1.8亿元。

【加快征拆安置工作】 2014年，临湘工业园签订征拆合同49户，拆迁房屋38栋、10850平方米，征收土地30公顷。建设还建房屋124套，11093平方米，投资1200万元。用于新集镇建设征地16.87公顷，迁坟49座，集镇安置还建房建设开工，“三通一平”全面铺开，“三纵三横”路网、管网工程正在办理相关手续。

（本栏撰稿　邓建祥）

湖南汨罗循环经济产业园区

【园区项目建设取得新成绩】 2014年，湖南汨罗循环经济产业园围绕“打造千亿元产业园区”奋斗目标，不断加大项目投入，持续培育创新能力，园区发展稳中有进、稳中向好。全年实现工业总产值310亿元，同比增长31%；实现税收7.2亿元，其中，国税6.2亿元、地税1亿元；其他主要经济指标均以两位数增长，被省经信委批准为省新型工业化示范基地。汨罗循环经济产业园在企业信心普遍不足，资金十分紧张的情况下，园区经发投公司和元贞担保公司实现项目融资上亿元，为园区企业担保贷款4.5亿元，有力支撑项目建设，有效解决企业融资难题。各项目指挥部想尽办法，千方百计推动建设，一线人员实行“管理下沉、阵地前移、项目联系、责任到人”的旁站管理模式，对项目建设存在的困难，做到“第一时间反应，第一现场处置”。博发铜业、旭光环保、金正科技、拓曼科技等项目陆续竣工投产；同力循环研发中心、标准化厂房安置区主体竣工，即将投入使用；晨威电子、迅刻科技、光达有色、标准化厂房一、二期及同力电子、中联铝业、万容科技、金龙铜业等扩建项目有条不紊推进，新区及湘王铝业、金田铜业等项目紧锣密鼓开展建设前期工作。重金属污水处理厂建设及沿线企业的对接管网铺设完成，正式投入使用。汨江路、天惠路、旭光路和团山渠双孔箱涵工程等竣工。其中忠锐塑业、旭光环保、拓曼科技及金正科技成为岳阳流动现场会观摩点，受到岳阳市委书记卿渐伟及与会领导的称赞。

【园区产业培优获得新突破】 2014年，湖南汨罗循环经济产业园区放大示范基地品牌效应，招商引资取得重大突破。全年洽谈招商项目67个，引进项目15个，其中过亿元项目6个，引进资金20多亿元，比2013年增长15%。利用回购的鑫茂铜业，成功引进河北博发铜业落户园区，该项目自3月底投产以来，完成1.9万吨铜产品加工，实现税收1.2亿元。引进的金正科技、拓曼科技、晨威电子等项目，加快主导产业延伸和电子产业升级，促进园区各产业间的关联度进一步增强，上下游配套进一步紧密，企业产品附加值进一步提高，园区财税增收质量有了新的起点。

【园区转型升级呈现新态势】 2014年，湖南汨罗循环经济产业园一是强力推进标准化建设。增强企业标准化意识，构建循环经济标准体系，提升产业发展水平。修订管理标准2084个、技术标准1472个、工作标准1118个；通过严格标准遵循，园区二氧化硫、化学需氧量等主要污染物排放量比2013年下降1.58个百分点，资源综合利用率提高0.36个百分点。顺利通过国家循环经济标准化试点验收，形成可复制、可推广、可借鉴的循环经济标准化“汨罗模式”，被省质量技术监督局、省标准化委员会确定为全省两个标准化样板模式之一，被国家发改委、国家标准委确定为全国典型案例。二是加大技改扩能力度。申报省特色县域经济专项资金支持项目40个，其中22个项目获批，争取资金5000多万元；鼓励企业与全国高等院校和科研院所合作，搭建创新平台，新增省级产学研实验基地2个；同力电子即将与桑德集团合作上市，湘北铜业进入全省50强企业名单，同力电子、忠悦塑业、联达丰荣铜铝业等企业获得扩大再生产奖，博发铜业、湘北铜业、金丰铜材等企业获得推进新型工业化优秀企业奖；中天龙舟、振纲铝材、大利铜业等企业获得规模企业奖。三是培育企业品牌。金正科技、鑫祥碳素、五祥科技等企业商标获得省著名商标奖；九喜日化获得省名牌产品奖；中天龙舟的“龙舟”商标获得马德里国际注册商标奖，九喜日化的“杀虫剂产品生命周期环境友好性评价规范”获得国家标准奖，平桂科技的“回收聚乙烯塑料与再生聚乙烯塑料”和中天龙舟的“履带自走式旋耕机”获得地方标准奖；艾德佳铝型材、金正科技等近20家企业获得国家专利奖，鑫祥碳素获得国家高新技术企业奖和国家科技创新奖，中天龙舟获得省高新技术企业奖，三兴精密获得国家科技创新奖，音品电子、同力网络公司获得开放型经济发展奖。

（本栏撰稿　熊作胜）

责任编校　刘兴汉

环境保护

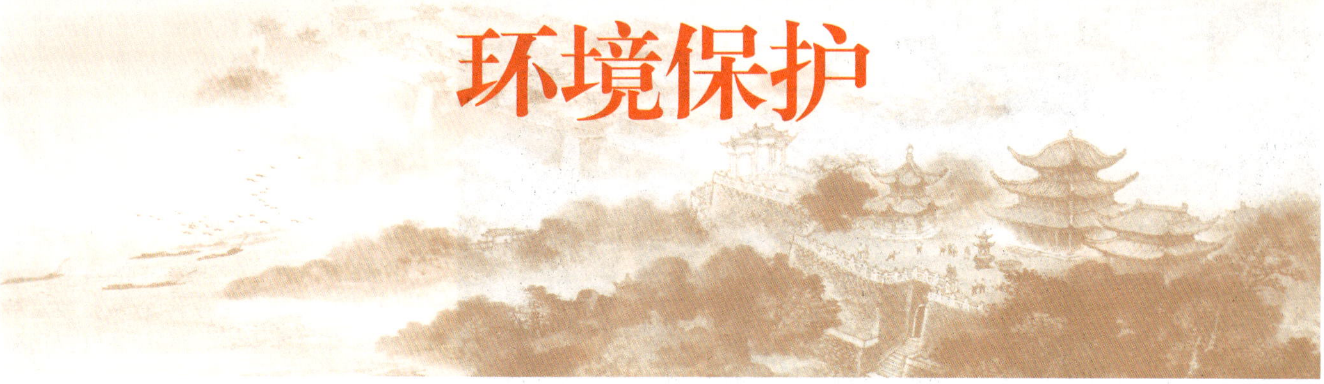

综　述

【概况】　2014年，岳阳市环境保护局（简称市环保局）全年完成减排项目154个，净削减化学需氧量1487吨、氨氮1389吨、二氧化硫8170吨、氮氧化物7634吨，削减率分别为1%、5%、12%、12.5%，超额完成年度目标任务。完成湘江污染防治项目75个，城镇集中式饮用水达标率达100%，长江干流、洞庭湖出境监测断面水质稳定达标，顺利完成年度目标任务。完成大气污染防治项目131个，空气质量优良率达73.2%，居全省6个国家直接监控城市之首，圆满完成年度目标任务。市区交通干线噪声和区域环境噪声达标，南湖水质稳定保持四类，部分指标达到三类标准，环境安全有效保障，全年未发生较大以上环境安全事故，未发生因环境污染引发的群体性事件，完成为民办实事工程13项。

一、主要污染物减排。2014年，岳阳市主要污染物排放控制目标为：化学需氧量、氨氮、二氧化硫、氮氧化物排放量较2013年分别削减0.5%、2.5%、5%、3%，化学需氧量、氨氮、二氧化硫、氮氧化物排放量较2013年同期分别削减1%、5%、12%、12.5%，四项减排指标任务超额完成，15个国家和省重点减排项目，全部按时完成。

二、重点流域、区域污染治理。一号重点工程及重金属污染治理。建立市湘江流域防治“一号重点工程”领导小组，制定《三年行动计划》《年度工作任务》。形成各司其职、齐抓共管的工作机制。岳阳市湘江污染防治年度治理项目77个，完成75个项目。平江县伍市镇泵站及截污干管建设项目正在重新设计方案，因属地原因，年内难以完成。汨罗市罗城纸业有限公司整厂关闭项目纳入汨罗市政府“退二进三”方案，有两条再生纸生产线，其中在2013年淘汰一条，获得国家资金补偿110余万元，还有一条计划在2014年淘汰，因工业和信息化部在审核该公司生产线产能时，认定这条生产线产能为每年0.9万吨（因低于1万吨的没有资金补偿），所以企业暂未淘汰该生产线。重金属污染治理。指标任务关停淘汰类项目完成《湖南省重金属污染综合防治“十二五”规划》（以下称《规划》）任务95%以上。完成情况：岳阳市列入《规划》中关停淘汰类项目19个，《规划》中关停淘汰类19个项目全部完成，考核要求完成18个，实际完成19个，完成105%，指标任务污染源治理项目完成《规划》任务80%以上。完成情况：岳阳市列入《规划》中污染源治理项目13个。分别实施，实际完成13个项目验收，4个项目的企业关闭，项目自然完成。2个项目实施中，正在准备申请验收。考核要求完成11个，实际完成17个，完成154%；指标任务2013年及以前重金属污染专项资金项目完成80%以上。完成情况：2013年及以前重金属污染专项资金项目23个，完成17个项目验收，1个项目省环保局认定不实施，3个项目正在整理验收资料，准备申请验收，1个项目实施中，1个项目因新建尾矿库未完成，向省环保厅申请延期至2015年验收。考核要求完成18个，实际完成18个，完成100%。大气污染防治。全市成立大气污染防治工作领导小组，市政府常务会议审议印发《大气污染防治工作计划实施细则》，并制定年度工作计划，对任务进行细化。岳阳市空气质量按三项指标计算1–12月空气质量达标率为72.2%。纳入《湖南省大气污染防治2014年度实施方案》重点工程项目132个，完成131个，平江县空气监测站项目待省级资金到位后完成。农村环境综合整治。市委市政府高度重视农村环境综合整治工作，明确牵头负责的市级领导，成立农村环境综合整治领导小组，形成良好的工作推进机制和工作考核方案。农村环境综合整治整区推进项目1个，整乡（镇）推进项目1个，农村环境“问题村”综合整治项目7个。9个项目全部完成验收，完成任务100%。

三、环境监督管理和行政执法。污染隐患大排查。一是制定方案。市环保局制定《岳阳市环境污

国家林业局局长赵树丛在东洞庭湖国家级自然保护区考察工作
（姚　毅　摄）

染隐患大排查工作方案》，组织会议进行逐级动员部署，层层分解责任。二是实现排查全覆盖。截至2014年11月29日，岳阳市自查企业1553家，复查重点企业1553家，发现存在环境污染隐患企业492家，其中，一般环境问题155家，较大环境问题193家，严重环境问题146家。三是严格监测排查对象，建立监测台账。按照“五个一律”要求对污染隐患进行整治。五是从严督查落实整改要求。对存在环境污染隐患的492家企业中通过整治验收的企业245家。强化对县市区的督查指导。每月1-2次对各县市区隐患大排查工作进行督促指导。规范执法工作。制订计划，做到有会议部署、有责任分工、有文件要求、有督促检查、有目标考核的要求，切实加强领导，强化工作措施，确保全面完成各项目标任务。全面落实。将所有国控企业、环统企业纳入计划，按照规范执法的要求，将企业按照A 、B、C、D四类进行分类，同时对新建企业按照要求一起纳入规范执法，1-11月份市本级出动监察人员1250余人次。依法依程序检查，并按照环境保护法律、法规进行处理。重点检查企业环评及“三同时”执行情况、废气排放情况、废水排放情况、危险废物处置情况和环境保护设施运行情况。从检查情况看，大部分企业，能够严格落实“三同时”制度，对未办理环评审批手续擅自开工建设的2家企业下达限期办理通知，责令停止建设补办手续。依法关闭淘汰落后生产工艺黏土砖厂依法进行后督察，有5家黏土砖厂按要求淘汰落后工艺。加强对县市区的指导、督查。10月，市环保局参照省环保厅对市州规范执法的考核标准，对全市县（市）区的规范执法工作进行阶段性考评，考评结果将作为县（市）区年度目标管理考核的重要依据。环境公众诉求处理应对情况。全年受理“12345”热线工单693件，“12369”环保投诉201件，其他渠道投诉89件，其中，来信来访30件，省环保厅转办29件，市长信箱20件，红网舆情投诉2件，市信访局交办5件，政府效能投诉中心交办2件。所有来访投诉、电话投诉办结率 100%，答复率100%，按时回复率100%，做到件件有着落，事事有回音。此外，针对省环保厅对岳阳市环保局下发的《环境问题督查通报》2014年第2期、第3期、第15期、第18期、第19期、第21期等文件所反映的问题进行督查和检查，通过检查，使所存在问题的企业完成治理任务并通过环保验收。

四、环境监测体系建设和监测工作开展情况。环境质量状况。地表水省控断面（荆江口、陆城、城陵矶）水质类别良好，省控集中式生活饮用水水源地水质达标率100%。市区2014年（1-11月）空气质量达标率74%。总量减排监测体系建设。加强国控重点企业污染源监督性监测，按季度对国控重点企业开展监督性监测，并将污染源监督性监测信息及时全面向社会发布，污染源监督性监测公开率达到100%。督促企业落实在线监控设施建设和管理责任，做好污染源自动监控设施的建设与运行保障工作，加强比对监测、监控平台值守和数据修正，组织完成2014年4个季度国家重点监控企业污染源自动监测数据有效性审核，同时对负责岳阳市在线监控设备运营管理的两家企业深圳市世纪天源环保技术有限公司和聚光科技（杭州）股份有限公司工作加强监管力度。环境监测网络体系建设。9月12日，市环保局召开辖区各县（市）环保局负责人参加的岳阳市环境监测网络体系建设工作会议。制定《岳阳市环境监测网络体系建设实施方案（2014-2016年）》。环境监测能力建设。推进县级环境监测站标准化建设及达标验收工作。在督促、指导六县（市）环境监测站开展标准化建设过程中，争取省环保厅监测能力资金500多万元，使六县（市）环境监测站在监测经费、仪器设备、业务用房和质量管理等方面有很大改观。市级和六县（市）全部通过省环保厅组织的标准化验收。

（本栏撰稿　何　旭）

环境质量

【空气环境】 2014年，岳阳市环境监测中心在城陵矶、南湖风景区、君山区、岳阳经济技术开发区和云溪区5个自动监测站点进行空气质量环境监测。全年度全市空气质量达到二级标准（空气质量指数小于等于100）的天数占全年天数的74%，首要污染物仍为可吸入颗粒物。

【水环境】 2014年，岳阳市环境监测中心组织对洞庭湖、长江、湘江、南湖、汨罗江、新墙河和华容河的30个断面实施地表水水质常规监测，达到Ⅱ类、Ⅲ类、Ⅳ类、Ⅴ类水质要求的断面分别为11个、11个、5个和3个，分别占总断面数的

36.7%、36.7%、16.6%、10%，主要污染指标为总磷、总氮。从地域分布看，长江、湘江、汨罗江、新墙河、华容河整体水质较好，18个断面中17个符合Ⅱ类或Ⅲ类水质要求，还有1个为Ⅳ类水质。洞庭湖7个水质监测断面中，4个符合Ⅲ类水体要求，3个为Ⅳ类水质，主要污染指标为总磷、总氮，洞庭湖综合营养状态指数在45.8-47.5之间,整体处于中营养化状态。南湖水质为Ⅳ类，符合人体非直接接触的娱乐用水区功能要求。

【声环境】 2014年，岳阳市区域环境噪声平均值为51.2dB(A),符合标准要求，主要噪声源为生活噪声，其次为交通噪声、其他噪声，分别占噪声源总数的64.1%、19.4%和16.5%。交通干线噪声平均值为69.1 dB(A),车流量平均值为每小时1631辆,平均路宽20.07米，尽管交通干线噪声、车流量平均值均比2013年略有上升，但城市交通干线全年声环境质量继续保持良好。所测居民文教混合区、商业中心工业居民混合区、工业区功能区昼间、夜间噪声均全部达标，交通干线两侧功能区昼间噪声达标、夜间噪声超标，整体功能区声环境质量状态良好。

（本栏撰稿　刘　艳）

污染减排

【污染物总量减排工作】 2014年，省政府下达岳阳市主要污染物总量减排目标为，化学需氧量排放量控制在147895吨，比2013年的148638吨下降0.5%；氨氮排放量控制在27089吨，比2013年的27784吨下降2.5%；二氧化硫排放量控制在66043吨，比2013年的68086吨下降3.0%；氮氧化物排放量控制在58020吨，比2013年的61074吨下降5.0%。6月经环保部及省环保厅核定，四项污染物分别下降0.07%、4.57%、10.4%、12.5%，除化学需氧量外，其余三项均超额完成目标任务，成为全省唯一四项污染物全部下降的市州。截至年底，岳阳市化学需氧量净削减1487吨，削减率1%，氨氮净削减1389吨，削减率5%，二氧化硫净削减8170吨，削减率12%，氮氧化物净削减7634吨，削减率12.5%，均超额完成全年目标任务。

【推进污染减排重点项目】 2014年，岳阳市纳入国家减排责任书项目9个，加上2013年1个未完成的马壕污水处理场建设工程10个项目，均按期完成。这些项目分别是：湖滨污水处理厂建设工程，设计规模每日2万吨，完成管网、主体建筑，正在进行进水调试。华容县插旗菜业有限公司废水深度治理工程，该项目于2013年完成。华能湖南岳阳发电有限公司3号机组脱硝工程，该项目于1月7日通过168小时试运行，正式投运。中石化巴陵石化公司2号220吨锅炉烟气脱硫工程，该项目于8月通过168小时试运行，正式投运。中石化巴陵石化公司3号240吨锅炉烟气脱硫工程，该项目于10月通过168小时试运行，正式投运。临湘海螺水泥有限公司1号线脱硝工程，该项目在省级责任书中要求2013年完成，于2013年6月底完成并投运，其减排量得到环保部认可。中石化巴陵石化公司供排水事业部提标改造工程，为中石化总公司与环保部责任书项目，管网、主体建筑完成，正在进行进水调试。中石化巴陵石化公司催化裂化装置烟气脱硫工程，为中石化总公司与环保部责任书项目，于2014年完成，进入试运行。中石化长岭分公司第一催化裂化装置烟气脱硫工程，为中石化总公司与环保部责任书项目，于2014年完成，进入试运行。马壕污水处理场建设工程，为2013年未完成项目，管网、主体建筑完成，进入进水调试阶段。

全市纳入湖南省减排责任书项目5个，分别是：中石化巴陵石化公司3号220吨锅炉烟气脱硫工程，该项目于10月通过168小时试运行，正式投运。中石化巴陵石化公司5号130吨锅炉烟气脱硫工程，该锅炉封堵烟道，正式退出运行。中石化巴陵石化公司6号130吨锅炉烟气脱硫工程，该锅炉被封堵烟道，正式退出运行。君山区钱粮湖镇污水处理场建设工程，管网、主体建筑完成，进入进水调试。岳阳县月田镇污水处理场建设工程，管网、主体建筑完成，进入进水调试。

（本栏撰稿　何　旭）

环境综合整治

【实施环境整治一号工程】 2014年，市环保局组织拟定《湘江污染整治三年行动计划》《年度工作任务》。完成湘江污染防治治理项目75个。推进湘江流域重金属污染治理，完成《湖南省重金属污染综合防治“十二五”规划》污染源治理项目17个，关停淘汰类项目19个，协助省环保厅组织18个2013年及以前重金属污染专项资金项目验收。开展畜禽养殖治理，上报畜禽养殖污染治理项目56个，争取专项治理资金2430万元。开展全市饮用水水源环境状况评估工作。市政府出台《铁山饮用水水源保护与库区民生保障的意见》，每年安排4000万元以上用于铁山饮用水源的保护。全年13个为民办实事项目按时完成。在上半年省政府组织的一号工程检查考核中，岳阳市以99分名列全省第一名。

【开展大气污染防治工作】 2014年，市环保局制定印发《岳阳市大气污染防治工作计划实施细则》，通过“压煤、控车、监管、淘汰、技改”等措施，完成重点工程项目131个，大幅度削减空气污染负荷。推进区域联防联控，全年空气质量优良率达74%，在全省国家重点监控的六个城市中排名第一。全面升级6个空气质量自动监测站，在《岳阳日报》、岳阳电视台实行空气质量日报。加强PM2.5监控，其单项指标全年达标天数达293天。市七届人大常委会第十三次会议对全市大气污染防治工作进行评议，39名人大常委参加投票，以36票满意，受到人大常委好评。华容县2013年完成县城20家规模宾馆和综合茶楼的燃煤锅炉改造，有效削减大气污染负荷。

【改善南湖水环境质量】 2014年，南湖新增截污管网2100米，湖滨污水处理厂基本建成，实行网格化监管，整治到位环南湖排污口18处，实施生猪退养234户，入湖污水大幅下降。加密监测监管频次，应急期强化各种预警措施，南湖主湖总体水质保持Ⅳ类，其中部分水质指标已经达到Ⅲ类标准。

【推进农村环境综合治理】 2014年，全市环保部门完成农村环境综合整治整区推进项目1个，整乡（镇）推进项目1个，农村环境“问题村”综合整治项目7个。加强生态文明建设，全面启动市级生态村的创建工作。平江县启动省级生态县的创建，全面铺开生态乡镇、村的创建工作，完成17个省级生态乡镇和3个国家级生态乡镇的申报技术评估工作。

【强化辐射、固废监管】 2014年，市环保局严格按照全覆盖，不遗漏，找问题，严整改的工作要求，开展为期半年的全市核与辐射安全监管专项检查，对18家重点单位逐一进行检查。配合省环保厅完成对全市13家危险废物经营单位的现场核查。严格执行危险废物依法转移制度，全年安全处置危险废物2.3万吨，抓好废弃电器电子产品拆解审核工作，审核上报基金补贴207.9万台套。

【提升环境监测水平】 2014年，市环境监测中心进一步加强国控重点企业污染源监督性监测，污染源监督性监测公开率达到100%。加强污染源自动监控设施的建设与运行保障工作，完成自动监测数据有效性审核。制定《岳阳市环境监测网络体系建设实施方案（2014-2016年）》。争取省环保厅监测能力资金500多万元，六县（市）环境监测站能力建设加快推进。市级和六县（市）全部通过省环保厅组织的标准化验收。

【创新环保宣教工作】 2014年，市环保局将日常宣传与专题宣传有机结合，开展环境宣教“六进”活动33场次，累计发放宣传资料9万多份，开展新环保法宣传知识讲座9场，通过电视、报纸、网络多渠道、多角度、多层次宣传环保法律法规和重点工作，做到有图像、有文字、有声音，高曝光率、高传播力、高影响力。“6·5”世界环境日，市环保局在南湖广场承办别开生面的环保嘉年华活动，两天接待市民3万人次，获得市民好评。各县市区分别开展主题突出、特色鲜明、影响广泛的主题宣教活动，公众环境素养不断提高。

（本栏撰稿　何　旭）

环境应急管理

【概况】 2014年，全市环境应急管理工作以确保环境安全，维护社会稳定为总目标，以专项行动为抓手，以风险企业管理为重点，严格按照上级要求，抓好全市企业环境安全预防、应急措施落实，努力提高企业环境安全管理水平，有效推动全市环境应急工作升级发展，取得明显成效。

一、完善应急预案，强化应急管理。根据省环保厅《关于贯彻实施〈突发环境事件应急预案管理暂行办法〉有关意见的通知》精神，结合本区域内风险企业的环境污染特性，进一步修订完善《岳阳市突发环境事件应急预案》。同时组织各县市环保局、局属各分局按照环境风险企业环境应急预案编制指南的要求，编制本单位的环境应急预案。一是搞好调查摸底。结合全市涉重金属、涉危险废物、涉危险化学品等重点风险企业的实际情况，起草下发《关于在全市开展环境污染隐患大排查工作的通知》。采取局领导分片负责的形式，通过企业自查、环保部门复查，建立风险企业“一企一策”污染隐患整治台账，全面摸清环境风险企业的底数。截至11月，建成并正式投入生产的涉重金属、涉危险废物、涉危险化学品企业84家，其中，省环保厅审批的企业38家，市环保局审批的企业43家，县市区环保局审批的企业3家。二是严格企业应急预案备案程序。按照《突发环境事件应急预案管理暂行办法》的要求，结合本地企业的实际情况，企业应急预案自行编制或委托具备环境影响评价或者安全影响评价资质的技术服务机构编制完成后，由企业组织预案技术评审会，市环保局应急办协调，依据环境风险等级确定评估人员，属省环保厅审批或重大环境风险企业的应急预案由省环保厅专家库专家进行评估。属市环保局审批或较大环境风险企业的应急预案由市环保局专家库专家进行评估。属县市区审批或一般风险企业的外部评估由县（市）环保局或分局组织评估。环境风险等级为较大及以上的企事业单位外部评估专家人数不少于5人；环境风险等级为一般的企事业单位外部评估专家人数不少于3人。评估通过的企业预案经修改后，向相应环保部门报送预案文本的电子版和纸质版、专家评估意见和企业环境应急预案备案申请表。经环保部门应急机构审核通过后，发放突发环境事件应急预案备案登记表。截至11月，通过评审并报环保部门备案的36家，其中，省环保厅审批企业14家，市环保局审批的企业22家。三是应急管理更加严格。按照环保部《关于进一步加强环境影响评价管理防范环境风险的通知》要求，制订下发《关于加强环境应急预案管理工作的通知》。从应急预案编制的角度，对84家企业下达《环境违法行为整改通知书》。重点检查环境风险企业56家，结合企业现场检查情况，督促37家风险企业对不合理的应急设施进行整改。

二、加大环境应急宣传，增强群众自救避险意识。6月16日，市环境监察支队开展环境应急宣传日活动，展出应急展板5块，制作印刷各种宣传单5000份，发放环境保护知识和安全应急常识宣传资料1000份，接待群众咨询106人次。通过环境应急宣传日的宣传，进一步增强公众对环境应急管理工作的参与意识、责任意识和环境突发事件防范意识，提高公众应急避险和自救能力。

三、排查隐患，消除环境风险。2014年，辖区内发生各类突发环境事件4起。分别是：6月14日云溪区发生槽罐车损坏，造成柴油泄漏事故；6月18日岳阳县槽罐车侧翻，柴油泄漏事故；7月13日华容银丰肥业有限公司废硫酸罐倒塌，造成硫酸泄漏事故；7月19日平江县张家金矿尾矿库斜板倒塌，造成尾矿废水和尾矿渣泄漏。接报事故后，市环保局应急办人员第一时间赶赴现场组织应急处置，第一时间组织人员开展应急监测并按照时限要求开展信息报告。

四、开展应急演练，提升应急能力。全市先后进行两次环境应急演练。一次由市人民政府应急部门部署，中石化下属一公司组织进行，一次是6月25日由临湘市人民政府部署组织的临湘儒溪工业园湖南国发“2014年液氯泄漏事故应急消防救援演练”。该演练先后进行人员急救、现场灭火、氯气泄漏紧急处置救治等，演练在大雨中持续进行将近1小时，参演人员精神抖擞、动作迅速，表现出较好的斗志和精神面貌，演练取得较好的效果，达到预期目的。

（何　旭）

环境监测与科研

【推进空气质量新标准监测】　2014年，市环保局围绕贯彻落实《大气污染防治行动计划》《岳阳市贯彻落实〈大气污染防治行动计划〉实施方案》，开展空气质量新标准监测。一是全面贯彻落实《大气污染防治行动计划》，采取多种措施争取国家建设资金300多万元，带动市财政相应数目的配套资金，新建和提质改造环境空气自动监测站，其中，5个考核站，1个对照站。6个环境空气质量监测点位稳定运行和实时发布监测数据，建立监测信息发布机制，引导社会舆论，满足公众知情权。二是做好重污染天气监测预警预报工作，与市气象局签署《关于开展重污染天气监测预警预报工作合作协议》。根据协议，市环保局和市气象局将在4个方面开展合作，包括:建立双方联络和协调机制；建立空气污染指数和气象要素数据共享平台，实现环境与气象监测数据共享；建立环境污染预报预警联合会商和服务产品联合发布机制；建立业务交流、培训合作和科研开发机制，联合申报和开展各类科研项目攻关。合作协议的签署标志着岳阳市环保、气象部门将在空气质量预警预报等方面开展长期合作，开始探索发布预警预报信息，推进全市重污染天气应急管理，为有效应对空气重污染赢得主动。

【抓好环境监测工作】　2014年，市环境监测工作按照“三个说清”（说清环境质量状况及变化趋势、说清污染源排放状况、说清潜在的环境风险）的总体要求，制定全年环境监测工作计划，按时间节点完成大气、噪声、水质、生物和降水等各项常规例行监测，按时完成17个水质监测断面（包括饮用水源）、29个水质监测点位、5个底质监测点位的监测工作。全年完成84个交通噪声点位、103个区域噪声监测点位，1–4季度10个城市功能区噪声点位的噪声监测工作。市环境监测中心出具各类数据358547个，其中环境质量数据333408个。及时提交的各类监测报告、相关数据和关键结论在环境管理中发挥重要作用。二是加强国控重点企业污染源监督性监测。国家重点监控企业52家，其中，废水监控企业19家，废气监控企业7家，污水处理厂监控企业11家，重金属监控企业18家，规模化养殖场监控企业2家，按季度对国控重点企业开展监督性监测，严密监控重点企业污染物排放情况，并将污染源监督性监测信息在环保部门官网上及时、全面向社会发布，全市污染源监督性监测公开率达到100%。三是实施服务性监测。承担辖区内“三同时”验收项目、污染源自动监控设备验收和环保专项资金验收的监测，完成上级下达的水环境、污染整治专项调查等各类监测，为环境管理提供及时、准确、科学的依据。四是强化应急监测与演练。市环境监测中心完成12期南湖水质应急监测工作（除每月常规监测外）。完成其他污染事故应急监测及演练4次，其中参加市政府组织岳阳楼区壳牌气体泄漏应急演习，通过多次应急演练，有效提高应急监测能力。

【提升环境监测能力】　2014年，市环境监测中心一是加强环境监测人员技术培训。为进一步提高监测人员分析能力，组织辖区内环境监测站的专业技术人员参加省环保厅组织的全省环境监测人员持证上岗考试，市环境监测中心32人通过33项理论考试，38人通过313项现场考核，通过率为96%；六县(市)59人通过74项理论考试，62人参加510项现场考核，通过率为97.8%。二是注重技术比武。选拔优秀监测人员参加由省总工会、省人力资源和社会保障厅、省环保厅、省城乡住房建设厅和省水利厅联合主办“2014年湖南省水环境监测职工职业技能大赛”，联系组织参赛选手到长沙环境保护职业学院比赛基地进行实地训练。在本次技能大赛中，岳阳市代表队获得团体总分第四名，代表岳阳市参赛的选手市环境监测中心熊剑获得个人总分第8名的优异成绩。三是动员、组织环境监测技术人员撰写论文参加全省环境监测优秀技术论文及监测分析报告评选活动，向组委会推荐12篇优秀技术论文和监测分析报告。四是推进县级环境监测站标准化建设及达标验收工作。在督促、指导六县（市）环境监测站开展标准化建设过程中，争取省环保厅监测能力资金500多万元，为六县（市）环境监测站在监测经费、仪器设备、业务用房和质量管理等方面提供经费保障，高标准全部通过省环保厅组织的标准化验收。得到省财政对监测能力建设与运行保障的支持，获得环境质量监测网运行补助、污染源监督性监测等经费78万元。五是为全面建设小康社会提供更权威、更规范的监测数据，及时了解县城区空气质量、环保工作决策提供科学依据，推动县（市）级环境空气自动站的建设，湘阴县、汨罗市环境空气质量自动监测站通过验收，岳阳县和华容县正在建设中。六是加强地表水水质监测能力。完成湘江流域（岳阳段）水质自动站建设工作，湘阴县樟树港和屈原管理区自动站站房土建工作通过省环保厅验收，利用省财政对2个站房追加的40万元经费，对2个水质自动站相关设施进行升级改造，配合运营商做好比对监测工作，为下一步开展湘江流域生态补偿工作提供核算依据。

【督促环保企业履行环保的社会责任】　2014年，市环境监测中心一是为推进国控重点污染源自动监控专项执法检查工作，组织参加省环保厅组织的国控重点污染源自动监控专项执法检查工作方案、污染源自动监控设施现场监督检查要点培训，负责牵头岳阳市国控重点污染源自动监控专项执法检查工作，制定岳阳市国控重点污染源自动监控专项执法检查现场检查工作方案。二是落实《国家重点监控企业自行监测及信息公开办法》，加强对企业自行监测工作指导，制定科学的监测方案，确保按照国家、行业和省级地方标准技术规范要求开展自行监测。为进一步推动这项工作的开展，组织52家国家重点监控企业相关人员参加省环保厅举办的湖南省重点监控企业自行监测信息发布平台操作技术视频培训学习，同时组织辖区内26家企业、39名企业环保监测技术人员参加省环保厅主办的全省国控企业自行监测分析技术人员业务培训。为规范企业自行监测及信息公开，督促企业自觉履行监测法定义务和社会责任，推进企业自行监测工作的开展，全市企业自行监测结果公布率达到80%以上，达到国家“十二五”主要污染物总量减排考核对此项指标的要求。

【做好全面建成小康社会环境质量考核工作】 2014年，市环保局根据省委省政府《关于分类指导加快推进全面建成小康社会的意见》和省环保厅制定的《湖南省全面建设小康社会环境质量指标监测方案》，岳阳市岳阳楼区、云溪区、君山区、汨罗市、临湘市、岳阳县、华容县、湘阴县、平江县纳入全面建成小康社会环境质量考评范围，按照要求完成全年4个季度7个省控以上地表水监测断面、23个县级以上地表水监测断面、19个环境空气监测点位的环境质量指标的考核，对辖区内县（市）上报的全面建成小康社会环境质量考评数据进行审核，确保上报数据质量客观、真实反映所辖区小康社会环境质量状况，推进生态文明建设，加快全面建设小康社会步伐。

【做好各项环境监测专项工作】 2014年，市环境监测中心根据省环保厅《关于印发〈湖南省环境监测网络体系建设实施方案（2014-2016）〉的通知》要求，为制定《岳阳市环境监测网络体系建设实施方案》，召开岳阳市环境监测网络体系建设工作会议，编制《岳阳市环境监测网络体系建设实施方案（2014-2016）》；按照环保部下发的《关于印发〈全国集中式生活饮用水水源地水质监测实施方案〉的函》要求，及时汇总上报岳阳市辖区地级以下城镇集中式饮用水水源监测数据；开展涉重企业重金属专项核查工作，组织完成2014年地表水重金属数据上报工作；组织完成2014年全市农村环境质量村庄名单确定、采样布点、监测分析、数据汇总及报告编制上报工作；组织完成2014年土壤环境质量布点监测及报告编制与数据上报工作，配合省环境监测站完成相关现场核查工作；组织编写《2013年度岳阳市地级以上饮用水源地环境状况自查报告》《2013年度岳阳市地级以下城镇集中式饮用水水源地环境状况评估报告》；开展全市湘江流域重金属核查工作，编制监测报告，对近期湘江樟树港断面重金属常规监测数据进行分析；根据省环保厅《关于湘江流域部分江段地表水铊浓度异常问题和企业排查有关情况的通报》《岳阳市铊污染源排查整治实施方案》要求，在市辖区范围内开展涉重企业铊污染源排查工作及湘江岳阳段地表水铊加密监测工作，及时上报监测数据。

（本栏撰稿　何　旭）

东洞庭湖自然保护

【国家林业局领导调研东洞庭湖保护区】 2014年 11月20日，国家林业局局长赵树丛一行到湖南东洞庭湖国家级自然保护区调研湿地和候鸟保护工作。湖南省副省长张硕辅、国家林业局总工程师封加平等陪同调研。

在东洞庭湖国家级保护区采桑湖管理站、君山岛后湖管理站，赵树丛详细了解湿地保护、候鸟种类数量变化、保护区土地权属等情况，以及保护区视频监控系统、巡护在线管理系统和濒危野生动物GPS定位系统等信息化建设情况，与候鸟保护志愿者亲切交谈，并现场观测天鹅等候鸟觅食栖息，放飞一只受伤康复的绿翅鸭。

赵树丛说，依法保护湿地和候鸟是生态文明建设的重要内容，是实现人与自然和谐、保障中华民族永续发展的一项有意义的大事。近年来，在湖南省委省政府的高度重视下，东洞庭湖湿地保护取得明显成效，湿地生态持续改善，候鸟的种类、数量不断增加，人与自然和谐相处，对全国自然保护工作具有典型的示范意义。

赵树丛指出，加强湿地和候鸟保护工作是政府应当切实履行的责任，要进一步加大保护力度，加强基层保护设施和人员队伍建设，严格杜绝建设性破坏项目；要在明确保护区土地权属关系的基础上，进一步严格界定核心区范围，在不损害老百姓合法权益的同时，依法严格保护候鸟栖息地；要做好湿地生态补偿试点工作，探索形成可复制的经验模式，在全国范围内推广；要进一步强化科技支撑，充实基层科研队伍力量，加大科研投入力度，掌握湿地生态系统规律和候鸟习性，更好地保护湿地和候鸟。

赵树丛强调，保护湿地、保护候鸟就是保护人类的未来，要加强湿地和候鸟保护的科普宣传教育，要通过努力，把自然保护区建设成为科研的站所、科普的站所、保护的站所，建成候鸟的天堂、人与自然和谐相处的乐土。

【东洞庭湖自然保护区列入首批保护地绿色名录】 2014年11月14日，世界自然保护联盟（IUCN）在澳大利亚悉尼市举办的世界公园大会上公布首批保护地绿色名录，岳阳市东洞庭湖国家级自然保护区被列入首批保护地绿色名录。

世界自然保护联盟首批列入保护地绿色名录的保护地有23个，分别来自绿色名录第一阶段8个试点国家：中国、澳大利亚、韩国、意大利、法国、西班牙、肯尼亚和哥伦比亚。这23个保护区是从报送的50个候选保护地中脱颖而出的管理卓越的保护地。世界自然保护联盟总干事朱莉娅·玛藤说：保护地绿色名录将成为保护区有效管理的典范，也是对这些保护地成功应对21世纪挑战并对人类生计和自然做出杰出贡献的肯定。世界自然保护联盟保护地绿色名录是衡量保护地最佳管理状况的全球唯一标准，目的是认可并推广有效管理地球上最宝贵自然区域的成功经验。

据悉，入选的保护地必须符合一系列严格的评审标准，其中包括对自然价值保护成效的评估。东洞庭湖国家级自然保护区是中国入选的唯一湿地类型保护区。

【东洞庭湖保护区发现全球濒危物种 卷羽鹈鹕】 2014年12月20日，湖南东洞庭湖国家级自然保护区在大西湖发现2只全球濒危物种——国家二级保护动物卷羽鹈鹕（Pelecanus crispus）。据了解，该物种是首次在东洞庭湖监测到，为岳阳市增添一个鸟类分布新纪录。

卷羽鹈鹕属全球性易危物种，被列入2013年濒危物种红色名录，是国内偶见物种，只有零星文献报道。卷羽鹈鹕体形硕大，翼展达到1.6–1.8米，体重11–15公斤，嘴峰长大，可达0.36–0.45米；栖息于内陆湖泊、江河与沼泽，以及沿海地带等，以鱼类、甲壳类、软体动物、两栖动物等为食。保护区工作人员在调查监测中发现，这2只卷羽鹈鹕与上万只普通鸬鹚、螺纹鸭、琵嘴鸭等水鸟一起在深水区觅食。鸟类专家说，卷羽鹈鹕是国家二级保护动物，洞庭湖难得一见的珍贵客人，是在南下越冬迁徙过程中飞到洞庭湖的。

（本栏撰稿　姚　毅）

在东洞庭湖自然保护区发现国家二级保护动物卷羽鹈鹕

（姚　毅　摄）

责任编校　刘兴汉

旅　游

综　述

【概况】 2014年，岳阳市旅游工作认真贯彻党的十八大和十八届三中全会精神，围绕市委市政府的工作目标，坚持以科学旅游观为指导，克服市场疲软和政策方面等不利因素，抢抓机遇，奋力拼搏，各项工作再上新台阶，旅游产业实现持续快速发展。全市旅游产业发展继续保持快速增长的良好态势，接待入境旅游者18.22万人次，创汇7692.57万美元，比2013年增长10.95%和17.1%；接待国内旅客2125.45万人次，实现旅游总收入247.4亿元，同比增长17.1%和19.9%。假日旅游经济火爆，“十一”黄金周全市接待旅游人数302.77万人次，实现旅游收入13.17亿元，同比增长27.86%。

旅游工作呈现五大亮点：一是市委市政府高度重视旅游业发展。市委书记卿渐伟多次对旅游工作作出重要指示，并组织召开市委常委会审定《关于加快建设旅游强市的意见》；市人民政府市长盛荣华多次调研旅游项目，并担任多个旅游项目领导小组组长，两次主持召开市长办公会和市政府常务会研究旅游工作；市人大常委会就《中华人民共和国旅游法》执行情况进行专项视察；市政协组织委员视察全市旅游公共体系建设。市委市政府印发《关于加快建设旅游强市的意见》，突出旅游地位。为全市更好地开展旅游工作，铺平道路。二是部门支持，产业融合取得实质性进展。旅游是一项牵涉面广的工作，涉及发改委、财政、农业、规划、国土、建设、文化、公安、城管、卫生、交通、安全、海事等多个部门，市旅游局在旅游项目建设、旅游营销、旅游行业管理、旅游黄金周等得到上述单位的支持、配合、开绿灯。通过政府的调度，各部门积极投入旅游基础配套设施建设和旅游形象推广，市发改委支持旅游项目的立项和申报，市财政局在资金方面给予倾斜和支持，岳阳南湖风景区管委会承担南湖水上游项目，特别是组织、宣传、媒体系统，为旅游管理人才培训、旅游品牌推广做了大量工作。三是牢牢抓住项目建设这个“牛鼻子”。为促使旅游资源转化为旅游产品，市旅游局进一步加大对项目建设的跟踪力度。对有意向项目，抓紧衔接，对签约的项目，抓紧落地，对在建项目，抓紧督促，对竣工项目，抓紧营运。全年在建项目45个，比年度计划的40个多5个，超过10.2%。特别是一批大型综合旅游项目建设，加快旅游产业转型升级，助推当地经济社会的发展。四是做活市场营销这篇文章。曾经酒香不怕巷子深的理念，被信息社会逐步淘汰。全市旅游工作顺应市场需求，出台一系列营销奇招，突出创意营销、突出区域营销、突出高铁营销、突出节会营销、突出文化营销，举办央视“寻宝”栏目走进景区和“高铁遇上游轮”31城市结盟活动，在全国旅游界引起轰动，带来旅游市场的兴旺，达到事半功倍的效果。五是加大对县市区和直属景区旅游工作的指导力度。指导县市区编制旅游规划，组织评审《湘阴县旅游发展规划》《南湖风景区龙山旅游规划》《临湘市龙窖山风景区旅游发展规划》《华容县何长工纪念馆规划》等5个规划，支持县市区创建A级景区、星级饭店、乡村旅游（区）点、星级农家乐等品牌，丰富旅游业态，实现提质升级；培训县市区旅游管理干部，提高基层旅游管理干部服务全市旅游产业开发和旅游市场建设的能力和水平。

（本栏撰稿　王治勇）

旅游项目建设

【旅游规划】 2014年，岳阳市在建和续建旅游项目45个，完成投资51.53亿元。洞庭湖国际公馆和顺天洋沙湖国际旅游度假区两个高尔夫球场获得国家批准，正在按要求改造和施工；南湖水上游从7月实施帮扶以来，购置豪华游艇、游船、画舫、运动船、休闲船、工作船等各类船只40多艘，建设天灯嘴、阿波罗、南津古渡等3个亲水平台2000平方米。按《政府工作报告》目标分解任务，水上游项目初具规模，有较大突破。

【旅游重点项目】 2014年，岳阳市旅游创建A级景区4家，省级工业旅游示范点3家、省级旅游购物示范点1家，星级乡村旅游区（点）8家。分别是：平江县创建A级景区2家，湘阴县创建A级景区1家，省级工业旅游示范点1家，岳阳县创建A级景区1家，星级乡村旅游示范点4家，汨罗市创建省级工业旅游示点1家，君山区创建省级工业旅游示范点1家，省级旅游购物示范点1家，华容县创建星级乡村旅游区点1家，临湘市创建星级乡村旅游区点2家。中国洞庭湖国家级旅游度假区创建和“美丽乡村”申报工作有序推进，将创建国家级旅游度假区资料上报省旅游局。4月，平江县被评为湖南省旅游强县，临湘市被评为湖南省旅游产业发展十佳县，平江县石牛寨景区被评为国家AAAA级旅游景区，岳阳县相思山景区、纯溪小镇、南华寺景区被评为国家AAA级景区。

【旅游招商】 2014年临湘市红色乐园接待公馆、临湘名车城、美食啤酒广场，岳阳南湖水上游等营业，平江“自在平江游”部分营业，一批休闲项目有序推进，湘阴顺天洋沙湖国际旅游度假区、洞庭湖国际公馆、中国洞庭湖博览园、岳阳南湖十景、岳阳王家河风光带等项目进展顺利，一批休闲项目规划通过评审，《岳阳市旅游发展规划》修编工作全面启动，《湘阴旅游发展规划》《南湖风景区龙山旅游规划》等5个规划通过专家评审，这些旅游项目的建成，将弥补岳阳市休闲度假旅游的短板。一批休闲项目成为全市重点帮扶项目，中国洞庭湖博览园、屈子文化园等4个项目列入湖南省251工程重点项目，并进入全省重点招商引资项目。

【品牌创建】 2014年，各县市区旅游局会商，向省旅游局上报创建A级景区6家，省级工业旅游示范点3家、省级旅游购物示范点1家，星级乡村旅游区（点）8家。国家级旅游度假区创建和“美丽乡村”申报工作有序推进，配合南湖风景区管委会将创建国家级旅游度假区资料上报省旅游局；指导平江县梅仙镇姜源村等10个村将“美丽乡村”申报资料上报省旅游局并通过初审，上报国家旅游局。

（本栏撰稿 王治勇）

旅游宣传营销

【网络营销】 2014年，全市智慧旅游建设稳步推进，成立岳阳市旅游信息中心，开通旅游微博、微信平台，重点景区实行二维码扫描，旅游行业咨询平台逐步完善。加强与各大网站的联系，新浪网全程参与高铁遇上游轮活动。11月，联合省旅游局信息中心举办湖南旅游电子商务平台加盟洽谈会，全市109家旅游企业参加，由北京大成公司负责培训安装，联网全市旅游企业推进智慧旅游建设。

【旅游区域营销】 2014年1月，市旅游局主办2014年全国旅游供应商大会，来自全国35个省及港澳台地区的360多名旅游产品供应商汇集岳阳，签订116份采购合同；2月，举办岳阳旅游问计专家座谈会；参加第十七届海峡两岸旅游行业联谊会、湖南省智慧旅游城市名片暨智慧浏阳河高峰论坛、2014年中国新媒体旅游营销青岛峰会暨中国旅游城市新媒体营销联盟、2014年长江沿岸中心城市信息化工作会议、第六届中国国际旅游商品博览会、第七届华中旅游博览会、2014年中国旅游日（长沙）公众宣传活动，宣传推介岳阳市旅游品牌和旅游产品。

【节会营销】 2014年3月，市旅游局举办“烟花三月下洞庭”春季营销和中央电视台《寻宝》栏目走进景区活动，临湘市举办湘鄂风筝节；4月举办高铁遇上游轮31城市旅游（岳阳）结盟活动，达成《岳阳共识》，开启旅游区域合作新篇章；5月举办做谦恭有礼的岳阳人、文明与旅游同行暨中国旅游日宣传活动，汨罗市举办第十届国际龙舟节；6月举办忆当年、亲子游景区活动。

【媒体营销】 2014年7月，市旅游局举办湖南卫视汉语桥栏目走进岳阳楼——君山岛景区活动；9月组织岳阳楼景区参加2014年“锦绣潇湘 快乐湖南”免费游活动，与云溪区广播电视台合作拍摄岳阳旅游版《小苹果》，精心编制《2014年国庆黄金周岳阳游玩攻略》。加大媒体宣传推广，在新浪网、红网、《中国旅游报》《岳阳日报》、岳阳电视台等媒体，发布游客可免费游览岳阳市15家A级旅游景区相关信息。

【高铁营销】 2014年，市旅游局在高铁动车免费宣传推介岳阳活动取得实质性进展。实现走出去，推介自己。在高铁北京站、武汉站发布为期1个月的岳阳旅游宣传信息。

（本栏撰稿 王治勇）

旅游节庆活动

【央视“寻宝·走进岳阳楼”】

2014年3月29日，中央电视台“寻宝·走进岳阳楼”活动在巴陵广场启动。经过一天的较量，108件藏品脱颖而出，于4月3日在市体育馆竞逐岳阳“国宝”。

市委常委、宣传部长徐新启宣布活动正式启动，副市长宋爱华，中央电视台《寻宝》栏目总导演孙锦铭以及专家团队出席启动仪式。宋爱华在欢迎辞中说，中央电视台携手岳阳举办“寻宝·走进岳阳楼”活动，将通过央视这个国内最高级别的电视传媒平台和栏目，进一步彰显文化名楼岳阳楼的文物和文化价值，进一步丰富岳阳的群众文化生活，提升岳阳楼景区的文化影响力，为宣传岳阳和推动岳阳旅游产业的发展发挥重要作用。

参加此次海选专家组阵容强大，有书法鉴定专家李学伟、杂项鉴定专家王注贰、陶瓷鉴定专家张友、珠宝翡翠鉴定专家沈理达、青铜佛像专家王荣琳、杂项组专家边正明等国内著名鉴宝专家组成的鉴宝评审团，按瓷器、字画、青铜、杂项、珠宝5个类别，对广大藏友的藏品进行免费甄别。据活动组织部

中央电视台“寻宝 走进岳阳楼”活动在巴陵广场举办　（汤志坚　摄）

门统计，7000多位藏友带着3万多件藏品参加海选，成为岳阳及周边地区藏友的一次盛大聚会，充分展现岳阳深厚的历史文化底蕴。

【“高铁遇上游轮”旅游城市结盟】　2014年4月18日，“高铁遇上游轮”旅游城市结盟活动在岳阳市举行，来自上海市、重庆市、南京市等8个长江沿岸城市，北京市、广州市、郑州市等20个京广高铁沿线城市，以及三个环洞庭湖生态经济圈城市益阳市、常德市、张家界市的代表在岳阳市结盟，共商工商区域合作、协同发展、互利共赢大计，共同发布旅游结盟城市《岳阳共识》。交通改变旅游，旅游改变生活。大交通旅游时代，在“一带一部”战略定位下，中国旅游业正进入新一轮黄金发展期，把握“游轮时代”和“高铁时代”的同城化趋势，应对“快旅慢游”的时代特征，长江沿岸和京广高铁沿线城市是经济社会较为发达的地区，也是旅游经济发展水平较高的区域，此次岸线上31个旅游城市的结盟，旨在利用交通发展的契机，加速推动旅游区域大合作，促进旅游文化产业交流与发展，开辟“中国岸线”黄金旅游线路，打造中华山水“最美十字飘带”，通过实施中国大交通旅游“蓝海战略”，塑造新时期旅游“快旅慢游”整体形象，提升长江沿岸和京广高铁沿线旅游城市整体实力，发挥旅游集约发展优势，实现资源共享，利益共赢。

【烟花三月下洞庭】　2014年阳春三月，市旅游局举办“烟花三月下洞庭”自驾旅游活动，给予妇女当日半价购票优惠，联合旅行社、市级行业商（协）会组织主题活动，发放自驾游线路图、发动旅行社参与组织等多项举措，加大岳阳旅游的市场促销力度。“三八”妇女节前后三天，岳阳楼君山岛景区接待游客1.3万人次，临湘市五尖山国家森林公园接待游客0.8万人次，平江县石牛寨国家地质公园接待游客0.6万人次，全市各旅游景点、观赏点接待自驾自助游活动车辆5300多台次，吸引来自湖北、长沙、株洲、湘潭、石首等地的车友，以自驾、自助方式组团到岳阳市旅游消费。活动当天，市旅游局联合省旅游协会、长沙市青年创业者商会、湖南山河国家旅行社有限公司、长沙新浪乐居等相关单位及部门，推出“烟花三月下洞庭”自驾游活动，岳阳各旅游景区推出“三八”妇女节旅游专享优惠活动，岳阳楼君山岛景区针对女性同胞还推出半价门票优惠措施。市旅游局现场发布烟花三月下洞庭最佳自驾游路线推荐图，设计如岳阳楼—五尖山国家森林公园—石牛寨国家地质公园—福寿山风景名胜区等多条旅游精品线路，君山油菜花、西塘桃花、铁山水库踏青、洞庭月色露营等绝佳户外出游体验产品。

（本栏撰稿　王治勇）

旅游行业管理

【组织导游大赛】　2014年6月，市旅游局组织全市导游大赛，有300多人报名，评选出33名优秀选手，推选7名选手代表岳阳市参加全省导游大赛。

【规范市场秩序】　2014年，市旅游局一是加强“两节”“两会”和“五一”小长假及“十一”黄金周旅游安全检查，下发《关于做好全市旅游行业“两节”“两会”期间安全生产工作的通知》《关于做好“五一”小长假旅游安全工作的通知》和《关于做好“十一”黄金周旅游市场秩序的通知》，由市旅游局、市安监局、市工商局、市物价局、市交通运输局、市卫生局、市地方海事局等部门组成联合执法组，对景区、车队、旅行社、星级饭店、旅游码头、游船进行安全检查。二是按照《湖南省旅游市场秩序和旅游安全保障督查检查工作制度》要求，组织开展为期两个月的专项整治。

（本栏撰稿　王治勇）

责任编校　刘兴汉

科学技术

综 述

【概况】 2014年，岳阳市科学技术局（简称市科技局）围绕市委市政府部署的目标任务，贯彻落实创新驱动发展战略，结合党的群众路线教育实践活动开展，以全面建成小康社会、全面深化科技体制改革为主线，加强科技创新工作和干部队伍建设，全市产学研结合创新加速推进，自主创新能力明显提高，高新技术产业迅速发展，科技支撑经济社会发展能力进一步增强。全市科技系统“围绕中心、服务大局、主动求为”，开展科技绩效考核评估和政风行风民主评议活动，干部作风明显好转，工作绩效显著提升，招商引资、计划生育、纪检监察等多项工作跻身省市先进行列。在全市小康综合绩效考核中，被市委市政府评为先进单位。

【科技项目建设】 2014年，市科技局争取国家和省级科技项目159项，资金5822万元。其中，国家科技项目40个、资金2395万元，省级科技项目119个、资金3427万元，超出全省平均份额51.5%。扎实做好招商引资工作，全年到位资金5000万元。

【科技服务水平】 2014年，市科技局先后开展实施创新驱动发展战略研究、高新技术产业发展、北斗导航产业发展、科技人才队伍建设等专题调研，协助市委市政府出台《岳阳市民营企业重点帮扶资金管理暂行办法》《关于加强高层次创新创业人才引进工作的意见》等文件，并就“十三五”期间科技支撑湖南长江经济带发展，开展有关科技工作对接活动。加强科技帮扶，牵头相关部门单位，对国信军创岳阳6906、千盟电子等11家电子信息企业，实施“一企一策”对口帮扶，帮助企业搭平台、引人才、上项目、融资金。加强政策辅导，以科技型企业为对象，举办科技项目管理、高新企业认定、“两型”产品认定、优惠政策落实、专利申请与维权等系列培训，为企业发展提供咨询服务。

【科技体制改革】 2014年，市科技局先后制订《改革工作方案》《改革任务分工意见》《先行先试改革试点实施方案》，组织推进科技项目经费管理、健全科技成果处置权和收益权等系列改革。改革市级科技项目支持方式，按照科技项目分类管理的改革要求，对高新技术企业的研发项目，按“以奖代投”的形式进行“后补助”。强化项目和平台监管，实施市级科技研究与开发项目资金绩效评价，首次评选出第一批科研管理诚信单位；强化市级院士工作站、重点实验室、工程技术研究中心验收和考核，对年度考核为优秀的院士工作站给予运行经费补助。推行管理规范化，启动科技成果登记工作，设立技术合同签订等网上办事窗口，率先启动研发项目鉴定工作，推动研发费用加计扣除等税收减免走向规范，科技管理效能明显提升。

【知识产权战略】 2014年，市科技局专利申请与授权工作稳步推进，全市拥有有效发明专利488件，名列全省第四，实现专利申请量1824件、授权量1306件，百万人发明专利拥有量87.1件，发明专利“两相逆变电源及其综合控制方法”获得第十六届中国专利金奖。知识产权宣传周工作被评为全省先进单位，争取一批省知识产权战略推进工程专项，推进市级知识产权试点企业工作，举办全市企业专利联络员培训班，开展知识产权知识进园区活动。

【科技普及推广】 2014年，市科技局借助科技活动周、科技特派员、“12396”科技信息服务等平台，突出知识产权、防震减灾、科技惠民等平台，精心组织第五届省科技博览会参展、“4·26”知识产权宣传日、科技信息服务、企业科技咨询等专题活动。科技活动周工作被评为全省先进单位，民院航天航空科技馆和中草药识别科普示范基地被评为湖南省优秀科学技术普及基地，东洞庭湖国家级自然保护区《我是一只小小鸟——小白额雁

4D科普片》获得湖南省第三届优秀科普作品一等奖，2名科普讲解员在全国、全省科普讲解大赛中获奖。

（本栏撰稿　谢勇军）

科技创新

【高新技术产业】　2014年，市科技局扎实推进国家农业科技园区建设，将其列为全市重大建设项目，完成投资1.61亿元，创建临港国家高新区，通过省发改委、省科技厅、省国土厅、省住建厅等部门审核，进入到省政府向国务院申报阶段。创建平江县、岳阳县省级高新区，在省科技厅领导的重视和支持下，通过专家评审，新认定或通过复审高新技术企业45家，全市高新技术企业达到123家，全市实现高新技术产值1791.4亿元、增加值464.9亿元，增加值占GDP的比重为17.4%。（谢勇军）

【产学研结合创新】　2014年，市科技局新组建院士工作站、重点实验室、工程技术研究中心等市级技术创新平台10家，新认定科技企业孵化器、工程技术研究中心等省级技术创新平台6家，全市各类技术创新平台达到190家，覆盖市域主导产业的技术创新平台体系初具雏形。依托这些平台，引进孙家栋院士、印遇龙院士等领军人才6名，各类创新创业人才270名，全市进站院士达到13名，长岭石化科技团队获得省级科技创新创业团队。（谢勇军）

【自主创新引导】　2014年，市科技局强化自主创新引导，安排市级产学研合作、创新引导基金、北斗导航产业发展等专项资金1339万元，比2013年增长14.7%，完成全社会研发投入48.2亿元，比2013年增长18.4%。强化科技进步奖励，高规格召开全市科技奖励大会，奖励市级突出贡献奖2名、科技进步奖26项，7项成果获得省级以上科技奖励，其中巴陵石化“新一代高性能苯乙烯类热塑性弹性体成套技术”获得国家科技进步二等奖。实施关键技术攻关项目128个、重点成果转化项目67个，攻克关键共性技术57项，开发高新技术产品75种。

（谢勇军）

【科技信息服务工作】　2014年，市科技信息管理办围绕全市经济和科技发展的需要，提供优质公共科技信息产品和公益服务，依托岳阳科技网、湖南省科技文献资源网，抓好岳阳市电子科技政务服务、星火科技“12396”科技服务、企业竞争情报服务，启动“12345”电子科技政务和电子政务监察系统服务，采集科技政务信息、科技情报（信息）等各类信息1200多条、图片600多张，发布信息1000多条。接受求助信息2000条，组织上门服务180次，组织宣传活动30场次，培训人员2300多人，发放科技信息资料1万份。

（罗晓红）

【生产力促进中心工作】　2014年，市生产力促进中心落实科技部关于“面向产业集群、面向基层科技”两服务行动，开展项目申报、技术咨询、信息提供等服务工作，开展科技进社区活动。开展送科技下乡活动120次，科技进社区10次，进校6次。举办农业实用技术讲座20场，展出各类展板1500余块，培训农民技术骨干800人次，赠送种植、养殖科技书籍4万余册，发布实用科技信息270条，受惠农民群众1.7万。《科技五下乡简报》《岳阳晚报》、岳阳电视台对该中心送科技下乡活动进行多次报道，科技下乡活动受到社会各界好评。

（冯振家）

专利与知识产权

【概况】　2014年全市专利申请量1824件，名列全省第八位，专利授权量1306件，名列全省第四位，发明专利申请量344件，发明专利授权量119件。拥有有效发明专利488件，名列全省第四位，其中职务发明397件，占81.4%，百万人有效发明专利拥有量87.1件，名列全省第四位，比2013年增长18.7%。湖南省金为型材有限公司全年授权专利97件，其中授权发明专利31件，进入全省企业专利授权量和企业发明专利授权量前十强。

【县市区知识产权管理】　2014年，岳阳县知识产权局被评为2014年度湖南省专利工作先进单位。岳阳县、平江县、临湘市、湘阴县、华容县和汨罗市被评为2014年度湖南省专利工作达标单位。汨罗市科技局的“国家知识产权试点城市建设”项目、临湘市知识产权局的“创建湖南省知识产权示范（县）市”项目和华容县科技局的“华容县中小企业专利信息服务平台”项目获得省知识产权试点示范项目经费支持。岳阳经济技术开发区完成省级知识产权试点园区各项工作任务，顺利通过专家组考核验收。

【企业知识产权管理】　2014年，岳阳市知识产权局举办岳阳市企业专利联络员培训班，邀请湖南省企业专利联络员平台专家李敏慧、肖功友授课，全市76家企业加入联络员平台，参加培训。协调中介机构深入园区服务，其中岳阳市科明专利事务所在云溪区工业园建立知识产权服务工作站。全市企事业单位参与申报湖南省专利项目，其中，湖南国发精细化工科技有限公司的“1000吨/年甲基异氰酸酯分解尾气分离回收”项目、岳阳鸿升电磁科技有限公司的“化工电磁感应设备专利技术产业化”项目获得省知识产权局专利技术产业化项目支持，湖南中创化工股份有限公司的“乙酸异丙酯专利预警分析”获得省专利信息利用项目支持。市知识产权局的“岳阳市高新技术企业专利试点工作”获得省知识产权试点示范项目经费支持，市级知识产权企业试点工作深入推进。通过评定，湖南省金为型材有限公司、湖南湘达环保工程有限公司、岳阳东方雨虹防水技术有限公司、华容县恒兴建材有限公司、湖南华中天地环保科技有限公司、湖南黄金洞矿业有限公司、岳阳环宇药业有限公司7家企业新加入市级知识产权试点企业行列。岳阳鸿升电磁科技有限公司等四家市级试点企业通过两年的试点，圆满完成各项工作任务，顺利通过市知识产权局考核验收。

【专利行政执法工作】 2014年，市知识产权局组织全市专利工作部门和相关企业，配合省、市人大常委会对岳阳市《中华人民共和国专利法》《中华人民共和国专利法实施细则》和《湖南省专利条例》贯彻实施情况进行集中执法检查。检查期间，省人大常委会副主任刘莲玉带领省人大常委会检查组听取岳阳市专题汇报，并深入湘阴县、云溪区和相关企业进行实地考察。承办全省"打击侵犯知识产权和制售假冒伪劣商品工作"(以下简称"双打"工作)行政处罚案件信息公开会议。全国"双打"办副主任李振中、省"双打"工作领导小组副组长、省知识产权局局长陈仲伯出席会议并讲话，岳阳市政府副市长李为与会并致辞。国家、省、市"双打"工作领导小组成员单位联络员120人参加会议。按相关要求市知识产权局督促各成员单位落实全市"双打"信息公开工作，并在市知识产权局网站上增设专利行政处罚案件公开公示专栏，对全市所有案件进行公示、公开。全市对15起专利侵权纠纷立案，结案11起，查处假冒专利189件。市"双打办"认真履行相关职责，全面完成综治民调考核中专利执法和"双打"工作相关指标。

【宣传培训工作】 2014年，市知识产权局建立岳阳市知识产权局网站，定期发布专利工作动态信息，为公众了解岳阳知识产权工作提供一个新窗口。"4·26"知识产权宣传周活动期间，开展现场咨询、集中培训、知识产权进社区、门店、全市专利行政执法等系列活动。9月，在全市6个省级以上工业园区开展知识产权进园区活动，邀请湖南省企业专利联络员平台专家肖功友授课，面对面交流，并将专利惠企政策和企业知识产权管理知识印刷成册，送到园区企业手中。联合《岳阳日报》开展"民间发明家"系列报道，刊登题为《华容七旬老翁搞出17项发明》等报道7期。市知识产权局被湖南省知识产权协调领导小组办公室局评为2014年全省知识产权宣传周活动先进单位。

【知识产权奖励和资助】 2014年，湖南大学和湖南中科电气股份有限公司共同申报的"两相逆变电源系统及其综合控制方法"发明专利获得第十六届中国专利金奖和湖南省专利奖一等奖，岳阳林纸股份有限公司和长沙理工大学共同申报的"一种微量涂布轻型纸的制造方法"发明专利获得省专利奖二等奖，湖南金联星特种材料股份有限公司的"一种高洁净度铝钛硼合金细化剂的制造方法"发明专利和岳阳华中电磁技术的"微机配铁控制仪的控制方法"发明专利获得省专利奖三等奖。全市有442项专利获得专利资助，落实专利资助金31.61万元，20家企业的43个重点发明专利获得省知识产权局专利年费补助13.71万元。

（本栏撰稿 易 春）

科技成果与奖励

表5

2014年度岳阳市获得国家省科学技术奖励项目

项目名称	获奖人员	获奖单位	获奖等级
冶金特种大功率电源系统关键技术与装备及其应用	李爱武 等	湖南中科电气股份有限公司	国家技术发明二等奖
新一代高性能苯乙烯类热塑性弹性体成套技术	梁红文 张红星 张爱民 李望明 周立新 夏金魁 戴立平 高正明 韩丙勇 邬智勇	中国石化集团资产经营管理有限公司巴陵石化分公司、湖南百利工程科技股份有限公司	国家科学技术进步二等奖
环己烷氧化废液的资源化利用成套技术开发	蒋卫和 郑宏翠 袁年武 屈铠甲 唐召兰 郑寿平 王德清 谢正堂 姜红军	岳阳昌德化工实业有限公司	湖南省技术发明奖二等奖
电磁感应化工磁稳定成套设备	梁志军 江雨生 张志强 梁 欢 黄烨华	岳阳鸿升电磁科技有限公司	湖南省科学技术进步奖二等奖
湖南油茶良种组合区划和标准化栽培	潘新军 杨广文 彭辉明	湖南省林业科学院 岳阳市林业科学研究所	湖南省科学技术进步奖二等奖
食品包装纸研发及其应用	尹 超 朱宏伟 马乐凡 刘春景 刘成良 周金涛 李 丹 陈文群	岳阳林纸股份有限公司 长沙理工大学	湖南省科学技术进步奖三等奖
氨肟化工艺己内酰胺精制技术研究及工业应用	旷志刚 黄 敬 范壮志 孙 斌 王文彬 胡合新 李先华	中国石油化工股份有限公司巴陵分公司	湖南省科学技术进步奖三等奖

防震减灾

【概况】 2014年，岳阳市地震系统深入践行党的群众路线教育实践活动，切实转变工作作风，持续加强基础工作，有序推进重点工作，实现全市防震减灾事业新的进步。岳阳市地震局被评为2014年度全省市州防震减灾工作综合考核先进单位，湘阴县地震办公室被评为2014年度全国县级防震减灾工作综合考核先进单位,临湘市地震办公室被评为2014年度全省县市区防震减灾工作综合考核先进单位。

【地震监测预报】 2014年，市地震局加强台网建设，完成汨罗台山体边坡支护和摆房全新选址，临湘流体观测改造。测震台网监测到岳阳市及周边区域可定位地震34次，及时准确地完成震情速报任务。认真落实震情会商，市地震局参加省级以上震情会商会3次，2015年度震情趋势会商报告获得全省第三名。严格落实地震异常跟踪，实行宏微观异常零报告制度，坚持每周、每月向省地震局报送会商报告。科学处理4月14日湘阴县静河乡鱼塘冒气异常现象，撰写《关于湘阴县鱼塘冒气异常调查处置情况的报告》，获得省级优秀奖。

【地震震害防御】 2014年 9月，岳阳市人民政府副市长李为主持召开全市抗震设防审批环节协调会，明确确定抗震设防要求审批环节，起草《岳阳市建设工程地震安全监督管理办法》实施细则。加强职能转变、提高办事效率，取消行政审批事项2项，转变管理方式1项。全年完成12个重大项目地震安全性评价，申请法院强制执行行政处罚案件1件，涉企检查项目备案2次、上门督办21次。岳阳楼区胥家桥民居工程顺利竣工，通过省地震局专家组的验收。

【地震应急工作】 2014年，市地震局加强应急组织领导，调整岳阳市防震减灾工作领导小组成员名单。完善地震应急预案体系，重新编写《岳阳市地震应急预案》，市政府以岳政办发［2014］37号文发布。加强应急能力培养，4月，参加省地震局地震现场单兵系统培训，5月，参加全省地震应急演练。

【地震宣传工作】 2014年，市地震局加大宣传规模，在“5·12”防灾减灾日、科技宣传周等重要活动日举办地震科普宣传活动50场次，发放各类宣传材料2万份。宣传形式灵活多样，创建省级科普示范学校一所。开展创建地震安全示范社区活动，送防震减灾知识进社区，与安利志愿者联合在花田完美希望小学宣传防震减灾知识，送科普知识下农村。向湖南省地震局网、湖南省科技厅网、岳阳市地震信息网投稿74篇，及时报道全市防震减灾工作动态，在湘阴县、华容县创建两所科普宣传基地。

（本栏撰稿　陈　凯）

防灾减灾日科普宣传　　（市地震局　供稿）

气　象

【概况】 2014年，岳阳市气象局全面完成省气象局和市政府下达的各项工作要求，基础业务工作扎实，天气预报、气象探测和气象服务等主要业务质量和指标名列全省前茅。地面测报质量零错情，自动气象站资料数据传输率全省排名第二，预报质量全省排名第三，多普勒雷达、闪电定位、土壤水分、大气负氧离子、GPS/MET水汽等综合探测设备均保持高质量稳定运行，在首届湖南省气象系统县级综合气象业务技能竞赛和影视节目竞赛中分别获得团体第二名及优秀组织奖。及时完成地面测报软件升级和地面实时历史资料一体化业务切换工作。推进科级干部的交流轮岗，进一步调整加强县局领导班子的配备。组织职称申报，其中，6人通过高级职称、7人通过中级职称申报，1人入选第四批省气象局人才工程名单，1人被评为湖南省优秀青年气象科技工作者，选拔推荐1名优秀业务骨干援疆工作。市气象局获得湖南省内部审计工作先进单位，岳阳国家基本气象站获得省级工人先锋称号。

（张巧明）

【汛期气象服务】 2014年，市气象台发布《重大气象服务专报》4份、《专题气象服务》38期、《地质灾害风险预警》5期，发布各级别预警信号174期，启动低温雨雪冰冻、暴雨等各类应急响应9次，向27万短信用户（包括6300名防汛负责人）发出各级预警176次，计3696万人次，为市委市政府防汛抗灾科学决策提供大量依据。全市气象部门在2月份低温雨雪冰冻、5月9–10日、6月19–21日、7月3–5日暴雨过程中，均做到提前预报、服务主动及时，为岳阳市县各级政府领导和指挥防汛抗灾提供科学依据，发挥重要参谋作用。

7月4日，岳阳市委书记卿渐伟在岳阳市气象局调研检查工作时，用“地位关键、作用重要、成效显著”充分肯定市气象部门近年来在防汛抗灾工作中取得的成绩。

（苏　韬）

【重大活动气象服务】　2014年，市气象局在五一、高考、端午节、国庆节、三月学雷锋纪念活动、“3·15”消费者权益日宣传活动、湖南省第八届少数民族运动会等重大活动提供优质的气象应急服务，得到市委市政府领导和社会各界的一致认可。（欧阳红）

【人工增雨工作】　2014年，市气象局新增火箭作业系统2套，完成5个标准化作业炮点建设。制定《2014年岳阳市人工影响天气作业实施方案》。2月，组织开展岳阳市人工影响天气作业装备检定维修、作业空域协调、人员上岗培训等工作，2月23日，平江县气象局在三市镇尧塘水库打响全省人工增雨第一炮。

（陈姣荣）

【农业气象服务】　2014年，市气象局加强与市农业局的沟通、合作，发布为农气象服务专题材料134期、农业气象灾害预警14次。开展农事调查20次，为207个种养殖大户、专业合作社提供直通式、个性化服务。华容县气象局、平江县气象局是中国气象局“三农”气象服务专项试点县，全面完成各项建设任务，平江县伍市镇被评为全国“标准化气象灾害防御乡（镇）”。华容县气象局成立气象为农服务工作领导小组，华容县防灾减灾办公室，其工作经费纳入县财政预算。

（黄菊梅）

【气象现代化建设】　2014年，市政府出台《关于加快推进岳阳气象现代化建设的实施意见》，将气象灾害防御工作纳入市政府综合绩效考核。华容县、临湘市、平江县3个县（市）政府将气象防灾减灾纳入政府绩效考核评价体系，并成立气象灾害防御指挥部。与市国土资源局签署地质灾害防御预警合作协议。与市水利局合作开发的岳阳市决策气象服务系统投入运行。与市环境保护局联合签署《关于开展重污染天气监测预警预报工作合作协议》，共同开展《岳阳市重污染天气应急预案》的编制工作。

（苏　韬）

【气象法制和行政执法工作】　2014年，市气象局完成规范性文件的清理清查工作，加强对县（市）气象局和市气象局有关单位涉法事项的释疑和指导。下发《岳阳市气象局防雷装置检测报告管理办法》，配合并依法完成防雷工程资质、检测资质、施放气球资质的年检、换发工作。开展安全生产检查及防雷综合治理工作。市气象局下发《岳阳市气象局关于暂停收取岳阳市区施放气球作业服务费的通知》，组织开展气象法制和安全生产宣传活动。市政务中心气象窗口全年受理防雷装置设计审核申请21件，许可16件，受理防雷装置竣工验收申请7件，许可13件。开展执法检查新改、扩建设项目52家。组织开展雷电灾害调查、统计上报，全年调查雷灾12起。（闫　雍）

【雷电灾害】　2014年，岳阳市发生多起雷电灾害事故，造成重大财产损失和人员伤亡，其典型灾害如下：3月19日，华容县万庾镇陈其新、吴美华遭雷击，二人受伤。灾情发生时，受伤人员正在家休息，击坏2只电灯泡、1台热水器、1台调制解调器（MODEN）、1台冰柜。3月28日15时50分，岳阳市郭镇郭兴小学遭雷击，击坏3台台式电脑、1台电视机、4个监控摄像头，直接经济损失1万元。5月24日14时，岳阳县中州乡杨山村红星组击坏1台太阳能热水器、1台油烟机、2台电视机、1台电冰箱、1个电表，直接经济损失2万元。7月3日14时30分岳阳市临湘市杨德云水湾小区遭雷灾，击坏8个监控摄像头、1个显示器、1件电梯平层装置。7月12日下午，平江县伍市镇四知村祝再根家遭雷击，灾情发生时，受灾人员正在家休息，击坏20米电缆、1块电子显示器、1个PV控制器、1个通信模块，击坏2个电视机顶盒、2台电视机，直接经济损失5万元。9月9日下午，平江县加义镇练阜村遭雷击，灾情发生时，受灾人员李远清正在农田喷洒农药，因突下雷阵雨，当场被击身亡。（闫　雍）

责任编校　刘兴汉

教　育

综　述

【概况】 2014年，全市教育系统围绕“教育管理提升年”“教育改革创新年”等重点工作，全面打造“清洁校园”“平安校园”“书香校园”，教育事业稳步发展，职业教育、“我的中国梦”主题活动被评为全国先进，省教育厅先后在岳阳召开教育信息化、教育阳光服务现场会。

一、推进均衡发展，促进教育公平。一是市政府推动全市“阳光招生”，各县市区党政高度重视，一致响应。招生过程中，市区和各县市区上下联动，分数不够不取，计划不满不补，全市13.55万名各学段新生顺利入学。全市高中阶段毛入学率达到92.95%，比2013年增长1.81个百分点。居民平均受教育年限达到11.16年，比2013年增长0.23个百分点。二是化解城区学校大班额。坚持“整体规划、分步实施、因地制宜、尽力而为”，通过增点、扩容、整合，增加城镇教育容量。市区中小学平均班额控制在60人以下，全市普高平均班额控制在55人以下。三是均衡编班。强化随机编班和稳定班级，不准办“实验班”“特长班”和其他变相重点班。编班方案、流程、结果公示，接受学生、家长和社会监督。四是推动布局调整。重新编制《岳阳市中心城区2009-2030年中小学校布局规划》。作为先行先试，市十四中与湖南理工西院置换办学，将有效优化南湖片区中小学布局。制定《农村义务教育学校布局专项规划》，总的思路是县域高中向县城集中，农村保留必要的教学点。

二、推进教育惠民，提升群众满意度。一是服务惠民。市、县、校建成教育阳光服务中心（站、点）372个。依托教育信息化，开辟服务窗口与网络平台两部分，实行政务与服务并举，群众办事“少跑一趟路、少进一扇门、少找一个人”。教育局“教育阳光服务中心”7月1日正式运行后，受理群众服务事项2754件，办结率99.6%，群众满意率98%，基本实现教育“矛盾纠纷不出门，业务办理不上楼”，省、市涉教投诉量比2013年同期下降20%。省教育厅通报的越级投诉举报件与负面舆情信息，岳阳是最少的市州之一。11月25日，全省教育阳光服务平台建设推进会在岳阳召开，市教育局的经验在大会推介。二是帮扶惠民。深入岳阳县相思乡河山村开展“党员进村组、访民解难题”活动，走访25户困难家庭，慰问2万余元，投入村级建设经费10万元。深入重湖社区开展“党员进社区、竞赛当五员”活动，认领服务岗位58个，入户走访186户家庭，投入13万元完善社区设施。推进新农村建设，争取资金10万元，投入柳江村实施公路改造。教育局被评为全市新农村建设帮扶工作先进集体。三是助学惠民。发放贫困幼儿入园补助金、义务教育“两免一补”、普高和职高国家助学金、大一新生交通费等各类助学资金2.04亿元，77.9万人次的学生和幼儿受益。大学生源地信用助学贷款有新突破，贷款人数6488人，比2013年增加1761人。贷款金额4643.23万元。此外，全市还募集社会捐助资金2111万元，资助学生1.4万人。

三、推进实事工程，改善办学条件。一是教育信息化建设。华容县探索实行教育信息化建设PPP模式，省、市在华容县召开现场会，教育部将华容县作为全国教育信息化建设的试点县，向全国推介。全市形成教育信息化建设热潮：建成校园网153个，多媒体教学终端5004套，计算机网络教室538间，教师网络学习空间人人通完成率达80%以上。二是实事项目建设。实施层级管理，项目台账，督促检查，逐月通报。投入1.53亿元，建设116所义务教育合格学校。投入6752万元，建设农村公办幼儿园42所。投入1393万元，添置农村义务教育寄宿制学校学生床位39498个，完成比例112.9%。三是其他项目建设。通过“争、申、引”等渠道，落实重大教育建设项目7个，资金 2.63亿元，其中全面改薄1.283 亿元，初中工程1040万元。实施农村学校教职工周转房建设项目，全年建设1782套。市本级投入8337万元，建设市四中体育馆，市五中、市九中、市十中、市十三中、岳纸等学校实验

表6

2014年全市各级各类学校基本情况

项目	校（园）数（所）	教学点数（个）	学生数（人）			教职工数（人）	专任教师数（人）	学校占地面积（平方米）	校舍建筑面积（平方米）	图书（册）	固定资产总值（万元）	
			毕业生数	招生数	在校生数						计	其中：仪器设备总值
总计	2306	345	206987	223716	787452	55943	45618	24186887	8338290	17357230	659349	64706

表7

2014年岳阳市学校基数情况

	合计	幼儿园	小学			初中			高中				特殊教育	职业教育
			计	小学	小学教学点	计	初级中学	九年一贯制学校	计	高级中学	完全中学	十二年一贯		
总计	2651	1149	1155	810	345	258	188	70	47	32	14	1	7	35

表8

2014年岳阳市学校学生、教职工数情况

	合计	幼儿园	小学	初中	高中	特殊教育	职业教育	合计	幼儿园	小学	初中	高中	特殊教育	职业教育
总计	787452	158452	331977	162456	84249	796	49522	55943	12855	17188	15619	7619	174	2488

（喻润池）

楼、教学楼、田径场等。

四、推进文明创建，助推未成年人思想道德建设。一是打造“三园”，提升办学品位。建设“清洁校园、书香校园、平安校园”。各学校对教室、寝室、食堂早中晚三清扫，校园面貌得到很大改观。利用健康教育课，加强卫生、疾病预防教育。组织教师读书、学生经典诵读活动，全市“我的中国梦”主题活动被教育部评为先进。组织全市第四届优秀童谣征集活动，3件作品入选全国优秀童谣。全市分别创建省、市级安全文明校园5所、17所，华容县和云溪区被评为湖南省平安校园建设先进单位。二是建设少年宫，拓展德育渠道。投入300万元，新建临湘市文白中学等10所乡村学校少年宫，6471名学生参与歌咏、书画、科技实践等活动项目。市直5所城市学校少年宫常年面向未成年人、家长、社会开放，反响很好。三是开展主题活动，增强德育效果。24字核心价值观上墙，人人能背。开展经常性的“三爱”（爱学习、爱劳动、爱祖国）、“三节”（节粮、节水、节电）、志愿者服务等活动。市十五中被评为省级文明单位。

五、推进教育改革，提高办学水平。一是改革管理办法。在平江县实行学区一体化管理改革试点。在全市中小学校实行“挂牌责任区督导”。推动校长教师交流，拟定《中小学校长教师轮岗交流办法》《市直学校校长管理办法》。年初机关科长、副科长空缺岗位竞聘上岗，岳化片区2所学校校长轮岗交流，市直学校50多人次教师支教。暑期组织“三长”（局长、科长、校长）培训，全年国培、省培教师1.4万人。二是改革评价机制。全市作为样本市（州）纳入全省基础教育质量监测范围，全市36所学校、1440名学生、540名教师接受检测。三是改革课堂教学。推广“自主、合作、探究”课堂教学模式。建设省、市、县三级课改样板校，开展“课内比教学、课外访万家”活动。组织“高效课堂竞赛”、中小学“教研活动月”和优秀教学成果、论文、课件评选活动。通过推进管理、评价和教学改革，有效提升教育教学质量。高考文理科均排名全省第4，录取26422人（其中北大清华11人），录取率86.67%。职校学生参加省技能竞赛，获1等奖2个，二等奖12个，三等奖19个，获奖人数居全省前列。临湘市二中代表湖南省参加全国中田赛，获得女子甲组团体总分第1名，大团体总分第7名。

六、推进主题活动，优化干部作风。3月7日召开动员会，组建办公室，成立5个督导组，指导32个单位召开动员会，对市直学校148名班子成员进行民主测评，个别谈话372次。结对联系家庭3.9万户，收集反映的问题263个，形成高质量的调研报告4个。到学校召开座谈会126次，个别访谈583人次，收集意见273条，梳理领导班子“四风”方面意见建议42条、班子个人“四风”方面意见建议104条。突出问题集中治，查处违规办学学校47所、乱收费案件23个、有偿家教家养案件24个，取缔非法办学机构62个，10名校长和30名责任人受处分，清退违规收费103万元，清缴中职学校冒领助学资112万元。普遍问题综合治，针对会多、文件多、费用超标，制订整改措施30项，落实整治任务25项。

【教育部民族教育司到岳阳市一中西藏班调研】 2014年5月7日，教育部民教司副司长何光彩，国家民委相关领导，省教育厅副厅长葛建中以及省民委、市教育局、市民委等委局领导来市一中调研。调研组听取学校负责人关于学校西藏班办学情况的汇报，参观校园环境，深入到班级看望藏族学生。何光彩高度肯定市一中的办学业绩，鼓励师生再接再厉，再谱华章。岳阳市一中现有藏族预科班学生148人；有藏族高中班学生138人。

【全省县域整体推进教育信息化建设现场会在岳阳召开】 2014年6月25-26日，全省县域整体推进信息化建设现场会在岳阳市华容县召开。省教育厅党组书记、厅长、工委书记王柯敏，岳阳市委书记卿渐伟等领导出席。各市州教育局局长及相关负责人参加现场会。华容县是全省首批教育信息化试点县。与会人员参观华容县一中、宋市中学、实验小学等多所中小学信息化应用情况，华容县县长喻文作县域整体推进教育信息化建设的经验介绍，华容一中等多所中小学介绍信息化教学应用经验；听取北京安民领信科技发展有限公司、中国电信湖南分公司政企客户部等大型企业的发言。观看宣传片《华容教育的“云梦想”》。会上，卿渐伟代表市委、市政府致欢迎辞，王柯敏作重要讲话。充分肯定华容县改革试点取得的显著成效，分析当前教育信息化面临的“时不待我”的发展形势后，并就全省推进教育信息化工作取得更大成效，加快教育强省建设提出要求。6月27日，《岳阳日报》以《华容样本全省推介》为题报道华容县整体推进教育信息化建设的经验。

【全省教育阳光平台建设现场推进会在岳阳召开】 2014年11月25日，湖南省教育阳光平台建设现场推进会议在岳阳市召开。省教育厅厅长王柯敏、岳阳市市长盛荣华、副市长李为和全省各市州教育局、高校主要负责人出席会议。王柯敏作重要讲话，盛荣华致辞。会上，岳阳市教育局等5家单位作典型发言。全体与会代表实地考察市城区学校阳光服务站点和市教育局阳光服务中心。全年市教育阳光服务中心正式启动，该中心网络遍及全市城乡学校。“中心”分为实体与网络两部分，平台设市教育局一楼，集办事指引、政策咨询、信访接待、举报管理、舆论回应等为一体。配备有专职人员，开放式服务窗口及人事招聘、招生考试、助学贷款等涉及教育的事项整合进来，实现群众办事“少跑一趟路，少进一扇门，少找一个人。”网络平台依托岳阳教育网，开设岳阳市教育阳光服务大厅，分类建立学校、社会、学生、教师等4个办事通道，让群众轻点鼠标就能解教育信息和完成投诉举报并看到办理结果。各县市区成立11个阳光服务分中心，各学校设立228个服务点，逐步构建“横向到边、纵向到底”的“三级”联动服务网络。阳光服务覆盖全市各乡镇和各中小学及幼儿园，并配套建立首问责任制、领导干部接访制度、办理备忘制、信息报送制、信息公开制、绩效考核制等一系列规章制度，以阳光信访、阳光招生、阳光招教、阳光政务为重点的阳光服务内容涵盖教育服务的各个方面。教育阳光中心开通教育服务热线，公开服务事项、办事流程和制度规定，推出各种便民措施，明确和规范工作人员礼仪标准。对群众要求办理的事项能当场解答的当场解答，不能当场解答的移交相关单位限时解答 。王柯敏、卿渐伟分别于3月至6月在考察岳阳市教育局阳光服务中心时，都给予高度评价。10月27日《湖南日报》头版头条以《岳阳教育阳光服务：群众办事少跑道少找人》为题报道岳阳市教育阳光服务工作的成绩和经验。

【全省市州教育局毕业生就业工作座谈会在岳阳召开】 2014年9月16日，湖南省市州教育局就业工作座谈会在岳阳南湖宾馆召开，省教育厅学生处、省就业指导中心有关领导、全省各市州教育局分管毕业生就业工作的领导、就业工作部门负责人等参加会议。截至7月，岳阳市应届毕业生人数达7.1万人，应届毕业生初次就业率85.2%。为确保就业率提升，一是鼓励应届大学毕业生到农村任职，全年选聘60名大学生村官；连续6年（从2008年起）选聘978名大学生村官到村任职，其中在4年中招收选调344名；二是通过公务员招聘和事业单位招录大学生进入基层工作，现全市录用大学生227人；三是举办大型招聘会全年举办招聘会7场，帮助1157名应届高校毕业生与447家用人单位达成就业意向；四是鼓励大学生创业就业，全市有认定的大学生就业基地25个，发布见习岗位508个；对困难家庭高校毕业生发放一次性求职补贴31.16万元，惠及452人，一次性岗位补贴44.9万元，减免税费713.6万元；五是建成全省首个大学生创业实训基地，5年来，从7000多名大学生中考核筛选450多人进驻基地，创业成功率达90%，为82名自主创业的毕业生发放小额担保贷款741万元。全体与会代表参观考察 “岳阳市大学生创业实训基地”。

【全市教师工作现场经验交流会在平江县召开】 2014年5月9日，全市教师工作现场经验交流会在平江县召开。各县市区分管教育的副局长、师训股长、进修学校校长以及局机关相关科室负责人参加会议。会上各县市区交流经验，平江县作典型发言。该县培训提高教师的经验是实施四大工程，即三跟踪、内外结合、公益培训、系统充电。平江县是一个“老、山、边、穷”大县，也是一个教育基础薄弱县，全县现有中小学校455所，在校学生12万多人，主要分布在边远农村。一直以来，“学校留人难、教师提升难、课堂教学难”等现象普遍存在于各学校。针对这一现象，该县通过调查研究、征求意见，将改变“三难现象”的重点放在教师培训上，启动“四大工程”，助推教师成长，促进教育均衡：“三年跟踪”打造新任教师的提升工程。启动为期三年、综合8种培养方式的“平江县初任教师成长计划”；同时，“内外结合”打造适岗教师的提效工程，采取“走出去+请进来”的方式，请外地优秀教师到校授课。全年组织2600多名教师参加县级培训、76名教师参加省级培训、377名教师参加国家培训；“免费公益”打造骨干教师的提质工程，目前，平江县每年均有3000名以上教师参加各种业务培训。“四大工程”让广大老区教师安心在平江县工作。8月，平江县被评为全市基础教育教学工作先进单位，9月23日《岳阳日报》以《三年跟踪、内外结合、公益培训、系统充电——平江‘四大工程’力促教育均衡》为题报道该县培训、提高教师的成果和经验。

【岳阳县18名学生获俄罗斯总统奖学金】 2014年4月，岳阳县三中又有张燕松、胡兴根、芦键、任毕辉、黎尹5位同学申报并被批准去俄罗斯留学的报告，办理出国护照，总统奖也申报待批。4月19日，《岳阳日报》以《岳阳县普通教师立志做中俄友谊的桥梁——18名岳阳伢获俄罗斯总统奖学金》为题报道岳阳县三中教师彭志友14年为县三中学校不断与国际接轨，先后有18名中学生获得去俄罗斯留学并获俄罗斯总统奖学金。彭志文于2000年7月19日携儿子彭湃（留俄回国）在北海公园游玩时巧遇首次访华的俄罗斯总统普京也在北海公园游览。正在惊诧之时，普京总统非常随和地与他们父子交谈，并合影留念，彭志文深受感动，他认为普通百姓能与大国总统交谈合影，这既是缘分，更是友谊。为此，彭志文下定决心，一定要为发展中俄友谊做些有益事情。

【市总工会三次金秋助学】 2014年8月13日，市总工会举办爱心企业家“金秋助学”活动，有20位民营企业老总与24名特困优秀学子签订对口帮扶协议，4年内每人每年获资助金1万元。8月19日，由省总工会和市总工会主办的“金秋助学・义兵”公益活动在市艺术中心举行。省总工会副主席黄新民、市人大副主任、市总工会主席彭先政出席并讲话。著名笑星大兵、周卫星、湖南青年相声俱乐部的曲艺演员和青年歌手等义演活动共募集爱心款897万余元，现场有22位品学兼优的特困学子获得19家爱心企业和个人的资助。8月22日，市总工会主办第三次“金秋助学”活动，市总工会本级筹措资金120万元发放给文科应届毕业生孙湘蓉等238名特困学子，全年，全市各级工会和双联帮扶单位在“金秋助学”活动中筹集助学资金2200余万元。

【君山区许市中学评为全国教育系统先进集体】 2014年，君山区许市中学评为全国教育系统先进集体。一是组建学习小组，转变学习方式，培养学生自主学习的能力，搭建合作交流的平台，创造探索展示的机会，让学生体验学习的快乐。二是创建“五环渐进自主学习法——练习回顾、自学讨论、交流提升、梳理巩固、检测达标”，又将“五环”与学科相结合，打造自主、开放、快乐、高效的课堂。三是打造四级立体型管理模式。校级中控式宏观管理掌控全局；处级分布式中观管理落实督评；班组节点式微观管理落实评价；值日流动式现场管理师生共建。学校先后成为湖南省课改样板校、湖南省中小学教师继续培训基地，省教育厅多次到学校调研，并做出在更大范围推广该校经验的重要指示。至今，来校参观培训者达7万多人次。学校为省内外教育机构组织49期参与式培训。

【省中小学教师培训机构年会在岳阳召开】 2014年11月18–19日，湖南省中小学教师培训机构管理专业委员会年会在岳阳市召开。副市长李为致辞，省教育厅党组成员、纪委书记周德义，省教育厅副巡视员贺安溪等相关单位负责人及全省各地州市区县教师培训机构主要负责人出席会议。岳阳市中小学教师发展中心等4家教师培训机构作为先进典型进行经验介绍。构建优秀教师团队，离不开优秀的教师培训机构。岳阳市中小学教师发展中心把远程培训作为关联全局的重要工作来部署，作为服务地方教育发展的核心能力来提升，探索出“平台、资源、服务、学研、质量”五位一体培训模式，推动广大中小学教师专业成长。年底，累计有5500名中小学（幼儿园）教师通过培训，5000余人成为教学骨干，500余人成为管理精英，20余人成为管理专家。

【岳阳学生资助体系“全程无缝衔接”】 2014年，全市各级各类学生资助受助人数达到203万人次，资助金额达到5.234亿元，基本建立从学前教育到高等教育的“全程无缝衔接”学生资助体系，全年发放家庭经济困难幼儿入园补助金1.992万人次，金额1102.9万元。为全市义务教育学校免除学杂费91.43万人，金额2.37亿元；为全市义务教育学校免费提供教科书89.18万人，金额5922.2万元。全市农村家庭经济困难寄宿生生活补助6.76万人次，金额3905.3万元。发放普通高中国家助学金3.21万人次，金额2403.215万元；发放中职国家助学金人数1.3万人次，金额978.3万元；发放中职免学费补助金5.86万人次，金额6786.3万元；发放市属岳阳职业技术学院、湖南民族职业学院两校国家奖、助学金6799人次，金额1174.4万元。落实普通高校家庭经济困难新生入学资助政策，发放大一家庭经济困难新生交通费834人，金额56万元。为全市6488名高校家庭经济困难学生办理生源地信用助学的贷款，贷款金额4643.23万元，比2013年增加1761人，达到应贷尽贷。此外，在社会捐资助学方面，全市各县市区、市直各部门、各单位和社会爱心人士资助家庭经济困难学生1.75万人，资助金额达到2111.09万元。实现“不让一个学生因家庭经济困难而失学”的目标，年底，逐步建立起“奖、贷、助、补、减”多元一体的学生资助体系，使教育资助政策覆盖从学前教育、义务教育到高中教育再到职业教育各个层面。

（本栏撰稿　喻润池）

学前教育

【概况】 2014年，全市有幼儿园1235所。其中省级示范性幼儿园3所，市级示范性幼儿园65所，小学附设学前班360个。全市有3–5岁学前幼儿185177人，3–5岁在园幼儿16.78万人，全市从事学前教育的教职工13343人，其中专职教师9059人。全市学前三年毛入园率为87.4%，公办幼儿园207所，普惠性民办幼儿园417所，公办园和普惠性民办园占幼儿园总数的50.5%。全年扩大学前教育资源中央、省级专项资金8509万元。全年全市建设42所公办园，投资6752万元。申报省市为民办实事项目园42所，其中：省级项目园20所，市级项目园22所。教育局建立项目园工作台账，从工作目标、完成情况、阶段重点等方面采取月度建设情况上报，季度建设情况通报跟踪管理。教育局分管局长和科室人员先后18次到县市区督查，并先后在临湘市、君山区、岳阳县进行6次现场督办。年底，经市人民政府督导团验收评估农村32所公办幼儿园达到合格等级，5所达到合格等级。7月27–29日组织《指南》实验工作的人员培训，全市正、副园长和骨干幼师1069人参加培训，10月–11月，先后组织39所幼儿园负责人参加省厅“指南实验园”为期5天的培训；学前教育办在全市组织主题“为让3–6岁儿童学习与发展指南”走进千家万户的宣传活动，并将5月20日–6月20日定为学前教育宣传月。组织全市1035名保育员资格培训有957人获得《保育员中级资格证》，为全市7800多名幼师提供发展与成长平台。全市第一次有4位幼师获金鹗奖金奖，先后有12位推荐参加各级玩教具竞赛，1人获国家级二等奖，2人获国家级三等奖，3人获省级一等奖，24位幼师参加省级论文比赛，5人获一等奖，18位幼师参加省语言课例竞赛，教师节有9位幼师受表彰。全年还制订新的《岳阳市示范性幼儿园标准》，组织开展市级示范性幼儿园评估验收工作，新认定通过的市级示范性幼儿园16所。

【省市幼教培训班在湖南民院开班】 2014年7月15日，湖南省中职学校学前教育专业教师省本级培训班在湖南民族职业学院开班，来自全省各中职学校学前教育专业的43名教师参加为期40天的“魔鬼训练”。学习最新的幼教理念和专业知识。培训班上，学员接受包括专业教学能力、模块、顶岗实习模块、专业核心能力模块、专业方向选修模块等4大教学模块的培训。“魔鬼培训”中，学员们在城区部分幼儿园进行实地调研，深入幼儿班开展幼儿园一日生活组实习、组织、指导和评价游戏。设计与评价幼儿园课程等，全面理解和吸收现代先进的学前教学理念，培养学员较强的课程设计和教学组织能力等。40天的训练中，学员每天都要登录系统完成电子作业，同时完成纸质手册并最终通过省教育厅专家考核组的考核。7月19日，首届幼儿园保育员职业资格培训在湖南民族职业学院开班，来自中心城区、县市区幼儿园的260名保育员参加为期一周的专业培训。培训内容为保育员职业道德与职业守则；婴幼儿的生理学知识、卫生保健知识、教育学知识、安全知识、营养常识等及常见病（传染病）防治基础知识；保育员专业技能技巧等。培训结业时，经考核合格者，由市人力资源和社会保障局颁发“保育员中级资格证书”。

【城区幼儿园安全教育隐患排查】 2014年7月31日至8月1日，市消防支队联合教育部门，对城区40余家幼儿园进行一次“地毯式”的消防安全大检查。检查重点是幼儿园周边交通设施、安全防范设备到位情况；学校的疏散通道、安全出口畅通情况；疏散指示标志、火灾应急照明、灭火器配置完好程度；室内消火栓等设施运行情况；宿舍和教室等公共区域外窗安装影响人员逃生和应急救援的金属护栏情况；违章使用液化气等易燃易爆危险品和电炉等大功力电器情况，有无办理相关消防手续和消防安全责任制落实等情况。检查中观摩部分幼儿园的火灾疏散示范演练，现场与部分幼儿园领导协商整改措施。检查发现大部分单位舍得投入资金，办园场所相当不错，配置相应消防器材，自身消防条件较好，但也有爱尚宝贝幼儿园、艾比力幼儿园等个别幼儿园存在不同程度的安全隐患。这一次排查中下发“责令整改通知书”10余份，发现火灾隐患90余处，现场整改火灾隐患70余处。

【市一幼儿园在省、市幼儿园中引领示范作用】 2014年，市一幼儿园作为湖南省幼师培训基地和市级示范性幼儿园始终在省、市幼教活动中起着示范引领作用。5月，应华容县教育局的邀请，刘美蓉园长给华容县的100余名园长做题为“做有思想的园长、办有品质的园所”的专题讲座；6月，君山区教育局组织32名园长来园学习参观；8月，接待湖南民族职业学院国培班的学员60人进行区域活动实地考察；10月，接待湖南民族学院学前教育系学生80人来园学习观摩；11月，接待在湖南民族学院参加国培的幼儿园园长、老师20名来园影子实践三周；11月中旬，刘美蓉园长受市教育局委托参与市级示范性幼儿园的评估验收，分别对临湘市、华容县、云溪区、君山区及岳阳楼区16所幼儿园进行实地考察并具体指导；12月，邵阳市教育局组织78名园长赴园学习参观，并送上“幼教楷模”的锦旗；12月，接待岳阳市中小学教师发展中心的56名园长来园学习观摩等等。全年接待来园学习、参观的国培学员及省内各市区的同行19批420余人次，起到较好的示范辐射作用。10月，同英国萨默塞特郡的米尔福德幼儿学校交流互访，在家园共育、实践活动、节庆活动等几个方面达成合作意向并签订协议。全年幼儿园教学成果丰硕，园长刘美蓉被评为“优秀校（园）长”。教师杨云的课件《消防安全我知道》被教育部基础教育司评为全国安全教育优质课件；8名教师论文分别获省教科院论文评比一、二、三等奖。11月，食堂工作得到市食品药品监督局高度评价，被评为“文明食堂”。12月，幼儿园被市教育局评为“书香校园”“安全文明校园”。全年教师辅导幼儿参加全国幼儿创意美术大赛获集体特等奖，魏玲老师获得组织特等奖，13名老师分别获指导一、二、三等奖，390余名幼儿分别获金银铜奖。

（本栏撰稿　喻润池）

基础教育

【概况】 2014年，全市有小学810所，教学点345个，在校学生331977人，在小学教职工17188人；有初级中学188所，九年一贯制学校70所，高级中学32所，完全中学14所、十二年一贯制学校1所、特殊教育学校7所；有初中学生162456人，高中学生84249人，特殊教育学校学生796人；有初中教职工15619人，高中教职工7619人，特殊学校教职工174人。

一、以测评体系为纲，统筹德育活动。一是对照标准，规范工作管理。围绕新版未成年人思想道德建设测评体系制定具体实施方案，逐项督促达标。二是强化措施，促进工作平衡。加强示范建设，引领文明创建专题，确定8个创建工作样板点，组织现场观摩会。三是提高工作质量。全市组织我的中国梦演讲、童心向党歌咏、中华经典诵读三大比赛，开展美德少年、三好学生、心理健康教育示范校、生态文明教育示范校、两型教育示范校和禁毒教育示范校六大评选，开展美德少年、学志愿者、青春雷锋、岳阳抗战史四大主题教育；举行“建设节水型岳阳我行动、保护野生动植物我行动、纪念生物多样性我参与、新环保法我宣传”四大启动仪式。

二、以阳光招生为抓手，推进教育公平。一是全区域联动，落实市政府《关于全面推进阳光招生的实施意见》文件精神，政策公开、计划公开、结果公开。二是各学段覆盖。高中招生分数人人平等，分数不够不录，已取学生不移不挪、计划不满不补。三是网络操作，全市招生工作全程在阳光操作下进行。

三、以实事工程为抓手，促进教育均衡。一是实事项目全面完成。全市投入1.53亿元，建设116所义务教育合格学校。投入1393万元，添置农村义务教育寄宿制学校学生床位39498个。投入6752万元，建设农村公办幼儿园42所。二是编制全市农村义务教育薄弱学校改造规划，启动1.283亿元295所中央薄改资金项目管理的前期工作。

四、以整治四风为抓手，规范办学行为。一是规范编班行为，全市普高平均班额控制在55人以下；市直中小学平均班额控制在60人以下。二是规范招生行为，全市2.8万高一新生，5.2万初一新生，5.4万小学新生平衡入学。三是规范考试行为坚持初中毕业学业考试和普通高中招生两考合一，规范中考科目、分值和时间，禁止义务教育阶段的考试招生。修订初中毕业水平考试考务细则。学考组考工作被评为全省先进单位。

五、突出教学中心，提高教育质量。一是开展教学科研组织参加湖南省基础教育教学研究项目成果评比活动，选送7项成果参加评选，获得项目成果省一等奖3项，二等奖3项，三等奖1项。组织参加教育部组织的2014年基础教育国家级教学成果评选活动和湖南省教育厅组织第三届湖南省优秀教育科学研究成果评选活动，有3项课题研究成果获得省教育厅奖励。完成湖南省教育科学“十二五”规划2014年课题申报，申报24项，立项14项。二是改革教学方法，推进课堂教学改革，组织骨干教师开展示范教学和课堂教学人人达标验收活动。组织完成2014年度“金鹗奖”教师教学竞赛，171名教师参赛，分17个科目组进行，评选出一等奖36名，二等奖48名，三等奖77名，近2000人次参加竞赛观摩。组织参加湖南省教学资源应用网络说课比赛，获特等奖1名、一等奖4名、二等奖3名，全市组织1600多人次参加网络直播听课。四是促进教学质量不断提升。全年高考，全市文科总平均分421.01分，高出省平16.54分，二本以上上线率23.52%,比省平高1.94个百分点；理科总平均分421.67分，高出省平9.29分，二本以上上线率46.71%，比省平高1.68个百分点。2014年学考，较2013年在全省范围内提升一个名次，其中华容县、汨罗市、岳阳县、临湘市和云溪区超过全省平均合格率。全年中考，全市十科合格率提高2.28%，十科优秀率提高2.58%。

【“太空种子”在张谷英学校开花结果】 由中国航天科技集团提供的黄瓜、番茄和红皮南瓜等6个品种80颗“太空种子”在张谷英镇试种成功，长势良好，部分太空黄瓜开花结果。“太空种子种植”是全年青少年科学调查体验活动的拓展活动，同时也是全年全国青少年载入航天科普系列活动的其中一项。全国范围内部分中小学将通过对比种植、专家辅导的方式，揭开太空种子的秘密。张谷英镇中心学校作为全国科技体验学校，是岳阳市唯一分得“太空种子”的学校。收到太空种子后，张谷英镇中心学校非常重视，经过1个多月的精心培育，“烟航优3号太空黄瓜”开花结果，番茄、辣椒也生长得很好。2014年6月14日，《岳阳日报》图文并茂以《“太空种子”张谷英开花结果》为题进行报道。张谷英镇中心学校为全国科学调查体验活动2012、2013、2014年全国试点单位，及中国科协2014年“农村中小学”课外科技活动试点单位，在省第35届青少年科技创新大赛上获得一等奖。

【汨罗一中科技老师带出一群小科学家】 2014年5月12日，《岳阳日报》以《他带出一群小科学家》为题报道汨罗一中科技创新活动的成果和经验。汨罗市一中科技老师韩志红带出一群小发明家。全年，他辅导的学生参加全国青少年航模、车模比赛，学生获得全国金牌6枚，银牌12枚、铜牌16枚；辅导学生在劳技、科技创新发明作品比赛中，获得国家级金奖6枚、银奖10枚、铜奖28枚，获得省、市级奖达600多人次。4月，韩志红老师辅导学生朱惠的发明作品“有机蔬菜种植苗床的双源光束阵列式洁化装置”获第35届湖南省青少年科技创新大赛金奖。韩志红获得湖南省人民政府颁发的中小学“芙蓉创新奖”优秀科技创新作品。“叶脉网式凝务集水装置”获得全国科技创新工程类项目一等奖，英特尔英才奖和中国科协主席奖3个大奖，先后获得国家知识产权专利4项。

【全市高中音乐课堂教学研讨会在华容县怀乡中学举行】 2014年6月，全市高中音乐课堂教学研讨会在华容县怀乡中学举行，来自全市各县市区60多名高中音乐教师和省市音乐教育专家参加本次会议。研讨会上，汨罗市三中、岳阳市七中和怀乡中学分别作音乐特色教育经验介绍。省教科院音乐教研员薛辉对怀乡中学在音乐课堂教学方面所做的积极探索给予充分肯定，并就高中音乐课堂教学相关话题同与会教师进行探讨和交流。全体与会人员观摩怀乡中学按兴趣分组模块教学的音乐教学新模式。播音主持、歌唱、二胡、吉他、民族舞、现代舞等丰富多彩的教学模式，让与会教师领略到来自农村高中音乐课堂的魅力。此次音乐课堂教学研讨会给全市音乐课教师，特别是高中音乐课堂教学提供成功样本。

【岳阳在省第七届青少年机器人大赛获金牌】 2014年5月17–18日，在湖南省青少年机器人大赛上，岳阳市选送的赵庭选和易凡暄，贺一洋和李朗夫，龚俊瑜和郑靖歌，刘家铭和文宇晟等四组小学生选手获得机器人擂台赛小学组金牌。在机器人创意比赛中，岳阳市小学生选手兰家旗、张子涵、邓植文创作的《老人夜晚自动感应照明系统》获创意赛小学组银牌。

【岳阳市中小学校长访英国萨默赛特】 2014年10月12–17日，岳阳7所中英“校际连线”项目学校校长在岳阳市国际教育交流中心副主任詹红梅的带领下，成功访问英国萨默塞特郡。有岳阳市第十中学副校长刘寒光、岳阳市第一幼儿园园长刘美蓉、岳阳楼小学校长阮惠玲、东方红小学校长徐光华、朝阳小学副校长余细兰、君山小学校长汤美谦和华夏双语学校副校长肖建辉和易小红。在英国思卓德学院举行的欢迎见面会上，英国萨默赛特副院长雪莉女士致欢迎辞：中央“校际连线”为两地区的教育共同发展架设一座友谊之桥，三年来双方合作愉快并希望此次岳阳校长之行能为中英校际交流的发展注入新的能量。中方团长——岳阳市国际交流中心副主任詹红梅在致辞中介绍岳阳市教育现状，总结三年来岳阳—22萨默塞特“校际连线”项目的实施情况，期盼双方学校在这次广泛交流中，取得成果，推进两地的教育国际化。访问期间，中国校长在对应的6所姊妹学校开展教学交流、讲座讨论、听课评课、文化体验等等。与英国校长和教师就教学管理交换意见，分享经验。中国校长还向英国师生展示中国文化特色和中国学生“校际连线”项目的实施成果。几位校长还现场表演书法，演奏民族器乐，岳阳市十中、岳阳市一幼、君山小学分别与姊妹学校签署合作意向书。

【开展教育科研，推动教育科学发展】 2014年，一是加强教育科研课题的管理与指导，总结提炼优秀教育科研成果。组织参加湖南省基础教育教学研究项目成果评比活动，岳阳市选送7项成果参加评选，获得省一等奖3项，二等奖3项，三等奖1项。组织参加教育部组织的全年基础教育国家级教学成果评选活动、省教育厅组织第三届湖南省优秀教育科学研究成果评选活动，有3项课题研究成果获得省教育厅奖励。组织完成湖南省教育科学“十二五”规划2014年课题申报，申报24项，立项14项。二是推动群众性的教育科研。支持岳阳市教育学会开展群众性教育科研工作。4月，召开岳阳市教育学会会长办公会议，完善《岳阳市教育学会分支机构管理办法》等学会规章制度。5月，组织到岳阳楼社区开展教育咨询服务活动。三是组织开展各类竞赛评奖活动。组织完成2014年度“金鹗奖”教师教学竞赛，171名教师参赛，分17个科目组进行，评选出一等奖36名，二等奖48名，三等奖77名，近2000人次参加竞赛观摩。组织参加湖南省教学资源应用网络说课比赛，获得特等奖1名，一等奖4名，二等奖3名，全市组织1600多人次参加网络直播听课。四是精心办好《中小学素质教育刊物》。

（本栏撰稿　喻润池）

特殊学校教育

【概况】　2014年，全市有公办特殊教育学校6所，民办特殊教育学校3所，分别是岳阳县自立学校、岳阳春雷学校、腾飞特殊教育学校。境内适龄残疾儿童大部分随班就读，其余部分分散在湖北省蒲圻县特教学校、平江县特教学校和岳阳市特校就读。全市6所公立特校有残疾学生893人，教职工189人；民办特校（含培训班）有学生近700人，教职人员500余人；随班就读学生1100余人。

一、关爱残疾学生。5月29日，“六一”儿童节前夕，市委书记卿渐伟，市委常委、市委秘书长樊进军，副市长李为，市委副秘书长任小娟，市教育局党组书记、局长王德华，市妇联党组书记、主席魏淑萍一行专程到岳阳市特校看望慰问残疾学生，和残疾学生共度儿童节，6所县市特校所在地的县市主要负责人参加本县市特校的儿童节庆祝活动。

二、社会各界关爱儿童。9月28日是57届“国际聋人节”，26日上午，澳籍华人魏基成夫妇“天籁列车岳阳助听器捐赠活动暨岳阳市扶残助听工程启动仪式”在湖南理工学院举行。听障人士代表接受助听器，岳阳市花板桥聋儿康复明星杨雨盟小朋友代表全市听障儿童，为与会代表致“感恩献词”。上旬，在湖南电视台电视剧频道组织的“春暖花开扶苗助长”爱心捐助活动上，平江县特殊学生——9名“瓷娃娃”（坐轮椅）获得《心得乐》24万元资助。

三、多校师生慰问残疾学生。5月18日是24个全国助残日，岳阳市一中、市二中、岳阳楼小学、东方红小学和桥西小学的师生代表带着慰问品，来到市特殊学校、市二福利院参加由市教育局、市环保志愿者协会主办的助残日活动。

【第八届省残疾人艺术会演中康复明星杨雨盟获金奖】　2014年8月，在湖南省残疾人艺术会演中，岳阳楼区花板桥学校走读聋哑康复明星——杨雨盟与专业演员陈高山表演的戏剧小品《采蘑菇的小姑娘》在作品类节目角逐中获金奖。还有汨罗市特殊教育学校25名聋哑学生的群舞《小小中国龙》获三等奖。

【爱心网友领“六一”微心愿】　2014年，平江生活网的网友们别出心裁，每个网友在儿童节这一天为平江县特殊教育学校94名残疾学生准备一份小礼物——“六一微心愿”，即给每个学生一个小小礼物。活动开始前，网站负责人与平江县特殊教育学校取得联系，决定由学校老师出面在全校94名残疾儿童中，征求孩子们在儿童节这一天，想得到的一件小礼物。为此，网站负责人还细心为每个学生制作一张小“心愿卡”，由学校老师将卡发到学生自己填写。不到两天，94张“心愿卡”全部收上来。5月27日前，孩子们的“心愿卡”全部由网友们按自己的能力和孩子们的要求认领，有多位网友还不只领一张卡，“六一”这一天，网站志愿者50余人一一将“心愿卡”上的礼物送到孩子们的手中，94张“心愿卡”中大多是学习用品、衣服、球鞋，各种球类等，此次活动《长江信息报》以《爱心网友认领“六一”微心愿圆94名残障儿童一个梦》为题作详细报道。

（本栏撰稿　喻润池）

中等职业教育

【概况】　2014年，全市有中等职业院校31所。国家级改革示范学校5所，占全省的1/6；省级示范学校10所；省级示范性实训基地6个，重点建设专业26个。全市立项省级示范性特色专业群2个，校企合作生产性实习实训基地项目2个。

一、加快职教建设步伐。2014年市教育局代拟《中共岳阳市委、市人民政府关于加快发展现代职业教育的决定》《岳阳现代职业教育体系建设规划（2015~2020年）》；开展中高职衔接试点。在岳阳职院召开全市中高职衔接研讨会，副市长李为到会并作重要讲话。汨罗职业中专等5所中职学校与岳阳职院签订中高职衔接协议书。

二、切实规范职教办学行为。一是抓统筹，协调好高职和中职衔接相关事宜；二是严格计划，全年岳阳职院和湖南民院主动大幅度减少中职招生计划；三是重点整治出台《关于进一步规范全市中等职业教育管理的通知》；四是加强督查，对市直10所不规范民办学校中的2所予以停办。全年中等职业教育办学主体8所国家重点中职学校招生8130人，比2013年增1667人，增长幅度为25.7%。

三、促进职业教育内涵发展。一是组织好职业学校技能抽测工作。4月，抽查15所学校的4个专业，并通报抽查结果。二是组织中职学校技能竞赛。全市17所学校388名选手参加33个项目比赛。还组织职校学生参加省技能竞赛。岳阳市获得2个一等奖，12个二等奖，19个三等奖。三是加强教学交流。在中南工业学校举办机械制造专业教学开放周活动。四是深入职业教育改革。规范中职学校教材发行工作，出台《岳阳市教育局关于中等职业学校教材使用工作的通知》；加强学籍管理，全市进行3次学籍管理员骨干和全员培训；组织项目申报，岳阳市申报的4个重点项目经省厅验收，全部通过，并将获得800万元重点项目资金。岳阳县职业中专和汨罗市职业中专接受并通过国家改革示范校验收，其中汨罗职业中专排名全省第一。

四、统筹成人教育发展。2014年全市加强对社区教育资源的整合，初步形成市县区、街（乡）和社区四级教育管理运行系统，年底，拥有3个社区学院、5个社区教育基地，城区设立166所社区学校，在湘阴县成立湖南省第一个农村社区学校——楠竹山村社区学校，12月，教育部职成司副司长达娃一行来岳阳调研社区教育，对岳阳市以岳阳楼区为示范，以湘阴县为样板的城乡社区教育模式给予肯定。汨罗市被省教育厅推荐参评国家级农职业教育和成人职业教育示范县。

【第三届岳阳市大中专学生创业计划大赛】 2014年11月22日，“第三届岳阳市大中专学生创业计划大赛”决赛在岳阳职院举行。有110个大中专学生创业项目，676名学生参赛，岳阳职业学院《安全留置针中安全组件的生产及销售》、涛声民院《乐境文化创意有限公司》获得高校组一等奖，华容县职业中专《明尚印象DIY》、汨罗市职业中专《夜光显号杯的生产与销售》获得中职组一等奖。

【民盟省委到岳阳调研职业教育】 2014年6月11-12日民盟省委来岳阳就“深化职业教育改革，促进构建现代职业教育体系”专题调研。岳阳市政府副市长李为，岳阳市政协副主席、民盟岳阳市委主委万岳斌，市人民政府党组成员、市政府副秘书长陈峰，市教育局党组书记、局长王德华等陪同调研。11日下午，调研组一行到岳阳职业技术学院实地调研，并召开有学校领导和教职工参加的座谈会，学校领导汇报学校近年来的办学成绩和经验，与会同志就当前职业教育中出现的新情况、新问题与调研组同志进行探讨。12日上午，王德华向调研组介绍岳阳市职业教育基本情况，岳阳全市有中等职业学校29所，国家改革示范校5所，占全省的1/7，省级示范学校10所，占全省的1/8，国家级实训基地11个，占全省1/7。

【中南工业学校评为湖南省依法治校示范校】 2014年12月，中南工业学校被评为湖南省依法治校示范校，获得全国第四届黄炎培职业教育优秀学校奖。学校年培训人次达5000余人，毕业生就业率100%，对口就业率90%以上。全年学校根据地省教育厅《关于开展全省依法治校示范学校创建及认定活动》的文件精神，对照《湖南省依法治校示范学校认定标准》认真总结学校依法治校工作情况。一是加强领导，形成依法治校工作机制，学校成立由校长张文兵为组长的依法治校领导小组，学校以文件形式明确学校和系部、职能部门职任范围，并签订依法治校责任书。二是建章立制，保证学校各项工作有法可依。教育教学规范管理上出台《教师教学基本规范》《安全文明实习制度》《教师综合评价方案》《教室管理规定》等6项制度、规定，教师队伍管理上认真贯彻《中华人民共和国教师法》，出台《教职工培训管理办法》《青年教师培养暂行规定》《职称评审暂行规定》等多条方案、规定，学校三年中结题2个省厅课题、2个省职成课题、5个市级课题；在学生管理上，学校结合教育部《中等职业学校学生规定》，出台《学生团体管理规定》《学校奖学金和助学金金评定办法》《中南工业学校学生9S手册》等，在财务管理、校园安全上，都制定行之有效的规章制度。三是加强教育，不断增强师生法治意识。制定下发《学校法制宣传教育规划（草案）》，开展全员学法活动，加强法制课教学，借助校园环境渗透法制教育，校园内利用黑板报、校园网络、广播站、校报、报告会等载体向师生传递正能量，全年全校无一人参与“法轮功”邪教组织，未出现一起安全事故。

【平江职教获湖南“一家一”助学就业基金20万元】 2014年8月16日，湖南“一家一”助学就业·同心温暖工程“致公·能和安安班”签约仪式在长沙民主党派湖南省委机关举行，平江职校余清安校长代表学校和致公党及捐资企业代表签订捐赠协议，接受20万元捐赠用于资助学校汽车运用与维修专业的“致公·能和安安班”50名学子。湖南“一家一”助学就业·同心温暖工程是对接湖南省委、省政府攻坚战略部署，由统战教育牵头、部门党派联动、社会各界捐资、校企工学对接的扶贫助学项目，其受益范围包括湖南罗霄山脉51个周边贫困县（市），接受对象为该区域内家庭贫困、品学兼优、愿意接受职业教育的学生。学校有2500人，汽车维修专业学生有300余名，汽车运用与维修专业是平江职校的优先发展和精心打造的拳头专业。平江县正逐渐融入长株潭经济圈，湖南汽车产业的辐射影响力也带动平江的区域经济发展，福坤汽车产业园在平江工业园初具规模，急需大批汽车工程人才。此次湖南“一家一”助学就业·同心温暖工程落户平江职校，对于推动校企合作，推动学校办出特色，帮助学生更好就业，将发挥积极作用。

（本栏撰稿　喻润池）

高等教育

【概况】 2014年，全市有高等教育5所。一所普通高等院校，湖南理工学院，有教职工1276人，其中专任教师789人，具有正高级专业技术职务120人，具有副高级专业技术职务298人，具有博士、硕士学位的684人，硕导146人；在校全日制学生22754人（含独立学院），来华留学生12人。三所职业技术学院，分别是湖南民族职业技术学院，有教职工500多人，其中正副教授275人，硕士研究生200人，“双师型”教师127人。在校学生11000余人，遍及26个民族；湖南石化职业学院，在职教职工248人，其中高级职称62人，专任教师141人，“双师型”教师比例达74.5%，有省级专业带头人4人，省级专业教学团队1个，全日制在校学生近4000人；岳阳职业技术学院有教职工870人，其中教授43人，副教授及其他副高级职称240人，具有博士、硕士学位136人，“双师型”教师283人，有省级教学团队2个，省级教学名师3人，省级专业带头人4人。一所成人高校岳阳广播电视大学，本部在编教职工146人，研究生以上学历20人，正、副教授28人，讲师50人。

（喻润池）

【高校毕业生校园招聘周】 2014

年5月12日，由岳阳市人力资源和社会保障局、岳阳市教育局主办，湖南理工学院招生就业处、市人力资源服务中心、市劳动就业服务局、市大中专学校毕业生就业管理办公室承办的2014年岳阳市公共就业服务进校园活动的重头戏——校园招聘周活动，在湖南理工学院举行，至5月18日结束。此次参加本次校园招聘周的用人单位477家，其中，省内其他地州市62家，省外282家，市内133家。提供5923个就业岗位。进场参加面试的毕业生有3148人次，签订就业协约和劳动合同的有285人，达成就业意向的1157人。招聘活动的第一天，市委组织部副部长、市人力资源和社会保障局局长罗忠勇，副局长陈彬，市教育局副局长徐载满，市内其他几所高校的分管校领导等，在湖南理工学院党委书记彭时代、校长余三定的陪同下参观招聘现场，参观正在筹建中的大学生创业孵化园。随后，在湖南理工学院举行有毕业生代表参加的座谈会。毕业生代表现场提出一些有关就业创业的问题，得到在座的人社部门和教育部门有关工作人员的现场解答。招聘周期间在湖南理工学院举办两场创业就业教育讲座，分别由东莞网商会秘书长胡立峰和聂总经理和岳阳市众立置业有限公司董事长刘佳维主讲，380名大二和大三的学生听取讲座。其间，湖南理工学院与东莞网商会和上海交大昂立国际教育集团签订校企合作协议。东莞网商会爱心部李艳总经理表态捐助湖南理工学院贫困学生的学费和生活费，为这些贫困学生提供见习和实习的岗位，凡湖南理工学院贫困毕业生全部安置就业。

（喻润池）

【湖南理工学院第一届硕士研究生入学】　2014年，湖南理工学校顺利迎来第一届45名硕士研究生，涵盖中国语言文学（学科方向包括文学理论、中国现当代文学社团流派及重要作家作品、中国古代文论及文学流派、语言学及应用语言学）、信息与通信工程（学科方向包括智能信息处理、图像处理与识别技术、光通信与信息器件、现代通信系统与网络）和化学工程与技术（学科方向包括现代分离技术、石油化工催化技术及应用、生物制剂及检测技术、功能材料化学）等三个专业。　（喻润池　张晋超）

【南台湾青少年“湖湘文化之旅”启动式在湖南理工学院举行】　2014年8月13日，南台湾青少年“湖湘文化之旅”启动仪式在湖南理工学院举行。岳阳市委常委、组织部部长、统战部部长王瑰曙，南台湾青少年“湖湘文化之旅”访问团团长于钦智，学校校长余三定，纪委书记刘亦工，原岳阳市副市长、著名学者李凌烟出席启动仪式，南台湾青少年“湖湘文化之旅”访问团全体成员、学校部分师生代表参加。

（喻润池　张晋超）

【湖南理工学院科研实力持续增强】　2014年，湖南理工学院获批国家级科研项目8项，其中获得国家自科基金项目6项，获得国家社科基金项目2项，立项情况在省内同层面高校中继续保持前列。立项省部厅级科研项目62项，资助经费总额达260余万元。学校与企事业单位签订产学研合作合同32项。科研进校经费达1220.15万元，其中纵向经费为848.65万元，横向经费为371.5万元。期刊的学术影响进一步扩大，《云梦学刊》在第五届全国高校社科期刊评优活动中被评为“全国高校百强社科期刊”，《云梦学刊》“当代学术史研究”入选教育部名栏建设栏目，《云梦学刊》在人大复印资料《社会科学总论》上的论文转载率连续排名继续靠前。

（喻润池）

【湖南理工学院国际教育交流与合作层次稳步提升】　2014年，湖南理工学院在继续扩大与国外友好大学校际合作的同时，与德国两所大学达成新的校际合作交流意向，签署校际交流协议和教师互访协议。有外籍教师20人，其中具有博士学历4人。全年公派13名教师出国留学，资助金额145万元。派出26名学生外出留学，接收9名来自加拿大友好学校拉瓦尔的学生来学校短期学习交流，3名韩国友好学校的长期留学生，为提升学生的文化水平。获批引智项目6项，其中国家外专局重点项目1项，省外专局名师项目1项，引智项目3项，教育厅海外名师项目1项。　（喻润池）

【湖南省第四届大学生艺术展演活动在湖南理工学院举行】　2014年10月17日，由湖南省教育厅主办、湖南理工学院承办的湖南省第四届大学生艺术展演活动在学校音乐厅拉开帷幕。湖南省教育厅副厅长邹文辉，校长余三定，湖南省教育厅体卫艺处处长符润中出席首场声乐专场演出。湖南理工学院在展演活动中获得一等奖14项、二等奖8项、三等奖2项，并获得“优秀组织奖”。

（喻润池　张晋超）

【岳阳职院重点项目建设出成效】
2014年，岳阳职业技术学院（简称岳阳职院）根据国务院《关于促进健康服务业发展的若干意见》要求，学院主动融入健康产业和沿长江经济带、洞庭湖生态经济区发展战略，按照“错位发展，有所为有所不为”的原则，启动健康服务、装备制造与经营两大专业集群的建设。健康服务示范性特色专业群、老年护理校企合作生产性实习实训基地成功立项湖南省职业院校“十二五”重点项目。教育部“中德诺浩高技能汽车人才培养助推计划”校企合作项目，中等职业学校青年教师企业实践项目，湖南省中高职人才培养衔接试点项目、教育信息化试点项目的申报工作陆续完成。

（喻润池　付　云）

【岳阳职院人才培养模式不断创新】
2014年，岳阳职院依托职教集团、产学研联盟和“五园一院”为主体的校企（医）合作平台，探索“院中办班”、“课程发包”等教学模式。与市一人民医院、临湘市人民医院、国泰阳光颐养院等单位合作，实现理论与实践的零距离对接。发挥专家作用，完善“学校、基地、医院、社区四位一体，护学交融”的人才培养模式。与岳阳县人民医院、临湘市人民医院等合作，挂牌建立3个临床医学教学基地；与省内外近20家医院（企业）建立实习基地，并与长沙景谊化妆品有限公司等企业加强业务交流。全年，学院先后与12家医院（医疗机构）签订医教结合协议，实行“院中办班、课程发包、临床实习”教学改革。参加“院中办班、课程发包”医教结合教学改革的学生有8个班、364人。

（喻润池　付　云）

【岳阳职院推进信息化建设】 2014年，岳阳职院一是完成校园网基础设施建设。被省教育厅确定为信息化建设试点学校。完成学院校园网基础建设，包括线路铺设、新建中心机房、域名解析切换、一卡通建设、多媒体教室建设、门禁建设、视频监控等一期工程和部分二期工程建设。完成66个数字化教室建设，84个教室即将建成，基本实现数字化教室全覆盖。二是完成MOOT/MOOC（慕特/慕课）建设。全院有417名教师参与MOOC和MOOT课程建设。截至12月30日，有7门MOOC课程、508门MOOT通过省教育厅审核，建设数量领先全省同类院校。《大学语文》《应用写作》课程完成微视频近80个，《护理研究》名师课堂项目基本建成。三是完成各类教学视频资料的摄制。全年摄制包括省级项目申报、微课竞赛等在内的教学视频资料470课时，上网视频182个，对护理专业全省技能考核过程进行全程录像。四是信息化大赛成绩突出。全省教学信息化大赛，获得2个二等奖、2个三等奖。在全国第二届高校（高职高专）微课教学比赛中，微课《为声音插上想象的翅膀——如何有感情地朗读散文》获得全国一等奖。

（喻润池　付　云）

【湖南民院获得全国民族团结进步教育基地称号】 2014年2月28日，国家民委发文《关于命名第四批全国民族团结进步教育基地的决定》，公布第四批30个全国民族团结进步教育基地名单，湖南民族职业学院（简称湖南民院）名列其中，成为湖南省获此殊荣的两个单位之一。（喻润池）

【湖南民院合作办学向深层次拓展】 2014年，湖南民院校企合作单位达到23家，合作项目直接招生1185人，中高职衔接招生570人，新引进平面设计和银行金融服务2个专业，专业建设出现新气象。年底对所有合作项目进行一次全面清理，对合作协议逐个进行修订与完善，合作办学逐渐走向规范化运行轨道。

（喻润池）

【湖南民院教学改革更加深入】

2014年，湖南民院一是网络资源课程建设全面启动。全面推行网络空间教学，3500个教育教学空间基本建成，初步达到利用平台实现师生互动。全院教师申报网络资源课程68门，经专家评审，有15门获得学院资助的优秀网络资源课程、16门或合格课程，实现课程资源网络共享的突破。二是培养途径多元化，培训人次创历史新高，全年培训教师1100多人次。三是卓越教师培训项目申报凸现学院品牌专业的强势地位。全年，申报的“农村及少数民族地区卓越小学教师协同培养模式研究与实践”“幼儿教师‘园中校’培养模式研究”项目得到省教育厅专家的肯定，经省教育厅专家评审，按全省排名第三的成绩送教育部参加全国卓越教师培养计划改革项目评审。（喻润池）

【湖南民院教学科研明显提升】

2014年，湖南民院获得国家民委课题3项，省教育科学“十二五”规划课题6项，院级课题20项。获“第三届湖南省教育科学研究优秀成果奖”一等奖1个、二等奖1个；获“湖南省民族体育科学论文评选”一等奖1个、三等奖5个；获“湖南省第十届大学生运动会”三等奖1个；获“湖南省艺术节优秀学术论文评选”二等奖2个，三等奖3个；在湖南省教育论文评选中3人获一等奖，6人获二等奖，9人获三等奖。教师在各级各类刊物发表论文200多篇。新成立2个研究所，为教育教学研究提供平台。学报编辑部坚持“三审”和“三校一读”制度，全年出刊4期，编辑各类论文100余篇。（喻润池）

【湖南民院获得省科普示范基地称号】 2014年5月5日，由省委宣传部、省科技厅、省教育厅、省科协审定的17家“湖南省第四届优秀科学技术普及基地”经公示后，湖南民族职业学院“航天航空科技馆”获此殊荣（岳阳市仅两家），湖南民院航天航空科技馆，以重约30吨、长58.3米、高9米的长征二号火箭为原型，由发射卫星的火箭引进而成，由逃逸塔、整流罩、芯一级火箭、芯二级火箭和4个液体火箭助推器组成，具有很高的航空科普价值。其科普主题鲜明，建设投入可观，展区规模较大，科技含量较高，展品种类及体验项目较多，是一所具有科普教育功能并有条件向公众开放的场馆，在此基础上组建科普基地，既是满足群众渴求航天航空知识的现实需要，也是对珍贵航展科普资源的高效利用。

（喻润池）

【湖南石院教育部人才培养评估顺利通过】 2014年3月14日，湖南省石油化工职业技术学院（简称湖南石院）召开迎评动员大会，落实“以评促建、以评促改、以评促管、评建结合、重在建设”的评估方针，深入“学、挖、补、改、建、晒”，完成18个主体材料、7个一级指标22个关键要素对应的5187个支撑材料以及11个视频材料的收集、编辑和制作，撰写104个网评问题回答的17万字文字稿。在网评阶段和现场评估过程中，院班子成员刻苦工作，全体员工精诚团结，爱校护校，以高昂的斗志和对事业的坚持坚守，深深感动每一位专家，使学院评估工作最终圆满通过。

（喻润池）

【湖南石院教育科研成果丰硕】

2014年，湖南石院一是召开2次专家论证会。二是建设“石油化工技术、化工设备与维修、石化营销与物流”三大特色专业群，修订完善58门校企合作课程标准，开展讲课竞赛、说专业和说课比赛。三是完成89个班级、660门课程、62748课时的教学任务，34人通过专升本考试，组织3184人次的英语和计算机取证考试。四是全力整合资源应对技能抽查项目合格。五是教学科研工作成果丰硕，确立省级项目6个，工业分析与检验专业通过省级重点建设高职特色专业项目，在全国和省级各项比赛或评比活动中，学院获得奖项21个。（喻润池）

【湖南石院培训鉴定稳步拓展】 2014年，湖南石院培训项目取得新突破，成为中石化催化剂公司三家定点培训机构之一，新增岳阳地区烟花爆竹、危险化学品等8个培训项目，开发石油化工基础知识等10个模块。培训资质进一步拓展，成功申请到位“岳阳市高技能人才培训定点机构”和“农村劳动力转移培训资质”。培训师资进一步加强，通过内培外请，补充和完善近120人的专兼职教师库。培训收入比2013年较快增长，全年培训18320人次，增长12.5%；鉴定1731人次；创收和利润同比增长12.2%。（喻润池）

【岳阳电大政校合作推进项目办学】 2014年10月10日，由岳阳楼区委组织部、人力资源和社会保障局、岳阳广播电视大学（简称岳阳电大）和岳阳楼区委党校联合实施的“岳阳楼区基层干部学历培训提升素质工程”开班典礼在岳阳电大举行。此项工程的实施，是岳阳电大争取地方党委、政府支持，推进人才培养项目的重要举措，是升华岳阳电大开放教育办学影响、打造开放教育办学品牌的有力支撑。

（喻润池）

【岳阳电大列为岳阳市社科普及基地】 2014年 11月7日，市社科联主席魏星一行对电大列为岳阳市社科普及基地进行评估考察。评估组通过现场察看重点察看网络实训室、电子录播室、机考中心和网络中心等硬件设备设施和社科普及网站运行情况，对电大社科普及基础设施和社科普及系统运行给予肯定，认定电大列为岳阳市社科普及基地。（喻润池）

【岳阳电大举行“掌上电大”项目发布会】 2014年12月24日，岳阳电大举行与上海地平线教育信息科技有限公司（以下简称地平线公司）合作开发的“掌上电大”项目发布会。“掌上电大”依托学校先进的网络条件，把开放教育、继续教育、社区教育、干部教育所需教学资源整合在手机用户上，用户只要下载安装“掌上电大”客户端，所有的信息便呈现在手机屏上，功能支持文字、图片、音频、视频等各种类型教学课件。学员只需点击相应图标，便可随时随地完成选课、听课、写作业、复习等学习活动，浏览各种教辅资料，效果近似于走进真实的课堂。全市电大系统教职员工可以通过手机查询学校信息、传送文件、相互交流，实现掌上办公、移动办公、随时办公，使教学管理与教学支持服务更加方便快捷，真正走向数据时代的信息融通。

（喻润池　魏　来）

成人教育

【湖南理工独立学院工作稳步发展】 2014年，湖南理工成教学院进一步加强函授站点指导和监管，规范管理，提高教学水平。加强学籍管理，规范办证程序。全年承担九项国培、省培项目，并开拓校长培训和社会培训项目，取得良好的效益和社会评价。南湖学院建筑学和人力资源管理专业顺利获得学士学位授予权。学生考研积极性进一步提高，学生在各类省级竞赛中获得优异成绩，16个学生项目获得院级大学生研究性学习与创新性实验计划项目资助，5项获省级立项资助。

（张晋超）

【岳阳电大办学实现招生“六连冠”】 2014年，岳阳电大全年完成开放教育招生5046人荣获第一名，实现“六连冠”，办学综合考评被评为优秀分校，实现“六连优”的目标。学校党委书记陈美中连续第6次获得“优秀党委书记”的称号，校长黄湖滨连续第4次获得优秀校长称号。（魏　来）

【岳阳电大探索人才培养模式】 2014年，岳阳电大开放教育学院根据不同专业、不同课程的特点，探索教学改革，实施“以学业导师为引领，以专业责任教师、课程辅导教师、助学辅导员为支撑”和“一调二要三做到四落实”导师制模式，加强对开放教育学员自主学习的引导指导辅导，受到湖南电大的高度评价。网络职校探索“五位一体”的人才培养模式，办学取得丰硕成果：在4月举行的岳阳市中职学生技能抽查和综合素质测试中，被抽查的商务英语、舞蹈表演两个专业18名学生都取得优异成绩，商务英语专业合格率100%、学生平均成绩79分、位居全市第二名，舞蹈表演专业合格率100%、优秀率20%、学生平均成绩81.57分、位居全市第二名。（魏　来）

【岳阳电大教育教学环节管理加强】 2014年，岳阳电大开放教育学院针对学员实际情况，采用集中面授、合班面授、导学、导学约课、专题讲座、导师指导自修等多种教学组织形式，落实教学计划，开展教学活动。如以“Mooc课程研究与微课设计制作”为主题的培训与教研活动，基于国家开放大学的网络试点课程实施与培训指导活动，以“实践教学模式研究”为主题的学术论文征文与教研活动等，征集实践教学论文6篇并报送国家开放大学；网络教育学院坚持强化内部管理，做细做活导学工作，强化学员学习过程管理，切实加强教学教务管理。针对考试工作的要求，采用“提醒—宣传—辅导—督促—演习—实战” 服务模式，改善考试考务的组织服务工作。

（魏　来）

责任编校　邹　青

文　化

社会文化

【文化服务体系建设】　2014年，岳阳市文化广电新闻出版局（简称市文广新局）一是争取重视抓创建。多次向省文化厅和省新闻出版广电局以及市领导作专题汇报，争取领导高度重视示范区的创建。二是对照标准抓试点。制定市、县两级国家公共文化服务体系示范区建设规划，设立公共文化服务细化标准180条，通过试点先行，逐步推开，提升公共文化服务。华容县护城乡五星村率先建成集体育健身场地、农家书屋、广播站于一体的村级文体活动中心，为全市农村文化设施建设提供示范。三是坚持常态抓活动。年内开展“演艺惠民”送戏下乡1246场，公益电影放映40023场，高雅艺术惠民演出250多场，受到群众欢迎和喜爱。特别是“欢乐潇湘·幸福岳阳”大型群众文化活动，通过市县乡村四级联动，群众热情高涨，全市演出150余场，近60万名基层群众参加，声势浩大，影响深远。还成功承办湖南省第八届少数民族传统体育运动会开、闭幕式文艺演出。四是完善设施抓服务。进一步完善市县乡村四级公共文化服务网络，深化改革创新，盘活总量，扩大增量，使各级公共文化设施更加亲民、便民，成为市民休闲娱乐的重要场所。五是加强合作抓发展。湖南岳阳、湖北襄阳、江西新余三个第二批示范区创建城市，正式组建湘鄂赣“区域公共文化联盟”，联合开展一系列文化活动，紧密合作、资源共享，实现同繁荣。市文广新局与市财政局做好专项资金使用的衔接，做好资金项目安排的统筹工作，确保专账专户专款专用。

【“欢乐潇湘·幸福岳阳”大型群众文艺会演】　2014年4月，由市委、市政府主办，市委宣传部、市文化广电新闻出版局和各县市区党委政府承办，自下而上启动开展“欢乐潇湘·幸福岳阳”大型群众文艺会演活动。“美丽楼区”“梦想屈原”“活力湘阴”“和谐临湘”“生态君山”“文明华容”“神奇平江”等各具特色的大型群众文化活动在各县市区递次推开。活动整合全市群众文化资源，实现市县乡村四级联动，全社会同参与，做到“村村出节目，镇镇有演出，片区大会演，县城集中赛”，得到社会各界的一致好评，成为深受群众喜爱的百姓大舞台。8月19—22日，分别在湘阴县、临湘市、平江县、华容县举行4台主题鲜明、特色浓郁、阵容强大的复赛。9月17日，在岳阳文化艺术会展中心举行“欢乐潇湘·幸福岳阳”大型群众文艺会演颁奖晚会。

【首个组级文化礼堂落成】　2014年12月26日，云溪区云溪镇南街居委会四屋组文化礼堂作为全市首个组级文化礼堂正式落成。四屋组文化礼堂由群众自发组织、自筹资金400多万元新建而成，礼堂占地面积3028平方米、建筑面积1198.2平方米，设有民俗馆、棋牌馆、图书馆、健身馆和球类活动场所，设有一个面积400多平方米的标准化舞台，可同时容纳500余人学习、娱乐、休闲。礼堂四周还建有文化长廊，内含村容村貌、道德模范、社会公德等内容，突出乡村文明建设。

（本栏撰稿　孟日清）

专业文化

【概况】　2014年的岳阳市专业文化，一是办好艺术节。举办汨罗市花鼓戏艺术节、临湘市“草根文化艺术节”等文化节庆和全市首届原创小戏小品大赛，成为展示文艺创作成果的平台。二是抓规划。举办“弘扬主旋律聚集正能量”“解读三中全会·繁荣文艺”创作研讨会，成立岳阳市舞台艺术专家委员会，研究制订文艺创作规划，组织创作《美丽郁金香》《秦王逐客》《屈原》等大剧目10部、小剧目38部。三是抓精品。加大文艺精品创作扶持，临湘市现代花鼓戏《铁面税官》荣获全省“五个一工程”奖。四是抓人才。积极“引进来，走出去”，举办岳阳市戏剧编剧培训班，招聘一批高端文化人才，优化文艺创作队伍结构。开展“菜单式”培训，扶持成立3000多个业余文艺团队，全市文化志愿者注册人数达到7659人，成为专业艺术队伍的强力助手。五是抓推介。市巴陵戏传承研究院首次应邀出国，参加阿瓦扎国际音乐和民俗文化艺术节，与13个国家代表队同展艺术风采，叙民族友谊。花鼓小戏《两份协议》应邀参加“大地情深”的群星获奖作品全国巡演活动。六是抓考核。将文艺创作写进各级党委、政府主要负责人的讲话，写进政府工作报告，写进人大代表建议和政协委员提案，纳入全面小康综合绩效考核，并加强对所属文化院团和文化协会的考核，促进文艺创作形成长效机制。

【巴陵戏首次出国演出】 2014年8月8–15日，应土库曼斯坦文化部邀请，受文化部和省文化厅委派，在市委、市政府的大力支持下，市巴陵戏传承研究院派24人赴土库曼斯坦，与13个国家代表队欢聚在阿瓦扎国际音乐和民俗文化艺术节上，同展艺术风采，叙民族友谊。在艺术节上，市巴陵戏传承研究院演出巴陵戏传统剧目《拦马》《天官赐福》和民族风情舞蹈《乖乖花瑶寨》三个独具湖湘文化特色的节目。精彩的演出让土库曼斯坦观众和来自不同民族不同国家的演职员赞叹不已，纷纷伸出大拇指，高呼“China”“功夫”。8月12日，《天官赐福》在开幕式上演出结束后，土库曼斯坦文化部部长在现场单独接见市巴陵戏传承研究院的演员，给予演出人员高度评价。

（本栏撰稿　孟日清）

文化产业

【概况】 2014年的岳阳市文化产业，一是促招商。包装5个文化产业项目，参加深圳文博会和厦门文博会，吸引一批企业前来洽谈合作。二是办节会。除汨罗市长乐镇故事会和岳阳楼·汴河街庙会这两个湖南省最有特色的春节文化活动外，临湘市举办五尖山新春文化庙会，平江县、南湖风景区举办大型文化灯会节，让广大市民和游客充分感受文化岳阳的风采和韵味，也让承办方尝到文化产业创造效益的甜头。三是推融合。推进文化与旅游、体育的融合，全面推进文化旅游产业的转型升级。市文广新局还牵头代拟《关于进一步加快文化创意产业发展的实施办法》，报市政府审批。四是树典型。推出彭兵剪纸等一批新型文化产业创业的典型，成为全市“全民创业”大赛的最大赢家，带动社会资本投入文化产业。

【印刷产业发展】 2014年，岳阳市印刷文化产业一是稳步推进君山印刷工业园建设。君山印刷工业园引进2个印刷项目，新增投资7000多万元，年内全部投产。有8家印刷企业入园投产，入园企业迅速拓展市场，全年全园产值可达3.5亿元，上缴税收600万元，安排就业人员700人。二是加快印刷设备更新升级。印刷企业为适应包装业的迅速发展，业务扩大，投资更新升级资金均在2亿元以上，新上6+1海德堡3台，纸箱自动生产线8条。三是努力打造印刷产品示范基地。充分利用君山印刷工业园成为“湖南省印刷示范基地”的品牌效应，大地印务有限公司打造“全国挂面包装纸印刷基地”，岳阳日报社印务股份有限公司打造岳阳市“数字印刷基地”，岳阳金寿印务有限公司打造“中南五省药品包装印刷基地”。四是拓展外地市场。科德纸业依托泰格林纸，纸业市场拓展至中南五省、华东五省一市，产值达1.8亿元。

（本栏撰稿　孟日清）

文化市场管理

【概况】 2014年，市文广新局按照“一手抓管理，一手抓繁荣”的文化市场管理工作方针，一是规范行政审批和服务。按照“合法、合理、精简、效能”的原则，优化流程，缩短服务承诺时限，提高行政审批服务效能，严格按程序和时限对行政审批事项依法受理、审核，确保行政审批工作“零差错、零投诉、零复议”。二是坚持日常监管和专项整治相结合。重点整治网吧证照不符合接纳未成年人、歌舞娱乐场所管理等社会关注的重点、难点问题。行政管理人员每月下市场4天以上，通过定期和不定期的专项治理行动，坚决打击各类违法违规经营行为，整顿规范市场经营秩序。三是完善全国文化市场技术监管与服务平台。市文广新局先后4次参加省文化厅组织的全国文化市场技术监管与服务平台建设培训班，对县市区的平台管理员进行一对一的培训，完成全市1563家文化市场经营户的激活工作，激活率100%。四是加强行业协会监管。制定《行业自律公约》，宣传和推进行业自律，规范会员经营行为。加强政策、文明和安全宣传，做好业主思想工作，倡导文明经营、守法经营、诚信经营和安全经营。五是市文化市场综合执法局被国家版权局评为查处侵权盗版案件有功单位一等奖，查办的“千度网络有限公司擅自从事网络游戏虚拟货币交易服务案”，被文化部评为“2014年度全国文化市场重大案件”，受到通报表扬；在全市社会管理综合治理评比中，被评为“2014年度市直单位社会管理综合治理先进集体”；在全市社会化禁毒工作中被评为“2014年度先进单位”。网络商务执法大队有效地开展网络流通领域执法监管的新尝试，得到原新闻出版总署主要领导的充分肯定。市文化市场综合执法局以健全“扫黄打非”基层网络体系为出发点，在市图书城设立管理办公室，有效地完善出版物市场批发、零售环节长效管理和案件办理的追根索源机制，得到省“扫黄办”的高度肯定，代表湖南向全国推介“扫黄打飞”工作。

（孟日清　王冬娜）

【网吧市场管理】 2014年，岳阳市文化市场综合执法局在网吧规范化管理方面采取一系列措施，成效明显。一是加强宣传教育，引导网吧行业规范经营。印发《互联网上网服务营业场所管理条例》《文明上网自律公约》等宣传资料2000余份。针对网吧市场存在的接纳未

市文化市场综合执法局开展网吧专项整治　　（王冬娜　摄）

成年人上网等主要问题，召开网吧专项整治动员会，对网吧业主进行政策法规培训，教育广大经营业主遵纪守法，合法经营，并与各业主签订网吧管理责任状。二是严查重罚，规范网吧经营。坚持“突出重点、解决难点、综合治理、全面推进”的原则，采取明察与暗访相结合、重点抽查与日常巡查相结合、重点时段和重点区域相结合、重点监管和跟踪监管相结合的办法，加大日常监管和专项整治力度，特别是对列入“黑名单”的网吧经营单位、“12345”“12318”举报内容、校园周边及居民住宅区等重点领域加大执法检查力度。严格执法监管标准，联合通信部门对违规、屡教不改的违规网吧一律停止网络信号接入，责令停业整顿。三是充分调动社会各界和相关部门力量，齐抓共管。发挥市网吧管理工作协调领导小组办公室的协调职能作用，协同公安、消防、工商等部门在城区多次开展网吧集中整治行动。全年执法检查2240余次，出动执法人员4856人次，检查经营单位3390家次，查处违规经营网吧196家次，停业整顿67家，暂扣电脑主机32台，确保网吧市场管理全覆盖。

（王冬娜）

【娱乐电游市场管理】　2014年，岳阳市文化市场综合执法局在娱乐电游市场管理更加规范、到位。打击无证经营行为和规范经营行为为重点，详细制定专项整治方案，落实日常巡查制度，坚持专项检查与日常巡查相结合，加大娱乐市场执法检查力度。7-9月，启动为期三个月的娱乐市场专项整治行动，期间开展执法检查70余次。检查电子游艺场所200家次，歌舞娱乐场所400家次，对“星韵KTV”“万豪国际KTV”“新城市英雄电游城”等20余家娱乐场所进行立案查处，打击娱乐市场违规经营行为。第一时间掌握营业性演出的具体时间地点，提前介入，督促演出举办单位办理相关审批手续，及时监管演出内容。全年查处“中国珠宝岳阳店明星演唱会”非法演出1起，对《红磨坊》舞台剧、《白雪公主》木偶剧、《雷雨》话剧等20余场营业性演出现场进行全程监管。8月是各艺术考级机构开展考级活动比较集中的时期，执法人员分别上门，对城区艺术培训学校下发通知，要求其在规定时间内到文化行政部门进行备案，通过督促，中音琴行、湖南民乐团等三家考级机构办理备案手续，执法人员对其考级活动现场进行监管。对岳阳市飞翔艺术学校未经批准擅自开展艺术考级活动进行立案查处，进一步拓宽执法领域。在日常执法检查工作中，采取联合执法的方式，形成部门合力，从重从严打击娱乐场所违法违规经营行为。

（王冬娜）

【加强版权保护】　2014年，岳阳市文化市场综合执法局查处软件方面的侵权盗版案件8起，电脑城巡查达60余次，纠正违规经营门店18家，清理盗版软件230多套。关注辖区内在互联网上注册运营的各大网站，对网站上经营的网络音乐、影视、网络游戏、网上门店、动漫及手游等市场进行监管，开展打击网络侵权盗版专项行动。8月，配合省文化厅组织的互联网游戏专案行动，查处互联网“脱你妹”等2起涉黄涉非案件。以“实施版权保护战略助推‘民本岳阳’建设”为主题，开展版权保护宣传活动。利用报纸期刊、广播、电视台、互联网站、手机信息全方位报道版权保护和版权执法工作，实时做好信息采集工作，并通过政府门户网站发布版权保护业务、法律法规知识及有关问题咨询。从4月25日至5月5日，采取《岳阳日报》答记者问形式刊发专题文章，并通过岳阳移动、岳阳联通、岳阳电信群发公益短信。还充分利用市场巡查和软件正版化工作之机，深入学校、经营业主、企业和政府机关部门进行适时宣传，提升全社会版权保护法律意识，营造良好的加强版权保护的社会环境。

（王冬娜）

【查处违规安装使用IPTV】　2014年，岳阳市文化市场综合执法局严查违规多家擅自安装使用IPTV的宾馆，对曼福特酒店（140个用户终端），金茂大酒店（90个），方天大酒店及商务会所（60个），威士顿商务会所（56个），艾尚足浴（34个），豪士顿茶楼（54个）等，37家经营性场所先后分别下达限期整改通知书。对岳阳电信分公司于10月9日下达停止向以上单位提供节目信号源的限期整改通知，基本控制IPTV泛滥势头；对影院的播出内容和消防安全进行定期检查，关停四家5D电影场所；联合市文广新局、市工商局、市国安局、市公安局等单位就卫星电视地面接收设施销售、安装、经营环节开展联合执法行动，出动执法人员92人次，车辆34台次，强制拆除擅自使用卫星锅12户，收缴非法卫星锅86套，取缔非法经营店铺3家。

（王冬娜）

【深化“扫黄打非”管理】 2014年，市文化市场综合执法局加强巡查、检查为手段，以查办大要案件为突破口，有效规范全市出版物市场经营秩序。制定《岳阳市“扫黄打非”工作责任制度》《岳阳市“扫黄打非”举报奖励办法》《2014年岳阳市“扫黄打非”工作实施方案》等制度方案，3月11日，圆满组织展开全市“扫黄打非”暨平安文化市场建设工作会议。净化出版物市场，全面开展“清源2014”专项行动。“清源2014”专项行动开展以来，加大巡查力度，对区域内重点图书音像店、报刊亭和印刷企业进行检查，重点对印刷企业落实五项制度的情况进行检查，对游商地摊无证照经营者，加大清缴取缔力度，同时开展校园周边环境整治，对校园周边书店有经营低俗、凶杀暴力等内容出版物的进行重点查处。收缴盗版图书1200余册，非法音像制品700余张，清理游商地摊4处，对3家存在违规行为的印刷企业进行行政处罚。5月，市文化市场综合执法局查证的全市部分驾校使用盗版以及非法出版的驾校理论考试等图书的事实，被列为省“扫黄打非”督办案件。执法人员前后经过半年的努力，先后奔赴河南省、常德市、益阳市等地，在全市30余所驾校中进行调查，与公安、交警、运管、出版发行单位等相关部门取证，排除层层阻力，历尽重重困难，终于将此案基本办理终结。并开展“净网2014”专项行动，坚持网上监管与网下巡查相结合，扫除淫秽色情垃圾。联合公安网监支队、电信等相关部门20余人对全市部分经营性网站10余家进行突击检查，对2家存在问题的网站现场纠正，对2家无证经营网络游戏虚拟货币交易行为的网站进行立案调查。打击“三假”，开展“秋风2014”专项行动，年底，收缴非法出版的医疗报刊800余册（份），责令并取缔《法制日报》湖南记者站岳阳办事处，对《新月日报》岳阳工作站、《法制周报》岳阳发行站”涉嫌违规从事新闻采访的行为给予警告行政处罚。实施“扫黄打非”“三大工程”试点工作，按照先试点再推广的工作思路，确定万家坡社区、枫树新村社区等11个社区工程、10个乡镇工程、8个景区工程，通过实践，工作成效明显，在全社会形成支持、认同、参与“扫黄打非”工作的良好氛围。其中岳阳楼景区被省“扫黄打非”工作小组通报表彰。 （王冬娜）

【文化惠民工作】 2014年5月15日，由岳阳市文化市场综合执法局联合市文明办组织的为期2个月的“文化志愿者服务在行动——卡拉OK免费唱”文化惠民活动在民本广场举行盛大的启动仪式。30家娱乐场所代表、70个社区代表以及上万名志愿者和市民参与活动。这次活动声势浩大、意义重大，50家经营业主递交“诚信经营承诺书”，60多个志愿者团队和社区代表接受娱乐场所提供的10000余张的活动免费卡。此举是进一步落实文化惠民和倡导诚信经营的重要举措，受到广大市民普遍赞誉。 （王冬娜）

【推选诚信守法文化经营示范企业】

2014年，岳阳市文化市场综合执法局联合市文明办、市广播电视台，在城区文化经营单位中广泛开展“诚信守法文化经营示范企业”的推选活动。采取各文化经营行业协会、局业务大队推荐，分管局领导审核，媒体访谈、主办单位和其他部分职能部门联合组成的评委会终审，媒体公示的方式，按照企业主体资格合法有效，管理制度健全，从业行为规范，服务优质文明，诚实守信，信誉良好的标准推选。中心城区推选出30家诚信守法文化经营示范企业，在市道德讲堂总堂第九期活动上，为这30家企业授牌，示范企业代表也在“学模范”环节中介绍诚信守法的典型事迹。市广播电视台睛彩岳阳频道还对文化经营示范企业制作形象片进行电视展播。通过这次推选活动，强化文化行政执法部门和行政相对人的互动关系，树立文化经营场所文明诚信经营的良好典范，弘扬正能量，起到良好的正面引导作用。

（王冬娜）

文博·图书

【文物安全防范有序】 2014年，市文物管理处进一步强化防范措施。一是加强特定时期安全防范。在法定节假日以及汛期前、暑期高温期间，督促各县市区文物管理所、博物馆（纪念馆）加强文物安全工作管理，强化安全责任和节假日领导值班制，杜绝安全隐患，确保节假日文物安全。二是加强文物安全督查。在全市范围内重点对各级文物保护单位、文物古建筑、博物馆（纪念馆）等开展消防安全突击检查，抽查文物单位18处，发现并督促整改火灾隐患9处。10月，对全市省级以上文物保护单位进行安全大检查，同时对部分县级文物保护单位进行随机抽查。三是加强文物安全培训和演练。全市重要博物馆（纪念馆）以及文物开放单位都适时进行安全知识学习和消防应急演习，增强相关人员消防应急处置能力。四是加强对文物违法案件的处理。依法依规严肃处理平江县长寿镇黄金洞水库工地文物遭村民哄抢、省保单位营田砖拱仓库产权人改扩建饲料厂、君山区许市镇在君山明代官窑遗址上铺设国防通信光缆三起文物违法事件。此外，在平时工作中坚持重点督查与日常巡查相结合，开展群防群治、联防联治，实现全年文物安全无事故。

【地下文物抢救性保护成果丰硕】

2014年，市文物管理处介入建设工程27个，涉及文物调查勘探面积320万平方米，抢救性考古发掘出土文物200余件。其中，华容县城关二水厂长江引水工程、湘阴县武警长沙直升机场进场公路、湘阴县金龙新区金凤大道道路建设等项目完成文物调查勘探，瓦山咀遗址、七星墩遗址护城河、平江县安定镇工业新区牛屎岭墓葬群等正在进行抢救性考古发掘。12月，发掘的康王乡茆山村胡家组宋代夫妻墓葬是岳阳地区发现的较大规格宋墓，其墓葬结构、形制在岳阳乃至湖南地区极其罕见，出土瓷器40件。在进行考古发掘的同时，还加强考古与文物博物馆学术研究，有6篇研究论文在省级考古学术刊物发表。

【第一次全国可移动文物普查年度任务完成】 2014年，第一次全国可移动文物普查在岳阳市全面铺开。完成全市国有单位收藏保管文物摸底排查工作，开展可移动文物的信息采集及影像采集工作，完成文物拍照及信息采集登录530件。全面开展国有非文博单位申报文物的认定工作，在岳阳楼景区管理委员会和岳阳楼区政府史志档案馆开展文物认定工作试点。组织8名市、县两级文物普查人员参加“湖南省第一次全国可移动文物普查第二阶段第一期培训班”学习，并邀请省、市业务老师举办岳阳市普查培训班，对全市所有文博单位30多名“一普”业务人员进行系统培训。

【服务体系进一步完善】 2014年7月，岳阳博物馆被省文明办和省志愿工作委员会办公室评为“湖南省雷锋精神教育基地”。全市各级博物馆（纪念馆）在丰富展览内容、提升服务水平上做文章。岳阳博物馆加快基本陈列“洞庭长歌——岳阳古代文明陈列”提质改造，完成省级内容形式方案评审，设计施工单位进场施工。成功举办“2014年第四届春节灯谜会”“岳阳青年美术油画展”“中国梦·民族魂图片展”等活动。由岳阳博物馆和湖南雷锋纪念馆合作举办的“创建文明城市争做雷锋传人”巡回展在全市社区、学校、机关企事业展出，掀起岳阳市学习雷锋精神、争做志愿者的热潮。

【文物保护项目申报与实施】 2014年，岳阳市有慈氏塔维修方案、慈氏塔保护规划、任弼时故居保护规划及安全防范系统、大云山三战三捷摩崖石刻保护工程、龙窖山堆石墓群规划编制等17个项目获得国家文物局立项，争取国家专项资金约1.5亿元。全市17处全国重点文物保护单位大部分完成文物保护规划的编制。岳阳文庙保护规划完成国家级评审。

【洞庭湖博物馆建设设计与文物征集】 2014年，市文广新局作为洞庭湖博物馆的业主单位，参与洞庭湖博物馆建设的各项工作。完成《洞庭湖博物馆建筑设计任务书》，邀请省博物馆学会专家完成洞庭湖博物馆综合馆基本陈列概念性设计方案。启动洞庭湖博物馆人文实物资料征集工作，全市广大农村征集反映洞庭湖历史文化、风土人情、渔猎耕作等方面的各类文物388件。

【国家历史文化名城复检】 2014年，岳阳市推进国家历史文化名城保护工作整改，通过住建部和国家文物局复查验收。一是完善文物保护规划。在完善《岳阳历史文化名城保护规划》《洞庭南路历史文化街区保护规划》《陆城南北正街历史文化街区保护规划》的基础上，加快推进和启动文物保护单位、历史建筑保护规划和维修方案的编制工作。二是调查整理文化资源。完成第七批全国重点文物保护单位“四有工作”。通过调查，并组织专家评审，以市政府的名义先后公布第二批历史建筑名单71处和第二批市级文物保护单位86处，使全市历史建筑和市级文物保护单位分别达到110处和98处。三是设立专项保护资金。市政府出台《岳阳国家历史文化名城保护专项资金管理办法》，明确设立名城保护专项资金1000万元，规定名城保护专项资金来源、渠道和使用管理程序。四是推动历史建筑维修。陆城南北正街计划整治的6处历史建筑全部按方案要求高标准完成维修任务；洞庭南路历史文化街区历史建筑的维修工作也正式启动。五是做好名城宣传展示。充分利用广播、电视、报刊、网络等媒体，依托“国际博物馆日”“中国文化遗产日”等节日活动进行宣传和展示，在历史文化街区主要出入口设立保护标志、宣传标牌，对历史文化街区的所有历史建筑都实施挂牌保护，在京珠高速公路岳阳互通和岳阳高铁站口设立名城保护户外广告牌。

【非物质文化遗产保护】 2014年，洞庭渔歌入选第四批国家级非物质文化遗产保护项目，李政红等6人获得第三批省级非物质文化遗产项目代表性传承人。开展岳阳市非物质文化遗产名录资料征集，并评选第一批非物质文化遗产传习所。组织编写全市2010-2013年非物质文化遗产年鉴，各项目保护单位编制省级以上非遗项目“十三五”时期的保护总体规划。重点抓好国家级非物质文化遗产项目岳阳巴陵戏的保护，推进巴陵戏进社区、进校园，开展巴陵戏脸谱收集整理绘制,成立“岳舞台”巴陵戏剧社，与岳阳电视台联合组建《岳阳文化广场·巴陵戏》《巴陵戏岳阳行》栏目，为巴陵戏的传承、研究和发展奠定良好基础。此外，还市县联动组织第九个“中国文化遗产日”宣传展示活动。

全市开展送图书到“爱心图书室”活动 （范向辉 摄）

【图书工作】 2014年，市图书馆进一步提升服务，9个窗口实行节假日不闭馆免费开放，全年接待读者24万人次，借阅量达6万册，各项重点工作也全面推进：一是全面启动市图书馆新馆建设项目。国家补助图书馆新建项目资金启动，争取国家资金700万元。完成市图书馆新馆项目建设的初步预算。市规划局、市园林局完成市图书馆新馆建设项目规划设计要点初稿。新馆建设项目确定选址螺丝岛，项目建设进入概念规划设计招标阶段。二是完成少年儿童图书馆立项。充分利用市图书馆现馆资源，完善未成年人社会教育基地建设，多次向市领导专题汇报，争取市少儿图书馆顺利立项。三是全力推进数字图书馆建设。机房建设初具规模，硬件设备安装，现正在与省图书馆、国家数字图书馆平台连通。安装一台电子阅读机，机内存有2000册电子图书，供读者免费下载，并且每月更新100册图书，受到读者欢迎。四是延伸公共文化信息服务。开展形式多样的读书活动，“岳州讲坛”走进县市区，年内举办46场送图书到“爱心图书室”5782册，开展“绘本100”故事分享活动16次，利用节假日长期举办讲座、展览、阅读交流会等各类活动。五是图书业务活动取得丰硕成果，荣获全省“中国梦·我心中的故事”创编活动组织奖和讲述活动银奖、全省“三湘阅读之星”评比组织奖，“奉献他人提升自己——今天我当班小小志愿者”被评为湖南省“文化志愿服务推进年”示范项目。

（本栏撰稿 孟日清）

广播·电视·电影

【抓好安全播出】 2014年，岳阳市广播电视监管中心，对广播电视播出机构、传输机构进行监测，并组建监评专家小组，制定监评工作实施办法，编印《岳阳广电监评》16期，刊登监评文章179篇。还定期到各县市区检查安全播出、广告播出、节目三审、自办栏目等情况，组织监评专家组开展巡回监评。强化安全播出日常管理。成立安全播出领导小组和播控应急小分队，制订应急预案，加强安播管理，严格执行零报告制度，完成重大节日、重要时段的广播电视安全播出任务。严格禁止地面无线数字电视加密传输境外节目，完成全市地面无线数字电视加密传输业务清查登记。指导各媒体开展中央、省、市重大活动系列报道，营造良好舆论氛围。加强记者队伍管理。完成全年记者证年检、全市新闻采编人员岗位考试和年度记者证报考工作，获省新闻出版广电局好评。

（孟日清）

【新闻宣传结硕果】 2014年，岳阳市广播电视台全年向中央电视台发稿39条，中央人民广播电台上稿21条，湖南卫视发稿131条，湖南经视发稿92条，湖南人民广播电台新闻频道上稿161条。岳阳新闻网在国家级新闻网站上稿168条，在湖南红网上稿246条，在全省15个地市新闻网中，上稿数量名列第二名。3–5月，先后推荐90多件作品先后参加湖南广电奖、湖南新闻奖、全省播音主持作品、全省电视广告信息作品等四大项类别的作品送省参评，有65件作品获奖，其中一等奖14件，二等奖24件，三等奖27件。有4件作品获全国奖项，微电影《宝地》和《龙舟祭》分别获得由中国电视艺术家协会主办的第二届亚洲微电影艺术节评选金海棠奖和好作品奖，论文《高性价比三维虚拟场景系统的设计》获得2013年度中国城市电视台技术协会优秀论文一等奖，电视专题《青春绚烂在村官路上绽放》获得2013年度中国电视艺术家协会优秀作品三等奖。

（廖 岚）

【电视栏目引领风尚】 2014年，岳阳市广播电视台一是高质量承办《岳阳电视问政》节目。从各频道及科室抽调20多名精干力量，组成4个暗访组，先后拍摄50多个暗访短片。4月24日、7月8日、10月15日重磅推出三期《岳阳电视问政》节目，内容涉及地下黑作坊、医保定点药店乱象、校园周边环境等20多个方面，播出之后受到广大市民极大的关注和欢迎，对市党风政风建设、市民素质提高和创建全国文明城市工作都起到有力的推动作用。二是着眼民生关怀，舆论监督报道常态化。广播中心《行风热线》着力解决民生问题。栏目记者及时跟进监督，使大部分问题得到整改。科教经济频道认真对待百姓投诉，积极寻找报道题材，对一些不文明现象予以曝光，促进诸多民生问题的解决，做到件件有回复。新闻频道紧紧围绕文明创建的工作重点，开辟“创建文明城市，我们还差多远”等十几个专栏，全年播出舆论监督报道208条，成为全市文明创建工作的有力推手。公共民生频道紧扣民生主题，发挥舆论监督作用，对涉及群众切身利益的问题，做到“问题不解决，报道不止步”，先后报道自闭症儿童、服务行业招人难、“监狱里来联合国专员”等老百姓关注的话题。其中，“监狱里来联合国专员”的报道引起强大反响，中央电视台《今日说法》节目专门对此作一期报道。经济科教频道《经视1时间》栏目的编辑、记者、主持人深入城区市民家中，尤其是困难群众的家中以及敬老院、儿童福利院送上礼物和祝福，献上爱心，并倾听市民对栏目的意见和建议，为提高栏目质量奠定基础。睛彩岳阳频道《睛彩点》栏目也推出一系列精心策划影响大的舆论监督报道，其中关于汽车、装修、消毒餐具、房地产楼盘4个话题的12篇报道，事实准确、重手维权，产生很好的社会反响。 （廖 岚）

【推进农村广播建设】 2014年，全市完成2018个通电自然村，其中20户以上自然村514个，20户以下自然村1504个，37904户农村用户的设备安装调试任务，安装国家下拨直播卫星安装设备11125套。推进农村广播“村村响”。华容县和平江县全省“村村响”建设试点进展顺利，其中华容县投入1067万元，利用无线和有线相结合技术方式，完成县、乡、村三级应急广播体系建设。启动广电无线覆盖提质工程建设，完成直播卫星“户户通”用户摸底工作。推进公益电影放映。推动农村公益电影从“看得到”向“看得好”过渡。年内，全市完成

农村电影公益放映36849场，城市广场电影公益放映3174场，提前超额完成目标任务。（孟日清）

【加强广播电视管理】 2014年，市文广新局一是强化传播秩序管理。联合市文化市场综合执法局、市公安局、市工商局等单位，开展二次境外卫星电视传播秩序专项整治行动，实施小片网“清网”行动，并集中清理整治擅自安装的卫星电视接收设施。二是强化无线频率管理。配合市无线电管理处对岳阳市广播电视频率使用情况进行规范整治，督促岳阳人民广播电台对违规使用106.1赫兆频率行为进行整改。开展地面无线数字电视加密传输业务整治，对全市无线数字电视经营单位和用户进行全面清查。三是强化广告播出管理。健全和完善广告经营播出管理等各项制度，对市县广播电视台新闻综合频道的节目进行专项督查,对部分县市区插播广告进行督查，发现问题及时责令整改。开展广播电视公益广告集中制作展播活动，社会反响较好。

（孟日清）

【电影放映】 2014年，市文广新局电影工作本着重服务、抓管理的思路，强化引导、完善措施，营造电影事业繁荣发展的氛围，推动电影公共文化服务示范创新升级、加强电影体制改革、统筹城乡电影一体化发展、实现城市影院科学布局，电影事业保持蓬勃发展态势。一是深化电影惠民实效。面对现实，转变观念，将电影惠民公共服务作为工作的重中之重，向管理型、服务型转变，推动农村电影由室外放映向室内放映转变。平江县的南江镇、长寿镇等一批示范单位利用省财政公共文化服务体系建设专项资金，按照《电影院建筑设计规范》的技术标准，把乡镇综合文化站或其他多功能厅改造为小型影厅，为农村群众提供优质舒适的电影放映服务深受欢迎。同时，还推动城市公益放映进广场、进社区、进校园、进工地、进厂矿免费放映活动，在城区开设“百姓影院”“百姓影厅”“百姓专场”，利用低票价或免票向残疾人、环卫工人、伤残军人、中小学生开放观影活动。全年完成农村电影公益免费放映37849场、城市广场电影公益免费放映2274场，观众1200万人次，提供城市影院低票价或免费服务5万人次，解决人民群众的精神文化需求和进城务工人员、城市低收入阶层看电影难的问题。二是抓好电影精品创作。拍摄反映岳阳历史文化名城题材的电影，组织文艺“岳家军”开展电影剧本创作研讨，重点围绕《岳阳楼》《柳毅传书》《平江起义》《新墙河抗战》《滕子京》等电影题材剧目进行规划立项，采取通过招商引资和政策扶持拍摄切合主流观众心理需求，获得市场和投资相匹配票房收入的影视作品。三是打造影院娱乐超市。城区新增影院2家，县级新增影院3家，全市有影院数16家86块银幕，实现年票房和电影衍生产品值1.02亿元，比2013年增长35%。确保电影院建设有序进行，防止低水平重复建设和过度竞争，出台《岳阳市数字电影院建设发展规划》，杜绝违法违规及各种不规范经营行为，对影院的票务软件系统进行检测验收，对影院票房双系统篡改市场数据、侵权盗录等行为给予严厉打击。四是促进行业协调发展。随着电影行业发展，电影基础设施明显改善，产业综合效益明显增长，为加强行业管理和行业自律，充分发挥岳阳市电影行业协会的沟通协调作用，创刊《岳阳电影》杂志，营造公平竞争环境，规范影城票价行为，维护行业整体利益，加快打造多点支撑的电影新增长极。在确保电影产业发展的同时，建立妥善处理“原人民公社放映员”群体来信来访及电影单位改制工作的机制和方案，有效化解社会矛盾，维护电影行业系统稳定。（白石华）

新闻出版管理

【规范出版物市场】 2014年，岳阳市一是加强内报内刊审读。现有3种公开报纸、2种公开学术期刊、38种连续性内部资料性期刊。市文广新局组织成立审读工作委员会，下设6个审读小组，每个季度分组召开1次审读审评会，对全市内报内刊开展审读、审评。对一次性图书需经新闻出版科工作人员、分管副局长、局长三次审读后，才核发准印证号，保证出版物内容健康、市场有序。二是加强出版物市场监管。针对目前印刷和发行市场出现的新情况、新问题，市文广新局坚持利用三分之一的工作日走访市场，及时发现和处理管理中存在的问题，宣传党和政府的方针、政策及新闻出版方面法律、法规，帮助企业解决经营过程中遇到的实际困难，做到巡访时间、地点、人员“三落实”。三是组织开展专项检查。9月10日至9月30日，集中对全市印刷复制企业和出版物批发、零售市场开展一次集中检查，重点检查出版物印刷相关承印手续和出版物发行情况，没有发现违法、违规行为。

【创新农家书屋管理】 2014年，岳阳市建设农家书屋3570家，实现行政村农家书屋100%全覆盖，其中临湘市328家、汨罗市413家、湘阴县458家、平江县822家、岳阳县610家、华容县459家、屈原管理区72家、云溪区84家、君山区105家、岳阳楼区135家、岳阳经济技术开发区84家。为规范农家书屋管理，市文广新局组织全市农家书屋，通过开展科普知识竞赛、读书演讲比赛等多种活动“活”起来，通过建立书屋流动阅读站、“送书上门”等服务形式“动”起来，通过图书交流“亮”起来，通过评选“百家示范农家书屋”和“优秀管理员”“强”起来，通过充实书籍“实”起来，真正让农家书屋成为广大农民求知、求富、求乐的公共文化场所。

【丰富全民阅读读书活动】 岳阳市第五届“全民读书”活动从2013年11月开始，至2014年10月结束。各地各单位按照市“全民读书”活动领导小组的要求，围绕“倡导全民阅读，共建文明岳阳”主题，结合实际开展一系列“全民读书”活动，被评为全省“三湘读书月”活动优秀组织奖。4·23世界读书日，市图书馆一是开展“品湖湘文化享阅读乐趣”主题系列活动，并举办“你好春天”有奖亲子活动；岳阳楼区图书馆为王家河街道海棠社区送去300多册书籍；临湘市举办的“书香临湘成就梦想——临湘人爱读书”主题阅读活动吸引800余名市民参与；湖南理工学院启动“墨韵绘筑中国梦，书香盈梦伴青春”为主题的第九届大学生读书节。此外，全市阅读调查活动顺利完成。更深入地了解市民的阅读需求和阅读方向，更好地推广“全民阅读”理念，全市各级各单位开展各项阅读现状问卷调查。二是上下有序，系列活动全面推进。推进“中国梦·我心中的故事”系列活动。开展“中国梦·我心中的故事”征文、故事创编及讲述活动，全市有近万名中小学生参与，收到征文作品225篇。岳阳军分区、市总工会、岳阳楼区东风湖社区等分别举办“中国梦”读书会或演讲比赛。“走进图书馆，让书伴我们成长”系列读书活动。定期开展“走进绘本”故事分享活动，在周末和暑假期间播放动画片和纪录片36部，在传统节日开展中华经典诵读活动，组织参加全国少年儿童“故事达人”大赛和全国少年儿童绘画绘本创作大赛等活动。三是推进“七进”系列读书活动。市“全民读书”活动领导小组各成员单位按照活动要求，根据本单位、本部门的具体情况，组织开展一系列内容丰富多彩、形式各具特色、影响深入持久的全民阅读进机关、进军营、进校园、进企业、进村组、进社区、进家庭“七进”主题读书活动。四是推进“全民读书”系列讲座。市委书记卿渐伟带头在“千名书记讲党课”中讲首场党课，“道德讲堂”活动在各党政机关、企事业单位和中心城区的基层单位和农村地区全面推广，市妇联开展“科学教子流动课堂”活动和家庭教育公益巡讲40多堂，岳阳县图书馆成立“悦读会”定期举办读书心得交流活动等，全市的课堂讲座构建成一张覆盖面广、辐射力强的延伸网络，激发市民读书热情。五是推介有力，宣传活动营造氛围。“全民读书”活动，报纸、电台、电视、网络联手造势，宣传声势强、密度大、效果好。各新闻媒体按照读书活动整体要求，制订各自的工作方案，对读书活动进行深入的报道，同时，结合自身特点，纷纷开辟专题、专栏，参与读书活动。全市主要公共场所利用自己的优势广做宣传口号和公益广告。各企业、学校、社区各基层单位也充分运用戏曲、演唱会、健身操、读书展览、广场文化等群众喜闻乐见的形式组织广大干部群众踊跃参与读书活动。

【首个“机关书吧”正式开放】 2014年11月，由市文广新局建设的岳阳市首个“机关书吧”正式对外开放。市文广新局“书吧”因地制宜建设在办公楼空旷地方，摆设2排书架、4张阅读桌、8张阅读椅和10个沙发座椅，摆放300余册书籍，并配备免费茶水，为干部职工和前来办事的市民营造一个温馨、文明、书卷气的工作、办事环境。根据市领导安排，岳阳市将在市区的社区、机关、公园、车站等公共场所分批建设10个免费“书吧”。

【举行“全民读书”暨“书香湖南·数字阅读”活动】 2014年12月10日，岳阳市第六届“全民读书”暨“书香湖南·数字阅读”启动仪式在岳阳文化艺术会展中心举行。仪式同步启动“书香湖南·数字阅读”活动，内容包括推广APP手机阅读平台——书猫，建设10家免费休闲书吧，开展“4·23”世界读书日系列活动，组织“传递书香传承文明”爱心送书活动，逐步建设农村阅读体系，开展“爱在家庭·家规家训进万家”系列读书等。启动仪式后，还举行精彩的“全民读书活动经典诗文吟唱会”文艺演出。

（本栏撰稿 孟日清）

报纸杂志

【非时政类子报进行转企改制探索】 2014年,岳阳日报社进一步深化体制改革，对非时政类子报《长江信息报》《洞庭之声报》进行转企改制探索，以集团公司控股的方式，对内部经营单位进行改制，从内部彻底改造传统党报以事业单位企业管理这样一种传统的模式。一方面不断提升报纸质量和影响，把握舆论导向，一方面通过转企改制建立公司治理结构，经营健康向上的、富有特色的企业和新型媒体。通过转企改制进一步调整目前的经营状况，变革不适应新形势的体制和管理水平，壮大各自实力，增强岳阳报业集团的核心竞争力。

（陈 文）

【打造新媒体平台】 2014年，面对传统报业经营下滑态势，岳阳日报传媒集团适应新形势、新发展的要求，实现传统媒体与新兴媒体融合，构建多种媒介形式的全媒体矩阵。岳阳网手机版app新闻客户端和岳阳日报官方微信上线；子报《洞庭之声》创办天下洞庭文化传播公司和洞庭商城电子商务平台，市民可通过这一平台实现“衣食住行游，岳阳一站通”；《倾城》杂志改为电子版走向市场，客户端各项指标居岳阳地区媒介前列；同时，岳阳日报全媒体中心正式投入运行，构建一个有效的全媒体、融媒体运作体系，集报纸、网站、微信微博平台以及移动新闻客户端于一体，实现全方位生产、立体化传播。这些举措，在拓宽经营渠道，提升媒体公信力方面作新的尝试，为发展文化产业，提高集团整体实力起到作用。

（陈 文）

【《长江信息报》关注民生、贴近生活】 2014年，长江信息报充分发挥党报系列主流媒体的优势，推出大量有亮点、有影响的稿子。1-2月，《岳阳市场为何难觅野生藜蒿》《岳阳古稀翁独臂义务除雪近卅载》被新华网转载。《火海中，七旬老人将孩子护在身下》一文报道后，引起强烈的社会反响，为医药费频频告急的孩子募集善款14万多元。3-4月，推出一批优秀的典型人物、典型事件：《11个学生的学校1名老师的坚守》《民宅起火，餐馆老板勇救住户脱险》《八旬退休气象员乐为建设生态岳阳奔走》《岳阳“好嫂子”照顾瘫痪小姑无怨无悔》等。5-6月，《两男子冒充联合国官员岳阳监狱提服刑犯》《岳阳伤残退伍兵危李国内首创无网棉胎天赋传统工艺》在报社首发后，先后被新华网、CCTV-13频道、“焦点访谈”、中新网等中央媒体转载、报道。还有《汨罗驼背媳妇“驼”起一个家》《岳阳田德明晋江打工10年寻恩人》《13岁汨罗少年种菜给奶奶买蛋糕》《汨罗11岁朱春草不知儿童节》等数篇感人至深的独家报道。报社还根据市场变化和发展的需要，对报纸进行全面剖析，对版面设置进行优化调整，大幅增加本地新闻含量。在提高可读性的同时，不断开拓阅读群，保证长江信息报电子版同日更新，并新建且推广长江信息报微信平台。（吴岳刚）

【《洞庭之声》谋大谋强文化产业】 2014年，洞庭之声报社围绕办“岳阳最好看报纸”的奋斗目标，以品牌建设为抓手，以机制创新为动力，做强本土化新闻，做大实力型报业，做优素质型队伍，各项工作保持较好的发展局面，完成各项目标任务。在新闻宣传方面，围绕市委市政府中心工作和阶段性报道重点，完善新闻策划机制建设，加强对新闻策划的统筹，提升新闻宣传质量，增强舆论引导能力，取得较好成效；在报业经营方面，面对新媒体冲击和宏观经济形势严峻的双重压力，转变经营方式，稳固主业，多元经营，拓展报业产业链，保持报业主导产业稳步发展；在队伍建设方面，探索完善队伍建设长效机制，提高干部员工队伍的整体素质。按照融合式发展的理念，在立足报纸主业的基础上，继续做强做大天下洞庭文化传媒公司、创办《文明岳阳》杂志、《岳阳经开区周刊》、岳阳城市网，代理《湖南理工学院报》《长炼报》和岳阳火车站广告位的广告，构建涵盖多种媒介形式的全媒体矩阵。（任言志）

责任编校　邹　青

卫 生

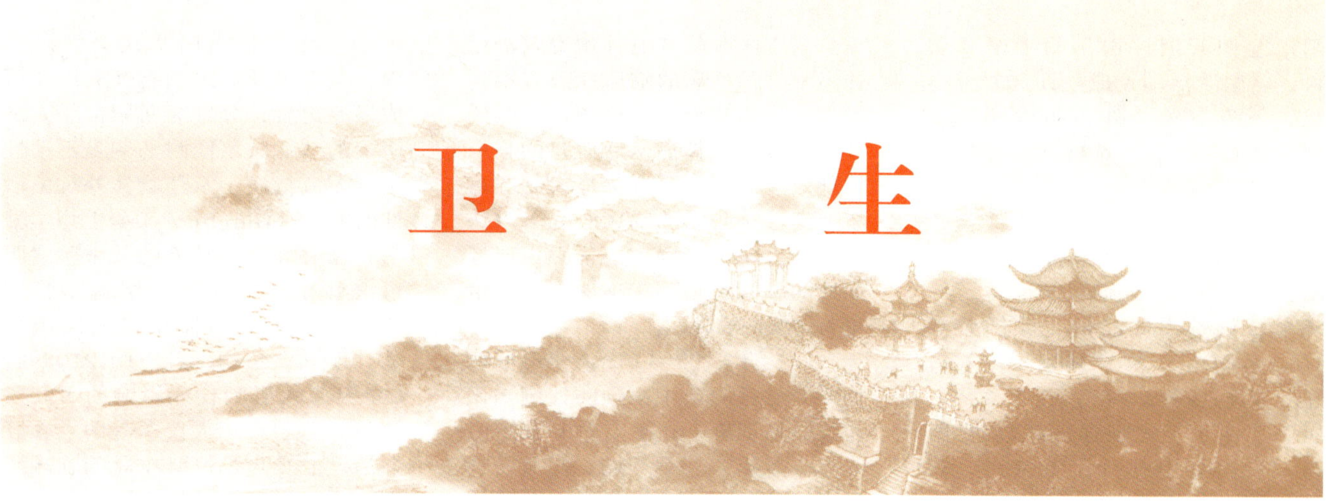

综 述

【概况】 2014年，岳阳市卫生局一是深化医药卫生体制改革，推动健全医保、规范医药、创新医疗改革。坚持保基本、强基层、建机制，严格规范卫生行业管理，创新工作思路，完成市委、市政府下达的各项工作任务。3月10日，中央电视台开展“寻找最美乡村医生”大型公益活动，湘阴县青山岛镇渔民村卫生室乡村医生胡勇被授予全国“特别关注乡村医生”。市一人民医院院长唐敏被评为“2014年度全国优秀医院院长”。市卫生监督中心被国家卫计委评为湖南省130家卫生监督机构中唯一的“全国群众满意的卫生监督机构”。市疾控中心成功申报“全国疾病预防控制工作先进集体”，并获得湖南省“结核病防治先进单位”“免疫规划与生物制品管理先进单位”。全市造血干细胞捐献再创新高，达118例，全国地市级排第一。二是对37家医疗机构不良执业行为予以查处，对27家二级以上医院的13项72个具体数据进行监控。医务人员主动向5910廉政账户上缴不正当收入5.96万元，查处违纪问题8个。查处医疗机构违法行医行为153起，取缔非法诊所15家。核减市级新农合定点医疗机构补偿费用62.38万元，暂扣超标费用233.6万元。大力整治检查评比、会风文风和“三公经费”存在的问题，召开大型会议比2013年减少7次，下降24%，下发文件比2013年减少22个，下降19%，“三公经费”下降21%。基层医疗机构从网上采购基本药物总金额为9289.37万元。县及县级以上医疗机构实行网上药品采购金额11.53亿元，降价幅度达21.3%以上。医用耗材累计招标采购总金额2.63亿元，实现让利0.25亿元,比2013年降幅达11.06%以上。医疗器械累计招标采购总金额7485.26万元，比2013年降幅达15.03%以上。三是全市各医疗单位收到感谢信、锦旗942件，拒收红包24.25万元，出院病人满意度调查平均在93.60%以上，各单位委托第三方开展满意度评价，收集评议意见整改率79.07%。完成4859名初中级医务人员职称考试，3747名执业医师操作、笔试的考纪监督，严肃查处9名违纪考生。

【医卫科技特派员工作】 2014年，市卫生局从市直医疗单位、中央、省驻岳单位医院等选拔20名中级以上专业技术职称的卫生技术人员作为医卫特派员下派到10家卫生院开展为期一年的服务，年底，医卫特派员接诊病人5000余人次，支持大小手术150多台次，指导开展新技术、新项目20余个，义诊5次，免费发放药品5万余元，发放健康知识宣传资料1.5万份，组织业务授课培训80多场次，受训医务人员1500余人次，接收进修50人次，捐赠价值20余万元医疗设备及家用电器15台件,各受扶乡镇卫生院业务水平和经济收入均较2013年有明显增长，实现社会效益和经济效益双赢的目标，得到上级主管部门的充分肯定，市卫生局被市委组织部评为医卫科技特派员工作先进单位。

【市红十字会工作】 2014年，岳阳市红十字会在市卫生局党组的领导下，以“人道救助、爱心奉献”为主题，围绕:救灾、救助、救护工作。开展博爱送万家慰问活动，发放价值40万元的慰问物资和11万元慰问款；5月8日，在会展中心举行“安全血液挽救母亲生命”暨2014年“寻找岳阳最美献血者”颁奖仪式大型公益活动,市长盛荣华和500多名志愿者现场参与无偿献血；开展应急救护知识进社区。组织志愿者开展社区应急救护知识普及。为40个社区，2000多群众普及应急救护知识；年内组织3万人参与无偿献血。完成造血干细胞捐献志愿者采高分辨65人，体检20人，回访志愿者1200人次，成功完成造血干细胞捐献12例，实现捐献118例，稳居全国同等城市第一；人体器官捐献工作加大宣传，30名志愿者加入到人体器官捐献队伍中，实现成功捐献3例。

【中医药事业】 2014年4月，岳

阳市组织开展评选岳阳中医“名科、名医”活动，成立评选领导小组，下发有关文件，明确评选类别、评选对象、评选标准、评选办法、评选流程等，并在《岳阳日报》等媒体进行公布，让社会各界充分知晓。通过申报、筛查、暗访、考察、专家评审、公示等环节，评选出尚品洁、顾国荣等10名岳阳市“名老中医”；刘昌建、吴金良等30名岳阳市“名中医”；谢水生、张真善等4名岳阳市“农村名中医”；王艳锋、刘华文等20名岳阳市“优秀青年中医”。岳阳市中医医院骨伤科等15个专科被评为岳阳市“中医名科”。收集中医单方验方68个，独特疗法18个，经过中医专家团队的筛选、临床验证，评选出具有较高学术和临床价值的中医“名方”22个、“名术”15个。7月，市卫生局组织农合办、中医科到各县市区调研新农合扶持中医药发展情况，采取座谈、现场查看等形式对当地新农合中医药报销情况进行全面细致的了解，并就需要纳入新农合中医药报销范围的中医药项目征求意见。在调研的基础上，还根据当地实际于7月下发《岳阳市卫生局关于将中医药服务相关项目纳入新农合报销范围的通知》，增大新农合对中医药发展的扶持力度。岳阳市中医医院张正元被授予第三批“湖南省名中医”。同时，全市还开展全国基层中医药工作先进单位的创建工作，推动基层中医药服务能力的提升。岳阳楼区、岳阳县、湘阴县、汨罗市创建为全省基层中医药工作先进单位。

全市能够提供中医药服务的乡镇卫生院有147家、提供中医药服务的村卫生室有2403个、提供中医药服务的社区卫生服务中心有25家、提供中医药服务的社区卫生服务站有32家，分别占比90%、69%、83%、60%。65岁以上老年人中医体质辨识和0-3岁儿童中医调养服务在社区卫生服务中心、乡镇卫生院开展。在全省的督查评估中，岳阳市在全省14个市州督查评估中排名第4，岳阳楼区在全省46个县市区督查评估中排名第6。申报省级课题4个。市中医医院“电针颈臂穴治疗神经根型颈椎病的临床疗效观察”成功申报为省级重点课题；“张氏耳穴贴敷干预骨折术后便秘的临床护理研究”“肠宁方治疗大肠湿热型溃疡性结肠炎的临床研究”“从气、痰、瘀论治慢性前列腺炎伴抑郁症的临床观察”三项课题成功申报为省级一般课题。

2014年6月5-11日，全市分两期举办“岳阳市中医预防保健知识与技能培训班”，重点对0-36个月儿童、老年人、孕产妇、高血压病患者、2型糖尿病患者的中医药健康管理服务技术进行培训。各级各类医疗机构的中医药人员和从事预防保健工作人员300人参加培训。市中医医院每月深入基层，通过现场咨询、健康讲座、发放中医预防保健知识手册等形式开展中医健康教育、预防保健知识和技能培训等活动，开展义诊咨询、健康讲座20次，发放中医健康处方1100份、中医预防保健知识手册10000份，为县级中医医院、乡镇卫生院、社区卫生服务中心提供业务指导工作20次。年内，全市中医药预防保健及康复服务水平得到明显提升。

【医学会工作】 2014年12月5日，岳阳市医学会第五届第二次常务理事会议，制订工作计划，增补理事、常务理事。指导并协助老年病、麻醉、康复、消化内科、普通外科、医院药学、泌尿、检验、内分泌、精神卫生和医学心理等专业委员会进行换届选举，筹备成立运动医学专业委员会。年底，岳阳市医学会专业委员会达34个。并举办有影响、有品位、高质量、受欢迎的品牌学术会议22个，各专业委员会、各会员单位召开学术年会、专题学术报告会、学术讲座、新技术推广及成果发布等会议80余场次，参会代表5000余人次，收集论文100余篇。11月22日成功申请成为中国超声医学六个培训基地之一，也是湖南省唯一的培训基地。10月18日湘北地区泌尿外科高峰论坛及岳阳市泌尿外科专业委员会学术年会在岳阳市召开。11月1日湖南省皮肤病专业委员会学术年会在岳阳召开，湖南省医学会会长刘家望、湖南省医学会秘书长出席本次会议。年内，全市医学会组织召开五次科研成果鉴定会，分别为岳阳市一人民医院的“亚胺培南耐药鲍曼不动杆菌分子流行病学及药物体外抗菌活性研究”“Ghrelin／Ghsr生物学轴与直肠癌淋巴结转移的关系”“胆道恶性梗阻的支架内引流术临床研究”项目，岳阳市二人民医院的“他汀类药物干预下CRP1059G/C对汉族人群脑梗死影响的研究”项目，岳阳市三人民医院的“软肝丸治疗血吸虫病肝纤维化的临床研究”项目，通过评审五个项目有3个达到国内领先水平，2个达到国内先进水平。向湖南省医学会推荐专业委员会委员40名，青年委员2名。全年，岳阳市医疗事故鉴定办公室接受医疗事故技术鉴定案例32例。中止案件2例，召开鉴定会25场。属于医疗事故13例，占鉴定案例的52%，其中一级甲等医疗事故1例，一级乙等2例，三级丙等1例，三级戊等3例，四级5例，级别未定1例。岳阳市医疗事故鉴定办公室接待来访咨询600余人次，同时还接待咸宁市法院、衡阳市法院、衡阳市医鉴办在岳阳市医疗事故鉴定办公室专家库中借用医鉴专家或在岳阳市召开异地鉴定会5场。全年医学会对医疗事故技术鉴定专家库进行第三次调整，医鉴专家库现有专家近400名。

（本栏撰稿　潘　灿）

疾病预防控制工作

【急性传染病防控】 2014年，岳阳报告乙类传染病22种，11164例，死亡47例，累计发病率、死亡率分别为201.2/10万、0.85/10万；报告丙类传染病7种，22104例，死亡7例。全市无甲类传染病及乙类按甲类管理传染病报告。

【免疫规划】 2014年，岳阳扩大免疫规划疫苗报告接种率均在99%以上；继续保持无脊灰状态，报告乙脑病例3例，无流脑病例；疑似预防接种异常反应（AEFI）报告342例，调查处置异常反应8例；儿童预防接种信息系统以乡（镇）为单位覆盖率100%。

【艾滋病防控】 2014年，岳阳新增艾滋病病毒感染者/病人227例，其中艾滋病病人124例。全市累计艾滋病病毒感染者/病人1251例，其中艾滋病病人651例，死亡313例；全市成人累计治疗768例。在6个国家级哨点监测2400人次。对11类重点人群开展干预检测，累计检测292971人次，确诊阳性168例。

【结核病防治】 2014年，岳阳发现活动性肺结核患者4075例，其中新发涂阳病人1634例，完成全年任务数的100.9%。病人系统管理率99.9%、新涂阳病人治愈率95.2%、医疗机构病人转诊率97.0%，总体到位率98.5%。

【职业卫生】 2014年，岳阳完成86家企业作业场所职业病危害因素检测工作，完成检测作业点10332个，其中化学性有害因素作业点4321个，粉尘作业点1234个,噪声作业点3194个，高温作业点234个，并对537个工作场所的照度和536个工作场所的微小气候进行检测。完成全市102家医疗单位辐射工作场所的放射防护监测工作，检测作业点1117个。

【卫生监测】 2014年，岳阳完成公共场所监测33家、市辖区学校直饮水监测16家、市辖区集中与饮炊具消毒效果监测7家、市管辖区游泳场馆直饮水监测11家。按生活饮用水标准完成城市生活饮用水监测，覆盖率100%；食源性致病菌监测采集样品7大类252份，化学污染物和有害因素监测采集样品18大类406份。食源性疾病监测方面，4个哨点医院，完成病例信息收集596例，阴性标本307例，阳性标本16例，阳性率5%。

【消杀灭工作】 2014年，岳阳对市直36家医疗机构进行两次消毒效果常规监测。委检消毒监测5家，采样55次；脂肪芽孢杆菌委检采样，采样92次；透析水监测9家，采样35次，采样机器覆盖率达100%。

【地方病防治】 2014年，岳阳完成疟疾血片任务3138份，采集碘盐2700份，碘盐合格率为96.59%，碘盐覆盖率为99.78%；开展登革病毒的主要传播媒介的监测，捕蚊1436只，其中伊蚊136只，确诊8例登革热病人。岳阳楼区、云溪区、岳阳县、华容县、汨罗市分别通过全省消除疟疾考核验收。全市完成3310人的土源性线虫感染率调查，土源性线虫感染人数127人，感染率为2.48%。全市药物驱虫129934人。

【慢性病防治】 2014年，岳阳建立健康档案人数449.12万，健康建档率81.57%，建档高血压人数24.8万，高血压管理率86.56%，建档糖尿病人数5.74万，糖尿病管理率81.63%。精神病登记人数19867人，重性精神病患者救治救助人数322人。

（本栏撰稿　潘　静）

市疾控中心卫生应急机动队参加应急演练　　（市疾控中心　供稿）

卫生监督执法工作

【文明城市创建工作】 2014年，是岳阳创建全国文明城市任务最重、要求最高的关键年，迎检工作自8月份启动，至2015年1月才结束，历时半年。市卫生监督执法中心做到“迎检工作常态化”和“常规工作标准化”，基础管理水平较以往有很大的提升。卫生监督文明创建责任指标分为六大类，即五小门店整治、生活饮用水和二次供水卫生、医疗废弃物处置、中小学周边、集贸市场，列出检查指标28条，成立四个迎检组和六个督导组，领导包区包片，卫生监督员包街包路，形成领导重视、分工明确、措施具体、责任到人、督查有力的创建工作机制。8月，每周三下午定时定点召开调度会，中心班子成员每人连点一个区，开展督查指导，召开常规调度会16次，紧急调度会2次，下发督办函20份。对辖区内各类被监督单位开展无缝式排查，按照“指导一片、整治一片、规范一片、巩固一片”的目标，实行动态管理和集中整治。耗资二十余万元，制作一批卫生监督信息公示牌、档案盒、皮肤病人专用工具盒、消毒记录本、禁烟标识、酒精，免费送到门店。对集中式供水单位市自来水公司、制水一厂、制水二厂、金凤桥水库重点指导，联合市水务局、房产局，对城区108家高楼可疑二次供水单位进行一轮全面检查，现场指导开展水体消毒和水池清洗，免费进行抽样检测，最终确定二次供水单位71家，对30家供水单位主要负责人进行集中约谈，对130多名二次供水管理人员进行集中培训。对19所中小学校周边。全面巡回，防止非法诊所和以人流性病为业的个体诊所反弹。对城区39家医疗机构医疗废物和医疗污水处理进行3轮指导，督促措施落实。

【医疗机构和医疗市场监督】 2014年，市卫生监督执法中心创新提出医疗机构综合监督执法模式，对33家市卫生局发证的医疗机构、4家省管医疗机构、3家采供血机构进行两轮日常监督检查，开展H7N9禽流感和埃博拉出血热疫情防控的专项督查，书写现场检查笔录、监督意见书400余份，接待各类投诉、举报23例，特别是针对省卫生厅交办群众举报汨罗市某生物公司和基层医疗机构、计生服务机构违规提取死胎胸腺细胞的问题，成立专案组，联合相关部门进行深入的调查，查清事实经过，厘清法律责任，督促问题的全面整改，并通过这起事件推进全省医疗机构加强和规范对死婴、死胎和胎盘的管理，得到省卫生厅的高度肯定。打击非法行医进入新的阶段，市卫生局出台《关于继续深化打击非法行医和非法采供血专项行动的意见》，明确打击非法行医的十项硬措施，并于3月25日召开高规模的推进会，年中结合专项稽查对各县市区开展落实情况的督查，7月29日召开讲评会。全市查处无证行医案件402起，出动卫生监督员5002次，取缔黑诊所140家，拆除招牌130多块，吊销执业证书1人次，暂停执业活动2人，张贴打击非法行医通告800余份，没收违法所得51.64万元，罚款56.08万元，没收药品、器械587件，向公安移送案件6起。

【集中式消毒餐具监管】 2014年，市卫生监督中心对全市31家集中式餐具消毒单位（特别是市区以外的23家）进行现场卫生监督检查，对城区范围内的集中式餐饮具消毒单位进行专项监督检查，对部分不按规范操作的单位提出限期整改意见，邀请7家企业主要负责人进行座谈。对市管7家单位随机抽取消毒餐饮具70套，进行每年至少一次的强制性卫生监督抽检，强检合格率为97%。对强制性抽检不合格单位实行立案处罚2起，现全部结案。对岳阳城区7家单位实施每周一次的卫生抽检，对在抽检中的不合格单位进行法人代表约谈，帮其查找原因，限期整改。2月21日，对岳阳市辖区范围内审查备案的17家集中式餐饮具消毒单位名单在《岳阳日报》进行公示，同时书面函告工商行政管理局、食品药品监督管理局。新发集中式餐具消毒企业卫生审查意见16份，新发一次性卫生用品卫生许可证2家、核发3家。

【生活饮用水卫生监督】 2014年，市卫生监督中心将岳阳楼区、君山区、云溪区、经济技术开发区、南湖风景区列入国家饮用水卫生监督监测网点，对2个市政供水、2个城市自建供水和10个城市二次供水单位进行丰水期的水质全分析和枯水期的水质常规分析，分析水性疾病的发生发展和变化情况，完成国家饮用水卫生监督监测计划样品76个，其中集中式供水16个、二次供水20个、末梢水40个。率先规范集中式供水单位的月报制度。2次联合市水务局、市房产局、市自来水公司对市区范围内100多家二次供水单位进行排雷式的全面检查和抽样检验。首次确认市管二次供水单位32家，楼区24家，经开区15家，南湖风景区1家。除湖南民族学院外，其他市管的31家二次供水单位均申办卫生许可，新发《卫生许可证》22个、校验9个，建立分户档案31本。对直接管、供水人员进行从业人员的预防性健康体检及卫生知识培训130人次。首次对二次供水单位——华瑞丹枫假日大酒店水质检测不合格的违法行为，依法进行卫生行政立案处罚。起草并印发《关于加强岳阳市二次供水单位卫生监管工作的通知》，下发到各县市区卫生监督机构及各供水单位，开展全年全市饮用水卫生宣传周活动。五月，全市卫生监督机构联合当地的自来水公司，围绕“关注饮水卫生，共享健康生活”这个主题，开展系列宣传活动，发放宣传资料10000余份。岳阳晚报和岳阳电视台做相应的专题报道。

【公共场所卫生监督】 2014年，市卫生监督中心对辖区公共场所631家，其中宾馆、招待所137家，美容美发242家，洗浴67家，游泳场馆12家，超市、影院、娱乐、茶楼、酒吧等173家，年内发新证305家，复核48家，对管辖的所有门店的日常监督，监督覆盖率达100%，开展“五区”联动的公共场所卫生信誉度等级评定。会同市疾病预防控中心对21家单位进行空气质量和公共用品采样监测。7–9月对全市12家游泳场馆开展营业前的卫生监督检查工作，监测采样96份。受理举报投诉7起，全部进行调查处理。针对举报投诉和日常监督中发现的违法行为进行立案查处，科室查处并结案8起，罚款12500元。圆满完成上级交办的重要节会和高中考卫生安全保障任务20余次。

【放射卫生监督】 2014年，市卫生监督中心放射卫生监督方面根据能级管理原则，检查放射诊疗单位64家，新发“放射诊疗许可证”12家，“放射诊疗许可证”持有率为100%。对全市各放射诊疗单位和部分企业的490名从业人员进行个人剂量监测，全市的个人剂量监测率达82%，市本级达到100%。全年有放射诊疗新建、改建建设项目29个，有16家单位进行职业病危害放射防护预评价审核，对竣工启用的13家放射诊疗单位全部进行职业病危害放射防护控制效果评价验收，验收率达100%。开展以“防治职业病、职业要健康”为主题的“职业病防治法”宣传周活动，开办放射防护培训班两期，培训放射从业人员175名。

【学校卫生监督】 2014年，市卫生监督中心对辖区内2所小学、17所中学、7所大专院校开展两次传染病防治、饮用水安全、教学卫生监督检查,监督检查覆盖率达100%。对市直14所供学生直饮水学校进行专项卫生监督检查和随机抽样检测,合格率达100%，对市直17所中学学校预防近视眼卫生监督专项检查，参与对乌江幼儿园疑似食物中毒事件的调查处置。

（本栏撰稿　李　佳）

医疗服务

【概况】 2014年，市卫生局一是严抓医疗质量管理。下发《岳阳市医疗服务不规范行为专项整治工作实施方案》，并组织专项检查，医疗服务不规范行为得到有效遏制。

不断优化服务，解决“看病难”问题。各单位采取切实措施，全力解决挂号难、候诊难的问题。多措并举，缓解“看病贵”问题。通过在二级以上医院开展临床路径管理，使诊疗行为更加规范。继续加强抗菌药物临床应用管理。按照“突出重点、集中治理、健全机制、持续改进”的工作思路，继续在全市范围内开展抗菌药物临床应用管理。开展医疗费用监测与控制。按照《关于进一步加强医疗费用监测与控制工作的通知》要求，对全市27家二级以上医疗机构进行费用监控，有效遏制医疗费用不合理增长，让老百姓得到实惠。实行约谈制度。对违反医疗核心制度，责任心不强，导致医疗纠纷的医务人员，建立“约谈制”，实行诫勉谈话。为更好支持和规范民营医院的发展，出台《岳阳市卫生局关于进一步支持和规范社会办医的意见》。全年急救工作实现零差错、零纠纷，“120”有效出诊15500次，接诊病人15000多人次。参加大型社会活动、拆迁、演习、突发性公共事件等救护车出警60多次，参与的医务人员120多人次；接诊“三无”病人近230人次。出台《岳阳市院前急救机构和人员考核细则》。全年无偿献血总量达14.1吨，临床医疗供血安全得到保障。二是切实推进县级公立医院综合改革。全年，按照国家卫计委、省卫计委统一安排和部署，切实做好全面启动县级公立医院改革各项准备工作。启动医药价格改革工作。市物价局和市卫生局根据株洲市试点经验，在结合全市实际的基础上联合制订《岳阳市县级公立医院医药价格改革工作方案》。并召开专题工作会议，就全面启动县级公立医院改革进行部署。三是开展“平安医院”创建工作。开展维护医疗秩序打击涉医违法犯罪专项行动。全市排查医疗隐患112起，公安机关查处涉医治安案件28起，治安处罚37人，刑事立案4起，结案3起，刑事拘留6名，调处医疗纠纷矛盾101起。先后受理医疗纠纷181起，其中行政调解27起，人民调解118起，医患双方自行协调36起，有效维护正常的医疗秩序和医疗安全。在参照《湖南省医疗纠纷预防与处理办法》《岳阳市重大医疗纠纷应急处置试行办法》等法律、法规精神的基础上，制定《岳阳市医疗纠纷预防和处理预案》《医疗纠纷处理流程图》。四是开展“岳阳好医生、岳阳好护士”评选工作。“岳阳好医生、好护士”评选从2013年5月10日正式登报启动。先后在岳阳电视台、《岳阳日报》《长江信息报》、岳阳新闻网等媒体进行宣传，进一步提升卫生行业的形象。经过单位推荐、社会投票和组委会投票等阶段，最后评选出“岳阳好医生、好护士”及其提名奖和特别奖246名。12月5日，举办隆重的表彰大会。

（本栏撰稿　潘　灿）

爱国卫生工作

【爱卫创建考评】 2014年，岳阳市爱国卫生办公室（简称市爱卫办）按照岳阳市“五创提质”考评工作的要求，考评工作坚持“每天一暗访，每周一检查，每月一讲评”，对城区“五区”和15个市直主要责任部门每月进行考评排名和情况通报。在考评工作中取得的“考评成绩分值量化”“考评记录有据可查”的具体做法和考评实现“被考评部门对考评成绩与排名公布无异议”，“落实考评整改内容为重点，注重考评实效”的成功经验，得到市分管领导和被考评单位的认可。

【城乡环境卫生整洁行动】 2014年，市爱卫办开展城乡环境卫生整洁行动，推进五创提质工作城乡一体化。按照《岳阳市2014年度农村环境整治工作方案》《农村环境整治工作考评方案》，采取会议促、暗访督、舆论推等有效手段，推动全市城乡环境整治攻坚，工作部署早、推进快、来势好。12月，开展秀美县城评选和全市城乡环境卫生整洁行动考评，对全市县市区进行综合考评排名，成绩拟报市政府分管领导和主要领导审定后，在市内各大新闻媒体公示，公示后再报省爱卫会。争取年度内岳阳市城乡环境卫生整洁行动评比在全省排名中，获评一个“十佳县城”，其他参评县市区全部列入一类县城，再次实现全市城乡环境整洁行动一类城市“满堂红”。

【农村改厕项目】 2014年，市爱卫办争取到国家专项经费500万元，为10000农户建设无害化户厕所的项目。12月，集中对各县市区农村改厕工作进行督导检查，年内全部完成全年改厕任务。得到上级领导、专家和广大农民群众的普遍赞许。

【基层卫生创建】 2014年，市爱卫办推进基层爱卫创建。一方面协调指导湘阴县国家卫生县城的创建，目前通过全国爱卫会暗访检查验收，正在公示阶段，并指导平江县、华容县、岳阳县巩固国家卫生县城成果；另一方面，将创建工作向村镇延伸，把创建省级卫生村镇与全市年度评选“秀美乡镇”“秀美村庄”相结合，重点对基础较好，基本符合条件的村镇加强调研、指导，年内创建6个省级卫生镇，15个省级卫生村，13个省级文明卫生单位，市级卫生镇5个，市级卫生村32个，市级文明卫生单位13个。

【病媒生物防制】 2014年，市爱卫办大力抓病媒生物防制工作，通过市政府“城区病媒生物预防控制”招标采购，采取市场化运作，加强公共场所、重点行业的除“四害”消灭杀服务工作，同时加大对中标公司的“除四害”工作考核力度，完善惩罚机制，将城区“四害”密度控制在国家标准范围内，顺利通过省爱卫会对岳阳市“灭蚊先进城市”复查。

【健康教育】 2014年，各级爱卫办围绕“爱国卫生月”“世界卫生日”“世界无烟日”等节日契机，以大活动为载体，开展有声有色的健康教育活动。11月，邀请湘雅二医院著名教授周志广到岳阳市开展“健康中国行”糖尿病知识大型公益讲座，受众达到800多人。市、区两级开展10多次慢性病知识传播和讲座活动。采取多种形式使健康知识宣传进机关、进学校、进企业、进社区，健康教育宣传深入人心。

（本栏撰稿　刘立军）

农村卫生

【概况】　2014年,全市完成14所乡镇卫生院、22所乡镇卫生院公转房和121所行政村卫生室国债项目建设；争取2所县级医院、14所乡镇卫生院、26所乡镇卫生院公转房、385所行政村卫生室国债建设项目。年内组织县级卫生局局长、乡镇卫生院院长、乡镇卫生院药学、急诊急救、精神疾病防治、内儿科、院感监控、中医药学等人员参加省厅培训；开展全市村卫生室乡村医生4235名IPTV集中培训，培训完成率127.1%，提高农村医疗服务能力。全年投入资金12万元，在国家扶贫开发工作重点的平江县下派12名专业技术骨干，安排2家县级医院对口支援2家乡镇卫生院。通过启用闲置设备、开展医学讲座、免费接受进修、开展新业务新技术、临床带教、指导手术等，提高受援卫生院的服务能力。年内还继续推进乡村卫生服务一体化管理工作，进一步对乡镇卫生院和行政村卫生室的设置、人员、业务、药械、财务以及绩效考核等方面予以规范。各乡镇卫生院对辖区内村卫生室实施基本药物制度进行全面监管，同时合理划分乡村医生承担基本公共卫生服务的工作任务和经费，让乡村医生劳有所获，提高乡村医生从事基本公共卫生服务的积极性，充分发挥乡村医生的作用。全年开展乡村医生签约服务工作，签约服务按照乡镇卫生院技术人员划片包村指导、村卫生室乡村医生包户包人的原则，建立相对稳定的契约型服务关系，全市签约服务农业人数198.76万人，签约率达52.09%，完成平江县招收10名乡村医生本土化人才培养学员工作；全面启动乡村医生执业再注册和老年乡村医生生活困难补助发放工作，乡村医生队伍建设进一步加强。对全市农村卫生信息系统进行全面升级（湖南省农村卫生信息系统2.0版）并通过省级验收，实现全市农村卫生信息系统推广应用达到三个“百分之百”，即全市推广应用农村卫生信息系统软件的县市区达100%，每个县市区辖区内推广应用农村卫生信息系统的乡镇卫生院达100%，具备网络条件的行政村卫生室推广应用农村卫生信息系统达100%的目标。免费向全市居民提供11类43项国家基本公共卫生服务项目，人均基本公共卫生服务经费达35元/人。建立农村居民规范化电子档案457.04万份，建档率达到80.95%，其中老年人、孕产妇、儿童、残疾人、慢性病人等重点人群的建档率达到95%以上。继续推进全市189个政府办基层医疗卫生机构和3310个村卫生室实施基本药物制度，同时推进基层医疗卫生机构综合配套改革，实施基层医疗卫生机构全员聘用和岗位管理的县市区达9个，绩效分配和财务集中核算管理的实施率达100%，乡镇卫生院公益性的管理体制、竞争性的用人机制、激励性的分配机制和多渠道补偿机制等运行新机制逐步建立，农村医疗卫生服务机构服务能力和服务水平不断提升。

【新型农村合作医疗工作】　2014年，全市新型农村合作医疗工作严格按照卫生工作各项目标任务，高位求进，逐一落实，进一步规范各级新农合定点医疗机构服务行为，确保全市农民群众受益度提高，推动新农合制度顺利实施和健康发展，达到“政府得民心、农民得实惠、卫生得发展”的目标。一是进一步优化对新农合定点医疗机构的协议管理，对于年底超过费用的单位一律拒付超出标准的新农合补偿金额，有效促使各级医疗机构加强内部管理，减少不合理用药等开支，提高基金的运行效益。二是严格审核，规范行为。要求各定点医疗机构合理检查、合理用药、合理收费，对参合农民就医使用自费药品、特殊材料、特殊治疗、自费检查项目实行事先告知和签字制度。三是创新稽查方式优化稽查职能。结合卫生监督执法队伍加强对定点医疗机构的监管，实行定期与不定期稽查，对补偿人次和金额异常的定点医疗机构实行重点稽查。四是调整优化住院统筹补偿政策。全年住院统筹补偿政策的调整，主要围绕保障基金安全和提高基金补偿效益两个重点来进行，提高大病和高费用段住院医药费用的补助水平，通过结合住院费用和住院人数增长、病员流向结构变化及病种结构的实际，合理调整定点医疗机构的住院补偿起付线，逐步形成动态调节机制。五是开展商业保险委托经办服务。认真贯彻落实国家有关推进商业保险机构参与新农合经办服务的政策，按照政府主导、保险参与管理、惠民便民与互利共赢相结合、总额预付与风险共担的原则，分别在华容县、汨罗市、岳阳县、湘阴县等县区开展保险公司参与新农合意外伤害委托经办服务的工作，各地充分利用和发挥商业保险机构的网络和查勘优势，有效地减轻新农合基金支出负担，保证补偿政策公平有效的落实。

（本栏撰稿　潘　灿）

社区卫生

【概况】　2014年，岳阳市设置社区卫生服务中心32个、社区卫生服务站59个，覆盖城市户籍居民近117万人。居民步行15分钟以内即可到达最近的社区卫生服务机构。社区卫生服务网络延升到社区、到居民。社区卫生新的服务模式逐步建立。全年建立社区全科医生团队96个，专家团队32个，确定社区责任医师236人，实行划片包干、定期上门、巡回医疗，为辖区居民提供方便、连续的健康管理服务。开展与社区居民的签约服务试点。义诊、团队服务不断贴近老百姓。年内各社区卫生机构进入社区开展义诊295次，团队入户服务6276次，健康教育各类活动开展1433场次，发放《健康教育读本》近64万册。得到老百姓的一致好评。社区中医药管理服务发展迅速，开展中医药进社区活动，通过开展中医特色治疗、开设社区名中医工作室等项目，加强中医医院与社区的联动，促进中医药在社区的推广。全年湖南省基层中医药服务能力提升工程督查评比中，岳阳市位列第4，岳阳楼区在46个被检县市区中排名第

6位。社区卫生服务机构为老百姓累计建立健康档案85.72万份，建档率80.4%。进一步完善居民健康档案，为辖区常住人口建立统一规范的居民健康档案。围绕妇女、儿童、老年人、残疾人、慢性病人、重性精神病人等重点人群开展11项基本公共卫生服务。年内岳阳市孕产妇保健管理率达91.58%，7岁以下儿童保健覆盖率89.18%。按照《湖南省65岁以上老年人健康体检方案》，社区卫生服务中心继续开展65岁以上老年人健康体检工作，部分机构除完成规定的免费项目外，还增加免费B超、X线检查等“自选动作”。高血压、糖尿病、重性精神病人规范化管理开展，通过健康干预，有19926人高血压病人最近一次随访血压正常，有7252人糖尿病病人最近一次随访血糖正常。社区基本医疗服务稳中有升。社区卫生服务机构医疗门诊量比2013年平均上升30%以上，社区卫生资源利用率不断提高，医疗服务质量持续改进。

【卫生科教】 2014年，市卫生系统一是进行全科医生转岗培训工作，从基层医疗单位选拔100名骨干临床医生参加为期一年的全科医生转岗培训并通过省卫生计生委的考核验收；二是启动住院医师规范化培训，从全市医疗单位招录46名医生在市一人民医院进行住院医师规范化培训；三是开展农村订单定向医学生的招录工作，全年全市招录农村订单定向免费医学本科生13名。四是开展农村与社区卫生适宜技术推广，全年培训基层医技人员500余人；五是举办以“科学生活·创新圆梦”为主题的卫生科技活动周，组织市直医疗单位20余名专家赴云溪区参加科技活动周启动仪式，现场开展专家咨询、义诊和科普宣传，免费发放《2014年卫生科普读本》600余本；五是举办病原微生物实验室生物安全岗位培训，培训实验室人员300余人；通过形式多样的培训，提升为全市医技人员的专业技术能力。

（本栏撰稿 潘 灿）

医疗机构

岳阳市一人民医院

【概况】 2014年，岳阳市一人民医院出色地完成医院预定的各项工作目标和任务，业务指标再创新高，各项工作跃上新的台阶。全年，医院完成门急诊人次87.5万人，比2013年增长11.3%；出院人次6.6万人，比2013年增长11.7%；住院手术2.3万台，比2013年增长18.2%。全院平均住院日9.4天，同比缩短0.6天。各项业务数据保持稳健的增长速度，实现医院的健康和谐发展。

【医院管理】 2014年，岳阳市一人民医院在地市级医院中率先完成与湖南省统一预约挂号平台、湖南省预约诊疗监管平台的对接，实现预约挂号方式多样化，年内新开展网络预约、手机微信预约、诊间预约，目前医院有6种预约挂号方式（电话、自助机、网络、微信、现场、诊间）供患者选择，方便患者就诊，预约挂号人次逐年增长，逐月提升，得到上级卫生主管部门的表扬和好评。为此，医院还为方便群众就诊，以解决患者实际困难为落脚点，医院多措并举，实事求是，优化流程，改进方法，全年，门诊人次多次创医院历史新高，单日最高门诊人次超4000人次，但医院尽力缩短患者排队时间，经现场监测，门诊病人高峰期的挂号排队时间由原来的不超过15分钟缩短为不超过9分钟，大大提升病人及家属的满意度。

【重点工作】 2014年，岳阳市一人民医院全院上下齐心协力，加班加点，顺利完成三级综合医院复评工作。一是积极筹备，前期工作有条不紊。一月完成三基理论考试，8月完成信息化系统验收工作，10月底向省卫计委提交三级综合医院等级复核评审申请书和自评报告，11月省卫计委带领专家对医院进行评审第三方满意度调查。二是全员参与，迎检工作齐心协力。医院从11月3日开始，全员实行“5+2”“白+黑”的工作模式，各部门对照工作标准，找短板、找缝隙，认真分析原因，制定整改措施，务求取得实效。12月2日，省卫计委李世忠处长带队对医院进行核心条款的预评检查，12月10–11日综合组检查，12月21–23日现场组检查，通过三次检查，领导和专家们提出宝贵意见，“以病人为中心”和“质量持续改进”的理念更加深入人心。

【科教及学科建设】 岳阳市一人民医院将2014年定为学科建设年。第一批发展对象为创伤外科、胃肠外科和肿瘤科。创伤外科下设创伤外科一病区、二病区；胃肠外科更名为胃肠肛肠外科，下设肛肠外科、胃肠外科；肿瘤科下设肿瘤科一病区、二病区、三病区。全年医院心血管内科申报岳阳市重点实验室，顺利通过评审，成为医院第二个市级重点实验室。

【公立医院改革工作】 2014年，岳阳市一人民医院一是对口支援助帮扶。年内医院同湘阴县人民医院签订2014年度两院对口支援协议书，并捐赠5万元帮扶款。另外，医院派出的两位优秀专家王煜、李卫红参加中国援塞拉里昂医疗队并荣膺第三届“中华之光”获奖集体，中央电视台中文频道、英文国际频道分别对王煜和李卫红进行采访报道。二是热心公益进社区。医院主要领导亲自带队在岳阳楼民本广场、柴家山社区举办大型专家义诊咨询活动，到市儿童福利院举办“关爱儿童健康、关心儿童成长”的义诊活动，向福利院工作人员提供儿童医疗技术指导，并赠送常用药和儿童玩具等。三是做好脑卒中筛查与防治工作。全年脑卒中筛查干预项目实际完成4000余人，高危人群检出率16%。医院还对社区及基层医院开展多场脑卒中筛查与防治专题培训活动，脑卒中筛查工作现场多幅图片被国家卫计委采用，综合考评居湖南省第四名。

【文化建设】 2014年，岳阳市一人民医院建院五十周年，为此医院开展一系列以“共筑一医梦”为主题的庆祝活动。医院以“我与一医的故事”为题材，面向全院职工及社会，发起50周年院庆征文活动，并制作成院庆专刊《大医之歌》，以作纪念。医院还组织编写《岳阳市一人民医院院志》，记录医院的发展轨迹。开展演讲比赛、文体竞赛活动，达到增加沟通，建设和谐团队的目的。举办院长论坛，服务基层医院。10月31日，在医院东院会议室举办“院长论坛”学术活动，来自岳阳地区一百多位院长参加活动。举行院庆晚会，展现干部职工风采。10月31日晚，全院干部职工参与，自娱自乐，以优美的舞蹈和悠扬的歌声，献礼五十周年院庆，展现自我风采。爱岗敬业，道德讲堂常态化。全年举办7期，先后有医德标兵胸外科刘韧主任、新生儿科何克勤护士长等登上讲堂，讲述他们自己的故事，他们以亲身的经历，教育大家怎样成为病人爱戴的好医生、好护士，树立医务人员良好的社会形象。

（本栏撰稿　彭　令）

岳阳市二人民医院

【概况】　2014年，岳阳市二人民医院在深化公立医院改革，改善服务环境，提高服务质量上下功夫，医患关系进一步和谐，医疗业务稳步增长，较好地完成各项目标任务。医院被评为“中国医疗机构公信力示范单位”“全国医院感染横断面”，医院机关被授予“岳阳市书香机关”。

【公立医院改革有序推进】　2014年，岳阳市二人民医院一是全面推行新一轮绩效改革，进一步强化绩效管理、考核，优化绩效分配，逐步建立以公益性为核心的绩效工资体系；二是对中层干部实行任期制管理，建立科学规范的医院后备干部工作制度和选人用人机制，加快年轻后备干部队伍选拔培养，充实医院中坚力量；三是通过开展“假如我是病人”演讲比赛、优质护理服务示范科室评比、推行品管圈等活动，延伸医疗服务、大力弘扬爱岗敬业精神、促进服务内涵的提升，全院评出2个“优质护理服务示范科室”和4个“优质护理服务优胜科室”；四是开展电子病历为主内容的信息化建设工作，对门诊病人实行“一卡通”管理，医院信息化建设由以往的以财务收费为主，升级到以医院管理和电子病历为重点的信息化管理系统，为推行无纸化、现代化办公系统和区域医疗信息共享打下良好基础；五是健全医患纠纷协调处理机制，完善人防、物防、技防系统，确保医务人员的执业安全。

【医疗质量与医疗安全进步提升】　2014年，岳阳市二人民医院按照三级医院专科建设要求，制定出进一步加强内涵建设、做大做强临床学科的具体办法和措施，顺利通过省卫计委组织的血液内科、疼痛科、临床细胞分子遗传学等7个学科和专业，“肿瘤深部热疗”等2项Ⅱ类技术及10个专业内镜诊疗Ⅱ类技术现场评审与注册；成立岳阳市乳腺疾病诊疗技术工程中心、岳阳市病理质量控制中心，为学科发展搭好平台；组织医护人员开展“三基三严”等业务学习，顺利通过省卫计委组织的“三基”理论考试；健全医院学科带头人的培养、引进、使用和管理制度，促进一批学科带头人的成长。关节外科主任高春阳、泌尿男科主任万少平光荣入选岳阳市首批海内外高层次人才；成功立项省卫生厅项目一项，省科技厅项目一项；全院硕士招生专业增加到6个，接收临床医、检、影像、药、护等专业实习生500余人；加大对临床适用强、市场需求大的新技术、新项目的开发与引进，大力扶持微创、介入、椎间孔镜、调强放疗、输尿管软镜钬激光等高科技项目的推广，新开展新技术项目12个，启动PET-CT、分子病理实验室、细胞生命治疗实验室等新项目的建设。

【诊疗环境更加优化】　2014年，岳阳市二人民医院畅通服务与投诉途径，在门诊大厅设立“门诊接待服务中心”，为患者提供便、捷、快、优的“一站式”服务，日均接受咨询800余人次，门诊投诉率明显下降；开辟专家诊区，安排20多名具有正高职称的专家，集中坐诊；将B超室搬迁至4楼，使B超检查区域增大一倍以上，解决病人“等候时间长、检查难”的问题；开展“实名制”预约诊疗服务，推广便民门诊和优质护理服务，实行无假日门诊和弹性排班，落实首诊负责制、首问负责制，缩短挂号、取药时间，对特困、残疾人优先就诊，规范门诊病历书写，最大限度地给门诊病人提供优质的服务。落实“万名医师支援农村卫生工程”，巩固和扩大同各县区医院、乡镇卫生院的医疗协作和技术指导关系，组织专家深入各乡镇、各社区开展义诊活动20余次，接受咨询15000余人次，义诊5000余人，发放宣传资料3万余份，为群众赠送药品价值4万余元。

（本栏撰稿　章枝柳）

岳阳市中医院

【概况】　2014年，岳阳市中医院一是业务持续较快增长。全年门诊456012万人次，比2013年增长21.3%，出院病人19564人次，增长17.6%，手术3025台次，增长9.9%，平均病床使用率为98.8%，比2013年上升9.2%，日住院患者最多为1046人。二是科技项目深入推进。参与国家自然科学基金课题2项，主持省部级课题2项，厅局级课题8项，其中重点专项1项，结题4项，通过科技成果鉴定2项，获得湖南省科学技术进步二等奖1项，岳阳市科学技术进步二等奖1项。科研项目和获奖成果数量位列全省地市级中医院之首。《中医养生精华》等科普专著正式出版，发表论文65篇。三是科技平台稳步提升。成为湖南省地市级中医院中唯一的国家卫计委全科医生培训基地。骨伤大楼项目纳入市政府2015年度政府工作报告，完成项目立项批复等前期工作。四是科技品牌彰显成效。成功创建为“湖南省文明单位”和岳阳市“爱婴医院”。先后荣获“2014年度岳阳市党风廉政建设优胜单位”、全市院前急救理论知识竞赛团体第一名、湖南中医药大学2014年度后期临床教学联考非直属附属医院第一名、湖南中医药大学2014年校运动会非直属地市级附属医院团体第一名。

【医德医风持续改善】 2014年，岳阳市中医院开通网上预约专家挂号服务。门诊系统医务人员每天坚持早上7点开诊。调整和新增门诊诊室28个，重新进行分区设置并进行就诊流程再造。智能化中药房正式投入使用。向乡镇卫生院派出坐诊医生42人；与36家乡镇卫生院、18家社区卫生服务中心建立技术对口支援定点指导关系。推广中医药适宜技术22项。组织62名专家在36个乡镇（社区）开展义诊和讲座68场次，服务群众30000多人次。全年患者平均满意率为96.39%，收到患者感谢信26封、锦旗40面，医务人员拒收红包65人次，共计43900元。

（本栏撰稿 胡 明）

岳阳市三人民医院

【传染病救治】 2014年，手足口病、甲流、H7N9禽流感等传染病在全国爆发流行，手足口病患儿临床普遍表现为起病急、病情重、变化快，随时都有生命危险。3-11月，岳阳市三医院感染病科门诊日平均超过200人次，日留观150人次，病床爆满。面对严峻形势，医院举全院之力，班子成员和相关职能科室负责人全部下到临床一线。确保患病儿童有效救治，感染病科全面实施医疗、抢救、护理以及挂号、就诊、缴费、取药、后勤保障等医疗全过程“一站式”服务模式。全年全院累计接诊乙类、丙类传染病15种7258例，比2013年增加1746例，增长32%。其中手足口病7007例（占96%），增加2036例，增长41%；住院1995例，增加31%；重症患病儿童167例，增加5.76倍，危重症患儿4例。所有患病儿童都得到有效救治，抢救成功率100%，所有康复出院的患者无一例后遗症发生。全年新增疟疾2例，登革热4例，均痊愈康复出院。10月29日，接市委市政府和市卫生局紧急通知，从10月31日下午4时起，市三医院正式接收来自塞拉利昂等西非国家埃博拉疫区的岳阳援非医疗队第一批归国专家，进行为期21天的隔离与医学观察，任务艰巨可想而知。为确保防控措施到位，体现党和政府对援外专家生命健康的关怀，市三医院严格按照埃博拉出血热防控规范要求，迅速转院、分流原有住院病人，紧急腾出一层楼作为援非专家的隔离病区；同时全面落实防护设备器具、药品、消毒、生活用品、饮食供应、生活垃圾和医疗废弃物处置，以及后勤保障支持等方面具体任务；集中专业人员62名，保证医疗、护理、安保、后勤等人员24小时守护，完成市委市政府交办的任务，受到国家和省卫计委专家组赞许。感染病科因此被推荐为市总工会“工人先锋号”。

【血吸虫病防治，科研课题研发和新技术项目开展获得认可】 2014年。市三医院加强血防宣传，深入乡镇村组开展晚血救治；医院自主知识产权纯中药制剂、省级科研课题“软肝丸治疗血吸虫病肝纤维化的临床研究”顺利结题，9月19日召开科研成果鉴定会。“幽门螺杆菌抑生菌的治疗”正在申报省卫计委科研计划课题。新开展技术项目——钬激光治疗泌尿系结石和肿瘤科经外周静脉PICC置管投入应用后，临床效果良好；妇产科再生育咨询门诊受到欢迎；神经外科成功开展腰大池-腹腔分流术，为全市治疗“原发性交通性脑积水”病例提供可靠治疗条件和成熟手术经验。

【开展医院等级评审工作】 2014年。市三医院一是核心制度不放松。严格执行14项基本核心制度和不同专业医疗操作流程、医疗设备操作规范，重点落实三级医师查房制和疑难、危重、急救、手术病人会诊制度，坚决杜绝因医疗流程执行不到位所导致的医疗纠纷发生。二是质控管理不动摇。全年在医院全面质量管理和医疗安全体系的基础上，加强院、科两级质控网络建设，健全医疗质量改进与病人安全，护理质量改进与病人安全，后勤保障质量改进与病人安全三大质量保证机制。三是标准措施不懈怠。推行“一事一处理、一事一通报”和院班子成员质量安全分片包干制。严格按照等级评审要求，细分责任，督导落实。相关部门编报《等级评审工作简讯》，提出整改措施。

【优质护理形成特色】 2014年，市三医院开展“优质护理服务活动”，坚持每月进行“院科两级护理服务明星”评选，以全程优质服务牵引全院服务态度改进。全年，感染病科在手足口病救治方面实施“一站式”服务流程；儿科加强重病监护和小儿静脉穿刺技术；手术室开展环境布局专科管理；妇产科创建“爱婴医院”，全面落实助产士对管床产妇“回访制”；肿瘤科坚持做到对晚期癌病患者“握手护理”；骨外科新增疼痛治疗护理项目，构建“爱立方”科室文化；五官科精心制作“护患联系卡”；心内科推行“心心相印”护理文化，等，这些优质护理举措的实施，促进医患关系的融洽和谐，医疗纠纷显著减少，一些有可能发生的医患矛盾也得到妥善化解

（本栏撰稿 罗 斌）

血吸虫病防治

【概况】 2014年，岳阳市血防办抓住“血吸虫病传播控制达标”这条主线，围绕急性血吸虫病防控、落实传染源控制措施等重点，开展血吸虫病综合治理，人畜血吸虫病感染率分别下降至0.28%和0.39%，全市实现以行政村为单位达到国家血吸虫病传播控制目标。完成查螺34990.62万平方米；灭螺5862.75万平方米；灭蚴2134.50万平方米；查病332722人次；化疗20310人次；消灭垸内钉螺面积5.26万平方米。连续四年没有报告一例急性病例，10月底，通过市级考核，年内汨罗市汨罗镇、屈子祠镇、磊石乡、白塘乡、红花乡；华容县幸福乡、团洲乡；湘阴县杨林寨乡；岳阳县鹿角镇、中洲乡、麻塘镇；云溪区道仁矶镇、陆城镇；南湖风景区湖滨办事处；屈原管理区河市镇、凤凰乡、黄金乡、琴棋乡、营田镇、天

中共中央政治局委员、国务院副总理刘延东在湘阴县调研血防工作

（范向辉　摄）

问街道办事处20个乡镇达到国家血吸虫病传播控制标准。11月，省血防办邀请国家血防所组成专家考核评估验收组在全市7个未达标验收的县市区中抽取华容县和汨罗市进行传播控制达标验收，完全符合国家达标验收标准。12月，省血防办又组织专家考核评估组对全市剩下的5个县市区的血防工作进行达标验收，通过考核，全市下辖的湘阴县、岳阳县、云溪区、南湖风景区和屈原管理区等5个县级单位整县市区均达到血吸虫病传播控制标准。至此全市130个疫区乡（镇、办事处），1318个疫区村（居委会、社区）全面达到国家血吸虫病传播控制标准。

年底，全市尚有钉螺面积69417.42万平方米，其中垸内414.90万平方米；推算尚有血吸虫病病人16098人，登记在册晚血病人1945人。湘阴县、华容县、岳阳县、汨罗市（含屈原管理区）、临湘市、岳阳楼区（含南湖风景区、岳阳经济开发区）、云溪区、君山区（含岳阳监狱）仍有血吸虫病流行；疫区乡镇130个，疫区村1318个，其中三类村63个，比2013年减少39个，四类村889个，五类村370个。全市有血防机构46个，其中血防管理机构（市、县血防办公室）13个，血防专业机构33个，即3个县级血防站、23个基层血防站、7个血吸虫病专科医院（1个市级专科医院和6个县级专科医院）；血防人员1835人，其中预防人员462人。

存在困难突出表现在：一是全市血吸虫病疫情依然严重。突出表现在三个方面：其一钉螺分布面积大，全市尚有钉螺面积103万亩，而且外洲易感地带面积达到43万多亩，是全国外洲钉螺面积最大的市州之一。其二水上流动人口多。据不完全统计，境内洞庭湖及长江水域作业的捕捞、运输船只常年达到2万多条10万多人，还有为数不少的旅游者、季节性入湖民工等，血吸虫病传播流行风险很大。其三家畜存栏量较大。全市疫区常年耕牛、肉牛存栏量约10万头、羊约4万只。家畜是血吸虫病非常重要的传染源。二是干部群众有麻痹思想。虽然全市达到国家血吸虫病传播控制标准，但是疫情现状还没有根本的改变，疫情监测不能有丝毫的松懈，防治任务还十分艰巨，如果各级政府和广大群众不能一如既往重视血吸虫病防治工作，疫情随时都有反弹的可能。

【刘延东赴湘阴县调研血防工作】 2014年11月20日，来湘出席全国血吸虫病防治工作会议的中共中央政治局委员、国务院副总理刘延东专程赴湘阴县调研血防工作。刘延东先后来到湘阴县城西镇血吸虫病防治点、兴隆村卫生室，了解当地血防综合治理工作和健康教育情况。在湘阴县第三人民医院，刘延东看望正在接受治疗的晚期血吸虫病患者。在随后召开的全国血防会议上，刘延东对全市在血吸虫病防治工作中取得的显著成效，以及创新工作机制，完善法规政策等措施表示充分的肯定，并在讲话中先后四次脱稿表扬湘阴县的血吸虫病防治工作，要求在全国推广湘阴县的做法。

【国家血防春查组在湘阴县检查血防工作】 2014年5月26日，由国家卫生计生委副主任徐科率领的国家血防春查组对湘阴县血吸虫病防治综合治理、村卫生室建设、农村环境整治、沟渠硬化、渔船民管理等工作进行实地检查。给予充分肯定，并要求进一步集中财力和人力，突出重点和难点，确保如期实现血吸虫病防控目标。

【全市血吸虫病传播控制达标冲刺会议召开】 2014年3月21日，市政府在云梦宾馆召开全市血吸虫病传播控制达标冲刺会议。部署工作重点和达标任务，下发血吸虫病达标工作方案。全市各疫区县市区政府分管领导，市、县两级血防领导小组主要成员单位负责人、血防办主任和分管业务副主任、血防站站长和岳阳监狱的有关领导参加会议。市血防领导小组组长、市政府副市长李为出席会议并作重要讲话。

【洞庭湖博览园项目进行卫生学评估】 2014年4月25日，市血防办邀请省血防所9名专家对洞庭湖博览园建设项目区进行现场查螺、组织群众座谈、历史疫情资料和水系变化的调研，形成血吸虫病卫生学评估报告。28日，邀请中国CDC寄生虫病预防控制所所长周晓农等6名全国血防专家，在君山区对《评估报告》进行科学合理性的论证，完成《中国洞庭湖博览园项目血吸虫病卫生学评估报告》，为加快中国洞庭湖博览园项目的立项建设，起到很好的基础性作用。

（本栏撰稿　彭志勇）

妇幼保健

【概况】 2014年，岳阳市妇幼保健院医院门诊人次30.68万人次，住院人次12336人次，分娩人次3870人次，剖宫产率仅为39.4%。门诊人均次费用308.76元，住院人均次费用3862.87元。财政及上级拨款809.88万元，业务总收入14272.50万元，药品收入仅占业务收入的26%，为全国二级以上医院最低水平。资产总数达到11857.80万元，其中固定资产6230.86万元。先后荣获省、市、区级集体、个人荣誉79项。

【“两率”控制再创新低】 2014年，岳阳市妇幼保健院全面实行妇幼保健路径管理，不断提升妇幼健康服务水平。全市孕产妇死亡6例，孕产妇死亡率10.34/10万，再创历史新低。婴儿死亡率为3.29‰、5岁以下儿童死亡率6.01‰。新生儿疾病筛查率91.68%；产前筛查率53.52%；听力筛查率104.87%。以重大公共卫生服务为载体，落实惠民政策。全面实施农村住院分娩基本医疗全免费，补助金额达1391.535万元。免费两癌普查任务完成率33.15%。婚前医学检查率达到93.01%；叶酸服用率达到96.04%；艾滋病、梅毒、乙肝孕28周检测率均达到98%以上。成立岳阳市妇女保健专业委员会。儿童保健从3月1日起，医院承担国家残联开展的七彩梦儿童康复治疗项目，首批治疗孤独症25人，脑瘫15人。7月22–23日举办“共圆妇幼健康梦——全国妇幼健康技能竞赛岳阳赛区选拔赛”，来自全市各县市区医疗卫生及计生服务单位的10支队伍40名选手参加竞赛。开展健康教育工作，实施湖南省妇幼卫生信息化建设项目。

【医疗管理持续加强】 2014年，岳阳市妇幼保健院有6名医护人员被评为好医生、好护士，4人获得提名奖，5人获得特别奖。医院病房优质护理覆盖面100%，根据三甲医院新标准及爱婴医院复评新要求，建立及修订医院医疗质量管理委员会、科室医疗质量管理小组、危重病人抢救领导小组、输血管理委员会、医疗安全小组、传染病管理委员会，制定《医院十四项核心管理制度》等制度考核细则，规范产妇的入室检查观察流程、产后出血预测评分、陪伴助产士陪伴工作流程、特殊药物使用的观察评估流程。完善“临床路径”管理相关制度和10个实施路径管理病种文本。全院医务人员三基考核合格率达100%。开展爱婴医院复训和复评。全年门诊处方合格率达97%，门诊病历书写合格率达98%，甲级病案率达100%。完成全省第八届少数民族运动会和大型会议医疗保障任务。120接诊病人224人次。免费送医送药1.8万元，义诊2300余人次。完善省级重点专科建设，申报新生儿科、妇科、儿保科、遗传优生科、中医妇科为市级重点专科。严格执行《中华人民共和国传染病防治法》，完善各科室传染病自查报告质控，全年管理传染病1889例。网络直报传染病532例，无迟报、漏报。

【临床业务填补岳阳市多项医学空白】 2014年，岳阳市妇幼保健院成为湘北地区唯一获批开展试管婴儿技术项目的医疗机构，填补岳阳市生殖医学领域空白。全年医院投入1000余万元开展IVF技术项目，9月29–30日，省卫计委组织全国专家组莅临进行现场评审，正式批准医院开展IVF技术。10月8日省卫计委发文《关于同意岳阳市妇幼保健院开展体外受精——胚胎移植及其衍生技术的批复》。医院拥有1270平方米的高标准IVF项目实验室，拥有业务能力强的中心业务团队。计划三年内将生殖医学中心建设成为湘北地区一流的生殖医学中心。

2014年6月12日，岳阳市妇幼保健院和岳阳市医学会妇产科专业委员会联合主办的“推广国际产科管理服务模式，普及产科无创技术，促进自然分娩”国际论坛，特邀美国妇产科学院院士、美国加州太平洋医学中心妇产科主任范渊达教授等国内外著名专家前来授课。范渊达教授到岳阳市妇幼保健院进行现场技能带教和查房示范，有200人参加学习。

2014年5月10日，全国“PAC优质服务医院”在岳阳市妇幼保健院隆重挂牌，通过开展PAC，使广大人流女性术后避孕率由原来的20%上升到100%、计划生育科学避孕知识知晓率由30%上升到100%，半年内重复人流率由原来的20%降到目前的0%。

2014年2月22日，岳阳市妇幼保健院主办的“岳阳市围产医学论坛”。来自全市各县市区医院、妇幼保健机构的130余名妇产科医师就围产期医学的重点知识进行培训学习，促进全市基层妇女儿童救治水平。

产前诊断中心早期发现患遗传代谢性疾病胎儿，提高出生人口素质。全年新筛58151例，筛查率91.68%，确诊先天性遗传代谢病患儿150例，其中先天性甲低46例，苯丙酮尿症6例，先天性皮质醇增多症为3例，G6PD为95例。年内产前筛查与产前诊断：产筛33719例，筛查率53.52%，高风险2141例。羊水产前诊断147例，发现染色体患儿为9例；无创DNA产前检测1159例，发现染色体患儿15例。对于在产前避免先天缺陷胎儿出生，提高出生人口素质具有重要意义。

开展科研创新，科研成果获国家奖励。完成课题“个体化的健康风险评估与医学营养管理在围产期的应用评价探讨”被评为湖南省科学技术研究成果。获得第4届湖南省预防医学科学技术奖。获得岳阳市科学技术进步奖。完成与北京大学合作“孕妇、母乳DHA营养状况调查研究”项目。

（本栏撰稿 邓 丹）

血站工作

【概况】 2014年，岳阳市血液管理工作全面提高服务质量，保障临床用血安全，全年目标任务全面完成（部分目标任务超额完成）。推进“五进”和“五个一对一”的宣传举措，成功策划3.15学雷锋等一系列宣传活动，3–6月，成功开展全年“寻找岳阳最美献血者”评选活动。市委、市政府高度重视，市文明办、市总工会、市卫生局、市红十字会、市广播电台及各县市区配合开展评选。6月14日，举办“我为祖国献热血——庆‘6·14’世界献血者日暨全年“寻找岳阳最美献血者”颁奖表彰活动。活动日，市级领导、各部门单位干部职工和市民近千人参加献血，市委副书记、市长盛荣华带头献血，并题词：无偿献血，文明义举。年内，全市采集血液39865人次，采血总量14.1吨，比2013年增长5%，采血总量全省排名第二，确保全市（含湘雅医院部分）临床供血。

人才培养、科技兴站等工作全面发展。人才培养结硕果。新进员工参加全省血站从业人员上岗证考试合格率100%；工作人员参加执业医师考试通过率100%。科技兴站见成效。“HLA基因多态性与新生儿溶血病相关性研究”顺利结题，被评为岳阳市科技进步“二等奖”。岳阳造血干细胞实验室完成中华骨髓库HLA配型实验标本4020人份，任务完成率105%。造血干细胞在成功配型100例的基础上再突破，总数达120例（保持全国地市级第一）。7月，国家发改委批准市中心血站基础建设项目，将加强全市无偿献血基础设施建设能力。

全年，继续保持临床供血100%来自无偿献血，未发生1例血液质量和经血液传播疾病投诉事件，确保全市医疗临床用血质量与安全。

（本栏撰稿　陈宏伟　李鎏鑫）

责任编校　邹　青

体 育

综 述

【概况】 2014年，岳阳体育工作全面发展获得全国体育事业突出贡献奖、全国体育舞蹈项目推广贡献奖、湖南省第六次体育场地普查先进单位，全市全面建成小康社会综合绩效特别贡献奖和全市综治工作优胜单位。一是群众体育方面，全市上下先后组织开展全国第六次场地普查和全国第四次国民体质监测等2项事关全国体育事业发展大计的中心工作，承办“中航·翡翠湾”中国体育舞蹈公开赛和“岳望高速·国藩杯”第二届全国业余围棋公开赛等2项全国性赛事活动，承办湖南省第八届少数民族运动会，发放并安装农民健身工程设施379套、健身路径59套。截至年底，行政村农民体育健身工程数量达到1437个，覆盖率达到47%，公共体育场馆数量达到476个，人均体育场地面积0.94平方米，全市群众体育活动参与率达到34%。二是竞技体育方面，组队参加湖南省第十二届运动会，并取得青少年组赛会金牌全省第六名的好成绩，较上届排名前进三位，是全市近14年来取得的最好成绩；体育产业方面以体育彩票销售为支柱，以开发场馆运营项目为依托，拓展体育产业市场。年内，全市新增体彩门店41家，销售体育彩票总额10.7亿元，比2013年增长2.04亿元，增长23.5%。完成本土销量1.64亿元，比2013年增长37%。向国家体育总局和省市上级部门争取资金500多万元，先后对市体育馆的水电、游泳馆水池等进行改造，改善群众健身环境，提升服务质量，方便群众健身，推进全市全民健身运动的发展。

【全国第六次场地普查】 2014年，全国第六次体育场地普查工作从1月份启动培训开始，到5月份结束，动员普查工作人员620人，租用汽车46台，投入经费200多万元。普查12个县市区181个乡镇6417个体育场地，其中，室内体育场地252个，室外体育场地6165个，普查体育场地面积达到496.8万平方米。登记纸质报表6380份，其中甲表2091份，乙表4287份，丙表2份。这些数据为全市全面建成小康社会提供参考数据。这项工作的完成得到省局高度赞扬，且作为湖南省唯一典型推荐给国家体育总局。国家体育总局还专门从岳阳市体育局抽调一名工作人员作为专家指导全国相关省市的体育场地普查工作。因工作成绩突出，国家体育总局授予岳阳市体育局“全国体育事业突出贡献奖”，湖南省仅岳阳市一家。并获得湖南省体育场地普查工作先进单位。

【全国第四次国民体质监测】 2014年7–8月，市体育局组织监测工作人员150余人，汽车20台，投入经费40多万元。监测9个县市区7200人，其中，幼儿1600人，老年人800人，农民1600人，城镇体力劳动者1600人，城镇非体力劳动者1600人。登记纸质报表7200份。这些数据为全面掌握全市握国民体质状况，制订新周期的全民健身计划提供决策依据。

（本栏撰稿 胡义兵）

群众体育

【承办全国业余围棋公开赛】 2014年12月17–22日，由中国围棋协会、湖南省棋类协会和岳阳市人民政府主办、市体育局和市棋类协会承办的“望岳高速.国藩杯”全国第二届业余围棋公开赛在岳阳市南湖宾馆举行。比赛有来自北京、上海、浙江等17个省市的38支代表队170多人参赛。 （胡义兵）

【参加湖南省第十二届运动会】 2014年，湖南省第十二届运动会召开。全市组织运动员359名参加青少年组18个项目和成年组6个项目的比赛。获得金牌51枚，青少年组金牌总数排名全省第六名，比2013年增长金牌19.5枚，排名前进3位，并获得体育道德风尚奖、青少年组金牌奖、青少组年赛会金牌奖和运动员输送突出贡献奖。是全市自湖南省第八届运动会后14年来取得的最好成绩。

（胡义兵）

【承办省第八届少数民族运动会】 湖南省第八届少数民族运动会于10月23-27日在市体育馆举行。市体育局主要负责竞赛工作的组织和107个代表团的参赛工作，并担负场地准备器材、赛场布置、秩序册的编制、颁奖礼仪的培训等各项任务。所做工作得到省政府、省民宗委和省体育局领导的高度评价，称之为历届省民运会场馆设施最好、竞赛组织工作最好的一届。运动会上，全市的团体总分和金牌数均排名全省第三。（胡义兵）

【举办第五届体育舞蹈比赛】 2014年，由市体育局、市教育局举办，市民办教育、市舞蹈家协会，市体育舞蹈运动协会、市民办艺术教育专业委员会、市动感舞蹈培训学校承办的“欢乐潇湘 幸福岳阳”岳阳市第五届体育舞蹈比赛暨友好城市邀请赛于4月18-20日在市体育馆举行。此次比赛主题以跳健康舞蹈、亮个性风采为主题，来自湖南体育职业学院、湖南省体育运动学校、武汉体育舞蹈艺术学校等专业院校和全市各县市区体育舞蹈代表队、各培训机构、俱乐部72个代表队2700多名参赛选手参加比赛，是全市历史上规模最大的一次体育舞蹈运动赛事。（胡义兵）

【第二届中年业余篮球俱乐部联赛】 2014年6月7-13日，全市第二届中年业余篮球俱乐部联赛在中心城区举行，来自市国税俱乐部、屈原篮球运动协会俱乐部、金牛俱乐部等12支队伍近200人参赛。通过为期7天的角逐，市国税俱乐部、屈原篮协俱乐部和金牛俱乐部分别取得前3名。（胡义兵）

【第十三届青年业余篮球俱乐部联赛】 2014年9月9-17日，全市第十三届青年业余篮球俱乐部联赛在市中心城区举行，来自全市县市区的14个俱乐部组队参加比赛，比赛采用最新的国际篮球规则，分两个小组进行。通过为期十天的比赛，市快乐青年俱乐部、平江县俱乐部、湖南理工俱乐部和长炼俱乐部分别取得前4名。（胡义兵）

【全市老年人气排球比赛】 2014年4月15-16日，由市体育局举办，市老年人运动协会承办的全市老年人气排球比赛在巴陵石化城区社区举行，有巴陵石化、长炼等8支队伍近80人参赛。比赛分男、女组进行，其中巴陵石化七里山社区代表队、巴陵石化鹰山社区代表队分别取得男女子组前两名。（胡义兵）

【全市老年人象棋比赛】 2014年5月19-21日，由市体育局举办、市老年人运动协会承办的全市老年人象棋比赛在市体育馆举行。华容县、汨罗市、平江县等7个县市区和巴陵石化、长炼、市电信岳阳分公司等7个单位组队参加比赛。经过为期三天的对弈，其中平江县、泰格林纸和华容县分别取得团体总分前三名。（胡义兵）

【全市中老年人广场舞展示赛】 2014年11月18-19日，全市中老年人广场舞展示赛在市体育馆举行。湘阴县、汨罗市、市公路局等16个县市区和单位组队参加比赛。比赛分市直企业组和县市区乡镇组两个组别进行。其中巴陵石化岳化社区、巴陵石化城区社区、市公路局和岳阳电力公司获得市直企业组优胜奖，湘阴县、岳阳县、汨罗市和云溪区获县市区乡镇组优胜奖。（胡义兵）

【承办社区学院舞蹈联谊活动】 2014年6月20日，由岳阳广播电视大学、岳阳社区大学主办、南湖风景管理区协办，岳阳社区大学南湖广场学院承办的岳阳社区大学南湖广场学院文化、体育联谊活动在岳阳市体育馆举行，来自岳阳县、临湘市、华容县、君山区、长炼小区的5支太极代表队，及来自白杨坡太极拳养身班、新路口哈密市区太极爱好者、市太极协会南湖站、岳阳社区大学舞蹈队，229人参加此次联谊活动。表演京剧、太极拳、功夫扇、太极刀等节目，他们精湛的演出，获得观众们阵阵掌声。（喻润池）

【市直教育系统教职工乒乓球比赛】 2014年，市直教育系统第三届教育职工乒乓球团体赛于10月12日、11月15-23日先后举行，经角逐，乒乓球团体赛A、B、C组前3名为：A组：第一名岳阳市第七中学，第二名岳阳市外国语学校，第三名岳阳市第一中学、岳阳市第二中学；B组：第一名岳阳市第六中学、第二名岳阳市鹰山中小学联队、第三名岳阳市长炼学校、岳阳市洞纺学校；C组：第一名岳阳市岳化三中、第二名岳阳市教育局机关、第三名岳阳市巴陵中学、岳阳市岳化二小。（喻润池）

【市直教育系统教职工篮球比赛】 2014年，市直教育系统第六届教职工男子篮球比赛于10月12日、11月15-23日先后举行，经角逐，男子篮球比赛A组：第一名岳阳市第一中学、第二名岳阳市第十三中学、第三名岳阳市云梦中学；B组：第一名湖南民族职业学院附属小学、第二名岳阳市鹰山中小学联队、第三名岳阳市华夏学校；C组：第一名岳阳市教育局机关教建投联队、第二名岳阳市洞氮小学、第三名岳阳市洞纺学校。（喻润池）

【湖南省中学生田径锦标赛在临湘二中举行】 2014年4月22-25日，湖南省中学生田径锦标赛在临湘市第二中学举行。来自12个地州市的38支学校代表队，466名运动员争夺34个田径项目的金牌，临湘市二中体育代表队获得4金3银1铜，团体总分位列第五，队员吴琼打破女子3000米纪录。（喻润池）

【湖南民院获得第五届华厦武状元国际争霸赛金奖】 2014年5月14-18日，湖南民族职业学院武术代表队在第五届华夏武状元国际争霸赛暨第二届广西传统武术健康交流大会上，夺得11枚金牌，5枚银牌，3枚铜牌和团体第二名。艺术系武术专业全胜，获得青年组三项第一，夺得大赛武术状元全能冠军金腰带。湖南民族职业学院武术队员同时在二指禅、铁布衫、铁扫帚功三项绝技竞赛中，包揽三项金牌。此次大赛有来自美国、俄罗斯、法国、日本等11个国家和地区及全国20多个省市、自治区近90支参赛队，800名运动员参赛。充分展现武术名流风采，挖掘保护武术这一民族瑰宝，进一步把中国传统武术推向世界。（喻润池）

表9

2014年岳阳市运动员参加省十二运会情况

比赛名称	姓名	性别	组别	项目	成绩	名次
射击	曾　莹	女	甲	25米手枪60发个人	国家队集训	1
	曾　莹	女	甲	25米手枪速射30发个人	国家队集训	1
	李威扬	男	乙	50米手枪慢射30发个人	267	1
	李威扬 唐博文 彭镗中	男	乙	50米手枪慢射30发队赛	756	1
	唐博文	男	乙	手枪速射30发个人	479.5	1
	郭茹萌	女	乙	50米步枪三种姿势3x20个人	566	1
	任　雷	女	乙	50米步枪卧射60发个人	588	1
	彭佳琪	女	甲	25米手枪60发个人	761.8	2
	郭茹萌 任　雷 艾　巧	女	乙	50米步枪三种姿势3x20队赛	1664	2
	李威扬	男	乙	10米气手枪40发个人	474	2
	刘丹娆 陈露露 魏芳娇	女	飞碟	多向女子50靶队赛	40	2
				多向女子50靶队赛	61	2
	李　锐	女	甲	25米手枪60发个人	760.5	3
	彭佳琪	女	甲	10米气手枪40发个人	463.3	3
	艾　巧	女	乙	10米气步枪40发个人	505.5	3
	艾　巧 郭茹萌 任　雷	女	乙	10米气步枪40发队赛	1191.6	3
	唐博文	男	乙	10米气手枪40发个人	473.7	3
	刘丹娆	女	飞碟	多向女子50靶个人	26	3
皮划艇赛艇	李　辉	男	乙	1000米单人划艇	4:37.38	1
				2000米单人划艇	9:30.02	1
				6000米单人划艇	29:48.85	1
	丁来仪	男	甲	500米单人皮艇	1:56.95	1
	刘嘉欣	女	乙	500米单人皮艇	2:13.18	1
				1000米单人皮艇	4:45.08	1
				2000米单人皮艇	9:45.36	1
	朱　宏 艾　粤	男	甲	公开级2000米双人双桨	7:13.20	1
	田　静 尹　沛	女	甲	轻量级2000米双人双桨	7:50.70	1
	王　晨	女	乙	轻量级2000米单人双桨	8:25.89	1
				轻量级6000米单人双桨	26:29.00	1
	李寒芝	女	乙	1000米单人皮艇	4:55.67	2
	张志成	男	乙	公开级2000米单人双桨	8:51.54	2
	张志成 徐桂鸿	男	乙	公开级2000米双人双桨	7:09.42	2
	周洁	女	乙	公开级6000米单人双桨	26:20.93	2
	高冲	男	甲	1000米单人划艇	4:42.33	3
				2000米单人划艇	9:38.46	3

续表9

比赛名称	姓名	性别	组别	项目	成绩	名次
皮划艇赛艇	丁来仪 钟泽鑫	男	甲	2000米双人皮艇	8:02.89	3
	李寒芝	女	乙	500米单人皮艇	2:20.93	3
	艾粤 沈维豪	男	甲	轻量级6000米双人双桨	23:44.01	3
	胡振 任江娜	女	乙	轻量级2000米双人双桨	8:05.67	3
	田静 尹沛	女	甲	公开级2000米双人双桨	7:58.50	3
田径	钟沛丰	男	甲	跳远	国家队集训	1
	冯家文	男	甲	铅球	13.80	1
	张哲	男	甲	铁饼	43.65	1
	熊莎	女	甲	铁饼	44.75	1
	吴琼	女	甲	1500米	4:22.26	1
				3000米	9:23.43	1
	陈藩	女	乙	800米	2:12.54	1
				1500米	4:43.41	1
	周琳	女	乙	100米跨栏	14.35	1
				400米跨栏	1:03.88	1
	钟叶	女	乙	标枪	46.90	1
	周艳 曾湘玉 陈藩 周琳	女	乙	4x400米接力赛	3:56.52	1
	宋嘉慧	女	丙	80米跨栏	10.4	1
	胡金宇	男	甲	4x400米接力	3:27.79	3
	付绍龙	男	乙	铁饼	51.38	3
				铅球	15.43	3
	王怀远	男	丙	100米栏	10.3	3
	向歆怡	女	乙	铅球	14.04	3
游泳	王泽禹	女	甲	100米蝶泳	1:04.36	1
				200米蝶泳	2:23.97	1
				400米个人混合泳	5:16.76	1
	宗志骁	男	乙	100米蝶	1:03.62	1
				200米个人混	2:19.02	1
				400米自由泳	4:26.39	1
	李禹昕	女	乙	100米自由泳	1:01.41	1
				200米自由泳	2:17.10	1
				200米个人混	2:27.58	1
	李亚龙	男	甲	200米蝶	2:09.80	2
	许伊雪	女	乙	100米仰泳	1:10.37	2
	许伊雪 童家祺 周炫颖 李禹昕	女	乙	4x100米混合接力	5:01.86	2
				4x100米自由接力	4:36.82	2
	李亚龙	男	甲	200米蛙泳	2:31.20	3
	李蕊	女	甲	100米自由泳	1:05.42	3
				200米自由泳	2:22.65	3
	于心仪	女	甲	100米蛙泳	1:23.64	3
	许伊雪	女	乙	200米仰泳	2:35.41	3
				800米自由泳	10:12.06	3

续表9

比赛名称	姓名	性别	组别	项目	成绩	名次
摔跤	彭孝林	男	甲	古摔–64公斤		1
	乐洋	男	甲	古摔–71公斤		1
	李阔	男	甲	自由式78公斤		2
	徐鑫海	男	丙	自由式–55公斤		2
	李际鹏	男	甲	古摔–58公斤		3
	胡敏政	男	甲	古摔–64公斤		3
	余小东	男	乙	古摔–66公斤		3
	赵青	男	乙	古摔–74公斤		3
	周丙申	男	丙	古摔–55公斤		3
水球	水球	女		计3枚金牌		1
排球	排球	男		计3枚金牌		1
		女		计1枚金牌		3
篮球	篮球	男		计1枚金牌		4
足球	足球	女	乙	计1枚金牌		3
柔道	林栋梁	男	甲	–55公斤		2
	秦斯陶	女	丙	–52公斤		2
举重	刘小龙	男	乙	–48公斤	176	2
	邓胜天	男	乙	77公斤以上	235	3
乒乓球	赖数筠	男	乙	单打		2
跆拳道	孙乃婧	女	甲	–58公斤		2
武术	李智	男	散打	–52公斤		3
武术成年组	易勇丹	男	成年组	传统器械	8.7	2
	张一龙	男	成年组	42式太极拳	8.55	2
			成年组	42式太极剑	8.8	2
高尔夫成年组	男子团体	男	成年组	高尔夫男子团体		2
	女子团体	女	成年组	高尔夫女子团体		3

（胡义兵）

责任编校　邹　青

社会民生

人民生活

【固定资产投资价格指数同比上涨】 2014年，全市固定资产投资价格指数比2013年上涨1.7%，建筑安装装饰工程价格指数上涨1.2%,其他费用上涨2.3%。建安工程费上涨1.2%。其中，人工费价格上涨6.5%，材料费比2013年下降1.4%，机械使用费上涨2%。建筑安装工程中材料价格指数：钢材价格下降7.3%，木材类价格上涨1.6%，水泥价格下降1.3%，地方建筑材料价格上涨3.7%，化工材料价格下降1.2%，年度电料价格同比基本持平，其他材料价格上涨1.1%。

（陈艳飞）

【居民收入与支出同比稳步增长】 2014年，岳阳市城镇居民一是人均可支配收入23121元，比2013年增长9.1%；农村居民人均可支配收入11062元，比2013年增长11.4%。其中，城镇居民工资性收入人均15339元，农村居民工资性收入人均5695元。城镇居民经营净收入人均2406元，农村居民经营净收入人均2953元。城镇居民财产净收入人均1085元，农村居民财产净收入人均162元。城镇居民转移净收入人均4291元，农村居民转移净收入人均2252元。二是消费支出。年内居民消费价格（CPI）比2013年小幅上涨，岳阳居民消费价格指数101.2，比全省平均水平101.9低0.7个百分点，指数排名居全省第十一位，较2013年降低1.9个百分点。八大类消费价格指数呈七涨一跌态势，其中，烟酒类价格下跌是CPI下跌的主要原因。

（陈艳飞）

【农民收入持续增加】 2014年，岳阳市实现农林牧渔业总产值445.3亿元，实现农林牧渔业增加值292.24亿元，比2013年增长4.6%。农民收入持续增加，全市农民人均可支配收入为11062元，增长11.4%，农民收入实现十一连增，连续8年保持两位数增长。农村大局和谐稳定，全市没有发生重特大森林火灾、重特大洪涝灾害、重大动物疫病流行、重大农产品质量安全事故等，没有发生重大涉农群体性上访事件和涉农恶性案件,农村大局和谐稳定。

（李跃龙）

人口和计划生育

【概况】 2014年，岳阳市出生人口7.7万人，人口自然增长率6.36‰，符合政策生育率82.21%，出生人口性别比113.45，查处“两非”典型案件67例，名列全省第二名。连续16年被省委、省政府评为先进单位，华容县、汨罗市、湘阴县、君山区、云溪区和屈原管理区继续保持全省模范单位，岳阳楼区、岳阳县、临湘市和平江县继续保持全省先进单位。

【坚持管理创新】 2014年，市计生部门不断完善考核方案，取消一类乡镇和降低模范乡镇符合政策生育率门槛指标，鼓励基层真抓实干。坚持“暗访调查”和“数据核查”相结合的工作机制，不定期组织干部带线索进村入户调查核实数据。组织开展4次数据核查，调查73个乡镇，对28个乡镇进行通报批评，对人口数据质量进行分析，召开形势分析会议，指导基层，提升数据质量，全市数据的空填率由8.76%下降到0.95%，逻辑错误比例由1.29%下降到0.05%。省里连续两年组织定量数据核查，岳阳市成为全省唯一没有出生人口错漏报的市州。强化综合治理部门管理计划生育职责，坚持将市直正处级单位、中央和省驻岳121家单位纳入市里统一考核，统一管理，按照基层群众自治要求，建立“双向承诺、合同管理、民主监督、互为守信”的群众自治模式，开展村（居）自治示范村创建活动，成功创建150多个村（居）民自治示范单位，其中，71个村被评为全省示范村（居），17个村被评为全国示范村（居），实现群众自我管理、自我监督和自我服务。

【坚持强基固本】 2014年，市计生部门按照统筹管理、信息共享、均等服务、区域协作、双向考核的要求，推进流动人口服务管理“一

岳阳市民的休闲生活 （彭宏伟 摄）

盘棋”落地，加强平台信息监控，建立限时清零、专项通报、责任追究等制度，处理省内流入地信息及时率达100%，处理省内流出地信息及时率99.98%，流动人口平台实时协查信息接收率99.24%，未出现1例省级督办信息。国家流动人口动态监测工作全面完成，34个样本点和680名监测对象，全部按照要求完成入户调查和进机录入。加强流动人口信息互通，岳阳市与长沙市、益阳市和邵阳市“结对子”，广泛开展区域协作。突出宣传舆论引导，各级新闻媒体，开办专题栏目，多次就人口计生工作进行报道，《湖南日报》、湖南卫视和湖南经视，全面推介岳阳市成功经验。在省级以上媒体刊登计划生育新闻82篇，受到社会各界广泛关注。突出节育措施落实。率先在全省推行避孕节育知情选择，在禁止大月份引产的前提下，将早期人流和上环作为重点，对结扎手术实行“松绑”，长效避孕措施上环和结扎，只要采取其中一项就可以，最大限度的保护育龄人员的身心健康，使广大育龄人员主动地落实节育措施，年内，全市完成节育手术76815例，其中落实补救措施16192例。

【坚持民生优先】 2014年，市计生部门加大落实奖励扶助政策力度，对奖励扶助和特别扶助家庭的摸底、登记、建档、审批等过程，实行严格把关，享受农村奖励扶助18583人，特别扶助3045人。全面兑现城镇独生子女父母奖励政策，召开财政、人社、公安等部门主要负责人协调会，将任务分解到相关单位，人口计生系统放弃节假日休息，认真做好奖励对象的确认等工作，深入基层，进行业务指导，确保对象不漏1人，不错1个。落实部门兼容，出台《岳阳市计划生育家庭奖励扶助办法》，整合多项奖励扶助政策，做到提标扩面，明确人社、教育等18个部门让利计生家庭的优惠措施，让广大计划生育家庭真正优先享受到改革发展成果。推进免费孕前优生健康检查项目，将检查项目标准由每对240元提高到300元，调动群众主动参与检查的积极性，开展出生缺陷预防宣传周活动，突出“预防出生缺陷从孕前开始”的主题，完成孕前优生检测76843例，占目标人群数84.84%。落实手术并发症人员扶助制度，对842名手术并发症人员发放扶助资金103.44万元，免费治疗439人次，治疗费用102.55万元。开展“生育关怀”行动，对“五种关怀”对象进行帮扶救助，累计发放救助资金700多万元。落实计划生育“三结合”项目，争取省里“三结合”项目10个，帮扶资金41万元，市里组织发展种植等项目5个，投入帮扶资金20万元。

【坚持依法行政】 2014年，市计生部门稳妥实施生育新政，中央和省里启动实施“单独两孩”生育政策后，全市按照上级要求，做好实施新政的各项工作，多次开展群众生育意愿调查摸底，引导群众依法合理生育，加大政策集中宣传报道，举办业务培训，严把政策和口径关。按照规定的审批程序，为群众做好申请、审核和审批工作，优化工作流程，缩短工作时限，实行送证上门和代办等制度，确保政策落实零延误。“单独两孩”夫妇申请再生育1996对，审批办理生育证1974本。严厉打击两非行为，将查处“两非”典型案件任务，纳入县市区长向市长递交的人口计生责任状重要内容，建立“部门联动、综合治理、集中整治、重点突破”的常态化工作机制，市里多次就“两非”典型案件的查处，下发督办函，督促相对落后地区加大力度，全力侦破案件。各级公安、卫生、纪检、药监等部门，认真履职，积极配合，多次开展联合整治行动，形成整治“两非”工作孕情专人跟、设备专人管、窝点专人盯、案子专人查的良好局面。规范抚养费征收管理，将征收标准、程序和结果，全部公示上墙，接受群众监督。全市统一规范征收案卷，实行文本、编号、格式和程序的统一。多次联合市财政、市纪委纠风室，对社会抚养费征收情况进行专项检查，督促基层落实“收支两条线”管理，杜绝截留、挪用、挤占、贪污、私分等违法现象的发生，受到国家和省里领导充分肯定。

（本栏撰稿 杨新宇）

劳动就业

【实现城镇、农村就业新增十万以上】 2014年，全市实现城镇新增就业5.72万人，新增农村劳动力转移就业6.31万人，失业人员再就业2.96万人，就业困难对象再就业1.11万人，城镇登记失业率控制在4.02%，“零就业”家庭100%动态清零。各项指标全面超额完成。把握毕业生离校进入社会前的时间节点，启动“公共就业服务进校园”等活动，面对面为大学生解读就业政策、回应实际需求。全市高校应届毕业生初次就业率达93.14%，高于全省平均水平。制定规范就业援助岗位开发和管理文件，实现市区“同城同步同标准”，有效保障托底就业的同时，杜绝套取补贴行为。鼓励支持劳动密集型企业和中小微企业吸纳就业困难人员就业。对全市劳动力资源进行“地毯式”信息采集，采集劳动力信息259.2万条，为宏观调控就业奠定基础。（蒋　辰）

【失业在可控中保障】　2014年，全市成立市失业保险基金管理服务中心，失业保险经办能力和管理水平进一步提升。年内征缴失业保险基金14277万元，参保总人数达35.31万人，为14941名失业人员按时发放失业保险金3109万元。扩大失业保险基金支出范围，拨付33家企业751.9万元岗位补贴，稳定近5万个就业岗位。对64家重点行业企业进行失业动态监测，由被动保障失业人员基本生活向主动保就业岗位转变。

（蒋　辰）

【推进就业创业工作】　2014年，市就业服务局通过抓实推动创业带动就业，专项服务促进就业，加强帮扶扩大就业三项措施，就业这一最大民生工程得到应有重视和全面保障，中央电视台等媒体报道推介岳阳市就业创业工作。9月28日，召开推进全民创新创业动员大会，出台系列优惠政策，吹响“大众创业、万众创新”集结号。顺利通过创建省级创业型城市验收。在全省率先推行“联审联保联贷”模式，全年发放小额担保贴息贷款1.43亿元。健全完善“一站式”创业服务平台。招募创业专家志愿者306人，征集发布创业项目913个。新的大学生创业实训见习基地启动，10家市级创业孵化基地挂牌，创业载体更为丰富。出台《关于促进家庭服务业发展的通知》，加大政策让利，鼓励引导企业走品牌化、规范化、标准化发展道路。全年家庭服务业新增吸纳就业5100余人，创建云梦保洁、巴陵嫂保姆、潇湘女月嫂三个品牌，家庭服务业走在全省前列。服务在就业中对接。成功承办全省“春风行动”主会场活动及系列专项服务活动。实施“公共就业服务进校园”活动，面对面为大学生解读就业政策、回应实际需求。制订规范就业援助岗位开发和管理文件，实现市区“同城同步同标准”。鼓励支持劳动密集型企业和中小微企业吸纳就业困难人员就业。采集劳动力信息259.2万条，为宏观调控就业奠定基础。

（何　龙）

社会保障

【人事人才服务工作】　2014年，市人力资源和社会保障局开展市直行政机关干部人事领域突出问题专项治理，消化超配科级干部58人。率先在全省启动并完成全市人力资源市场整合任务。完成各类职称评定、人事考试组考以及以“培育和践行社会主义核心价值观”为主题的公务员培训任务。召开人事人才工作整改恳谈会，邀请市直16个正处级单位一把手参加，解决问题60多个。公开招录（聘）公务员291名、事业单位工作人员1396名，招募“三支一扶”大学生25名。出台三年农村人才开发培养计划，培训农村劳动者14100人。落实引智项目29个，经费122.5万元。安置军转干部73人，随调家属14人。受理12345热线工单1400多件，接待处理信访400多起，按时办结率100%。参加第14期“电话问政”，现场接听并处理群众来电29件。“一县一品”工资集体协商模式逐步形成，职工年平均工资增长5%-10%。推广“绿色通道”办案制度，调解结案处理案件的70%以上。开展拖欠农民工工资整治专项行动，为580多名农民工追讨工资款473万多元。清理整顿人力资源市场秩序被评为全国先进。

【社会保障能力提升】　2014年，全市企业养老保险征缴基金24亿元，完成同级财政补助4762.2万元，机关事业单位养老保险、城乡居民养老保险、城镇职工医疗保险、生育保险、工伤保险、失业保险征缴基金分别为7.5亿元、2.27亿元、11.6213亿元、0.54亿元、2.1亿元、1.42亿元，均超额完成年度目标任务。社保卡发放任务全面完成，持卡人数达166万人。各项社保待遇及时足额兑现。岳阳市人社系统一是全面降低基金防控风险。制订基金安全分级防控方案，健全内部监控制约机制，加强基金征缴、支出、结算、管理等环节的风险排查和隐患整改。完善基金使用预算审核制度，支付使用不规范行为得到及时纠正。金保工程预警和疑点信息得到及时处置。投入280万元建成档案信息系统，基金安全漏洞有效堵塞。组织基金安全专项整治行动，着重检查全市5年来社保基金财政补助情况。严厉打击骗保套保行为，联合相关部门查清5起工伤骗保案，追回基金63.6万元；查处3家医院违规行为，拒付医院105万元医疗费用；集中整治协议药店316家，发放整改通知49份，暂停医保刷卡资格3家。二是全面推进征缴扩面。采取周调度、月通报、季督办等措施，做到应收尽收、应保尽保。现场稽核120家参保单位社保基金缴费工资基数；协调建设、安监部门采取强制措施，增强企业法人和职工参保意识，确保建筑施工和矿山开采等高风险行业全面参加工伤保险；扩大统筹医保基金来源，重点抓好环卫工人、出租车司机、保安等特殊群体和建筑、餐饮行业人员参保；中国石化总公司巴陵分公司医保顺利移交，新增参保职工30822人；探索建立被征地农民社会保障制度，完成市辖五区被征地农民社会保障前期调研，为市委、市政府出台相关政策提供参考和依据。三是及时兑现社保待遇。完成调整待遇工作，全市249934名企业退休人员月均养老金增加182.79元，达到1604.44元。为66.37万名城乡居民发放养老金4.5亿元。推行“以总额预算为核心，分级分类管理，多种付费方式相结合”的付费方式改革，极大方便群众就医和报销，全年发生医疗费用6.87亿元，实际医保支付额6.11亿元。工伤待遇支付严把“申报材料、享受条件、支付标准、特殊审批”四关，全市支付基金6246万元。

（本栏撰稿　何　龙）

住房保障

【保障性安居工程超额完成任务】 2014年，岳阳市保障性安居工程总开工39087套（户），开工率为100%，基本建成39024套，基本建成率为99.8%（含往年结转项目），超额完成省、市实事工作任务。岳阳市保障性住房项目建设进度排名位居全省前列，受到省住建厅通报表扬。

【住房保障成效显著】 2014年，市房产局一是科学编制规划计划。制订《岳阳市住房建设规划（2014-2020年）》，修订完善住房保障和棚户区改造规划，把规划落实到项目，把项目落实到地块,明确和优化保障性住房的空间布局和户型设计。在规划中充分考虑中低收入家庭的居住成本和生活成本，尽量满足居民就业、就医、就学、出行等需求。坚持按照“先有项目、后定计划”的原则，通过把项目储备和计划审批前置，建立县区级初审、市级复审与集中审核的机制，确保项目前期工作到位。二是抓好项目监管。坚持项目督查制度，把日常督查与半年督查、图片督查与实地督查、市级督查与省级巡查相结合，推进项目建设。严格实行建设项目公开招投标制、项目部主任负责终身制、工程质量监理制，严把施工监理关、建筑材料关，竣工验收关。市保障性安居工程质量合格率为100%。三是不断提升小区品质。让住户住得安心、舒心、称心为目标，引导创建宜居宜业的示范性保障房小区。在新建保障房项目中，做到项目建设与配套设施同步规划、同期建设、同时交付使用。在集中新建的保障房小区内，生活服务设施、体育健身设施、安全安防设施、商业网点设施等配套设施一应俱全，做到便民利民。市洛王潘家“春和家园”保障房项目列入全省示范性保障房小区。对中心城区2855户住房保障家庭进行全面核查，取消135户住房保障资格，对2名工作人员进行行政处理，纠正转租、转借、转卖保障房的违规行为，提高公信力。启动住房保障信息系统建设，围绕住房保障信息统一发布、业务统一受理，数据统一共享、效能统一监管，搭建集中的管理平台。进一步完善网上公示平台，通过“住房保障”专栏及时发布住房保障政策、项目计划、建设进度和分配房源、分配对象、分配方案、分配结果等信息，做到保障性住房信息全面公开。

（本栏撰稿　谭　畅）

社会事务

【殡葬管理】 2014年，岳阳市殡葬管理和改革工作进一步深入。以市委办和市政府办名义出台《关于党员干部带头推动殡葬改革的实施意见》，倡导全市各级党员干部带头推进殡葬改革。强化属地管理原则，加强殡葬执法，加大巡查督导力度，稳妥处理各类违规殡葬事件。加强殡葬服务收费管理，加大惠民殡葬力度，保障困难群体的基本丧葬权益，对全市范围内的三类死亡的困难对象，免除五项基本殡葬服务费用。召开专题会议、健全预警机制，做好清明节安全防范工作，全市清明节期间未发生火灾和踩踏等安全事故，实现连续8年“平安清明”和“文明祭拜、平安清明”的目标。倡导文明祭祀、绿色祭祀，在中心城区殡仪服务机构开展“鲜花换鞭炮”活动，受到群众一致好评。协同公安、城管、安监、工商等部门在市中心城区进行殡葬法规宣传和限炮宣传，对城区内所有无证经营及非法经营烟花爆竹门店内的爆竹进行收缴，并统一进行销毁。严查中心城区殡葬行为中燃放鞭炮的行为，中心城区各殡葬服务单位（市殡仪馆、长山陵园、白鹤陵园）鞭炮燃放行为基本得到遏制。

【婚姻家庭】 2014年，岳阳市婚姻登记工作进一步规范。组织各县市区民政局开展婚姻登记机关等级评定工作。全市婚姻登记规范管理，年内全市办理国内结婚登记53881对，离婚13848对，港澳结、离婚30对，合格率100%，无乱搭车收费的现象。

【福利事务】 2014年，岳阳市社会福利事务工作进一步发展。全市“三无”老人、孤残儿童、社会精神病人得到有效收治和护养。居家养老服务不断深化。孤残儿童康复、教育、医疗、收养登记工作按部就班；积极争取“明天计划”“重生行动”等国家医疗手术项目。加强对街面流浪乞讨人员的救助管理，实行24小时值班制度，重点做好夜间巡查，安排专人专车上街主动施救。推行主动救助机制，建立流浪乞讨人员救助、医疗安置体系，设立医疗定点单位14个、安置点14个，及时收治流浪人员。强化市福利院的医疗力量，为院内居住对象提供更为全面的医疗服务。坚持安全运行、健康发展的原则，加大福彩市场开拓力度，全市福彩销量达到5.2亿元，排名全省第二。争取市政府出台《关于加快发展养老服务业的实施意见》，加强养老行业管理，加快全市养老服务业健康发展。开展“农村幸福院”建设，新建农村幸福院224个，为农村老人提供公益性休闲、娱乐场所。组织“老人节”专项慰问活动，为老年群体送去关怀。市康复医院流浪精神病房改造项目顺利完成。

【慈善事业】 2014年，岳阳市成立发展慈善事业领导小组，统一领导慈善工作。为慈善事业的发展打下关键性的基础。开展慈善宣传活动，弘扬慈善文化、培育慈善理念、增强慈善意识，建立自己的慈善家队伍。登记注册一批慈善义工组织、学校义工组织，民间社团义工活动走向制度化、日常化。协调泰和集团、华生小额贷款有限公司、天邦房地产等单位，捐款120万元，资助400名寒门学子升学。开展抗战老兵关爱行动，与清风义工等志愿者组织联合，在全市范围里开展复查，进一步核实对象，继续对国民党军队抗战老兵实施救助。开展金叶慈善医疗卡项目，投入75万元，救助680余人次；开展送温暖献爱心专项活动，投入190余万元，救助特困患者1160人次。岳阳市大病医疗慈善救助基金规模达到9800万元，先后对4470名特困患者实施救助，累计发放救助金2820万元；协调有关爱心企业，募集100多万爱心基金，对300多名贫困学子进行资助，在社会营造浓厚的慈善氛围。

【老龄工作】 2014年，岳阳市老龄工作进一步加强。落实老年优待政策，根据《关于进一步加强老年人优待工作的意见》，不断加大老年人的优待力度，将市区内百岁老人长寿保健补助金标准由原来每人每月200元提高到每人每月400元。发挥“老年维权示范岗”“敬老文明岗”等窗口单位的作用，形成以市县市区乡镇村（社区）法律援助机构的老年人法律援助网络体系，将全市31家律师事务所、40家法律服务所纳入其中，年内为老年人提供法律援助270起。认真组织敬老月活动，弘扬尊老敬老传统美德，营造良好的爱老助老社会氛围，走访慰问送温暖，节庆文艺送康乐，提高全社会为老服务的法律意识。

【老区建设】 2014年，岳阳市老区建设水平进一步提升。争取协调老区扶贫开发资金245万元，扶持项目75个，为加快老区建设，促进老区人民脱贫致富提供保证。数万老区人民直接受益，结合老区项目建设举办多期农村实用技术培训班和送科技下乡活动，为老区建设队伍输送新鲜血液，提高科技扶贫的质量,为树立科技扶贫理念打下良好基础。根据老区特点，发展优质、高产、高效、生态、安全的小型种养业等老区特色经济，有力推动老区经济社会发展。

（本栏撰稿 吴 伟）

责任编校 邹 青

县市区概况

岳阳楼区

中共区委员会

书　记　秧　励

副书记　黄伟雄（2014年10月免）

　　　　陈阁辉（2014年10月任）

　　　　尤庆学

常　委　漆　胜　彭端生

　　　　钟　辉　李　峰

　　　　周岳雄　徐　平

　　　　易兴建　刘正光

区人大常委会

主　任　贺景福

副主任　周幺龙　施　敏

　　　　罗加粮　卢红升

　　　　李建国

区人民政府

区　长　黄伟雄（2014年10月免）

　　　　陈阁辉（2014年10月任）

副区长　漆　胜　易兴建

　　　　李青松　徐　利

　　　　黎建欣　白铭科

　　　　高鸽子

区政协委员会

主　席　王梦华

副主席　张雪梅　袁公平

　　　　邓群政（兼）

　　　　刘岸芳（兼）　吴怡红

区人民武装部

部　长　邹湖平

政治委员　刘正光

中共区纪律检查委员会

书　记　周岳雄

区人民法院

院　长　姜　彬

区人民检察院

检察长　汤尧光

【概况】　2014年，岳阳楼区以全面建成小康社会为总揽，以全面深化改革为动力，团结拼搏，攻坚克难，完成区四届人大二次会议确定的目标任务。全区地区生产总值477亿元，比2013年增长10%，社会固定资产投资135亿元，增长25%，社会消费品零售总额344亿元，增长12%，财政总收入20.7亿元，增长13%，其中税收收入占87%。多项经济指标位居全市前列。

力促经济发展，实现稳中有进。加大招商引资力度。引进、续建项目56个，到位资金51亿元。天伦城三期、岳阳新天地、枫桥尚城二期、金鹗府邸等精品楼盘发售，推进市司法局机关大院、织布厂、钢球厂等旧城改造项目，步行街南辅道旧城改造协议投资40亿元，四化建地段旧城改造被列为省级重点项目。推动重点工程建设。实施重大项目100个，完成投资85亿元。王家河流域综合治理进入收尾阶段，完成临岳高速、蒙华铁路楼区段的征拆工作，木鱼山北路和九家垄路通过验收，建成赶山路楼区段、洛王东路、天伦路主体工程，办妥胥家桥路、马壕东路、易家路前期手续。洞庭新城鱼巷子改扩建二期工程竣工，启动东风湖安置小区施工。九华山老工业区综合治理完成调查摸底和概念性规划。服务临港新区建设，腾地200公顷，完成城陵矶路拆迁任务，碧桂园项目开盘销售，临港国际汽车城正式开业。开展联手帮扶企业。开通中小企业公共服务网站，建立创业孵化中心，组织多轮银企洽谈。龙骧二期配套工程、顺程汽车尾气检测中心等投入运营，凯美特气获“省长质量奖”。优化经济发展环境。实行工商登记制度改革，新增市场主体9000户。支持组建岳阳农村商业银行，协助清收不良贷款1亿元。引进光大银行、中信银行、五矿证券等9家金融机构。小额贷款公司放款6亿元。全面清理非融资性担保机构，对违规企业公开曝光。落实第三次全国经济普查任务，对所有企业、个体户进行调查。全面推行企业联网直报。统一管理重点工程项目档案，归口管理城建项目财务。妥善处理厂地纠纷，减少损失500多万元。

实行建管并举，改善城乡面貌。完善市政公用设施，开展“六大整治”行动，空气质量优良率在全省重点监控城市中排名第一，为岳阳荣获“中国最具幸福感城市”和“最具文化软实力城市”做出贡献。推进文明创建。广泛开展社会主义核心价值观宣传教育。新增志愿服务组织75个，志愿者队伍突破10万人。开展“干部走街访店铺、携手建文明路”主题活动，对背街小巷实行“五定”管理。打造“专业化、规范化、精细化”的城管队伍，加大劝导处罚力度，集中整治云山街、白杨坡路、夏万路、菜园坡路占道经营问题，切实维护梅溪桥、巴陵大桥等集贸市场秩序，设置荷花巷、平安巷、长动等一批市场疏导区。禁炮工作实行“日巡查、周清缴、月行动”，收缴烟花鞭炮两万多件。开展“精细管理、美丽楼区”环卫提质行动，新建环卫设施4200处，为符合条件的环卫工人办理社会保险，全面提升街巷保洁标准，同城五区环卫评比中岳阳楼区每月排名第一。全面建设“美好社区、温馨家园”。制定加强社区管理系列文件，明确社区承担的公共事务，启动社区规范化建设，所有社区工作站专职人员基本报酬实行财政统筹。改造洞庭街道便民服务中心，新建岳城、瑶塘坡、鲤鱼嘴、蔡家社区便民服务中心。开展“百条街巷改造惠民行动”，投入3000万元提质小街巷、增设消火栓、安装监控摄像头、更换下水井盖、安装路灯。全年被评为“全国和谐社区建设示范城区”，杨树塘、万家坡、枫树新村社区被评为“全国和谐社区建设示范单位”。强力实施禁违拆违治违。拆除新增违法建设1.5万平方米、存量违法建设5.4万平方米。落实土地卫片检查整改任务，查处违法案件11起。制定《集体土地民生建房管理实施细则》，实行审批与监管分离，洛王街道“民生建房五优先”做法在全市推广。严格保护生态环境。开展环境污染隐患大排查，对污染企业全面实行整改、关停。取缔一批燃煤锅炉，关停黏土砖厂4家。净削减氨氮、二氧化硫、化学需氧量全部超过省定任务。加强城市水环境综合治理，建成水资源信息系统，及时打捞水面漂浮物，禁养生猪近万头，环南湖截污管网工程竣工，马壕污水处理厂通水试运行。开展“绿荫行动”，建成生态村庄、生态社区10个。

【增进民生福祉】 2014年，岳阳楼区省市实事全部完成，社会事业稳步发展，社会大局平安稳定。持续增强社会保障。新增城镇就业1.1万人，城镇登记失业率控制在4.2%以内，“零就业”家庭保持动态清零。征缴社会保险基金2亿元，超额完成任务。发放低保救助资金8000万元，医疗救助资金1000万元。发放优抚金、义务兵家属优待金3000万元，所有街道、乡都建立“退役军人之家”，全年被评为“全省爱国拥军模范单位”。落实惠老优待政策，为困难老人发放基本生活补贴、购买意外伤害保险。妥善安置残疾人就业，开展贫困残疾儿童抢救性康复治疗。完成芭蕉湖、长动安置房项目征收拆迁，老垅坡、东腾花园、磨子山等安置房项目竣工。棚户区改造安置1400户。发放廉租房货币补贴800万元。提质改造农贸市场，郭镇菜市场标准化建设通过省级验收。实施奇家社区、胥家桥村水改工程，受惠群众两万多人。确定农村精准扶贫对象1571人。实施移民后扶项目58个。适度提高行政事业单位工作人员的绩效工资。统筹发展社会事业。申请专利188件，高新技术企业产值55亿元。实施仓田小学维修加固、花板桥学校运动场改造等“为教育办实事”项目7个，严格控制小学一年级班额不超过55人，全面设立教育阳光服务平台，岳阳楼街道被评为“全国社区教育示范街道”。群众文艺活动参与人员超过10万人次，

2014年岳阳楼区各乡、街道办事处简况

表10

名称	国土面积（平方千米）	耕地面积（公顷）	年末总人口（人）	人均纯收入（元）	党委书记	乡长、主任
梅溪乡	27.1	430	48469	13940	严石龙	许春龙
郭镇乡	34.62	540	27326	13940	李大汉	沈为庆
枫桥湖街道办事处	3.565	3	26210	25528	徐铭喜	刘达鸿
奇家岭街道办事处	13.245	170	39750	25528	郭韶山	彭宪会
洛王街道办事处	4.1	1	31250	25528	冯 锦	柴石球
洞庭街道办事处	6.84		5454	25528	李 熊	黄黎明
城陵矶街道办事处	6.09	10	30484	25528	杨志华	曹永柏
望岳路街道办事处	2.35		36844	25528	周上青	李永红
五里牌街道办事处	3.17		55852	25528	李亚东	易桥勇
东茅岭街道办事处	1.71		41123	25528	吴 珂	徐演铭
吕仙亭街道办事处	3.168		36424	25528	方文归	陈建明
三眼桥街道办事处	2.22		35077	25528	邓旭旺	李 敏
岳阳楼街道办事处	3.03		34055	25528	罗立兵	徐 佳
金鹗山街道办事处	2.988		41025	25528	李许平	周七亿
站前路街道办事处	1.188		23986	25528	易小球	胡 定
王家河街道办事处	2.358	1	28182	25528	宋 辉	胡吉安

“洞庭渔歌”入选第四批国家级非物质文化遗产名录，中国散文学会创作基地落户。完成全区体育场馆普查，新增社区健身广场20个。改造郭镇乡卫生院、吕仙亭卫生服务中心，搬迁奇家岭卫生服务中心，完成区人民医院改扩建和急救中心建设，区妇幼保健院升级为二级医院，枫桥湖卫生服务中心被国家卫计委评为“群众最满意的社区卫生服务机构”。加强传染病防控力度，全年未发生重大疫情。在全省率先推行计划生育证件代办服务，征收社会抚养费1500万元，被评为“全省人口和计划生育工作先进单位”，学院路社区、南湖社区被评为“全省计划生育居民自治示范单位”。加强粮食质量监管，全面完成储备粮任务。全区人防警报覆盖率达100%。建成全市第一个侨胞之家，被评为“全省民族团结进步先进单位”。发展慈善事业，募集善款超过百万元。广泛发动无偿献血，全年献血35万毫升。维护社会平安。实行区级领导轮班接访制度，处理信访问题1200多个。实行重大疑难信访“十帮一”，办结158件。调处消费纠纷、商业纠纷3000多起。追回农民工工资600万元。开展打黑除恶、打击侵财犯罪、扫除黄赌毒等专项行动，抓获违法犯罪嫌疑人3000多人，命案破案率100%。全面接收社区矫正人员，无一起脱管漏管。对所有餐饮服务单位进行量化分级。销毁假冒伪劣食品2000多千克。加强医药市场秩序管理，强力整治非法诊所，取缔花板桥非法中药材市场。履行安全生产“一岗双责”，开展“打非治违”，对违规采石场、矿山进行封停，对城陵矶三码头客货混运、洞庭大桥水域渔船非法载客实行值班监管，整治公共安全隐患41处，扑救火灾400多起，全年无一起较大以上安全责任事故。

【优化干部作风，提升行政效能】 2014年，岳阳楼区不断提高队伍素质，实行制度管人管事，坚决反对“四风”，在两次全省县市区机关作风民意调查中，排名分别为18位、24位。受理12345公众服务热线工单近万件，满意率在80%以上。规范行政行为。严格实行重大决策“公众参与，专家论证，风险评估，合法性审查，集体讨论决定”。编制“区本级行政审批项目目录”，精简行政审批78项。撤销、合并议事协调机构60个。坚持“逢进必考”，对“吃空饷”、违反劳动纪律的70人进行清理。自觉接受区人大区政协监督和评议，人大议案、建议和政协提案全部办结，满意率99%。推行首问负责、岗位承诺、限时办理，工作效率进一步提升。努力建设清廉政府。开展党风廉政教育，严格落实党风廉政建设责任制。实行财政预算精细化管理，修订完善《财政专项资金管理办法》《财政支出管理规定》《财务监督管理办法》，对财务独立核算单位收支情况开展专项检查。严格执行政府采购制度，小额工程实行定点管理。公用经费零增长，“三公”经费减少520万元。财政评审项目140个，审计项目71个，对离任的区直部门、街道（乡）主职干部全部进行经济责任审计。

（本栏撰稿　高　新）

云溪区

中共区委员会

书　记　田文静
副书记　邱　虹　李运帷（挂）
　　　　陶伟军
常　委　曾平原　蒋雄波
　　　　余　炯　杜　宇
　　　　陈新宇　潘宏军
　　　　周　波

区人大常委会

主　任　聂金华
副主任　颜跃飞　陈辉华
　　　　葛曙光　廖小谷
　　　　熊永初

区人民政府

区　长　邱　虹
副区长　曾平原　袁正宏
　　　　胡　蝶　王来平
　　　　刘敏杰　姜其胜
　　　　唐露尧　管　勇（挂）

区政协委员会

主　席　肖云生
副主席　丁新华　周家冀
　　　　唐梓阳（兼）　方奂奂
　　　　肖洋溢（兼）

区人民武装部

部　长　杨　斌
政治委员　周　波

中共区纪律检查委员会

书　记　陈新宇

区人民法院

院　长　姚劲峰

区人民检察院

检察长　李建军

【概况】 2014年，云溪区辖2个乡、5个镇和1个街道办事处。土地总面积396.2平方公里，耕地面积8882.22公顷。年末总人口为16.88万人，出生率为13‰，自然增长率为9.8‰。

地区生产总值120.9亿元，比2013年增长9%；规模工业增加值72.4亿元，增长11.3%，实现消费品零售总额17.15亿元，增长12.2%，完成固定资产投资46.4亿元，增长23.5%，财政总收入突破10亿元大关，达到10.4亿元，增长13.3%，城镇居民人均可支配收入27145元，农民人均纯收入12390元，分别增长10.2%、12.3%。三次产业比重为6：65.5：28.5，其中第三产业比重提高0.25个%。

突出项目建设，发展后劲明显增强。争资争项成效显著。向上申报各类项目286个，申报项目资金14.88亿元，下批文的项目252个，到位资金4.88亿元，新引进项目19个，总投资49.23亿元，完成内联引资20.75亿元，外资到位2520万美元。主动加强向上对接，1500万吨原油适应性改造和100万吨芳烃项目纳入国家石化产业规划布局方案。成功举办湖南岳阳绿色化工产业园上海招商会，绿色化工品牌效应更加凸显。要素保障坚强有力。努力破解项目建设资金、土地、环境等要素制约，全年报批土地115.2公顷，储备土地56.1公顷，出让土地25.2公顷，银行融资到位资金7.43亿元，湘江流域重金属污染治理债券发行工作进展顺利；严厉打击强揽工程、强行阻工、强买强卖等“三强”行为，项目建设环境进一步优化。项目建设加快推进。全区75个投资200万元以上项目竣工26个，纳入市政府重点调度的11个重大项目建设快速推进。环氧丙烷、邻甲酚、伦扬铝箔等9个项目竣工投产，东方雨虹三期、己内酯等5个项目落地开工，苯甲酸、众普涂料等10个项目加快建设，森凯、济海、泓源、云港化工等6个物流项目建设稳步推进，炼化路全线贯通，哨所路完成升级改造，临湖公路、路陆路、道云路和铁山供水工程等项目克难推进。

突出城乡统筹，人居环境持续改善。基础建设不断加强。推进农村“五小”水利建设，实施水利工程237处，完成79口骨干山塘改扩建，疏浚沟渠816千米，解决农村饮水困难人口7400人。加强基本农田和耕地质量保护，文桥镇土地综合开发、土地整治等项目建设如期推进。完成钢铁桥、桃李桥、荣港桥改造，启动田山桥、南太桥、幸福桥等工程建设。文明创建全面推进。完成四通农贸市场标准化改造，启动和平大道及长炼路提质升级，取缔北干道马路市场，完善城区主干道交通护栏及标牌标识配套，城区单位对外开放停车位1020个。云港新城建设加快。区综合医院、云溪汽车站完成规划选址及设计，城南联校破土动工，大汉生态新居为新型城镇化建设提供样板。环境治理成效明显。实施第二轮环境整治三年行动计划，关闭黏土砖厂5家，关停园外小化工企业16家，整治园内企业13家，整治畜禽养殖51家，取缔白泥湖芡实种植和陆城桥头湖珍珠养殖，区域环境质量明显提升。“美丽乡村”建设开展。25个重点整治村环境卫生得到较大改观，牌楼村顺利通过省级新农村建设示范点考核验收，“美丽乡村”流动现场会取得良好成效。

突出民生保障，社会事业全面进步。社会保障持续加强。坚持社会基本保障托底，民生财政支出达6.5亿元，占公共财政预算支出的73%。完成省市为民办实事23件。推进就业创业，新增城镇就业2731人，农村劳动力转移就业2100人，失业人员再就业1302人。持续扩大社会保险覆盖面，新增企业养老保险参保512人，新型农村养老保险参保率85%，新农合参合率100%。全力保障城乡困难群众基本生活，城乡低保月保障标准线分别达到400元和200元，启动90岁及以上老年人高龄津贴发放工作，农村五保老人集中供养率达58%。切实加强保障性住房建设，建设公租房230套，改造城市棚户区236户、农村危房300户。各项事业协调发展。扎实推进校安工程和乡镇中心幼儿园、薄弱学校改造建设，创建“全省平安校园建设先进区”，成功举办首届大众运动会。加强医疗卫生服务体系建设，基本药物制度实现全覆盖，区中医院和5个乡镇卫生院提质改造全面完成，新建村级卫生室12个。加大文化惠民力度，开展“一元剧场”、送电影下乡等活动，陆城历史文化街区通过国家住建部和文物局达标复查，隆重、节俭办好建区三十周年系列庆祝活动。“单独二孩”、城镇独生子女父母奖励政策稳妥实施，符合政策生育率86.78%，实现“保模进位”目标。组织开展第三次全国经济普查和“十三五”规划编制工作。社会大局和谐稳定。强化危险化学品安全生产监管，出台《危险化学品安全生产攻坚工作实施方案》，园区68家企业排查安全隐患1317条，整改1126条、停产整顿9家、关停3家，完成13家企业在役装置现场诊断，14家企业通过标准化创建验收；筹建危险化学品道路运输信息化管理中心，安全监管水平进一步提升，安全生产形势持续稳定向好。切实加强食品药品安全监管，全年无食品药品安全事故发生。完成平安城市电子监控系统建设，依法处理涉法涉诉信访问题，严厉打击各类违法犯罪活动，治安环境持续好转，群众安全感和满意度不断提升。圆满完成第九次村委会换届选举。

存在的困难和问题：受经济下行影响，工业税源快速萎缩，实现经济持续稳定增长面临着较大挑战。经济增长动力不足，重大项目储备不多，固定资产投资增速下滑，历史污染存量大、治理任务重，环保形势依然严峻；失地农民就业、社会保障等问题较为突出，社会管理综合治理任务还比较繁重。

【“一事一议”惠及10万群众】 2014年，云溪区“一事一议”真正给群众带来实惠，将奖补项目与农村扶贫开发、美丽乡村建设、农田水利建设、人畜饮水安全、城乡同建同治等工作有机地结合起来，对重点扶贫村、基础薄弱村和群众需求最迫切、反映最强烈、利益最直接的项目予以重点支持和优先考虑，充分调动村民兴办农村公益事

2014年云溪区乡、镇、街道办事处简况

表11

名 称	国土面积（平方千米）	耕地面积（公顷）	年末总人口（人）	人均纯收入（元）	党（工）委书记	乡（镇）长、主任
云溪乡	135.6	1499.6	31992	10065	李岳东	杨建勤
云溪镇	15.1	53.2	14911	13461	丁平安	高松农
路口镇	42.3	1090.82	19068	12073	郑　匡	李新安
文桥镇	67	1206.022	19340	12438	隋　强	江和平
陆城镇	54	691.6	10235	10742	刘云飞	杨平波
道仁矶镇	57.12	1866.6	10811	11860	卢进军	方　洪
永济乡	13.5	680.99	8656	13589	李　勇	张品飞
长岭街道办事处	8.24		22705		杜　伟	段益平

业的积极性。同时，不断完善工作流程，加强对“一事一议”财政奖补项目的纳入审核和事后验收，改变以往的只验收检查的模式。并要求各项目在实施前，必须由区减负办和综改办进行事前巡查，对上年度财政奖补项目资料进行重新整理。对于程序不合规，资料不齐全的项目，一律要求更正或补齐。完成“一事一议”财政奖补项目298个，先后对65个村（场、居委会）的一事一议项目实行财政奖补，奖补资金达758万元，带动项目投资达1420多万元，受益群众达到10万多人。

【综治民调取得历史最好成绩】 2014年，云溪区区委区政府在抓发展的同时，高度重视社会综合治理，把维护社会稳定、促进公平正义作为根本任务，扎实做好综治民调工作。全年，把做好综治民调工作，做为建设“平安云溪”的大事，进一步加大力度，突出抓好维护社会稳定、深化严打整治、夯实群防群治基础、创新管理加强管控等方面工作，综治民调工作取得历史性突破，下半年排名全省第24位，全年综合排名全省第41位。

（本栏撰稿　李　朋）

君山区

中共区委员会

书　记　杨　昆

副书记　谢　胜　卢宗仁

常　委　余　为　陈忠炎　罗　遥　朱彦翼　姜佳莉　李爱玲　马志光　李总平

区人大常委会

主　任　杨培菊

副主任　官学荣　陈可娟　张跃芝　何欣平　蔡国兴

区人民政府

区　长　谢　胜

副区长　余　为　姜佳莉　李卫兵　陈华生　彭　明　金　辉　兰录平（挂）　丰为民　宋志荣（挂）

区政协委员会

主　席　李志文

副主席　杨才学　练小舟　练　伟　高本贻　何晓斌

区人民武装部

部　长　李总平

政　委　张自成　张定根

中共区纪律检查委员会

书　记　罗　遥

区人民法院

院　长　付小勇

区人民检察院

检察长　何小山

【概况】 2014年，君山区辖6镇1办2场，土地总面积718.2平方千米，耕地面积2701公顷。年末总人口24.8万，人口出生率13.3‰，自然增长率8.78‰。年内气温最高37.6℃、最低-4.2℃、平均气温17.9℃，年降水量1165.7毫米。

地区生产总值103.6亿元，比2013年增长9.8%，三次产业结构调整为21∶46∶33，完成财政总收入3.41亿元，增长13.3‰。农业总产值36.1亿元，增长4.3%。粮食、蔬菜、棉花总产量为15.93万吨、30.01万吨和1.03万吨，出栏生猪42万头，出栏牛0.79万头，羊1.3万头，出笼家禽272.5万羽，实现水产品总量3.55万吨。完成沟渠疏浚和环洞庭湖基本农田建设等项目年度建设任务，清淤沟渠563千米，硬化渠道29千米，新增耕地274.7公顷，建设高标准农田0.66万公顷。农村集体土地确权试点工作基本完成，国有农用地摸底排查稳步推进。创建黄茶、蔬菜标准化生产基地5个，创建国家级双季稻高产示范片2个，落实农业部粮、棉、油高产创建示范片6个，水产养殖场“国家级水产健康养殖示范场”建设步伐加快。新增省、市级龙头企业3家，新型农业经营主体44户，国家、省级农民合作示范社各1家，发展订单农业1.3万公顷。建立湖南省首家专业化统防统治服务中心。新增农产品注册商标50件，获批湖南名牌产品3个、湖南省著名商标1个，新增农产品产地认证12个。

规模工业产值202.8亿元，增长11.6%，完成规模工业增加值44.1亿元，增长11.1%，万元规模工业增加值能耗降低率为13.3%。食用植物油总产量5.74万吨，增长2.9%，棉纱总产量9.15万吨，增长5.8%。瑞丰纺织、国泰二期等10个工业项目完成技改扩规，精诚印刷、中原创特种印刷等项目启动试生产，洞庭山茶叶、童记三利和等项目加快推进。31家入园企业实现产值15亿元，安排就业3000多人。全区工业用电量7000多万度，增幅居岳阳市前列。

社会消费品零售总额14.22亿元，增长12.4%。洞庭湖博览园规划建设稳步推进，君山野生荷花世界和良心堡油菜花基地纳入岳阳市“烟花三月下洞庭”线路，新开辟“君山采摘一日游”线路。周逸群烈士墓列入“湖南省第二批红色旅游区（点）”，乡村之恋被定为岳阳市首批“市级涉外参观点”。新增外贸进出口企业2家、工商企业169户，柳林洲镇新洲菜市场完成建设，采桑湖镇和许市镇标准化农贸市场投入使用。竣工商品房34.2万平方米。全区金融机构存款余额41.9亿元，增长11.4%。

完成固定资产投资86.09亿元，增长25.3%。75个重大建设项目和前期项目稳步推进，完成投资13.8亿元。君山区被评为岳阳市在建高速公路“八项清零”工作先进单位。提质改造君山大道、柳林东路等城区主干道和小街小巷22条。

城镇居民人均可支配收入22442元、农民人均纯收入12804元，分别增长10.3%和12.8%。教育、科技、文化、卫生等社会事业取得新进步，教育课改整体推进，公共卫生医疗服务保障不断完善，君山区被评为“湖南省人口和计划生育工作模范单位”。安全生产形势保持稳定，打击犯罪、信访维稳和应急工作全面落实。创新社会治理，再次获评湖南省“平安县市区”，综治民调工作保持全省第一。君山区获评全国法治县市区创建活动先进单位和“六五”普法中期先进县市区。

存在的困难和问题主要是：基础设施较为滞后，重大项目仍然偏少，产业集群尚未形成，消费增长相对缓慢；发展质量还需进一步提升，经济结构不够优，转型升级任务艰巨；公共服务、民生改善等方

2014年君山区镇（办事处）场简况

表12

名 称	国土总面积（平方千米）	耕地面积（公顷）	年末总人口（人）	人均纯收入（元）	党 委 书 记	镇（办）场长、主任
广兴洲镇	84.43	4495.87	37467	13826	吴国良	钟海波
许市镇	81.65	3491.68	30538	11810	易俊良	张兴隆
柳林洲镇	137.99	2688.97	41549	13512	李 伟	黄正洲
西城办事处	33.60	1903.44	31633	13610	吴朝军	周 勇
钱粮湖镇	89.79	4786.85	45998	13185	彭海泉	王 威
良心堡镇	69.87	4058.64	29908	11713	郭三涛	李华平
采桑湖镇	71.84	3303.32	18917	12056	杨曙东	杨剑波
君山芦苇总场	64.17	13.26	3961	16915	万 胜	黄志超
水产养殖场	6.8	23.01	2769	19566	何志能	李 伟

面与群众的期盼仍有差距，政府作风和效能建设还需加强。

【君山工业园获批省级工业集中区】 2014年，君山工业园以洞庭湖绿色食品产业园为载体，确定以食品制造业和农副产品加工业为主导的园区产业，做大做强农产品加工业，延伸农业产业链条。工业集中区规划面积5.55平方千米，现有李记食品、国泰食品等31家入园企业，其中省级农业产业化龙头企业 3家，高新技术企业3家。君山工业园获批省级工业集中区后，将加快建设，努力使工业集中区成为长江中下游和洞庭湖区域重要的食品制造业和农副产品加工业安全、绿色、环保的生产基地。

【君山区获得全国“六五”普法中期先进县市区】 2014年君山区自“六五”普法实施以来，君山区按照中央、省、市开展“六五”普法规划的部署和要求，推进依法治理和法治君山建设。健全各级党委(组)中心组学法、机关干部学法用法日、领导干部法律素质考察、依法治区工作督查等机制和制度，整合充实普法讲师团、兼职法制副校长和普法宣传员等队伍，加强区、镇(办)场和村(居)三级普法依法治区骨干队伍建设，利用电视、网络、报刊、手机短信、宣传墙等平台，开展法制宣传教育活动。全年君山区被评为全国“六五”普法中期先进县（市、区），是全市唯一获此殊荣的县市区。

（本栏撰稿 熊 龙）

平江县

中共县委员会

书 记 田自力（2014年10月免）
汪 涛（2014年10月任）
副书记 谢春生（2014年10月免）
黄伟雄（2014年10月任）
谢瑞其
常 委 戴领梅 刘豪杰
徐教凡 张志超
李镇江 张中霏
方 辉 杨 忠（挂）
彭喜丰（援） 童驾辉
孙 尉（挂）

县人大常委会

主 任 黎耀辉
副主任 朱慕斌 李员明
何蒙珍 刘裕凡
李 泓

县人民政府

县 长 谢春生（2014年10月免）
黄伟雄（2014年10月任）
副县长 刘豪杰 李镇江
杨 忠（挂）
孙 尉（挂） 潘如意
欧阳晓耀
殷建国（挂） 姜伟南
陈 淼 周虎光
黄 劲（挂）
吴 山（挂）

县政协委员会

主 席 洪志凡
副主席 毛帅南 邱唤群（兼）
刘佑泉（兼）
朱山东（兼） 张满兰

县人民武装部

部 长 方 辉
政治委员 张 立

中共县纪律检查委员会

书 记 张志超

县人民法院

院 长 刘铭竹

县人民检察院

检 察 长 徐立泉

【概况】 2014年，平江县辖19个镇，8个乡，余坪乡撤乡设镇，大坪乡撤乡设镇，更名为石牛寨镇。全县土地面积4114.42平方千米，耕地面积5.63万公顷。年末户籍总人口109.39万人，人口出生率13.49‰，自然增长率6.93‰。年内最高气温37.6℃，最低气温-4.7℃，年降水量1351.4毫米。平江县被评为全国文化先进县、全省文明县城、湖南省平安县、全省优秀县政府门户网站、全省为民办实事先进县。

县域经济发展“三量齐升”。全县地区生产总值199.4亿元，比2013年增长8%，三次产业结构比调整为19.5∶45.8∶34.7。工业生产平稳增长，150家规模以上工业企业完成总产值315.45亿元，比2013年增长2.2%，规模工业增加值81.73亿元，比2013年增长5.3%。全社会用电总量增长1.5%，工业用电量比2013年下降4%。主导产业增效显著，机电轻工产业总产值43.5亿元，食品产业总产值52.8亿元，矿产建材产业总产值98.6亿元。农业生产稳步提升，完成农林牧渔总产值57.68亿元，增长1.07%，实现农业增加值38.6亿元，增长1.1%。全县农作物播种面积12.01万公顷，其中粮食播种面积8.7万公顷，粮食总产量53万吨。油菜、棉花、花生、瓜果等经济作物播种面积1.9万公顷。生猪发展180万头，增长1.6%。水产品产量7600吨，增长7.5%。新增农民专业合作社156家、家庭农场26家。旅游产业平稳发展。接待游客人数838万人，接待游客人数、旅游收入、就业人数的年增长率分别达50%、51%、44%。餐饮、住宿、娱乐等其他服务行业发展与2013年基本持平，其中娱乐行业下降10.6%。

投资、消费持续增长。全县固定资产投资项目322个，完成全社会固定资产投资总额164.8亿元，增长20.4%。其中项目投资完成152.3亿元，房地产投资完成12.45亿元，亿元以上项目27个，完成固定资产投资34.25亿元，占整个固定资产投资的22.5%，工业项目122个，完成工业投资60.68亿元；其中工业技改项目116个，完成投资57.53亿元，占整个工业投资的94.5%。消费市场持续旺盛，全县社会消费品零售总额44.1亿元，增长12.5%。其中城镇零售额增长26.5%,乡村零售额增长17.3%。新开发商居楼盘12个，销售商品房2111套，增长67%。

城乡居民和财政收入稳步提

2014年平江县乡、镇简况

表13

名称	国土面积（公顷）	耕地面积（公顷）	年末总人口（人）	人均纯收入（元）	党委书记	乡（镇）长
城关镇	6306.67	406.93	89870	6666	谢森泉	张新年
三阳乡	20507.46	2259.87	67285	4613	潘典宏	黄进军
安定镇	16783.2	3679.8	71668	6431	熊江新	黄益武
福寿山镇	13659.05	1710.93	21926	4333	吴竞湘	潘 宏
三市镇	13808.09	2922.59	57708	5540	李祝荣	熊昭明
嘉义镇	35969.23	3638.93	54573	4870	毛高贤	向晓燕
咏生乡	7893.03	245.63	3512	3321	施卫军	彭小林
长寿镇	21935.65	3689.06	71069	4894	尹佑祥	余刚要
黄金洞乡	19108	255.47	4622	3116	赵森泉	姚志宏
南桥乡	8401.05	204.75	3727	3256	曹建春	周 黎
龙门镇	20338.29	2278.10	40506	3678	朱 军	童勋海
木金乡	11893.88	1551.48	26572	3696	吴奕良	罗今昔
虹桥镇	18317.47	2618.99	37803	3959	黎秋桂	陈志军
石牛寨镇	10831.76	1512.70	23787	3789	赖 毅	刘长江
南江镇	19520.71	2548.05	80783	4383	宋炼钢	李 明
上塔市镇	5985.75	1155.05	24869	4221	易林辉	张智鑫
板江乡	7016.92	434.07	15273	3436	周阳波	杜 军
梅仙镇	20474.37	2597.35	69132	4675	李三军	李三军
大洲乡	10030.2	567.61	21725	3276	陈梦月	曾要军
童市镇	15879.07	1386.32	30433	4346	段曙光	周红人
三墩乡	17753.68	1405.79	32541	3449	黄兴旺	童更新
余坪镇	18209.55	1409.70	40797	3405	罗江伯	张 波
岑川镇	9206.49	923.62	20919	4350	张生才	唐杏桂
瓮江镇	25387.44	2203.91	56082	3438	吴康乐	徐鹏午
浯口镇	18993.42	1609.2	40327	4195	张廉波	周稳根
伍市镇	19100.52	4025.45	72305	6240	田 浩	刘日新
向家镇	4132.04	1007.17	17218	5820	潘闪闪	余朕军

升。全年城镇居民人均可支配收入17036元，增长8%。农民人均可支配收入6828元，增长1.2%。全县公共财政收入9.34亿元，增长13%。其中，国税完成2.49亿元，增长10.1%，地税完成4.81亿元，增长5.5%，财政完成2.03亿元，增长41.1%。金融业继续保持平稳发展态势,县内各项存款余额153.41亿元，增长15.48%。各项贷款余额55.45亿元，下降2.52%，其中中长期贷款37.90亿元，增长6.26%，本外币存贷比36.14%。

社会事业全面进步。改造学校危房8.7万平方米，完成41所合格学校建设。在全国首创“初任教师成长计划”，高考一、二本上线1679人，义务教育教学质量排全市第三位。县一人民医院外科大楼完成主体工程，妇幼保健院成功创建二甲妇保院，启动88个村级卫生室建设，建立居民健康档案76万份，卫生监督、重大疾病预防、健康教育等工作得到加强，被列为全国健康促进示范县。完成湘鄂赣革命根据地纪念馆提质改造，保护修缮湘鄂赣工农兵第一次代表大会旧址（长寿天主堂）等革命遗址4处。全国文化先进县通过复查验收，岑川镇获评“中华诗词之乡”。建设农民体育健身工程128个，举办“百姓舞台”等群众性文体活动 600多场次，送戏下乡158场次。成功举办第三届湘鄂赣苏区论坛和第十三届湘鄂赣边区老年人运动会，平江失散老红军肖像摄影展反响热烈。3名残疾人运动员在省残运会上斩获5枚金牌。

【平江县项目建设加速推进】 2014年，平江县实施重点建设项目44个，其中16个项目如期竣工，23个项目按预期推进，实施重点前期项目18个，其中福寿山抽水蓄能电站获得国家发改委“路条”，蒙华铁路启动先期用地报批，平益高速完成工可方案，全省首个农业光伏发电项目开工建设。特别是华电平江电厂项目，在火电事件发生后，平江县委、县政府深刻吸取教训，通过层层反思讨论、强化宣传引导、推进信息公开、引入公众参与等方式，加快凝聚项目重启的共识，按照科学决策、民主决策、依法决策要求，推进项目比选论证、社会听证、稳定风险评估等工作，促成项目顺利重启，年内项目上报国家发改委等待审批立项。全力争资引项，成功进入赣闽粤原中央苏区振兴联动发展规划和洞庭湖生态经济区发展规划，出台《关于全面推进招商引资工作的实施意见》，举办湘商联席会等大型招商活动4次，启动“平商回归”工程，引进“总部经济”企业1家，签约亿元项目18个，到位资金29.85亿元。

【平江县城乡统筹扎实推进】 2014年，平江县规划体系进一步健全。编制城市排水防洪、绿地系统等4个专项规划，完成首家坪、洪家塅等6个片区控详规划，伍市镇、南江镇完成总体规划修编。城市框架进一步拉开。平伍公路城区段2.5千米改造升级、秀野大道、育才中路竣工通车，首家坪大道二期年内扫尾，东兴北路年内完成路面硬化，城关水位提升工程完成大坝主体建设，档案综合馆主体工程竣工。提质改造12条背街小巷，启动茶厂地段旧城改造，完成南街小码头旧城改造。收储土地164.4公顷，完成13个安置区选址，其中9个安置区建设进展顺利。城市管理进一步加强。推进“三城同创”，开展环卫秩序、交通秩序、市场秩序等九大专项整治行动，设立志愿者服务岗位136个，公共文明指数综合测评名列全省第一。新增绿地面积2.65万平方米，国家园林县城创建基础进一步夯实。开展铁腕禁违拆违治违行动，城市规划区内拆除新增违法建筑96处9120平方米，拆除存量违法建筑79处4891平方米。集镇开发进一步加快。长寿、南江、伍市被列为全国重点镇，龙门镇进入省际边界口子镇扶持计划。长寿金河广场、南江文化广场、安定昌安大道等项目成为集镇新名片，童市、虹桥、南江启动集镇防洪工程建设，向家、木金、岑川、余坪、上塔市等乡镇自来水厂建成供水。农村基础设施进一步完善。实施通畅工程205千米，改造危桥100座，完成一批干线公路安保工程。南江镇三级客运站建成投用，新建S207招呼站40个。实施“一事一议”奖补项目475个，完成加义镇0.09万公顷高标准农田建设。除险加固小［2］型水库13座，改扩建山塘150口，实施水利工程5000多处，疏浚沟渠3000多千米，水文测报中心建成启用。改造大江洞等4座水电站，伍市110千伏、浯口35千伏变电站完成增容改造，99个村基本完成农网改造，12个村完成农网升级。新建4G基站336座、无线数字电视基站12座，数字电视用户达到17万户。

【平江县举办第三届湘鄂赣苏区论坛】 2014年，由湖南、湖北、江西三省党史研究室共同主办，平江县委县政府，岳阳市委史志办承办的第三届湘鄂赣苏区论坛，于2014年10月23日，在平江县城阳光国际大酒店举行。湖南省委常委、省委秘书长韩永文，中央党史研究室副主任高永中，全国政协常委、中央文献研究室原常务副主任杨胜群，湖南省军区司令员黄跃进，岳阳市委副书记、市长盛荣华等领导和从湘鄂赣苏区走出的老红军、老革命家后裔、著名烈士后裔代表、相关党史专家及湘鄂赣三省党史工作者100余人参加论坛。此届论坛以“弘扬苏区精神、促进区域发展”为主题，历时一天，分主题论坛、观摩体验、互动点评三个环节进行。论坛活动由湖南红网集团策划宣传，面向全球网民直播，对宣传湘鄂赣苏区厚重的革命历史和平江红色旅游起到重大的宣传推介作用。整个论坛活动务实高效、形式新颖活跃，受到与会嘉宾的一致称赞。论坛取得丰硕的成果。在历史研究方面，收到论文200多篇，结集出版76篇，对湘鄂赣苏区红军史进行系统研究，并出版专著，对湘鄂赣苏区史料数据进行系统统计。为提升湘鄂赣苏区历史地位，争取中央对原湘鄂赣苏区的片区政策扶持，促进区域发展提供有力的史料支撑。在红色遗址维修改造方面，争取省委召开常委办公会，解决资金1186万元，对湘鄂赣革命根据纪念馆、湘鄂赣省苏维埃旧址、中共湘鄂赣省委省苏政府省军区旧址、新四军平江通讯处旧址和平江惨案旧址进行提质改造和重新布展，为丰富平江红色旅游内涵，提升红色旅游品味起到十分重要的作用。

（本栏撰稿 李双龙）

岳阳县

中共县委员会

书　记　毛知兵
副书记　张中于　汤小娥
常　委　李　勇　余泽世
　　　　喻飞跃　袁陆保
　　　　王保林　向风行
　　　　刘小良　刘行文
　　　　吴跃中（援）
　　　　黄艳娥（挂）

县人大常委会

主　任　汤森林
副主任　许欧蛟　袁　文
　　　　张艳生　周建军
　　　　胡海平

县人民政府

县　长　张中于
副县长　李　勇　刘小良
　　　　黄艳娥（挂）　易新岳
　　　　王卫兵　周　里
　　　　刘四清　彭碧芳
　　　　刘曙光

县政协委员会

主　席　彭西罗
副主席　陈　明　彭浪英（兼）
　　　　甘柏旺（兼）
　　　　彭荣欣（兼）　许安全

县人民武装部

政　委　刘行文
部　长　洪国明

中共县纪律检查委员会

书　记　向风行

县人民法院

院　长　杨水平

县人民检察院

检察长　段德平

【概况】 2014年，岳阳县辖12个镇、8个乡，总面积2809.83平方千米，耕地面积491.3141平方千米，总人口724711人，其中非农业人口114418人，占15.79%，人口出生率13.8‰，人口自然增长率为7.2‰。境内年度最高气温为37.6℃，最低为-4.2℃，年降水量1056.9毫米。

实现地方生产总值237.56亿元，比2013年增长11 %，一、二、三产业分别增长4.8%、13.1%、11.7%，三次产业结构比由2013年的19.2∶49.4∶31.4调整为18.5∶49.9∶31.6。完成财政总收入8亿元，增长13%。

农、林、牧、渔业总产值649650.4万元，比2013年增长4.84%，主要产品产量：粮食518885吨、棉花8165吨、油菜籽24336吨、花生7950吨、水果57600吨、茶叶1300.48吨、水产品49594吨、生猪出栏142.83万头。粮食总产量稳定在50万吨以上，再次获评全国粮食生产先进县。无公害蔬菜、葡萄、

2014年岳阳县乡镇简况

表14

名称	国土面积（平方千米）	耕地面积（公顷）	年末总人口（人）	人均纯收入（元）	党委书记	乡（镇）长
城关镇	49.81	10.7939	102288	12995	杨　盛	刘四兵
麻塘镇	74.15	15.9428	25238	11706	任伟平	续广宁
鹿角镇	93.46	35.2977	38548	11257	姚正大	彭泽民
黄沙街镇	130.86	43.2828	54207	13188	吴旺兴	周立雄
新墙镇	75.97	24.4904	32244	12618	黎晓军	李革伟
柏祥镇	100.00	30.4967	33224	12108	童　铮	陈拥军
筻口镇	139.38	53.0631	60282	12070	付鸾声	梁亿仲
公田镇	89.18	19.4164	28080	11392	陈君辉	王　勇
毛田镇	79.94	9.1167	23043	10060	付文勇	黄　晨
月田镇	175.40	29.014	47714	9046	李凌峰	卢兴国
张谷英镇	132.13	7.4626	29394	11026	刘映球	黄　洋
新开镇	132.80	37.3567	39573	12018	孙　肽	毛红波
中洲乡	72.90	34.3995	30765	10826	许吉程	费时铭
长湖乡	120.60	33.05	39918	11921	张文毅	王四平
步仙乡	103.66	23.1571	34708	10526	廖亚辉	汤少文
甘田乡	57.29	15.5621	17692	10229	程立斌	高兴球
杨林乡	85.28	29.8564	33198	11094	陈庆军	吴红兵
云山乡	39.86	10.3323	12154	8982	毛　鸥	付海苗
相思乡	63.87	16.8346	21648	8959	邹飞跃	刘三军
饶村乡	45.23	8.3061	16846	10336	周代建	綦小广

鸽业、红薯粉、土鸡、黄颡鱼等农业品牌创建初见成效。0.8万公顷优质稻基地成为全国绿色食品原料标准化生产基地，民心蔬菜、全民家禽、芭蕉扇业、新墙葡萄、盛源林业5家农民专业合作社被评为国家级示范社。农村土地承包经营权确权登记颁证试点工作稳步推进，在全市率先开展农村土地承包经营权抵押贷款工作。再次获评全省新农村建设先进县，乡村环境整治工作排名全市前列。

县域经济实力明显增强，被评为全省县域经济发展先进县。全县规模工业企业146家，完成规模工业增加值125.68 亿元，增长13.5%。科技园完成征拆数据采集和路网规划设计，新增高新技术企业4家，湖南科伦获得国家重大科技专项支持，利尔康、大力神成为湖南省战略新兴产业重点企业，湖南科伦、天欣科技荣获第二届“市长质量奖”。茂昌医药、大力神、椰星饮料等项目建成投产。新引进亿丰时代广场、普爱生物科技、华能风电、旺磁电子等亿元以上项目7个。争取国家重点投入项目84个，落实资金7.3亿元，投资5000万元的农村环境整治整县推进等一批大项目落户。

完成社会消费品零售总额75.15亿元，比2013年增长12.9%。旅游业发展势头良好，张谷英村被评为“中国特色景观旅游名村”，相思山荣获“湖南省十佳品牌景区”，张谷英村、大云山荣获“全市十大金牌景区”，成功推出新墙葡萄采摘“一日游”休闲体验活动。全县金融机构存款突破100亿元，贷款53.4亿元，成功创建市级金融安全达标县。加强生态文明建设，推进铁山库区“两保”工作，开展“铁山水资源保护行动月”活动。加强东洞庭湖环境综合整治，规范资源管理，砂石出让收益达到7.75亿元。

实现固定资产投资204.46亿元，增长10.9%。实施县城精细化、规范化管理，开展“五大整治”行动和精神文明建设“十大行动”，被确定为全年全国文明城市提名城市（县级），省级园林县城创建工作全力推进，荣湾湖综合治理工程稳步推进，城南河风光带、城区夜景工程和小游园建设全面铺开，完成文胜南路建设、6条主街道“白改黑”和5条背街小巷硬化，县城面貌焕然一新。交通建设上，岳长高速岳阳县段征拆施工进展顺利，完成S208杨林至张谷英段、大凤线大屋湾至柏祥段、鹿白线公田长安至毛田福胜段升级改造，八仙大桥、杜家坳铁路跨线桥大修及26座农村危桥改造和80千米通畅工程建设顺利完成。水利建设上，解决4.2万人饮水不安全问题，疏浚沟渠2280千米，完成16座重点小（2）型水库、31座一般小（2）型水库除险加固，中洲泵站更新改造、中小河流治理综合整治等项目加快建设。电力建设上，投入6600万元用于电网建设改造，成为全省新农村电气化试点县，35KV筻口变增容改造、35千米杨林变建设全面启动，原小水电供电区优惠用电整治工作稳步推进。

实现城镇居民可支配收入20350元、农村居民人均可支配收入11494元，分别增长9.6%、13.4%。18项29件省、市实事和10项县定实事全面完成。中小学校危房改造、义务教育学校化债等工作扎实推进，城区“大班额”问题得到有效解决，高中“阳光招生”社会反响良好，高考再创佳绩。新农合参合率99.6%，群众受惠1.8亿元，医疗卫生能力建设加强。重度残疾人特殊生活补贴和护理补贴达到1.5万人次。新增无线数字电视用户5000户。完成保障性住房建设1483套。新墙河抗战文化保护工作有序推进，岳阳花鼓戏传承剧院改造完成。群众文化体育事业蓬勃发展，在省十二届运动会上夺得8枚金牌。实行“阳光低保”，社会救助力度加大。认真落实“单独二孩”和计划生育利益导向政策。启动乡镇司法所收编工作。禁毒教育基地对外开放，开展“烈火行动”，社会治安形势持续好转。综治民调排名全省52位。开展“四大三基”行动、专家查隐患活动和食品药品安全专项整治，安全生产形势平稳可控。

突出自身建设，政务管理进一步规范。扎实开展党的群众路线教育实践活动，坚持问题导向，真查实改，整章建制，解决一批“四风”方面的突出问题，完成办公用房清理，加强公务用车管理，“三公”经费支出下降19.5%。深化行政审批制度改革，取消行政许可事项22项，保留行政许可事项196项。推行项目建设工程报建联审联批，完善“一票制”收费制度。规范乡镇税收征管秩序，财政财务管理得到加强。畅通“12345”公共服务渠道，加强县政府门户网站群体系建设。完成第九次村委会换届选举。“六五”普法教育全面开展。监察审计工作推进，廉政建设得到加强。办理人大代表建议103件、政协委员提案96件。国防动员和后备力量建设稳步推进。

存在的困难和问题：经济下行，增幅放缓，实体经济运行困难；三次产业结构仍然不优，支撑发展、带动全局的大项目、好项目不多，征拆难、融资难、用地难等问题依然比较突出；政务服务中不作为、慢作为、乱作为现象没有根本杜绝，行政执法中乱收费、乱摊派、乱罚款行为仍然存在，工程施工中强揽工程、强装强卸、强行阻工现象时有发生；生态保护任重道远。

【岳阳县交通基础设施建设成效显著】 2014年，岳阳县通过全力争项目、争资金，推动全县交通基础设施大投入、大建设、大改善。大凤线改造项目10月竣工通车，鹿白路公田至毛田福圣段改造项目10月份竣工通车，连接张谷英景区的梅城线（杨林至张谷英段）10月份全线竣工通车，岳望高速岳阳县境内34.7千米征拆全面完成，清表施工进展顺利，八仙大桥加固改造项目7月份竣工通车，杜家坳跨铁路桥加固改造项目12月份竣工通车，三港咀渡改桥项目正在加快建设，张谷英三级客运站项目竣工投入使用，2000吨级鹿角码头项目完成主体工程建设，2015年6月投入使用，此外，完成农村公路改造硬化240多千米，危桥改造71座。

【岳阳县推进“两城同创”工作】 2014年，岳阳县被评为全国文明城市提名城市（县级）。全力创建省级园林县城，按照“300米见绿、500米见园”要求，严格执行城市绿线管理，加快小游园、街道绿化景观、城区夜景亮化建设，新增

19家省级园林式单位和21家市级园林式单位，力争在3年内创建成功。

【岳阳县开展城乡低保“阳光行动”和高中“阳光招生”】 2014年，岳阳县在社会救助领域开展城乡低保专项整治“阳光行动”，重点整治城乡低保“保人不保户”“拼户保”等问题，清理群众反映强烈的“关系保”“人情保”等问题，清退不符合条件的城市低保对象1128户1759人，其中，错保12户22人，新增对象242户460人，人均补差达到250元/月，清退农村低保对象315户597人，其中错保4户8人，新增对象668户1615人，人均补差达到107元/月。通过城乡低保专项整治工作，基本实现“应退尽退、动态管理”的目标。同时，在教育领域全面实施普通高中“阳光招生”，严格按计划招生，严格按分数录取，严格执行“三限政策”，示范性高中招生指标向农村、山区初中倾斜，扩大计内招生比例，招生政策、录取过程、招生结果阳光透明、公平公正，切实维护群众利益，得到群众的支持与拥护。工作经验被市、县改革办推介。

（本栏撰稿　赵　立）

华容县

中共县委员会

书　记　汪　涛（2014年10月免）
　　　　刘铁健（2014年10月任）
副书记　喻　文　蒋南贵
　　　　朱岳文（挂）
常　委　付岳君　蔡勋华
　　　　严银辉　徐康荣
　　　　毕金林　余风祥
　　　　刘少红　黎朝晖

县人大常委会

主　任　胡秋香
副主任　李新海　张兴中
　　　　潘维新　朱元敬
　　　　李东见

县人民政府

县　长　喻　文
副县长　蔡勋华　张大宏
　　　　谢志辉　余　昕
　　　　赵群子　李学松
　　　　刘振强（挂）

县政协委员会

主　席　呙　飞
副主席　文丽萍　蔡宜生
　　　　罗绍洪（兼）　鲁明河
　　　　刘云华（兼）

县人民武装部

部　长　刘少红
政治委员　石　剑

中共县纪律检查委员会

书　记　余风祥

县人民法院

院　长　郑　军

县人民检察院

检察长　杨　晖

【概况】 2014年，华容县辖12个镇8个乡，全县土地总面积1601.1平方千米，耕地面积6.82万公顷。年末全县常住人口72.24万人，其中城镇人口30.71万人。年内出生人口8325人，人口出生率11.58‰，人口自然增长率7.76‰。年降水量1289毫米。

实现地区生产总值265.63亿元，比2013年增长9.0%。按年均常住人口计算,人均生产总值36878元，增长10.1%。第一产业增加值54.81亿元，增长4.7%，第二产业增加值133.73亿元，增长9.7%，第三产业增加值77.09亿元，增长10.9%。第一、二、三次产业对经济增长的贡献率分别为10.5%、54.7%和34.8%。其中，工业增加值对经济增长的贡献率为58.7%，生产性服务业增加值对经济增长的贡献率为12.0%。

农林牧渔业总产值88.27亿元，较2013年增长4.67%，其中：农业产值46.15亿元，增长3.48%，林业产值0.94亿元，增长6.58%，畜牧业产值18.07亿元，增长4.29%，渔业产值21.85亿元，增长7.25%。全年粮食种植面积95.74万公顷，比2013年增长2.4%，全年粮食总产量55.26万吨，比2013年增长2.8%，棉花种植面积2.01万公顷，下降1.5%，蔬菜种植面积1.91万公顷，增长2%，糖料种植面积326.67公顷，与2013年持平。油料种植面积4.18万公顷，下降0.2%。全年肉类总产量6.86万吨，比2013年增长2%。全年造林0.08万公顷，增长0.11%；苗木产量113.1万株，增长4.85%；全县森林覆盖率为22.12%。

工业总产值增长9.3%，工业增加值比2013年增长11.1 %，其中，规模以上工业增加值增长11.4%。年末有规模以上工业企业143家，其中新增规模以上工业企业10家，实现主营业务收入488.82亿元，增长10.6%，实现利润增长26.5%，其中集体企业下降6.9%，股份制企业增长34.8%。建筑业增加值6.82亿元，比2013年同期下降11.3%。全县具有资质等级的建筑企业10家。

全社会固定资产投资完成224.36亿元，增长23.7%。其中，国有企业投资121.13亿元，新增固定资产171.17亿元，新开工项目341个，投产项目300个。其中：第一产业投资7.29亿元，比2013年下降46.9%，第二产业投资63.13亿元，下降0.38%，第三产业投资153.94亿元，增长29.95%。

房地产开发完成投资6.06亿元，降低55.8%。其中：住宅房完成投资额2.42亿元，规划住宅8871套，房屋施工面积72.22万平方米，下降21.6%。其中，住宅57.1万平方米，竣工面积8.73万平方米，下降69.7%。商品住宅价格为2192元/平方米，下降159元/平方米。

社会消费品零售总额81.14亿元，增长12.7%。其中，限额以上贸易业企业完成社会消费品零售额33.24亿元，增长36.6%，限额以下贸易业企业及个体户完成社会消费品零售额47.9亿元，增长0.5%。

累计进出口总额（海关口径）2217万美元，下降6.8%。其中，出口额1099万美元，下降31.06%，进口额1118万美元，增长17.47%。

交通运输、仓储和邮政业增加值13.5亿元，增长3.8%，货运量458.6万吨，增长3%，货物周转量136.33万吨千米，增长4%，旅客周转量18014万人千米，增长1%。年末公路通车里程3500万千米，增长3%。其中高速公路61千米，实有公交车路数6路，公共汽车营运车辆数60辆，出租汽车数200辆。行政村客运班线通达率97.8%。全年邮电业务总量1.75亿元，下降33.7%。

实现旅游总收入4.12亿元，增长23.4%，国内旅游人数234.6万人次，增长22.8%。

城镇居民可支配收入20825元/人，增长9.6%，农村居民人均纯收入13675元/人，增长12.7%，农村居民食品消费支出占消费总支出的比重（恩格尔系数）为27.54%，城镇为28.74%。

有省级非物质文化遗产保护目录1个，艺术表演场所1个，艺术表演团体1个，群众艺术文化馆1个，影剧院1个，公共图书馆1个，藏书总量12.03万册，接待读者10.6万多人次，电影放映场次4476万场，观众人次75万人次，博物馆1个，接待参观团体220个，社会游客20万人次，全年新闻出版业销售收入1100万元，利润总额300万元。

【华容县沿江开发加力加速】 2014年，华容县煤炭铁水联运储配基地获得国家发改委批复，神华国华电厂取得国家能源局“路条”。华容工业集中区环境影响报告书获得批复，6月18日，省环保厅正式批复华容工业集中区环境影响报告书。洪山头工业园规划用地面积6.225平方千米，是湘北地区唯一批复的铅蓄电池产业园区。岳阳市兰峰水泥厂80万吨水泥粉磨技改工程于9月底竣工达产。常岳九铁路列入国家长江经济带综合立体交通走廊规划。许东公路和东洪公路一期加快推进。

【华容县跻身国家现代农业示范区农业改革与建设试点县】 2014年，华容县成为全省唯一一个国家现代农业示范区农业改革与建设试点县。现代农业加快推进，全面推广水稻集中育秧，粮食总产78.9万吨，增产2.3万吨。认真应对国家取消棉花临时收储政策带来的影响，引导群众因地制宜调整结构，全县调减棉花生产面积0.33万公顷。新发展一批农业科技园和现代农庄，新增省级农业产业化龙头企业3家、家庭农场62家、农民专业合作社102家。农业机械化水平高出全国平均水平10个百分点。完成小型农田水利基础设施建设1018处，完成渠道疏浣916千米，小机埠更新改造218处，小涵闸改造136座，小塘坝扩建增容187座，移动土石方620万立米，投入资金12350万元，是30多年来小型农田水利建设投入最大、移动土石方最多、工程质量最好的一年。

【华容县国家教育信息化工作试点县】 2014年，华容县是全国仅有的两个国家教育信息化工作试点县之一。现有学校132所，教学班级1490个，在职教职工5874人，中小学生62421人，在园幼儿10000多人。华容县围绕促进城乡教育均衡发展目标，以“企业参与”模式搞建设，以“四个突出”推应用，以“六大课堂”促覆盖，以“五个平台”提升行业治理和服务能力，克服资金紧缺、基础薄弱、缺乏借

表15

2014年华容县乡（镇）简况

名　称	国土面积（平方千米）	耕地面积（公顷）	年末总人口（人）	人均纯收入（元）	党委书记	乡（镇）长
三封寺镇	75.8	2816	29797	8914	胡　军	付前洲（非党）
治河渡镇	43.92	2910	28430	10058	白　洋	符宏智
北景港镇	75.5	3753	39259	9617	朱智华	万　伟
鲇鱼须镇	66.9	3401	32805	9083	涂　娟	黎志良
宋家嘴镇	40.4	2293	22028	9350	徐忠乐	张哲君
万庾镇	98.5	4420	43301	9845	沈发金	王全军
东山镇	278	7649	81805	7238	黄建明	李铭涛
操军镇	104	4813	45482	8680	付春林	傅耀华
梅田湖镇	42	2246	18484	8923	王　鹏	张水锋
插旗镇	52.3	3069	29113	9970	徐远鹏	付祖云
注滋口镇	61.12	3191	36321	10864	王文勇	王德一
城关镇	9.6	89	94071	10339	刘绍文	陶国伟
胜峰乡	68.7	2467	24106	7655	徐建平	杨文革
新河乡	67.4	3983	38198	8015	钟勇军	胡先兵
护城乡	47.22	2832	25119	11367	包金跃	戴辉进
新建乡	43.62	2266	20407	7935	夏　季	（缺）
南山乡	87.61	2976	26504	8544	谢光辉	卢　琼
终南乡	54	2288	20048	10380	姚书茂	（缺）
幸福乡	63.84	3856	31195	8350	虢汉平	（缺）
团洲乡	50.15	3356	25428	8956	易　斌	蔡远鸣

鉴的困难，仅三个月时间，完成全县“三通（校校通、班班通、人人通）”建设。全县132所学校均接入宽带，建成互联网教室1667间，建成录直播教室6间、名师工作室7个、名校网络课堂示范校6所。

【华容县城乡人居环境持续改善】　2014年，华容县农村环境卫生整治、绿化造林、环保专项整治基本实现三年行动目标。农村环境卫生整治全面提质升级，完成垃圾池建设10万余口，配备保洁员1377名，做到设施、人员、制度“三到位”，农村公共区域实现常态保洁。创建1个省级、4个市级美丽村庄。三年绿化行动造林0.59万公顷，栽植各类苗木800多万株，新建、改建绿地23万平方米，城区街道绿化、单位庭院绿化和拆墙透绿，乡镇集镇、主干道路及村庄绿化全面推进。环保专项整治基本完成饮用水源、30家蔬菜加工企业、64家畜禽养殖业初级治理，完成40家企业、学校、宾馆燃煤锅炉改造，关停17家“五小企业”，实施7项节能减排工程，城乡生态得到改善。

（本栏撰稿　邓栋梁）

湘阴县

中共县委员会

书　记　田自力（2014年4月免）
　　　　黎作凤（2014年4月任）
副书记　尹培国（2014年4月任）
　　　　闵秀明
常　委　邹国良（挂）　刘正仁
　　　　彭岳武　吴学兵
　　　　彭方建　周太平
　　　　李爱佳　刘建民
　　　　姜开顺

县人大常委会

主　任　熊检华
副主任　孙　红　张亚玲
　　　　张跃进　周利人
　　　　郭　立

县人民政府

县　长　黎作凤（2014年4月免）
　　　　尹培国（2014年4月任）
副县长　刘正仁　周太平
　　　　甘文伟　张浩果
　　　　李自然　周　鹏
　　　　李力之

县政协委员会

主　席　周义军
副主席　星　亮　刘赤波
　　　　甘灵杰　陶　娜
　　　　熊国庭

县人民武装部

部　长　姜开顺
政治委员　张　琳

中共县纪律检查委员会

书　记　彭方建

县人民法院

院　长　夏常凯

县人民检察院

检察长　赵承卓

【概况】　2014年，湘阴县辖19个乡镇，土地总面积1581.5平方公里，耕地面积44.18千公顷。年末总人口77.55万人，人口出生率12.52‰，自然增长率4.27‰。年内最高气温37.8℃，最低气温-3.9℃，年降水量1142.5毫米。

实现地区生产总值292亿元，比2013年增长11.1%，其中，第一产业增加值45.78亿元，第二产业增加值163.89亿元，第三产业增加值82.33亿元，分别增长4.4%、12.4%、12.1%，一、二、三产业结构比为14.9∶55.1∶30，全县财政总收入11.2亿元，增长13%。

农林牧渔业总产值68.75亿元，增长7.8%，粮食种植面积10.03万公顷，油料种植面积1.04万公顷，棉花种植面积9300公顷，粮食总产量60.02万吨，增加1.79万吨，出栏生猪99.3万头，出笼家禽336.86万羽，水产品总量13.27万吨，粮食生产实现11连增，水产品总量连续19年居全省第一，获评全国粮食生产先进县、农业标准化示范县、渔业健康养殖示范县、生猪调出大县和全省“三品一标”示范县、农机安全示范县。农业产业化水平提升，创建国家级示范合作社1家、省市级示范社2家，57户家庭农场纳入省重点扶持对象，长康实业、福湘木业获批全省现代农业发展“百企”培育企业。8个农产品获得中国驰名商标，湘鹤牌螃蟹荣获全省“蟹王”。

工业总产值675亿元，增长10.1%。全年引进各类项目34个，其中尔康制药、中南义乌小商品城等10个项目投资过亿元。众钧科技、凯特电力等一批项目动工建设，远大可建三期、信达电梯二期等项目加速推进，鑫光铸造、西姆西焊材等10多个项目竣工投产。招商引资和项目建设连续六年被评为省市先进。园区建设加强，金龙新区金凤大道拉通，安嘉路建设启动，安置房一期竣工，110千伏变电站正式输电；工业园顺华路、顺湘路、新华北路建设启动，第二污水处理厂动工，主干道燃气管网铺设完成，鑫光变电站投入使用。

社会消费品零售总额54.93亿元，增长13%，增幅居全市第一。休闲旅游业加快发展，顺天洋沙湖项目累计完成基础建设投资16亿多元，禾田山湖鹭岛正式开盘发售，柳庄农耕文化馆建设加速推进，青山岛开发力度不断加大，南泉古寺获批国家AAA级景区，凯佳生态园获评全国休闲渔业示范基地和湖南省休闲农业示范产业园，螃蟹美食在长株潭地区持续升温。加强房地产市场调控，房地产业稳健发展。商贸流通业持续活跃，完成7个农贸市场新建改造，获评全省首批“农村商贸综合服务体”电商模式推广县。开展农村信用社不良贷款清收，湘阴农商行组建步伐加快，金融、保险业稳健发展。

社会固定资产投资完成218.62亿元，增长24.1%。芙蓉大道湘阴段全线竣工通车，武警长沙（湘阴）直升机场、岳望高速湘阴段建设加速推进，机场公路、新乔线拓改启动，界樟线二期、湘营线一期拓改和竹黄公路硬化完工，新白水江大桥建成，漕溪港码头二期动工、物流园征拆完成，是湘阴县交通建设项目最多、投资最大的一年。城区新世纪大道、江东路、进港公路提质改造完工，东湖生态公园北岸线基本竣工，城市生活垃圾无害化处理厂投入运营，人防工程、供水管网、弱电入地、站台站牌等配套设施完善，获评国家卫生县城和省级文明县城。金龙、岭北等4个集镇实施提质改造，鹤龙湖镇、金龙镇获批国家重点镇。以沟渠疏浚为重点的水利“661”工程、农村安全饮水工程和环洞庭湖基本农田建设重大工程扎实推进，完成农网改造

2014年湘阴县乡镇简况

表16

名　称	国土面积（平方千米）	耕地面积（公顷）	年末总人口（人）	人均纯收入（元）	党委书记	乡（镇）长
文星镇	30.85	306.1	121238	17055	张　淼	张　放
樟树镇	55.19	1504.27	26742	13044	王　树	左一峰
金龙镇	44.48	1185.21	17773	14475	甘　政	杨　林
袁家铺镇	38.27	894.97	23629	14231	杨　峰	黄新凯
东塘镇	43.09	2228	31268	13781	王　锐	戴　翔
鹤龙湖镇	140.49	4824.1	73041	12833	冯　为	朱岳军
新泉镇	103.18	7047.57	85974	13661	周　勇	焦洪桥
岭北镇	114.76	4266.53	82451	13668	周学斌	戴卓伟
湘滨镇	183.24	4634.73	62321	11934	廖小虎	聂晏斌
静河乡	60.92	1521	31475	12870	李　峰	胡建龙
玉华乡	45.91	1331	21648	12121	易宇峰	徐昌文
长康镇	51.28	1435.26	26426	12554	杨　海	陈洪幸
石塘乡	48.28	1753.2	23853	13669	吕　乐	杨　敏
三塘镇	40.53	1599.88	23688	13755	秦献鹏	王　雄
六塘乡	36.12	1217.23	16223	13734	宋　华	郑　剑
白泥湖乡	37.33	1904.37	17183	13714	柳艳秋	任术海
青山岛镇	26.96	131.4	1552	12089	刘界雄	杨建伟
杨林寨乡	30.23	1813.08	26685	8139	王献平	熊　伟
南湖洲镇	150.09	4582.1	62364	12978	熊　巍	李　山

51个村、两通工程60千米，改造危桥10座，生态能源建设经验在全省推广，王家寨村获评全国宜居村庄，柳江村被评为省级为民办实事新农村示范村。推进农村环境卫生整治，关停整治湘江沿线畜禽规模养殖场108个，37家企业排污整治达标，完成“绿色通道”工程280千米，生态文明建设不断加强。

人民生活不断改善。全年民生支出达23.5亿元，占财政总支出的77%。城乡居民收入稳步增长，城镇和农村居民人均可支配收入分别达22368元、13080元，分别增长10.3%、13.9%。社会保障力度加大，省市下达的25项实事任务全面完成，推进创业型城市建设，工作经验在全省大会上作为县市区唯一代表作典型发言，获批全国新型职业农民培育试点县；五大社会保险扩面提标，新建保障性住房780套，完成农村危房改造1000户，社会救助阳光运行，扶贫开发工作获全省先进。社会事业发展加快，实施薄弱学校和危房改造项目221个，新增合格学校28所，知源学校新建工程主体完工，一职专创建国家示范校稳步推进，“阳光招生”全面实行。郭嵩焘广场建设启动，湘阴大剧院、档案馆建设加快推进，城区广电网络双向整改完成，群众性文体活动亮点纷呈，公共文化服务体系示范区创建顺利通过中期验收。人民医院整体搬迁工程主体竣工，中医院创建“二甲”成功，新农合参合率居全市首位，血吸虫病传播控制达标，被定为全国血防工作会唯一观摩现场，得到国务院副总理刘延东的充分肯定。严格执行“单独二孩”和城镇独生子女父母奖励政策，符合政策生育率、节育措施落实率、社会抚养费征收到位率居全市第一，人口计生工作保持“国优县”、“省模县”称号。社会治安综合治理、信访维稳和安全生产工作加强，人民调解宣传工作获全国先进，综治民调全省排名较上年大幅提升，全年没有发生一起群体性事件、恶性事件和较大以上安全生产事故，社会大局和谐稳定。

【湘阴县获评年度全面小康综合绩效考评全市第一】 2014年，湘阴县坚持以全面建成小康社会为总揽，围绕“对接长株潭、借力环湖区，进军省十强、争当排头兵”总思路、总目标，强力推进以十大基础设施建设工程、十大产业升级发展工程、十大民生实事工程为重点的“三十工程”建设，全力以赴稳增长、调结构、促改革、惠民生、保稳定，县域经济提质提速发展，各项主要经济指标增幅均高于全省全市平均水平、居全市前列，先后荣获20多个国家级和省市荣誉，10多个全省、全市性工作会、现场会在湘阴召开，全县经济社会呈现出发展加速、效益提升、民生改善、社会和谐的良好态势，一举夺得全年度全市全面小康综合绩效考评第一名。

【湘阴县招商引资和项目建设蝉联省市先进】 2014年，湘阴县坚持把招商引资和项目建设作为经济工作的第一要务，引进各类项目34个，其中投资过亿元项目10个。开展帮扶帮促，抽调400多名干部常驻项目一线、企业工地帮扶服务，全面推行征拆工作以乡镇为主，力破用地指标控紧、融资贷款收紧、企业用工趋紧等要素瓶颈，全年动工新建项目38个，竣工投产项目10多个，特别是8月份奥莎电梯等20个工业项目集体开工，招商引资和项目建设再次获评省市先进。

【湘阴县新型工业化考核排名全市第一】 2014年，湘阴县始终高举兴工强县旗帜，以先进制造和电子信息产业为重点，强力推进项目攻坚，加快产业转型升级，提速新型工业化，取得明显成效。实施工业技改项目112个，14个项目列入省“四千工程”，新增规模工业企业15家、高新技术企业3家、授权专利185件、省著名商标6件、省名牌产品5个，在剔除42家空壳规模企业情况下，完成规模工业增加值174.9亿元，增长12.5%，万元规模工业增加值能耗下降10.4%，在全年度全市新型工业化考核中再次夺魁，连续四年排名全市第一。

【湘阴县获评全国粮食生产先进县】 2014年，湘阴县坚持在巩固全国粮食生产大县地位上下功夫，开展以沟渠疏浚为重点的农田水利建设，打通基本农田灌溉“最后一公里”，深化农村经营体制改革，稳步推进农村土地经营权有序流转，扶持发展家庭农场、种粮大户和粮食生产合作社等新型主体，推进粮食高产创建，创优农技服务，全力促进粮食增产增收，粮食生产实现11连增，第八次夺得全国粮食生产先进县。

【长沙城市主干道芙蓉大道北拓到湘阴县城】 2014年11月，湘阴县总投资13.8亿元的芙蓉大道湘阴段全线高标准、高质量竣工通车，这是湘阴县交通史上投资最多、规模最大的基础设施建设工程，也是全省以县为主投资最大、等级最高、里程最长的交通工程。项目的建成，让湘阴真正进入“省会长沙半小时经济圈”，成为对接长株潭、加速湘阴发展的开放之路、希望之路、腾飞之路，社会各界好评如潮。与此同时，岳望高速湘阴段、漕溪港码头二期及物流园、新乔线拓改等七大交通工程强力推进，“对内大循环、对外大畅通”的交通格局初步形成，为融入长株潭大市场、大体系，承接产业转移、提速经济发展奠定坚实基础。

（本栏撰稿　姜　彬　胡　卫）

临湘市

中共市委员会

书　记　黄俊钧
副书记　龚卫国　李伍华
常　委　许　永　杨林彬
　　　　凌晓明　吴光文
　　　　李其报　胥春华
　　　　王友华　李孟阳
　　　　王才强

市人大常委会

主　任　魏新咏
副主任　刘岳旭　李璞珊
　　　　陈长英　曹小光
　　　　李炎利

市人民政府

市　长　龚卫国
副市长　许　永　凌晓明
　　　　马　榕　曹青松
　　　　彭海云　刘如乐
　　　　周　琦　陈卓懿

市政协委员会

主　席　廖祯祥
副主席　李征雷　李垂利
　　　　盛美华　陈步龙
　　　　廖小林

市人民武装部

部　长　王才强
政治委员　樊　伟

中共市纪律检查委员会

书　记　杨林彬

市人民法院

院　长　朱开颜

市人民检察院

检察长　刘群林

【概况】 2014年，临湘市辖21个乡镇办事处，土地面积1718平方公里，耕地面积3.81万公顷。年末总人口53万人，其中城镇人口12.1万人。人口出生率13.42‰，自然增长率6.48‰。最高气温37.6℃，最低气温-5.7℃，年降水量1601.8毫米。

地区生产总值199.5亿元，比2013年增长10.5%。其中，第一产业增加值26.2亿元，第二产业增加值113.5亿元，第三产业增加值59.8亿元，分别增长4.6%、11.1%、11.7%，一、二、三产业结构比为13.1：56.9：30。全市财政总收入7.15亿元，增长13.1%，税收占财政总收入比重为88.1%。

农业总产值38.4亿元，增长4.6%。其中，农业产值17.3亿元，增长3.6%，林业产值1.9亿元，增长8.2%，牧业产值12.9亿元，增长4%，渔业产值5.9亿元，增长7.1%，农林牧渔服务业0.4亿元，增长12%。全市粮食种植面积5.78万公顷、产量32万吨，油料种植面积1.38万公顷、产量2.3万吨，蔬菜种植面积9500公顷、产量26.5万吨，茶园面积7200公顷、产量2万吨，楠竹面积3900公顷，出栏生猪79万头，出产水产品4.3万吨。临湘市被评为湖南省粮食生产先进县市，横河堤养殖场被评为国家级水产养殖健康示范场。新注册成立农民合作社77家，全市农民合作社总量达193家，覆盖全市农业的主导产业，注册资本7.1亿元，成员达9436人，带动农户1.4万户，促进农民增收3亿多元。成立市乡农村土地流转服务中心，全年引导流转土地1.05万公顷，占耕地面积的32%。水稻、油菜、棉花、玉米、商品林、公益林、能繁母猪、育肥猪、蛋鸡蛋鸭9个险种参保规模达9.5万户次，兑付理赔1228.5万元。“永巨茶业”被授予全国民族团结进步模范集体荣誉称号，“临湘浮标”获国家地理标志证明商标，“洞庭”“十三村”被认定为中国驰名商标，“湘家友”等4个农产品被评为湖南省著名商标，“江顺蔬菜”“九丰油茶”获得全国农民合作社示范社称号。

规模工业企业达123家，新增9家，完成规模工业总产值368.7亿元、增加值94.3亿元，增长13.6%、

2014年临湘市乡、镇、街道办事处简介

表17

名　称	国土面积（平方千米）	耕地面积（公顷）	年末总人口（万人）	人均纯收入（元）	党委书记	乡（镇）长、主　任
长安街道办事处	13	170.7	5.10	13634	刘　宝	赵飞雄
桥东街道办事处	12.6	164.7	4.51	13317	谢康华	胡子贵
忠防镇	117	2250.3	3.23	12792	李开龙	汤勇兵
白云镇	38.5	1054	1.52	10402.5	何华光	沈凡力
聂市镇	117	2346.7	2.71	12118	张　韧	郑新宇
源潭镇	94	2085.8	1.75	12106	陈小良	袁　胤
江南镇	116.3	5000	3.20	13879	陈彦斌	郑　娟
羊楼司镇	276	2788.1	4.89	14138	李其报	夏逢响
桃林镇	77.2	1943.3	4.05	12930	戴季田	彭庆楚
长塘镇	58	1940.4	2.82	11714	李　喻	陈西湖
白羊田镇	83.9	1149.3	2.58	10078	沈国齐	陆　晖
詹桥镇	151	1877	3.96	10043	李四海	吴　斌
儒溪镇	74	1542.5	1.23	12778	谢继川	王文雄
定湖镇	74	2833.3	1.78	10600	方腊初	张　华
黄盖镇	34.3	3430	1.07	12180	李伟峰	李德才
五里乡	116	1933.3	2.70	13018	张国辉	汪　浪
乘风乡	48	1571.2	1.12	11652	周　伏	潘德明
坦渡乡	77.9	2302	1.76	11660	黄　晓	何卫华
城南乡	52.7	852.9	1.43	11978	曹新望	冯　奇
横铺乡	83.6	995.8	2.05	10343	夏志操	李正勇
桃矿街道办事处	12		2.20	20900	刘庆明	王雪明

12.2%，实缴税金2.9亿元，增长7%。其中，绿色化工、建材生产、高新技术、食品加工、矿产加工等支柱产业规模企业总数达74家，完成产值265.1亿元，实现利润8.3亿元，临湘市被评为湖南省特色县域经济重点县。申报节能减排、技改、推新、战略性新兴产业和中小企业成长计划项目43个，争取政策扶持资金2926.7万元，增长65.4%，永巨茶业、国发精细、金叶众望被评为省级高新技术企业。实施二水泥厂改制、化农厂职工社区移交，全市国有企业改制任务正式宣告结束。关闭“十五小”企业2家，淘汰落后产能8家、12.2万吨，工业综合能耗下降6%。工业园区征收土地30公顷，还建房屋124套、11093平方米，完成S201滨江产业区段道路提质改造、污水管网提质改造等工程，实现固定资产投资46亿元，规模工业企业达38家，规模工业增加值达49.6亿元，占全市规模工业增加值的53.3%，实现国、地两税9189万元，增长29.4%，被省经信委确定为全省新型工业化产业示范基地。

社会消费品零售总额59.1亿元，增长12.8%；完成外贸进出口1700万美元、劳务合作营业额2500万美元，增长3.5%和21%。实现商品房销售成交量1271套，批准预售面积44.1万平方米，销售单价3321元/平方米，成交金额5亿元，分别比2013年增长28.6%、332%、8%、68.4%，行业税收突破亿元大关。接待国内外旅客226.4万人次，实现旅游收入7.9亿元，增长30%以上，被评为全省旅游产业发展“十佳”县市。总投资11亿元的龙窖山森林旅游度假区项目成功签约，“药谷小镇”项目顺利落地并进入国家计划，“十三村”腐乳入选全省五大旅游必购商品，黄盖浒生态旅游区、龙窖山“幸福瑶寨”分别被评为全省五星级、四星级乡村旅游区。跻身全省首批4家县乡流通再造试点县市之一，并被评为全省农村商务信息试点先进单位。成功争取到桃林河重金属污染治理13亿元发债资金，引进华融湘江银行临湘市支行开业营运，年末全市金融机构各项存款、贷款余额分别达99.2亿元、53.7亿元，增长12.7%、18.2%，贷存比达55%，增长12.3%。

固定资产投资完成167.4亿元，增长21.2%。新招项目55个，实际到位资金33.5亿元，增长13.3%，争取国家投资项目113个，到位资金26亿元，增长325%，新开工项目57个、竣工项目33个，完成投资32.5亿元，44个重点建设项目完成投资23.5亿元，超额完成13.3%。

总投资4.5亿元的窑坡山风电项目并网发电，创造风电建设的“湖南速度”，总投资5.1亿元的“金叶肥”整体搬迁项目主厂房和配套设施建设进展顺利，湘北楠竹产业科技园一期工程、桃矿尾矿库综合治理、废渣固化填埋、安全饮水工程全面竣工，总投资15.5亿元的黄盖湖防洪治理项目进入立项程序，桃矿独立工矿区产业转型试点项目纳入全省“十三五”发展规划。全年投入交通建设资金3.5亿元，临湖一期主体工程、最江公路改建、熊白公路改建、京珠高速公路羊楼司连接线改线等工程全面完成，临鸭公路大修工程开工建设，10座渡桥（危桥）改造、20个农村客运招呼站新建、30公里农村公路建设任务均落实。投入水利建设资金1.3亿元，实施小（2）型水库除险加固13座、中小河流治理6条、沟渠疏浚2277公里，完成农村安全饮水建设、小农水重点县建设、水土保持重点县建设及晓洲电排改造、忠港河治理等工程。投入城市建设资金10亿元，“一街、一湖、三区、四路”建设加速推进，临湖公路三期、白云湖公园二期工程即将竣工，欣和路、烟草路等15条背街小巷改造工程全面完成，城东污水管网建设前期工作基本就绪，五城同创工作考核排名岳阳县市区第一，羊楼司镇、桃林镇被评为全国重点镇，江南镇成功创建为全国文明村镇、岳阳市美丽乡镇。

城镇居民人均可支配收入达20068元，增长9.2%，农村居民人均纯收入达11234元，增长12.3%。各类参保人数累计达52.7万人次，全年发放保险金5亿多元，兑现各类民生资金近1亿元，救助各类对象26万人次，改扩建乡镇敬老院2所，新建保障性住房1894套，新增就业5540人。新一中建设加速推进，划块招生、阳光招教工作顺利开展，市五完小如期开学，城区“大班额”问题得到有效缓解。人民医院门诊楼、精神病医院建设成功立项，妇幼保健院业务大楼主体建设基本完成，H7N9禽流感防治工作取得明显成效，新农合参合率达99.5%。花鼓戏《铁面税官》喜获省“五个一工程”奖，聂市《十样锦》荣获全省“欢乐潇湘”大型群众文艺会演活动金奖，先后被评为全国文化先进县市、湖南省书画之乡。成功举办全年全省中学生田径锦标赛，夺取金牌14枚；在全国中小学生田径锦标赛中夺取5金2银2铜，女子团体总分荣获甲组第一名；在全省十二运会上夺金12枚，排岳阳第一。人口计生和“两非”查处连续四年荣获全省先进单位，实现“保先进位、创模争优”目标。社会治安综合治理、信访维稳、安全生产、森林防火工作持续加强，人民群众安全感、幸福感不断提升，社会大局和谐稳定，被评为全国法治创建活动先进县市，民调工作排名比2013年上升25个位次。

【临湘市获得全国文化先进县市】 2014年，临湘市围绕岳阳市国家公共文化服务体系示范区创建工作，实施“文化强市”战略，持续加大公共文化投入，加快完善城乡文化设施，抓文化队伍建设，强化文化遗产保护，促进文化事业繁荣发展。年内，临湘市先后被评为“全国文化先进县市”和“湖南省书画之乡”，花鼓戏《铁面税官》、聂市《十样锦》分别荣获省“五个一工程”奖、全省“欢乐潇湘”大型群众文艺汇演活动金奖，“一元剧场”“留守儿童之家”等文化品牌深入人心。全市乡镇综合文化站、电子阅览室和村、居委会农家书屋及村级文化活动室覆盖率均达到100%，白羊田被评为“湖南省民间文化艺术之乡”，桃矿、源潭被评为“国家一级综合文化站”。

【临湘市入选全省特色县域经济重点县】 2014年，临湘市抢抓长江经济带开发和洞庭湖生态经济区建设契机，积极融入湖南绿色化工产业园“两厂四园”一体发展，加快壮大聚氨酯、新型化工农药及制剂、新型有机颜料制造等化工新材料产业，逐步形成以滨江产业示范区为核心，桃矿工业片区、白云工业片区、三湾工业片区为辐射的“一园区、三片区”化工新材料产业基地。全年，临湘化工新材料规模以上企业达48家，产业增加值达50.4亿元，占GDP比重达28.2%，对GDP、财税贡献率分别达33.4%、63.3%，行业产品占全省市场的23%。临湘市被评为全省特色制造产业重点县。

【临湘市成功发行桃林河重金属污染治理债券】 2014年，临湘市是湘江流域重金属污染治理的重点区域之一，历史遗留废渣治理、河道整治、土壤修复等工作任务繁重、资金缺口很大。为此，临湘市认真借鉴湘潭市、衡阳市、郴州市等地治理经验，深入研究、积极谋划重金属污染治理专项债券发行政策，力图通过创新融资方式来破解资金难题。全年，临湘市克服国家融资紧缩、融资平台清理等不利因素影响，成功发行桃林河重金属污染治理债券13亿元，7年期债券年利率仅5.5厘，开创全国非百强县发行债券和全省各类发债票面利率最低的先例。

（本栏撰稿　李　龙）

汨罗市

中共市委员会

书　记　白维国
副书记　周金龙　倪运清
常　委　彭千红　朱　苇
　　　　朱平波　陈　岭
　　　　李冯波　林治学
　　　　陈培宏　向进良

市人大委员会

主　任　郑晓之
副主任　杨　勇　何中良
　　　　任　坤　许向云
　　　　易　红

市人民政府

市　长　周金龙
副市长　彭千红　朱　苇
　　　　王敏求　周育林
　　　　黄春根　付学文
　　　　杨　景

政协市委员会

主　席　周群开
副主席　徐德元　何秀伟
　　　　彭国光　李才红
　　　　郑叶新

市人民武装部

部　长　向进良
政　委　刘志勇

中共市纪律检查委员会

书　记　朱平波

市人民法院

院　长　孔　剑

市人民检察院

检察长　徐迪辉

【概况】　2014年，汨罗市辖12个乡、17个镇、6个农林渔茶场、1个办事处。土地面积1562平方千米，其中耕地面积4.15万公顷。年末全市总人口66.6万人，符合政策生育率85.48%、自然增长率6.31‰。年内最高气温37.8℃，最低气温-4.2℃，年降水量1586.2毫米。

全年完成地区生产总值291.16亿元，比2013年增长10.4%。其中第一产业实现增加值34.7亿元，增长4.7%，第二产业实现增加值176.55亿元，增长11.1%，第三产业实现增加值79.91亿元，增长11.4%。三次产业结构比由12.0：60.7：27.3调整为11.9：60.6：27.5。完成地方财政收入19.4亿元，增长2.1%。

社会消费品零售总额68.56亿元，增长12.8%，其中，城镇59.6亿元，增长8.3 %，乡村8.96亿元，增长 56.5%，按行业分，批发业15.16亿元，零售业39.8亿元，住宿业5.8

表18

2014年汨罗市乡、镇、场简况

名称	国土面积（平方千米）	耕地面积（公顷）	年末总人口（人）	农民人均可支配收入（元）	城镇居民可支配收入（元）	党委书记	乡、镇、场长
城关镇	2.13	2.79	55831	17563	24800	毛炼红	吴艳平
城郊乡	24.49	897.2	33364	16066	23800	黎中元	闵庆丰
汨罗镇	34.45	1884.8	26305	11477	20814	杨　帅	郝　光
新市镇	54.66	1340.93	27572	14674	20900	刘艳平	徐　晖
红花乡	58.45	2150.42	26967	13168	18754	周爱煌	杨奇兵
黄市乡	53.25	1683.8	16802	12561	17789	倪　勇	何超良
古培镇	83.63	2276.12	33828	12989	18501	李亚江	卢飞跃
白水镇	65.42	1865.09	36679	12001	17093	欧明目	胡亚运
川山坪镇	58.64	1582.22	27259	11830	16850	楚　军	朱佑宝
高家坊镇	70.73	1602.64	28016	11927	16987	许艳辉	彭四龙
玉池乡	43.59	425.27	8583	6671	12188	程　阳	黄　魁
弼时镇	63.7	1859.92	29558	15117	20831	许　波	汪望三
李家塅镇	48.82	1403.1	21000	15284	20800	张　奕	郑　丰
黄柏镇	69.43	1910.7	30902	15100	20777	黄建敏	李鲜艳
沙溪镇	49.31	1442.5	18150	13496	19223	周雄伟	许波涌
长乐镇	58.28	1973.92	31425	13093	18648	湛　益	李正海
天井乡	44.26	1275.54	15954	11275	17201	钟永红	张　勇
大荆镇	45.92	1374.06	12869	13133	18705	陶文轩	郭永恒
智峰乡	34.47	666.53	10670	12006	17100	钟小平	仇文娟
八景乡	53.17	138.24	3831	11006	15675	赵　婷	周　田
三江镇	41.48	1209.38	17256	11523	16412	陈学礼	李尚兵
古仑乡	35.18	1260.06	13321	12284	17496	胡定徽	胥　亮
桃林寺镇	57.02	1880.27	29072	12864	18322	周　振	凌红权
新塘乡	37.49	1252.67	18508	11317	17261	郑立辉	刘成熟
白塘乡	46.3	1809.19	21527	10362	14758	黄栋梁	刘建良
屈子祠镇	45.35	1664.56	23338	11785	16786	朱建辉	岑凤希
范家园镇	48.37	1382.95	20782	11512	17527	谈家旭	廖升红
火天乡	56.06	1705.23	20807	12190	17362	郑益桂	吴权中
磊石乡	27.04	668.86	6448	12070	17192	黄　平	徐　波
原种场	4.91	218.54		11086	15790	李　旺	郭艳阳
范家园茶场	0.25	157.23		10859	16565	邓永红	韩　明

亿元，餐饮业7.8亿元。外贸进出口总额达1146万美元。完成对外投资中方合同额600万美元，增长20%，完成对外劳务输出526人，增长32.3%，完成外派劳务合作营业额2202.49万美元，增长32.8%。

接待国内外游客251.1万人次，增长16.8%，实现旅游总收入20.8亿元，增长15.6%。农林牧渔业总产值51.27亿元，增长4.6 %。其中农业产值24.15亿元，增长3.93%，林业产值1.24亿元，增长6.1%，牧业产值19.67亿元，增长4.38%，渔业产值5.37亿元，增长7.04%，农林牧渔服务业产值0.84亿元，增长12%。稻谷产量38.5万吨，增长10.2 %，蔬菜产量31.3万吨，增长8.59%，水产品产量3.8万吨，增长9.2 %。出栏生猪118.9万头、牛1.81万头、羊1.2万只，出笼家禽319.13万羽。创建国家级千亩蔬菜标准园示范基地1个、整建制推进高产示范乡1个，发展30亩以上种粮大户1462户、农民专业合作社120家，获得全省粮食生产标兵县（市）。

实现规模工业总产值706.6亿元、增加值176.6亿元，分别增长13.5%、13.3%。新增规模工业企业19家，规模工业企业总数达257家。工业用电增长8.5%，大工业用电增长23.4%。天然气销售量增长80%，其中工业用气增长44%。成品油销售量增长24.5%。货运发送量增长10.5%。淘汰落后产能27.9万吨，万元GDP能耗降低率8%，高新技术产品增加值占规模工业增加值比重增长20%。循环经济产业园顺利通过国家循环经济标准化试点验收，新增亿元项目5个。长沙经开区汨罗产业园（飞地工业园）签约、落地、获得省级立项，成为全省首批“飞地经济”试点园区。湖南中天龙舟农机有限公司成为国家高新技术企业，金正科技、博发铜业、旭光环保、拓曼科技等一批转型升级项目竣工投产，金龙铜业入选全省民营企业100强。

完成全社会固定资产投资255.6亿元，增长23.7%。引进项目58个，上争项目213个。屈子文化园建成屈子书院、楚堤主体，新市古镇建设有序推进。汨杨公路全线竣工通车。十古公路完成路基、垫层工程。京珠复线汨罗段争取桃林互通，实现8千米汨罗连接线与西环线并线建设。推进城建“三年攻坚行动”，完成汨罗江大道西延线的路面和配套工程。北延劳动路、大众路至汨罗江大道，维修加固罗城桥，建成星火汽车站，改造人民路、归义路、城西北路、劳动南路、汨营南线城区段。整治荣家坪农贸市场，建成金属贸易专业市场，建设天然气加气站，提质大操坪。全线清淤戴家垅、朱家垅、大众北路等排污渠，启动友谊河排渍机埠建设。改造危桥21座，新建乡村公路73千米，修复水毁公路22千米。整修万亩垸堤57千米，除险加固小（2）型水库17座，改造山塘4209口，新建、维修渠道1248千米，疏浚沟渠4203千米，建设乡镇集中供水工程5处。增容110千伏安园变电站，重建35千伏楚塘变电站，启动沙溪500千伏变电站建设，改造10千伏线路66千米、低压线路105千米，升级改造42个行政村的电网。

存在主要问题和困难：市域发展不够与宏观经济增速趋缓的矛盾；国际大宗商品价格走低与岳阳市产业链后端不强的矛盾；产业升级不够与环境容量有限的矛盾；信息化快速推进与智慧工具运用不够的矛盾；城市建设提速与安置转型的矛盾；刚性支出增加和新增财力速度滞后的矛盾。

【汨罗循环经济产业园顺利通过国家循环经济标准化试点验收】 2014年，汨罗市以循环经济产业园为主阵地，以再生制造业为主攻点，开展国家循环经济标准化试点，不断提高企业产品的市场话语权，5月，顺利通过试点验收。收集整理国家标准212个、行业标准51个、地方标准6个，修订管理标准2084个、技术标准1472个、工作标准1118个，标准覆盖率达96%，构建以管理标准、技术标准和工作标准为主要内容的标准体系。鑫祥碳素、平桂制塑成为国家、省行业标准制、修订单位。

【汨罗市与长沙经开区合作建飞地产业园】 2014年，长沙经开区汨罗产业园正式启动建设，成为全省第一个跨市州合作的“飞地园区”。园区主要承接长沙经开区产业转移，重点发展先进制造业、电子信息产业、新材料及其他战略性新兴产业。计划10年内投入30亿元以上完成园区基础设施建设，项目投资累计达500亿

汨罗市城区风光　（蒋建强　摄）

元，实现园区年产值过1000亿元、年税收过50亿元。全年，搭建工作班子，成立合资公司，完成一期3平方公里详规和远期19平方公里控规，落实用地指标100公顷，调整生态公益林533.33公顷，征拆房屋208栋，签约入园项目10个。

【汨罗市美丽乡村建设成效显著】 2014年，汨罗市拓宽资金来源，多方投入8000万元，开展美丽乡村建设。通过推广垃圾分类处理技术、垃圾清运处置有偿服务，引进垃圾焚烧炉技术，完善保洁队伍岗位责任制和绩效奖励制等措施，农村环境面貌得到进一步改善，基本实现房前屋后无零星垃圾、集镇村间无散放垃圾、公路沿线无散落垃圾、河库塘渠无漂浮垃圾、田间地头无有害垃圾的“五无”目标。弼时镇、白水镇、新市镇、长乐镇、汨罗镇、黄柏镇、屈子祠镇被定为省级特色镇，长乐镇、汨罗镇被定为国家重点镇。白水镇西长村被评为全国美丽乡村、生态文化村，新市街社区被定为省级低碳社区试点，桃林寺镇大托村、沙溪镇清联村被评为岳阳市美丽乡村。

【汨罗市汨杨公路顺利建成通车】 2014年，历时5年的汨杨公路全线竣工通车。公路起于汨罗市城西汨罗江大桥接线与省道307线平交处，止于汨罗市与望城县交界处的杨桥，通过望城桥汨公路对接长沙。公路全长37千米，按二级公路标准建设，项目总投资3.1亿元。公路是岳阳市委市政府确定的重点推进项目，是汨罗市委市政府确定的“一号工程”，是连接长株潭的城际快速通道。通车后，全面改善汨罗西部地区的交通条件，有效促进滨湖示范区汨罗片区建设，加速汨罗融入长株潭试验区步伐，助推长株潭“两型”社会试验区快速协调发展。

（本栏撰稿　许劲松）

屈原管理区

中共区委员会

书　　记　孔福建

副 书 记　许平亚　田明清　金　晨

党委委员　曾兰芝　吴奋发　金辉良　宋可权　傅大斌　田　荣

区管理委员会

主　任　许平亚

副主任　吴奋发　金辉良　周陆军　刘柏云　谢辉煌

区人大政协工委

主　　任　谢忠厚

党委书记　李德友

副 主 任　曹建赓　韩德辉

中共区纪律检查委员会

书　记　宋可权

区人民法院

院　长　易鹏飞

区人民检察院

检察长　吴健思

【概况】 2014年，屈原管理区辖3个乡、2个镇、1个办事处，面积218平方千米，耕地面积9000公顷，人口9.8万人，其中非农业人口5.4万人，人口出生率9.87‰，自然增长率4.5‰，全年最高气温36.1℃，最低气温–2.9℃，年降水量1586.2毫米，无霜306天。

实现生产总值73.95亿元，比2013年增长9.4%，克服再生资源行业短收8000万元的困难，完成财政总收入3.52亿元，增长1.1%，完成社会固定资产总投资37.79亿元，增长26.3%，实现社会消费品零售总额6.18亿元，增长12%，农民人均纯收入15926元，增长12.5%，城镇居民可支配收入22535元，增长9.5%。

【现代农业引领前行】 2014年，屈原管理区位居全国第21位、湖南省第1位。现代农业的发展，为屈原农村注入强大的发展动力和活力，惠及千家万户，凸显四个鲜明的特点：一是培育种养大户促推规模化。全区农民专业合作社达122户，增长16.2%，带动规模猪场192个、种粮大户1234户，规模养殖率、大户种植率分别达92.1%和32.3%。二是发展设施农业促推机械化。投入资金1亿元，实施环洞庭湖基本农田综合治理、旱涝保收基本农田建设、农业综合开发、土地整理、水利建设等一批重大项目，推进水稻生产全程机械化进程，完成早稻集中育秧0.85万公顷、机插秧0.33万公顷，农业机械化综合水平达95.1%，启动国家新农村农业物联网建设项目，在4个乡镇、5大示范基地安装水文、土壤、气候等监控监测设备。三是坚持标准生产促推品牌化。先后制定种养业标准97个，饲料生产标准545个，推广到相关领域和1.3万农户。全区6个公司、7个基地获得无公害农产品产地认定，6个公司、8个产品实现无公害农产品认证，3个产品通过绿色食品认证。四

表19

2014年屈原管理区乡镇、街道办事处简况

名　称	国土面积（公顷）	耕地面积（公顷）	年末总人口（人）	人均纯收入（元）	党委书记	乡（镇）长
营田镇	5211.27	3397.13	42000	19330	曹正平	徐荣新
河市镇	2187.47	1562.23	9915	14135	吴　伟	吴　亮
黄金乡	4434.55	3488.48	15941	13970	刘建云	胡　敏
凤凰乡	3310.91	2196.50	8819	14079	湛　江	谢家旺
琴棋乡	3407.3	2748.16	8560	14796	彭　伟	谢　亮
天问街道办事处	400		12000	21078	陈正勇	刘文恕

是实施开发合作促推科技化。创建国家农业科技园区。正虹科技、海泰博农、惠众粮油加强与重点农业科研单位的产学研合作，推动农业科技的研究、转化和应用。全区拥有国家级研发平台4家、省级平台1家、市级平台2家，组织实施国家、省级等各类科研项目100多个，获得14项科技成果。

【项目建设硕果累累】 2014年，屈原管理区在国家专项转移支付大幅缩减的政策背景下，仍争取到省以上项目94个，到位资金3.54亿元，其中：总投资7308万元的保障性住房配套基础设施建设、总投资2400万元的现代农业旱涝保收标准农田建设两个重大项目的争取振奋人心，推山咀码头获得省发改委立项批复，岳望高速建设有序推进，有望2016年下半年通车。及时启动推山咀、黄金两个工业园区建设。招商引资上，总投资1.5亿元、集粮食仓储、烘干、加工、物流为一体的天下洞庭5万吨仓容项目，一期投入4500万元，商业步行街暨休闲文化广场项目完成征地拆迁工作。总投资上亿元的罗子国城遗址公园保护利用及配套项目，进入实质性勘测阶段；总投资上亿元、集屈原文化、生态休闲、观光旅游为一体的凤凰乡屈子文化休闲项目进入总体规划、初步建设阶段；总投资3000万元的营田镇乡村旅游度假酒店建设项目进入征地程序。

【民生民计持续改善】 2014年，屈原管理区财政支出10.52亿元，其中民生支出9.36亿元，占公共财政支出的89%。完成全省统筹城乡就业示范区创建验收，全区城乡登记失业率由6.69%下降至2.8%。坚持教育优先发展战略，屈原小学校门围墙综合提质改造、公办幼儿园建设等工程顺利完成，教研教改工作稳步推进。提高医疗卫生服务水平，人民医院综合大楼投入使用并邀请上级医院专家教授对口援助，血吸虫病传播控制通过省级达标验收。健全社会保障体系，全年发放养老保险金3.5亿元、医疗保险金4125万元、低保金1153万元、五保供养金235万元，全区养老保险参保率达97.2%，医疗保险参保率达95.6%，农垦职工月平均退休金达1448元；完成公廉租房建设168套、棚户区改造200户、农垦危房改造9400户，发放无房租赁补贴942户。沉甸甸的数据背后是民生的不断改善。

【各项事业协调发展】 2014年，屈原管理区加大对中小微企业的扶持，激发全民创业的活力动力，全区新登记企业73户、个体户408户，联手帮扶解决企业困难和问题32个，企业对环境的测评满意率达96%。开展农村环境卫生整治行动，集中开展对污染企业、畜禽养殖、饮用水源保护区等重点区域的农村环境连片整治，农村环境正向整洁、秀美、文明的目标迈进，营田镇义南村被评为省级文明村，荷花村被评为省级美丽乡村建设示范村。繁荣文化事业，农村数字电视实现全覆盖，一年一届的广场文化艺术节、一年一度的男子篮球赛、“欢乐潇湘、幸福屈原”文艺会演等群众性文化体育活动有序开展；选送的《大夫殉国》《老赵家的感恩节》两个戏剧小品在全市首届原创小戏小品大赛中获得一等奖。

【社会大局和谐稳定】 2014年，屈原管理区社会治安综合治理民调工作在全省排名第七、全市第二，获得全省社会治安综合治理先进县市区称号，保持省“平安县市区”称号。信访工作进京赴省到市连续第八年非正常零上访，评为全市优胜单位。人口和计划生育工作连续第十一年保持省级先进，获得全省“模范县市区”称号，凤凰乡、琴棋乡保持市级模范乡镇荣誉，天问街道办事处、河市镇、黄金乡进入全市模范乡镇行列。安全生产工作评为全市优胜单位。实现内河依法全面禁采，依法取缔22条挖砂船，结束31年内河砂石滥采滥挖的历史，广大人民群众拍手称好。通过主动有力的多方协调，湘江汨罗段仍然禁采，汨罗江年底也实现禁采。对内有力整治超限超载违法运输行为。妥善解决木鱼山公墓纠纷问题。

（本栏撰稿 吴 平）

责任编校 邹 青

人　物

新任市级领导干部

王瑰曙

湖南省邵东县人，汉族，1965年10月出生，1983年9月至1986年7月在郑州纺织机电专科学校电气工程系工业电气自动化专业大专学习，1985年11月加入中国共产党，1986年7月参加工作，大学本科学历。历任湖南省维尼纶厂热电分厂电气技术员、省维尼纶厂热电分厂电气工段长、省维尼纶厂团委副书记、省维尼纶厂团委书记、省维尼纶厂供销处党总支副书记、副处长、省维尼纶厂外贸办主任、进出口部主任，共青团湖南省委宣传部副部长、共青团湖南省委青工部部长、共青团湖南省委组织部部长，省人事厅外国专家处副处长、省国际人才智力交流协作中心主任，省人事厅外国专家处处长，省外国专家局局长，省人事厅党组成员、省外国专家局局长，省人力资源和社会保障厅党组成员、省外国专家局局长，省国际人才交流协会副会长，省人力资源和社会保障厅副厅长、党组成员、省外国专家局局长，省国际人才交流协会副会长，2014年6月任岳阳市委常委、市委组织部部长、市委统战部部长。

陈恢清

湖南省衡东县人，汉族，1968年9月出生，1991年7月参加工作，1994年3月加入中国共产党，大学学历，历任湖南省农办基层组织处干部，省农办基层组织处副科级干部，省农办基层组织处主任科员，省经管站副站长，省农办综合调研处副处长，省农办综合处副处长、调研员兼省县域经济领导小组办公室副主任，省委农村工作部、省政府农村工作办公室综合调研处处长，邵阳市人民政府副市长提名人选，邵阳市人民政府副市长，邵阳市人民政府副市长、中共武冈市委书记，2014年12月任岳阳市人民政府副市长、党组成员、湖南岳阳绿色化工产业园工委第一书记（兼）。

王伊亮

湖南省攸县人，汉族，1961年12月出生，1981年8月参加工作，1992年3月加入中国共产党，网络教育本科学历。历任望城县文化馆干部，省革命烈士传编纂委员会办公室编辑，省革命烈士传编纂委员会办公室副主任科员，省民政厅基层政权建设处副主任科员，省民政厅基层政权建设处主任科员，省民政厅基层政权建设处副处长，省福利彩票发行中心正处级干部，岳阳市民政局党组书记、局长，岳阳市委副秘书长、市民政局党组书记、局长，岳阳南湖风景区工委书记，2014年3月任岳阳市委党校（市行政学院、社会主义学院）常务副校（院）长。

李　红

湖南省长沙市人，汉族，1961年3月出生，1977年7月参加工作，1985年6月加入中国共产党，大学学历。历任岳阳市教育局教研室教研员，岳阳地委档案局编研员，岳阳市委讲师团讲师、理论研究室副主任，岳阳市委宣传部《岳阳宣传》副主编，市委宣传部文艺科科长，岳阳市委宣传部助理调研员，市委宣传部纪检组长，市委宣传部副部长、市社会科学界联合会党组书记（兼），2014年3月任湖南民族职业学院党委书记。

唐文发

湖南省新宁县人，汉族，1965年11月出生，1988年6月参加工作，1992年6月加入中国共产党，研究生学历，历任湖南省涟邵矿务局牛马司煤矿子弟学校教师，湖南省公安厅办公室研究科科员，省公安厅办公室研究科副科级干部，省公安厅办公室研究科副科长，省公安厅办公室副主任，省公安厅办公室调研员，岳阳市公安局党委副书记、副局长，2014年12月任岳阳市政府副市长、党组成员，市公安局党委书记、局长。

先进人物

【全国劳动模范】

刘德辉

湖南省长沙市宁乡县人，汉族，1963年10月出生，中央党校研究生学历，中共党员，1979年10月参加工作，中国化学工程第四建设公司高级工程师，十二届全国人大代表，现任中国化学工程第四建设有限公司党委书记、董事长。他开拓进取，创造了国企起死回生的奇迹。2008年任公司党委书记、总经理，面对企业经营艰难、濒临破产，职工生活困难的现状，以振兴发展企业、让职工过上好日子为己任，带领公司全体职工迎难而上、开拓进取，用短短4年时间将陷入绝境的国有大型施工企业，发展成为年新签合同额近45亿元、年主营收入逾28亿元、年利润超6600万元的全国优秀施工企业，成功实现改制上市，创造了国有企业起死回生的奇迹。他先后获得中央企业优秀思想政治工作者、岳阳市劳动模范、湖南省劳动模范、享受国务院和省政府特殊津贴专家、湖南省优秀思想政治工作者、岳阳市首届最具社会责任感十佳企业家等荣誉称号。2015年获得全国劳动模范荣誉称号。

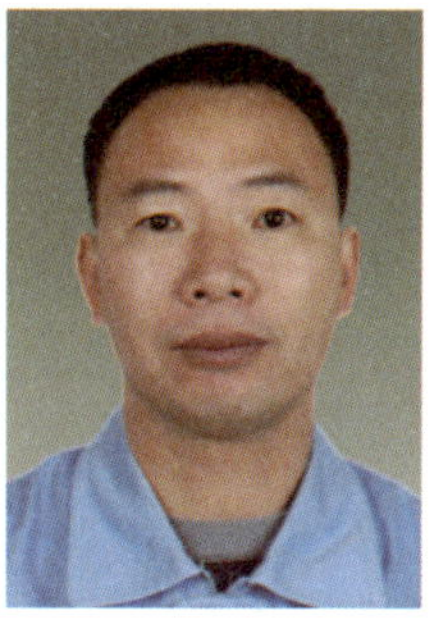

谢清峰

湖南省隆回县人，汉族，1966年8月出生，中共党员，研究生学历，1988年8月参加工作，高级工程师，现任中石化长岭炼油分公司第二作业部炼油工艺专家。他从事炼油技术工作20余年，工作扎实认真，刻苦钻研，兼备极强的业务处理能力和优秀的业务综合管理能力，受到领导和同事的好评，为公司效益发展和炼油技术进步做出卓有成效的贡献，被誉为长炼响当当的全球通式技术带头人。在50万吨/年产重整装置连续运行过程中，参照对比每个装置运行数据，摸索分析装置每个工艺环节，多方论证操作技术，精确确定了“在线水洗分馏塔”方案。先后在2008年3月和2009年11月分别负责实施两项中石化总部“十条龙”科技攻关项目，“RSDS-Ⅱ催化汽油加氢技术”和“SRH柴油液相循环加氢技术”，试验取得实质性成功，被总部列为科学技术进步成果，为全国“绿色油品”生产工业化推广开辟一条新航线。2013年5月，他被授予全国“五一劳动奖章”、湖南省劳动模范光荣称号。获得1999年度、2009年度中石化长岭分公司劳动模范称号。2013年，获得中国石油化工集团公司授予的中国石化突出贡献专家称号。2015年获得全国劳动模范荣誉称号。

李国武

湖南省临湘市人，汉族，1969年12月出生，大专学历，民进会员，高级经济师，国家一级摄影师，现任湖南省临湘市十三村食品有限公司监事。他坚持把做一个有道德的人的价值观融入到管理当中，将原来一个不到20人并严重亏损的酱菜厂，打造成中国驰名商标，产品畅销16个省市，被国家旅游总局评为AAA级景区工厂。在创业过程中大力改进生产工艺和设备，使古窖豆瓣发酵技术被列入国家科技部重点攻关科技项目，发酵技术荣获岳阳市科技进步一等奖。十三村酱菜制作技艺被列入湖南省非物质文化遗产保护名录，建立专业示范村，与5000多农户签订农产品购销合同。先后获得全国“五一劳动奖章”、全国孝亲敬老之星、全国社会服务工作先进个人、全国优秀青年兴业领头人、全国首批五星级志愿者、第四届全国道德模范等荣誉。2015年获得全国劳动模范荣誉称号。

王建民

湖南省岳阳市湘阴县新泉镇王家寨人。汉族，1955年3月出生，中共党员。1970年高中毕业后，先后从事养殖、种植和建筑等行业工作，经过20年的打拼，积累了一定的资金，2009年3月创建湘阴县华寨生态农业农民专业合作社，出任社长。被选为湘阴县第七、八届党代表，第十一届人大代表，岳阳市第四届人大代表，湖南省第十二届人大代表，连续10年被评为市、县优秀共产党员，曾获得岳阳市新农村建设带头人称号。凭着自己勤劳的双手和聪明才智，艰苦创业，他所在的王家寨村被定为国家宜居村庄和湖南省新农村建设示范村，奔上了绿色、生态农业的致富之路，为当地农民树立了艰苦创业，勤劳致富的好榜样。该村有373公顷耕地面积和荒地都得到开发，经济效益逐年提高，绿色生态农业已成为当地农民致富和集体经济收入增收的一条重要门路。他的先进事迹得到干部和群众的肯定，多次被评为县乡两级优秀共产党员、致富模范和科技示范户。10年来，他先后筹措资金3000万元，拓宽硬化村级道路1.9万米、完成农电网改造2.3万米、植树2

万多株、修衬砌渠道5000多米、安装路灯200多盏、新建小学和敬老院各1所，大型文体活动中心1个，实行土地流转20公顷，成立种养专业合作社1个。通过他的多年努力，如今的王家寨村，道路宽敞、路灯明亮、树木葱茏、环境优雅，成为村民宜居、宜耕、宜游的好地方。2015年获得全国劳动模范荣誉称号。

白帮宏

湖南省岳阳市人，汉族，1964年4月出生，1984年10月入伍，中共党员，在岳阳市新世纪实业有限公司担任出租车驾驶员。他在部队曾两次荣立三等功，多次受到嘉奖，退役返籍后，在岳阳市从事出租车服务行业工作。20多年来，始终牢记自己是一名共产党员，保持着革命军人吃苦耐劳、无私奉献的精神，安全行车280万公里。2005年2月18日，一位湖北省石首市客人在岳阳火车站上他的车，不慎将包遗落在他车上，里面有厚厚一叠人民币，一张银行卡，一个笔记本电脑。他不敢怠慢，赶紧将车开回宾馆，向过往客人打听失主的行踪。从下午1点多等到晚上7点多，才找到这位失主，将钱物送到客人手中。2004年夏天的一个中午，他行车到洞庭湖边，看见一名年轻女子从30多米高的防洪大堤跳进洞庭湖。在这危急关头，他立即停车，一边用手机拨打“110”寻求救助，一边直向女子跳湖的方向冲去。当时正是洞庭湖涨水期，水浪很大，他费尽九牛二虎之力，把那女子救到岸边。他多次被评为岳阳市出租车行业先进个人、岳阳市优秀驾驶员、优质服务车车主、文明出租车车主、岳阳市公交行业维护社会治安积极分子、优秀共产党员、共产党员示范车、工人先锋号。2006年5月，他被中国出租汽车暨汽车租赁协会授予全国文明出租汽车驾驶员称号；2007年10月获得岳阳市首届道德模范称号，2011年12月入选中国好人榜，2015年获得全国劳动模范荣誉称号。

【全国先进工作者】

方翠英

湖南省岳阳市华容县人，汉族，1964年12月出生，大学本科学历，1986年9月参加工作，中教高级教师，任湖南省岳阳市第一中学高中语文教师。任教29年来，一直工作在教学一线，多次被学校评为优秀园丁、优秀班主任、优秀学科带头人。2004年被评为岳阳市优秀教师，荣立三等功。2007年被评为全国优秀教师，荣立一等功。2008年被评为湖南省先进工作者。同年获得全国“五一劳动奖章”，荣立一等功。2013年在“寻找身边的‘张丽莉’活动”中被推为全国最美教师。2015年获得全国先进个人荣誉称号。

张成烜

河南省南阳市宛城区人，汉族，1962年7月出生，本科学历，1985年10月参加工作，副主任医师，现任岳阳市一医院重症医学科主任。从医30年来多次被评为先进工作者、优秀科主任，2006年荣立二等功，2007年被评为岳阳市首届道德模范、岳阳市优质服务先进个人，2008年被评为岳阳市第一人民医院十佳医生，2009年被评为岳阳市百名优秀医生、市劳动模范、市一医院十佳创新专家医生，2010年被评为湖南省先进工作者。2015年获得全国先进个人荣誉称号。

李海平

湖南省岳阳市岳阳县人，汉族，1956年12月出生，本科学历，1982年1月参加工作，岳阳市政协委员，岳阳市农科所经济作物研究室主任。从事棉花研究30多年的科技工作者，对促进全国棉花增产增收做出了巨大贡献。在棉花三系育种方面，创造棉花不育系，实现三系配套，使三系杂交棉得到普及应用，经过10年的打拼，首创利用瑟伯氏野生棉，2011年成功培育出棉花胞质雄性不育系6001A，实现棉花三系配套。6001A于2015年3月通过湖南省审定。三系杂交棉A312（6001A×7R13）经2012年—2013年湖南省鉴定，产量比大面应用的人工去雄杂交棉增产，品质、抗性等达到或超过人工去雄杂交棉。一举攻克困扰棉花界近一个世纪的世界难题。三系杂交棉终将大面应用于生产，为全国棉花安全提供有力支撑。他主持培育优质抗虫棉新品种“海杂棉1号”。2012年获得湖南省科技进步三等奖，岳阳市科技进步一等奖。带头培育双低油菜新品种“湘油16号”。1999年获得湖南省科技进步三等奖，岳阳市科技进步二等奖。带头培育低芥酸油菜品种“湘油12号”。1993年获得湖南省科技进步三等奖。湖南省农业科技进步三等奖，岳阳市科技进步一等奖。2015年获得全国先进个人荣誉称号。

【全国五一劳动奖章】

刘思川	湖南科伦制药有限公司总经理
付　强	中国石化集团资产经营管理有限公司长岭分公司岗长
聂仁山	岳阳市华容县地方税务局
徐素娥	岳阳市云溪区福利院院长
李立华	湖南鸿达建筑有限公司总经理
简云英	岳阳市岳阳楼区环卫站站长

【全国三八红旗手】

戴迎春	湖南省岳阳市平江县妇联主席、党组成员

【享受国务院、省政府特殊津贴】

刘　创	湖南省理工学院教授、硕士生导师、湖南省公共艺术教育研究基地主任

袁劲进　岳阳市妇幼保健院院长
万金凤　岳阳市岳阳楼区朝阳小学校长

【湖南省职工劳动模范】

孙　波　岳阳市公共交通总公司二分公司35路线驾驶员
赵　进　中国石油化工股份有限公司巴陵分公司己内酰胺事业部运行二班班长
赵　斌　中石化集团长岭炼油化工有限公司炼油第一作业部班长
李　琦　湖南利尔康生物股份有限公司技术总监
李进平　湖南神斧集团向红机械化工有限责任公司四分厂技术员
张谦益　道道全粮油股份有限公司技术研发中心经理
柯于峰　中石化集团长岭炼油化工有限公司化工作业部主任
曾庆丰　华能湖南岳阳发电有限责任公司营销部主任
花　丽　中国化学工程第四建设有限公司东北分公司经营科预算员
郑能安　雷勃电气(岳阳)有限公司研发部经理
李立华　湖南鸿达建筑有限公司工程师
熊　放　步步高商业连锁股份有限公司岳阳分公司广场岳阳店行政总监
刘　佳　岳阳市电信分公司南湖营销分局营业部主任
文　平　中国石油化工股份有限公司巴陵分公司合成橡胶事业部SBS车间党支部书记
杨志红　国网湖南省电力公司岳阳供电分公司总经理
冯祥平　湖南黄金洞矿业有限责任公司党委书记、董事长
肖国强　湖南省核工业地质局三一一大队大队长

【湖南省农民劳动模范】

刘友德　华容县南山乡建华村村主任
李　浪　湘阴县袁家铺镇袁家村农民
李恕平　平江县上塔市镇劳务输出桥梁施工队队长
黎风华　临湘永巨茶业有限公司生产部经理
黄政伟　湖南文宝银行设备有限公司副经理
刘玉婷　湖南国泰食品有限公司人事部经理
李大树　岳阳县新墙镇清水村监事长村书记
杨　莉　湖南洋利农贸科技有限公司总经理

【湖南省机关事业先进工作者】

袁　荣　平江县人民检察院公诉一科科长
张菊萍　华容县人力资源和社会保障局社会保险事业管理站副站长
高　炯　汨罗市人民政府党组成员
袁平华　临湘市地方税务局第三税务分局税管员
刘伟平　湖南城陵矶临港产业新区国土规划建设部副部长
谢三波　岳阳市委机关事务管理中心主任
李南基　平江县第一人民医院院长
简云英　岳阳市岳阳楼区洞庭街道城管环卫工作站站长
徐素娥　岳阳市云溪区民政局福利中心院长
潘　港　岳阳市一人民医院病区主任
艾云宜　岳阳市第一职业中专教师
严钦海　岳阳市广播电视台首席记者
黄建国　湖南民族职业学院教师
邓　伟　岳阳市城南清扫保洁管理所队长

【湖南省五一劳动工人先锋号】

沃尔玛岳阳巴陵中路分店鲜食分区

岳阳市平江县爱心医院护理班

岳阳东方雨虹防水技术有限责任公司沥青卷材车间

岳阳市岳阳楼区国家税务与办税服务厅

岳阳市洞庭湖大桥管理局维护管理所

中国石油化工股份有限公司长岭分公司炼油第二组作业部重整区

岳阳市气象局气象观测站

岳阳市临湘市交通运输管理所稽查中队

岳阳华润燃气有限公司金鄂西路加气站

岳阳市自来水公司广益公司抢修班

【湖南省五一劳动奖状】

岳阳市邮政公司

湖南洞庭山科技发展有限公司

逝世人物

陈秉芝　男，1926年3月出生，山西省阳曲县人，1940年参加儿童团，1945年2月加入中国共产党。先后任山西省阳曲县五区区公所农会副主任、区委会宣传委员，1947年带领民兵支前，随军参战立功一次，1948年被评为阳曲县先进工作者。1949年1月至1949年8月任南下一大队二中队五小队副队长。1949年9月至1964年8月随军南下到湖南省湘阴县。历任湘阴县河西办事处组宣股长、14区书记、县委宣传部部长、县委副书记、县委书记（其中1953年7月至1954年8月任湘潭地区直属机关党委副书记，1956年9月至1957年8月在中共中央第五中级党校学习）。1964年8月调任岳阳地委农村政治部工作，任地委委员、农村政治部副主任。1970年3月至1972年2 月任岳阳城陵矶粮库书记、主任。1972年2月至1976年8月任岳阳地区交通局政委、农村办主任、地区革命委员会党委常委、副主任。1976年8月至1984年2月任中共岳阳地委会副书记兼纪委书记（其中1976年9月至1977年7月在中共中央党校学习）。1984年2月当选为岳阳市第一届人大常委会主任。中共湖南省第一次党代表大会代表、岳阳市第一、二届人民代表大会代表、

湖南省第五届、六届人民代表大会代表、第六届全国人民代表大会代表。1990年离休。2014年5月29日逝世，享年89岁。

张佑琦 男，1922年9月出生，湖南省湘潭县人，汉族，1949年6月毕业于湖南省原国立师范学院史地系，1949年7月加入中国民主同盟，1950年2月至1954年6月任湘潭市一中教师、教导处副主任。1950年3月任民盟湘潭市一中小组长，1952年选举为民盟湘潭市第一届分部委员会委员。1954年6月至1978年2月任岳阳县一中教师、教导处副主任。1955年2月至1958年2月任岳阳县人大代表、政协委员。1956年9月任民盟湖南省委岳阳直属小组组长，1958年2月至1960年2月任岳阳县人大常委、政协常委、县人民委员会委员。1978年2月至1981年2月任岳阳县四中教师，教导处主任。1980年至1983年任岳阳县政协常委、人大常委。1981年2月至1984年6月任岳阳市四中教师、任副校长。1981年5月任民盟湖南省委直属岳阳支部主委，1983年11月至1992年1月任民盟岳阳市委第一、二届委员会主委，1992年1月至2001年7月任民盟岳阳市委三、四届委员会名誉主席。1985年1月至1995年1月任岳阳市政协第一、二届副主席。2014年5月7日逝世，享年92岁。

隋国庆 男，1956年10月出生，湖南省岳阳县人，1976年7月参加工作，1984年10月参加中国民主促进会，1985年6月加入中国共产党。1976年7月至1980年6月任岳阳县友爱中学教师，1980年6月考入岳阳师范学校学习，1982年7月至1993年7月先后任岳阳师范学校教师、副科长、高级讲师、民进党岳阳市委副主委，1993年7月至1994年7月任岳阳师范附小校长、民进党岳阳市委副主委，1994年7月至1998年1月任岳阳楼区一中校长、民进党岳阳市委副主委、主委、民进党省委常委，1998年1月任岳阳市政协副主席、民进党岳阳市委主委，2000年11月先后任岳阳市政协副主席、民进党岳阳市委主委、市科协副主席、党组成员，2002年10月任民进中央委员，2002年12月任岳阳市政府副市长、民进党岳阳市委主委、市科协副主席、党组成员，2003年5月任岳阳市政府副市长、民进党岳阳市委主委， 2012年10月任岳阳市正厅级干部、民进党岳阳市委主委。2014年11月23日逝世，享年58岁。

刘国权 男，1931年7月26日出生，湖南省平江县人。1949年参加工作（入平江县地方干部学校学习），1951年4月加入中国共产党。先后历任原时丰乡党委书记、浯口公社党委第一书记、虹桥区委会书记、平江县农村工作部部长、平江县委办公室主任。1956年3月至8月赴湖南省委党校学习深造，1964年10月任岳阳地委办公室副主任、岳阳地区农机水电局副局长、地革委会生产指挥组办公室副主任、地区农村办公室副主任。1966年至1969年参加“五七”干校，1980年至1981年入华中农学院学习深造，1981年12月任平江县委书记，1984年12月任平江县委会顾问，1988年1月至1994年6月调任岳阳市第二届人大常委会副主任，1994年6月离休，2014年9月8日逝世，享年84岁。

刘金声 男，1935年9月出生，湖南省临湘市人。1951年2月由临湘县大队编入新兵31团3营九连，后编入中国人民志愿军赴朝参战。1954年2月至1955年3月任临湘县一区南溪乡政府秘书，1954年12月加入中国共产党，历任临湘县财粮助理、县委宣传部干事、临湘县乡党委会秘书、县委办公室干事、县委生活办公室副主任、县委农村办公室副主任、县委办公室副主任。1964年8月至1968年1月任岳阳地委办公室副主任，先后历任地区革委会办事组干事、地区革委会政工组、宣传组副组长。1972年4月至1973年4月任国营钱粮湖农场党委常委、革委会副主任，1973年5月至1980年2月任岳阳地委宣传部副部长、岳阳地委宣传部常委、部长，1980年11月至1981年1月任岳阳化工总厂副厂长，1981年1月至1981年11月任岳阳师范专科学校党委副书记、副校长，1981年12月至1983年8月任岳阳师范高等专科学校党委书记， 1985年8月至1986年2月至1987年3月任岳阳地区教育局副局长、岳阳市教育委员会副主任，1987年4月至1997年11月任岳阳师范专科学校党委书记，1997年12月退休。2014年4月16日逝世，享年80岁。

郭鹏飞 男，1940年4月出生，湖南省岳阳县人，大专文化，1964年9月参加工作，1970年9月入党，1964年9月至1969年10月任岳阳县饶村乡团委书记，1969年11月任岳阳县渭洞区团干部，1970年12月至1975年11月先后任岳阳县步仙公社副书记、步仙区区委书记，1975年11月任岳阳县麻塘区区委书记，1981年4月至1984年9月任岳阳肉联厂政治处主任，厂党委副书记、党委书记，1984年9月至1997年12月任岳阳地区财政局副局长，岳阳市财政局局长、党组书记，1997年12月任岳阳市政府副巡视员，2000年6月退休。2014年10月28日逝世，享年75岁。

责任编校　龚英明

统计资料

2014年末岳阳市行政区划及基层组织

表20　　　　单位：个

分　类	街道办事处	镇	乡	居委会	村委会
全市合计	23	100	56	411	3093
岳阳楼区	14		2	108	15
云溪区	1	5	2	26	66
君山区	1	6		23	88
岳阳县		12	8	42	558
华容县		12	8	39	401
湘阴县		13	6	46	406
平江县		19	8	34	773
汨罗市		17	12	32	377
临湘市	3	13	5	32	278
屈原管理区	1	2	3	8	61
经济技术开发区	2	1	2	10	70
南湖风景区	3			11	/

2014年土地利用现状一级分类面积

表21　　　　单位：公顷

地类代码	耕地	园地	林地	草地	城镇村及工矿用地	交通运输用地	水域及水利设施用地	其他土地	总计
	01	02	03	04	20	10	11	12	
岳阳市合计	353808.58	62676.62	585557.88	10239.25	102719.18	27607.37	316695.68	26474.17	1485778.73
岳阳楼区	8653.57	2594.37	11545.05	498.12	10029.11	1515.36	4858.01	1066.96	40760.55
云溪区	8736.22	1428.74	13240.24	291.24	4226.56	1092.10	7867.19	909.83	37792.12
君山区	26868.31	1091.83	4835.32	158.39	5390.90	2082.01	21926.09	356.77	62709.62
岳阳县	49819.02	3871.27	88477.36	3232.69	13432.35	3828.69	112583.31	5738.67	280983.36

续表21

地类代码	耕地	园地	林地	草地	城镇村及工矿用地	交通运输用地	水域及水利设施用地	其他土地	总计
	01	02	03	04	20	10	11	12	
华容县	72129.81	8744.80	18790.87	280.85	12927.24	3231.96	41983.69	1008.60	159097.82
湘阴县	42142.59	12674.84	17920.65	1008.42	11259.29	3314.67	64683.23	1142.75	154146.44
平江县	56355.88	15801.40	283460.17	3445.16	20911.79	4928.60	16581.20	9958.79	411442.99
汨罗市	50814.79	6967.20	61038.73	385.38	15750.76	4998.13	24245.23	2784.83	166985.05
临湘市	38288.39	9502.17	86249.49	939.00	8791.18	2615.85	21967.73	3506.97	171860.78

2014年岳阳市全市总产出

单位：万元

表22

分　类	按当年价格计算		按可比价格计算		2014年发展速度（%）	2013年发展速度（%）
	2014年	2013年	2014年	2013年		
总产出	57364147	51576392	55013038	51423686	107.0	111.4
农林牧渔业	4452989	4127556	4212930	4029255	104.6	102.1
农业	2113758	1944341	1967815	1887049	104.3	101.5
林业	146338	130276	124400	119500	104.1	104.6
畜牧业	1378295	1348429	1394703	1335922	104.4	101.3
渔业	746397	643616	657811	625891	105.1	104.1
农林牧渔服务业	68201	60894	68201	60893	112.0	112.0
工业	34946188	31116277	33811443	31915888	105.9	114.1
采矿业	1015915	706531	886664	684154	129.6	107.7
开采辅助活动	7390	6831	7138	6609	108.0	115.0
制造业	32618221	29111969	31668176	29988803	105.6	114.6
金属制品、机械和设备修理业	52653	46993	50941	46521	109.5	111.5
电力、煤气及水的生产和供应业	1312052	1297777	1256603	1242931	101.1	106.6
建筑业	3403573	3376561	3390011	3363106	100.8	110.4
批发和零售业	3701134	3352064	3636342	3293538	110.4	110.7
批发业	2598135	2338185	2544549	2289960	111.1	110.3
零售业	1102999	1013879	1091793	1003578	108.8	111.5
交通运输、仓储和邮政业	1595896	1544603	1511723	1463215	103.3	105.1
铁路运输业	159762	162415	148863	151335	98.4	103.4
道路运输业	1150984	1117226	1097924	1065722	103.0	105.9
水上运输业	238332	224505	221229	208394	106.2	103.0
航空运输业						
邮政业	31309	26786	29421	25171	116.9	104.3
其他交通活动	15509	13671	14286	12593	113.4	102.2
住宿和餐饮业	1322681	1215356	1213191	1114782	108.8	103.3
住宿业	209617	194125	195957	181475	108.0	105.3
餐饮业	1113064	1021231	1017234	933307	109.0	102.9
信息传输、计算机服务和软件业	829611	734079	844762	747119	113.1	108.1
电信、广播电视和卫星传输服务	453061	406251	447268	401057	111.5	104.9

续表22

分 类	按当年价格计算		按可比价格计算		2014年发展速度（%）	2013年发展速度（%）
	2014年	2013年	2014年	2013年		
其他信息活动	376550	327828	397494	346062	114.9	112.2
金融业	767647	653100	723222	617012	117.2	112.5
货币金融服务	527337	459510	506359	441230	114.8	114.3
资本市场服务	94958	63658	80918	54246	149.2	101.5
保险业	139579	125044	130803	117182	111.6	111.6
其他金融业	5773	4888	5142	4354	118.1	106.1
房地产业	714419	666706	691057	644643	107.2	106.4
房地产开发经营	199902	181056	201392	182405	110.4	113.4
其他房地产活动	114061	104263	107349	98128	109.4	106.0
自有房地产经营活动	400456	381387	382316	364110	105.0	105.0
租赁和商务服务业	1257541	1082430	1076876	926922	116.2	104.9
科学研究、技术服务和地质勘查业	348342	298277	324732	278060	116.8	111.0
水利、环境和公共设施管理业	161353	142357	145092	128010	113.3	107.1
居民服务和其他服务业	1009548	875068	858033	743736	115.4	104.1
教育	681418	583988	640853	549223	116.7	112.0
卫生、社会保障和社会福利业	472523	404260	421006	360185	116.9	106.1
文化、体育和娱乐业	314884	271273	284357	244974	116.1	110.6
公共管理和社会组织	1384400	1132437	1227408	1004018	122.2	112.0
第一产业	4384788	4066662	4144729	3968362	104.4	101.9
第二产业	38289718	34439014	37143375	35225864	105.4	113.7
第三产业	14689641	13070716	13724934	12229460	112.2	108.3

2014年岳阳市分县、市、区地区生产总值

（按支出法、当年价格计算）

表23　　单位：万元

分 类	全市	岳阳楼区	云溪区	君山区
生产总值	26693384	4777100	2897228	1029107
最终消费	12444989	2073064	373268	455803
居民消费	9300189	1266806	332784	355857
农村居民	2870786	37472	59521	107504
城镇居民	6429403	1229334	273263	248353
政府消费	3144800	806258	40484	99946
资本形成总额	14068595	2736270	2512653	438437
固定资本形成总额	12088068	1357200	1767041	359091
存货增加	1980527	1379070	745612	79346
货物和服务净出口	179800	-32234	11307	134867

续表23

分 类	岳阳县	华容县	湘阴县	平江县	汨罗市	临湘市
生产总值	2375640	2656114	2919958	1987672	2911560	1977417
最终消费	1128037	1005784	1190212	1256042	975680	750526
居民消费	868839	801104	868107	1055911	742118	676580
农村居民	412892	402719	573569	448591	308177	273492
城镇居民	455947	398385	294538	607320	433941	403088
政府消费	259198	204680	322105	200131	233562	73946
资本形成总额	1246215	1650447	1728539	707298	1922316	1225711
固定资本形成总额	988239	1482373	1351565	619177	1345621	661466
存货增加	257976	168074	376974	88121	576695	564245
货物和服务净出口	1388	-117	1207	24332	13564	1180

2014年岳阳市分县、市、区最终消费

（按当年价格计算）

表24　　单位：万元

分 类	全市	岳阳楼区	南湖风景区	云溪区	君山区
最终消费支出	12444989	2073064	132231	373268	455803
一、居民消费支出	9300189	1266806	105637	332784	355857
（一）农村居民	2870786	37472		59521	107504
1、食品烟酒	657988	6851		15354	32716
2、衣着	153799	4611		2436	12162
3、居住（含自由住房服务）	799405	6761		11586	21653
4、生活用品及服务	216269	6277		9765	8725
5、交通和通信	190315	4529		1324	5849
6、教育文化娱乐	251730	2438		4091	9633
7、医疗保健	436899	2322		1342	9517
8、银行中介服务	83870			523	312
9、保险服务	34508	1471		2132	718
10、其他商品和服务	46003	2212		10968	6219
（二）城镇居民	6429403	1229334	105637	273263	248353
1、食品烟酒	1792334	316682	27849	63124	76012
2、衣着	582626	102214	12995	15887	47952
3、居住（含自由住房服务）	879002	273178	17654	15420	30102
4、生活用品及服务	428021	64177	8492	18762	24113
5、交通和通信	598556	145475	10153	14310	19147

续表24

分　类	全市	岳阳楼区	南湖风景区	云溪区	君山区
9、保险服务	42215	23351	12160	2123	27865
6、教育文化娱乐	679917	131875	7882	28452	17984
7、医疗保健	354888	107355	4054	1876	1512
8、银行中介服务	760891	50190	953	39342	1011
10、其他商品和服务	310953	14837	3445	73967	2655
二、政府消费支出	3144800	806258	26594	40484	99946

续表24

分　类	岳阳县	华容县	湘阴县	平江县	汨罗市	临湘市
最终消费支出	1128037	1005784	1190212	1256042	975680	750526
一、居民消费支出	868839	801104	868107	1055911	742118	676580
（一）农村居民	412892	402719	573569	448591	308177	273492
1、食品烟酒	85343	114415	241020	92758	91780	64006
2、衣着	21823	26318	49554	34579	22709	14374
3、居住（含自由住房服务）	135740	99985	39585	87135	42915	37952
4、生活用品及服务	51709	27583	46895	42961	26647	11762
5、交通和通信	34515	34065	48474	56248	56084	37028
6、教育文化娱乐	37811	66462	45045	48629	37087	15086
7、医疗保健	36373	28804	30985	59127	23770	18099
8、银行中介服务	817	284	502	12379		1621
9、保险服务	319	468	42255	9823		36275
10、其他商品和服务	8442	4335	29254	4952	7185	37289
（二）城镇居民	455947	398385	294538	607320	433941	403088
1、食品烟酒	138982	100902	89258	132341	149112	108008
2、衣着	53815	26409	23542	43958	45362	47785
3、居住（含自由住房服务）	58895	83467	35878	124347	51012	36427
4、生活用品及服务	38665	14485	20278	47292	31098	36738
5、交通和通信	33702	42132	25685	68375	55858	35352
9、保险服务	25111	49543	37255	20154		1447
6、教育文化娱乐	45166	16375	38525	58129	69923	27478
7、医疗保健	23862	53706	755	82576	23110	27570
8、银行中介服务	1033	597	522	19312		51852
10、其他商品和服务	36716	10769	22840	10836	8466	30431
二、政府消费支出	259198	204680	322105	200131	233562	73946

2014年岳阳市分县、市区规模以上工业增加值增速

表25　　单位：个、万元

分　类	单位个数		规模工业增加值		规模工业主营业务收入	
	2013年	2014年	2014年	±%	2013年	2014年
总 计	1327	1350	10887715	9.2	45620641	45522066
一、按行政区划分						
岳阳楼区	39	31	277635	-1.1	1279046	1243391
云溪区	87	93	1688308	-3.1	9459125	8659359
君山区	67	68	427162	12.0	1767301	1888353
岳阳县	156	156	1083682	13.5	4051408	3956741
华容县	145	143	1218758	11.7	4353014	4583360
湘阴县	151	159	1466748	13.4	5214667	5242606
平江县	155	160	706948	5.3	3042843	3009376
汨罗市	236	231	1520015	12.2	6120567	6655832
临湘市	129	136	694178	12.2	3034235	3102307
经济技术开发区	118	117	1303435	8.0	5132792	5218379
南湖度假区	9	9	13922	-5.2	76527	77493
屈原管理区	31	40	326787	10.0	1612450	1487682
临港新区	4	7	160137	13.8	476668	397189
二、按轻重工业分						
轻工业	593	609	4638424	12.2	18569585	18914999
重工业	734	741	6249291	7.3	27051057	26607067
三、按隶属关系分						
中央省属工业	22	22	1793427	-8.8	9668626	8494561
市及以下地方工业	1305	1328	9094288	13.0	35952015	37027506
四、总计中						
大中型工业	305	303	5647359	4.8	25879985	25079087
中小微型工业	1301	1324	8726146	13.5	34361564	35761674

2014年岳阳市地方财政收支情况

表26　　单位：万元

科　目	2014年	科　目	2014年
一、税收收入	577820	一般公共服务	331786
增值税	111400	外交	0
营业税	166519	国防	3240
企业所得税	47459	公共安全	141447
企业所得税退税	0	教育	503888
个人所得税	15699	科学技术	35361
资源税	6361	文化教育与传媒	36997
固定资产投资方向调节税		社会保障和就业	562715
城市维护建设税	53143	医疗卫生	325076
房产税	19581	节能环保	79583
印花税	9184	城乡社区事务	246862

续表26

科　目	2014年	科　　目	2014年
城镇土地使用税	14586	农林水事务	442512
土地增值税	31154	交通运输	107349
车船税	8955	资源勘探电力信息等事务	75370
耕地占用税	39309	商业服务业等事务	24113
契税	54470	金融监管等事务支出	819
烟叶税		地震灾后恢复重建支出	0
其他税收收入		国土资源气象等事务	39705
二、非税收入	639584	住房保障支出	164479
专项收入	36914	粮油物资储备事务	16300
行政事业性收费收入	137050	债务付息支出	6428
罚没收入	58236	其他支出	17685
国有资本经营收入	4456		
国有资源(资产)有偿使用收入	198332		
其他收入	204596		
地方公共财政预算收入	1217404		
上划中央收入	1213602		
上划省级收入	132458		
财政总收入	2563464	本年支出合计	3161715

2014年岳阳市社会消费品零售总额

表27　　单位：万元

指标名称	全市	岳阳楼区	南湖风景区	经济技术开发区	云溪区	君山区	岳阳县	华容县	湘阴县	平江县	汨罗市	屈原管理区	临湘市
社会消费零售总额	9056090	3440023	157552	999665	181932	162170	751531	811358	629268	521569	685568	71755	643698
一、按销售单位所在地分													
1. 城镇	6700601	2551862	116589	739752	134630	120006	556133	600405	465658	378810	507320	53099	476336
2. 乡村	2355489	888161	40964	259913	47302	42164	195398	210953	163610	142758	178248	18656	167361
二、按行业分组													
1. 批发业	1490089	580285	9453	164889	30009	26749	123961	133829	103794	86030	113081	11836	106174
2. 零售业	5409746	1884781	83503	630265	114704	102244	473822	511542	396738	328836	432234	45240	405836
3. 住宿业	966556	420515	23906	95623	17403	15512	71888	77611	60193	49891	65578	6864	61573
4. 餐饮业	1189698	554443	40690	108888	19817	17664	81860	88377	68543	56812	74675	7816	70114

（本栏供稿　谢　元）

责任编校　龚英明

附　录

政府规章

岳阳市主要污染物排污权有偿使用和交易管理实施办法

（岳政办发[2015]7号）

第一章　总　则

第一条　为规范主要污染物排污权有偿使用和交易活动，根据国务院办公厅《关于进一步推进排污权有偿使用和交易试点工作的指导意见》（国办发〔2014〕38号）、省人民政府《关于印发〈湖南省主要污染物排污权有偿使用和交易管理办法〉的通知》（湘政发〔2014〕4号）等有关规定，制定本办法。

第二条　本办法所称现有排污单位是指本办法生效之日前已经存在的合法排污单位，以及已获得环境影响评价批准文件但未投入正式运行的排污单位。

第三条　本市行政区域内主要污染物排污权的取得、使用、交易及其监督管理，适用本办法。

第四条市环境保护行政主管部门负责辖区内主要污染物排污权有偿使用和交易的监督管理，搭建市级主要污染物排污权储备交易平台（以下简称排污权交易平台），收缴辖区内中央、省、市属排污单位和上市公司（省环保厅负责收缴的火电企业除外）的排污权有偿使用费，组织、指导、监管市级及市级以下环境保护行政主管部门审批的建设项目的排污权交易。

县市区环境保护行政主管部门负责收缴辖区内排污单位（省、市环保部门负责收缴的企业除外）的排污权有偿使用费，对辖区内排污权交易申请进行初审。

发改、财政、审计、监察等部门在各自职责范围内，共同做好主要污染物排污权有偿使用和交易的监督管理工作。

第五条主要污染物排污权有偿使用和交易，以有利于环境资源优化配置、有利于污染物排放总量控制、有利于环境质量改善为目标，遵循公平、公正、公开的原则，并与现行排污费征收、污染物排放总量控制和排污许可等环境管理制度协调一致。

第二章　排污权的取得

第六条　现有排污单位以环境保护行政主管部门核定的达标排放量为基准，在满足环境质量要求和主要污染物排放总量控制的前提下，缴纳排污权有偿使用费后，获得相应的主要污染物排污权。

已获得环境影响评价批准文件但未投入正式运行的排污单位，以环境影响评价批准文件确认的排污量为基准，在投入试运行以后、竣工环境保护验收以前，缴纳排污权有偿使用费，获得相应的主要污染物排污权。

环境保护行政主管部门按照排污权初始分配技术规范核定排污单位的初始排污权，并向社会公示。排污单位对核定结果有异议的，可向环境保护行政主管部门申请复核，也可申请行政复议或提起行政诉讼。

第七条　排污单位新、改、扩建项目需新增主要污染物排放指标的，应当通过排污权交易平台购买所需的主要污染物排污权。

现有排污单位需增减主要污染物排放指标的，应当为已经获得主要污染物排污权的单位。

第八条　对应缴纳主要污染物排污权有偿使用费而没有按时足额缴纳的现有排污单位，环境保护行政主管部门不予核发或换发排污许可证。

第九条　主要污染物排污权以“排污权证”的形式予以确认，有效期为五年。五年期满需要延续主要污染物排污权的，应当继续缴纳主要污染物排污权有偿使用费。

第十条　已获取主要污染物排污权的单位，不免除其承担的法定义务，污染物排放必须符合国家和地方有关法律法规和标准的要求，并按规定完成减排任务。

第三章　排污权交易

第十一条　排污权交易平台主要负责排污权储备和交易的业务指

导、信息提供、咨询服务、技术核算和评估，具体办理排污权有偿使用和交易业务等工作。

第十二条 排污权出让方、需求方分别通过排污权交易平台出让、购买主要污染物排污权。主要污染物排污权交易一般采取电子竞价、协议转让以及国家法律、行政法规规定的其他方式。

除按规定应在省级排污权储备交易平台实施的以外，其余的排污权交易应在排污权交易平台实施。

第十三条 排污权出让方主要包括有富余排污权指标的单位和市主要污染物排污权储备交易机构。

排污单位采取技术改造、设备更新、清洁生产以及强化污染治理和环境管理等措施，主要污染物实际排放量少于排污权允许数量的，可以向所在地环境保护行政主管部门申请转让富余的排污权，也可自行储备。

第十四条 排污权需求方主要包括：因实施新、改、扩建项目，将增加主要污染物排放量，并需要获得相应主要污染物排污权的排污单位；因治理污染成本较高、当地排污总量限制等原因，在满足达标排放和区域污染物排放总量控制的前提下，通过购买主要污染物排污权的方式以满足总量控制目标的排污单位；根据环境保护和经济发展需要出资购买主要污染物排污权的地方人民政府；支持污染减排出资购买主要污染物排污权的民间团体等。

第十五条 下列单位不准购买新的主要污染物排污权：

（一）未完成污染限期治理的；

（二）属于国家明令禁止、淘汰和限制类的；

（三）法律法规规定的其他情形。

第十六条 火电企业原则上不得与其他行业企业进行涉及大气污染物的排污权交易；环境质量未达到要求的区域不得进行增加本区域污染物总量的排污权交易；工业污染源不得与农业污染源进行排污权交易。

第四章 资金管理

第十七条 主要污染物排污权的有偿使用费和排污权储备交易机构的储备指标出让收入属于国有资源有偿使用收入，纳入财政预算，实行“收支两条线”管理，主要用于环境污染治理、主要污染物排污权收购、排污权交易平台建设和维护、交易机构日常运行、环保监管能力建设等。

第十八条 主要污染物排污权有偿使用费征缴标准和交易基准价格按照省有关规定执行。

主要污染物排污权的有偿使用费和交易资金不与排污费发生关联，不得将其冲抵排污费等税费。

第十九条 主要污染物排污权有偿使用费实行分级征收、统一汇缴财政。县市环境保护行政主管部门收缴的排污权有偿使用费全额上缴县市财政，其中10%由县市财政上缴市财政；市、区环境保护行政主管部门负责收缴的排污权有偿使用费全额上缴市财政。

第二十条 主要污染物排污权交易可以引进社会资金，促进主要污染物排污权交易多元化发展。

第五章 监督管理

第二十一条 环境保护行政主管部门负责对排污单位的排污量进行核定，负责主要污染物排污权凭证的登记、发放和变更工作。排污单位也可委托具有相应资质的第三方进行排污量核算。

第二十二条 环境保护行政主管部门应及时向社会公开排污权初始分配的核定结果、排污权指标的供求信息和交易结果，接受社会监督；应定期将辖区内主要污染物排污权的有偿使用和交易情况报送财政、发改、监察、审计等部门。

第二十三条 环境保护行政主管部门应加强对排污单位的监管，对超过主要污染物排污权允许数量排放主要污染物的，环境保护行政主管部门应责令排污单位及时采取限产、停产等措施进行整顿，并向社会公告。

第二十四条 财政部门负责主要污染物排污权有偿使用费和交易资金的监督管理。发改部门负责核发《收费许可证》，对收费的项目、标准和范围进行监督检查，并在项目立项、重大项目安排等方面加大对主要污染物排污权储备交易平台建设的支持。监察、审计部门应加强对主要污染物排污权有偿使用和交易管理工作的监督和审计。

第六章 法律责任

第二十五条 以欺骗、虚报等非法方式获得初始排污权的现有排污单位，由环境保护行政主管部门依法收回排污权初始分配指标。

第二十六条 行政管理部门及其工作人员在主要污染物排污权有偿使用和交易的监督管理工作中，滥用职权、玩忽职守、徇私舞弊的，依法依纪给予行政和纪律处分；涉嫌犯罪的，移送司法机关依法追究其刑事责任。

第七章 附 则

第二十七条 本办法自2015年1月1日起施行。

岳阳市人民政府关于加快发展养老服务业的实施意见

（岳政发〔2014〕5号）

一、总体目标和主要任务

制定和落实发展养老服务业的优惠政策，推动社区、村居家养老普遍开展，改善居家养老环境和条件，为老年人提供生活照料、家政服务、医疗康复、文化娱乐、精神慰藉、应急救助和法律援助等养老服务。到2020年，新建10所至15所城市养老服务中心（每所城市养老服务中心占地6.67公顷以上，1000张床位以上），全市养老服务机构的床位新增27000张，总床位数达到40000张，使每1000名老人拥有养老机构的床位数达35张以上；五保对象、孤老优抚对象的集中供养率保持在80%以上；城市社区建立有养老服务站、老年人日间照料中心或托老所，农村建立有农村幸福院，乡镇敬老院通过改造后升级为农村养老服务中心；各县市区建立1所以上市级示范性城市养老服务中心，满足不同消费层次老人的需求。统筹规划发展养老服务设施，各地在制定城市总体规划、控制性详细规划时，必须按照人均用地不少于0.1平方米的标准，分区分级规划设置养老服务设施。凡新建城区、居住（小）区，要按标准要求配套建设养老服务设施，并与住宅同步规划、同步建设、同步验收、同步交付使用；凡老城区和已建成居住（小）区无养老服务设施或现有设施没有达到规划和建设指标要求的，要按每千户室内为老服务场所不低于150平方米建筑面积、室外老年人活动场所不低于300平方米的标准，限期通过购置、置换、租赁等方式开辟养老服务设施，不得挪作他用。

二、扶持措施

（一）加大对养老服务业发展的投入。

1.完善补贴支持政策。各级政府用于社会福利事业的彩票公益金，要将50%以上的资金用于支持发展养老服务业，并随老年人口的增加逐步提高投入比例。

2.加大对政府兴办养老机构的投入。将政府兴办养老机构建设列入市、县两级社会公益设施基本建设计划，安排福利彩票公益金给予资助。在保证城镇“三无”老人、农村“五保”老人入住的前提下，鼓励政府兴办的养老机构提供社会化养老服务。将政府兴办养老机构的工作人员人头经费、日常工作经费和设施维护经费列入同级财政预算，予以足额保障。

3.建立对社会力量兴办的养老机构资金扶持制度。对社会力量兴办养老服务机构并取得设立许可证等相关资格证书的，由当地政府给予一定建设补贴和运营补贴。市城区按照建设标准新建养老服务机构的，按实际投入使用的床位数，由市财政按每张床位一次性给予2000元的资助；养老服务机构所在区财政按每张床位一次性给予1000元的资助。改扩建养老服务机构达到建设标准的减半资助。同时，每收住一名60岁以上的老人，由市、区财政分别给予养老机构每月50元的运营补贴。鼓励社会力量兴办的养老机构接收城镇“三无”老人和农村“五保”老人，政府通过购买服务的方式按供养对象的标准给予补贴。

4.建立居家养老服务资金扶持制度。有条件的县市区设立居家养老服务专项经费，为具有本地户籍并居住在户籍地的三类老年人提供政府购买服务:一是年满70周岁的散居城镇“三无”老人和农村“五保”老人；二是年满60周岁且日常生活需要半护理或全护理的散居城镇“三无”老人和农村“五保”老人；三是低收入的高龄、独居、失能等养老困难老年人。以上资助服务对象，由县级民政、财政部门根据其服务需求和调查评估结果，结合本地实际，核定享受政府购买服务额度的标准，发放相应数额的服务券，由当地居家养老服务中心（站）以日托照顾和上门服务为主要方式提供生活照料、家政服务、康复护理、医疗保健等服务。

（二）加大对养老服务业发展的政策支持。

凡经县级以上人民政府民政部门依法审批，取得设立许可证的养老服务机构，享受以下优惠政策：

1.项目优先审批。对符合城市规划的新、改、扩建养老服务机构，规划、发改部门应依法优先核准、备案、审批、立项。

2.完善土地供应政策。各地要将各类养老服务设施建设用地纳入城镇土地利用总体规划和年度用地计划，合理安排用地需求，可根据城市总体规划将闲置的公益性用地调整为养老服务用地。民间资本举办的非营利性养老机构与政府举办的养老机构享有相同的土地使用政策，可依法使用国有划拨土地或者农民集体所有的土地。对营利性养老机构建设用地，按照国家对经营性用地依法办理有偿用地手续的规定，优先保障供应，并制定支持发展养老服务业的土地政策。严禁养老设施建设用地改变用途、容积率等土地使用条件搞房地产开发。

3.减免养老服务机构有关税费。

（1）对养老机构提供的养护服务免征营业税、适当减免行政事业性收费；养老服务机构运营确有困难的，依照《湖南省按比例安排残疾人就业规定》（省政府令第206号），可以到所在地残联申请减免残疾人就业保障金。

（2）对非营利性养老机构自用房产、土地免征房产税、城镇土地使用税，非营利性养老机构用电、用水、用气、用热按居民生活类价格执行；对符合财政部国家税务总局《关于非营利组织企业所得税免税收入问题的通知》（财税〔2009〕122号）规定的非营利性养老机构按规定免征企业所得税。对企事业单位、社会团体和个人向非营利性养老机构的捐赠，以及企业通过对公益性社会团体或县级以上人民政府用于公益事业的捐赠支出，在年度利润12%以内部分，准予在计算其应纳税所得额时按税法规定比例扣除。对非营利性养老机构建设免征涉及的行政事业性收费以及有关基金（包括新型墙体材料专项资金、散装水泥专项资金、价格调节基金等）。政府主办和特许经营的通信、有线（数字）电视等经营单位，应为非营利性养老服务机构提供优质服务和收费优惠，免收有线电视开户费、城区普通宽带一次性连接费，优惠收取采用光纤接入或者接入距离较远等成本较高的宽带一次性连接费，按当地最优惠价格收取通信费、收视费。

（3）对营利性养老机构建设要减半征收有关行政事业性收费和基金。

（4）境内外资本兴办养老机构享有同等的税收等优惠政策。

4.加强养老服务从业人员职业技能培训。把养老服务从业人员技能培训纳入城乡就业培训体系，依托院校和养老机构建立养老服务实训基地。由人社部门按照职业标准组织开展养老护理、家政服务等相关职业的技能培训，经职业技能鉴定合格的，发给相应的职业资格证书，实行持证上岗。对符合条件的参加养老护理职业培训和职业技能鉴定的从业人员按规定给予相关补贴。

5.优化金融服务。金融机构要扶持养老服务业发展，在符合市场原则的前提下，对养老服务机构及其建设项目提供融资便利及优惠利率。对经论证前景好、规模大的养老服务机构建设项目，财政部门要给予适当的贷款贴息。

6.推动养老服务信息化建设。开发建立市、县、乡三级机构养老服务信息管理系统，指导、支持社区、村建立老年人信息档案，开通养老服务热线和居家养老服务呼叫系统，推动养老服务信息化建设。要按照统筹规划、实用高效的原则，采取便民信息网、热线电话、健康档案、服务手册等形式，构建社区及乡村养老服务信息网络和服务平台，发挥综合性信息网络平台的作用，为各类老年人提供便捷高效的服务。在养老服务机构中推广建立老年人基本信息电子档案，通过网上办公实现对养老服务机构的日常管理，建成以网络为支撑的机构信息平台，实现居家、社区与乡村养老服务机构养老服务的有效衔接，提高服务效率和管理水平。

7.支持开展医疗护理服务。推动医养融合发展，探索医疗机构与养老机构合作新模式。医疗机构、社区卫生服务机构应当为老年人建立健康档案，建立社区医院与老年人家庭医疗契约服务关系，开展上门诊视、健康查体、保健咨询等服务，加快推进面向养老机构的远程医疗服务试点。养老服务机构具有对外开展护理、康复及医疗服务条件的，应纳入医疗机构设置规划。养老机构内设的医疗机构符合城镇职工（居民）基本医疗保险和新型农村合作医疗定点条件的，可申请纳入定点范围，入住的参保老年人按规定享受相应待遇。完善医保报销制度，切实解决老年人异地就医结算问题。

三、保障措施

（一）健全工作机制。各级政府要将发展养老服务业纳入国民经济和社会发展规划，纳入政府重要议事日程，进一步强化工作协调机制，定期分析养老服务业发展情况和存在问题，研究推进养老服务业加快发展的政策措施，认真落实养老服务业发展的相关任务要求。民政部门要切实履行监督管理、行业规范、业务指导职责，推动公办养老机构改革发展。发改部门要将养老服务业发展纳入经济社会发展规划、专项规划和区域规划，支持养老服务设施建设。财政部门要在现有资金渠道内对养老服务业发展给予财力保障。老龄工作机构要发挥综合协调作用，加强督促指导工作。教育、消防、卫生、人口计生、国土资源、住建、人社、商务、税务、金融、质监、工商、食品药品监管等部门要各司其职，及时解决工作中遇到的问题，形成齐抓共管、整体推进的工作格局。

（二）加强养老行业管理。按照国家有关法规政策规定和行业标准要求，民政部门要会同物价、工商等相关部门制定和完善养老服务业管理办法、服务质量标准和收费标准，要会同相关部门开展服务行为监督和服务质量评估，加强对养老机构的资格审查，健全养老服务的准入、退出、监管制度，及时查处侵害老年人人身财产权益的违法行为和安全生产责任事故；价格主管部门要探索建立科学合理的养老服务定价机制，依法确定适用政府定价和政府指导价的范围；民政、财政等部门应对养老机构财政专项资金使用情况和财政补助条件等方面进行评审和检查，逐步规范养老服务业管理。

（三）营造社会环境。在全社会广泛开展尊老、爱老、助老思想道德教育，转变社会养老观念，倡导新型孝道文化，表彰先进，树立典型，大力营造关心支持养老服务业发展的良好社会氛围。

（四）建立考评机制。各级政府要根据当地老年人口数量、结构和养老服务需求状况，认真制定和组织实施养老服务业发展规划，把养老服务工作纳入综合绩效考核，认真进行督促检查，确保目标如期实现。

岳阳市人民政府
2014年12月7日

岳阳市物业专项维修资金管理办法

（岳政办发〔2014〕10号）

第一章 总 则

第一条 为加强对物业专项维修资金的管理，保障物业共用部位、共用设施设备的维修和正常使用，维护物业专项维修资金所有者的合法权益，根据《中华人民共和国物权法》《物业管理条例》（国务院令第504号）、《住宅专项维修资金管理办法》（建设部、财政部令第165号）等有关规定，结合本市实际，制定本办法。

第二条 本市范围内的物业专项维修资金的交存、使用和监督管理，适用本办法。

第三条 本办法所称物业专项维修资金，是指专项用于物业共用部位、共用设施设备保修期满后的维修、更新和改造的资金。

本办法所称物业共用部位，是指根据法律、法规和房屋买卖合同，由单幢物业内业主共有的部位，一般包括基础、承重墙体、柱、梁、楼板、屋顶以及户外的墙面、门厅、楼梯间、水泵间、电表间、管道井、电梯前庭、锅炉房、发电间、配电间、线路分线间、电梯机房、走廊通道、传达室、内天井等。

本办法所称共用设施设备，是指根据法律、法规和房屋买卖合同，由物业管理区域内业主共有的附属设施设备，一般包括共用电梯、共用天线、共用照明、消防设施、中央空调设施、楼宇对讲系统、避雷装置、水箱、水泵、锅炉、绿地、道路、路灯、沟渠、池、井、管网设施、给排水系统、景观设施、小区围栏、监控报警系统、车辆进出管理系统、非经营性车场车库、公益性文体设施和共用设施设备使用的房屋等。

第四条 房地产行政主管部门负责指导、协调、监督本行政区域内物业专项维修资金的交存、使用、管理等工作。其所属的物业管理办公室（以下简称管理机构）具体负责日常管理工作。

财政、审计、监察等相关部门依据各自职责对物业专项维修资金的管理进行监督。

第五条 物业专项维修资金管理实行专户存储、专款专用、所有权人决策、政府监督的原则。

第二章 交 存

第六条 同一物业管理区域内，两户以上（含）业主的住宅和非住宅（含储物间、车库、车位等），其业主应当交存物业专项维修资金。

廉租住房和公共租赁住房物业专项维修资金的交存和管理依据相关规定执行。

第七条 业主按照其所拥有物业的合法建筑面积交存物业专项维修资金，每平方米建筑面积交存首期物业专项维修资金的数额标准由房地产行政主管部门根据本地建筑安装工程每平方米造价的5%至8%分类确定，并适时调整和公布。

第八条 业主交存的物业专项维修资金属于业主所有，使用时由业主共同决定。

第九条 管理机构应当按照相关程序择优选定商业银行作为物业专项维修资金的专户存储银行，并设立物业专项维修资金专户。

第十条 物业专项维修资金应当以物业管理区域为单位设总账，以幢为单位设分幢账，并按房屋户室号设分户账。

第十一条 购房人应当在房屋预告登记前将首期物业专项维修资金交存至物业专项维修资金专户。开发建设单位不得代收首期物业专项维修资金。

未办理房屋预告登记的物业，购房人应当在办理房屋交付手续前将首期物业专项维修资金交存至物业专项维修资金专户。

开发建设单位在办理房屋初始登记时一并将其自留和未售部分物业的首期物业专项维修资金交存至物业专项维修资金专户。房屋售出后，购房人向开发建设单位交纳该物业的物业专项维修资金，管理机构为其变更相应账户。

第十二条 开发建设单位出售物业时，应提示购房人物业专项维修资金的交存时间及标准，并在房屋买卖合同中约定。

购房人未按照本办法规定交存首期物业专项维修资金的，开发建设单位不得将房屋交付购房人。

开发建设单位、购房人未按本办法规定交存首期物业专项维修资金的，房地产行政主管部门不予办理房屋权属登记手续。

第十三条 管理机构应当使用省财政厅统一监制的“湖南省物业专项维修资金专用收据”，该专用收据是业主交存物业专项维修资金的合法凭据。

第十四条 业主大会成立前，业主交存的物业专项维修资金由管理机构代管。

业主大会成立后，就自行管理物业专项维修资金召开业主大会会议时，应通知管理机构、街道办事处和社区居民委员会参加；会议应对下列事项进行表决：

（一）自行管理物业专项维修资金的决议；

（二）物业专项维修资金的管理制度；

（三）确定物业专项维修资金的专户管理银行、账目管理单位和账目管理责任人的决议；

（四）其他与物业专项维修资金有关的决议事项。

以上事项应当经物业管理区域内专有部分占建筑物总面积三分之二以上且占总人数三分之二以上的业主表决同意。

业主大会会议召开后，业主委员会应当就业主大会决议的事项及业主大会会议召开的情况在本物业管理区域内进行公示，公示期不得少于15日。

第十五条 业主大会决定自行管理物业专项维修资金后，业主委员会应当在物业专项维修资金的专户管理银行开立专户，并向管理机构书面申请划转。管理机构应当自收到申请之日起30日内，将该物业管理区域内业主交存的物业专项维修资金账面余额划转至专户，并将有关账目等资料移交该业主委员会。

第十六条 业主分户帐面物业专项维修资金余额不足首期应交存额30%的，应当及时续交至首期应交金额。

已成立业主大会的，续交方案由业主大会决定。

未成立业主大会的，续交的具体办法由管理机构商相关部门另行制定。

第十七条 本办法实施前，物业已经出售但未交存物业专项维修资金的，应当补交。

本办法实施前已代收物业专项维修资金但未交存到物业专项维修资金专户的相关单位，应按要求及时交存到物业专项维修资金专户管理银行。否则，房地产行政主管部门可依法查处。

业主未按规定交存首期和续交物业专项维修资金的，业主委员会应当督促其交存，拒不交存的，业主大会可决定限制其在物业管理区域内的共同管理权，并可向人民法院提起民事诉讼。

第三章 使 用

第十八条 物业专项维修资金的使用应同时满足以下条件：

（一）应当专项用于物业共用部位、共用设施设备保修期满后的维修、更新和改造；

（二）占受益范围内建筑物总面积和总业主人数均在三分之二以上的业主签名同意。

使用申请人对申请资料的真实性、合法性、有效性负责。申请人隐瞒真实情况或提供虚假材料的，依法承担相应法律责任。

第十九条 物业专项维修资金的使用，应当遵循方便快捷、公开透明、受益人和负担人相一致的原则。

第二十条 物业共用部位、共用设施设备的维修、更新和改造费用，由相关业主按照各自拥有物业建筑面积的比例分摊，相关业主另有约定的，从其约定。维修资金个人分户账资金不足以支付分摊费用时，不足部分由该业主承担。

第二十一条 物业共用部位、共用设施设备维修、更新和改造，涉及尚未售出的物业，开发建设单位应当按照尚未售出物业的建筑面积，分摊维修、更新和改造费用。

第二十二条 使用管理机构代管的物业专项维修资金，按照以下程序办理：

（一）业主委员会、相关业主、物业服务企业（聘请物业服务人员的社区居委会）根据维修、更新和改造项目向管理机构提出使用申请；

（二）管理机构外勘查验，确认维修项目并界定受益范围；

（三）在物业管理区域内公示维修方案：包括拟维修更新和改造的项目、维修单位选择方式、费用预算、列支范围等，公示期不少于5个工作日；

（四）经受益范围内专有部分占建筑物总面积三分之二以上且占总人数三分之二以上的业主同意后确定维修方案；

（五）业主委员会、相关业主或物业服务企业（聘请物业服务人员的社区居委会）组织实施维修方案；维修费用在5万元以上的，须经具备相应资质的工程造价咨询机构审核，审核费用列入维修、更新和改造成本；

（六）工程完工验收合格后，维修方案的组织实施人应当对维修、更新和改造项目的决算、业主意见表、分摊明细等进行公示，公示期不少于5个工作日；

（七）管理机构根据维修合同和工程进度付款。管理机构对公示情况进行审核后，按维修合同约定留存质保金，将维修费用余额划转至维修单位，并从相应业主个人物业专项维修资金账户中扣除。

第二十三条 使用管理机构代管的物业专项维修资金，应向管理机构提交下列资料：

（一）申请人的身份证明或其授权委托书；

（二）使用物业专项维修资金的申请报告；

（三）受益业主签名表；

（四）维修工程预（决）算书、超过5万元的维修项目的审价报告、维修合同、维修单位营业执照及资质证书、项目负责人的职业资格证书；

（五）公示维修方案、维修决算、分摊明细等相关资料；

（六）工程维修验收合格证明及维修发票；

（七）其他相关资料。

第二十四条 使用由业主大会自行管理的物业专项维修资金，按照下列程序办理：

（一）物业服务企业或相关业主提出使用方案，使用方案应当包括拟维修更新和改造的项目、费用预算、列支范围、发生危及房屋安全以及其他紧急情况的处置办法等；

（二）使用方案经物业专项维修资金列支范围内专有部分占建筑物总面积三分之二以上且占总人数三分之二以上的业主同意；

（三）业主委员会将经审核同意的使用方案报管理机构备案；管理机构发现不符合有关法律、法规和规章的，应当责令改正；

（四）物业服务企业或相关业主组织实施使用方案；

（五）物业服务企业或相关业主持项目实施的相关材料向业主委员会申请列支物业专项维修资金；

（六）物业专项维修资金专户管理银行凭管理机构的备案证明和业主委员会的拨付通知支付资金。

第二十五条 同时符合下列条件的物业维修、更新和改造项目，可以采取一次性集中表决的方式，经同一物业管理区域内专有部分占建筑物总面积三分之二以上且占总人数三分之二以上的业主同意后使用物业专项维修资金。

（一）同一物业管理区域内全体业主受益；

（二）单项物业维修、更新和改造项目费用在3万元以下；

（三）一次性集中表决使用物业专项维修资金的项目，应在表决之日起两年内组织实施；表决使用物业专项维修资金的总金额累计不得超过本物业管理区域物业专项维修资金交存总额的5%。

第二十六条 发生危及房屋使用安全等紧急情况需使用管理机构代管的物业专项维修资金，业主委员会、相关业主、物业服务企业（聘请物业服务人员的社区居委会）应立即组织维修并报请管理机构现场查勘，工程完工后申请人持第二十三条（一）（二）（四）（五）（六）（七）项的有关材料报管理机构备案，维修费用从受益业主的物业专项维修资金账户中列支。

第二十七条 发生危及房屋使用安全等紧急情况需使用业主大会自行管理的物业专项维修资金，按照第二十四条（五）（六）项规定办理。

第二十八条 本办法第二十六、第二十七条所称紧急情况包括：

（一）屋面、外墙防水局部损坏、渗漏，严重影响使用的；

（二）楼体单侧外墙饰面脱落、围护栏断裂、管道脱落等危及人身安全的；

（三）发生供水管道严重漏水、水泵泵体漏水、水泵电机烧毁等情况，导致供水中断的；专用排水设施因坍塌、堵塞、爆裂等造成功能障碍，危及人身、财产安全的；

（四）电梯发生冲顶、蹲底或意外灾害危及人身安全的；定期检验时被责令停梯整改的；

（五）消防系统、电力系统出现功能障碍或部分设备损坏严重等重大安全隐患，经具有相关资质的单位检测、鉴定应当整改的；

（六）其他严重影响房屋使用和危及人身财产安全的紧急情况。

第二十九条 下列费用不得从物业专项维修资金中列支：

（一）依法应当由建设单位或者施工单位承担的物业共用部位、共用设施设备维修、更新和改造费用；

（二）依法应当由相关单位承担的供水、供电、供气、供热、通讯、有线电视等管线和设施设备的维修、养护费用；

（三）应当由责任人承担的因人为损坏物业共用部位、共用设施设备所需的修复费用；

（四）根据法律规定或物业服务合同约定，应当由相关单位或物业服务企业承担的物业共用部位、共用设施设备的维修和养护费用。

第三十条 下列资金应当转入物业专项维修资金滚存使用：

（一）物业专项维修资金的存储利息；

（二）利用物业专项维修资金购买国债的增值收益；

（三）利用住宅共用部位、共用设施设备进行经营的业主所得收益，但业主大会另有决定的除外；

（四）住宅共用设施设备报废后回收的残值。

第三十一条 管理机构可以通过公开招标方式择优选定一批具有相应资质的维修单位和工程造价咨询机构，建立备选名录。备选名录由管理机构定期公布并结合申请人和业主的意见对备选单位开展动态考评，建立准入和退出机制，实行优胜劣汰。

第四章 监督管理

第三十二条 管理机构代管物业专项维修资金的管理经费，由管理机构依照有关规定编制预算报同级人民政府财政部门核准后，在物业专项维修资金的增值收益中列支。

业主大会自行管理物业专项维修资金的管理经费，应当经物业管理区域内专有部分占建筑物总面积三分之二以上且占总人数三分之二以上的业主表决同意后从物业专项维修资金的增值收益中列支。

除管理经费外的增值收益应转入物业专项维修资金滚存使用。

第三十三条 房屋所有权转让时，该房屋分户账中结余的物业专项维修资金随房屋所有权同时过户。受让人应当持本人身份证明及相关材料到管理机构办理分户账变更手续，需要续交的，应当续交。

第三十四条 房屋灭失的，业主持本人身份证件、房产权证注销证明等材料，到管理机构办理个人物业专项维修资金账户注销手续并提取剩余金额。

第三十五条 管理机构应当每年向社会公布代管物业专项维修资金交存、使用、增值收益和结存金额等信息。业主大会自行管理物业专项维修资金的，由业主委员会负责公布。业主对公布的情况有异议的，可以要求复核。

第三十六条 物业专项维修资金专户管理银行应当建立便捷的物业专项维修资金查询平台，确保业主知情权。

第五章 法律责任

第三十七条 开发建设单位违反本办法第十二条规定将房屋交付买受人的，由县级以上房地产行政主管部门责令限期改正；逾期不改正的，处3万元以下罚款。

第三十八条 违反本办法规定，挪用物业专项维修资金的，由县级以上房地产行政主管部门追回挪用的物业专项维修资金，没收违法所得，可以并处挪用金额2倍以下的罚款；涉嫌犯罪的，依法追究直接负责的主管人员和其他直接责任人员的刑事责任。

物业服务企业挪用物业专项维修资金，情节严重的，除按前款规定予以处罚外，还应由颁发资质证书的部门依法吊销资质证书。

房地产行政主管部门挪用物业专项维修资金的，由上一级房地产行政主管部门追回挪用的物业专项维修资金，对直接负责的主管人员和其他直接责任人员依法给予处分；造成损失的，依法赔偿；涉嫌犯罪的，依法追究其刑事责任。

第三十九条 由业主大会自行管理物业专项维修资金，业主委员会及其成员违反本办法规定，有下列情形之一的，由物业所在地房地产行政主管部门责令限期改正，暂停物业专项维修资金划转；造成经济损失的，由相关责任人员依法承担相应赔偿责任；涉嫌犯罪的，依法追究其刑事责任：

（一）未按本办法规定设立物业专项维修资金专户的；

（二）利用物业专项维修资金从事国债回购、委托理财业务或者将购买的国债用于质押、抵押等担保行为。

第四十条 开发建设单位未按本办法规定分摊维修、更新和改造费用的，由县级以上房地产行政主管部门责令限期改正；逾期不改正的，处以1万元以下的罚款。

第六章 附 则

第四十一条 本办法自发布之日起30日后施行。市政府办公室《关于印发〈岳阳市物业专项维修资金管理办法〉的通知》（岳政办发〔2012〕28号）同时废止。

岳阳市社会中介组织管理办法

第一章 总 则

第一条 为规范社会中介组织（以下简称“中介组织”）的行为，加强中介组织管理，维护中介服务市场秩序，保障中介组织的合法权益，营造诚信、公正、公平的市场环境，根据法律、法规等相关规定，结合本市实际，制定本办法。

第二条 在本市行政区域内从事中介活动的中介组织及其执业人员应当遵守本办法。

第三条 本办法所称中介组织，是指经工商行政管理部门依法登记设立，运用专业知识或专门技能，按一定的规则和程序为委托人提供审计、评估、鉴定、咨询、代理等有偿中介服务，并承担相应法律责任的法人和其他组织。主要包括：

（一）会计、审计等独立审计组织；

（二）资产、土地、矿产资源、森林资源、房地产、建设项目环境影响等评估组织；

（三）检测、检验、认证等鉴定组织；

（四）测绘、监理、科技、培训、担保等服务组织；

（五）信息、信用、技术、工程、市场调查等咨询组织；

（六）职业、人才、教育等介绍组织；

（七）工商登记、广告、商标、专利、税务、房地产、招投标、拆迁、政府采购、拍卖、因私出国（境）、经纪等代理组织；

（八）法律、法规、规章规定的其他组织。

第四条 中介组织的管理，实行政府引导、市场运作、部门监管、行业自律的原则。

发展和改革部门是中介组织管理的综合协调管理部门，负责协调解决中介组织发展中的重大问题，组织拟制促进和规范中介组织发展的政策措施。

监察机关依法对相关行政监察对象在监督管理中介组织过程中的行为实施监察。预防腐败部门负责指导和督促中介组织开展预防腐败和廉政风险防控工作，防范商业贿赂行为。

中介组织行业主管部门依法对中介组织及其执业人员的中介执业行为进行监管。

第五条 中介组织及其执业人员应当遵守国家法律、法规和政策，按照独立、客观、公正、诚信的原则，恪守执业规则和职业道德，开展中介业务。

中介组织的合法执业行为受国家法律保护，任何单位和个人不得干预。

第六条 中介组织行业主管部门和行政管理部门应当建立健全投诉举报和查处制度。公民、法人和其他组织发现中介组织有违法行为的，应向行业主管部门和行政管理部门投诉举报，投诉举报经查证属实的，依法给予奖励。

第二章 从业管理

第七条 中介组织应当同时具备以下条件：

（一）依法取得相应的资质证书和经营许可证书；

（二）在我国境内依法办理了工商注册手续；

（三）依法办理了税务登记手续；

（四）执业人员取得了相应的执业资质；

（五）与执业人员依法签订了劳动合同，并为其办理了社会保险；

（六）其他依法应当具备的条件。

第八条 中介组织的执业人员应当具有与其从事的中介活动相适应的知识、技能和职业操守。

第九条 中介组织不得聘用公务员任职或者执业，不得聘用下列与原工作业务直接相关的辞去公职或者退休的公务员，但法律、法规对中介组织聘用执业人员另有规定的，从其规定。

（一）原系领导干部的公务员在辞职或者退休后三年以内；

（二）其他公务员在辞职或者退休后两年以内。

第十条 中介组织应当在其办公场所公示下列资料：

（一）营业执照、税务登记证、执业许可证或者其他执业证明文件；

（二）执业人员姓名、照片及有关证书或者证书编号；

（三）收费项目、标准和依据；

（四）监督投诉组织的电话和地址；

（五）法律、法规要求公示的其他事项。

第十一条 中介组织应当与行政管理部门在职能、财务、场所、人员等方面实行全面脱钩，独立执业。

第十二条 中介服务项目属政府定价或者政府指导价管理范畴的，应当按价格主管部门核定的标准收费。

行政管理部门委托中介组织提供服务的，应当按规定支付服务费，不得强迫中介组织提供无偿服务。

第十三条 发展和改革部门负责组织各行业主管部门依法组建本辖区内的中介组织库。

第十四条 购买中介服务的，应当按照下列方式确定受委托的中介组织，并依法签订书面合同。

（一）非政府投资类项目，由项目单位自主选定；

（二）政府投资项目，单项服务费用在30万元以下（含30万元）的，项目单位应当在中介组织库中选定；单项服务费用大于30万元的，应依法通过公开招标方式确定。

第十五 条中介组织及其执业人员在执业过程中应当遵守下列规定：

（一）真实、完整、合法提供信息、资料及书面文件；

（二）严格保守执业中知悉的国家机密和商业秘密；

（三）全面履行委托合同。

第十六条 中介组织应当按照《中华人民共和国会计法》的规定，严格财务收支管理。

会计凭证必须真实反映收支情况，不得白条报账，不得虚列支出，大额现金收付必须通过银行转账。

第十七条 中介组织应当在完成委托事项后10个工作日内将委托合同和执业成果抄报行业主管部门。

第十八条 中介组织及其执业人员在执业中不得有下列行为：

（一）提供危害国家安全及公共利益的信息、资料；

（二）提供虚假信息、资料，出具虚假审计报告、验资报告、评估报告等证明文件；

（三）索取、收受合同约定以外的酬金或者其他财物，或者利用执业便利谋取其他不正当利益；

（四）采取隐瞒、欺诈、胁迫、贿赂、串通等非法手段，损害委托人或者他人利益；

（五）伪造、涂改交易文件和凭证；

（六）执业人员同时在两个或者两个以上的同行业中介组织执业；

（七）接受中介服务后，将其转包给其他中介组织；

（八）法律、法规、规章及行业规范禁止的其他行为。

第三章 行业自律

第十九条 鼓励中介组织、中介执业人员加入中介行业自律组织。

中介行业自律组织应当加强行业自律，健全行业自律管理制度，对中介组织、中介执业人员进行规范管理，维护会员的合法权益，引导本行业健康发展。

第二十条 中介行业自律组织应当在其行业主管部门的监督和指导下建立会员信用档案。

第二十一条 中介行业自律组织发现违法中介活动应当及时向行业主管部门和相关行政管理部门报告，并协助、配合有关部门进行调查。

第四章 信用管理

第二十二条 中介行业自律组织应依法开展中介组织的信用信息采集和管理工作，及时向中介组织信息管理部门上报信用信息。

发展和改革部门和预防腐败部门为本地区中介组织信用信息管理部门，共同负责建立健全中介组织信用管理体系。

第二十三条 中介组织及其执业人员有下列情形之一的，由中介组织信用信息管理部门记入不良记录：

（一）被追究刑事责任的；

（二）受到行政处罚的；

（三）在执业检查中被书面责令整改的；

（四）被市级以上（含市级）行政事业单位通报批评的。

第二十四条 中介组织及其执业人员在1年内有2次以上（含2次）不良行为记录的，中介组织信用信息管理部门应当将其列入警示名单，向社会公布的警示期限为1年。

第二十五条 本市各级行政机关、事业单位、国有企业和国有控股企业以及其他财政投资的项目，不得委托警示期内的中介组织从事中介业务。

第五章 监督检查

第二十六条 发展和改革、预防腐败和行业主管部门可以采取日常检查、重点抽查等方式，强化对中介组织从业行为的监管。

第二十七条　发展和改革、财政、税务、审计、预防腐败等部门应当对中介组织开展专项执法检查，及时依法查处中介组织的违法违纪行为。

第二十八条　行政管理部门对中介组织及其执业人员实施监管，不得妨碍其正常的经营和执业活动，不得索取或者收受监管对象的财物，不得谋取不正当利益，不得利用职权为中介组织指定和承揽业务，不得在中介组织报销费用，不得占用、平调中介组织的资产。

第二十九条　监察机关应按照其法定职责和权限，对行政管理部门及其工作人员履行中介组织监管职责的情况进行监督检查。

第六章　责任追究

第三十条　中介组织及其执业人员违法经营，由有关行政管理部门依法给予行政处罚；给委托人或他人利益造成损失的，依法承担民事赔偿责任；涉嫌犯罪的，移送司法机关依法追究刑事责任。

第三十一条　行政监察对象违反本办法规定，构成违纪的，由监察机关依法依纪追究其纪律责任；涉嫌犯罪的，移送司法机关依法追究刑事责任。

第七章　附　则

第三十二条　本办法自发布之日起施行。

文件目录

中共岳阳市委重要文件目录

△岳发〔2014〕1号　关于印发《数字岳阳建设纲要》的通知（2014年1月19日）

△岳发〔2014〕2号　关于印发《岳阳市贯彻落实〈中国共产党党和国家机关基层组织工作条例〉的实施细则》的通知（2014年1月18日）

△岳发〔2014〕3号　关于切实加强人口和计划生育工作的意见（2014年1月27日）

△岳发〔2014〕4号　印发《关于开展党的群众路线教育实践活动的实施方案》的通知（2014年2月18日）

△岳发〔2014〕5号　关于做好学习贯彻习近平总书记重要讲话精神和中央重大决策部署组织实施工作的意见（2014年2月25日）

△岳发〔2014〕6号　关于印发《中共岳阳市委常委会2014年工作要点》的通知（2014年4月23日）

△岳发〔2014〕8号　关于议事协调机构清理调整的通知（2014年7月28日）

△岳发〔2014〕9号　转发《政协岳阳市委员会关于政治协商、民主监督、参政议政的规定（试行）》的通知（2014年9月5日）

△岳发〔2014〕10号　关于加强粮食生产的意见（2014年9月16日）

△岳发〔2014〕11号　关于印发《中共岳阳市委常委直接联系群众实施办法》的通知（2014年9月22日）

△岳发〔2014〕12号　关于进一步加强铁山饮用水水源保护与库区民生保障的意见（2014年12月1日）

△岳发〔2014〕13号　关于县市区政府职能转变和机构改革的意见（2014年12月23日）

△岳发〔2014〕14号　关于加快建设旅游强市的意见（2014年12月30日）

△岳委〔2014〕4号　关于印发《中共岳阳市委常委会开展党的群众路线教育实践活动实施方案》的通知（2014年3月18日）

△岳委〔2014〕10号　关于开展向梁德、鲁松旭同志学习活动的决定（2014年6月30日）

△岳办〔2014〕10号　关于印发《岳阳市党政机关办公用房清理处置及管理工作方案》的通知（2014年3月18日）

△岳办〔2014〕12号　关于实行市级领导联系帮扶重点产业和牵头负责重大项目的通知（2014年3月31日）

△岳办〔2014〕13号　关于印发《岳阳市重点民营企业帮扶三年行动实施方案》的通知（2014年4月2日）

△岳办〔2014〕14号　转发《市委宣传部、市总工会、市文广新局、市体育局、市文明办关于2014年“欢乐潇湘·幸福岳阳”大型群众文化活动的实施方案》的通知（2014年4月8日）

△岳办〔2014〕15号　关于印发《岳阳市2014年用群众工作统揽信访工作的实施方案》的通知（2014年4月23日）

△岳办〔2014〕19号　关于印发《中共岳阳市委全面深化改革领导小组工作规则》《中共岳阳市委全面深化改革领导小组专项小组工作规则》和《中共岳阳市委全面深化改革领导小组办公室工作细则》的通知（2014年5月5日）

△岳办〔2014〕22号　关于做好市政协七届二次会议重点提案办理工作的通知（2014年5月16日）

△岳办〔2014〕23号　印发《关于及时向社会公开市委重大决策重要举措的暂行办法》的通知（2014年6月3日）

△岳办〔2014〕24号　关于印发《2014年度落实党风廉政建设责任制推进惩治和预防腐败体系建设检查考核办法》的通知（2014年6月19日）

△岳办〔2014〕26号　转发《中共岳阳市委宣传部关于组织推动培育和践行社会主义核心价值观工作实施方案》的通知（2014年8月28日）

△岳办〔2014〕30号　关于下达《2014年市直单位军转干部及随调家属安置计划》的通知（2014年11月14日）

△岳办〔2014〕32号　关于举办岳阳市首届全民创新创业大赛的通知（2014年12月2日）

△岳办〔2014〕34号　关于进一步加强和规范市直党政机关房屋出租（借）管理的通知（2014年12月15日）

△岳办发〔2014〕1号　关于贯彻落实《湖南省党政领导干部安全生产“一岗双责”暂行规定》的通知（2014年1月20日）

△岳办发〔2014〕2号　关于印

发《岳阳市群众满意度调查考核及奖惩试行办法》的通知（2014年1月27日）

△岳办发〔2014〕3号　印发《关于对违反减负和惠农补贴政策实行责任追究的若干规定》的通知（2014年1月27日）

△岳办发〔2014〕9号　关于印发《市直和中央省驻岳有关单位贯彻实施党的十八届三中全会〈决定〉和省委十届九次全会〈实施意见〉重要举措分工方案》的通知（2014年6月10日）

△岳办发〔2014〕11号　印发《关于进一步规范精简各类会议的规定》的通知（2014年6月10日）

△岳办发〔2014〕13号　关于创建“美好社区、温馨家园”的实施意见（2014年9月12日）

△岳办发〔2014〕15号　关于推进诚信建设制度化的实施意见（2014年9月25日）

△岳办发〔2014〕16号　关于印发《岳阳市党政机关国内公务接待实施细则》的通知（2014年10月23日）

△岳办发〔2014〕17号　关于印发《2014-2020年岳阳市基层服务型党组织建设实施方案》的通知（2014年11月13日）

△岳办发〔2014〕18号　关于党员干部带头推动殡葬改革的实施意见（2014年11月18日）

△岳办发〔2014〕19号　印发《关于厉行节约反对食品浪费的实施意见》的通知（2014年12月4日）

△岳办发〔2014〕20号　关于切实做好人民调解工作的意见（2014年12月15日）

（本栏撰稿　许　祺）

岳阳市政府重要文件目录

△岳政发〔2014〕1号　关于印发《岳阳市市本级政府性债务管理办法》的通知（2014年5月28日）

△岳政发〔2014〕2号　关于公布取消、下放、调整、合并的行政审批项目和保留的行政许可项目目录的决定（2014年9月29日）

△岳政发〔2014〕3号　关于印发《岳阳市停车场管理办法》的通知（2014年10月27日）

△岳政发〔2014〕4号　关于加快推进气象现代化建设的实施意见（2014年12月4日）

△岳政发〔2014〕5号　关于加快发展养老服务业的实施意见（2014年12月7日）

△岳政发〔2014〕8号　关于下放和承接一批行政审批项目的通知（2014年12月22日）

△岳政告〔2014〕1号　关于禁止在铁山水库从事旅游垂钓等活动的通告（2014年2月20日）

△岳政告〔2014〕2号　关于加强安全用电管理的通告（2014年8月18日）

△岳政告〔2014〕3号　关于严厉打击涉赌违法犯罪活动的通告（2014年8月29日）

△岳政告〔2014〕4号　关于市中心城区道路交通秩序整治的通告（2014年9月26日）

△岳政告〔2014〕5号　关于治理货运车辆超限超载的通告（2014年12月7日）

△岳政办发〔2014〕1号　关于促进家庭服务业发展的通知（2014年1月9日）

△岳政办发〔2014〕2号　关于印发《岳阳市促进经济发展财政奖励办法》的通知（2014年1月15日）

△岳政办发〔2014〕3号　关于印发《岳阳市地理空间框架建设与应用管理办法》的通知（2014年2月3日）

△岳政办发〔2014〕4号　关于印发《岳阳历史文化名城保护专项资金管理办法》的通知（2014年3月28日）

△岳政办发〔2014〕5号　关于征收残疾人就业保障金有关事项的通知（2014年3月18日）

△岳政办发〔2014〕6号　关于印发《岳阳市市本级国有资本经营预算试行办法》的通知（2014年3月28日）

△岳政办发〔2014〕8号　关于印发《市中心城区公共自行车租赁管理暂行办法》的通知（2014年4月24日）

△岳政办发〔2014〕9号　关于公布市中心城区国有土地上房屋征收补偿补助奖励标准的通知（2014年4月29日）

△岳政办发〔2014〕10号　关于印发《岳阳市物业专项维修资金管理办法》的通知（2014年4月30日）

△岳政办发〔2014〕11号　关于印发《岳阳市历史文化街区保护管理办法》的通知（2014年5月5日）

△岳政办发〔2014〕13号　关于支持和鼓励引进银行业金融机构的通知（2014年5月28日）

△岳政办发〔2014〕15号　关于加强市本级政府融资平台投融资计划与资金管理的通知（2014年7月18日）

△岳政办发〔2014〕17号　关于印发《岳阳市贯彻落实〈大气污染防治行动计划〉实施方案》的通知（2014年9月3日）

△岳政办发〔2014〕18号　关于印发《岳阳市湘江污染防治第一个“三年行动计划”实施方案》的通知（2014年9月3日）

△岳政办发〔2014〕19号　关于扶持茶叶产业化发展的实施意见（2014年9月3日）

△岳政办发〔2014〕20号　关于印发《岳阳市港口岸线使用管理办法》的通知（2014年9月2日）

△岳政办发〔2014〕21号　关于印发《岳阳市招商引资活动管理规定》的通知（2014年9月12日）

△岳政办发〔2014〕22号　关于印发《岳阳市国有建设用地批后监管暂行办法》的通知（2014年9月27日）

△岳政办发〔2014〕23号　关于印发《岳阳市鼓励企业直接融资专项补助资金管理办法》的通知（2014年9月27日）

△岳政办发〔2014〕24号　关于转发市财政局《岳阳市民营企业重点帮扶资金管理暂行办法》的通知（2014年9月27日）

△岳政办发〔2014〕25号　关于进一步加强集体土地征收与房屋拆迁补偿安置工作监督管理的通知（2014年10月23日）

△岳政办发〔2014〕26号　关于印发《岳阳市农村宅基地管理

暂行办法》的通知（2014年11月10日）

△岳政办发〔2014〕28号　关于印发《岳阳市安全生产工作考核办法》的通知（2014年11月10日）

△岳政办发〔2014〕33号　关于印发《岳阳市工商登记前置审批制度改革试点工作方案》的通知（2014年12月11日）

△岳政办发〔2014〕34号　关于加强工商登记制度改革后续市场监管工作的意见（2014年12月11日）

△岳政办发〔2014〕36号　关于进一步加强社会组织管理的通知（2014年12月17日）

△岳政办发〔2014〕37号　关于印发《岳阳市地震应急预案》的通知（2014年12月29日）

（本栏撰稿　胡征伟）

责任编校　胡萍萍

索 引

说 明

一、本索引采用分析索引方法，按索引条目第一字汉语拼音（同音字按声调）顺序排列。第一字相同，按第二字音排列，依次类推。

二、部类用蓝体字标明。标引词后的阿拉伯数字表示内容所在页码，数字后的拉丁字母（a、b、c）分别表示从左至右第一、二、三栏。

三、本年鉴的“榜上有名”、“统计资料”、“文献法规”等未作索引。

数 字 首

A

B

H

J

K

L

T

W

X

Z

中共岳阳市委党史市志办公室

中共中央候补委员、中国社会科学院副院长、中国地方志指导小组常务副组长李培林到岳阳调研地方志工作

市政府副巡视员苏耀辉到市委史志办调研

市委史志办主任陈念军走访残疾人困难家庭

市委史志办开展“三严三实”专题教育活动

市委史志办组织全办党员到省党史陈列馆学习

岳阳市总工会

1. 2014劳模座谈会

2. 市人大常委会副主任、市总工会主席彭先政深入基层视察调研

3. 市总党组书记、副主席谭志兰鼓励困难女职工提振信心、战胜困难

4. “欢乐潇湘·幸福岳阳”职工文艺晚会

1

2

3

4

19家爱心单位和爱心人士在“金秋助学·大兵义演”活动现场面对面捐赠22名优秀特困学子（第一轮）

岳阳市人民检察院

市政法委书记向伟雄考察市检察院举报宣传周活动

首个宪法日，检察长罗青领誓、全体检察官宣誓

市检察院第二批党的群众路线教育实践活动总结大会

省检察院院长游劝荣在巴陵石化总经理李大为的陪同下参观巴陵石化的橡胶、炼油事业部

平江县检察院干警袁荣在当选湖南省十大法治人物之后，又被评为湖南省先进工作者

岳阳市检察机关开展"侦查监督开放日"活动

市检察院被授予湖南省文明标兵单位称号

岳阳市经济和信息化委员会

市经信委主任殷清华

市委书记卿渐伟主持召开全市重点产业和重点民营企业帮扶工作领导小组会

2014年，市经信委在市委、市政府的领导下，坚持新型工业化第一推动力不动摇，着力调整产业结构，加快转变经济发展方式，全力推动工业经济持续健康发展。全市完成规模工业增加值1232.4亿元，增长9.2%，占全省规模工业比重达11.16%。联手帮扶行动开创新局面。深入开展11大重点产业和37家重点民营企业三年帮扶行动，组织开展银企对接、产业合作、管理提升等主题活动97个,解决困难问题257个。重点项目推进取得新成果。中石化长岭分公司10万吨环氧丙烷、巴陵石化“碧水蓝天”计划等一批项目竣工投产，1500万吨炼油改扩建及100万吨芳烃项目纳入国家石化产业规划布局方案。“两化”融合取得新进展。制定出台《关于加快推进北斗卫星导航应用及产业发展的意见》《数字岳阳建设纲要》等文件，提升全市信息化建设水平。节能减排淘汰落后取得新成效。全市淘汰19家企业的66条落后生产线，关闭28家“十五小”企业，全市万元规模工业增加值能耗降低率为6.5%，超额完成省定目标。非公经济发展激发新活力。中创化工、金龙铜业等6家企业进入湖南民营企业100强。凯美特气获“省长质量奖”，食品产业成为岳阳市第二个千亿元产业。全年非公经济实现增加值1659亿元，增长10.5%，非公经济增加值占GDP比重达到63%。

2014年6月20日，岳阳军民融合卫星应用产业园开园仪式在湖南城陵矶临港产业新区举行

国家中小企业银河培训工程湖南省（岳阳市）中小企业领导者管理创新能力提升培训班

市经信委2013年度总结表彰暨2014年工作动员大会

市经信委开展“提振精气神、鼓足正能量”演讲交流会

市经信委召开党的群众路线教育实践活动动员大会

岳阳市人力资源和社会保障局

市长盛荣华到市人社局窗口服务单位调研

省人社厅党组书记、厅长胡伯俊到岳阳调研

在市委、市政府高度重视下，全市人社系统克难奋进，工作成效日益显著，先后获得全国就业先进工作单位、全国诚信人力资源服务机构、全国人力资源市场优质服务机构、全国清理整顿人力资源市场秩序专项行动突出单位、全国优质文明服务窗口、全省依法办事示范窗口单位等荣誉。2014年，市人社局围绕“民生为本、人才优先”工作主线，践行民生为本、法纪为镜、事业为重、团结为要的“四为”人社精神，深入贯彻党的群众路线，全面推进人力资源和社会保障事业提质创优发展，取得新的成效和进步。全年帮扶16.2万人实现就业再就业，“五险”基金征缴15.78亿元，人事人才工作规范有序，劳动权益有效维护，综合绩效工作考核分别被省人社厅和市委市政府评为先进，46项单项工作获得国家、省、市表彰奖励。

1．市委组织部副部长、市人社局党组书记、局长罗忠勇深入社区走访群众

2．市人社局召开党的群众路线教育实践活动总结大会

3．市人社局组织召开全市行政机关事业单位干部人事等领域突出问题专项整治推进会

4．市人社局组织召开人事人才工作恳谈会

湖南陆军预备役步兵师第三团

2014年7月，转服现役誓师大会

参加全省现役营连长集训

2014年7月，“湘江-2014”演习护固坝头

演习紧急出动

2014年10月17日，参加“心系扶贫”万人签名活动

2014年8月1日，建国保安黄埔志愿者协会慰问预备役三团

组织现役官兵进行防暴恐袭击演练

参加“湘预杯”篮球比赛

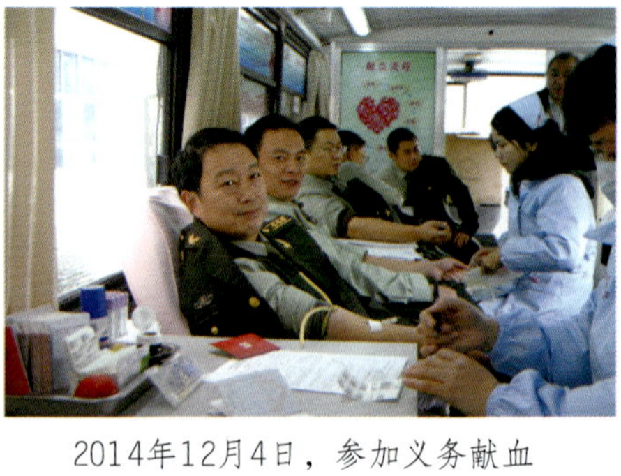

2014年12月4日，参加义务献血

岳阳市公安消防支队

市委书记卿渐伟开展节前消防安全检查

市长盛荣华新春慰问全市消防部队

市委副书记李志坚指导消防支队学雷锋活动

支队开展九九重阳敬老院宣传活动

岳阳消防支队参加107国道路口两车相撞救援

岳阳消防支队成功扑救银丰大厦火灾

119消防宣传月启动仪式

岳阳临港消防站

岳阳市住建局

省委书记徐守盛考察城建重点工程

时任住建部副部长仇保兴到岳阳市作新型城镇化专题讲座

市委书记卿渐伟督查岳阳体育中心建设

市长盛荣华督查王家河流域综合治理工程

局长罗黑皮在城区小街巷改造惠民施工现场调研指导

2014年4月4日，全市召开新型城镇化暨禁违拆违治违工作会议

帮扶环保建材企业升级提质

帮扶汨罗市石陂村兴建了一批水利、道路及办公等设施，慰问贫困群众

岳阳市房产局

1. 副省长张剑飞一行考察市本级保障性住房项目春华家园小区

2. 省住建厅厅长蒋益民（左二）一行调研市保障性住房

3. 市委书记卿渐伟在局长李大元陪同下考察市房地产工作

4. 市长盛荣华慰问高温下保障房建设工人

市委副书记李志坚调研全市保障性住房建设及房地产业发展

局长李大元参加岳阳“电话问政”首场活动

局长李大元在岳阳县相思乡爱国村慰问特困群众

市房地产管理局党的群众路线教育实践活动总结大会

岳阳市第10届房交会

积极参加第二届环南湖自行车赛

岳阳市审计局

市审计局局长谌亚忠到平江县扶贫点考察调研

审计人员在被审单位实施现场审计

岳阳市审计局开设依法行政宣传咨询服务点

市审计局被授予省级文明单位

市审计局召开局务会

全市审计工作会议现场

岳阳市民政局

民政部部长李立国在省委常委、省委秘书长韩永文，市长盛荣华的陪同下，调研岳阳市殡葬工作

市委书记卿渐伟在市民政局局长刘树平的陪同下看望市社会福利院孤寡老人

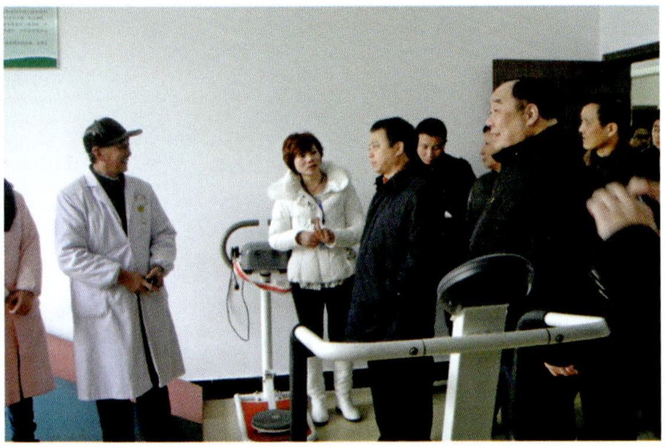

市长盛荣华在市民政局局长刘树平的陪同下，看望养老机构护理人员

省民政厅厅长段林毅在副市长熊炜、市民政局局长刘树平的陪同下，考察岳阳市慈善办

市慈善总会会长陈志刚在市民政局局长刘树平的陪同下，看望慰问大病患者

市民政局局局长刘树平参加12345电话问政活动

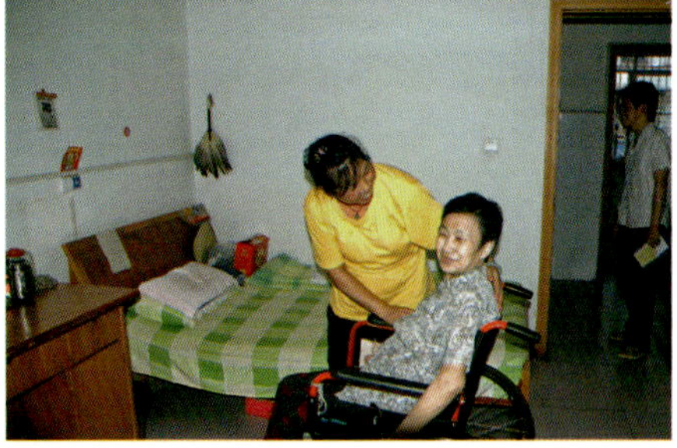

岳阳市第二社会福利院工作人员精心照顾老年人

市国土资源局“全国土地日”自行车骑行宣传队整装待发

岳阳市国土资源局

省国土资源厅厅长方先知到华容县调研“旱改水”项目

“金地源”志愿者服务队开展学雷锋志愿者活动

市国土资源局部署在全系统开展“肃纪正风、忠诚履职”主题教育活动

市政府在临湘市组织开展地质灾害应急演练活动

市政府新闻办公室、市国土资源局、市统计局召开新闻发布会，发布全市第二次土地调查主要数据成果

精美建筑评选——环南湖三圈夜景

岳阳市规划局

局长曲安江在南翔万商现场办公

局长曲安江在岳城社区党代表工作室接待来访群众

局党组成员到临湘关山村调研

岳阳市规划信息港，实行党务、政务公开

政务大厅一条龙服务、一站式办结

尊老敬老爱老活动

7月10日，爆破通海路管理处大桥社区违法建设

2014年4月4日，岳阳市新型城镇化暨禁违拆违治违工作千人大会

岳阳市教育体育局

2014年，岳阳市教育系统围绕全市工作大局，主动作为，攻坚克难，教育改革发展稳定取得新成绩，呈现新局面。

党政重教，教育保障更加给力。市委常委会2次议决涉及教育的事项。市政府3次常务会有专项议教，出台阳光招生、教育信息化、化解大班额等纲领性文件。教育民生实事项目顺利推进，全市投入2.35亿元，建设合格学校116所、公办幼儿园42所。上下同心，教育影响更加提升。涌现出教育信息化"华容样本"，华容县评为"全国教育信息化创新应用典范区域特别实践奖"，省、市在华容县召开现场会。全市建成教育阳光服务中心372个，全省教育阳光服务平台建设现场会在岳阳召开。全力创建全国文明城市，市教育局和3个县区教育局被教育部评为"我的中国梦"主题活动先进单位。攻坚克难，教育基石更加稳固。阳光招生首次向全市全面铺开，市、县整体联动，13.4万名各学段新生顺利入学；化解债务，管理加强，力度加大，累计全市共化债3.2亿元。化解大班额，市区中小学平均班额控制在60人以下，全市普高平均班额控制在55以下。整体推进，教育发展更加和谐。学前教育步入新阶段，第一个学前教育三年行动计划圆满完成；义务教育保持高水平，小学入学率继续保持100%，初中巩固率达99.8%，比2013年提高0.12个百分点；高中教育发展势头好，毛入学率达到92.95%，高考文理科均排名全省第4，录取率达86.67%。

2014年，岳阳市教育局被教育部评为全国职业教育先进单位，被省教育厅评为全省市州教育行政部门工作综合评估考核优秀等次，被市委、市政府评为全市全面建成小康社会综合绩效考评先进单位。

市委书记卿渐伟视察学校

省教育厅厅长王柯敏视察岳阳市教育阳光服务中心

1. 市长盛荣华"六一"节慰问幼儿园小朋友
2. 岳阳市一中西藏班学生
3. 岳阳市教育国际交流
4. 君山区许市中学开放式课堂

岳阳市安全生产监督管理局

习总书记系列讲话精神宣贯暨全市上半年安全生产工作会议

2014年“安全生产月咨询日”活动

安全生产文化长廊建设

每月一次的支部学习活动

全市首届乡镇安全生产安全生产培训班

校园安全应急演练活动

岳阳市地方海事局

长江岳阳区段船舶溢油应急联动演习

成功救助失控渡船

检查集装箱船

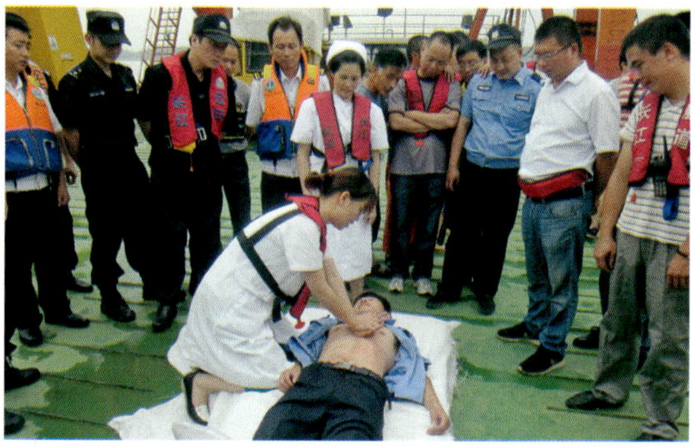

荆江河段水上施工安全综合演习

开展危化船舶安全检查

危化船舶安全检查

维护渡运安全

岳阳海事局工作人员在客渡船讲解救生浮凳使用

岳阳海事与岳阳渔政联合检查渔船

岳阳市地方税务局

2014年9月22日，市委宣传部部长徐新启在岳阳楼区地税局考察文明创建示范点建设

岳阳市地税局党组书记、局长龙晓红

岳阳市地税局党组领导班子

市地税局局长龙晓红到基层调研指导工作

市地税局组织开展“岳阳地税讲坛”活动

地税局干部业务考试

岳阳市烟草专卖局（公司）

2014年9月，国家烟草专卖局法规司到岳阳调研

2014年4月，省局局长樊剑峰在市政府副巡视员苏耀辉的陪同下，到市烟草局工作调研

2014年7月，国家烟草专卖局老干办负责人到岳阳调研

2014年11月，省烟草专卖局（公司）副总经理李民灯察看租赁物流仓库

2014年11月，举行“消防安全进机关”活动

岳阳市局开展“3·15”宣传活动

岳阳市供销合作联社

岳阳代表团深圳茶博会上合影

市供销社主任陈琪钢陪同副市长熊炜视察郡城黄茶产业园建设

汨罗黄柏供销超市

平江县南江供销社兴建的商城内琳琅满目的商品柜台

副市长熊炜在深圳茶博会"岳阳黄茶，共享天下——岳阳黄茶品牌推介会"上发言

岳阳市供销社新三湘农资有限公司君山区农资放心超市

岳阳市供销社新三湘农资有限公司岳阳县农资配送中心

岳阳市供销社新三湘农资有限公司农资放心超市图标

湖南省邮政公司岳阳市分公司

2014年11月24日，市委书记卿渐伟听取岳阳市邮政分公司党委书记、总经理李胜军的专题汇报

中国邮政集团公司、中国邮政集团工会授予岳阳市邮政分公司全国邮政系统先进集体；湖南省总工会授予岳阳市邮政分公司湖南省五一劳动奖状

湖南省邮政公司副总经理刘士平、岳阳市邮政分公司党委书记、总经理李胜军陪同岳阳市委宣传部部长徐新启观看新春音乐会

岳阳市邮政分公司领导班子与业务发展先进职工代表合影

岳阳市人民防空办公室

2014年8月，市委卿渐伟书记考察早期人防工程

2014年11月，省人防办党组成员、副主任邵桂初考察疏散基地

2014年6月，市人防办开展“军事训练日”活动

市人防办开展道德讲堂活动

2014年3月，市人防办开展“一令一文”宣传活动

市人防办组织“党员义工”活动

2014年9月，组织全市人防通信系统保障演练

中共湖南省委书记、省人大常委会主任徐守盛到巴陵石化调研

岳阳市委书记卿渐伟到巴陵石化调研

中国石油化工股份有限公司巴陵分公司

巴陵石化公司总经理、党委副书记李大为

巴陵石化公司党委书记、副总经理李德刚

巴陵石化“碧水蓝天”项目——锅炉脱硫脱硝装置建成投用

巴陵石化炼油常压隐患治理装置建成投产

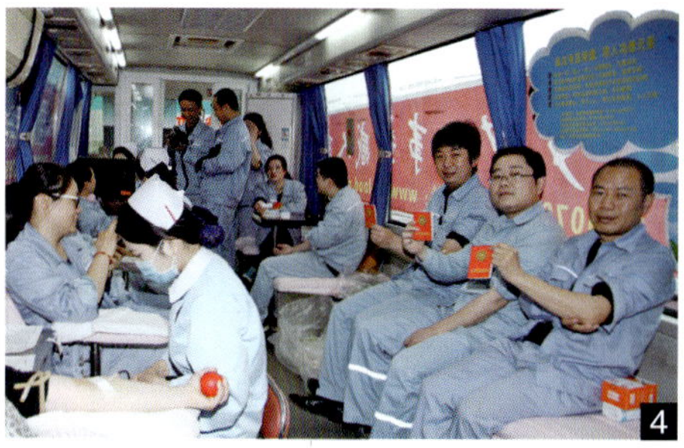

1. 巴陵石化总经理李大为会见院士工作站进站院士——中国工程院院士舒兴田
2. 巴陵石化2个车间被中华全国总工会评为“全国模范职工小家”
3. “全国五一劳动奖章”获得者李望明（左）
4. 巴陵石化爱心献血活动现场
5. 巴陵石化举办“新春巴陵·放飞梦想”团拜会

巴陵石化建设投用国内最长氢气管线

中国石油化工股份有限公司
长岭分公司

省委书记徐守盛到长岭炼化公司调研

中国工程院院士舒兴田在环氧丙烷装置开工现场指导

市委书记卿渐伟到环氧丙烷装置调研

市长盛荣华到长岭炼化公司调研

长岭装置全景

长岭炼化公司催化装置检修

湖南城陵矶临港产业新区

省委书记徐守盛考察港区

市委书记卿渐伟考察临港新区

省长杜家毫考察临港产业新区

1. 碧桂园奠基仪式
2. 岳阳军民融合卫星应用产业园开园仪式
3. 2014年12月26日，海吉星农产品物流产业园项目签约
4. 华菱欣港物流项目签约仪式

进口肉类指定口岸外景

上港集团合作项目签约仪式

繁忙的城陵矶国际集装箱港

岳阳经济技术开发区

1. 3月12日，市委书记卿渐伟到经开区调研

2. 市长盛荣华在电商服务中心调研

3. 2015年1月7日，鑫隆信息在上海股权托管交易中心Q版挂牌

4. 区工委书记王小中推介中国洞庭湖国际商务新城项目

5. 经开区领导干部“五带头”培训活动现场

6. 2015年经济工作会现场

7. 2015年三下乡活动在西塘镇启动

浮空器项目落户经开区

提质改造后的岳阳连接线

湖南科伦生产线场景

美丽群贤农庄

桑乐太阳能生产场景

中科电气工业展厅

会展中心

岳阳经济技术开发区

岳阳南湖风景区

2015年2月11日，省长杜家毫到南湖调研

工委书记李美云督查城管工作

管委会主任尹家辉就打造经济新增长极接受专题采访

环南湖旅游交通三圈

南湖游船下水试运营

2014年12月，湖滨污水处理厂如期竣工

1．2014年9月17日，岳阳市文明旅游进社区启动仪式在湖畔社区举行

2．2014年10月，南湖古渡游客中心正式营业

3．环保志愿者清理沿南湖周边垃圾

4．参加全市第二届健康长走活动

平江县

省委书记徐守盛在平江县调研工作

省长杜家毫在平江工业园考察方正达电子科技有限公司

2014年，在市委、市政府的坚强领导下，平江县以全面建成小康社会为总揽，抢抓机遇，奋力攻坚，经济社会发展成效明显。

经济运行稳中有进。实现地方生产总值199.4亿元，增长8%；公共财政收入9.34亿元，增长13%；全社会固定资产投资164.8亿元，增长20.4%；规模工业增加值增长5.3%；社会消费品零售总额44.1亿元，增长12.5%。

项目建设成效明显。签约亿元项目18个，实施重点前期项目18个、重点建设项目44个，华电平江电厂、福寿山抽水蓄能电站等重大项目前期工作加快推进，南岭澳瑞凯、和汇绿源等一批产业项目竣工投产。

产业转型升级加快。平江工业园获评省级高新技术园区，新型工业化加速推进。石牛寨景区迈进国家4A级方阵，纯溪小镇获评国家3A级景区，生态旅游稳步开发。新增农民专业合作社156家，现代农业稳步发展。率先在全省成立县级电子商务协会，金融机构存款余额居岳阳六县市首位，现代服务业稳步攀升。

城乡面貌加快改变。完成秀野大道、育才中路等一批市政工程，提质改造背街小巷12条，公共文明指数综合测评名列全省第一。长寿、南江、伍市等3个乡镇被列为全国重点镇，冬塔、余坪、大坪等3个乡完成撤乡建镇。实施通畅工程205公里，改造危桥100座，除险加固病险水库13座，疏浚沟渠3000多公里，农村基础设施得到进一步加强。

生态环境持续改善。矿业秩序综合整治和河道非法采砂整治成效明显，营造林8万亩，恢复矿区植被3000多亩，治理水土流失面积40平方公里。3个乡镇通过国家级生态乡镇验收，8个乡镇获评省级生态乡镇，黄金河国家湿地公园获批建设。

改革改制纵深推进。精简行政审批项目157项，减少非必要审批前置条件23个。推进工商登记制度改革，新增市场主体3724户。清收农村信用社不良贷款3.86亿元，农商行组建顺利推进。完成2家集体工业企业改制，天一科技由上海景峰制药成功重组为医药类上市企业。惠民殡葬改革获全国先进。

幸福指数不断攀升。创建合格学校41所，建设公租房1533套，援助2221户农村无房户建房，减少贫困人口2.5万人，人口和计生工作获省市先进，文化、教育、卫生等社会事业全面发展。没有发生较大以上安全事故，综治民调排名全省第22位，创历史最好成绩。

平江县城全景图

1. 岳阳市平江县49兆瓦光伏电站工程

2. 平江县福寿山—汨罗江国家级风景名胜区

3. 平江天岳广场夜景

4. 平江南岭澳瑞凯股份有限公司

第三届湘鄂赣苏区论坛在平江县成功举办

省商务厅巡视员周船在淘宝特色中国 · 平江馆开馆仪式上讲话

游客如织的石牛寨景区悬空栈道

平江亚马逊水上乐园盛大开业

岳阳县

省长杜家毫在岳阳县考察工作

市委书记卿渐伟考察岳阳县项目建设

创建全国文明县城万人签名

丰富多彩的社区文化活动

荣湾湖公园

新墙镇商贸城

岳阳人民的“大水缸”——铁山水库

中国驰名商标——洞庭春茶

国家AAAA级景区张谷英村

东洞庭湖国际湿地公园

省级新农村建设挂牌示范村、省级文明村、湖南省特色旅游村——清水村

新墙河葡萄喜获丰收

首届广场舞大赛

华容县

副省长蔡振红到华容县调研，省市领导王光明、胡伯俊、熊炜和县领导刘铁健、蔡勋华等陪同调研

市委书记卿渐伟在华容县东山镇调研

市长刘和生到华容县考察，县长喻文陪同

全省二星级敬老院——幸福乡敬老院

长江引水工程

鲇鱼须大桥竣工

"欢乐潇湘·幸福岳阳"华容分场

推广水稻机械化育秧技术

新修的县人民医院

湘 阴 县

国务院副总理刘延东对湘阴县血防工作给予充分肯定

省长杜家毫、副省长黄兰香在湘阴县调研春耕生产

省委副书记孙金龙在湘阴县调研项目建设

省委组织部常务副部长林武在湘阴县检查指导工作

市长盛荣华调研指导项目建设

全面小康综合绩效考评获全市第一。图为县委书记黎作凤在走访座谈群众

湘阴安全生产工作获全省先进。图为县长尹培国督查水上交通安全

湘阴创新创业经验向全省推介

长沙城市主干道芙蓉大道湘阴段全线竣工通车

湘阴城区提质改造后的夜景

正在建设中的东湖生态公园北岸风光带

湘阴南泉古寺获批国家AAA级景区

临湘市

省委副书记、省长杜家毫到临湘市调研

省委副书记孙金龙到临湘市调研

省委常委、省委统战部部长李微微到临湘市调研

省委常委、长株潭“两型社会”建设改革试验区工委书记张文雄到临湘市调研

滨江产业示范区全景

省政府副省长何报翔到临湘市调研

岳阳市创建全国文明城市五创提质工作第35次汇报讲评暨2014年度年终工作总结现场会

上海招商推介会项目签约仪式

2014年湖南省中学生田径运动会开幕式

新建成的教育布局调整重点工程—市五完小

黄盖镇新农村建设示范点

临湖三期工程竣工通车

窑坡山风电场

汨罗市

省委书记徐守盛等参观弼时纪念馆

省委常委、政法委书记、公安厅长孙建国调研问题青少年转化教育

市委书记卿渐伟考察汨罗党建工作

汨罗市委书记白维国、市长周金龙调研自来水厂净化流程

第十届中国汨罗江国际龙舟节暨湖南省首届群众性龙舟赛

“未曾忘记”汨罗抗日老兵肖像展

汨罗市第五届花鼓戏艺术节《清明案》剧照

长沙经开区汨罗产业园正式签约

1. 农业部水稻整乡整建制推进高产创建示范乡

2. 提质改造后的汨罗江大道西沿线

3. 提质改造后的古罗巷

4. 循环经济产业园企业生产车间

西藏桑日县党政代表团在汨罗市作答谢交流

跳远小将钟沛丰在南京青奥会实现汨罗奥运奖牌零突破（右一）

岳阳楼区

市委书记盛荣华到岳阳楼区调研

市委副书记、市长刘和生到岳阳楼区调研

区委书记秩励检查防汛工作

区委副书记、区长陈阁辉检查安全生产

党政负责干部大会

重大项目集中开工仪式

公共文化设施建设启动仪式

承办第36届湖南省青少年科技创新大赛

君山区

省委副书记孙金龙在君山区调研

市委书记卿渐伟到君山区调研茶产业发展工作

区委书记杨昆，区委副书记、区长谢胜“六一”儿童节与儿童快乐在一起

君山油菜花节

君山区首届葡萄采摘旅游文化节

君山临湖公园一角

现代农业蔬菜综合产业园

君山新貌

野生荷花公园

云 溪 区

省委副书记孙金龙在云溪区调研

市委书记卿渐伟陪同省委秘书长韩永文、副省长黄兰香在云溪区考察

云溪城区

志愿者活动

云溪一中

福利院

园区企业

云溪工业园

荆岳长江大桥

新农村建设

巴陵石化炼油装置一角

经济适用房

屈原管理区

副省长黄兰香在屈原检查指导防汛工作

市长盛荣华在屈原考察现代科技园区

市长刘和生在屈原调研现代农业

区委书记邱虹

惠众农庄

农村文化活动

全国水稻生产全程机械化暨绿色增产模式攻关现场会

屈原原创花鼓小戏《大夫殉国》在全市首届原创小戏大赛中夺冠

中国移动通信集团湖南有限公司
岳阳分公司

岳阳移动第三届党员代表大会

市委宣传部全国文明单位复检

4G体验活动

咪咕音乐歌友会

2015年6月1日，长江沉船事故现场通信保障

5·17电信日步步高现场

大学生俱乐部

活动现场

岳阳市城市建设投资集团有限公司

1. 环保部领导考察马壕污水处理厂项目建设

2. 国家开发银行住宅金融事业部及湖南省分行领导考察调研市城建投

3. 市委书记卿渐伟考察马壕污水处理厂项目建设

4. 岳阳市城投集团第一届董事会、监事会第三次会议

5. 岳阳大道

岳阳市公路桥梁基建总公司

1. 总公司召开八届一次职工代表大会

2. 岳阳路桥多媒体企业文化展示厅

3. 京港澳高速公路岳阳段2015年中修养护施工现场

4. 公司承建的益阳绕城高速资江特大桥

荣获全省公积金业务管理工作优秀单位

迎检住建部住房公积金服务专项督查

党的群众路线教育实践活动集中学习

参加市青年文明号和窗口服务行业百日竞赛

华融湘江银行岳阳分行

2月6日，华融湘江银行岳阳分行首家旗舰型支行——洞庭支行开业

2014年华融湘江银行岳阳分行启动“绿色助学行动”，8月30日，在2014年岳阳市希望工程助学金集中发放仪式上，华融湘江银行岳阳分行向岳阳市希望工程捐款22.5万元，用于资助全市75名贫困大学新生

6月26日，华融湘江银行临湘市支行开业

服务礼仪展示

百佳示范单位

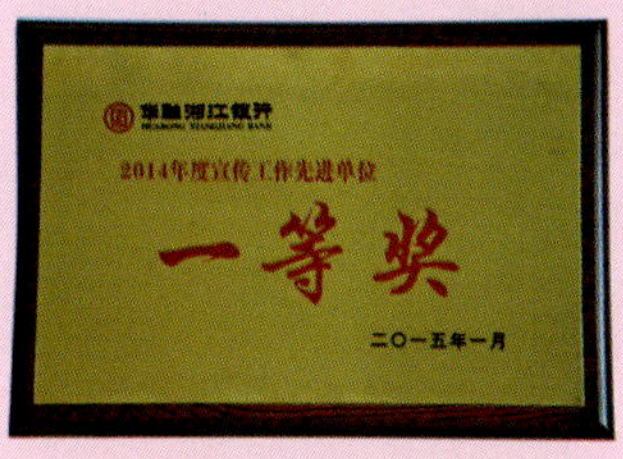

宣传工作一等奖

普及金融知识

业务培训

爱心企业奖

岳阳市一人民医院

市委书记盛荣华慰问“东方之星”翻沉事件幸存者张辉

张辉对医院的积极救治表示感谢

院长唐敏、工会主席陆海湖代表医院接受全国文明单位授牌

三甲复审检查工作汇报

1. 院庆晚会

2. 院庆五十周年——院长论谈

3. 岳阳市一中493班（西藏班）学生家长赠市一医院锦旗。院长唐敏、工会主席陆海湖、市一中校长廖炳晔参加。

4. 在践行党的群众路线教育活动中，医院专家在巴陵广场义诊后合影

岳阳市二人民医院

岳阳市二人民医院是一所具有110多年历史的大型三级综合医院，同时也是市骨科研究所、市红十字会医院、市肿瘤医院所在地，是岳阳市医疗保险、生育保险、工伤保险、新型农村合作医疗、广铁集团、省建三公司、四公司、电业、电力公司职工医疗保险定点医院，是全市唯一的全国百姓放心百佳示范医院和中国医疗机构公信力示范单位。

医院开放病床1500张，有高级技术职称270多人，博士、硕士110余人，硕士生导师5名，承担9所高校的本科生、研究生培养及实习生带教工作。近年来，医院共立项市级科研课题32项，省厅级14项，获省医学科技奖1项，省科技进步奖1项，市科技进步奖11项；有65人在省级以上专业委员会担任副主委、常委、委员职务。

医院科室设置齐全，有87个职能、临床、医技科室，创建了骨科、呼吸内科等2个省级重点学科，神经外科、肿瘤科、妇科等7个市级重点学科；神经内科、泌尿外科、消化内科等16个院级重点学科；有骨科、呼吸内科、神经外科等12个市级专业委员会主委单位，有基础护理、医院感染、病理等11个市级质量控制中心；医院各级重点学科及心内科、烧伤科等专科在湘北处于领先水平，特别是骨科作为湖南省首批临床重点学科和岳阳市重点实验室，已发展壮大为上肢、下肢、脊柱、关节四个专科，誉满湘北鄂南。

健康热线：8333555、8713730

整洁舒适的住院服务大厅

医院迎新长跑活动

门诊服务接待中心

中国医疗机构公信力示范单位

市二医院外景

岳阳市中心血站

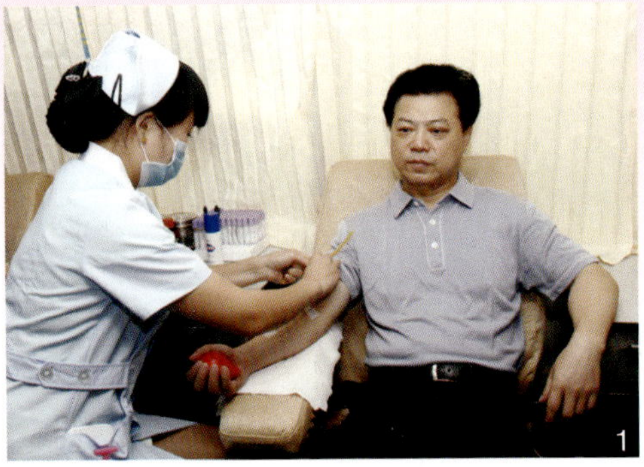

1. 市长盛荣华无偿献血

2. 我为祖国献热血——庆6·14世界献血者日暨寻找岳阳最美献血颁奖仪式现场

3. 无偿献血宣传

4. 无偿献血活动

5. 2015年志愿者表彰颁奖仪式

岳阳市健身太极拳运动训练中心

2014年5月，湖南省太极拳协会岳阳训练中心更名为“岳阳市健身太极拳运动训练中心”。10月17日，第三届武当国际演武大会在湖北省丹江口市举行。湖南太极名师、岳阳市健身太极拳运动训练中心主任方奎明，领队陈辉、贺文忠率熊楚华、许勇士等太极爱好者组成岳阳代表团队应邀参赛。

岳阳代表队参加了5项目太极拳项目竞赛，岳阳太极代表团获得集体项目金牌，方奎明在名家表演中获得名家金奖，许勇士摘得男子陈式太极拳金牌，岳阳县神龙武术学校校长杨访华勇挫对手，摘得武当太极“推手王”争霸赛男子70公斤金牌，熊楚华获得太极拳套路银牌。

此次演武大会由湖北省体委、武当山武当拳法研究会等共同主办。大会期间还举办首届中华杨式太极拳高峰论坛，开展了张三丰与内家拳武术文化交流研讨。

电话：13907306772

岳阳代表团方奎明请李连杰的恩师吴斌大师签名

岳阳代表团赛事后合影

2014年10月18日，方奎明带领岳阳太极代表团现场集体竞技表演